建筑市场监管法规文件汇编

住房和城乡建设部建筑市场监管司　编

中国建筑工业出版社

图书在版编目（CIP）数据

建筑市场监管法规文件汇编/住房和城乡建设部
建筑市场监管司编. —北京：中国建筑工业出版社，
2012.6
ISBN 978 - 7 - 112 - 14402 - 0

Ⅰ．①建… Ⅱ．①住… Ⅲ．①建筑法—汇编—中国②
建筑业—市场监管—文件—汇编—中国 Ⅳ．①D922.297.9
②F426.9

中国版本图书馆 CIP 数据核字（2012）第 121630 号

本书是建筑市场监管法规文件的汇编本，内容包括四部分，分别为法律
法规；中共中央办公厅、国务院办公厅文件；部门规章；规范性文件。

本书适用于从事建筑市场监管工作以及工程勘察设计、施工、监理、招
标代理等技术和管理人员使用。

* * *

责任编辑：常 燕

建筑市场监管法规文件汇编
住房和城乡建设部建筑市场监管司 编

*

中国建筑工业出版社出版、发行（北京西郊百万庄）
各地新华书店、建筑书店经销
广州恒伟电脑制作有限公司制版
北京京丰印刷厂印刷

*

开本：787×1092 毫米 1/16 印张：32 字数：778 千字
2012 年 6 月第一版 2012 年 6 月第一次印刷
定价：**58.00** 元
ISBN 978 - 7 - 112 - 14402 - 0
(21844)

目　录

一、法律法规

二、中共中央办公厅、国务院办公厅文件

三、部门规章

四、规范性文件

（一）市场管理

（二）企业资质管理

（四）行业发展

一、法 律 法 规

中华人民共和国建筑法

(1997 年 11 月 1 日第八届全国人民代表大会常务委员会第二十八次会议通过，
1997 年 11 月 1 日中华人民共和国主席令第 91 号公布，自 1998 年 3 月 1 日起施行）

第一章 总 则

第一条 为了加强对建筑活动的监督管理，维护建筑市场秩序，保证建筑工程的质量和安全，促进建筑业健康发展，制定本法。

第二条 在中华人民共和国境内从事建筑活动，实施对建筑活动的监督管理，应当遵守本法。

本法所称建筑活动，是指各类房屋建筑及其附属设施的建造和与其配套的线路、管道、设备的安装活动。

第三条 建筑活动应当确保建筑工程质量和安全，符合国家的建筑工程安全标准。

第四条 国家扶持建筑业的发展，支持建筑科学技术研究，提高房屋建筑设计水平，鼓励节约能源和保护环境，提倡采用先进技术、先进设备、先进工艺、新型建筑材料和现代管理方式。

第五条 从事建筑活动应当遵守法律、法规，不得损害社会公共利益和他人的合法权益。

任何单位和个人都不得妨碍和阻挠依法进行的建筑活动。

第六条 国务院建设行政主管部门对全国的建筑活动实施统一监督管理。

第二章 建 筑 许 可

第一节 建筑工程施工许可

第七条 建筑工程开工前，建设单位应当按照国家有关规定向工程所在地县级以上人民政府建设行政主管部门申请领取施工许可证；但是，国务院建设行政主管部门确定的限额以下的小型工程除外。

按照国务院规定的权限和程序批准开工报告的建筑工程，不再领取施工许可证。

第八条 申请领取施工许可证，应当具备下列条件：

（一）已经办理该建筑工程用地批准手续；

（二）在城市规划区的建筑工程，已经取得规划许可证；

（三）需要拆迁的，其拆迁进度符合施工要求；

（四）已经确定建筑施工企业；

（五）有满足施工需要的施工图纸及技术资料；

（六）有保证工程质量和安全的具体措施；

（七）建设资金已经落实；

（八）法律、行政法规规定的其他条件。

建设行政主管部门应当自收到申请之日起 15 日内，对符合条件的申请颁发施工许可证。

第九条 建设单位应当自领取施工许可证之日起 3 个月内开工。因故不能按期开工的，应当向发证机关申请延期；延期以两次为限，每次不超过 3 个月。既不开工又不申请延期或者超过延期时限的，施工许可证自行废止。

第十条 在建的建筑工程因故中止施工的，建设单位应当自中止施工之日起 1 个月内，向发证机关报告，并按照规定做好建筑工程的维护管理工作。

建筑工程恢复施工时，应当向发证机关报告；中止施工满 1 年的工程恢复施工前，建设单位应当报发证机关核验施工许可证。

第十一条 按照国务院有关规定批准开工报告的建筑工程，因故不能按期开工或者中止施工的，应当及时向批准机关报告情况。因故不能按期开工超过 6 个月的，应当重新办理开工报告的批准手续。

第二节 从 业 资 格

第十二条 从事建筑活动的建筑施工企业、勘察单位、设计单位和工程监理单位，应当具备下列条件：

（一）有符合国家规定的注册资本；

（二）有与其从事的建筑活动相适应的具有法定执业资格的专业技术人员；

（三）有从事相关建筑活动所应有的技术装备；

（四）法律、行政法规规定的其他条件。

第十三条 从事建筑活动的建筑施工企业、勘察单位、设计单位和工程监理单位，按照其拥有的注册资本、专业技术人员、技术装备和已完成的建筑工程业绩等资质条件，划分为不同的资质等级，经资质审查合格，取得相应等级的资质证书后，方可在其资质等级许可的范围内从事建筑活动。

第十四条 从事建筑活动的专业技术人员，应当依法取得相应的执业资格证书，并在执业资格证书许可的范围内从事建筑活动。

第三章 建筑工程发包与承包

第一节 一 般 规 定

第十五条 建筑工程的发包单位与承包单位应当依法订立书面合同，明确双方的权利和义务。

发包单位和承包单位应当全面履行合同约定的义务。不按照合同约定履行义务的，依法承担违约责任。

第十六条 建筑工程发包与承包的招标投标活动，应当遵循公开、公正、平等竞争的原则，择优选择承包单位。

建筑工程的招标投标，本法没有规定的，适用有关招标投标法律的规定。

第十七条 发包单位及其工作人员在建筑工程发包中不得收受贿赂、回扣或者索取其他好处。

承包单位及其工作人员不得利用向发包单位及其工作人员行贿、提供回扣或者给予其他好处等不正当手段承揽工程。

第十八条 建筑工程造价应当按照国家有关规定，由发包单位与承包单位在合同中约定。公开招标发包的，其造价的约定，须遵守招标投标法律的规定。

发包单位应当按照合同的约定，及时拨付工程款项。

第二节 发　　包

第十九条 建筑工程依法实行招标发包，对不适于招标发包的可以直接发包。

第二十条 建筑工程实行公开招标的，发包单位应当依照法定程序和方式，发布招标公告，提供载有招标工程的主要技术要求、主要的合同条款、评标的标准和方法以及开标、评标、定标的程序等内容的招标文件。

开标应当在招标文件规定的时间、地点公开进行。开标后应当按照招标文件规定的评标标准和程序对标书进行评价、比较，在具备相应资质条件的投标者中，择优选定中标者。

第二十一条 建筑工程招标的开标、评标、定标由建设单位依法组织实施，并接受有关行政主管部门的监督。

第二十二条 建筑工程实行招标发包的，发包单位应当将建筑工程发包给依法中标的承包单位。建筑工程实行直接发包的，发包单位应当将建筑工程发包给具有相应资质条件的承包单位。

第二十三条 政府及其所属部门不得滥用行政权力，限定发包单位将招标发包的建筑工程发包给指定的承包单位。

第二十四条 提倡对建筑工程实行总承包，禁止将建筑工程肢解发包。

建筑工程的发包单位可以将建筑工程的勘察、设计、施工、设备采购一并发包给一个工程总承包单位，也可以将建筑工程勘察、设计、施工、设备采购的一项或者多项发包给一个工程总承包单位；但是，不得将应当由一个承包单位完成的建筑工程肢解成若干部分发包给几个承包单位。

第二十五条 按照合同约定，建筑材料、建筑构配件和设备由工程承包单位采购的，发包单位不得指定承包单位购入用于工程的建筑材料、建筑构配件和设备或者指定生产厂、供应商。

第三节 承　　包

第二十六条 承包建筑工程的单位应当持有依法取得的资质证书，并在其资质等级许可的业务范围内承揽工程。

禁止建筑施工企业超越本企业资质等级许可的业务范围或者以任何形式用其他建筑施工企业的名义承揽工程。禁止建筑施工企业以任何形式允许其他单位或者个人使用本企业的资质证书、营业执照，以本企业的名义承揽工程。

第二十七条 大型建筑工程或者结构复杂的建筑工程，可以由两个以上的承包单位联合共同承包。共同承包的各方对承包合同的履行承担连带责任。

两个以上不同资质等级的单位实行联合共同承包的，应当按照资质等级低的单位的业务许可范围承揽工程。

第二十八条 禁止承包单位将其承包的全部建筑工程转包给他人，禁止承包单位将其承包的全部建筑工程肢解以后以分包的名义分别转包给他人。

第二十九条 建筑工程总承包单位可以将承包工程中的部分工程发包给具有相应资质条件的分包单位；但是，除总承包合同中约定的分包外，必须经建设单位认可。施工总承包的，建筑工程主体结构的施工必须由总承包单位自行完成。

建筑工程总承包单位按照总承包合同的约定对建设单位负责；分包单位按照分包合同的约定对总承包单位负责。总承包单位和分包单位就分包工程对建设单位承担连带责任。

禁止总承包单位将工程分包给不具备相应资质条件的单位。禁止分包单位将其承包的工程再分包。

第四章　建筑工程监理

第三十条 国家推行建筑工程监理制度。

国务院可以规定实行强制监理的建筑工程的范围。

第三十一条 实行监理的建筑工程，由建设单位委托具有相应资质条件的工程监理单位监理。建设单位与其委托的工程监理单位应当订立书面委托监理合同。

第三十二条 建筑工程监理应当依照法律、行政法规及有关的技术标准、设计文件和建筑工程承包合同，对承包单位在施工质量、建设工期和建设资金使用等方面，代表建设单位实施监督。

工程监理人员认为工程施工不符合工程设计要求、施工技术标准和合同约定的，有权要求建筑施工企业改正。

工程监理人员发现工程设计不符合建筑工程质量标准或者合同约定的质量要求的，应当报告建设单位要求设计单位改正。

第三十三条 实施建筑工程监理前，建设单位应当将委托的工程监理单位、监理的内容及监理权限，书面通知被监理的建筑施工企业。

第三十四条 工程监理单位应当在其资质等级许可的监理范围内，承担工程监理业务。

工程监理单位应当根据建设单位的委托，客观、公正地执行监理任务。

工程监理单位与被监理工程的承包单位以及建筑材料、建筑构配件和设备供应单位不得有隶属关系或者其他利害关系。

工程监理单位不得转让工程监理业务。

第三十五条 工程监理单位不按照委托监理合同的约定履行监理义务，对应当监督检查的项目不检查或者不按照规定检查，给建设单位造成损失的，应当承担相应的赔偿责任。

工程监理单位与承包单位串通，为承包单位谋取非法利益，给建设单位造成损失的，应当与承包单位承担连带赔偿责任。

第五章　建筑安全生产管理

第三十六条　建筑工程安全生产管理必须坚持安全第一、预防为主的方针，建立健全安全生产的责任制度和群防群治制度。

第三十七条　建筑工程设计应当符合按照国家规定制定的建筑安全规程和技术规范，保证工程的安全性能。

第三十八条　建筑施工企业在编制施工组织设计时，应当根据建筑工程的特点制定相应的安全技术措施；对专业性较强的工程项目，应当编制专项安全施工组织设计，并采取安全技术措施。

第三十九条　建筑施工企业应当在施工现场采取维护安全、防范危险、预防火灾等措施；有条件的，应当对施工现场实行封闭管理。

施工现场对毗邻的建筑物、构筑物和特殊作业环境可能造成损害的，建筑施工企业应当采取安全防护措施。

第四十条　建设单位应当向建筑施工企业提供与施工现场相关的地下管线资料，建筑施工企业应当采取措施加以保护。

第四十一条　建筑施工企业应当遵守有关环境保护和安全生产的法律、法规的规定，采取控制和处理施工现场的各种粉尘、废气、废水、固体废物以及噪声、振动对环境的污染和危害的措施。

第四十二条　有下列情形之一的，建设单位应当按照国家有关规定办理申请批准手续：

（一）需要临时占用规划批准范围以外场地的；

（二）可能损坏道路、管线、电力、邮电通信等公共设施的；

（三）需要临时停水、停电、中断道路交通的；

（四）需要进行爆破作业的；

（五）法律、法规规定需要办理报批手续的其他情形。

第四十三条　建设行政主管部门负责建筑安全生产的管理，并依法接受劳动行政主管部门对建筑安全生产的指导和监督。

第四十四条　建筑施工企业必须依法加强对建筑安全生产的管理，执行安全生产责任制度，采取有效措施，防止伤亡和其他安全生产事故的发生。

建筑施工企业的法定代表人对本企业的安全生产负责。

第四十五条　施工现场安全由建筑施工企业负责。实行施工总承包的，由总承包单位负责。分包单位向总承包单位负责，服从总承包单位对施工现场的安全生产管理。

第四十六条　建筑施工企业应当建立健全劳动安全生产教育培训制度，加强对职工安全生产的教育培训；未经安全生产教育培训的人员，不得上岗作业。

第四十七条　建筑施工企业和作业人员在施工过程中，应当遵守有关安全生产的法律、法规和建筑行业安全规章、规程，不得违章指挥或者违章作业。作业人员有权对影响人身健康的作业程序和作业条件提出改进意见，有权获得安全生产所需的防护用品。作业人员对危及生命安全和人身健康的行为有权提出批评、检举和控告。

第四十八条　建筑施工企业必须为从事危险作业的职工办理意外伤害保险，支付保险费。

第四十九条　涉及建筑主体和承重结构变动的装修工程，建设单位应当在施工前委托原设计单位或者具有相应资质条件的设计单位提出设计方案；没有设计方案的，不得施工。

第五十条　房屋拆除应当由具备保证安全条件的建筑施工单位承担，由建筑施工单位负责人对安全负责。

第五十一条　施工中发生事故时，建筑施工企业应当采取紧急措施减少人员伤亡和事故损失，并按照国家有关规定及时向有关部门报告。

第六章　建筑工程质量管理

第五十二条　建筑工程勘察、设计、施工的质量必须符合国家有关建筑工程安全标准的要求，具体管理办法由国务院规定。

有关建筑工程安全的国家标准不能适应确保建筑安全的要求时，应当及时修订。

第五十三条　国家对从事建筑活动的单位推行质量体系认证制度。从事建筑活动的单位根据自愿原则可以向国务院产品质量监督管理部门或者国务院产品质量监督管理部门授权的部门认可的认证机构申请质量体系认证。经认证合格的，由认证机构颁发质量体系认证证书。

第五十四条　建设单位不得以任何理由，要求建筑设计单位或者建筑施工企业在工程设计或者施工作业中，违反法律、行政法规和建筑工程质量、安全标准，降低工程质量。

建筑设计单位和建筑施工企业对建设单位违反前款规定提出的降低工程质量的要求，应当予以拒绝。

第五十五条　建筑工程实行总承包的，工程质量由工程总承包单位负责，总承包单位将建筑工程分包给其他单位的，应当对分包工程的质量与分包单位承担连带责任。分包单位应当接受总承包单位的质量管理。

第五十六条　建筑工程的勘察、设计单位必须对其勘察、设计的质量负责。勘察、设计文件应当符合有关法律、行政法规的规定和建筑工程质量、安全标准、建筑工程勘察、设计技术规范以及合同的约定。设计文件选用的建筑材料、建筑构配件和设备，应当注明其规格、型号、性能等技术指标，其质量要求必须符合国家规定的标准。

第五十七条　建筑设计单位对设计文件选用的建筑材料、建筑构配件和设备，不得指定生产厂、供应商。

第五十八条　建筑施工企业对工程的施工质量负责。

建筑施工企业必须按照工程设计图纸和施工技术标准施工，不得偷工减料。工程设计的修改由原设计单位负责，建筑施工企业不得擅自修改工程设计。

第五十九条　建筑施工企业必须按照工程设计要求、施工技术标准和合同的约定，对建筑材料、建筑构配件和设备进行检验，不合格的不得使用。

第六十条　建筑物在合理使用寿命内，必须确保地基基础工程和主体结构的质量。

建筑工程竣工时，屋顶、墙面不得留有渗漏、开裂等质量缺陷；对已发现的质量缺陷，建筑施工企业应当修复。

第六十一条　交付竣工验收的建筑工程，必须符合规定的建筑工程质量标准，有完整的工程技术经济资料和经签署的工程保修书，并具备国家规定的其他竣工条件。

建筑工程竣工经验收合格后，方可交付使用；未经验收或者验收不合格的，不得交付使用。

第六十二条　建筑工程实行质量保修制度。

建筑工程的保修范围应当包括地基基础工程、主体结构工程、屋面防水工程和其他土建工程，以及电气管线、上下水管线的安装工程，供热、供冷系统工程等项目；保修的期限应当按照保证建筑物合理寿命年限内正常使用，维护使用者合法权益的原则确定。具体的保修范围和最低保修期限由国务院规定。

第六十三条　任何单位和个人对建筑工程的质量事故、质量缺陷都有权向建设行政主管部门或者其他有关部门进行检举、控告、投诉。

第七章　法律责任

第六十四条　违反本法规定，未取得施工许可证或者开工报告未经批准擅自施工的，责令改正，对不符合开工条件的责令停止施工，可以处以罚款。

第六十五条　发包单位将工程发包给不具有相应资质条件的承包单位的，或者违反本法规定将建筑工程肢解发包的，责令改正，处以罚款。

超越本单位资质等级承揽工程的，责令停止违法行为，处以罚款，可以责令停业整顿，降低资质等级；情节严重的，吊销资质证书；有违法所得的，予以没收。

未取得资质证书承揽工程的，予以取缔，并处罚款；有违法所得的，予以没收。

以欺骗手段取得资质证书的，吊销资质证书，处以罚款；构成犯罪的，依法追究刑事责任。

第六十六条　建筑施工企业转让、出借资质证书或者以其他方式允许他人以本企业的名义承揽工程的，责令改正，没收违法所得，并处罚款，可以责令停业整顿，降低资质等级；情节严重的，吊销资质证书。对因该项承揽工程不符合规定的质量标准造成的损失，建筑施工企业与使用本企业名义的单位或者个人承担连带赔偿责任。

第六十七条　承包单位将承包的工程转包的，或者违反本法规定进行分包的，责令改正，没收违法所得，并处罚款，可以责令停业整顿，降低资质等级；情节严重的，吊销资质证书。

承包单位有前款规定的违法行为的，对因转包工程或者违法分包的工程不符合规定的质量标准造成的损失，与接受转包或者分包的单位承担连带赔偿责任。

第六十八条　在工程发包与承包中索贿、受贿、行贿，构成犯罪的，依法追究刑事责任；不构成犯罪的，分别处以罚款，没收贿赂的财物，对直接负责的主管人员和其他直接责任人员给予处分。

对在工程承包中行贿的承包单位，除依照前款规定处罚外，可以责令停业整顿，降低资质等级或者吊销资质证书。

第六十九条　工程监理单位与建设单位或者建筑施工企业串通，弄虚作假、降低工程质量的，责令改正，处以罚款，降低资质等级或者吊销资质证书；有违法所得的，予以没收；造成损失的，承担连带赔偿责任；构成犯罪的，依法追究刑事责任。

工程监理单位转让监理业务的，责令改正，没收违法所得，可以责令停业整顿，降低资质等级；情节严重的，吊销资质证书。

第七十条　违反本法规定，涉及建筑主体或者承重结构变动的装修工程擅自施工的，责令改正，处以罚款；造成损失的，承担赔偿责任；构成犯罪的，依法追究刑事责任。

第七十一条　建筑施工企业违反本法规定，对建筑安全事故隐患不采取措施予以消除的，责令改正，可以处以罚款；情节严重的，责令停业整顿，降低资质等级或者吊销资质证书；构成犯罪的，依法追究刑事责任。

建筑施工企业的管理人员违章指挥、强令职工冒险作业，因而发生重大伤亡事故或者造成其他严重后果的，依法追究刑事责任。

第七十二条　建设单位违反本法规定，要求建筑设计单位或者建筑施工企业违反建筑工程质量、安全标准，降低工程质量的，责令改正，可以处以罚款；构成犯罪的，依法追究刑事责任。

第七十三条　建筑设计单位不按照建筑工程质量、安全标准进行设计的，责令改正，处以罚款；造成工程质量事故的，责令停业整顿，降低资质等级或者吊销资质证书，没收违法所得，并处罚款；造成损失的，承担赔偿责任；构成犯罪的，依法追究刑事责任。

第七十四条　建筑施工企业在施工中偷工减料的，使用不合格的建筑材料、建筑构配件和设备的，或者有其他不按照工程设计图纸或者施工技术标准施工的行为的，责令改正，处以罚款；情节严重的，责令停业整顿，降低资质等级或者吊销资质证书；造成建筑工程质量不符合规定的质量标准的，负责返工、修理，并赔偿因此造成的损失；构成犯罪的，依法追究刑事责任。

第七十五条　建筑施工企业违反本法规定，不履行保修义务或者拖延履行保修义务的，责令改正，可以处以罚款，并对在保修期内因屋顶、墙面渗漏、开裂等质量缺陷造成的损失，承担赔偿责任。

第七十六条　本法规定的责令停业整顿、降低资质等级和吊销资质证书的行政处罚，由颁发资质证书的机关决定；其他行政处罚，由建设行政主管部门或者有关部门依照法律和国务院规定的职权范围决定。

依照本法规定被吊销资质证书的，由工商行政管理部门吊销其营业执照。

第七十七条　违反本法规定，对不具备相应资质等级条件的单位颁发该等级资质证书的，由其上级机关责令收回所发的资质证书，对直接负责的主管人员和其他直接责任人员给予行政处分；构成犯罪的，依法追究刑事责任。

第七十八条　政府及其所属部门的工作人员违反本法规定，限定发包单位将招标发包的工程发包给指定的承包单位的，由上级机关责令改正；构成犯罪的，依法追究刑事责任。

第七十九条　负责颁发建筑工程施工许可证的部门及其工作人员对不符合施工条件的建筑工程颁发施工许可证的，负责工程质量监督检查或者竣工验收的部门及其工作人员对不合格的建筑工程出具质量合格文件或者按合格工程验收的，由上级机关责令改正，对责任人员给予行政处分；构成犯罪的，依法追究刑事责任；造成损失的，由该部门承担相应的赔偿责任。

第八十条 在建筑物的合理使用寿命内，因建筑工程质量不合格受到损害的，有权向责任者要求赔偿。

第八章 附 则

第八十一条 本法关于施工许可、建筑施工企业资质审查和建筑工程发包、承包、禁止转包，以及建筑工程监理、建筑工程安全和质量管理的规定，适用于其他专业建筑工程的建筑活动，具体办法由国务院规定。

第八十二条 建设行政主管部门和其他有关部门在对建筑活动实施监督管理中，除按照国务院有关规定收取费用外，不得收取其他费用。

第八十三条 省、自治区、直辖市人民政府确定的小型房屋建筑工程的建筑活动，参照本法执行。

依法核定作为文物保护的纪念建筑物和古建筑等的修缮，依照文物保护的有关法律规定执行。

抢险救灾及其他临时性房屋建筑和农民自建低层住宅的建筑活动，不适用本法。

第八十四条 军用房屋建筑工程建筑活动的具体管理办法，由国务院、中央军事委员会依据本法制定。

第八十五条 本法自 1998 年 3 月 1 日起施行。

中华人民共和国行政处罚法

（1996 年 3 月 17 日第八届全国人民代表大会第四次会议通过，1996 年 3 月 17 日中华人民共和国主席令第 63 号公布，根据 2009 年 8 月 27 日第十一届全国人民代表大会常务委员会第十次会议《关于修改部分法律的决定》修正）

第一章 总 则

第一条 为了规范行政处罚的设定和实施，保障和监督行政机关有效实施行政管理，维护公共利益和社会秩序，保护公民、法人或者其他组织的合法权益，根据宪法，制定本法。

第二条 行政处罚的设定和实施，适用本法。

第三条 公民、法人或者其他组织违反行政管理秩序的行为，应当给予行政处罚的，依照本法由法律、法规或者规章规定，并由行政机关依照本法规定的程序实施。

没有法定依据或者不遵守法定程序的，行政处罚无效。

第四条　行政处罚遵循公正、公开的原则。

设定和实施行政处罚必须以事实为依据，与违法行为的事实、性质、情节以及社会危害程度相当。

对违法行为给予行政处罚的规定必须公布；未经公布的，不得作为行政处罚的依据。

第五条　实施行政处罚，纠正违法行为，应当坚持处罚与教育相结合，教育公民、法人或者其他组织自觉守法。

第六条　公民、法人或者其他组织对行政机关所给予的行政处罚，享有陈述权、申辩权；对行政处罚不服的，有权依法申请行政复议或者提起行政诉讼。

公民、法人或者其他组织因行政机关违法给予行政处罚受到损害的，有权依法提出赔偿要求。

第七条　公民、法人或者其他组织因违法受到行政处罚，其违法行为对他人造成损害的，应当依法承担民事责任。

违法行为构成犯罪的，应当依法追究刑事责任，不得以行政处罚代替刑事处罚。

第二章　行政处罚的种类和设定

第八条　行政处罚的种类：

（一）警告；

（二）罚款；

（三）没收违法所得、没收非法财物；

（四）责令停产停业；

（五）暂扣或者吊销许可证、暂扣或者吊销执照；

（六）行政拘留；

（七）法律、行政法规规定的其他行政处罚。

第九条　法律可以设定各种行政处罚。

限制人身自由的行政处罚，只能由法律设定。

第十条　行政法规可以设定除限制人身自由以外的行政处罚。

法律对违法行为已经作出行政处罚规定，行政法规需要作出具体规定的，必须在法律规定的给予行政处罚的行为、种类和幅度的范围内规定。

第十一条　地方性法规可以设定除限制人身自由、吊销企业营业执照以外的行政处罚。

法律、行政法规对违法行为已经作出行政处罚规定，地方性法规需要作出具体规定的，必须在法律、行政法规规定的给予行政处罚的行为、种类和幅度的范围内规定。

第十二条　国务院部、委员会制定的规章可以在法律、行政法规规定的给予行政处罚的行为、种类和幅度的范围内作出具体规定。

尚未制定法律、行政法规的，前款规定的国务院部、委员会制定的规章对违反行政管理秩序的行为，可以设定警告或者一定数量罚款的行政处罚。罚款的限额由国务院规定。

国务院可以授权具有行政处罚权的直属机构依照本条第一款、第二款的规定，规定行政处罚。

第十三条 省、自治区、直辖市人民政府和省、自治区人民政府所在地的市人民政府以及经国务院批准的较大的市人民政府制定的规章可以在法律、法规规定的给予行政处罚的行为、种类和幅度的范围内作出具体规定。

尚未制定法律、法规的，前款规定的人民政府制定的规章对违反行政管理秩序的行为，可以设定警告或者一定数量罚款的行政处罚。罚款的限额由省、自治区、直辖市人民代表大会常务委员会规定。

第十四条 除本法第九条、第十条、第十一条、第十二条以及第十三条的规定外，其他规范性文件不得设定行政处罚。

第三章 行政处罚的实施机关

第十五条 行政处罚由具有行政处罚权的行政机关在法定职权范围内实施。

第十六条 国务院或者经国务院授权的省、自治区、直辖市人民政府可以决定一个行政机关行使有关行政机关的行政处罚权，但限制人身自由的行政处罚权只能由公安机关行使。

第十七条 法律、法规授权的具有管理公共事务职能的组织可以在法定授权范围内实施行政处罚。

第十八条 行政机关依照法律、法规或者规章的规定，可以在其法定权限内委托符合本法第十九条规定条件的组织实施行政处罚。行政机关不得委托其他组织或者个人实施行政处罚。

委托行政机关对受委托的组织实施行政处罚的行为应当负责监督，并对该行为的后果承担法律责任。

受委托组织在委托范围内，以委托行政机关名义实施行政处罚；不得再委托其他任何组织或者个人实施行政处罚。

第十九条 受委托组织必须符合以下条件：

（一）依法成立的管理公共事务的事业组织；

（二）具有熟悉有关法律、法规、规章和业务的工作人员；

（三）对违法行为需要进行技术检查或者技术鉴定的，应当有条件组织进行相应的技术检查或者技术鉴定。

第四章 行政处罚的管辖和适用

第二十条 行政处罚由违法行为发生地的县级以上地方人民政府具有行政处罚权的行政机关管辖。法律、行政法规另有规定的除外。

第二十一条 对管辖发生争议的，报请共同的上一级行政机关指定管辖。

第二十二条 违法行为构成犯罪的，行政机关必须将案件移送司法机关，依法追究刑事责任。

第二十三条 行政机关实施行政处罚时，应当责令当事人改正或者限期改正违法行为。

第二十四条　对当事人的同一个违法行为，不得给予两次以上罚款的行政处罚。

第二十五条　不满 14 周岁的人有违法行为的，不予行政处罚，责令监护人加以管教；已满 14 周岁不满 18 周岁的人有违法行为的，从轻或者减轻行政处罚。

第二十六条　精神病人在不能辨认或者不能控制自己行为时有违法行为的，不予行政处罚，但应当责令其监护人严加看管和治疗。间歇性精神病人在精神正常时有违法行为的，应当给予行政处罚。

第二十七条　当事人有下列情形之一的，应当依法从轻或者减轻行政处罚：

（一）主动消除或者减轻违法行为危害后果的；

（二）受他人胁迫有违法行为的；

（三）配合行政机关查处违法行为有立功表现的；

（四）其他依法从轻或者减轻行政处罚的。

违法行为轻微并及时纠正，没有造成危害后果的，不予行政处罚。

第二十八条　违法行为构成犯罪，人民法院判处拘役或者有期徒刑时，行政机关已经给予当事人行政拘留的，应当依法折抵相应刑期。

违法行为构成犯罪，人民法院判处罚金时，行政机关已经给予当事人罚款的，应当折抵相应罚金。

第二十九条　违法行为在两年内未被发现的，不再给予行政处罚。法律另有规定的除外。

前款规定的期限，从违法行为发生之日起计算；违法行为有连续或者继续状态的，从行为终了之日起计算。

第五章　行政处罚的决定

第三十条　公民、法人或者其他组织违反行政管理秩序的行为，依法应当给予行政处罚的，行政机关必须查明事实；违法事实不清的，不得给予行政处罚。

第三十一条　行政机关在作出行政处罚决定之前，应当告知当事人作出行政处罚决定的事实、理由及依据，并告知当事人依法享有的权利。

第三十二条　当事人有权进行陈述和申辩。行政机关必须充分听取当事人的意见，对当事人提出的事实、理由和证据，应当进行复核；当事人提出的事实、理由或者证据成立的，行政机关应当采纳。

行政机关不得因当事人申辩而加重处罚。

第一节　简易程序

第三十三条　违法事实确凿并有法定依据，对公民处以 50 元以下、对法人或者其他组织处以 1000 元以下罚款或者警告的行政处罚的，可以当场作出行政处罚决定。当事人应当依照本法第四十六条、第四十七条、第四十八条的规定履行行政处罚决定。

第三十四条　执法人员当场作出行政处罚决定的，应当向当事人出示执法身份证件，填写预定格式、编有号码的行政处罚决定书。行政处罚决定书应当当场交付当事人。

前款规定的行政处罚决定书应当载明当事人的违法行为、行政处罚依据、罚款数额、时间、地点以及行政机关名称，并由执法人员签名或者盖章。

执法人员当场作出的行政处罚决定，必须报所属行政机关备案。

第三十五条　当事人对当场作出的行政处罚决定不服的，可以依法申请行政复议或者提起行政诉讼。

第二节　一般程序

第三十六条　除本法第三十三条规定的可以当场作出的行政处罚外，行政机关发现公民、法人或者其他组织有依法应当给予行政处罚的行为的，必须全面、客观、公正地调查，收集有关证据；必要时，依照法律、法规的规定，可以进行检查。

第三十七条　行政机关在调查或者进行检查时，执法人员不得少于两人，并应当向当事人或者有关人员出示证件。当事人或者有关人员应当如实回答询问，并协助调查或者检查，不得阻挠。询问或者检查应当制作笔录。

行政机关在收集证据时，可以采取抽样取证的方法；在证据可能灭失或者以后难以取得的情况下，经行政机关负责人批准，可以先行登记保存，并应当在七日内及时作出处理决定，在此期间，当事人或者有关人员不得销毁或者转移证据。

执法人员与当事人有直接利害关系的，应当回避。

第三十八条　调查终结，行政机关负责人应当对调查结果进行审查，根据不同情况，分别作出如下决定：

（一）确有应受行政处罚的违法行为的，根据情节轻重及具体情况，作出行政处罚决定；

（二）违法行为轻微，依法可以不予行政处罚的，不予行政处罚；

（三）违法事实不能成立的，不得给予行政处罚；

（四）违法行为已构成犯罪的，移送司法机关。

对情节复杂或者重大违法行为给予较重的行政处罚，行政机关的负责人应当集体讨论决定。

第三十九条　行政机关依照本法第三十八条的规定给予行政处罚，应当制作行政处罚决定书。行政处罚决定书应当载明下列事项：

（一）当事人的姓名或者名称、地址；

（二）违反法律、法规或者规章的事实和证据；

（三）行政处罚的种类和依据；

（四）行政处罚的履行方式和期限；

（五）不服行政处罚决定，申请行政复议或者提起行政诉讼的途径和期限；

（六）作出行政处罚决定的行政机关名称和作出决定的日期。

行政处罚决定书必须盖有作出行政处罚决定的行政机关的印章。

第四十条　行政处罚决定书应当在宣告后当场交付当事人；当事人不在场的，行政机关应当在七日内依照民事诉讼法的有关规定，将行政处罚决定书送达当事人。

第四十一条　行政机关及其执法人员在作出行政处罚决定之前，不依照本法第三十一条、第三十二条的规定向当事人告知给予行政处罚的事实、理由和依据，或者拒绝听取当事人的陈述、申辩，行政处罚决定不能成立；当事人放弃陈述或者申辩权利的除外。

第三节　听证程序

第四十二条　行政机关作出责令停产停业、吊销许可证或者执照、较大数额罚款等行政处罚决定之前，应当告知当事人有要求举行听证的权利；当事人要求听证的，行政机关应当组织听证。当事人不承担行政机关组织听证的费用。听证依照以下程序组织：

（一）当事人要求听证的，应当在行政机关告知后3日内提出；

（二）行政机关应当在听证的7日前，通知当事人举行听证的时间、地点；

（三）除涉及国家秘密、商业秘密或者个人隐私外，听证公开举行；

（四）听证由行政机关指定的非本案调查人员主持；当事人认为主持人与本案有直接利害关系的，有权申请回避；

（五）当事人可以亲自参加听证，也可以委托一至两人代理；

（六）举行听证时，调查人员提出当事人违法的事实、证据和行政处罚建议；当事人进行申辩和质证；

（七）听证应当制作笔录；笔录应当交当事人审核无误后签字或者盖章。

当事人对限制人身自由的行政处罚有异议的，依照治安管理处罚条例有关规定执行。

第四十三条　听证结束后，行政机关依照本法第三十八条的规定，作出决定。

第六章　行政处罚的执行

第四十四条　行政处罚决定依法作出后，当事人应当在行政处罚决定的期限内，予以履行。

第四十五条　当事人对行政处罚决定不服申请行政复议或者提起行政诉讼的，行政处罚不停止执行，法律另有规定的除外。

第四十六条　作出罚款决定的行政机关应当与收缴罚款的机构分离。

除依照本法第四十七条、第四十八条的规定当场收缴的罚款外，作出行政处罚决定的行政机关及其执法人员不得自行收缴罚款。

当事人应当自收到行政处罚决定书之日起15日内，到指定的银行缴纳罚款。银行应当收受罚款，并将罚款直接上缴国库。

第四十七条　依照本法第三十三条的规定当场作出行政处罚决定，有下列情形之一的，执法人员可以当场收缴罚款：

（一）依法给予20元以下的罚款的；

（二）不当场收缴事后难以执行的。

第四十八条　在边远、水上、交通不便地区，行政机关及其执法人员依照本法第三十三条、第三十八条的规定作出罚款决定后，当事人向指定的银行缴纳罚款确有困难，经当事人提出，行政机关及其执法人员可以当场收缴罚款。

第四十九条　行政机关及其执法人员当场收缴罚款的，必须向当事人出具省、自治区、直辖市财政部门统一制发的罚款收据；不出具财政部门统一制发的罚款收缴的，当事人有权拒绝缴纳罚款。

第五十条 执法人员当场收缴的罚款，应当自收缴罚款之日起两日内，交至行政机关；在水上当场收缴的罚款，应当自抵岸之日起两日内交至行政机关；行政机关应当在两日内将罚款缴付指定的银行。

第五十一条 当事人逾期不履行行政处罚决定的，作出行政处罚决定的行政机关可以采取下列措施：

（一）到期不缴纳罚款的，每日按罚款数额的3%加处罚款；

（二）根据法律规定，将查封、扣押的财物拍卖或者将冻结的存款划拨抵缴罚款；

（三）申请人民法院强制执行。

第五十二条 当事人确有经济困难，需要延期或者分期缴纳罚款的，经当事人申请和行政机关批准，可以暂缓或者分期缴纳。

第五十三条 除依法应当予以销毁的物品外，依法没收的非法财物必须按照国家规定公开拍卖或者按照国家有关规定处理。

罚款、没收违法所得或者没收非法财物拍卖的款项，必须全部上缴国库，任何行政机关或者个人不得以任何形式截留、私分或者变相私分；财政部门不得以任何形式向作出行政处罚决定的行政机关返还罚款、没收的违法所得或者返还没收非法财物的拍卖款项。

第五十四条 行政机关应当建立健全对行政处罚的监督制度。县级以上人民政府应当加强对行政处罚的监督检查。

公民、法人或者其他组织对行政机关作出的行政处罚，有权申诉或者检举；行政机关应当认真审查，发现行政处罚有错误的，应当主动改正。

第七章 法律责任

第五十五条 行政机关实施行政处罚，有下列情形之一的，由上级行政机关或者有关部门责令改正，可以对直接负责的主管人员和其他直接责任人员依法给予行政处分：

（一）没有法定的行政处罚依据的；

（二）擅自改变行政处罚种类、幅度的；

（三）违反法定的行政处罚程序的；

（四）违反本法第十八条关于委托处罚的规定的。

第五十六条 行政机关对当事人进行处罚不使用罚款、没收财物单据或者使用非法定部门制发的罚款、没收财物单据的，当事人有权拒绝处罚，并有权予以检举。上级行政机关或者有关部门对使用的非法单据予以收缴销毁，对直接负责的主管人员和其他直接责任人员依法给予行政处分。

第五十七条 行政机关违反本法第四十六条的规定自行收缴罚款的，财政部门违反本法第五十三条的规定向行政机关返还罚款或者拍卖款项的，由上级行政机关或者有关部门责令改正，对直接负责的主管人员和其他直接责任人员依法给予行政处分。

第五十八条 行政机关将罚款、没收的违法所得或者财物截留、私分或者变相私分的，由财政部门或者有关部门予以追缴，对直接负责的主管人员和其他直接责任人员依法给予行政处分；情节严重构成犯罪的，依法追究刑事责任。

执法人员利用职务上的便利，索取或者收受他人财物、收缴罚款据为己有，构成犯罪的，依法追究刑事责任；情节轻微不构成犯罪的，依法给予行政处分。

第五十九条 行政机关使用或者损毁扣押的财物，对当事人造成损失的，应当依法予以赔偿，对直接负责的主管人员和其他直接责任人员依法给予行政处分。

第六十条 行政机关违法实行检查措施或者执行措施，给公民人身或者财产造成损害、给法人或者其他组织造成损失的，应当依法予以赔偿，对直接负责的主管人员和其他直接责任人员依法给予行政处分；情节严重构成犯罪的，依法追究刑事责任。

第六十一条 行政机关为牟取本单位私利，对应当依法移交司法机关追究刑事责任的不移交，以行政处罚代替刑罚，由上级行政机关或者有关部门责令纠正；拒不纠正的，对直接负责的主管人员给予行政处分；徇私舞弊、包庇纵容违法行为的，比照刑法第一百八十八条的规定追究刑事责任。

第六十二条 执法人员玩忽职守，对应当予以制止和处罚的违法行为不予制止、处罚，致使公民、法人或者其他组织的合法权益、公共利益和社会秩序遭受损害的，对直接负责的主管人员和其他直接责任人员依法给予行政处分；情节严重构成犯罪的，依法追究刑事责任。

第八章 附 则

第六十三条 本法第四十六条罚款决定与罚款收缴分离的规定，由国务院制定具体实施办法。

第六十四条 本法自1996年10月1日起施行。

本法公布前制定的法规和规章关于行政处罚的规定与本法不符合的，应当自本法公布之日起，依照本法规定予以修订，在1997年12月31日前修订完毕。

附：

刑法有关条文

第一百八十八条 司法工作人员徇私舞弊，对明知是无罪的人而使他受追诉、对明知是有罪的人而故意包庇不使他受追诉，或者故意颠倒黑白做枉法裁判的，处5年以下有期徒刑、拘役或者剥夺政治权利；情节特别严重的，处5年以上有期徒刑。

中华人民共和国招标投标法

（第九届全国人民代表大会常务委员会第十一次会议通过，1999年8月30日
中华人民共和国主席令第21号发布，自2000年1月1日起施行）

第一章 总 则

第一条 为了规范招标投标活动，保护国家利益、社会公共利益和招标投标活动当事人的合法权益，提高经济效益，保证项目质量，制定本法。

第二条 在中华人民共和国境内进行招标投标活动，适用本法。

第三条　在中华人民共和国境内进行下列工程建设项目包括项目的勘察、设计、施工、监理以及与工程建设有关的重要设备、材料等的采购，必须进行招标：

（一）大型基础设施、公用事业等关系社会公共利益、公众安全的项目；

（二）全部或者部分使用国有资金投资或者国家融资的项目；

（三）使用国际组织或者外国政府贷款、援助资金的项目。

前款所列项目的具体范围和规模标准，由国务院发展计划部门会同国务院有关部门制订，报国务院批准。

法律或者国务院对必须进行招标的其他项目的范围有规定的，依照其规定。

第四条　任何单位和个人不得将依法必须进行招标的项目化整为零或者以其他任何方式规避招标。

第五条　招标投标活动应当遵循公开、公平、公正和诚实信用的原则。

第六条　依法必须进行招标的项目，其招标投标活动不受地区或者部门的限制。任何单位和个人不得违法限制或者排斥本地区、本系统以外的法人或者其他组织参加投标，不得以任何方式非法干涉招标投标活动。

第七条　招标投标活动及其当事人应当接受依法实施的监督。

有关行政监督部门依法对招标投标活动实施监督，依法查处招标投标活动中的违法行为。

对招标投标活动的行政监督及有关部门的具体职权划分，由国务院规定。

第二章　招　　标

第八条　招标人是依照本法规定提出招标项目、进行招标的法人或者其他组织。

第九条　招标项目按照国家有关规定需要履行项目审批手续的，应当先履行审批手续，取得批准。

招标人应当有进行招标项目的相应资金或者资金来源已经落实，并应当在招标文件中如实载明。

第十条　招标分为公开招标和邀请招标。

公开招标，是指招标人以招标公告的方式邀请不特定的法人或者其他组织投标。

邀请招标，是指招标人以投标邀请书的方式邀请特定的法人或者其他组织投标。

第十一条　国务院发展计划部门确定的国家重点项目和省、自治区、直辖市人民政府确定的地方重点项目不适宜公开招标的，经国务院发展计划部门或者省、自治区、直辖市人民政府批准，可以进行邀请招标。

第十二条　招标人有权自行选择招标代理机构，委托其办理招标事宜。任何单位和个人不得以任何方式为招标人指定招标代理机构。

招标人具有编制招标文件和组织评标能力的，可以自行办理招标事宜。任何单位和个人不得强制其委托招标代理机构办理招标事宜。

依法必须进行招标的项目，招标人自行办理招标事宜的，应当向有关行政监督部门备案。

第十三条　招标代理机构是依法设立、从事招标代理业务并提供相关服务的社会中介组织。

招标代理机构应当具备下列条件：

（一）有从事招标代理业务的营业场所和相应资金；

（二）有能够编制招标文件和组织评标的相应专业力量；

（三）有符合本法第三十七条第三款规定条件、可以作为评标委员会成员人选的技术、经济等方面的专家库。

第十四条　从事工程建设项目招标代理业务的招标代理机构，其资格由国务院或者省、自治区、直辖市人民政府的建设行政主管部门认定。具体办法由国务院建设行政主管部门会同国务院有关部门制定。从事其他招标代理业务的招标代理机构，其资格认定的主管部门由国务院规定。

招标代理机构与行政机关和其他国家机关不得存在隶属关系或者其他利益关系。

第十五条　招标代理机构应当在招标人委托的范围内办理招标事宜，并遵守本法关于招标人的规定。

第十六条　招标人采用公开招标方式的，应当发布招标公告。依法必须进行招标的项目的招标公告，应当通过国家指定的报刊、信息网络或者其他媒介发布。

招标公告应当载明招标人的名称和地址、招标项目的性质、数量、实施地点和时间以及获取招标文件的办法等事项。

第十七条　招标人采用邀请招标方式的，应当向 3 个以上具备承担招标项目的能力、资信良好的特定的法人或者其他组织发出投标邀请书。

投标邀请书应当载明本法第十六条第二款规定的事项。

第十八条　招标人可以根据招标项目本身的要求，在招标公告或者投标邀请书中，要求潜在投标人提供有关资质证明文件和业绩情况，并对潜在投标人进行资格审查；国家对投标人的资格条件有规定的，依照其规定。

招标人不得以不合理的条件限制或者排斥潜在投标人，不得对潜在投标人实行歧视待遇。

第十九条　招标人应当根据招标项目的特点和需要编制招标文件。招标文件应当包括招标项目的技术要求、对投标人资格审查的标准、投标报价要求和评标标准等所有实质性要求和条件以及拟签订合同的主要条款。

国家对招标项目的技术、标准有规定的，招标人应当按照其规定在招标文件中提出相应要求。

招标项目需要划分标段、确定工期的，招标人应当合理划分标段、确定工期，并在招标文件中载明。

第二十条　招标文件不得要求或者标明特定的生产供应者以及含有倾向或者排斥潜在投标人的其他内容。

第二十一条　招标人根据招标项目的具体情况，可以组织潜在投标人踏勘项目现场。

第二十二条　招标人不得向他人透露已获取招标文件的潜在投标人的名称、数量以及可能影响公平竞争的有关招标投标的其他情况。

招标人设有标底的，标底必须保密。

第二十三条　招标人对已发出的招标文件进行必要的澄清或者修改的，应当在招标文件要求提交投标文件截止时间至少 15 日前，以书面形式通知所有招标文件收受人。该澄清或者修改的内容为招标文件的组成部分。

第二十四条　招标人应当确定投标人编制投标文件所需要的合理时间；但是，依法必须进行招标的项目，自招标文件开始发出之日起至投标人提交投标文件截止之日止，最短不得少于 20 日。

第三章　投　　标

第二十五条　投标人是响应招标、参加投标竞争的法人或者其他组织。

依法招标的科研项目允许个人参加投标的，投标的个人适用本法有关投标人的规定。

第二十六条　投标人应当具备承担招标项目的能力；国家有关规定对投标人资格条件或者招标文件对投标人资格条件有规定的，投标人应当具备规定的资格条件。

第二十七条　投标人应当按照招标文件的要求编制投标文件。投标文件应当对招标文件提出的实质性要求和条件作出响应。

招标项目属于建设施工的，投标文件的内容应当包括拟派出的项目负责人与主要技术人员的简历、业绩和拟用于完成招标项目的机械设备等。

第二十八条　投标人应当在招标文件要求提交投标文件的截止时间前，将投标文件送达投标地点。招标人收到投标文件后，应当签收保存，不得开启。投标人少于 3 个的，招标人应当依照本法重新招标。

在招标文件要求提交投标文件的截止时间后送达的投标文件，招标人应当拒收。

第二十九条　投标人在招标文件要求提交投标文件的截止时间前，可以补充、修改或者撤回已提交的投标文件，并书面通知招标人。补充、修改的内容为投标文件的组成部分。

第三十条　投标人根据招标文件载明的项目实际情况，拟在中标后将中标项目的部分非主体、非关键性工作进行分包的，应当在投标文件中载明。

第三十一条　两个以上法人或者其他组织可以组成一个联合体，以一个投标人的身份共同投标。

联合体各方均应当具备承担招标项目的相应能力；国家有关规定或者招标文件对投标人资格条件有规定的，联合体各方均应当具备规定的相应资格条件。由同一专业的单位组成的联合体，按照资质等级较低的单位确定资质等级。

联合体各方应当签订共同投标协议，明确约定各方拟承担的工作和责任，并将共同投标协议连同投标文件一并提交招标人。联合体中标的，联合体各方应当共同与招标人签订合同，就中标项目向招标人承担连带责任。

招标人不得强制投标人组成联合体共同投标，不得限制投标人之间的竞争。

第三十二条　投标人不得相互串通投标报价，不得排挤其他投标人的公平竞争，损害招标人或者其他投标人的合法权益。

投标人不得与招标人串通投标，损害国家利益、社会公共利益或者他人的合法权益。

禁止投标人以向招标人或者评标委员会成员行贿的手段谋取中标。

第三十三条 投标人不得以低于成本的报价竞标，也不得以他人名义投标或者以其他方式弄虚作假，骗取中标。

第四章 开标、评标和中标

第三十四条 开标应当在招标文件确定的提交投标文件截止时间的同一时间公开进行；开标地点应当为招标文件中预先确定的地点。

第三十五条 开标由招标人主持，邀请所有投标人参加。

第三十六条 开标时，由投标人或者其推选的代表检查投标文件的密封情况，也可以由招标人委托的公证机构检查并公证；经确认无误后，由工作人员当众拆封，宣读投标人名称、投标价格和投标文件的其他主要内容。

招标人在招标文件要求提交投标文件的截止时间前收到的所有投标文件，开标时都应当当众予以拆封、宣读。

开标过程应当记录，并存档备查。

第三十七条 评标由招标人依法组建的评标委员会负责。

依法必须进行招标的项目，其评标委员会由招标人的代表和有关技术、经济等方面的专家组成，成员人数为 5 人以上单数，其中技术、经济等方面的专家不得少于成员总数的 2/3。

前款专家应当从事相关领域工作满 8 年并具有高级职称或者具有同等专业水平，由招标人从国务院有关部门或者省、自治区、直辖市人民政府有关部门提供的专家名册或者招标代理机构的专家库内的相关专业的专家名单中确定；一般招标项目可以采取随机抽取方式，特殊招标项目可以由招标人直接确定。

与投标人有利害关系的人不得进入相关项目的评标委员会；已经进入的应当更换。

评标委员会成员的名单在中标结果确定前应当保密。

第三十八条 招标人应当采取必要的措施，保证评标在严格保密的情况下进行。

任何单位和个人不得非法干预、影响评标的过程和结果。

第三十九条 评标委员会可以要求投标人对投标文件中含义不明确的内容作必要的澄清或者说明，但是澄清或者说明不得超出投标文件的范围或者改变投标文件的实质性内容。

第四十条 评标委员会应当按照招标文件确定的评标标准和方法，对投标文件进行评审和比较；设有标底的，应当参考标底。评标委员会完成评标后，应当向招标人提出书面评标报告，并推荐合格的中标候选人。

招标人根据评标委员会提出的书面评标报告和推荐的中标候选人确定中标人。招标人也可以授权评标委员会直接确定中标人。

国务院对特定招标项目的评标有特别规定的，从其规定。

第四十一条 中标人的投标应当符合下列条件之一：

（一）能够最大限度地满足招标文件中规定的各项综合评价标准；

（二）能够满足招标文件的实质性要求，并且经评审的投标价格最低；但是投标价格低于成本的除外。

第四十二条　评标委员会经评审，认为所有投标都不符合招标文件要求的，可以否决所有投标。

依法必须进行招标的项目的所有投标被否决的，招标人应当依照本法重新招标。

第四十三条　在确定中标人前，招标人不得与投标人就投标价格、投标方案等实质性内容进行谈判。

第四十四条　评标委员会成员应当客观、公正地履行职务，遵守职业道德，对所提出的评审意见承担个人责任。

评标委员会成员不得私下接触投标人，不得收受投标人的财物或者其他好处。

评标委员会成员和参与评标的有关工作人员不得透露对投标文件的评审和比较、中标候选人的推荐情况以及与评标有关的其他情况。

第四十五条　中标人确定后，招标人应当向中标人发出中标通知书，并同时将中标结果通知所有未中标的投标人。

中标通知书对招标人和中标人具有法律效力。中标通知书发出后，招标人改变中标结果的，或者中标人放弃中标项目的，应当依法承担法律责任。

第四十六条　招标人和中标人应当自中标通知书发出之日起 30 日内，按照招标文件和中标人的投标文件订立书面合同。招标人和中标人不得再行订立背离合同实质性内容的其他协议。

招标文件要求中标人提交履约保证金的，中标人应当提交。

第四十七条　依法必须进行招标的项目，招标人应当自确定中标人之日起 15 日内，向有关行政监督部门提交招标投标情况的书面报告。

第四十八条　中标人应当按照合同约定履行义务，完成中标项目。中标人不得向他人转让中标项目，也不得将中标项目肢解后分别向他人转让。

中标人按照合同约定或者经招标人同意，可以将中标项目的部分非主体、非关键性工作分包给他人完成。接受分包的人应当具备相应的资格条件，并不得再次分包。

中标人应当就分包项目向招标人负责，接受分包的人就分包项目承担连带责任。

第五章　法律责任

第四十九条　违反本法规定，必须进行招标的项目而不招标的，将必须进行招标的项目化整为零或者以其他任何方式规避招标的，责令限期改正，可以处项目合同金额5‰以上10‰以下的罚款；对全部或者部分使用国有资金的项目，可以暂停项目执行或者暂停资金拨付；对单位直接负责的主管人员和其他直接责任人员依法给予处分。

第五十条　招标代理机构违反本法规定，泄露应当保密的与招标投标活动有关的情况和资料的，或者与招标人、投标人串通损害国家利益、社会公共利益或者他人合法权益的，处 5 万元以上 25 万元以下的罚款，对单位直接负责的主管人员和其他直接责任人员处单位罚款数额 5% 以上 10% 以下的罚款；有违法所得的，并处没收违法所得；情节严重的，暂停直至取消招标代理资格；构成犯罪的，依法追究刑事责任。给他人造成损失的，依法承担赔偿责任。

前款所列行为影响中标结果的，中标无效。

第五十一条　招标人以不合理的条件限制或者排斥潜在投标人的，对潜在投标人实行歧视待遇的，强制要求投标人组成联合体共同投标的，或者限制投标人之间竞争的，责令改正，可以处 1 万元以上 5 万元以下的罚款。

第五十二条　依法必须进行招标的项目的招标人向他人透露已获取招标文件的潜在投标人的名称、数量或者可能影响公平竞争的有关招标投标的其他情况的，或者泄露标底的，给予警告，可以并处 1 万元以上 10 万元以下的罚款；对单位直接负责的主管人员和其他直接责任人员依法给予处分；构成犯罪的，依法追究刑事责任。

前款所列行为影响中标结果的，中标无效。

第五十三条　投标人相互串通投标或者与招标人串通投标的，投标人以向招标人或者评标委员会成员行贿的手段谋取中标的，中标无效，处中标项目金额 5‰以上 10‰以下的罚款，对单位直接负责的主管人员和其他直接责任人员处单位罚款数额 5% 以上 10% 以下的罚款；有违法所得的，并处没收违法所得；情节严重的，取消其一年至两年内参加依法必须进行招标的项目的投标资格并予以公告，直至由工商行政管理机关吊销营业执照；构成犯罪的，依法追究刑事责任。给他人造成损失的，依法承担赔偿责任。

第五十四条　投标人以他人名义投标或者以其他方式弄虚作假，骗取中标的，中标无效，给招标人造成损失的，依法承担赔偿责任；构成犯罪的，依法追究刑事责任。

依法必须进行招标的项目的投标人有前款所列行为尚未构成犯罪的，处中标项目金额 5‰以上 10‰以下的罚款，对单位直接负责的主管人员和其他直接责任人员处单位罚款数额 5% 以上 10% 以下的罚款；有违法所得的，并处没收违法所得；情节严重的，取消其一年至三年内参加依法必须进行招标的项目的投标资格并予以公告，直至由工商行政管理机关吊销营业执照。

第五十五条　依法必须进行招标的项目，招标人违反本法规定，与投标人就投标价格、投标方案等实质性内容进行谈判的，给予警告，对单位直接负责的主管人员和其他直接责任人员依法给予处分。

前款所列行为影响中标结果的，中标无效。

第五十六条　评标委员会成员收受投标人的财物或者其他好处的，评标委员会成员或者参加评标的有关工作人员向他人透露对投标文件的评审和比较、中标候选人的推荐以及与评标有关的其他情况的，给予警告，没收收受的财物，可以并处 3000 元以上 5 万元以下的罚款，对有所列违法行为的评标委员会成员取消担任评标委员会成员的资格，不得再参加任何依法必须进行招标的项目的评标；构成犯罪的，依法追究刑事责任。

第五十七条　招标人在评标委员会依法推荐的中标候选人以外确定中标人的，依法必须进行招标的项目在所有投标被评标委员会否决后自行确定中标人的，中标无效。责令改正，可以处中标项目金额 5‰以上 10‰以下的罚款；对单位直接负责的主管人员和其他直接责任人员依法给予处分。

第五十八条　中标人将中标项目转让给他人的，将中标项目肢解后分别转让给他人的，违反本法规定将中标项目的部分主体、关键性工作分包给他人的，或者分包人再次分包的，转让、分包无效，处转让、分包项目金额 5‰以上 10‰以下的罚款；有违法所得的，并处没收违法所得；可以责令停业整顿；情节严重的，由工商行政管理机关吊销营业执照。

第五十九条 招标人与中标人不按照招标文件和中标人的投标文件订立合同的，或者招标人、中标人订立背离合同实质性内容的协议的，责令改正；可以处中标项目金额5‰以上10‰以下的罚款。

第六十条 中标人不履行与招标人订立的合同的，履约保证金不予退还，给招标人造成的损失超过履约保证金数额的，还应当对超过部分予以赔偿；没有提交履约保证金的，应当对招标人的损失承担赔偿责任。

中标人不按照与招标人订立的合同履行义务，情节严重的，取消其两年至五年内参加依法必须进行招标的项目的投标资格并予以公告，直至由工商行政管理机关吊销营业执照。

因不可抗力不能履行合同的，不适用前两款规定。

第六十一条 本章规定的行政处罚，由国务院规定的有关行政监督部门决定。本法已对实施行政处罚的机关作出规定的除外。

第六十二条 任何单位违反本法规定，限制或者排斥本地区、本系统以外的法人或者其他组织参加投标的，为招标人指定招标代理机构的，强制招标人委托招标代理机构办理招标事宜的，或者以其他方式干涉招标投标活动的，责令改正；对单位直接负责的主管人员和其他直接责任人员依法给予警告、记过、记大过的处分，情节较重的，依法给予降级、撤职、开除的处分。

个人利用职权进行前款违法行为的，依照前款规定追究责任。

第六十三条 对招标投标活动依法负有行政监督职责的国家机关工作人员徇私舞弊、滥用职权或者玩忽职守，构成犯罪的，依法追究刑事责任；不构成犯罪的，依法给予行政处分。

第六十四条 依法必须进行招标的项目违反本法规定，中标无效的，应当依照本法规定的中标条件从其余投标人中重新确定中标人或者依照本法重新进行招标。

第六章　附　　则

第六十五条 投标人和其他利害关系人认为招标投标活动不符合本法有关规定的，有权向招标人提出异议或者依法向有关行政监督部门投诉。

第六十六条 涉及国家安全、国家秘密、抢险救灾或者属于利用扶贫资金实行以工代赈、需要使用农民工等特殊情况，不适宜进行招标的项目，按照国家有关规定可以不进行招标。

第六十七条 使用国际组织或者外国政府贷款、援助资金的项目进行招标，贷款方、资金提供方对招标投标的具体条件和程序有不同规定的，可以适用其规定，但违背中华人民共和国的社会公共利益的除外。

第六十八条 本法自2000年1月1日起施行。

中华人民共和国行政许可法

（2003 年 8 月 27 日第十届全国人民代表大会常务委员会第四次会议通过，
2003 年 8 月 27 日中华人民共和国主席令第 7 号公布，自 2004 年 7 月 1 日起施行）

第一章 总 则

第一条 为了规范行政许可的设定和实施，保护公民、法人和其他组织的合法权益，维护公共利益和社会秩序，保障和监督行政机关有效实施行政管理，根据宪法，制定本法。

第二条 本法所称行政许可，是指行政机关根据公民、法人或者其他组织的申请，经依法审查，准予其从事特定活动的行为。

第三条 行政许可的设定和实施，适用本法。

有关行政机关对其他机关或者对其直接管理的事业单位的人事、财务、外事等事项的审批，不适用本法。

第四条 设定和实施行政许可，应当依照法定的权限、范围、条件和程序。

第五条 设定和实施行政许可，应当遵循公开、公平、公正的原则。

有关行政许可的规定应当公布；未经公布的，不得作为实施行政许可的依据。行政许可的实施和结果，除涉及国家秘密、商业秘密或者个人隐私的外，应当公开。

符合法定条件、标准的，申请人有依法取得行政许可的平等权利，行政机关不得歧视。

第六条 实施行政许可，应当遵循便民的原则，提高办事效率，提供优质服务。

第七条 公民、法人或者其他组织对行政机关实施行政许可，享有陈述权、申辩权；有权依法申请行政复议或者提起行政诉讼；其合法权益因行政机关违法实施行政许可受到损害的，有权依法要求赔偿。

第八条 公民、法人或者其他组织依法取得的行政许可受法律保护，行政机关不得擅自改变已经生效的行政许可。

行政许可所依据的法律、法规、规章修改或者废止，或者准予行政许可所依据的客观情况发生重大变化的，为了公共利益的需要，行政机关可以依法变更或者撤回已经生效的行政许可。由此给公民、法人或者其他组织造成财产损失的，行政机关应当依法给予补偿。

第九条 依法取得的行政许可，除法律、法规规定依照法定条件和程序可以转让的外，不得转让。

第十条 县级以上人民政府应当建立健全对行政机关实施行政许可的监督制度，加强对行政机关实施行政许可的监督检查。

行政机关应当对公民、法人或者其他组织从事行政许可事项的活动实施有效监督。

第二章 行政许可的设定

第十一条 设定行政许可，应当遵循经济和社会发展规律，有利于发挥公民、法人或者其他组织的积极性、主动性，维护公共利益和社会秩序，促进经济、社会和生态环境协调发展。

第十二条 下列事项可以设定行政许可：

（一）直接涉及国家安全、公共安全、经济宏观调控、生态环境保护以及直接关系人身健康、生命财产安全等特定活动，需要按照法定条件予以批准的事项；

（二）有限自然资源开发利用、公共资源配置以及直接关系公共利益的特定行业的市场准入等，需要赋予特定权利的事项；

（三）提供公众服务并且直接关系公共利益的职业、行业，需要确定具备特殊信誉、特殊条件或者特殊技能等资格、资质的事项；

（四）直接关系公共安全、人身健康、生命财产安全的重要设备、设施、产品、物品，需要按照技术标准、技术规范，通过检验、检测、检疫等方式进行审定的事项；

（五）企业或者其他组织的设立等，需要确定主体资格的事项；

（六）法律、行政法规规定可以设定行政许可的其他事项。

第十三条 本法第十二条所列事项，通过下列方式能够予以规范的，可以不设行政许可：

（一）公民、法人或者其他组织能够自主决定的；

（二）市场竞争机制能够有效调节的；

（三）行业组织或者中介机构能够自律管理的；

（四）行政机关采用事后监督等其他行政管理方式能够解决的。

第十四条 本法第十二条所列事项，法律可以设定行政许可。尚未制定法律的，行政法规可以设定行政许可。

必要时，国务院可以采用发布决定的方式设定行政许可。实施后，除临时性行政许可事项外，国务院应当及时提请全国人民代表大会及其常务委员会制定法律，或者自行制定行政法规。

第十五条 本法第十二条所列事项，尚未制定法律、行政法规的，地方性法规可以设定行政许可；尚未制定法律、行政法规和地方性法规的，因行政管理的需要，确需立即实施行政许可的，省、自治区、直辖市人民政府规章可以设定临时性的行政许可。临时性的行政许可实施满一年需要继续实施的，应当提请本级人民代表大会及其常务委员会制定地方性法规。

地方性法规和省、自治区、直辖市人民政府规章，不得设定应当由国家统一确定的公民、法人或者其他组织的资格、资质的行政许可；不得设定企业或者其他组织的设立登记及其前置性行政许可。其设定的行政许可，不得限制其他地区的个人或者企业到本地区从事生产经营和提供服务，不得限制其他地区的商品进入本地区市场。

第十六条 行政法规可以在法律设定的行政许可事项范围内，对实施该行政许可作出具体规定。

地方性法规可以在法律、行政法规设定的行政许可事项范围内，对实施该行政许可作出具体规定。

规章可以在上位法设定的行政许可事项范围内，对实施该行政许可作出具体规定。

法规、规章对实施上位法设定的行政许可作出的具体规定，不得增设行政许可；对行政许可条件作出的具体规定，不得增设违反上位法的其他条件。

第十七条　除本法第十四条、第十五条规定的外，其他规范性文件一律不得设定行政许可。

第十八条　设定行政许可，应当规定行政许可的实施机关、条件、程序、期限。

第十九条　起草法律草案、法规草案和省、自治区、直辖市人民政府规章草案，拟设定行政许可的，起草单位应当采取听证会、论证会等形式听取意见，并向制定机关说明设定该行政许可的必要性、对经济和社会可能产生的影响以及听取和采纳意见的情况。

第二十条　行政许可的设定机关应当定期对其设定的行政许可进行评价；对已设定的行政许可，认为通过本法第十三条所列方式能够解决的，应当对设定该行政许可的规定及时予以修改或者废止。

行政许可的实施机关可以对已设定的行政许可的实施情况及存在的必要性适时进行评价，并将意见报告该行政许可的设定机关。

公民、法人或者其他组织可以向行政许可的设定机关和实施机关就行政许可的设定和实施提出意见和建议。

第二十一条　省、自治区、直辖市人民政府对行政法规设定的有关经济事务的行政许可，根据本行政区域经济和社会发展情况，认为通过本法第十三条所列方式能够解决的，报国务院批准后，可以在本行政区域内停止实施该行政许可。

第三章　行政许可的实施机关

第二十二条　行政许可由具有行政许可权的行政机关在其法定职权范围内实施。

第二十三条　法律、法规授权的具有管理公共事务职能的组织，在法定授权范围内，以自己的名义实施行政许可。被授权的组织适用本法有关行政机关的规定。

第二十四条　行政机关在其法定职权范围内，依照法律、法规、规章的规定，可以委托其他行政机关实施行政许可。委托机关应当将受委托行政机关和受委托实施行政许可的内容予以公告。

委托行政机关对受委托行政机关实施行政许可的行为应当负责监督，并对该行为的后果承担法律责任。

受委托行政机关在委托范围内，以委托行政机关名义实施行政许可；不得再委托其他组织或者个人实施行政许可。

第二十五条　经国务院批准，省、自治区、直辖市人民政府根据精简、统一、效能的原则，可以决定一个行政机关行使有关行政机关的行政许可权。

第二十六条　行政许可需要行政机关内设的多个机构办理的，该行政机关应当确定一个机构统一受理行政许可申请，统一送达行政许可决定。

行政许可依法由地方人民政府两个以上部门分别实施的，本级人民政府可以确定一个部门受理行政许可申请并转告有关部门分别提出意见后统一办理，或者组织有关部门联合办理、集中办理。

第二十七条　行政机关实施行政许可，不得向申请人提出购买指定商品、接受有偿服务等不正当要求。

行政机关工作人员办理行政许可，不得索取或者收受申请人的财物，不得谋取其他利益。

第二十八条 对直接关系公共安全、人身健康、生命财产安全的设备、设施、产品、物品的检验、检测、检疫，除法律、行政法规规定由行政机关实施的外，应当逐步由符合法定条件的专业技术组织实施。专业技术组织及其有关人员对所实施的检验、检测、检疫结论承担法律责任。

第四章 行政许可的实施程序

第一节 申请与受理

第二十九条 公民、法人或者其他组织从事特定活动，依法需要取得行政许可的，应当向行政机关提出申请。申请书需要采用格式文本的，行政机关应当向申请人提供行政许可申请书格式文本。申请书格式文本中不得包含与申请行政许可事项没有直接关系的内容。

申请人可以委托代理人提出行政许可申请。但是，依法应当由申请人到行政机关办公场所提出行政许可申请的除外。

行政许可申请可以通过信函、电报、电传、传真、电子数据交换和电子邮件等方式提出。

第三十条 行政机关应当将法律、法规、规章规定的有关行政许可的事项、依据、条件、数量、程序、期限以及需要提交的全部材料的目录和申请书示范文本等在办公场所公示。

申请人要求行政机关对公示内容予以说明、解释的，行政机关应当说明、解释，提供准确、可靠的信息。

第三十一条 申请人申请行政许可，应当如实向行政机关提交有关材料和反映真实情况，并对其申请材料实质内容的真实性负责。行政机关不得要求申请人提交与其申请的行政许可事项无关的技术资料和其他材料。

第三十二条 行政机关对申请人提出的行政许可申请，应当根据下列情况分别作出处理：

（一）申请事项依法不需要取得行政许可的，应当即时告知申请人不受理；

（二）申请事项依法不属于本行政机关职权范围的，应当即时作出不予受理的决定，并告知申请人向有关行政机关申请；

（三）申请材料存在可以当场更正的错误的，应当允许申请人当场更正；

（四）申请材料不齐全或者不符合法定形式的，应当当场或者在 5 日内一次告知申请人需要补正的全部内容，逾期不告知的，自收到申请材料之日起即为受理；

（五）申请事项属于本行政机关职权范围，申请材料齐全、符合法定形式，或者申请人按照本行政机关的要求提交全部补正申请材料的，应当受理行政许可申请。

行政机关受理或者不予受理行政许可申请，应当出具加盖本行政机关专用印章和注明日期的书面凭证。

第三十三条　行政机关应当建立和完善有关制度，推行电子政务，在行政机关的网站上公布行政许可事项，方便申请人采取数据电文等方式提出行政许可申请；应当与其他行政机关共享有关行政许可信息，提高办事效率。

第二节　审查与决定

第三十四条　行政机关应当对申请人提交的申请材料进行审查。

申请人提交的申请材料齐全、符合法定形式，行政机关能够当场作出决定的，应当当场作出书面的行政许可决定。

根据法定条件和程序，需要对申请材料的实质内容进行核实的，行政机关应当指派两名以上工作人员进行核查。

第三十五条　依法应当先经下级行政机关审查后报上级行政机关决定的行政许可，下级行政机关应当在法定期限内将初步审查意见和全部申请材料直接报送上级行政机关。上级行政机关不得要求申请人重复提供申请材料。

第三十六条　行政机关对行政许可申请进行审查时，发现行政许可事项直接关系他人重大利益的，应当告知该利害关系人。申请人、利害关系人有权进行陈述和申辩。行政机关应当听取申请人、利害关系人的意见。

第三十七条　行政机关对行政许可申请进行审查后，除当场作出行政许可决定的外，应当在法定期限内按照规定程序作出行政许可决定。

第三十八条　申请人的申请符合法定条件、标准的，行政机关应当依法作出准予行政许可的书面决定。

行政机关依法作出不予行政许可的书面决定的，应当说明理由，并告知申请人享有依法申请行政复议或者提起行政诉讼的权利。

第三十九条　行政机关作出准予行政许可的决定，需要颁发行政许可证件的，应当向申请人颁发加盖本行政机关印章的下列行政许可证件：

（一）许可证、执照或者其他许可证书；

（二）资格证、资质证或者其他合格证书；

（三）行政机关的批准文件或者证明文件；

（四）法律、法规规定的其他行政许可证件。

行政机关实施检验、检测、检疫的，可以在检验、检测、检疫合格的设备、设施、产品、物品上加贴标签或者加盖检验、检测、检疫印章。

第四十条　行政机关作出的准予行政许可决定，应当予以公开，公众有权查阅。

第四十一条　法律、行政法规设定的行政许可，其适用范围没有地域限制的，申请人取得的行政许可在全国范围内有效。

第三节　期　限

第四十二条　除可以当场作出行政许可决定的外，行政机关应当自受理行政许可申请之日起20日内作出行政许可决定。20日内不能作出决定的，经本行政机关负责人批准，可以延长 10 日，并应当将延长期限的理由告知申请人。但是，法律、法规另有规定的，依照其规定。

依照本法第二十六条的规定，行政许可采取统一办理或者联合办理、集中办理的，办理的时间不得超过 45 日；45 日内不能办结的，经本级人民政府负责人批准，可以延长 15 日，并应当将延长期限的理由告知申请人。

第四十三条　依法应当先经下级行政机关审查后报上级行政机关决定的行政许可，下级行政机关应当自其受理行政许可申请之日起 20 日内审查完毕。但是，法律、法规另有规定的，依照其规定。

第四十四条　行政机关作出准予行政许可的决定，应当自作出决定之日起 10 日内向申请人颁发、送达行政许可证件，或者加贴标签、加盖检验、检测、检疫印章。

第四十五条　行政机关作出行政许可决定，依法需要听证、招标、拍卖、检验、检测、检疫、鉴定和专家评审的，所需时间不计算在本节规定的期限内。行政机关应当将所需时间书面告知申请人。

第四节　听　证

第四十六条　法律、法规、规章规定实施行政许可应当听证的事项，或者行政机关认为需要听证的其他涉及公共利益的重大行政许可事项，行政机关应当向社会公告，并举行听证。

第四十七条　行政许可直接涉及申请人与他人之间重大利益关系的，行政机关在作出行政许可决定前，应当告知申请人、利害关系人享有要求听证的权利；申请人、利害关系人在被告知听证权利之日起 5 日内提出听证申请的，行政机关应当在 20 日内组织听证。

申请人、利害关系人不承担行政机关组织听证的费用。

第四十八条　听证按照下列程序进行：

（一）行政机关应当于举行听证的 7 日前将举行听证的时间、地点通知申请人、利害关系人，必要时予以公告；

（二）听证应当公开举行；

（三）行政机关应当指定审查该行政许可申请的工作人员以外的人员为听证主持人，申请人、利害关系人认为主持人与该行政许可事项有直接利害关系的，有权申请回避；

（四）举行听证时，审查该行政许可申请的工作人员应当提供审查意见的证据、理由，申请人、利害关系人可以提出证据，并进行申辩和质证；

（五）听证应当制作笔录，听证笔录应当交听证参加人确认无误后签字或者盖章。

行政机关应当根据听证笔录，作出行政许可决定。

第五节　变更与延续

第四十九条　被许可人要求变更行政许可事项的，应当向作出行政许可决定的行政机关提出申请；符合法定条件、标准的，行政机关应当依法办理变更手续。

第五十条　被许可人需要延续依法取得的行政许可的有效期的，应当在该行政许可有效期届满三十日前向作出行政许可决定的行政机关提出申请。但是，法律、法规、规章另有规定的，依照其规定。

行政机关应当根据被许可人的申请，在该行政许可有效期届满前作出是否准予延续的决定；逾期未作决定的，视为准予延续。

第六节 特别规定

第五十一条 实施行政许可的程序，本节有规定的，适用本节规定；本节没有规定的，适用本章其他有关规定。

第五十二条 国务院实施行政许可的程序，适用有关法律、行政法规的规定。

第五十三条 实施本法第十二条第二项所列事项的行政许可的，行政机关应当通过招标、拍卖等公平竞争的方式作出决定。但是，法律、行政法规另有规定的，依照其规定。

行政机关通过招标、拍卖等方式作出行政许可决定的具体程序，依照有关法律、行政法规的规定。

行政机关按照招标、拍卖程序确定中标人、买受人后，应当作出准予行政许可的决定，并依法向中标人、买受人颁发行政许可证件。

行政机关违反本条规定，不采用招标、拍卖方式，或者违反招标、拍卖程序，损害申请人合法权益的，申请人可以依法申请行政复议或者提起行政诉讼。

第五十四条 实施本法第十二条第三项所列事项的行政许可，赋予公民特定资格，依法应当举行国家考试的，行政机关根据考试成绩和其他法定条件作出行政许可决定；赋予法人或者其他组织特定的资格、资质的，行政机关根据申请人的专业人员构成、技术条件、经营业绩和管理水平等的考核结果作出行政许可决定。但是，法律、行政法规另有规定的，依照其规定。

公民特定资格的考试依法由行政机关或者行业组织实施，公开举行。行政机关或者行业组织应当事先公布资格考试的报名条件、报考办法、考试科目以及考试大纲。但是，不得组织强制性的资格考试的考前培训，不得指定教材或者其他助考材料。

第五十五条 实施本法第十二条第四项所列事项的行政许可的，应当按照技术标准、技术规范依法进行检验、检测、检疫，行政机关根据检验、检测、检疫的结果作出行政许可决定。

行政机关实施检验、检测、检疫，应当自受理申请之日起5日内指派两名以上工作人员按照技术标准、技术规范进行检验、检测、检疫。不需要对检验、检测、检疫结果作进一步技术分析即可认定设备、设施、产品、物品是否符合技术标准、技术规范的，行政机关应当当场作出行政许可决定。

行政机关根据检验、检测、检疫结果，作出不予行政许可决定的，应当书面说明不予行政许可所依据的技术标准、技术规范。

第五十六条 实施本法第十二条第五项所列事项的行政许可，申请人提交的申请材料齐全、符合法定形式的，行政机关应当当场予以登记。需要对申请材料的实质内容进行核实的，行政机关依照本法第三十四条第三款的规定办理。

第五十七条 有数量限制的行政许可，两个或者两个以上申请人的申请均符合法定条件、标准的，行政机关应当根据受理行政许可申请的先后顺序作出准予行政许可的决定。但是，法律、行政法规另有规定的，依照其规定。

第五章 行政许可的费用

第五十八条 行政机关实施行政许可和对行政许可事项进行监督检查，不得收取任何费用。但是，法律、行政法规另有规定的，依照其规定。

行政机关提供行政许可申请书格式文本，不得收费。

行政机关实施行政许可所需经费应当列入本行政机关的预算，由本级财政予以保障，按照批准的预算予以核拨。

第五十九条 行政机关实施行政许可，依照法律、行政法规收取费用的，应当按照公布的法定项目和标准收费；所收取的费用必须全部上缴国库，任何机关或者个人不得以任何形式截留、挪用、私分或者变相私分。财政部门不得以任何形式向行政机关返还或者变相返还实施行政许可所收取的费用。

第六章 监督检查

第六十条 上级行政机关应当加强对下级行政机关实施行政许可的监督检查，及时纠正行政许可实施中的违法行为。

第六十一条 行政机关应当建立健全监督制度，通过核查反映被许可人从事行政许可事项活动情况的有关材料，履行监督责任。

行政机关依法对被许可人从事行政许可事项的活动进行监督检查时，应当将监督检查的情况和处理结果予以记录，由监督检查人员签字后归档。公众有权查阅行政机关监督检查记录。

行政机关应当创造条件，实现与被许可人、其他有关行政机关的计算机档案系统互联，核查被许可人从事行政许可事项活动情况。

第六十二条 行政机关可以对被许可人生产经营的产品依法进行抽样检查、检验、检测，对其生产经营场所依法进行实地检查。检查时，行政机关可以依法查阅或者要求被许可人报送有关材料；被许可人应当如实提供有关情况和材料。

行政机关根据法律、行政法规的规定，对直接关系公共安全、人身健康、生命财产安全的重要设备、设施进行定期检验。对检验合格的，行政机关应当发给相应的证明文件。

第六十三条 行政机关实施监督检查，不得妨碍被许可人正常的生产经营活动，不得索取或者收受被许可人的财物，不得谋取其他利益。

第六十四条 被许可人在作出行政许可决定的行政机关管辖区域外违法从事行政许可事项活动的，违法行为发生地的行政机关应当依法将被许可人的违法事实、处理结果抄告作出行政许可决定的行政机关。

第六十五条 个人和组织发现违法从事行政许可事项的活动，有权向行政机关举报，行政机关应当及时核实、处理。

第六十六条 被许可人未依法履行开发利用自然资源义务或者未依法履行利用公共资源义务的，行政机关应当责令限期改正；被许可人在规定期限内不改正的，行政机关应当依照有关法律、行政法规的规定予以处理。

第六十七条 取得直接关系公共利益的特定行业的市场准入行政许可的被许可人，应当按照国家规定的服务标准、资费标准和行政机关依法规定的条件，向用户提供安全、方便、稳定和价格合理的服务，并履行普遍服务的义务；未经作出行政许可决定的行政机关批准，不得擅自停业、歇业。

被许可人不履行前款规定的义务的，行政机关应当责令限期改正，或者依法采取有效措施督促其履行义务。

第六十八条 对直接关系公共安全、人身健康、生命财产安全的重要设备、设施，行政机关应当督促设计、建造、安装和使用单位建立相应的自检制度。

行政机关在监督检查时，发现直接关系公共安全、人身健康、生命财产安全的重要设备、设施存在安全隐患的，应当责令停止建造、安装和使用，并责令设计、建造、安装和使用单位立即改正。

第六十九条 有下列情形之一的，作出行政许可决定的行政机关或者其上级行政机关，根据利害关系人的请求或者依据职权，可以撤销行政许可：

（一）行政机关工作人员滥用职权、玩忽职守作出准予行政许可决定的；

（二）超越法定职权作出准予行政许可决定的；

（三）违反法定程序作出准予行政许可决定的；

（四）对不具备申请资格或者不符合法定条件的申请人准予行政许可的；

（五）依法可以撤销行政许可的其他情形。

被许可人以欺骗、贿赂等不正当手段取得行政许可的，应当予以撤销。

依照前两款的规定撤销行政许可，可能对公共利益造成重大损害的，不予撤销。

依照本条第一款的规定撤销行政许可，被许可人的合法权益受到损害的，行政机关应当依法给予赔偿。依照本条第二款的规定撤销行政许可的，被许可人基于行政许可取得的利益不受保护。

第七十条 有下列情形之一的，行政机关应当依法办理有关行政许可的注销手续：

（一）行政许可有效期届满未延续的；

（二）赋予公民特定资格的行政许可，该公民死亡或者丧失行为能力的；

（三）法人或者其他组织依法终止的；

（四）行政许可依法被撤销、撤回，或者行政许可证件依法被吊销的；

（五）因不可抗力导致行政许可事项无法实施的；

（六）法律、法规规定的应当注销行政许可的其他情形。

第七章 法律责任

第七十一条 违反本法第十七条规定设定的行政许可，有关机关应当责令设定该行政许可的机关改正，或者依法予以撤销。

第七十二条 行政机关及其工作人员违反本法的规定，有下列情形之一的，由其上级行政机关或者监察机关责令改正；情节严重的，对直接负责的主管人员和其他直接责任人员依法给予行政处分：

（一）对符合法定条件的行政许可申请不予受理的；

（二）不在办公场所公示依法应当公示的材料的；

（三）在受理、审查、决定行政许可过程中，未向申请人、利害关系人履行法定告知义务的；

（四）申请人提交的申请材料不齐全、不符合法定形式，不一次告知申请人必须补正的全部内容的；

（五）未依法说明不受理行政许可申请或者不予行政许可的理由的；

（六）依法应当举行听证而不举行听证的。

第七十三条 行政机关工作人员办理行政许可、实施监督检查，索取或者收受他人财物或者谋取其他利益，构成犯罪的，依法追究刑事责任；尚不构成犯罪的，依法给予行政处分。

第七十四条 行政机关实施行政许可，有下列情形之一的，由其上级行政机关或者监察机关责令改正，对直接负责的主管人员和其他直接责任人员依法给予行政处分；构成犯罪的，依法追究刑事责任：

（一）对不符合法定条件的申请人准予行政许可或者超越法定职权作出准予行政许可决定的；

（二）对符合法定条件的申请人不予行政许可或者不在法定期限内作出准予行政许可决定的；

（三）依法应当根据招标、拍卖结果或者考试成绩择优作出准予行政许可决定，未经招标、拍卖或者考试，或者不根据招标、拍卖结果或者考试成绩择优作出准予行政许可决定的。

第七十五条 行政机关实施行政许可，擅自收费或者不按照法定项目和标准收费的，由其上级行政机关或者监察机关责令退还非法收取的费用；对直接负责的主管人员和其他直接责任人员依法给予行政处分。

截留、挪用、私分或者变相私分实施行政许可依法收取的费用的，予以追缴；对直接负责的主管人员和其他直接责任人员依法给予行政处分；构成犯罪的，依法追究刑事责任。

第七十六条 行政机关违法实施行政许可，给当事人的合法权益造成损害的，应当依照国家赔偿法的规定给予赔偿。

第七十七条 行政机关不依法履行监督职责或者监督不力，造成严重后果的，由其上级行政机关或者监察机关责令改正，对直接负责的主管人员和其他直接责任人员依法给予行政处分；构成犯罪的，依法追究刑事责任。

第七十八条 行政许可申请人隐瞒有关情况或者提供虚假材料申请行政许可的，行政机关不予受理或者不予行政许可，并给予警告；行政许可申请属于直接关系公共安全、人身健康、生命财产安全事项的，申请人在一年内不得再次申请该行政许可。

第七十九条 被许可人以欺骗、贿赂等不正当手段取得行政许可的，行政机关应当依法给予行政处罚；取得的行政许可属于直接关系公共安全、人身健康、生命财产安全事项的，申请人在3年内不得再次申请该行政许可；构成犯罪的，依法追究刑事责任。

第八十条 被许可人有下列行为之一的，行政机关应当依法给予行政处罚；构成犯罪的，依法追究刑事责任：

（一）涂改、倒卖、出租、出借行政许可证件，或者以其他形式非法转让行政许可的；

（二）超越行政许可范围进行活动的；

（三）向负责监督检查的行政机关隐瞒有关情况、提供虚假材料或者拒绝提供反映其活动情况的真实材料的；

（四）法律、法规、规章规定的其他违法行为。

第八十一条 公民、法人或者其他组织未经行政许可，擅自从事依法应当取得行政许可的活动的，行政机关应当依法采取措施予以制止，并依法给予行政处罚；构成犯罪的，依法追究刑事责任。

第八章 附　　则

第八十二条 本法规定的行政机关实施行政许可的期限以工作日计算，不含法定节假日。

第八十三条 本法自2004年7月1日起施行。

本法施行前有关行政许可的规定，制定机关应当依照本法规定予以清理；不符合本法规定的，自本法施行之日起停止执行。

中华人民共和国注册建筑师条例

（1995年9月23日中华人民共和国国务院令第184号发布，自发布之日起施行）

第一章 总　　则

第一条 为了加强对注册建筑师的管理，提高建筑设计质量与水平，保障公民生命和财产安全，维护社会公共利益，制定本条例。

第二条 本条例所称注册建筑师，是指依法取得注册建筑师证书并从事房屋建筑设计及相关业务的人员。

注册建筑师分为一级注册建筑师和二级注册建筑师。

第三条 注册建筑师的考试、注册和执业，适用本条例。

第四条 国务院建设行政主管部门、人事行政主管部门和省、自治区、直辖市人民政府建设行政主管部门、人事行政主管部门依照本条例的规定对注册建筑师的考试、注册和执业实施指导和监督。

第五条 全国注册建筑师管理委员会和省、自治区、直辖市注册建筑师管理委员会，依照本条例的规定负责注册建筑师的考试和注册的具体工作。

全国注册建筑师管理委员会由国务院建设行政主管部门、人事行政主管部门、其他有关行政主管部门的代表和建筑设计专家组成。

省、自治区、直辖市注册建筑师管理委员会由省、自治区、直辖市建设行政主管部门、人事行政主管部门、其他有关行政主管部门的代表和建筑设计专家组成。

第六条 注册建筑师可以组建注册建筑师协会，维护会员的合法权益。

第二章　考试和注册

第七条 国家实行注册建筑师全国统一考试制度。注册建筑师全国统一考试办法，由国务院建设行政主管部门会同国务院人事行政主管部门商国务院其他有关行政主管部门共同制定，由全国注册建筑师管理委员会组织实施。

第八条 符合下列条件之一的，可以申请参加一级注册建筑师考试：

（一）取得建筑学硕士以上学位或者相近专业工学博士学位，并从事建筑设计或者相关业务2年以上的；

（二）取得建筑学学士学位或者相近专业工学硕士学位，并从事建筑设计或者相关业务3年以上的；

（三）具有建筑学专业大学本科毕业学历并从事建筑设计或者相关业务5年以上的，或者具有建筑学相近专业大学本科毕业学历并从事建筑设计或者相关业务7年以上的；

（四）取得高级工程师技术职称并从事建筑设计或者相关业务3年以上的，或者取得工程师技术职称并从事建筑设计或者相关业务5年以上的；

（五）不具有前四项规定的条件，但设计成绩突出，经全国注册建筑师管理委员会认定达到前四项规定的专业水平的。

第九条 符合下列条件之一的，可以申请参加二级注册建筑师考试：

（一）具有建筑学或者相近专业大学本科毕业以上学历，从事建筑设计或者相关业务2年以上的；

（二）具有建筑设计技术专业或者相近专业大专毕业以上学历，并从事建筑设计或者相关业务3年以上的；

（三）具有建筑设计技术专业4年制中专毕业学历，并从事建筑设计或者相关业务5年以上的；

（四）具有建筑设计技术相近专业中专毕业学历，并从事建筑设计或者相关业务7年以上的；

（五）取得助理工程师以上技术职称，并从事建筑设计或者相关业务3年以上的。

第十条 本条例施行前已取得高级、中级技术职称的建筑设计人员，经所在单位推荐，可以按照注册建筑师全国统一考试办法的规定，免予部分科目的考试。

第十一条 注册建筑师考试合格，取得相应的注册建筑师资格的，可以申请注册。

第十二条 一级注册建筑师的注册，由全国注册建筑师管理委员会负责；二级注册建筑师的注册，由省、自治区、直辖市注册建筑师管理委员会负责。

第十三条 有下列情形之一的，不予注册：

（一）不具有完全民事行为能力的；

（二）因受刑事处罚，自刑罚执行完毕之日起至申请注册之日止不满5年的；

（三）因在建筑设计或者相关业务中犯有错误受行政处罚或者撤职以上行政处分，自处罚、处分决定之日起至申请注册之日止不满2年的；

（四）受吊销注册建筑师证书的行政处罚，自处罚决定之日起至申请注册之日止不满5年的；

（五）有国务院规定不予注册的其他情形的。

第十四条 全国注册建筑师管理委员会和省、自治区、直辖市注册建筑师管理委员会依照本条例第十三条的规定，决定不予注册的，应当自决定之日起15日内书面通知申请人；申请人有异议的，可以自收到通知之日起15日内向国务院建设行政主管部门或者省、自治区、直辖市人民政府建设行政主管部门申请复议。

第十五条 全国注册建筑师管理委员会应当将准予注册的一级注册建筑师名单报国务院建设行政主管部门备案；省、自治区、直辖市注册建筑师管理委员会应当将准予注册的二级注册建筑师名单报省、自治区、直辖市人民政府建设行政主管部门备案。

国务院建设行政主管部门或者省、自治区、直辖市人民政府建设行政主管部门发现有关注册建筑师管理委员会的注册不符合本条例规定的，应当通知有关注册建筑师管理委员会撤销注册，收回注册建筑师证书。

第十六条 准予注册的申请人，分别由全国注册建筑师管理委员会和省、自治区、直辖市注册建筑师管理委员会核发由国务院建设行政主管部门统一制作的一级注册建筑师证书或者二级注册建筑师证书。

第十七条 注册建筑师注册的有效期为2年。有效期届满需要继续注册的，应当在期满前30日内办理注册手续。

第十八条 已取得注册建筑师证书的人员，除本条例第十五条第二款规定的情形外，注册后有下列情形之一的，由准予注册的全国注册建筑师管理委员会或者省、自治区、直辖市注册建筑师管理委员会撤销注册，收回注册建筑师证书：

（一）完全丧失民事行为能力的；

（二）受刑事处罚的；

（三）因在建筑设计或者相关业务中犯有错误，受到行政处罚或者撤职以上行政处分的；

（四）自行停止注册建筑师业务满2年的。

被撤销注册的当事人对撤销注册、收回注册建筑师证书有异议的，可以自接到撤销注册、收回注册建筑师证书的通知之日起15日内向国务院建设行政主管部门或者省、自治区、直辖市人民政府建设行政主管部门申请复议。

第十九条 被撤销注册的人员可以依照本条例的规定重新注册。

第三章 执 业

第二十条 注册建筑师的执业范围：

（一）建筑设计；

（二）建筑设计技术咨询；

（三）建筑物调查与鉴定；

（四）对本人主持设计的项目进行施工指导和监督；

（五）国务院建设行政主管部门规定的其他业务。

第二十一条　注册建筑师执行业务，应当加入建筑设计单位。

建筑设计单位的资质等级及其业务范围，由国务院建设行政主管部门规定。

第二十二条　一级注册建筑师的执业范围不受建筑规模和工程复杂程度的限制。二级注册建筑师的执业范围不得超越国家规定的建筑规模和工程复杂程度。

第二十三条　注册建筑师执行业务，由建筑设计单位统一接受委托并统一收费。

第二十四条　因设计质量造成的经济损失，由建筑设计单位承担赔偿责任；建筑设计单位有权向签字的注册建筑师追偿。

第四章　权利和义务

第二十五条　注册建筑师有权以注册建筑师的名义执行注册建筑师业务。

非注册建筑师不得以注册建筑师的名义执行注册建筑师业务。二级注册建筑师不得以一级注册建筑师的名义执行业务，也不得超越国家规定的二级注册建筑师的执业范围执行业务。

第二十六条　国家规定的一定跨度、跨径和高度以上的房屋建筑，应当由注册建筑师进行设计。

第二十七条　任何单位和个人修改注册建筑师的设计图纸，应当征得该注册建筑师同意；但是，因特殊情况不能征得该注册建筑师同意的除外。

第二十八条　注册建筑师应当履行下列义务：

（一）遵守法律、法规和职业道德，维护社会公共利益；

（二）保证建筑设计的质量，并在其负责的设计图纸上签字；

（三）保守在执业中知悉的单位和个人的秘密；

（四）不得同时受聘于两个以上建筑设计单位执行业务；

（五）不得准许他人以本人名义执行业务。

第五章　法律责任

第二十九条　以不正当手段取得注册建筑师考试合格资格或者注册建筑师证书的，由全国注册建筑师管理委员会或者省、自治区、直辖市注册建筑师管理委员会取消考试合格资格或者吊销注册建筑师证书；对负有直接责任的主管人员和其他直接责任人员，依法给予行政处分。

第三十条　未经注册擅自以注册建筑师名义从事注册建筑师业务的，由县级以上人民政府建设行政主管部门责令停止违法活动，没收违法所得，并可以处以违法所得5倍以下的罚款；造成损失的，应当承担赔偿责任。

第三十一条　注册建筑师违反本条例规定，有下列行为之一的，由县级以上人民政府建设行政主管部门责令停止违法活动，没收违法所得，并可以处以违法所得5倍以下的罚款；情节严重的，可以责令停止执行业务或者由全国注册建筑师管理委员会或者省、自治区、直辖市注册建筑师管理委员会吊销注册建筑师证书：

（一）以个人名义承接注册建筑师业务、收取费用的；

（二）同时受聘于两个以上建筑设计单位执行业务的；

（三）在建筑设计或者相关业务中侵犯他人合法权益的；

（四）准许他人以本人名义执行业务的；

（五）二级注册建筑师以一级注册建筑师的名义执行业务或者超越国家规定的执业范围执行业务的。

第三十二条 因建筑设计质量不合格发生重大责任事故，造成重大损失的，对该建筑设计负有直接责任的注册建筑师，由县级以上人民政府建设行政主管部门责令停止执行业务；情节严重的，由全国注册建筑师管理委员会或者省、自治区、直辖市注册建筑师管理委员会吊销注册建筑师证书。

第三十三条 违反本条例规定，未经注册建筑师同意擅自修改其设计图纸的，由县级以上人民政府建设行政主管部门责令纠正；造成损失的，应当承担赔偿责任。

第三十四条 违反本条例规定，构成犯罪的，依法追究刑事责任。

第六章 附 则

第三十五条 本条例所称建筑设计单位，包括专门从事建筑设计的工程设计单位和其他从事建筑设计的工程设计单位。

第三十六条 外国人申请参加中国注册建筑师全国统一考试和注册以及外国建筑师申请在中国境内执行注册建筑师业务，按照对等原则办理。

第三十七条 本条例自发布之日起施行。

建设工程质量管理条例

（2000 年 1 月 10 日国务院第 25 次常务会议通过，2000 年 1 月 30 日中华人民共和国国务院令第 279 号发布，自发布之日起施行）

第一章 总 则

第一条 为了加强对建设工程质量的管理，保证建设工程质量，保护人民生命和财产安全，根据《中华人民共和国建筑法》，制定本条例。

第二条 凡在中华人民共和国境内从事建设工程的新建、扩建、改建等有关活动及实施对建设工程质量监督管理的，必须遵守本条例。

本条例所称建设工程，是指土木工程、建筑工程、线路管道和设备安装工程及装修工程。

第三条 建设单位、勘察单位、设计单位、施工单位、工程监理单位依法对建设工程质量负责。

第四条 县级以上人民政府建设行政主管部门和其他有关部门应当加强对建设工程质量的监督管理。

第五条 从事建设工程活动，必须严格执行基本建设程序，坚持先勘察、后设计、再施工的原则。

县级以上人民政府及其有关部门不得超越权限审批建设项目或者擅自简化基本建设程序。

第六条 国家鼓励采用先进的科学技术和管理方法，提高建设工程质量。

第二章 建设单位的质量责任和义务

第七条 建设单位应当将工程发包给具有相应资质等级的单位。

建设单位不得将建设工程肢解发包。

第八条 建设单位应当依法对工程建设项目的勘察、设计、施工、监理以及与工程建设有关的重要设备、材料等的采购进行招标。

第九条 建设单位必须向有关的勘察、设计、施工、工程监理等单位提供与建设工程有关的原始资料。

原始资料必须真实、准确、齐全。

第十条 建设工程发包单位，不得迫使承包方以低于成本的价格竞标，不得任意压缩合理工期。

建设单位不得明示或者暗示设计单位或者施工单位违反工程建设强制性标准，降低建设工程质量。

第十一条 建设单位应当将施工图设计文件报县级以上人民政府建设行政主管部门或者其他有关部门审查。施工图设计文件审查的具体办法，由国务院建设行政主管部门会同国务院其他有关部门制定。

施工图设计文件未经审查批准的，不得使用。

第十二条 实行监理的建设工程，建设单位应当委托具有相应资质等级的工程监理单位进行监理，也可以委托具有工程监理相应资质等级并与被监理工程的施工承包单位没有隶属关系或者其他利害关系的该工程的设计单位进行监理。

下列建设工程必须实行监理：

（一）国家重点建设工程；

（二）大中型公用事业工程；

（三）成片开发建设的住宅小区工程；

（四）利用外国政府或者国际组织贷款、援助资金的工程；

（五）国家规定必须实行监理的其他工程。

第十三条 建设单位在领取施工许可证或者开工报告前，应当按照国家有关规定办理工程质量监督手续。

第十四条 按照合同约定，由建设单位采购建筑材料、建筑构配件和设备的，建设单位应当保证建筑材料、建筑构配件和设备符合设计文件和合同要求。

建设单位不得明示或者暗示施工单位使用不合格的建筑材料、建筑构配件和设备。

第十五条 涉及建筑主体和承重结构变动的装修工程，建设单位应当在施工前委托原设计单位或者具有相应资质等级的设计单位提出设计方案；没有设计方案的，不得施工。

房屋建筑使用者在装修过程中，不得擅自变动房屋建筑主体和承重结构。

第十六条 建设单位收到建设工程竣工报告后，应当组织设计、施工、工程监理等有关单位进行竣工验收。

建设工程竣工验收应当具备下列条件：

（一）完成建设工程设计和合同约定的各项内容；

（二）有完整的技术档案和施工管理资料；

（三）有工程使用的主要建筑材料、建筑构配件和设备的进场试验报告；

（四）有勘察、设计、施工、工程监理等单位分别签署的质量合格文件；

（五）有施工单位签署的工程保修书。

建设工程经验收合格的，方可交付使用。

第十七条 建设单位应当严格按照国家有关档案管理的规定，及时收集、整理建设项目各环节的文件资料，建立、健全建设项目档案，并在建设工程竣工验收后，及时向建设行政主管部门或者其他有关部门移交建设项目档案。

第三章　勘察、设计单位的质量责任和义务

第十八条 从事建设工程勘察、设计的单位应当依法取得相应等级的资质证书，并在其资质等级许可的范围内承揽工程。

禁止勘察、设计单位超越其资质等级许可的范围或者以其他勘察、设计单位的名义承揽工程。禁止勘察、设计单位允许其他单位或者个人以本单位的名义承揽工程。

勘察、设计单位不得转包或者违法分包所承揽的工程。

第十九条 勘察、设计单位必须按照工程建设强制性标准进行勘察、设计，并对其勘察、设计的质量负责。

注册建筑师、注册结构工程师等注册执业人员应当在设计文件上签字，对设计文件负责。

第二十条 勘察单位提供的地质、测量、水文等勘察成果必须真实、准确。

第二十一条 设计单位应当根据勘察成果文件进行建设工程设计。

设计文件应当符合国家规定的设计深度要求，注明工程合理使用年限。

第二十二条 设计单位在设计文件中选用的建筑材料、建筑构配件和设备，应当注明规格、型号、性能等技术指标，其质量要求必须符合国家规定的标准。

除有特殊要求的建筑材料、专用设备、工艺生产线等外，设计单位不得指定生产厂、供应商。

第二十三条 设计单位应当就审查合格的施工图设计文件向施工单位作出详细说明。

第二十四条 设计单位应当参与建设工程质量事故分析，并对因设计造成的质量事故，提出相应的技术处理方案。

第四章　施工单位的质量责任和义务

第二十五条 施工单位应当依法取得相应等级的资质证书，并在其资质等级许可的范围内承揽工程。

禁止施工单位超越本单位资质等级许可的业务范围或者以其他施工单位的名义承揽工程。禁止施工单位允许其他单位或者个人以本单位的名义承揽工程。

施工单位不得转包或者违法分包工程。

第二十六条 施工单位对建设工程的施工质量负责。

施工单位应当建立质量责任制，确定工程项目的项目经理、技术负责人和施工管理负责人。

建设工程实行总承包的，总承包单位应当对全部建设工程质量负责；建设工程勘察、设计、施工、设备采购的一项或者多项实行总承包的，总承包单位应当对其承包的建设工程或者采购的设备的质量负责。

第二十七条 总承包单位依法将建设工程分包给其他单位的，分包单位应当按照分包合同的约定对其分包工程的质量向总承包单位负责，总承包单位与分包单位对分包工程的质量承担连带责任。

第二十八条 施工单位必须按照工程设计图纸和施工技术标准施工，不得擅自修改工程设计，不得偷工减料。

施工单位在施工过程中发现设计文件和图纸有差错的，应当及时提出意见和建议。

第二十九条 施工单位必须按照工程设计要求、施工技术标准和合同约定，对建筑材料、建筑构配件、设备和商品混凝土进行检验，检验应当有书面记录和专人签字；未经检验或者检验不合格的，不得使用。

第三十条 施工单位必须建立、健全施工质量的检验制度，严格工序管理，作好隐蔽工程的质量检查和记录。隐蔽工程在隐蔽前，施工单位应当通知建设单位和建设工程质量监督机构。

第三十一条 施工人员对涉及结构安全的试块、试件以及有关材料，应当在建设单位或者工程监理单位监督下现场取样，并送具有相应资质等级的质量检测单位进行检测。

第三十二条 施工单位对施工中出现质量问题的建设工程或者竣工验收不合格的建设工程，应当负责返修。

第三十三条 施工单位应当建立、健全教育培训制度，加强对职工的教育培训；未经教育培训或者考核不合格的人员，不得上岗作业。

第五章　工程监理单位的质量责任和义务

第三十四条 工程监理单位应当依法取得相应等级的资质证书，并在其资质等级许可的范围内承担工程监理业务。

禁止工程监理单位超越本单位资质等级许可的范围或者以其他工程监理单位的名义承担工程监理业务。禁止工程监理单位允许其他单位或者个人以本单位的名义承担工程监理业务。

工程监理单位不得转让工程监理业务。

第三十五条 工程监理单位与被监理工程的施工承包单位以及建筑材料、建筑构配件和设备供应单位有隶属关系或者其他利害关系的，不得承担该项建设工程的监理业务。

第三十六条 工程监理单位应当依照法律、法规以及有关技术标准、设计文件和建设工程承包合同，代表建设单位对施工质量实施监理，并对施工质量承担监理责任。

第三十七条　工程监理单位应当选派具备相应资格的总监理工程师和监理工程师进驻施工现场。

未经监理工程师签字，建筑材料、建筑构配件和设备不得在工程上使用或者安装，施工单位不得进行下一道工序的施工。未经总监理工程师签字，建设单位不拨付工程款，不进行竣工验收。

第三十八条　监理工程师应当按照工程监理规范的要求，采取旁站、巡视和平行检验等形式，对建设工程实施监理。

第六章　建设工程质量保修

第三十九条　建设工程实行质量保修制度。

建设工程承包单位在向建设单位提交工程竣工验收报告时，应当向建设单位出具质量保修书。质量保修书中应当明确建设工程的保修范围、保修期限和保修责任等。

第四十条　在正常使用条件下，建设工程的最低保修期限为：

（一）基础设施工程、房屋建筑的地基基础工程和主体结构工程，为设计文件规定的该工程的合理使用年限；

（二）屋面防水工程、有防水要求的卫生间、房间和外墙面的防渗漏，为5年；

（三）供热与供冷系统，为2个采暖期、供冷期；

（四）电气管线、给排水管道、设备安装和装修工程，为2年。

其他项目的保修期限由发包方与承包方约定。

建设工程的保修期，自竣工验收合格之日起计算。

第四十一条　建设工程在保修范围和保修期限内发生质量问题的，施工单位应当履行保修义务，并对造成的损失承担赔偿责任。

第四十二条　建设工程在超过合理使用年限后需要继续使用的，产权所有人应当委托具有相应资质等级的勘察、设计单位鉴定，并根据鉴定结果采取加固、维修等措施，重新界定使用期。

第七章　监督管理

第四十三条　国家实行建设工程质量监督管理制度。

国务院建设行政主管部门对全国的建设工程质量实施统一监督管理。国务院铁路、交通、水利等有关部门按照国务院规定的职责分工，负责对全国的有关专业建设工程质量的监督管理。

县级以上地方人民政府建设行政主管部门对本行政区域内的建设工程质量实施监督管理。县级以上地方人民政府交通、水利等有关部门在各自的职责范围内，负责对本行政区域内的专业建设工程质量的监督管理。

第四十四条　国务院建设行政主管部门和国务院铁路、交通、水利等有关部门应当加强对有关建设工程质量的法律、法规和强制性标准执行情况的监督检查。

第四十五条　国务院发展计划部门按照国务院规定的职责，组织稽查特派员，对国家出资的重大建设项目实施监督检查。

国务院经济贸易主管部门按照国务院规定的职责，对国家重大技术改造项目实施监督检查。

第四十六条　建设工程质量监督管理，可以由建设行政主管部门或者其他有关部门委托的建设工程质量监督机构具体实施。

从事房屋建筑工程和市政基础设施工程质量监督的机构，必须按照国家有关规定经国务院建设行政主管部门或者省、自治区、直辖市人民政府建设行政主管部门考核；从事专业建设工程质量监督的机构，必须按照国家有关规定经国务院有关部门或者省、自治区、直辖市人民政府有关部门考核。经考核合格后，方可实施质量监督。

第四十七条　县级以上地方人民政府建设行政主管部门和其他有关部门应当加强对有关建设工程质量的法律、法规和强制性标准执行情况的监督检查。

第四十八条　县级以上人民政府建设行政主管部门和其他有关部门履行监督检查职责时，有权采取下列措施：

（一）要求被检查的单位提供有关工程质量的文件和资料；

（二）进入被检查单位的施工现场进行检查；

（三）发现有影响工程质量的问题时，责令改正。

第四十九条　建设单位应当自建设工程竣工验收合格之日起 15 日内，将建设工程竣工验收报告和规划、公安消防、环保等部门出具的认可文件或者准许使用文件报建设行政主管部门或者其他有关部门备案。

建设行政主管部门或者其他有关部门发现建设单位在竣工验收过程中有违反国家有关建设工程质量管理规定行为的，责令停止使用，重新组织竣工验收。

第五十条　有关单位和个人对县级以上人民政府建设行政主管部门和其他有关部门进行的监督检查应当支持与配合，不得拒绝或者阻碍建设工程质量监督检查人员依法执行职务。

第五十一条　供水、供电、供气、公安消防等部门或者单位不得明示或者暗示建设单位、施工单位购买其指定的生产供应单位的建筑材料、建筑构配件和设备。

第五十二条　建设工程发生质量事故，有关单位应当在 24 小时内向当地建设行政主管部门和其他有关部门报告。对重大质量事故，事故发生地的建设行政主管部门和其他有关部门应当按照事故类别和等级向当地人民政府和上级建设行政主管部门和其他有关部门报告。

特别重大质量事故的调查程序按照国务院有关规定办理。

第五十三条　任何单位和个人对建设工程的质量事故、质量缺陷都有权检举、控告、投诉。

第八章　罚　　则

第五十四条　违反本条例规定，建设单位将建设工程发包给不具有相应资质等级的勘察、设计、施工单位或者委托给不具有相应资质等级的工程监理单位的，责令改正，处 50 万元以上 100 万元以下的罚款。

第五十五条　违反本条例规定，建设单位将建设工程肢解发包的，责令改正，处工程合同价款 0.5% 以上 1% 以下的罚款；对全部或者部分使用国有资金的项目，并可以暂停项目执行或者暂停资金拨付。

第五十六条 违反本条例规定，建设单位有下列行为之一的，责令改正，处 20 万元以上 50 万元以下的罚款：

（一）迫使承包方以低于成本的价格竞标的；

（二）任意压缩合理工期的；

（三）明示或者暗示设计单位或者施工单位违反工程建设强制性标准，降低工程质量的；

（四）施工图设计文件未经审查或者审查不合格，擅自施工的；

（五）建设项目必须实行工程监理而未实行工程监理的；

（六）未按照国家规定办理工程质量监督手续的；

（七）明示或者暗示施工单位使用不合格的建筑材料、建筑构配件和设备的；

（八）未按照国家规定将竣工验收报告、有关认可文件或者准许使用文件报送备案的。

第五十七条 违反本条例规定，建设单位未取得施工许可证或者开工报告未经批准，擅自施工的，责令停止施工，限期改正，处工程合同价款 1% 以上 2% 以下的罚款。

第五十八条 违反本条例规定，建设单位有下列行为之一的，责令改正，处工程合同价款 2% 以上 4% 以下的罚款；造成损失的，依法承担赔偿责任：

（一）未组织竣工验收，擅自交付使用的；

（二）验收不合格，擅自交付使用的；

（三）对不合格的建设工程按照合格工程验收的。

第五十九条 违反本条例规定，建设工程竣工验收后，建设单位未向建设行政主管部门或者其他有关部门移交建设项目档案的，责令改正，处 1 万元以上 10 万元以下的罚款。

第六十条 违反本条例规定，勘察、设计、施工、工程监理单位超越本单位资质等级承揽工程的，责令停止违法行为，对勘察、设计单位或者工程监理单位处合同约定的勘察费、设计费或者监理酬金 1 倍以上 2 倍以下的罚款；对施工单位处工程合同价款 2% 以上 4% 以下的罚款；可以责令停业整顿，降低资质等级；情节严重的，吊销资质证书；有违法所得的，予以没收。

未取得资质证书承揽工程的，予以取缔，依照前款规定处以罚款；有违法所得的，予以没收。

以欺骗手段取得资质证书承揽工程的，吊销资质证书，依照本条第一款规定处以罚款；有违法所得的，予以没收。

第六十一条 违反本条例规定，勘察、设计、施工、工程监理单位允许其他单位或者个人以本单位名义承揽工程的，责令改正，没收违法所得，对勘察、设计单位和工程监理单位处合同约定的勘察费、设计费和监理酬金 1 倍以上 2 倍以下的罚款；对施工单位处工程合同价款 2% 以上 4% 以下的罚款；可以责令停业整顿，降低资质等级；情节严重的，吊销资质证书。

第六十二条 违反本条例规定，承包单位将承包的工程转包或者违法分包的，责令改正，没收违法所得，对勘察、设计单位处合同约定的勘察费、设计费25%以上50%以下的罚款；对施工单位处工程合同价款0.5%以上1%以下的罚款；可以责令停业整顿，降低资质等级；情节严重的，吊销资质证书。

工程监理单位转让工程监理业务的，责令改正，没收违法所得，处合同约定的监理酬金25%以上50%以下的罚款；可以责令停业整顿，降低资质等级；情节严重的，吊销资质证书。

第六十三条 违反本条例规定，有下列行为之一的，责令改正，处10万元以上30万元以下的罚款：

（一）勘察单位未按照工程建设强制性标准进行勘察的；

（二）设计单位未根据勘察成果文件进行工程设计的；

（三）设计单位指定建筑材料、建筑构配件的生产厂、供应商的；

（四）设计单位未按照工程建设强制性标准进行设计的。

有前款所列行为，造成工程质量事故的，责令停业整顿，降低资质等级；情节严重的，吊销资质证书；造成损失的，依法承担赔偿责任。

第六十四条 违反本条例规定，施工单位在施工中偷工减料的，使用不合格的建筑材料、建筑构配件和设备的，或者有不按照工程设计图纸或者施工技术标准施工的其他行为的，责令改正，处工程合同价款2%以上4%以下的罚款；造成建设工程质量不符合规定的质量标准的，负责返工、修理、并赔偿因此造成的损失；情节严重的，责令停业整顿，降低资质等级或者吊销资质证书。

第六十五条 违反本条例规定，施工单位未对建筑材料、建筑构配件、设备和商品混凝土进行检验，或者未对涉及结构安全的试块、试件以及有关材料取样检测的，责令改正，处10万元以上20万元以下的罚款；情节严重的，责令停业整顿，降低资质等级或者吊销资质证书；造成损失的，依法承担赔偿责任。

第六十六条 违反本条例规定，施工单位不履行保修义务或者拖延履行保修义务的，责令改正，处10万元以上20万元以下的罚款，并对在保修期内因质量缺陷造成的损失承担赔偿责任。

第六十七条 工程监理单位有下列行为之一的，责令改正，处50万元以上100万元以下的罚款，降低资质等级或者吊销资质证书；有违法所得的，予以没收；造成损失的，承担连带赔偿责任：

（一）与建设单位或者施工单位串通、弄虚作假、降低工程质量的；

（二）将不合格的建设工程、建筑材料、建筑构配件和设备按照合格签字的。

第六十八条 违反本条例规定，工程监理单位与被监理工程的施工承包单位以及建筑材料、建筑构配件和设备供应单位有隶属关系或者其他利害关系承担该项建设工程的监理业务的，责令改正，处5万元以上10万元以下的罚款，降低资质等级或者吊销资质证书；有违法所得的，予以没收。

第六十九条 违反本条例规定，涉及建筑主体或者承重结构变动的装修工程，没有设计方案擅自施工的，责令改正，处50万元以上100万元以下的罚款；房屋建筑使用者在装修过程中擅自变动房屋建筑主体和承重结构的，责令改正，处5万元以上10万元以下的罚款。

有前款所列行为，造成损失的，依法承担赔偿责任。

第七十条　发生重大工程质量事故隐瞒不报、谎报或者拖延报告期限的，对直接负责的主管人员和其他责任人员依法给予行政处分。

第七十一条　违反本条例规定，供水、供电、供气、公安消防等部门或者单位明示或者暗示建设单位或者施工单位购买其指定的生产供应单位的建筑材料、建筑构配件和设备的，责令改正。

第七十二条　违反本条例规定，注册建筑师、注册结构工程师、监理工程师等注册执业人员因过错造成质量事故的，责令停止执业1年；造成重大质量事故的，吊销执业资格证书，5年以内不予注册；情节特别恶劣的，终身不予注册。

第七十三条　依照本条例规定，给予单位罚款处罚的，对单位直接负责的主管人员和其他直接责任人员处单位罚款数额5%以上10%以下的罚款。

第七十四条　建设单位、设计单位、施工单位、工程监理单位违反国家规定，降低工程质量标准，造成重大安全事故，构成犯罪的，对直接责任人员依法追究刑事责任。

第七十五条　本条例规定的责令停业整顿，降低资质等级和吊销资质证书的行政处罚，由颁发资质证书的机关决定；其他行政处罚，由建设行政主管部门或者其他有关部门依照法定职权决定。

依照本条例规定被吊销资质证书的，由工商行政管理部门吊销其营业执照。

第七十六条　国家机关工作人员在建设工程质量监督管理工作中玩忽职守、滥用职权、徇私舞弊，构成犯罪的，依法追究刑事责任；尚不构成犯罪的，依法给予行政处分。

第七十七条　建设、勘察、设计、施工、工程监理单位的工作人员因调动工作、退休等原因离开该单位后，被发现在该单位工作期间违反国家有关建设工程质量管理规定，造成重大工程质量事故的，仍应当依法追究法律责任。

第九章　附　　则

第七十八条　本条例所称肢解发包，是指建设单位将应当由一个承包单位完成的建设工程分解成若干部分发包给不同的承包单位的行为。

本条例所称违法分包，是指下列行为：

（一）总承包单位将建设工程分包给不具备相应资质条件的单位的；

（二）建设工程总承包合同中未有约定，又未经建设单位认可，承包单位将其承包的部分建设工程交由其他单位完成的；

（三）施工总承包单位将建设工程主体结构的施工分包给其他单位的；

（四）分包单位将其承包的建设工程再分包的。

本条例所称转包，是指承包单位承包建设工程后，不履行合同约定的责任和义务，将其承包的全部建设工程转给他人或者将其承包的全部建设工程肢解以后以分包的名义分别转给其他单位承包的行为。

第七十九条　本条例规定的罚款和没收的违法所得，必须全部上缴国库。

第八十条　抢险救灾及其他临时性房屋建筑和农民自建低层住宅的建设活动，不适用本条例。

第八十一条 军事建设工程的管理，按照中央军事委员会的有关规定执行。

第八十二条 本条例自发布之日起施行。

建设工程勘察设计管理条例

（2000 年 9 月 20 日国务院第 31 次常务会议通过，2000 年 9 月 25 日
中华人民共和国国务院令第 293 号公布，自公布之日起施行）

第一章 总 则

第一条 为了加强对建设工程勘察、设计活动的管理，保证建设工程勘察、设计质量，保护人民生命和财产安全，制定本条例。

第二条 从事建设工程勘察、设计活动，必须遵守本条例。

本条例所称建设工程勘察，是指根据建设工程的要求，查明、分析、评价建设场地的地质地理环境特征和岩土工程条件，编制建设工程勘察文件的活动。

本条例所称建设工程设计，是指根据建设工程的要求，对建设工程所需的技术、经济、资源、环境等条件进行综合分析、论证，编制建设工程设计文件的活动。

第三条 建设工程勘察、设计应当与社会、经济发展水平相适应，做到经济效益、社会效益和环境效益相统一。

第四条 从事建设工程勘察、设计活动，应当坚持先勘察、后设计、再施工的原则。

第五条 县级以上人民政府建设行政主管部门和铁路、交通、水利等有关部门应当依照本条例的规定，加强对建设工程勘察、设计活动的监督管理。

建设工程勘察、设计单位必须依法进行建设工程勘察、设计，严格执行工程建设强制性标准，并对建设工程勘察、设计的质量负责。

第六条 国家鼓励在建设工程勘察、设计活动中采用先进技术、先进工艺、先进设备、新型材料和现代管理方法。

第二章 资质资格管理

第七条 国家对从事建设工程勘察、设计活动的单位，实行资质管理制度。具体办法由国务院建设行政主管部门商国务院有关部门制定。

第八条 建设工程勘察、设计单位应当在其资质等级许可的范围内承揽建设工程勘察、设计业务。

禁止建设工程勘察、设计单位超越其资质等级许可的范围或者以其他建设工程勘察、设计单位的名义承揽建设工程勘察、设计业务。禁止建设工程勘察、设计单位允许其他单位或者个人以本单位的名义承揽建设工程勘察、设计业务。

第九条 国家对从事建设工程勘察、设计活动的专业技术人员，实行执业资格注册管理制度。

未经注册的建设工程勘察、设计人员，不得以注册执业人员的名义从事建设工程勘

察、设计活动。

第十条 建设工程勘察、设计注册执业人员和其他专业技术人员只能受聘于一个建设工程勘察、设计单位；未受聘于建设工程勘察、设计单位的，不得从事建设工程的勘察、设计活动。

第十一条 建设工程勘察、设计单位资质证书和执业人员注册证书，由国务院建设行政主管部门统一制作。

第三章 建设工程勘察设计发包与承包

第十二条 建设工程勘察、设计发包依法实行招标发包或者直接发包。

第十三条 建设工程勘察、设计应当依据《中华人民共和国招标投标法》的规定，实行招标发包。

第十四条 建设工程勘察、设计方案评标，应当以投标人的业绩、信誉和勘察、设计人员的能力以及勘察、设计方案的优劣为依据，进行综合评定。

第十五条 建设工程勘察、设计的招标人应当在评标委员会推荐的候选方案中确定中标方案。但是，建设工程勘察、设计的招标人认为评标委员会推荐的候选方案不能最大限度满足招标文件规定的要求的，应当依法重新招标。

第十六条 下列建设工程的勘察、设计，经有关主管部门批准，可以直接发包：

（一）采用特定的专利或者专有技术的；

（二）建筑艺术造型有特殊要求的；

（三）国务院规定的其他建设工程的勘察、设计。

第十七条 发包方不得将建设工程勘察、设计业务发包给不具有相应勘察、设计资质等级的建设工程勘察、设计单位。

第十八条 发包方可以将整个建设工程的勘察、设计发包给一个勘察、设计单位；也可以将建设工程的勘察、设计分别发包给几个勘察、设计单位。

第十九条 除建设工程主体部分的勘察、设计外，经发包方书面同意，承包方可以将建设工程其他部分的勘察、设计再分包给其他具有相应资质等级的建设工程勘察、设计单位。

第二十条 建设工程勘察、设计单位不得将所承揽的建设工程勘察、设计转包。

第二十一条 承包方必须在建设工程勘察、设计资质证书规定的资质等级和业务范围内承揽建设工程的勘察、设计业务。

第二十二条 建设工程勘察、设计的发包方与承包方，应当执行国家规定的建设工程勘察、设计程序。

第二十三条 建设工程勘察、设计的发包方与承包方应当签订建设工程勘察、设计合同。

第二十四条 建设工程勘察、设计发包方与承包方应当执行国家有关建设工程勘察费、设计费的管理规定。

第四章 建设工程勘察设计文件的编制与实施

第二十五条 编制建设工程勘察、设计文件，应当以下列规定为依据：

（一）项目批准文件；

（二）城市规划；

（三）工程建设强制性标准；

（四）国家规定的建设工程勘察、设计深度要求。

铁路、交通、水利等专业建设工程，还应当以专业规划的要求为依据。

第二十六条 编制建设工程勘察文件，应当真实、准确，满足建设工程规划、选址、设计、岩土治理和施工的需要。

编制方案设计文件，应当满足编制初步设计文件和控制概算的需要。

编制初步设计文件，应当满足编制施工招标文件、主要设备材料订货和编制施工图设计文件的需要。

编制施工图设计文件，应当满足设备材料采购、非标准设备制作和施工的需要，并注明建设工程合理使用年限。

第二十七条 设计文件中选用的材料、构配件、设备，应当注明其规格、型号、性能等技术指标，其质量要求必须符合国家规定的标准。

除有特殊要求的建筑材料、专用设备和工艺生产线等外，设计单位不得指定生产厂、供应商。

第二十八条 建设单位、施工单位、监理单位不得修改建设工程勘察、设计文件；确需修改建设工程勘察、设计文件的，应当由原建设工程勘察、设计单位修改。经原建设工程勘察、设计单位书面同意，建设单位也可以委托其他具有相应资质的建设工程勘察、设计单位修改。修改单位对修改的勘察、设计文件承担相应责任。

施工单位、监理单位发现建设工程勘察、设计文件不符合工程建设强制性标准、合同约定的质量要求的，应当报告建设单位，建设单位有权要求建设工程勘察、设计单位对建设工程勘察、设计文件进行补充、修改。

建设工程勘察、设计文件内容需要作重大修改的，建设单位应当报经原审批机关批准后，方可修改。

第二十九条 建设工程勘察、设计文件中规定采用的新技术、新材料，可能影响建设工程质量和安全，又没有国家技术标准的，应当由国家认可的检测机构进行试验、论证，出具检测报告，并经国务院有关部门或者省、自治区、直辖市人民政府有关部门组织的建设工程技术专家委员会审定后，方可使用。

第三十条 建设工程勘察、设计单位应当在建设工程施工前，向施工单位和监理单位说明建设工程勘察、设计意图、解释建设工程勘察、设计文件。

建设工程勘察、设计单位应当及时解决施工中出现的勘察、设计问题。

第五章 监督管理

第三十一条 国务院建设行政主管部门对全国的建设工程勘察、设计活动实施统一监督管理。国务院铁路、交通、水利等有关部门按照国务院规定的职责分工，负责对全国的有关专业建设工程勘察、设计活动的监督管理。

县级以上地方人民政府建设行政主管部门对本行政区域内的建设工程勘察、设计活动实施监督管理。县级以上地方人民政府交通、水利等有关部门在各自的职责范围内，负责对本行政区域内的有关专业建设工程勘察、设计活动的监督管理。

第三十二条 建设工程勘察、设计单位在建设工程勘察、设计资质证书规定的业务范围内跨部门、跨地区承揽勘察、设计业务的，有关地方人民政府及其所属部门不得设置障碍，不得违反国家规定收取任何费用。

第三十三条 县级以上人民政府建设行政主管部门或者交通、水利等有关部门应当对施工图设计文件中涉及公共利益、公众安全、工程建设强制性标准的内容进行审查。

施工图设计文件未经审查批准的，不得使用。

第三十四条 任何单位和个人对建设工程勘察、设计活动中的违法行为都有权检举、控告、投诉。

第六章 罚 则

第三十五条 违反本条例第八条规定的，责令停止违法行为，处合同约定的勘察费、设计费 1 倍以上 2 倍以下的罚款，有违法所得的，予以没收；可以责令停业整顿，降低资质等级；情节严重的，吊销资质证书。

未取得资质证书承揽工程的，予以取缔，依照前款规定处以罚款；有违法所得的，予以没收。

以欺骗手段取得资质证书承揽工程的，吊销资质证书，依照本条第一款规定处以罚款；有违法所得的，予以没收。

第三十六条 违反本条例规定，未经注册，擅自以注册建设工程勘察、设计人员的名义从事建设工程勘察、设计活动的，责令停止违法行为，没收违法所得，处违法所得 2 倍以上 5 倍以下罚款；给他人造成损失的，依法承担赔偿责任。

第三十七条 违反本条例规定，建设工程勘察、设计注册执业人员和其他专业技术人员未受聘于一个建设工程勘察、设计单位或者同时受聘于两个以上建设工程勘察、设计单位，从事建设工程勘察、设计活动的，责令停止违法行为，没收违法所得，处违法所得 2 倍以上 5 倍以下的罚款；情节严重的，可以责令停止执行业务或者吊销资格证书；给他人造成损失的，依法承担赔偿责任。

第三十八条 违反本条例规定，发包方将建设工程勘察、设计业务发包给不具有相应资质等级的建设工程勘察、设计单位的，责令改正，处 50 万元以上 100 万元以下的罚款。

第三十九条 违反本条例规定，建设工程勘察、设计单位将所承揽的建设工程勘察、设计转包的，责令改正，没收违法所得，处合同约定的勘察费、设计费 25% 以上 50% 以下的罚款，可以责令停业整顿，降低资质等级；情节严重的，吊销资质证书。

第四十条 违反本条例规定，有下列行为之一的，依照《建设工程质量管理条例》第六十三条的规定给予处罚：

（一）勘察单位未按照工程建设强制性标准进行勘察的；

（二）设计单位未根据勘察成果文件进行工程设计的；

（三）设计单位指定建筑材料、建筑构配件的生产厂、供应商的；

（四）设计单位未按照工程建设强制性标准进行设计的。

第四十一条 本条例规定的责令停业整顿、降低资质等级和吊销资质证书、资格证书的行政处罚，由颁发资质证书、资格证书的机关决定；其他行政处罚，由建设行政主管部门或者其他有关部门依据法定职权范围决定。

依照本条例规定被吊销资质证书的，由工商行政管理部门吊销其营业执照。

第四十二条 国家机关工作人员在建设工程勘察、设计活动的监督管理工作中玩忽职守、滥用职权、徇私舞弊，构成犯罪的，依法追究刑事责任；尚不构成犯罪的，依法给予行政处分。

第七章 附 则

第四十三条 抢险救灾及其他临时性建筑和农民自建两层以下住宅的勘察、设计活动，不适用本条例。

第四十四条 军事建设工程勘察、设计的管理，按照中央军事委员会的有关规定执行。

第四十五条 本条例自公布之日起施行。

建设工程安全生产管理条例

（2003 年 11 月 12 日国务院第 28 次常务会议通过，2003 年 11 月 24 日中华人民共和国国务院令第 393 号公布，自 2004 年 2 月 1 日起施行）

第一章 总 则

第一条 为了加强建设工程安全生产监督管理，保障人民群众生命和财产安全，根据《中华人民共和国建筑法》、《中华人民共和国安全生产法》，制定本条例。

第二条 在中华人民共和国境内从事建设工程的新建、扩建、改建和拆除等有关活动及实施对建设工程安全生产的监督管理，必须遵守本条例。

本条例所称建设工程，是指土木工程、建筑工程、线路管道和设备安装工程及装修工程。

第三条 建设工程安全生产管理，坚持安全第一、预防为主的方针。

第四条 建设单位、勘察单位、设计单位、施工单位、工程监理单位及其他与建设工程安全生产有关的单位，必须遵守安全生产法律、法规的规定，保证建设工程安全生产，依法承担建设工程安全生产责任。

第五条 国家鼓励建设工程安全生产的科学技术研究和先进技术的推广应用，推进建设工程安全生产的科学管理。

第二章　建设单位的安全责任

第六条　建设单位应当向施工单位提供施工现场及毗邻区域内供水、排水、供电、供气、供热、通信、广播电视等地下管线资料，气象和水文观测资料，相邻建筑物和构筑物、地下工程的有关资料，并保证资料的真实、准确、完整。

建设单位因建设工程需要，向有关部门或者单位查询前款规定的资料时，有关部门或者单位应当及时提供。

第七条　建设单位不得对勘察、设计、施工、工程监理等单位提出不符合建设工程安全生产法律、法规和强制性标准规定的要求，不得压缩合同约定的工期。

第八条　建设单位在编制工程概算时，应当确定建设工程安全作业环境及安全施工措施所需费用。

第九条　建设单位不得明示或者暗示施工单位购买、租赁、使用不符合安全施工要求的安全防护用具、机械设备、施工机具及配件、消防设施和器材。

第十条　建设单位在申请领取施工许可证时，应当提供建设工程有关安全施工措施的资料。

依法批准开工报告的建设工程，建设单位应当自开工报告批准之日起 15 日内，将保证安全施工的措施报送建设工程所在地的县级以上地方人民政府建设行政主管部门或者其他有关部门备案。

第十一条　建设单位应当将拆除工程发包给具有相应资质等级的施工单位。

建设单位应当在拆除工程施工 15 日前，将下列资料报送建设工程所在地的县级以上地方人民政府建设行政主管部门或者其他有关部门备案：

（一）施工单位资质等级证明；

（二）拟拆除建筑物、构筑物及可能危及毗邻建筑的说明；

（三）拆除施工组织方案；

（四）堆放、清除废弃物的措施。

实施爆破作业的，应当遵守国家有关民用爆炸物品管理的规定。

第三章　勘察、设计、工程监理及其他有关单位的安全责任

第十二条　勘察单位应当按照法律、法规和工程建设强制性标准进行勘察，提供的勘察文件应当真实、准确，满足建设工程安全生产的需要。

勘察单位在勘察作业时，应当严格执行操作规程，采取措施保证各类管线、设施和周边建筑物、构筑物的安全。

第十三条　设计单位应当按照法律、法规和工程建设强制性标准进行设计，防止因设计不合理导致生产安全事故的发生。

设计单位应当考虑施工安全操作和防护的需要，对涉及施工安全的重点部位和环节在设计文件中注明，并对防范生产安全事故提出指导意见。

采用新结构、新材料、新工艺的建设工程和特殊结构的建设工程，设计单位应当在

设计中提出保障施工作业人员安全和预防生产安全事故的措施建议。

设计单位和注册建筑师等注册执业人员应当对其设计负责。

第十四条 工程监理单位应当审查施工组织设计中的安全技术措施或者专项施工方案是否符合工程建设强制性标准。

工程监理单位在实施监理过程中，发现存在安全事故隐患的，应当要求施工单位整改；情况严重的，应当要求施工单位暂时停止施工，并及时报告建设单位。施工单位拒不整改或者不停止施工的，工程监理单位应当及时向有关主管部门报告。

工程监理单位和监理工程师应当按照法律、法规和工程建设强制性标准实施监理，并对建设工程安全生产承担监理责任。

第十五条 为建设工程提供机械设备和配件的单位，应当按照安全施工的要求配备齐全有效的保险、限位等安全设施和装置。

第十六条 出租的机械设备和施工机具及配件，应当具有生产（制造）许可证、产品合格证。

出租单位应当对出租的机械设备和施工机具及配件的安全性能进行检测，在签订租赁协议时，应当出具检测合格证明。

禁止出租检测不合格的机械设备和施工机具及配件。

第十七条 在施工现场安装、拆卸施工起重机械和整体提升脚手架、模板等自升式架设设施，必须由具有相应资质的单位承担。

安装、拆卸施工起重机械和整体提升脚手架、模板等自升式架设设施，应当编制拆装方案、制定安全施工措施，并由专业技术人员现场监督。

施工起重机械和整体提升脚手架、模板等自升式架设设施安装完毕后，安装单位应当自检，出具自检合格证明，并向施工单位进行安全使用说明，办理验收手续并签字。

第十八条 施工起重机械和整体提升脚手架、模板等自升式架设设施的使用达到国家规定的检验检测期限的，必须经具有专业资质的检验检测机构检测。经检测不合格的，不得继续使用。

第十九条 检验检测机构对检测合格的施工起重机械和整体提升脚手架、模板等自升式架设设施，应当出具安全合格证明文件，并对检测结果负责。

第四章 施工单位的安全责任

第二十条 施工单位从事建设工程的新建、扩建、改建和拆除等活动，应当具备国家规定的注册资本、专业技术人员、技术装备和安全生产等条件，依法取得相应等级的资质证书，并在其资质等级许可的范围内承揽工程。

第二十一条 施工单位主要负责人依法对本单位的安全生产工作全面负责。施工单位应当建立健全安全生产责任制度和安全生产教育培训制度，制定安全生产规章制度和操作规程，保证本单位安全生产条件所需资金的投入，对所承担的建设工程进行定期和专项安全检查，并做好安全检查记录。

施工单位的项目负责人应当由取得相应执业资格的人员担任，对建设工程项目的安全施工负责，落实安全生产责任制度、安全生产规章制度和操作规程，确保安全生产费用的有效使用，并根据工程的特点组织制定安全施工措施，消除安全事故隐患，及时、如实报告生产安全事故。

第二十二条　施工单位对列入建设工程概算的安全作业环境及安全施工措施所需费用，应当用于施工安全防护用具及设施的采购和更新、安全施工措施的落实、安全生产条件的改善，不得挪作他用。

第二十三条　施工单位应当设立安全生产管理机构，配备专职安全生产管理人员。

专职安全生产管理人员负责对安全生产进行现场监督检查。发现安全事故隐患，应当及时向项目负责人和安全生产管理机构报告；对于违章指挥、违章操作的，应当立即制止。

专职安全生产管理人员的配备办法由国务院建设行政主管部门会同国务院其他有关部门制定。

第二十四条　建设工程实行施工总承包的，由总承包单位对施工现场的安全生产负总责。

总承包单位应当自行完成建设工程主体结构的施工。

总承包单位依法将建设工程分包给其他单位的，分包合同中应当明确各自的安全生产方面的权利、义务。总承包单位和分包单位对分包工程的安全生产承担连带责任。

分包单位应当服从总承包单位的安全生产管理，分包单位不服从管理导致生产安全事故的，由分包单位承担主要责任。

第二十五条　垂直运输机械作业人员、安装拆卸工、爆破作业人员、起重信号工、登高架设作业人员等特种作业人员，必须按照国家有关规定经过专门的安全作业培训，并取得特种作业操作资格证书后，方可上岗作业。

第二十六条　施工单位应当在施工组织设计中编制安全技术措施和施工现场临时用电方案，对下列达到一定规模的危险性较大的分部分项工程编制专项施工方案，并附具安全验算结果，经施工单位技术负责人、总监理工程师签字后实施，由专职安全生产管理人员进行现场监督：

（一）基坑支护与降水工程；

（二）土方开挖工程；

（三）模板工程；

（四）起重吊装工程；

（五）脚手架工程；

（六）拆除、爆破工程；

（七）国务院建设行政主管部门或者其他有关部门规定的其他危险性较大的工程。

对前款所列工程中涉及深基坑、地下暗挖工程、高大模板工程的专项施工方案，施工单位还应当组织专家进行论证、审查。

本条第一款规定的达到一定规模的危险性较大工程的标准，由国务院建设行政主管部门会同国务院其他有关部门制定。

第二十七条　建设工程施工前，施工单位负责项目管理的技术人员应当对有关安全施工的技术要求向施工作业班组、作业人员作出详细说明，并由双方签字确认。

第二十八条　施工单位应当在施工现场入口处、施工起重机械、临时用电设施、脚手架、出入通道口、楼梯口、电梯井口、孔洞口、桥梁口、隧道口、基坑边沿、爆破物及有害危险气体和液体存放处等危险部位，设置明显的安全警示标志。安全警示标志必须符合国家标准。

施工单位应当根据不同施工阶段和周围环境及季节、气候的变化，在施工现场采取相应的安全施工措施。施工现场暂时停止施工的，施工单位应当做好现场防护，所需费用由责任方承担，或者按照合同约定执行。

第二十九条　施工单位应当将施工现场的办公、生活区与作业区分开设置，并保持安全距离；办公、生活区的选址应当符合安全性要求。职工的膳食、饮水、休息场所等应当符合卫生标准。施工单位不得在尚未竣工的建筑物内设置员工集体宿舍。

施工现场临时搭建的建筑物应当符合安全使用要求。施工现场使用的装配式活动房屋应当具有产品合格证。

第三十条　施工单位对因建设工程施工可能造成损害的毗邻建筑物、构筑物和地下管线等，应当采取专项防护措施。

施工单位应当遵守有关环境保护法律、法规的规定，在施工现场采取措施，防止或者减少粉尘、废气、废水、固体废物、噪声、振动和施工照明对人和环境的危害和污染。

在城市市区内的建设工程，施工单位应当对施工现场实行封闭围挡。

第三十一条　施工单位应当在施工现场建立消防安全责任制度，确定消防安全责任人，制定用火、用电、使用易燃易爆材料等各项消防安全管理制度和操作规程，设置消防通道、消防水源，配备消防设施和灭火器材，并在施工现场入口处设置明显标志。

第三十二条　施工单位应当向作业人员提供安全防护用具和安全防护服装，并书面告知危险岗位的操作规程和违章操作的危害。

作业人员有权对施工现场的作业条件、作业程序和作业方式中存在的安全问题提出批评、检举和控告，有权拒绝违章指挥和强令冒险作业。

在施工中发生危及人身安全的紧急情况时，作业人员有权立即停止作业或者在采取必要的应急措施后撤离危险区域。

第三十三条　作业人员应当遵守安全施工的强制性标准、规章制度和操作规程，正确使用安全防护用具、机械设备等。

第三十四条　施工单位采购、租赁的安全防护用具、机械设备、施工机具及配件，应当具有生产（制造）许可证、产品合格证，并在进入施工现场前进行查验。

施工现场的安全防护用具、机械设备、施工机具及配件必须由专人管理，定期进行检查、维修和保养，建立相应的资料档案，并按照国家有关规定及时报废。

第三十五条　施工单位在使用施工起重机械和整体提升脚手架、模板等自升式架设设施前，应当组织有关单位进行验收，也可以委托具有相应资质的检验检测机构进行验收；使用承租的机械设备和施工机具及配件的，由施工总承包单位、分包单位、出租单位和安装单位共同进行验收。验收合格的方可使用。

《特种设备安全监察条例》规定的施工起重机械，在验收前应当经有相应资质的检验检测机构监督检验合格。

施工单位应当自施工起重机械和整体提升脚手架、模板等自升式架设设施验收合格之日起 30 日内，向建设行政主管部门或者其他有关部门登记。登记标志应当置于或者附着于该设备的显著位置。

第三十六条 施工单位的主要负责人、项目负责人、专职安全生产管理人员应当经建设行政主管部门或者其他有关部门考核合格后方可任职。

施工单位应当对管理人员和作业人员每年至少进行一次安全生产教育培训，其教育培训情况记入个人工作档案。安全生产教育培训考核不合格的人员，不得上岗。

第三十七条 作业人员进入新的岗位或者新的施工现场前，应当接受安全生产教育培训。未经教育培训或者教育培训考核不合格的人员，不得上岗作业。

施工单位在采用新技术、新工艺、新设备、新材料时，应当对作业人员进行相应的安全生产教育培训。

第三十八条 施工单位应当为施工现场从事危险作业的人员办理意外伤害保险。

意外伤害保险费由施工单位支付。实行施工总承包的，由总承包单位支付意外伤害保险费。意外伤害保险期限自建设工程开工之日起至竣工验收合格止。

第五章 监督管理

第三十九条 国务院负责安全生产监督管理的部门依照《中华人民共和国安全生产法》的规定，对全国建设工程安全生产工作实施综合监督管理。

县级以上地方人民政府负责安全生产监督管理的部门依照《中华人民共和国安全生产法》的规定，对本行政区域内建设工程安全生产工作实施综合监督管理。

第四十条 国务院建设行政主管部门对全国的建设工程安全生产实施监督管理。国务院铁路、交通、水利等有关部门按照国务院规定的职责分工，负责有关专业建设工程安全生产的监督管理。

县级以上地方人民政府建设行政主管部门对本行政区域内的建设工程安全生产实施监督管理。县级以上地方人民政府交通、水利等有关部门在各自的职责范围内，负责本行政区域内的专业建设工程安全生产的监督管理。

第四十一条 建设行政主管部门和其他有关部门应当将本条例第十条、第十一条规定的有关资料的主要内容抄送同级负责安全生产监督管理的部门。

第四十二条 建设行政主管部门在审核发放施工许可证时，应当对建设工程是否有安全施工措施进行审查，对没有安全施工措施的，不得颁发施工许可证。

建设行政主管部门或者其他有关部门对建设工程是否有安全施工措施进行审查时，不得收取费用。

第四十三条 县级以上人民政府负有建设工程安全生产监督管理职责的部门在各自的职责范围内履行安全监督检查职责时，有权采取下列措施：

（一）要求被检查单位提供有关建设工程安全生产的文件和资料；

（二）进入被检查单位施工现场进行检查；

（三）纠正施工中违反安全生产要求的行为；

（四）对检查中发现的安全事故隐患，责令立即排除；重大安全事故隐患排除前或者排除过程中无法保证安全的，责令从危险区域内撤出作业人员或者暂时停止施工。

第四十四条 建设行政主管部门或者其他有关部门可以将施工现场的监督检查委托给建设工程安全监督机构具体实施。

第四十五条 国家对严重危及施工安全的工艺、设备、材料实行淘汰制度。具体目录由国务院建设行政主管部门会同国务院其他有关部门制定并公布。

第四十六条 县级以上人民政府建设行政主管部门和其他有关部门应当及时受理对建设工程生产安全事故及安全事故隐患的检举、控告和投诉。

第六章 生产安全事故的应急救援和调查处理

第四十七条 县级以上地方人民政府建设行政主管部门应当根据本级人民政府的要求，制定本行政区域内建设工程特大生产安全事故应急救援预案。

第四十八条 施工单位应当制定本单位生产安全事故应急救援预案，建立应急救援组织或者配备应急救援人员，配备必要的应急救援器材、设备，并定期组织演练。

第四十九条 施工单位应当根据建设工程施工的特点、范围，对施工现场易发生重大事故的部位、环节进行监控，制定施工现场生产安全事故应急救援预案。实行施工总承包的，由总承包单位统一组织编制建设工程生产安全事故应急救援预案，工程总承包单位和分包单位按照应急救援预案，各自建立应急救援组织或者配备应急救援人员，配备救援器材、设备，并定期组织演练。

第五十条 施工单位发生生产安全事故，应当按照国家有关伤亡事故报告和调查处理的规定，及时、如实地向负责安全生产监督管理的部门、建设行政主管部门或者其他有关部门报告；特种设备发生事故的，还应当同时向特种设备安全监督管理部门报告。接到报告的部门应当按照国家有关规定，如实上报。

实行施工总承包的建设工程，由总承包单位负责上报事故。

第五十一条 发生生产安全事故后，施工单位应当采取措施防止事故扩大，保护事故现场。需要移动现场物品时，应当做出标记和书面记录，妥善保管有关证物。

第五十二条 建设工程生产安全事故的调查、对事故责任单位和责任人的处罚与处理，按照有关法律、法规的规定执行。

第七章 法律责任

第五十三条 违反本条例的规定，县级以上人民政府建设行政主管部门或者其他有关行政管理部门的工作人员，有下列行为之一的，给予降级或者撤职的行政处分；构成犯罪的，依照刑法有关规定追究刑事责任：

（一）对不具备安全生产条件的施工单位颁发资质证书的；

（二）对没有安全施工措施的建设工程颁发施工许可证的；

（三）发现违法行为不予查处的；

（四）不依法履行监督管理职责的其他行为。

第五十四条 违反本条例的规定，建设单位未提供建设工程安全生产作业环境及安全施工措施所需费用的，责令限期改正；逾期未改正的，责令该建设工程停止施工。

建设单位未将保证安全施工的措施或者拆除工程的有关资料报送有关部门备案的，责令限期改正，给予警告。

第五十五条 违反本条例的规定，建设单位有下列行为之一的，责令限期改正，处20万元以上50万元以下的罚款；造成重大安全事故，构成犯罪的，对直接责任人员，依照刑法有关规定追究刑事责任；造成损失的，依法承担赔偿责任：

（一）对勘察、设计、施工、工程监理等单位提出不符合安全生产法律、法规和强制性标准规定的要求的；

（二）要求施工单位压缩合同约定的工期的；

（三）将拆除工程发包给不具有相应资质等级的施工单位的。

第五十六条 违反本条例的规定，勘察单位、设计单位有下列行为之一的，责令限期改正，处10万元以上30万元以下的罚款；情节严重的，责令停业整顿，降低资质等级，直至吊销资质证书；造成重大安全事故，构成犯罪的，对直接责任人员，依照刑法有关规定追究刑事责任；造成损失的，依法承担赔偿责任：

（一）未按照法律、法规和工程建设强制性标准进行勘察、设计的；

（二）采用新结构、新材料、新工艺的建设工程和特殊结构的建设工程，设计单位未在设计中提出保障施工作业人员安全和预防生产安全事故的措施建议的。

第五十七条 违反本条例的规定，工程监理单位有下列行为之一的，责令限期改正；逾期未改正的，责令停业整顿，并处10万元以上30万元以下的罚款；情节严重的，降低资质等级，直至吊销资质证书；造成重大安全事故，构成犯罪的，对直接责任人员，依照刑法有关规定追究刑事责任；造成损失的，依法承担赔偿责任：

（一）未对施工组织设计中的安全技术措施或者专项施工方案进行审查的；

（二）发现安全事故隐患未及时要求施工单位整改或者暂时停止施工的；

（三）施工单位拒不整改或者不停止施工，未及时向有关主管部门报告的；

（四）未依照法律、法规和工程建设强制性标准实施监理的。

第五十八条 注册执业人员未执行法律、法规和工程建设强制性标准的，责令停止执业3个月以上1年以下；情节严重的，吊销执业资格证书，5年内不予注册；造成重大安全事故的，终身不予注册；构成犯罪的，依照刑法有关规定追究刑事责任。

第五十九条 违反本条例的规定，为建设工程提供机械设备和配件的单位，未按照安全施工的要求配备齐全有效的保险、限位等安全设施和装置的，责令限期改正，处合同价款1倍以上3倍以下的罚款；造成损失的，依法承担赔偿责任。

第六十条 违反本条例的规定，出租单位出租未经安全性能检测或者经检测不合格的机械设备和施工机具及配件的，责令停业整顿，并处5万元以上10万元以下的罚款；

造成损失的，依法承担赔偿责任。

第六十一条 违反本条例的规定，施工起重机械和整体提升脚手架、模板等自升式架设设施安装、拆卸单位有下列行为之一的，责令限期改正，处5万元以上10万元以下的罚款；情节严重的，责令停业整顿，降低资质等级，直至吊销资质证书；造成损失的，依法承担赔偿责任：

（一）未编制拆装方案、制定安全施工措施的；

（二）未由专业技术人员现场监督的；

（三）未出具自检合格证明或者出具虚假证明的；

（四）未向施工单位进行安全使用说明，办理移交手续的。

施工起重机械和整体提升脚手架、模板等自升式架设设施安装、拆卸单位有前款规定的第（一）项、第（三）项行为，经有关部门或者单位职工提出后，对事故隐患仍不采取措施，因而发生重大伤亡事故或者造成其他严重后果，构成犯罪的，对直接责任人员，依照刑法有关规定追究刑事责任。

第六十二条 违反本条例的规定，施工单位有下列行为之一的，责令限期改正；逾期未改正的，责令停业整顿，依照《中华人民共和国安全生产法》的有关规定处以罚款；造成重大安全事故，构成犯罪的，对直接责任人员，依照刑法有关规定追究刑事责任：

（一）未设立安全生产管理机构、配备专职安全生产管理人员或者分部分项工程施工时无专职安全生产管理人员现场监督的；

（二）施工单位的主要负责人、项目负责人、专职安全生产管理人员、作业人员或者特种作业人员，未经安全教育培训或者经考核不合格即从事相关工作的；

（三）未在施工现场的危险部位设置明显的安全警示标志，或者未按照国家有关规定在施工现场设置消防通道、消防水源、配备消防设施和灭火器材的；

（四）未向作业人员提供安全防护用具和安全防护服装的；

（五）未按照规定在施工起重机械和整体提升脚手架、模板等自升式架设设施验收合格后登记的；

（六）使用国家明令淘汰、禁止使用的危及施工安全的工艺、设备、材料的。

第六十三条 违反本条例的规定，施工单位挪用列入建设工程概算的安全生产作业环境及安全施工措施所需费用的，责令限期改正，处挪用费用20%以上50%以下的罚款；造成损失的，依法承担赔偿责任。

第六十四条 违反本条例的规定，施工单位有下列行为之一的，责令限期改正；逾期未改正的，责令停业整顿，并处5万元以上10万元以下的罚款；造成重大安全事故，构成犯罪的，对直接责任人员，依照刑法有关规定追究刑事责任：

（一）施工前未对有关安全施工的技术要求作出详细说明的；

（二）未根据不同施工阶段和周围环境及季节、气候的变化，在施工现场采取相应的安全施工措施，或者在城市市区内的建设工程的施工现场未实行封闭围挡的；

（三）在尚未竣工的建筑物内设置员工集体宿舍的；

（四）施工现场临时搭建的建筑物不符合安全使用要求的；

（五）未对因建设工程施工可能造成损害的毗邻建筑物、构筑物和地下管线等采取专项防护措施的。

施工单位有前款规定第（四）项、第（五）项行为，造成损失的，依法承担赔偿责任。

第六十五条　违反本条例的规定，施工单位有下列行为之一的，责令限期改正；逾期未改正的，责令停业整顿，并处 10 万元以上 30 万元以下的罚款；情节严重的，降低资质等级，直至吊销资质证书；造成重大安全事故，构成犯罪的，对直接责任人员，依照刑法有关规定追究刑事责任；造成损失的，依法承担赔偿责任：

（一）安全防护用具、机械设备、施工机具及配件在进入施工现场前未经查验或者查验不合格即投入使用的；

（二）使用未经验收或者验收不合格的施工起重机械和整体提升脚手架、模板等自升式架设设施的；

（三）委托不具有相应资质的单位承担施工现场安装、拆卸施工起重机械和整体提升脚手架、模板等自升式架设设施的；

（四）在施工组织设计中未编制安全技术措施、施工现场临时用电方案或者专项施工方案的。

第六十六条　违反本条例的规定，施工单位的主要负责人、项目负责人未履行安全生产管理职责的，责令限期改正；逾期未改正的，责令施工单位停业整顿；造成重大安全事故、重大伤亡事故或者其他严重后果，构成犯罪的，依照刑法有关规定追究刑事责任。

作业人员不服管理、违反规章制度和操作规程冒险作业造成重大伤亡事故或者其他严重后果，构成犯罪的，依照刑法有关规定追究刑事责任。

施工单位的主要负责人、项目负责人有前款违法行为，尚不够刑事处罚的，处 2 万元以上 20 万元以下的罚款或者按照管理权限给予撤职处分；自刑罚执行完毕或者受处分之日起，5 年内不得担任任何施工单位的主要负责人、项目负责人。

第六十七条　施工单位取得资质证书后，降低安全生产条件的，责令限期改正；经整改仍未达到与其资质等级相适应的安全生产条件的，责令停业整顿，降低其资质等级直至吊销资质证书。

第六十八条　本条例规定的行政处罚，由建设行政主管部门或者其他有关部门依照法定职权决定。

违反消防安全管理规定的行为，由公安消防机构依法处罚。

有关法律、行政法规对建设工程安全生产违法行为的行政处罚决定机关另有规定的，从其规定。

第八章　附　则

第六十九条　抢险救灾和农民自建低层住宅的安全生产管理，不适用本条例。

第七十条　军事建设工程的安全生产管理，按照中央军事委员会的有关规定执行。

第七十一条　本条例自 2004 年 2 月 1 日起施行。

对外承包工程管理条例

(2008 年 5 月 7 日国务院第 8 次常务会议通过，2008 年 7 月 21 日
中华人民共和国国务院令第 527 号公布，自 2008 年 9 月 1 日起施行)

第一章 总 则

第一条 为了规范对外承包工程，促进对外承包工程健康发展，制定本条例。

第二条 本条例所称对外承包工程，是指中国的企业或者其他单位（以下统称单位）承包境外建设工程项目（以下简称工程项目）的活动。

第三条 国家鼓励和支持开展对外承包工程，提高对外承包工程的质量和水平。

国务院有关部门制定和完善促进对外承包工程的政策措施，建立、健全对外承包工程服务体系和风险保障机制。

第四条 开展对外承包工程，应当维护国家利益和社会公共利益，保障外派人员的合法权益。

开展对外承包工程，应当遵守工程项目所在国家或者地区的法律，信守合同，尊重当地的风俗习惯，注重生态环境保护，促进当地经济社会发展。

第五条 国务院商务主管部门负责全国对外承包工程的监督管理，国务院有关部门在各自的职责范围内负责与对外承包工程有关的管理工作。

国务院建设主管部门组织协调建设企业参与对外承包工程。

省、自治区、直辖市人民政府商务主管部门负责本行政区域内对外承包工程的监督管理。

第六条 有关对外承包工程的协会、商会按照章程为其成员提供与对外承包工程有关的信息、培训等方面的服务，依法制定行业规范，发挥协调和自律作用，维护公平竞争和成员利益。

第二章 对外承包工程资格

第七条 对外承包工程的单位应当依照本条例的规定，取得对外承包工程资格。

第八条 申请对外承包工程资格，应当具备下列条件：

（一）有法人资格，工程建设类单位还应当依法取得建设主管部门或者其他有关部门颁发的特级或者一级（甲级）资质证书；

（二）有与开展对外承包工程相适应的资金和专业技术人员，管理人员中至少 2 人具有 2 年以上从事对外承包工程的经历；

（三）有与开展对外承包工程相适应的安全防范能力；

（四）有保障工程质量和安全生产的规章制度，最近 2 年内没有发生重大工程质量问题和较大事故以上的生产安全事故；

（五）有良好的商业信誉，最近 3 年内没有重大违约行为和重大违法经营记录。

第九条 申请对外承包工程资格，中央企业和中央管理的其他单位（以下称中央单位）应当向国务院商务主管部门提出申请，中央单位以外的单位应当向所在地省、自治

区、直辖市人民政府商务主管部门提出申请；申请时应当提交申请书和符合本条例第八条规定条件的证明材料。国务院商务主管部门或者省、自治区、直辖市人民政府商务主管部门应当自收到申请书和证明材料之日起30日内，会同同级建设主管部门进行审查，作出批准或者不予批准的决定。予以批准的，由受理申请的国务院商务主管部门或者省、自治区、直辖市人民政府商务主管部门颁发对外承包工程资格证书；不予批准的，书面通知申请单位并说明理由。

省、自治区、直辖市人民政府商务主管部门应当将其颁发对外承包工程资格证书的情况报国务院商务主管部门备案。

第十条　国务院商务主管部门和省、自治区、直辖市人民政府商务主管部门在监督检查中，发现对外承包工程的单位不再具备本条例规定条件的，应当责令其限期整改；逾期仍达不到本条例规定条件的，吊销其对外承包工程资格证书。

第三章　对外承包工程活动

第十一条　国务院商务主管部门应当会同国务院有关部门建立对外承包工程安全风险评估机制，定期发布有关国家和地区安全状况的评估结果，及时提供预警信息，指导对外承包工程的单位做好安全风险防范。

第十二条　对外承包工程的单位不得以不正当的低价承揽工程项目、串通投标，不得进行商业贿赂。

第十三条　对外承包工程的单位应当与境外工程项目发包人订立书面合同，明确双方的权利和义务，并按照合同约定履行义务。

第十四条　对外承包工程的单位应当加强对工程质量和安全生产的管理，建立、健全并严格执行工程质量和安全生产管理的规章制度。

对外承包工程的单位将工程项目分包的，应当与分包单位订立专门的工程质量和安全生产管理协议，或者在分包合同中约定各自的工程质量和安全生产管理责任，并对分包单位的工程质量和安全生产工作统一协调、管理。

对外承包工程的单位不得将工程项目分包给不具备国家规定的相应资质的单位；工程项目的建筑施工部分不得分包给未依法取得安全生产许可证的境内建筑施工企业。

分包单位不得将工程项目转包或者再分包。对外承包工程的单位应当在分包合同中明确约定分包单位不得将工程项目转包或者再分包，并负责监督。

第十五条　从事对外承包工程外派人员中介服务的机构应当取得国务院商务主管部门的许可，并按照国务院商务主管部门的规定从事对外承包工程外派人员中介服务。

对外承包工程的单位通过中介机构招用外派人员的，应当选择依法取得许可并合法经营的中介机构，不得通过未依法取得许可或者有重大违法行为的中介机构招用外派人员。

第十六条　对外承包工程的单位应当依法与其招用的外派人员订立劳动合同，按照合同约定向外派人员提供工作条件和支付报酬，履行用人单位义务。

第十七条　对外承包工程的单位应当有专门的安全管理机构和人员，负责保护外派人员的人身和财产安全，并根据所承包工程项目的具体情况，制定保护外派人员人身和财产安全的方案，落实所需经费。

对外承包工程的单位应当根据工程项目所在国家或者地区的安全状况，有针对性地对外派人员进行安全防范教育和应急知识培训，增强外派人员的安全防范意识和自我保护能力。

第十八条 对外承包工程的单位应当为外派人员购买境外人身意外伤害保险。

第十九条 对外承包工程的单位应当按照国务院商务主管部门和国务院财政部门的规定，及时存缴备用金。

前款规定的备用金，用于支付对外承包工程的单位拒绝承担或者无力承担的下列费用：

（一）外派人员的报酬；

（二）因发生突发事件，外派人员回国或者接受其他紧急救助所需费用；

（三）依法应当对外派人员的损失进行赔偿所需费用。

第二十条 对外承包工程的单位与境外工程项目发包人订立合同后，应当及时向中国驻该工程项目所在国使馆（领馆）报告。

对外承包工程的单位应当接受中国驻该工程项目所在国使馆（领馆）在突发事件防范、工程质量、安全生产及外派人员保护等方面的指导。

第二十一条 对外承包工程的单位应当制定突发事件应急预案；在境外发生突发事件时，应当及时、妥善处理，并立即向中国驻该工程项目所在国使馆（领馆）和国内有关主管部门报告。

国务院商务主管部门应当会同国务院有关部门，按照预防和处置并重的原则，建立、健全对外承包工程突发事件预警、防范和应急处置机制，制定对外承包工程突发事件应急预案。

第二十二条 对外承包工程的单位应当定期向商务主管部门报告其开展对外承包工程的情况，并按照国务院商务主管部门和国务院统计部门的规定，向有关部门报送业务统计资料。

第二十三条 国务院商务主管部门应当会同国务院有关部门建立对外承包工程信息收集、通报制度，向对外承包工程的单位无偿提供信息服务。

有关部门应当在货物通关、人员出入境等方面，依法为对外承包工程的单位提供快捷、便利的服务。

第四章　法律责任

第二十四条 未取得对外承包工程资格，擅自开展对外承包工程的，由商务主管部门责令改正，处 50 万元以上 100 万元以下的罚款；有违法所得的，没收违法所得；对其主要负责人处 5 万元以上 10 万元以下的罚款。

第二十五条 对外承包工程的单位有下列情形之一的，由商务主管部门责令改正，处 10 万元以上 20 万元以下的罚款，对其主要负责人处 1 万元以上 2 万元以下的罚款；拒不改正的，商务主管部门可以禁止其在 1 年以上 3 年以下的期限内对外承包新的工程项目；造成重大工程质量问题、发生较大事故以上生产安全事故或者造成其他严重后果的，商务主管部门可以吊销其对外承包工程资格证书；对工程建设类单位，建设主管部门或者其他有关主管部门可以降低其资质等级或者吊销其资质证书：

（一）未建立并严格执行工程质量和安全生产管理的规章制度的；

（二）没有专门的安全管理机构和人员负责保护外派人员的人身和财产安全，或者未根据所承包工程项目的具体情况制定保护外派人员人身和财产安全的方案并落实所需经费的；

（三）未对外派人员进行安全防范教育和应急知识培训的；

（四）未制定突发事件应急预案，或者在境外发生突发事件，未及时、妥善处理的。

第二十六条 对外承包工程的单位有下列情形之一的，由商务主管部门责令改正，处 15 万元以上 30 万元以下的罚款，对其主要负责人处 2 万元以上 5 万元以下的罚款；拒不改正的，商务主管部门可以禁止其在 2 年以上 5 年以下的期限内对外承包新的工程项目；造成重大工程质量问题、发生较大事故以上生产安全事故或者造成其他严重后果的，商务主管部门可以吊销其对外承包工程资格证书；对工程建设类单位，建设主管部门或者其他有关主管部门可以降低其资质等级或者吊销其资质证书：

（一）以不正当的低价承揽工程项目、串通投标或者进行商业贿赂的；

（二）未与分包单位订立专门的工程质量和安全生产管理协议，或者未在分包合同中约定各自的工程质量和安全生产管理责任，或者未对分包单位的工程质量和安全生产工作统一协调、管理的；

（三）将工程项目分包给不具备国家规定的相应资质的单位，或者将工程项目的建筑施工部分分包给未依法取得安全生产许可证的境内建筑施工企业的；

（四）未在分包合同中明确约定分包单位不得将工程项目转包或者再分包的。

分包单位将其承包的工程项目转包或者再分包的，由建设主管部门责令改正，依照前款规定的数额对分包单位及其主要负责人处以罚款；造成重大工程质量问题，或者发生较大事故以上生产安全事故的，建设主管部门或者其他有关主管部门可以降低其资质等级或者吊销其资质证书。

第二十七条 对外承包工程的单位有下列情形之一的，由商务主管部门责令改正，处 2 万元以上 5 万元以下的罚款；拒不改正的，对其主要负责人处 5000 元以上 1 万元以下的罚款：

（一）与境外工程项目发包人订立合同后，未及时向中国驻该工程项目所在国使馆（领馆）报告的；

（二）在境外发生突发事件，未立即向中国驻该工程项目所在国使馆（领馆）和国内有关主管部门报告的；

（三）未定期向商务主管部门报告其开展对外承包工程的情况，或者未按照规定向有关部门报送业务统计资料的。

第二十八条 对外承包工程的单位通过未依法取得许可或者有重大违法行为的中介机构招用外派人员，或者不依照本条例规定为外派人员购买境外人身意外伤害保险，或者未按照规定存缴备用金的，由商务主管部门责令限期改正，处 5 万元以上 10 万元以下的罚款，对其主要负责人处 5000 元以上 1 万元以下的罚款；逾期不改正的，商务主管部门可以禁止其在1年以上3年以下的期限内对外承包新的工程项目。

未取得国务院商务主管部门的许可，擅自从事对外承包工程外派人员中介服务的，由国务院商务主管部门责令改正，处10万元以上20万元以下的罚款；有违法所得的，没收违法所得；对其主要负责人处5万元以上10万元以下的罚款。

第二十九条 商务主管部门、建设主管部门和其他有关部门的工作人员在对外承包工程监督管理工作中滥用职权、玩忽职守、徇私舞弊，构成犯罪的，依法追究刑事责任；尚不构成犯罪的，依法给予处分。

第五章 附　则

第三十条 对外承包工程涉及的货物进出口、技术进出口、人员出入境、海关以及税收、外汇等事项，依照有关法律、行政法规和国家有关规定办理。

第三十一条 对外承包工程的单位以投标、议标方式参与报价金额在国务院商务主管部门和国务院财政部门等有关部门规定标准以上的工程项目的，其银行保函的出具等事项，依照国务院商务主管部门和国务院财政部门等有关部门的规定办理。

第三十二条 对外承包工程的单位承包特定工程项目，或者在国务院商务主管部门会同外交部等有关部门确定的特定国家或者地区承包工程项目的，应当经国务院商务主管部门会同国务院有关部门批准。

第三十三条 中国内地的单位在香港特别行政区、澳门特别行政区、台湾地区承包工程项目，参照本条例的规定执行。

第三十四条 中国政府对外援建的工程项目的实施及其管理，依照国家有关规定执行。

第三十五条 本条例自2008年9月1日起施行。

民用建筑节能条例

（2008年7月23日国务院第18次常务会议通过，2008年8月1日中华人民共和国国务院令第530号公布，自2008年10月1日起施行）

第一章 总　则

第一条 为了加强民用建筑节能管理，降低民用建筑使用过程中的能源消耗，提高能源利用效率，制定本条例。

第二条 本条例所称民用建筑节能，是指在保证民用建筑使用功能和室内热环境质量的前提下，降低其使用过程中能源消耗的活动。

本条例所称民用建筑，是指居住建筑、国家机关办公建筑和商业、服务业、教育、卫生等其他公共建筑。

第三条 各级人民政府应当加强对民用建筑节能工作的领导，积极培育民用建筑节能服务市场，健全民用建筑节能服务体系，推动民用建筑节能技术的开发应用，做好民用建筑节能知识的宣传教育工作。

第四条 国家鼓励和扶持在新建建筑和既有建筑节能改造中采用太阳能、地热能等可再生能源。

在具备太阳能利用条件的地区，有关地方人民政府及其部门应当采取有效措施，鼓励和扶持单位、个人安装使用太阳能热水系统、照明系统、供热系统、采暖制冷系统等太阳能利用系统。

第五条 国务院建设主管部门负责全国民用建筑节能的监督管理工作。县级以上地方人民政府建设主管部门负责本行政区域民用建筑节能的监督管理工作。

县级以上人民政府有关部门应当依照本条例的规定以及本级人民政府规定的职责分工，负责民用建筑节能的有关工作。

第六条 国务院建设主管部门应当在国家节能中长期专项规划指导下，编制全国民用建筑节能规划，并与相关规划相衔接。

县级以上地方人民政府建设主管部门应当组织编制本行政区域的民用建筑节能规划，报本级人民政府批准后实施。

第七条 国家建立健全民用建筑节能标准体系。国家民用建筑节能标准由国务院建设主管部门负责组织制定，并依照法定程序发布。

国家鼓励制定、采用优于国家民用建筑节能标准的地方民用建筑节能标准。

第八条 县级以上人民政府应当安排民用建筑节能资金，用于支持民用建筑节能的科学技术研究和标准制定、既有建筑围护结构和供热系统的节能改造、可再生能源的应用，以及民用建筑节能示范工程、节能项目的推广。

政府引导金融机构对既有建筑节能改造、可再生能源的应用，以及民用建筑节能示范工程等项目提供支持。

民用建筑节能项目依法享受税收优惠。

第九条 国家积极推进供热体制改革，完善供热价格形成机制，鼓励发展集中供热，逐步实行按照用热量收费制度。

第十条 对在民用建筑节能工作中做出显著成绩的单位和个人，按照国家有关规定给予表彰和奖励。

第二章 新建建筑节能

第十一条 国家推广使用民用建筑节能的新技术、新工艺、新材料和新设备，限制使用或者禁止使用能源消耗高的技术、工艺、材料和设备。国务院节能工作主管部门、建设主管部门应当制定、公布并及时更新推广使用、限制使用、禁止使用目录。

国家限制进口或者禁止进口能源消耗高的技术、材料和设备。

建设单位、设计单位、施工单位不得在建筑活动中使用列入禁止使用目录的技术、工艺、材料和设备。

第十二条 编制城市详细规划、镇详细规划，应当按照民用建筑节能的要求，确定建筑的布局、形状和朝向。

城乡规划主管部门依法对民用建筑进行规划审查，应当就设计方案是否符合民用建筑节能强制性标准征求同级建设主管部门的意见；建设主管部门应当自收到征求意见材料之日起 10 日内提出意见。征求意见时间不计算在规划许可的期限内。

对不符合民用建筑节能强制性标准的，不得颁发建设工程规划许可证。

第十三条　施工图设计文件审查机构应当按照民用建筑节能强制性标准对施工图设计文件进行审查；经审查不符合民用建筑节能强制性标准的，县级以上地方人民政府建设主管部门不得颁发施工许可证。

第十四条　建设单位不得明示或者暗示设计单位、施工单位违反民用建筑节能强制性标准进行设计、施工，不得明示或者暗示施工单位使用不符合施工图设计文件要求的墙体材料、保温材料、门窗、采暖制冷系统和照明设备。

按照合同约定由建设单位采购墙体材料、保温材料、门窗、采暖制冷系统和照明设备的，建设单位应当保证其符合施工图设计文件要求。

第十五条　设计单位、施工单位、工程监理单位及其注册执业人员，应当按照民用建筑节能强制性标准进行设计、施工、监理。

第十六条　施工单位应当对进入施工现场的墙体材料、保温材料、门窗、采暖制冷系统和照明设备进行查验；不符合施工图设计文件要求的，不得使用。

工程监理单位发现施工单位不按照民用建筑节能强制性标准施工的，应当要求施工单位改正；施工单位拒不改正的，工程监理单位应当及时报告建设单位，并向有关主管部门报告。

墙体、屋面的保温工程施工时，监理工程师应当按照工程监理规范的要求，采取旁站、巡视和平行检验等形式实施监理。

未经监理工程师签字，墙体材料、保温材料、门窗、采暖制冷系统和照明设备不得在建筑上使用或者安装，施工单位不得进行下一道工序的施工。

第十七条　建设单位组织竣工验收，应当对民用建筑是否符合民用建筑节能强制性标准进行查验；对不符合民用建筑节能强制性标准的，不得出具竣工验收合格报告。

第十八条　实行集中供热的建筑应当安装供热系统调控装置、用热计量装置和室内温度调控装置；公共建筑还应当安装用电分项计量装置。居住建筑安装的用热计量装置应当满足分户计量的要求。

计量装置应当依法检定合格。

第十九条　建筑的公共走廊、楼梯等部位，应当安装、使用节能灯具和电气控制装置。

第二十条　对具备可再生能源利用条件的建筑，建设单位应当选择合适的可再生能源，用于采暖、制冷、照明和热水供应等；设计单位应当按照有关可再生能源利用的标准进行设计。

建设可再生能源利用设施，应当与建筑主体工程同步设计、同步施工、同步验收。

第二十一条　国家机关办公建筑和大型公共建筑的所有权人应当对建筑的能源利用效率进行测评和标识，并按照国家有关规定将测评结果予以公示，接受社会监督。

国家机关办公建筑应当安装、使用节能设备。

本条例所称大型公共建筑，是指单体建筑面积 2 万平方米以上的公共建筑。

第二十二条　房地产开发企业销售商品房，应当向购买人明示所售商品房的能源消耗指标、节能措施和保护要求、保温工程保修期等信息，并在商品房买卖合同和住宅质量保证书、住宅使用说明书中载明。

第二十三条　在正常使用条件下，保温工程的最低保修期限为 5 年。保温工程的保修期，自竣工验收合格之日起计算。

保温工程在保修范围和保修期内发生质量问题的，施工单位应当履行保修义务，并对造成的损失依法承担赔偿责任。

第三章　既有建筑节能

第二十四条　既有建筑节能改造应当根据当地经济、社会发展水平和地理气候条件等实际情况，有计划、分步骤地实施分类改造。

本条例所称既有建筑节能改造，是指对不符合民用建筑节能强制性标准的既有建筑的围护结构、供热系统、采暖制冷系统、照明设备和热水供应设施等实施节能改造的活动。

第二十五条　县级以上地方人民政府建设主管部门应当对本行政区域内既有建筑的建设年代、结构形式、用能系统、能源消耗指标、寿命周期等组织调查统计和分析，制定既有建筑节能改造计划，明确节能改造的目标、范围和要求，报本级人民政府批准后组织实施。

中央国家机关既有建筑的节能改造，由有关管理机关事务工作的机构制定节能改造计划，并组织实施。

第二十六条　国家机关办公建筑、政府投资和以政府投资为主的公共建筑的节能改造，应当制定节能改造方案，经充分论证，并按照国家有关规定办理相关审批手续方可进行。

各级人民政府及其有关部门、单位不得违反国家有关规定和标准，以节能改造的名义对前款规定的既有建筑进行扩建、改建。

第二十七条　居住建筑和本条例第二十六条规定以外的其他公共建筑不符合民用建筑节能强制性标准的，在尊重建筑所有权人意愿的基础上，可以结合扩建、改建，逐步实施节能改造。

第二十八条　实施既有建筑节能改造，应当符合民用建筑节能强制性标准，优先采用遮阳、改善通风等低成本改造措施。

既有建筑围护结构的改造和供热系统的改造，应当同步进行。

第二十九条　对实行集中供热的建筑进行节能改造，应当安装供热系统调控装置和用热计量装置；对公共建筑进行节能改造，还应当安装室内温度调控装置和用电分项计量装置。

第三十条　国家机关办公建筑的节能改造费用，由县级以上人民政府纳入本级财政预算。

居住建筑和教育、科学、文化、卫生、体育等公益事业使用的公共建筑节能改造费用，由政府、建筑所有权人共同负担。

国家鼓励社会资金投资既有建筑节能改造。

第四章　建筑用能系统运行节能

第三十一条　建筑所有权人或者使用权人应当保证建筑用能系统的正常运行，不得人为损坏建筑围护结构和用能系统。

国家机关办公建筑和大型公共建筑的所有权人或者使用权人应当建立健全民用建筑节能管理制度和操作规程，对建筑用能系统进行监测、维护，并定期将分项用电量报县级以上地方人民政府建设主管部门。

第三十二条　县级以上地方人民政府节能工作主管部门应当会同同级建设主管部门确定本行政区域内公共建筑重点用电单位及其年度用电限额。

县级以上地方人民政府建设主管部门应当对本行政区域内国家机关办公建筑和公共建筑用电情况进行调查统计和评价分析。国家机关办公建筑和大型公共建筑采暖、制冷、照明的能源消耗情况应当依照法律、行政法规和国家其他有关规定向社会公布。

国家机关办公建筑和公共建筑的所有权人或者使用权人应当对县级以上地方人民政府建设主管部门的调查统计工作予以配合。

第三十三条　供热单位应当建立健全相关制度，加强对专业技术人员的教育和培训。

供热单位应当改进技术装备，实施计量管理，并对供热系统进行监测、维护，提高供热系统的效率，保证供热系统的运行符合民用建筑节能强制性标准。

第三十四条　县级以上地方人民政府建设主管部门应当对本行政区域内供热单位的能源消耗情况进行调查统计和分析，并制定供热单位能源消耗指标；对超过能源消耗指标的，应当要求供热单位制定相应的改进措施，并监督实施。

第五章　法律责任

第三十五条　违反本条例规定，县级以上人民政府有关部门有下列行为之一的，对负有责任的主管人员和其他直接责任人员依法给予处分；构成犯罪的，依法追究刑事责任：

（一）对设计方案不符合民用建筑节能强制性标准的民用建筑项目颁发建设工程规划许可证的；

（二）对不符合民用建筑节能强制性标准的设计方案出具合格意见的；

（三）对施工图设计文件不符合民用建筑节能强制性标准的民用建筑项目颁发施工许可证的；

（四）不依法履行监督管理职责的其他行为。

第三十六条　违反本条例规定，各级人民政府及其有关部门、单位违反国家有关规定和标准，以节能改造的名义对既有建筑进行扩建、改建的，对负有责任的主管人员和其他直接责任人员，依法给予处分。

第三十七条　违反本条例规定，建设单位有下列行为之一的，由县级以上地方人民政府建设主管部门责令改正，处20万元以上50万元以下的罚款：

（一）明示或者暗示设计单位、施工单位违反民用建筑节能强制性标准进行设计、施工的；

（二）明示或者暗示施工单位使用不符合施工图设计文件要求的墙体材料、保温材料、门窗、采暖制冷系统和照明设备的；

（三）采购不符合施工图设计文件要求的墙体材料、保温材料、门窗、采暖制冷系统和照明设备的；

（四）使用列入禁止使用目录的技术、工艺、材料和设备的。

第三十八条 违反本条例规定，建设单位对不符合民用建筑节能强制性标准的民用建筑项目出具竣工验收合格报告的，由县级以上地方人民政府建设主管部门责令改正，处民用建筑项目合同价款2%以上4%以下的罚款；造成损失的，依法承担赔偿责任。

第三十九条 违反本条例规定，设计单位未按照民用建筑节能强制性标准进行设计，或者使用列入禁止使用目录的技术、工艺、材料和设备的，由县级以上地方人民政府建设主管部门责令改正，处10万元以上30万元以下的罚款；情节严重的，由颁发资质证书的部门责令停业整顿，降低资质等级或者吊销资质证书；造成损失的，依法承担赔偿责任。

第四十条 违反本条例规定，施工单位未按照民用建筑节能强制性标准进行施工的，由县级以上地方人民政府建设主管部门责令改正，处民用建筑项目合同价款2%以上4%以下的罚款；情节严重的，由颁发资质证书的部门责令停业整顿，降低资质等级或者吊销资质证书；造成损失的，依法承担赔偿责任。

第四十一条 违反本条例规定，施工单位有下列行为之一的，由县级以上地方人民政府建设主管部门责令改正，处10万元以上20万元以下的罚款；情节严重的，由颁发资质证书的部门责令停业整顿，降低资质等级或者吊销资质证书；造成损失的，依法承担赔偿责任：

（一）未对进入施工现场的墙体材料、保温材料、门窗、采暖制冷系统和照明设备进行查验的；

（二）使用不符合施工图设计文件要求的墙体材料、保温材料、门窗、采暖制冷系统和照明设备的；

（三）使用列入禁止使用目录的技术、工艺、材料和设备的。

第四十二条 违反本条例规定，工程监理单位有下列行为之一的，由县级以上地方人民政府建设主管部门责令限期改正；逾期未改正的，处10万元以上30万元以下的罚款；情节严重的，由颁发资质证书的部门责令停业整顿，降低资质等级或者吊销资质证书；造成损失的，依法承担赔偿责任：

（一）未按照民用建筑节能强制性标准实施监理的；

（二）墙体、屋面的保温工程施工时，未采取旁站、巡视和平行检验等形式实施监理的。

对不符合施工图设计文件要求的墙体材料、保温材料、门窗、采暖制冷系统和照明设备，按照符合施工图设计文件要求签字的，依照《建设工程质量管理条例》第六十七条的规定处罚。

第四十三条 违反本条例规定，房地产开发企业销售商品房，未向购买人明示所售商品房的能源消耗指标、节能措施和保护要求、保温工程保修期等信息，或者向购买人明示的所售商品房能源消耗指标与实际能源消耗不符的，依法承担民事责任；由县级以上地方人民政府建设主管部门责令限期改正；逾期未改正的，处交付使用的房屋销售总额2%以下的罚款；情节严重的，由颁发资质证书的部门降低资质等级或者吊销资质证书。

第四十四条 违反本条例规定，注册执业人员未执行民用建筑节能强制性标准的，由县级以上人民政府建设主管部门责令停止执业3个月以上1年以下；情节严重的，由颁发资格证书的部门吊销执业资格证书，5年内不予注册。

第六章 附 则

第四十五条 本条例自2008年10月1日起施行。

中华人民共和国招标投标法实施条例

（2011年11月30日国务院第183次常务会议通过，2011年12月20日中华人民共和国国务院令第613号公布，自2012年2月1日起施行）

第一章 总 则

第一条 为了规范招标投标活动，根据《中华人民共和国招标投标法》（以下简称招标投标法），制定本条例。

第二条 招标投标法第三条所称工程建设项目，是指工程以及与工程建设有关的货物、服务。

前款所称工程，是指建设工程，包括建筑物和构筑物的新建、改建、扩建及其相关的装修、拆除、修缮等；所称与工程建设有关的货物，是指构成工程不可分割的组成部分，且为实现工程基本功能所必需的设备、材料等；所称与工程建设有关的服务，是指为完成工程所需的勘察、设计、监理等服务。

第三条 依法必须进行招标的工程建设项目的具体范围和规模标准，由国务院发展改革部门会同国务院有关部门制订，报国务院批准后公布施行。

第四条 国务院发展改革部门指导和协调全国招标投标工作，对国家重大建设项目的工程招标投标活动实施监督检查。国务院工业和信息化、住房城乡建设、交通运输、铁道、水利、商务等部门，按照规定的职责分工对有关招标投标活动实施监督。

县级以上地方人民政府发展改革部门指导和协调本行政区域的招标投标工作。县级以上地方人民政府有关部门按照规定的职责分工，对招标投标活动实施监督，依法查处招标投标活动中的违法行为。县级以上地方人民政府对其所属部门有关招标投标活动的监督职责分工另有规定的，从其规定。

财政部门依法对实行招标投标的政府采购工程建设项目的预算执行情况和政府采购政策执行情况实施监督。

监察机关依法对与招标投标活动有关的监察对象实施监察。

第五条 设区的市级以上地方人民政府可以根据实际需要，建立统一规范的招标投标交易场所，为招标投标活动提供服务。招标投标交易场所不得与行政监督部门存在隶属关系，不得以营利为目的。

国家鼓励利用信息网络进行电子招标投标。

第六条 禁止国家工作人员以任何方式非法干涉招标投标活动。

第二章 招 标

第七条 按照国家有关规定需要履行项目审批、核准手续的依法必须进行招标的项目，其招标范围、招标方式、招标组织形式应当报项目审批、核准部门审批、核准。项目审批、核准部门应当及时将审批、核准确定的招标范围、招标方式、招标组织形式通报有关行政监督部门。

第八条 国有资金占控股或者主导地位的依法必须进行招标的项目，应当公开招标；但有下列情形之一的，可以邀请招标：

（一）技术复杂、有特殊要求或者受自然环境限制，只有少量潜在投标人可供选择；

（二）采用公开招标方式的费用占项目合同金额的比例过大。

有前款第二项所列情形，属于本条例第七条规定的项目，由项目审批、核准部门在审批、核准项目时作出认定；其他项目由招标人申请有关行政监督部门作出认定。

第九条 除招标投标法第六十六条规定的可以不进行招标的特殊情况外，有下列情形之一的，可以不进行招标：

（一）需要采用不可替代的专利或者专有技术；

（二）采购人依法能够自行建设、生产或者提供；

（三）已通过招标方式选定的特许经营项目投资人依法能够自行建设、生产或者提供；

（四）需要向原中标人采购工程、货物或者服务，否则将影响施工或者功能配套要求；

（五）国家规定的其他特殊情形。

招标人为适用前款规定弄虚作假的，属于招标投标法第四条规定的规避招标。

第十条 招标投标法第十二条第二款规定的招标人具有编制招标文件和组织评标能力，是指招标人具有与招标项目规模和复杂程度相适应的技术、经济等方面的专业人员。

第十一条 招标代理机构的资格依照法律和国务院的规定由有关部门认定。

国务院住房城乡建设、商务、发展改革、工业和信息化等部门，按照规定的职责分工对招标代理机构依法实施监督管理。

第十二条 招标代理机构应当拥有一定数量的取得招标职业资格的专业人员。取得招标职业资格的具体办法由国务院人力资源社会保障部门会同国务院发展改革部门制定。

第十三条 招标代理机构在其资格许可和招标人委托的范围内开展招标代理业务，任何单位和个人不得非法干涉。

招标代理机构代理招标业务，应当遵守招标投标法和本条例关于招标人的规定。招标代理机构不得在所代理的招标项目中投标或者代理投标，也不得为所代理的招标项目的投标人提供咨询。

招标代理机构不得涂改、出租、出借、转让资格证书。

第十四条 招标人应当与被委托的招标代理机构签订书面委托合同，合同约定的收费标准应当符合国家有关规定。

第十五条 公开招标的项目，应当依照招标投标法和本条例的规定发布招标公告、编制招标文件。

招标人采用资格预审办法对潜在投标人进行资格审查的，应当发布资格预审公告、编制资格预审文件。

依法必须进行招标的项目的资格预审公告和招标公告，应当在国务院发展改革部门依法指定的媒介发布。在不同媒介发布的同一招标项目的资格预审公告或者招标公告的内容应当一致。指定媒介发布依法必须进行招标的项目的境内资格预审公告、招标公告，不得收取费用。

编制依法必须进行招标的项目的资格预审文件和招标文件，应当使用国务院发展改革部门会同有关行政监督部门制定的标准文本。

第十六条 招标人应当按照资格预审公告、招标公告或者投标邀请书规定的时间、地点发售资格预审文件或者招标文件。资格预审文件或者招标文件的发售期不得少于5日。

招标人发售资格预审文件、招标文件收取的费用应当限于补偿印刷、邮寄的成本支出，不得以营利为目的。

第十七条 招标人应当合理确定提交资格预审申请文件的时间。依法必须进行招标的项目提交资格预审申请文件的时间，自资格预审文件停止发售之日起不得少于5日。

第十八条 资格预审应当按照资格预审文件载明的标准和方法进行。

国有资金占控股或者主导地位的依法必须进行招标的项目，招标人应当组建资格审查委员会审查资格预审申请文件。资格审查委员会及其成员应当遵守招标投标法和本条例有关评标委员会及其成员的规定。

第十九条 资格预审结束后，招标人应当及时向资格预审申请人发出资格预审结果通知书。未通过资格预审的申请人不具有投标资格。

通过资格预审的申请人少于3个的，应当重新招标。

第二十条 招标人采用资格后审办法对投标人进行资格审查的，应当在开标后由评标委员会按照招标文件规定的标准和方法对投标人的资格进行审查。

第二十一条 招标人可以对已发出的资格预审文件或者招标文件进行必要的澄清或者修改。澄清或者修改的内容可能影响资格预审申请文件或者投标文件编制的，招标人应当在提交资格预审申请文件截止时间至少3日前，或者投标截止时间至少15日前，以书面形式通知所有获取资格预审文件或者招标文件的潜在投标人；不足3日或者15日的，招标人应当顺延提交资格预审申请文件或者投标文件的截止时间。

第二十二条 潜在投标人或者其他利害关系人对资格预审文件有异议的，应当在提交资格预审申请文件截止时间2日前提出；对招标文件有异议的，应当在投标截止时间

10 日前提出。招标人应当自收到异议之日起 3 日内作出答复；作出答复前，应当暂停招标投标活动。

第二十三条　招标人编制的资格预审文件、招标文件的内容违反法律、行政法规的强制性规定，违反公开、公平、公正和诚实信用原则，影响资格预审结果或者潜在投标人投标的，依法必须进行招标的项目的招标人应当在修改资格预审文件或者招标文件后重新招标。

第二十四条　招标人对招标项目划分标段的，应当遵守招标投标法的有关规定，不得利用划分标段限制或者排斥潜在投标人。依法必须进行招标的项目的招标人不得利用划分标段规避招标。

第二十五条　招标人应当在招标文件中载明投标有效期。投标有效期从提交投标文件的截止之日起算。

第二十六条　招标人在招标文件中要求投标人提交投标保证金的，投标保证金不得超过招标项目估算价的 2%。投标保证金有效期应当与投标有效期一致。

依法必须进行招标的项目的境内投标单位，以现金或者支票形式提交的投标保证金应当从其基本账户转出。

招标人不得挪用投标保证金。

第二十七条　招标人可以自行决定是否编制标底。一个招标项目只能有一个标底。标底必须保密。

接受委托编制标底的中介机构不得参加受托编制标底项目的投标，也不得为该项目的投标人编制投标文件或者提供咨询。

招标人设有最高投标限价的，应当在招标文件中明确最高投标限价或者最高投标限价的计算方法。招标人不得规定最低投标限价。

第二十八条　招标人不得组织单个或者部分潜在投标人踏勘项目现场。

第二十九条　招标人可以依法对工程以及与工程建设有关的货物、服务全部或者部分实行总承包招标。以暂估价形式包括在总承包范围内的工程、货物、服务属于依法必须进行招标的项目范围且达到国家规定规模标准的，应当依法进行招标。

前款所称暂估价，是指总承包招标时不能确定价格而由招标人在招标文件中暂时估定的工程、货物、服务的金额。

第三十条　对技术复杂或者无法精确拟定技术规格的项目，招标人可以分两阶段进行招标。

第一阶段，投标人按照招标公告或者投标邀请书的要求提交不带报价的技术建议，招标人根据投标人提交的技术建议确定技术标准和要求，编制招标文件。

第二阶段，招标人向在第一阶段提交技术建议的投标人提供招标文件，投标人按照招标文件的要求提交包括最终技术方案和投标报价的投标文件。

招标人要求投标人提交投标保证金的，应当在第二阶段提出。

第三十一条　招标人终止招标的，应当及时发布公告，或者以书面形式通知被邀请的或者已经获取资格预审文件、招标文件的潜在投标人。已经发售资格预审文件、招标文件或者已经收取投标保证金的，招标人应当及时退还所收取的资格预审文件、招标文件的费用，以及所收取的投标保证金及银行同期存款利息。

第三十二条 招标人不得以不合理的条件限制、排斥潜在投标人或者投标人。

招标人有下列行为之一的，属于以不合理条件限制、排斥潜在投标人或者投标人：

（一）就同一招标项目向潜在投标人或者投标人提供有差别的项目信息；

（二）设定的资格、技术、商务条件与招标项目的具体特点和实际需要不相适应或者与合同履行无关；

（三）依法必须进行招标的项目以特定行政区域或者特定行业的业绩、奖项作为加分条件或者中标条件；

（四）对潜在投标人或者投标人采取不同的资格审查或者评标标准；

（五）限定或者指定特定的专利、商标、品牌、原产地或者供应商；

（六）依法必须进行招标的项目非法限定潜在投标人或者投标人的所有制形式或者组织形式；

（七）以其他不合理条件限制、排斥潜在投标人或者投标人。

第三章 投 标

第三十三条 投标人参加依法必须进行招标的项目的投标，不受地区或者部门的限制，任何单位和个人不得非法干涉。

第三十四条 与招标人存在利害关系可能影响招标公正性的法人、其他组织或者个人，不得参加投标。

单位负责人为同一人或者存在控股、管理关系的不同单位，不得参加同一标段投标或者未划分标段的同一招标项目投标。

违反前两款规定的，相关投标均无效。

第三十五条 投标人撤回已提交的投标文件，应当在投标截止时间前书面通知招标人。招标人已收取投标保证金的，应当自收到投标人书面撤回通知之日起5日内退还。

投标截止后投标人撤销投标文件的，招标人可以不退还投标保证金。

第三十六条 未通过资格预审的申请人提交的投标文件，以及逾期送达或者不按照招标文件要求密封的投标文件，招标人应当拒收。

招标人应当如实记载投标文件的送达时间和密封情况，并存档备查。

第三十七条 招标人应当在资格预审公告、招标公告或者投标邀请书中载明是否接受联合体投标。

招标人接受联合体投标并进行资格预审的，联合体应当在提交资格预审申请文件前组成。资格预审后联合体增减、更换成员的，其投标无效。

联合体各方在同一招标项目中以自己名义单独投标或者参加其他联合体投标的，相关投标均无效。

第三十八条 投标人发生合并、分立、破产等重大变化的，应当及时书面告知招标人。投标人不再具备资格预审文件、招标文件规定的资格条件或者其投标影响招标公正性的，其投标无效。

第三十九条 禁止投标人相互串通投标。

有下列情形之一的，属于投标人相互串通投标：

（一）投标人之间协商投标报价等投标文件的实质性内容；

（二）投标人之间约定中标人；

（三）投标人之间约定部分投标人放弃投标或者中标；

（四）属于同一集团、协会、商会等组织成员的投标人按照该组织要求协同投标；

（五）投标人之间为谋取中标或者排斥特定投标人而采取的其他联合行动。

第四十条　有下列情形之一的，视为投标人相互串通投标：

（一）不同投标人的投标文件由同一单位或者个人编制；

（二）不同投标人委托同一单位或者个人办理投标事宜；

（三）不同投标人的投标文件载明的项目管理成员为同一人；

（四）不同投标人的投标文件异常一致或者投标报价呈规律性差异；

（五）不同投标人的投标文件相互混装；

（六）不同投标人的投标保证金从同一单位或者个人的账户转出。

第四十一条　禁止招标人与投标人串通投标。

有下列情形之一的，属于招标人与投标人串通投标：

（一）招标人在开标前开启投标文件并将有关信息泄露给其他投标人；

（二）招标人直接或者间接向投标人泄露标底、评标委员会成员等信息；

（三）招标人明示或者暗示投标人压低或者抬高投标报价；

（四）招标人授意投标人撤换、修改投标文件；

（五）招标人明示或者暗示投标人为特定投标人中标提供方便；

（六）招标人与投标人为谋求特定投标人中标而采取的其他串通行为。

第四十二条　使用通过受让或者租借等方式获取的资格、资质证书投标的，属于招标投标法第三十三条规定的以他人名义投标。

投标人有下列情形之一的，属于招标投标法第三十三条规定的以其他方式弄虚作假的行为：

（一）使用伪造、变造的许可证件；

（二）提供虚假的财务状况或者业绩；

（三）提供虚假的项目负责人或者主要技术人员简历、劳动关系证明；

（四）提供虚假的信用状况；

（五）其他弄虚作假的行为。

第四十三条　提交资格预审申请文件的申请人应当遵守招标投标法和本条例有关投标人的规定。

第四章　开标、评标和中标

第四十四条　招标人应当按照招标文件规定的时间、地点开标。

投标人少于3个的，不得开标；招标人应当重新招标。

投标人对开标有异议的，应当在开标现场提出，招标人应当当场作出答复，并制作记录。

第四十五条 国家实行统一的评标专家专业分类标准和管理办法。具体标准和办法由国务院发展改革部门会同国务院有关部门制定。

省级人民政府和国务院有关部门应当组建综合评标专家库。

第四十六条 除招标投标法第三十七条第三款规定的特殊招标项目外，依法必须进行招标的项目，其评标委员会的专家成员应当从评标专家库内相关专业的专家名单中以随机抽取方式确定。任何单位和个人不得以明示、暗示等任何方式指定或者变相指定参加评标委员会的专家成员。

依法必须进行招标的项目的招标人非因招标投标法和本条例规定的事由，不得更换依法确定的评标委员会成员。更换评标委员会的专家成员应当依照前款规定进行。

评标委员会成员与投标人有利害关系的，应当主动回避。

有关行政监督部门应当按照规定的职责分工，对评标委员会成员的确定方式、评标专家的抽取和评标活动进行监督。行政监督部门的工作人员不得担任本部门负责监督项目的评标委员会成员。

第四十七条 招标投标法第三十七条第三款所称特殊招标项目，是指技术复杂、专业性强或者国家有特殊要求，采取随机抽取方式确定的专家难以保证胜任评标工作的项目。

第四十八条 招标人应当向评标委员会提供评标所必需的信息，但不得明示或者暗示其倾向或者排斥特定投标人。

招标人应当根据项目规模和技术复杂程度等因素合理确定评标时间。超过1/3的评标委员会成员认为评标时间不够的，招标人应当适当延长。

评标过程中，评标委员会成员有回避事由、擅离职守或者因健康等原因不能继续评标的，应当及时更换。被更换的评标委员会成员作出的评审结论无效，由更换后的评标委员会成员重新进行评审。

第四十九条 评标委员会成员应当依照招标投标法和本条例的规定，按照招标文件规定的评标标准和方法，客观、公正地对投标文件提出评审意见。招标文件没有规定的评标标准和方法不得作为评标的依据。

评标委员会成员不得私下接触投标人，不得收受投标人给予的财物或者其他好处，不得向招标人征询确定中标人的意向，不得接受任何单位或者个人明示或者暗示提出的倾向或者排斥特定投标人的要求，不得有其他不客观、不公正履行职务的行为。

第五十条 招标项目设有标底的，招标人应当在开标时公布。标底只能作为评标的参考，不得以投标报价是否接近标底作为中标条件，也不得以投标报价超过标底上下浮动范围作为否决投标的条件。

第五十一条 有下列情形之一的，评标委员会应当否决其投标：

（一）投标文件未经投标单位盖章和单位负责人签字；

（二）投标联合体没有提交共同投标协议；

（三）投标人不符合国家或者招标文件规定的资格条件；

（四）同一投标人提交两个以上不同的投标文件或者投标报价，但招标文件要求提交备选投标的除外；

（五）投标报价低于成本或者高于招标文件设定的最高投标限价；

（六）投标文件没有对招标文件的实质性要求和条件作出响应；

（七）投标人有串通投标、弄虚作假、行贿等违法行为。

第五十二条 投标文件中有含义不明确的内容、明显文字或者计算错误，评标委员会认为需要投标人作出必要澄清、说明的，应当书面通知该投标人。投标人的澄清、说明应当采用书面形式，并不得超出投标文件的范围或者改变投标文件的实质性内容。

评标委员会不得暗示或者诱导投标人作出澄清、说明，不得接受投标人主动提出的澄清、说明。

第五十三条 评标完成后，评标委员会应当向招标人提交书面评标报告和中标候选人名单。中标候选人应当不超过3个，并标明排序。

评标报告应当由评标委员会全体成员签字。对评标结果有不同意见的评标委员会成员应当以书面形式说明其不同意见和理由，评标报告应当注明该不同意见。评标委员会成员拒绝在评标报告上签字又不书面说明其不同意见和理由的，视为同意评标结果。

第五十四条 依法必须进行招标的项目，招标人应当自收到评标报告之日起3日内公示中标候选人，公示期不得少于3日。

投标人或者其他利害关系人对依法必须进行招标的项目的评标结果有异议的，应当在中标候选人公示期间提出。招标人应当自收到异议之日起3日内作出答复；作出答复前，应当暂停招标投标活动。

第五十五条 国有资金占控股或者主导地位的依法必须进行招标的项目，招标人应当确定排名第一的中标候选人为中标人。排名第一的中标候选人放弃中标、因不可抗力不能履行合同、不按照招标文件要求提交履约保证金，或者被查实存在影响中标结果的违法行为等情形，不符合中标条件的，招标人可以按照评标委员会提出的中标候选人名单排序依次确定其他中标候选人为中标人，也可以重新招标。

第五十六条 中标候选人的经营、财务状况发生较大变化或者存在违法行为，招标人认为可能影响其履约能力的，应当在发出中标通知书前由原评标委员会按照招标文件规定的标准和方法审查确认。

第五十七条 招标人和中标人应当依照招标投标法和本条例的规定签订书面合同，合同的标的、价款、质量、履行期限等主要条款应当与招标文件和中标人的投标文件的内容一致。招标人和中标人不得再行订立背离合同实质性内容的其他协议。

招标人最迟应当在书面合同签订后5日内向中标人和未中标的投标人退还投标保证金及银行同期存款利息。

第五十八条 招标文件要求中标人提交履约保证金的，中标人应当按照招标文件的要求提交。履约保证金不得超过中标合同金额的10%。

第五十九条 中标人应当按照合同约定履行义务，完成中标项目。中标人不得向他人转让中标项目，也不得将中标项目肢解后分别向他人转让。

中标人按照合同约定或者经招标人同意，可以将中标项目的部分非主体、非关键性工作分包给他人完成。接受分包的人应当具备相应的资格条件，并不得再次分包。

中标人应当就分包项目向招标人负责，接受分包的人就分包项目承担连带责任。

第五章 投诉与处理

第六十条 投标人或者其他利害关系人认为招标投标活动不符合法律、行政法规规定的，可以自知道或者应当知道之日起 10 日内向有关行政监督部门投诉。投诉应当有明确的请求和必要的证明材料。

就本条例第二十二条、第四十四条、第五十四条规定事项投诉的，应当先向招标人提出异议，异议答复期间不计算在前款规定的期限内。

第六十一条 投诉人就同一事项向两个以上有权受理的行政监督部门投诉的，由最先收到投诉的行政监督部门负责处理。

行政监督部门应当自收到投诉之日起 3 个工作日内决定是否受理投诉，并自受理投诉之日起 30 个工作日内作出书面处理决定；需要检验、检测、鉴定、专家评审的，所需时间不计算在内。

投诉人捏造事实、伪造材料或者以非法手段取得证明材料进行投诉的，行政监督部门应当予以驳回。

第六十二条 行政监督部门处理投诉，有权查阅、复制有关文件、资料，调查有关情况，相关单位和人员应当予以配合。必要时，行政监督部门可以责令暂停招标投标活动。

行政监督部门的工作人员对监督检查过程中知悉的国家秘密、商业秘密，应当依法予以保密。

第六章 法律责任

第六十三条 招标人有下列限制或者排斥潜在投标人行为之一的，由有关行政监督部门依照招标投标法第五十一条的规定处罚：

（一）依法应当公开招标的项目不按照规定在指定媒介发布资格预审公告或者招标公告；

（二）在不同媒介发布的同一招标项目的资格预审公告或者招标公告的内容不一致，影响潜在投标人申请资格预审或者投标。

依法必须进行招标的项目的招标人不按照规定发布资格预审公告或者招标公告，构成规避招标的，依照招标投标法第四十九条的规定处罚。

第六十四条 招标人有下列情形之一的，由有关行政监督部门责令改正，可以处 10 万元以下的罚款：

（一）依法应当公开招标而采用邀请招标；

（二）招标文件、资格预审文件的发售、澄清、修改的时限，或者确定的提交资格预审申请文件、投标文件的时限不符合招标投标法和本条例规定；

（三）接受未通过资格预审的单位或者个人参加投标；

（四）接受应当拒收的投标文件。

招标人有前款第一项、第三项、第四项所列行为之一的，对单位直接负责的主管人员和其他直接责任人员依法给予处分。

第六十五条　招标代理机构在所代理的招标项目中投标、代理投标或者向该项目投标人提供咨询的，接受委托编制标底的中介机构参加受托编制标底项目的投标或者为该项目的投标人编制投标文件、提供咨询的，依照招标投标法第五十条的规定追究法律责任。

第六十六条　招标人超过本条例规定的比例收取投标保证金、履约保证金或者不按照规定退还投标保证金及银行同期存款利息的，由有关行政监督部门责令改正，可以处5万元以下的罚款；给他人造成损失的，依法承担赔偿责任。

第六十七条　投标人相互串通投标或者与招标人串通投标的，投标人向招标人或者评标委员会成员行贿谋取中标的，中标无效；构成犯罪的，依法追究刑事责任；尚不构成犯罪的，依照招标投标法第五十三条的规定处罚。投标人未中标的，对单位的罚款金额按照招标项目合同金额依照招标投标法规定的比例计算。

投标人有下列行为之一的，属于招标投标法第五十三条规定的情节严重行为，由有关行政监督部门取消其1年至2年内参加依法必须进行招标的项目的投标资格：

（一）以行贿谋取中标；

（二）3年内2次以上串通投标；

（三）串通投标行为损害招标人、其他投标人或者国家、集体、公民的合法利益，造成直接经济损失30万元以上；

（四）其他串通投标情节严重的行为。

投标人自本条第二款规定的处罚执行期限届满之日起3年内又有该款所列违法行为之一的，或者串通投标、以行贿谋取中标情节特别严重的，由工商行政管理机关吊销营业执照。

法律、行政法规对串通投标报价行为的处罚另有规定的，从其规定。

第六十八条　投标人以他人名义投标或者以其他方式弄虚作假骗取中标的，中标无效；构成犯罪的，依法追究刑事责任；尚不构成犯罪的，依照招标投标法第五十四条的规定处罚。依法必须进行招标的项目的投标人未中标的，对单位的罚款金额按照招标项目合同金额依照招标投标法规定的比例计算。

投标人有下列行为之一的，属于招标投标法第五十四条规定的情节严重行为，由有关行政监督部门取消其1年至3年内参加依法必须进行招标的项目的投标资格：

（一）伪造、变造资格、资质证书或者其他许可证件骗取中标；

（二）3年内2次以上使用他人名义投标；

（三）弄虚作假骗取中标给招标人造成直接经济损失30万元以上；

（四）其他弄虚作假骗取中标情节严重的行为。

投标人自本条第二款规定的处罚执行期限届满之日起3年内又有该款所列违法行为之一的，或者弄虚作假骗取中标情节特别严重的，由工商行政管理机关吊销营业执照。

第六十九条　出让或者出租资格、资质证书供他人投标的，依照法律、行政法规的规定给予行政处罚；构成犯罪的，依法追究刑事责任。

第七十条　依法必须进行招标的项目的招标人不按照规定组建评标委员会，或者确定、更换评标委员会成员违反招标投标法和本条例规定的，由有关行政监督部门责令改正，可以处 10 万元以下的罚款，对单位直接负责的主管人员和其他直接责任人员依法给予处分；违法确定或者更换的评标委员会成员作出的评审结论无效，依法重新进行评审。

国家工作人员以任何方式非法干涉选取评标委员会成员的，依照本条例第八十一条的规定追究法律责任。

第七十一条 评标委员会成员有下列行为之一的，由有关行政监督部门责令改正；情节严重的，禁止其在一定期限内参加依法必须进行招标的项目的评标；情节特别严重的，取消其担任评标委员会成员的资格：

（一）应当回避而不回避；

（二）擅离职守；

（三）不按照招标文件规定的评标标准和方法评标；

（四）私下接触投标人；

（五）向招标人征询确定中标人的意向或者接受任何单位或者个人明示或者暗示提出的倾向或者排斥特定投标人的要求；

（六）对依法应当否决的投标不提出否决意见；

（七）暗示或者诱导投标人作出澄清、说明或者接受投标人主动提出的澄清、说明；

（八）其他不客观、不公正履行职务的行为。

第七十二条 评标委员会成员收受投标人的财物或者其他好处的，没收收受的财物，处 3000 元以上 5 万元以下的罚款，取消担任评标委员会成员的资格，不得再参加依法必须进行招标的项目的评标；构成犯罪的，依法追究刑事责任。

第七十三条 依法必须进行招标的项目的招标人有下列情形之一的，由有关行政监督部门责令改正，可以处中标项目金额10‰以下的罚款；给他人造成损失的，依法承担赔偿责任；对单位直接负责的主管人员和其他直接责任人员依法给予处分：

（一）无正当理由不发出中标通知书；

（二）不按照规定确定中标人；

（三）中标通知书发出后无正当理由改变中标结果；

（四）无正当理由不与中标人订立合同；

（五）在订立合同时向中标人提出附加条件。

第七十四条 中标人无正当理由不与招标人订立合同，在签订合同时向招标人提出附加条件，或者不按照招标文件要求提交履约保证金的，取消其中标资格，投标保证金不予退还。对依法必须进行招标的项目的中标人，由有关行政监督部门责令改正，可以处中标项目金额10‰以下的罚款。

第七十五条 招标人和中标人不按照招标文件和中标人的投标文件订立合同，合同的主要条款与招标文件、中标人的投标文件的内容不一致，或者招标人、中标人订立背离合同实质性内容的协议的，由有关行政监督部门责令改正，可以处中标项目金额5‰以上 10‰以下的罚款。

第七十六条 中标人将中标项目转让给他人的，将中标项目肢解后分别转让给他人的，违反招标投标法和本条例规定将中标项目的部分主体、关键性工作分包给他人的，或者分包人再次分包的，转让、分包无效，处转让、分包项目金额5‰以上 10‰以下的罚款；有违法所得的，并处没收违法所得；可以责令停业整顿；情节严重的，由工商行政管理机关吊销营业执照。

第七十七条 投标人或者其他利害关系人捏造事实、伪造材料或者以非法手段取得证明材料进行投诉，给他人造成损失的，依法承担赔偿责任。

招标人不按照规定对异议作出答复，继续进行招标投标活动的，由有关行政监督部门责令改正，拒不改正或者不能改正并影响中标结果的，依照本条例第八十二条的规定处理。

第七十八条 取得招标职业资格的专业人员违反国家有关规定办理招标业务的，责令改正，给予警告；情节严重的，暂停一定期限内从事招标业务；情节特别严重的，取消招标职业资格。

第七十九条 国家建立招标投标信用制度。有关行政监督部门应当依法公告对招标人、招标代理机构、投标人、评标委员会成员等当事人违法行为的行政处理决定。

第八十条 项目审批、核准部门不依法审批、核准项目招标范围、招标方式、招标组织形式的，对单位直接负责的主管人员和其他直接责任人员依法给予处分。

有关行政监督部门不依法履行职责，对违反招标投标法和本条例规定的行为不依法查处，或者不按照规定处理投诉、不依法公告对招标投标当事人违法行为的行政处理决定的，对直接负责的主管人员和其他直接责任人员依法给予处分。

项目审批、核准部门和有关行政监督部门的工作人员徇私舞弊、滥用职权、玩忽职守，构成犯罪的，依法追究刑事责任。

第八十一条 国家工作人员利用职务便利，以直接或者间接、明示或者暗示等任何方式非法干涉招标投标活动，有下列情形之一的，依法给予记过或者记大过处分；情节严重的，依法给予降级或者撤职处分；情节特别严重的，依法给予开除处分；构成犯罪的，依法追究刑事责任：

（一）要求对依法必须进行招标的项目不招标，或者要求对依法应当公开招标的项目不公开招标；

（二）要求评标委员会成员或者招标人以其指定的投标人作为中标候选人或者中标人，或者以其他方式非法干涉评标活动，影响中标结果；

（三）以其他方式非法干涉招标投标活动。

第八十二条 依法必须进行招标的项目的招标投标活动违反招标投标法和本条例的规定，对中标结果造成实质性影响，且不能采取补救措施予以纠正的，招标、投标、中标无效，应当依法重新招标或者评标。

第七章 附 则

第八十三条 招标投标协会按照依法制定的章程开展活动，加强行业自律和服务。

第八十四条 政府采购的法律、行政法规对政府采购货物、服务的招标投标另有规定的，从其规定。

第八十五条 本条例自 2012 年 2 月 1 日起施行。

二、中共中央办公厅、国务院办公厅文件

国务院办公厅关于进一步整顿和规范建筑
市场秩序的通知

（国办发〔2001〕81号）

各省、自治区、直辖市人民政府，国务院各部委、各直属机构：

整顿和规范建筑市场秩序，是整顿和规范市场经济秩序工作的重要组成部分。近年来，有关部门联合开展了建设工程项目执法监察和整顿建筑市场的工作，使违法违规行为在一定程度上得到遏制，建筑市场秩序有所改善。但是，由于多方面的原因，建筑市场秩序混乱的状况仍然没有从根本上得到扭转。为进一步整顿和规范建筑市场秩序，经国务院同意，现就有关事项通知如下：

一、加强领导，分工协作，各负其责

整顿和规范建筑市场秩序，由建设部会同国家计委、监察部、交通部、水利部、铁道部、信息产业部、民航总局等有关部门负责指导和协调。各有关部门要按照现行职责分工，各司其职，各负其责。

国务院建设行政主管部门要会同有关部门研究制定整顿和规范建筑市场的具体实施方案。地方各级人民政府要切实负起责任，层层落实责任制。要按照整顿和规范建筑市场秩序的统一要求，实行责任追究制度。监察部门对重点案件要提前介入，严肃查处。对在整顿和规范建筑市场秩序中工作不力、消极应付甚至失职渎职的领导干部和有关责任人，要坚决按照有关法律法规的规定追究责任，严肃查处。

二、明确任务，突出重点

整顿和规范建筑市场，不仅要检查在建工程项目，而且要对建设单位和勘察、设计、施工、监理、招标代理企业等市场主体进行全面清理和整顿。整顿和规范建筑市场的主要任务是：严格执行法定建设程序，严肃依法查处违反法定建设程序的行为；切实加大建筑市场监管力度，解决规避招标和招标投标中弄虚作假的问题；完善制度，强化监督，综合治理转包、违法分包等问题，继续完善企业资质管理办法，建立严格的建筑市场准入和清出制度；认真执行有关法律法规和工程建设强制性标准，确保工程质量和安全生产；加强建筑市场执法队伍建设，提高政府主管部门依法行政和严格执法的水平；做到政企分开、政事分开，贯彻《国务院关于禁止在市场经济活动中实行地区封锁的规定》（国务院令第303号），纠正对建筑市场违法设障、实行地区封锁和部门保护的行为。

整顿和规范建筑市场秩序要抓住管理薄弱的环节和地区，加强对城乡结合部、开发区以及县以下地区工程建设活动的监督管理。专项整治要重点抓好六个方面的工作：

（一）依法查处规避招标和在招标投标活动中弄虚作假的问题；

（二）依法查处勘察、设计、施工单位转包、违法分包和监理单位违法转让监理业务，以及无证或越级承接工程业务的问题；

（三）依法查处不办理施工许可证或开工报告、不办理竣工验收及备案，以及依法必须实行监理的工程不委托监理等违反法定建设程序的问题；

（四）依法查处不执行工程建设强制性标准，以及偷工减料等问题；

（五）坚决纠正政府主管部门不依法行政和监督执法不力的问题；

（六）大力整顿和规范装饰装修工程活动和装饰装修材料市场秩序，加强管理，确保装饰装修工程质量。

三、加大执法力度，严肃查处违法违规行为

要加强对工程建设项目执行国家有关法律法规的检查工作，切实加大对违法违规行为的查处力度。对于各种违法违规行为要坚决依法作出处理，特别是对在社会上有一定影响的违法违规典型案例，要公开曝光，起到威慑和警示的作用。

对有违法违规行为的建设单位及勘察、设计、施工、监理、招标代理等企业，要按照有关法律法规，视情节轻重，分别给予罚款、责令停业整顿、降低资质等级，直至吊销资质证书的处罚。处罚时要严格按照法律法规执行，决不能降低处罚标准。

对于违法违规行为，不仅要追究、处罚责任单位，还要追究、处罚到责任人。要按照《建设工程质量管理条例》（国务院令第 279 号）的规定，凡是给予单位罚款处罚的，对单位直接负责的主管人员和其他直接责任人员也要依法处以相应罚款；对于注册执业人员因过错造成质量事故的，要责令停止执业或吊销执业资格证书，情节特别恶劣的，终身不予注册。

整顿和规范建筑市场秩序要与惩治腐败相结合。对于领导干部违反规定干预或者插手工程发包、承包以及其他建筑市场违法违纪案件，特别是重大质量安全事故幕后的腐败案件，要排除一切阻力和干扰，坚决一查到底，依法惩处，决不姑息。要严肃追究国家机关工作人员失职渎职的行政责任，严厉查处以权谋私、徇私枉法或包庇、纵容建筑市场违法犯罪活动的腐败分子。

四、完善体制，标本兼治

（一）继续完善并严格执行建筑市场准入和清出制度。

所有工程勘察、设计、施工、监理、招标代理企业，都必须依法取得相应等级的资质证书，并在其资质等级许可的范围内从事相应的工程建设活动。建设部要会同交通、水利、铁道、信息产业、民航等部门对工程建设领域的企业资质和有关专业技术人员执业资格进行严格管理，禁止无相应资质的企业和无执业资格的人员进入工程建设市场。

要严格执行施工许可制度、批准开工和工程竣工验收及备案制度，切实把好工程的开工和交付使用两道关。对于不符合法定开工条件的，一律不得颁发施工许可证或者批准开工；对于已完工工程项目有违反合同约定拖欠工程款的，对其新建工程项目不得颁发施工许可证或者批准开工；对于未取得施工许可证或批准开工报告而擅自施工的，必须依法作出处理。同时，要认真执行工程竣工验收及备案制度，凡发现有违法行为的，要责令其工程建筑停止使用，经整改后重新组织竣工验收。

（二）建立完善监督机制，加强执法队伍建设。

要加大对建筑市场的监管力度，既要依法对工程招标投标活动实施监督，又要加大对中标后工程实施全过程的监督检查，切实做到执法必严、违法必究。要研究解决建筑市场监管力量不足的问题，健全机构、充实力量、增加必要的经费，加大监管力度；同时要加强对执法人员的业务培训和廉政教育，健全规章制度，严格执法程序，严肃执法纪律，把执法犯法或徇私舞弊的人员坚决清除出执法队伍。

（三）严格执行工程建设强制性标准。

要广泛组织学习、宣传国家有关工程质量的法律法规及工程建设强制性标准，增强各级政府和工程建设各参与方的质量意识。建设单位和勘察、设计、施工、监理企业都要依法落实各自对质量的责任和义务。建设行政主管部门和其他有关专业部门，要依法加强对工程建设强制性标准执行情况的监督检查。对国家机关工作人员在建设工程质量监督管理工作中玩忽职守、徇私舞弊的要严肃处理，构成犯罪的，要依法追究其刑事责任。

要防止片面追求低造价而导致工程质量的降低，坚决禁止使投标价格低于合理成本的投标人中标的行为。工程的勘察、设计、监理应当严格执行国家规定的取费标准，对低于国家规定最低取费标准签订合同的，政府主管部门应当责令改正；对于拒不改正的，不予颁发施工许可证或批准开工报告。

建设行政主管部门要加强对建筑装饰装修特别是住宅装饰装修工程质量的监督，重点是依法监督在装饰装修工程中擅自变动房屋建筑主体和承重结构的问题；对于涉及建筑主体和承重结构变动的，必须在施工前委托原设计单位或者具有相应资质等级的设计单位提出设计方案。在装饰装修施工中，施工企业要严格执行有关防治环境污染的规定，控制粉尘、废弃物、噪声、振动等对周围环境的影响。对违法违规的责任单位和责任人，要依法作出处罚。建设部要会同有关部门制定装饰装修工程建设标准，严禁在装饰装修工程上使用对人体有害的材料。

（四）规范有形建筑市场的运行，创造公开、公正、公平的竞争环境。

要健全和完善有形建筑市场，加强管理，规范运行，有效防止规避招标、招投标弄虚作假以及转包、违法分包等行为的发生。

有形建筑市场应当提供公开、公正、公平的市场竞争环境，不得以任何方式限制或者排斥本地区、本系统以外的企业参加投标，不得以任何方式搞地区封锁和部门保护，并严格按照批准的收费项目和标准收取有关费用。有形建筑市场必须与政府部门脱钩，人员、职能都要分离，不能与政府部门及其所属机构搞"一套班子、两块牌子"。

建设部要会同有关部门抓紧起草有形建筑市场管理办法，报国务院批准后施行。

（五）抓好工程建设数据库管理和计算机网络建设。

要充分运用计算机及信息网络技术，强化监督执法部门的监管手段，加强对工程建设项目的实施情况和建筑市场各方主体行为的监督。当前，要重点建立企业状况（包括勘察、设计、施工、监理、招标代理企业）、专业技术人员（包括注册建筑师、结构工程师、监理工程师、造价工程师和建筑业企业项目经理）和工程项目管理三大管理数据库，并将企业和专业技术人员的基本情况、业绩（包括违法违规的不良记录）以及工程项目执行法定建设程序、质量安全事故等在信息网络上予以公布，接受社会监督。

中华人民共和国国务院办公厅

二〇〇一年十月三十一日

国务院办公厅关于进一步规范招投标活动的若干意见

（国办发〔2004〕56号）

各省、自治区、直辖市人民政府，国务院各部委、各直属机构：

2000年1月《中华人民共和国招标投标法》（以下简称《招标投标法》）实施以来，我国招投标市场发展总体是好的，招投标活动日趋普及，招投标领域不断扩大，已经成为经济生活的重要内容。但是，招投标活动中仍然存在一些不容忽视的问题，妨碍了《招标投标法》的实施，扰乱了市场经济秩序，滋生了腐败现象。为深入贯彻党的十六届三中全会精神，整顿和规范市场经济秩序，创造公开、公平、公正的市场经济环境，推动反腐败工作的深入开展，必须加强和改进招投标行政监督，进一步规范招投标活动。经国务院同意，现就有关工作提出以下意见：

一、充分认识进一步规范招投标活动的重要意义进一步规范招投标活动，是完善社会主义市场经济体制的重要措施。当前，招投标活动中存在着严重问题，一些部门和地方违反《招标投标法》，实行行业垄断、地区封锁；少数项目业主逃避招标、虚假招标，不按照法定程序开标、评标和定标；有的投标人串通投标，以弄虚作假和其他不正当手段骗取中标，在中标后擅自转包和违法分包；有关行政监督部门对违法行为查处不力；工程建设招投标活动中存在行贿受贿、贪污腐败现象，一些政府部门和领导干部直接介入或非法干预招投标活动。这些问题需要通过健全制度、完善机制、强化监督、规范行为来切实加以解决。

进一步规范招投标活动，是维护公平竞争的市场经济秩序，促进全国统一市场形成的内在要求。规范的招投标活动有利于鼓励竞争，打破地区封锁和行业保护，促进生产要素在不同地区、部门、企业之间自由流动和组合，为招标人选择符合要求的供货商、承包商和服务商提供机会。

进一步规范招投标活动，是深化投资体制改革，提高国有资产使用效益的有效手段。在政府投资领域引入竞争机制，严格执行招投标制度，有助于提高投资决策的科学化和民主化水平，促使企业增强市场意识，改善经营管理，这对于保障国有资金有效使用，提高投资效益具有重要意义。

进一步规范招投标活动，是加强工程质量管理，预防和遏制腐败的重要环节。工程质量是百年大计，直接关系建设项目的成败和广大人民群众的生命、财产安全。我国这些年来发生的重大工程质量事故和重大腐败案件，大多与招投标制度执行不力，搞内幕交易、虚假招标有关。认真贯彻《招标投标法》，严格规范招投标程序，将招投标活动的各个环节置于公开透明的环境，能够有效地约束招投标当事人的行为，从源头上预防和治理腐败，保证项目建设质量。

二、打破行业垄断和地区封锁，促进全国市场统一招投标制度必须保持统一和协调。各地区、各部门要加快招投标规章和规范性文件的清理工作，修改或废止与《招标投标法》和《行政许可法》相抵触的规定和要求，并向社会公布。坚决纠正行业垄断和地区封锁行为，不得制定限制性条件阻碍或者排斥其他地区、其他系统投标人进入本地区、本系统市场；取消非法的投标许可、资质验证、注册登记等手续；禁止以获得本地区、本系统奖项等歧视性要求作为评标加分条件或者中标条件；不得要挟、暗示投标人在中标后分包部分工程给本地区、本系统的承包商、供货商。鼓励推行合理低价中标和无标底招标。

三、实行公告制度，提高招投标活动透明度为保证投标人及时、便捷地获取招标信息，依法必须招标的工程建设项目的招标公告，必须严格按照《招标投标法》规定在国家或省、自治区、直辖市人民政府指定的媒介发布，在招标人自愿的前提下，可以同时在其他媒介发布。任何单位和个人不得违法指定或者限制招标公告的发布地点和发布范围。除国家另有规定外，在指定媒介发布依法必须招标项目的招标公告，不得收取费用。对非法干预招标公告发布活动的，依法追究领导和直接责任人责任。

加快招投标信息公开的步伐，提高政府监管和公共服务能力。要公布招标事项核准、招标公告、中标候选人、中标结果、招标代理机构代理活动等信息，及时公告对违规招投标行为的处理结果、招投标活动当事人不良行为记录等相关信息，以利于社会监督。

四、完善专家评审制度，提高评标活动公正性加强对评标专家和评标活动的管理和监督，保证招投标活动的客观公正。为切实保证评标专家独立、公正地履行职责，要逐步对现有分散的部门专家库进行整合，吸纳一定比例的跨部门、跨地区的专家组建评标专家库，专家的抽取和管理按照《招标投标法》执行。

建立健全评标专家管理制度，严格评标专家资格认定，加强对评标专家的培训、考核、评价和档案管理，根据实际需要和专家考核情况及时对评标专家进行更换或者补充，实行评标专家的动态管理。严格执行回避制度，项目管部门和行政监督部门的工作人员，不得作为专家和评标委员会成员参与评标。严明评标纪律，对评标专家在评标活动中的违法违规行为，要严肃查处，视情节依法给予警告、没收收受的财物、罚款等处罚；情节严重的，取消其评标委员会成员资格，并不得参加任何依法必须进行招标项目的评标；同时建议主管单位给予相应的政纪处分，构成犯罪的，要依法追究刑事责任。

五、规范代理行为，建立招投标行业自律机制依法整顿和规范招标代理活动。招标代理机构必须与行政主管部门脱钩，并不得存在任何隶属关系或者其他利益关系。凡违反《招标投标法》和《行政许可法》规定设立和认定招标代理机构资格的行为，一律无效。建立健全招标代理市场准入和退出制度。招标代理机构应当依法经营，平等竞争，对严重违法违规的招标代理机构，要取消招标代理资格。招标代理机构可以依法跨区域开展业务，任何地方和部门均不得以登记备案等方式变相加以限制。

建立和完善招投标行业自律机制，推动组建跨行业、跨地区的招标投标协会。由协会制定行业技术规范和行为准则，通过行业自律，维护招投标活动的秩序。

六、积极引入竞争，进一步拓宽招投标领域按照深化投资体制改革的要求，逐步探索通过招投标引入竞争机制，改进项目的建设和管理。对经营性的、有合理回报和一定投资回收能力的公益事业、公共基础设施项目建设，以及具有垄断性的项目，可逐步推行项目法人招标制。进一步探索采用招标等竞争性方式选择工程咨询、招标代理等投资服务中介机构的办法。对政府投资的公益项目，可以通过招标选择项目管理单位对项目建设进行专业化管理。

大力推行和规范政府采购、科研课题、特许经营权、土地使用权出让、药品采购、物业管理等领域的招投标活动。

七、依法实施管理，完善招投标行政监督机制有关行政监督部门应当严格按照《招标投标法》和国务院规定的职责分工，各司其职，密切配合，加强管理，改进招投标行政监督工作。

发展改革委要加强对招投标工作的指导和协调，加强对重大建设项目建设过程中工程招投标的监督检查和工业项目招投标活动的监督执法。水利、交通、铁道、民航、信息产业、建设、商务部门，应当依照有关法律、法规，加强对相关领域招投标过程中泄露保密资料、泄露标底、串通招标、串通投标、歧视和排斥投标等违法活动的监督执法。加大对转包、违法分包行为的查处力度，对将中标项目全部转让、分别转让，或者违法将中标项目的部分主体、关键性工作层层分包，以及挂靠有资质或高资质单位并以其名义投标，或者从其他单位租借资质证书等行为，有关行政监督部门必须依法给予罚款、没收违法所得、责令停业整顿等处罚，情节严重的，由工商行政管理机关吊销其营业执照。同时，对接受转包、违法分包的单位，要及时清退。

有关行政监督部门不得违反法律法规设立审批、核准、登记等涉及招投标的行政许可事项；已经设定的一律予以取消。加快职能转变，改变重事前审批、轻事后监管的倾向，加强对招投标全过程的监督执法。项目审批部门对不依照核准事项进行招标的行为，要及时依法实施处罚。建立和完善公正、高效的招投标投诉处理机制，及时受理投诉并查处违法行为。任何政府部门和个人，特别是各级领导干部，不得以权谋私，采取暗示、授意、打招呼、递条子、指定、强令等方式，干预和插手具体的招投标活动。各级行政监察部门要加强对招投标执法活动的监督，严厉查处招投标活动中的腐败和不正之风。地方各级人民政府应当依据《行政许可法》的要求，规范招投标行政监督部门的工作，加强招投标监督管理队伍建设，提高依法行政水平。

各省、自治区、直辖市人民政府和国务院各有关部门要加强对招投标工作的领导，及时总结经验，不断完善政策，协调、处理好招投标工作中的新矛盾、新问题。

中华人民共和国国务院办公厅

2004 年 7 月 12 日

中共中央办公厅　国务院办公厅印发《关于开展工程建设领域突出问题专项治理工作的意见》的通知

（中办发〔2009〕27 号）

各省、自治区、直辖市党委和人民政府，中央和国家机关各部委，解放军各总部、各大单位，各人民团体：

《关于开展工程建设领域突出问题专项治理工作的意见》已经党中央、国务院同意，现印发给你们，请结合实际认真贯彻执行。

中共中央办公厅
国务院办公厅
2009 年 7 月 9 日

为认真贯彻落实《中共中央关于印发〈建立健全惩治和预防腐败体系 2008—2012 年工作规划〉的通知》（中发［2008］9 号）的有关要求，规范工程建设领域市场交易行为和领导干部从政行为，维护社会主义市场经济秩序，促进反腐倡廉建设，现就开展工程建设领域突出问题专项治理工作提出如下意见。

关于开展工程建设领域突出问题专项治理工作的意见

一、治理工作的重要性和紧迫性

近年来，各地区各部门采取有效措施，认真治理工程建设领域中存在的问题，工程建设市场不断健全，监管体制日益完善，钱权交易、商业贿赂等腐败现象滋生蔓延的势头得到了一定程度的遏制。但是，必须清醒地看到，我国工程建设领域依然存在许多突出问题。一是一些领导干部利用职权插手干预工程建设，索贿受贿；二是一些部门违法违规决策上马项目和审批规划，违法违规审批和出让土地，擅自改变土地用途、提高建筑容积率；三是一些招标人和投标人规避招标、虚假招标，围标串标，转包和违法分包；四是一些招标代理机构违规操作，有的专家评标不公正；五是一些单位在工程建设过程中违规征地拆迁、损害群众利益、破坏生态环境、质量和安全责任不落实；六是一些地方违背科学决策、民主决策的原则，乱上项目，存在劳民伤财的"形象工程"、脱离实际的"政绩工程"和威胁人民生命财产安全的"豆腐渣"工程。上述这些问题严重损害公共利益，影响党群干群关系，破坏社会主义市场经济秩序，妨碍科学发展和社会和谐稳定，人民群众反映强烈。为此，中央决定，用 2 年左右的时间，集中开展工程建设领域突出问题专项治理工作。

各地区各部门要充分认识开展工程建设领域突出问题专项治理工作的重要性和紧迫性，切实采取措施，加大治理力度，维护公平竞争的市场原则，推动以完善惩治和预防腐败体系为重点的反腐倡廉建设深入开展，促进工程建设项目高效、安全、廉洁运行，保证中央关于扩大内需促进经济平稳较快发展政策措施的贯彻落实，维护人民群众的根本利益，促进科学发展，保持社会和谐稳定。

二、治理工作的总体要求、主要任务和阶段性目标

（一）总体要求

高举中国特色社会主义伟大旗帜，以邓小平理论和"三个代表"重要思想为指导，深入贯彻落实科学发展观，全面贯彻落实党的十七大精神，紧紧围绕扩大内需、加快发展方式转变和结构调整、深化重点领域和关键环节改革、改善民生、促进和谐等任务，以政府投资和使用国有资金的项目为重点，以改革创新、科学务实的精神，坚持围绕中心、统筹协调，标本兼治、惩防并举，坚持集中治理与加强日常监管相结合，着力解决工程建设领域存在的突出问题，切实维护人民群众的根本利益，为经济社会又好又快发

展提供坚强保证。

（二）主要任务

进一步规范招标投标活动，促进招标投标市场健康发展；进一步落实经营性土地使用权和矿业权招标拍卖挂牌出让制度，规范市场交易行为；进一步推进决策和规划管理工作公开透明，确保规划和项目审批依法实施；进一步加强监督管理，确保行政行为、市场行为更加规范；进一步深化有关体制机制制度改革，建立规范的工程建设市场体系；进一步落实工程建设质量和安全责任制，确保建设安全。

（三）阶段性目标

工程建设领域市场交易活动依法透明运行，统一规范的工程建设有形市场建立健全，互联互通的诚信体系初步建立，法律法规制度比较完善，相关改革不断深化，工程建设健康有序发展的长效机制基本形成，领导干部违法违规插手干预工程建设的行为受到严肃查处，腐败现象易发多发的势头得到进一步遏制。

三、治理工作的重点和主要措施

（一）认真进行排查，找准突出问题

深入开展自查。各地区各有关部门要对照有关法律法规和政策规定，认真查找项目决策、城乡规划审批、项目核准、土地审批和出让、环境评价、勘察设计和工程招标投标、征地拆迁、物资采购、资金拨付和使用、施工监理、工程质量、工程建设实施等重点部位和关键环节存在的突出问题。要紧密结合实际，认真开展自查，摸清存在问题的底数，掌握涉及问题单位和人员的基本情况。

深刻分析原因。针对发现的问题和隐患，从主观认识、法规制度、权力制约、行政监管、市场环境等方面，分析产生的根源，查找存在的漏洞和薄弱环节，提出改进的措施和办法，明确治理工作的目标和责任要求，增强治理工作的科学性、预见性和实效性。

严肃自查纪律。对不认真自查的地方和部门，要加强督导；对拒不自查、掩盖问题或弄虚作假的，要严肃处理。对自查出的违纪问题，要根据情节轻重、影响大小等作出处理。对虽有问题但能主动认识和纠正的，可以按照有关规定从轻、减轻或免予处分。各地区各部门要将自查情况书面报告中央治理工程建设领域突出问题工作领导小组。领导小组适时对自查情况进行重点检查。

（二）加大监管力度，增强监管效果

突出监管重点。着重加强项目建设程序的监管，严格执行投资项目审批、核准、备案管理程序，规范项目决策，科学确定项目规模、工程造价和标准，认真落实开工报告制度、施工许可证制度和安全生产许可证制度，确保工程项目审批和建设依法合规、公开透明运行。着重加强对招标投标活动的监管，规范招标方式确定、招标文件编制、资格审查、标段划分、评标定标、招标代理等行为，改进和完善评标办法，确保招标投标活动公开、公平、公正。着重加强土地、矿产供应及开发利用情况的监管，完善土地及矿业权审批、供应、使用等管理的综合监管平台。着重加强控制性详细规划制定和实施监管，严格控制性详细规划的制定和修改程序。着重加强项目建设实施过程监管，严格依法征地拆迁，坚持合理工期、合理标价、合理标段，严格合同订立和履约，规范设计变更，科学组织施工，加强资金管理，控制建设成本，禁止转包和违法分包。着重加强工程质量与安全监管，落实工程质量和安全生产领导责任制，进一步完善质量与安全管理法规制度，明确质量标准，细化安全措施，强化施工监理，防止重、特大质量与安全事故的发生。

落实监管职责。各级政府要加强对工程建设项目全过程的监管，认真履行对政府投资项目的立项审批、项目管理、资金使用和实施效果等方面的职责。发展改革、工业和信息化、财政、国土资源、环境保护、住房城乡建设、安全监管等有关部门要依照有关法律法规，认真履行对项目决策、资金安排和管理、土地及矿业权审批和出让、节能评估审查、环境影响评价、城乡规划审批、安全生产等环节的行政管理职责。发展改革、工业和信息化、住房城乡建设、交通运输、铁道、水利、电监等部门要按照职责分工，重点做好对工程建设项目的监管。财政、审计部门要重点做好对政府投资项目资金和国有企业投资项目资金的监管，确保资金规范、高效、安全、廉洁使用。对因监管不力、行政不作为和乱作为以及行政过失等失职渎职行为造成重大损失的，要严肃追究责任单位领导和有关人员的责任。

创新监管方式。充分发挥招标投标部际联席会议机制作用，健全招标投标行政监督机制。建立健全相关制度，加强对招标投标从业机构和人员的规范管理。加大工程建设项目行政执法力度。组织实施对政府重大投资项目的跟踪审计。积极推进项目标准化、精细化、规范化和扁平化管理。发挥工程监理机构的专业监督作用，加强工程建设质量和安全生产的过程监管。推行管理骨干基本固定、劳务用工相对灵活、职责明确、高效运作的劳务管理模式。充分发挥新闻媒体的作用，加强对工程建设领域的舆论监督和社会监督。

（三）深化体制改革，创新机制制度

加快改革步伐。加强重大项目决策管理，推行专家评议和论证制度、公示和责任追究制度。发布招标投标法实施条例，抓紧研究起草政府投资条例、建筑市场管理条例。继续做好《标准施工招标资格预审文件》、《标准施工招标文件》贯彻实施工作，加快编制完成行业标准文件，实现招标投标规则统一。不断深化国库集中支付制度改革，加强工程项目政府采购管理。科学编制、严格实施土地利用总体规划，严格土地用途管制，严格土地使用权、矿业权出让审批管理。制定控制性详细规划编制审批管理办法，规范自由裁量权行使。严格执行国家有关法律法规，提高法律法规的执行力和落实度。

加强市场建设。按照政府建立、规范管理、公共服务、公平交易的原则，坚持政事分开、政企分开，打破地区封锁和行业垄断，整合和利用好各类有形建筑和建设市场资源，建立健全统一规范的工程建设有形市场，为工程交易提供场所，为交易各方提供服务，为信息发布提供平台，为政府监管提供条件。按规定必须招标的工程建设项目要实行统一进场、集中交易、行业监管、行政监察。建立健全统一规范的土地、矿业权等要素市场，大力推进土地市场、矿业权市场建设。探索显化土地使用权和矿业权转让市场的有效形式，规范土地使用权和矿业权市场交易行为。充分利用网络技术等现代科技手段，积极推行电子化招标投标。加强评标专家库管理，提高专家的职业道德水平。制定全国统一的评标专家分类标准和专家管理办法。加强中介组织管理，严格土地使用权、矿业权价格评估的监管，规范招标代理行为。

健全诚信体系。完善工程建设领域信誉评价、项目考核、合同履约、黑名单等市场信用记录，整合有关部门和行业信用信息资源，建立综合性数据库。充分利用各种信息平台，逐步形成全国互联互通的工程建设领域诚信体系，实现全行业诚信信息共建共享，并将相关信用信息纳入全国统一的企业和个人征信系统。建立健全失信惩戒制度和守信激励制度，严格市场准入。

（四）加大办案力度，坚决惩治腐败

严肃查处违纪违法案件。要坚决查办工程建设领域的腐败案件，发现一起，查处一起，决不姑息。重点查办国家工作人员特别是领导干部利用职权插手干预城乡规划审批、招标投标、土地审批和出让以谋取私利甚至索贿受贿的大案要案。严厉查处违法违规审批立项，规避和虚假招标，非法批地，低价出让土地，擅自变更规划和设计、改变土地用途和提高容积率，严重侵害群众利益等违纪违法案件。坚决查处在工程项目规划、立项审批中因违反决策程序或决策失误而造成重大损失或恶劣影响的案件。依法查处生产安全责任事故，严肃追究有关领导人的责任。既要坚决惩处受贿行为，又要严厉惩处行贿行为。坚决杜绝瞒案不报、压案不查的行为。

积极拓宽案源渠道。充分发挥各级纪检监察、司法、审计等机关和部门信访举报系统的作用，形成有效的举报投诉网络，健全举报投诉处理机制。注重在审计、财政监察、项目稽察、执法监察、专项检查、案件调查和新闻媒体报道中发现案件线索，深挖工程质量问题和安全事故背后的腐败问题。

健全办案协调机制。各级纪检监察机关、司法机关、审计部门和金融机构等要加强协作配合，完善情况通报、案件线索移送、案件协查、信息共享机制，形成查办案件的合力。对涉嫌犯罪案件，要及时移送司法机关依法查处。充分发挥查办案件的治本功能，深入剖析大案要案，严肃开展警示教育，认真查找体制机制制度方面存在的缺陷和漏洞，做到查处一起案件，教育一批干部，完善一套制度。

四、加强对治理工作的组织领导

成立中央治理工程建设领域突出问题工作领导小组，由中央纪委牵头，最高人民检察院、国家发展改革委、工业和信息化部、公安部、监察部、财政部、国土资源部、环境保护部、住房城乡建设部、交通运输部、铁道部、水利部、中国人民银行、审计署、国务院国资委、工商总局、安全监管总局、国务院法制办、电监会等为成员单位。领导小组下设办公室，承担日常工作。各地区各有关部门要切实加强领导，把治理工作作为一项重要任务列入工作日程，认真完成职责范围内的任务。各职能部门主要领导同志负总责，确定1名领导同志具体负责，落实责任分工。各级纪检监察机关要加强组织协调，会同有关部门作出总体部署，搞好任务分解，推动工作落实。各有关部门要及时沟通情况，加强协作配合，形成工作合力。

各地区各有关部门要结合实际，制定贯彻落实本意见的具体方案，确定治理重点，明确目标任务、工作进度、方式方法和时间要求。要深入排查问题、认真进行整改，完善体制机制制度，分阶段、有步骤地落实好专项治理工作的各项任务。中央治理工程建设领域突出问题工作领导小组适时组织对各地区各有关部门工作进展情况进行抽查。

各地区各有关部门要将专项治理工作与深入学习实践科学发展观活动相结合，着力解决影响和制约科学发展的突出问题以及党员干部党性党风党纪方面群众反映强烈的突出问题。要将专项治理工作与治理商业贿赂工作相结合，依法查处工程建设领域的商业贿赂案件，进一步规范市场秩序，维护公平竞争。要将专项治理工作与推进政务公开相结合，利用政府门户网站建立工程建设项目信息平台，向社会公示项目建设相关信息，明确审批流程，及时公布审批结果，实行行政审批电子监察。要将专项治理工作与纠正损害群众利益的不正之风相结合，大力加强部门和行业作风建设，着力解决工程建设领域侵害群众利益的突出问题。

　　各地区各有关部门要加强监督检查，开展分类指导，督促工作落实。要加强调查研究，注意解决苗头性、倾向性问题，总结经验，推动工作。对组织领导不到位、方法措施不得力、治理效果不明显的地方、部门和单位要提出整改要求，重点督查，限期整改，确保治理工作达到预期目标。

三、部门规章

建筑工程设计招标投标管理办法

（2000 年 10 月 18 日建设部令第 82 号发布）

第一条 为规范建筑工程设计市场，优化建筑工程设计，促进设计质量的提高，根据《中华人民共和国招标投标法》，制定本办法。

第二条 符合《工程建设项目招标范围和规模标准规定》的各类房屋建筑工程，其设计招标投标适用本办法。

第三条 建筑工程的设计，采用特定专利技术、专有技术，或者建筑艺术造型有特殊要求的，经有关部门批准，可以直接发包。

第四条 国务院建设行政主管部门负责全国建筑工程设计招标投标的监督管理。

县级以上地方人民政府建设行政主管部门负责本行政区域内建筑工程设计招标投标的监督管理。

第五条 建筑工程设计招标依法可以公开招标或者邀请招标。

第六条 招标人具备下列条件的，可以自行组织招标：

（一）有与招标项目工程规模及复杂程度相适应的工程技术、工程造价、财务和工程管理人员，具备组织编写招标文件的能力；

（二）有组织评标的能力。

招标人不具备前款规定条件的，应当委托具有相应资格的招标代理机构进行招标。

第七条 依法必须招标的建筑工程项目，招标人自行组织招标的，应当在发布招标公告或者发出招标邀请书 15 日前，持有关材料到县级以上地方人民政府建设行政主管部门备案；招标人委托招标代理机构进行招标的，招标人应当在委托合同签定后 15 日内，持有关材料到县级以上地方人民政府建筑行政主管部门备案。

备案机关应当在接受备案之日起 5 日内进行审核，发现招标人不具备自行招标条件、代理机构无相应资格、招标前期条件不具备、招标公告或者招标邀请书有重大瑕疵的，可以责令招标人暂时停止招标活动。

备案机关逾期未提出异议的，招标人可以实施招标活动。

第八条 公开招标的，招标人应当发布招标公告。邀请招标的，招标人应当向三个以上设计单位发出招标邀请书。

招标公告或者招标邀请书应当载明招标人名称和地址、招标项目的基本要求、投标人的资质要求以及获取招标文件的办法等事项。

第九条 招标文件应当包括以下内容：

（一）工程名称、地址、占地面积、建筑面积等；

（二）已批准的项目建议书或者可行性研究报告；

（三）工程经济技术要求；

（四）城市规划管理部门确定的规划控制条件和用地红线图；

（五）可供参考的工程地质、水文地质、工程测量等建设场地勘察成果报告；

（六）供水、供电、供气、供热、环保、市政道路等方面的基础资料；

（七）招标文件答疑、踏勘现场的时间和地点；

（八）投标文件编制要求及评标原则；

（九）投标文件送达的截止时间；

（十）拟签订合同的主要条款；

（十一）未中标方案的补偿办法。

第十条 招标文件一经发出，招标人不得随意变更。确需进行必要的澄清或者修改，应当在提交投标文件截止日期 15 日前，书面通知所有招标文件收受人。

第十一条 招标人要求投标人提交投标文件的时限为：特级和一级建筑工程不少于 45 日；二级以下建筑工程不少于 30 日；进行概念设计招标的，不少于 20 日。

第十二条 投标人应当具有与招标项目相适应的工程设计资质。

境外设计单位参加国内建筑工程设计投标的，应当经省、自治区、直辖市人民政府建设行政主管部门批准。

第十三条 投标人应当按照招标文件、建筑方案设计文件编制深度规定的要求编制投标文件；进行概念设计招标的，应当按照招标文件要求编制投标文件。

投标文件应当由具有相应资格的注册建筑师签章，加盖单位公章。

第十四条 评标由评标委员会负责。

评标委员会由招标人代表和有关专家组成。评标委员会人数一般为 5 人以上单数，其中技术方面的专家不得少于成员总数的 2/3。

投标人或者与投标人有利害关系的人员不得参加评标委员会。

第十五条 国务院建设行政主管部门，省、自治区、直辖市人民政府建设行政主管部门应当建立建筑工程设计评标专家库。

第十六条 有下列情形之一的，投标文件作废：

（一）投标文件未经密封的；

（二）无相应资格的注册建筑师签字的；

（三）无投标人公章的；

（四）注册建筑师受聘单位与投标人不符的。

第十七条 评标委员会应当在符合城市规划、消防、节能、环保的前提下，按照招标文件的要求，对投标设计方案的经济、技术、功能和造型等进行比选、评价，确定符合招标文件要求的最优设计方案。

第十八条 评标委员会应当在评标完成后，向招标人提出书面评标报告。

采用公开招标方式的，评标委员会应当向招标人推荐 2~3 个中标候选方案。

采用邀请招标方式的，评标委员会应当向招标人推荐 1~2 个中标候选方案。

第十九条 招标人根据评标委员会的书面评标报告和推荐的中标候选方案，结合投标人的技术力量和业绩确定中标方案。

招标人也可以委托评标委员会直接确定中标方案。

招标人认为评标委员会推荐的所有候选方案均不能最大限度满足招标文件规定要求的，应当依法重新招标。

第二十条 招标人应当在中标方案确定之日起 7 日内，向中标人发出中标通知，并将中标结果通知所有未中标人。

　　第二十一条　依法必须进行招标的项目，招标人应当在中标方案确定之日起15日内，向县级以上地方人民政府建设行政主管部门提交招标投标情况的书面报告。

　　第二十二条　对达到招标文件规定要求的未中标方案，公开招标的，招标人应当在招标公告中明确是否给予未中标单位经济补偿及补偿金额；邀请招标的，应当给予未中标单位经济补偿，补偿金额应当在招标邀请书中明确。

　　第二十三条　招标人应当在中标通知书发出之日起30日内与中标人签订工程设计合同。确需另择设计单位承担施工图设计的，应当在招标公告或招标邀请书中明确。

　　第二十四条　招标人、中标人使用未中标方案的，应当征得提交方案的投标人同意并付给使用费。

　　第二十五条　依法必须招标的建筑工程项目，招标人自行组织招标的，未在发布招标公告的或招标邀请书15日前到县级以上地方人民政府建设行政主管部门备案，或者委托招标代理机构进行招标的，招标人未在委托合同签定后15日内到县级以上地方人民政府建设行政主管部门备案的，由县级以上地方人民政府建设行政主管部门责令改正，并可处以1万元以上3万元以下罚款。

　　第二十六条　招标人未在中标方案确定之日起15日内，向县级以上地方人民政府建设行政主管部门提交招标投标情况的书面报告的，由县级以上地方人民政府建设行政主管部门责令改正，并可处以1万元以上3万元以下的罚款。

　　第二十七条　招标人将必须进行设计招标的项目不招标的，或将必须进行招标的项目化整为零或者以其他方式规避招标的，由县级以上地方人民政府建设行政主管部门责令其限期改正，并可处以项目合同金额5‰以上10‰以下的罚款。

　　第二十八条　招标代理机构有下列行为之一的，由省、自治区、直辖市地方人民政府建设行政主管部门处5万元以上25万元以下的罚款；有违法所得的，并处没收违法所得；情节严重的，由国务院建设行政主管部门或者省、自治区、直辖市地方人民政府建设行政主管部门暂停直至取消代理机构资格；构成犯罪的，依法追究刑事责任。给他人造成损失的，依法承担赔偿责任：

　　（一）在开标前泄漏应当保密的与招标有关的情况和资料的；

　　（二）与招标人或者投标人串通损害国家利益、社会公众利益或投标人利益的。

　　前款所列行为影响中标结果的，中标结果无效。

　　第二十九条　投标人相互串通投标，或者以向招标人、评标委员会成员行贿的手段谋取中标的，中标无效，由县级以上地方人民政府建设行政主管部门处中标项目金额5‰以上10‰以下的罚款；情节严重的，取消其1~2年内参加依法必须进行招标的工程项目设计招标的投标资格，并予以公告。

　　第三十条　评标委员会成员收受投标人财物或其他好处，或者向他人透露投标方案评审有关情况的，由县级以上地方人民政府建设行政主管部门给予警告，没收收受财物，并可处以3000元以上5万元以下的罚款。

　　评标委员会成员有前款所列行为的，由国务院建设行政主管部门或者省、自治区、直辖市人民政府建设行政主管部门取消担任评标委员会成员的资格，不得再参加任何依法进行的建筑工程设计招投标的评标，构成犯罪的，依法追究刑事责任。

第三十一条　建设行政主管部门或者有关职能部门的工作人员徇私舞弊、滥用职权，干预正常招标投标活动的，由所在单位给予行政处分；构成犯罪的，依法追究刑事责任。

第三十二条　省、自治区、直辖市人民政府建设行政主管部门，可以根据本办法制定实施细则。

第三十三条　城市市政公用工程设计招标投标参照本办法执行。

第三十四条　本办法由国务院建设行政主管部门解释。

第三十五条　本办法自发布之日起施行。

建设工程监理范围和规模标准规定

（2001 年 1 月 17 日建设部令第 86 号发布）

第一条　为了确定必须实行监理的建设工程项目具体范围和规模标准，规范建设工程监理活动，根据《建设工程质量管理条例》，制定本规定。

第二条　下列建设工程必须实行监理：

（一）国家重点建设工程；

（二）大中型公用事业工程；

（三）成片开发建设的住宅小区工程；

（四）利用外国政府或者国际组织贷款、援助资金的工程；

（五）国家规定必须实行监理的其他工程。

第三条　国家重点建设工程，是指依据《国家重点建设项目管理办法》所确定的对国民经济和社会发展有重大影响的骨干项目。

第四条　大中型公用事业工程，是指项目总投资额在 3000 万元以上的下列工程项目：

（一）供水、供电、供气、供热等市政工程项目；

（二）科技、教育、文化等项目；

（三）体育、旅游、商业等项目；

（四）卫生、社会福利等项目；

（五）其他公用事业项目。

第五条　成片开发建设的住宅小区工程，建筑面积在 5 万平方米以上的住宅建设工程必须实行监理；5 万平方米以下的住宅建设工程，可以实行监理，具体范围和规模标准，由省、自治区、直辖市人民政府建设行政主管部门规定。

为了保证住宅质量，对高层住宅及地基、结构复杂的多层住宅应当实行监理。

第六条　利用外国政府或者国际组织贷款、援助资金的工程范围包括：

（一）使用世界银行、亚洲开发银行等国际组织贷款资金的项目；

（二）使用国外政府及其机构贷款资金的项目；

（三）使用国际组织或者国外政府援助资金的项目。

第七条 国家规定必须实行监理的其他工程是指：

（一）项目总投资额在 3000 万元以上关系社会公共利益、公众安全的下列基础设施项目：

（1）煤炭、石油、化工、天然气、电力、新能源等项目；

（2）铁路、公路、管道、水运、民航以及其他交通运输业等项目；

（3）邮政、电信枢纽、通信、信息网络等项目；

（4）防洪、灌溉、排涝、发电、引（供）水、滩涂治理、水资源保护、水土保持等水利建设项目；

（5）道路、桥梁、地铁和轻轨交通、污水排放及处理、垃圾处理、地下管道、公共停车场等城市基础设施项目；

（6）生态环境保护项目；

（7）其他基础设施项目。

（二）学校、影剧院、体育场馆项目。

第八条 国务院建设行政主管部门商国务院有关部门后，可以对本规定确定的必须实行监理的建设工程具体范围和规模标准进行调整。

第九条 本规定由国务院建设行政主管部门负责解释。

第十条 本规定自发布之日起施行。

房屋建筑和市政基础设施工程施工招标投标管理办法

（2001 年 6 月 1 日建设部令第 89 号发布）

第一章　总　　则

第一条 为了规范房屋建筑和市政基础设施工程施工招标投标活动，维护招标投标当事人的合法权益，依据《中华人民共和国建筑法》、《中华人民共和国招标投标法》等法律、行政法规，制定本办法。

第二条 在中华人民共和国境内从事房屋建筑和市政基础设施工程施工招标投标活动，实施对房屋建筑和市政基础设施工程施工招标投标活动的监督管理，适用本办法。

本办法所称房屋建筑工程，是指各类房屋建筑及其附属设施和与其配套的线路、管道、设备安装工程及室内外装修工程。

本办法所称市政基础设施工程，是指城市道路、公共交通、供水、排水、燃气、热力、园林、环卫、污水处理、垃圾处理、防洪、地下公共设施及附属设施的土建、管道、设备安装工程。

第三条 房屋建筑和市政基础设施工程（以下简称工程）的施工单项合同估算价在200 万元人民币以上，或者项目总投资在 3000 万元人民币以上的，必须进行招标。

省、自治区、直辖市人民政府建设行政主管部门报经同级人民政府批准，可以根据实际情况，规定本地区必须进行工程施工招标的具体范围和规模标准，但不得缩小本办法确定的必须进行施工招标的范围。

第四条 国务院建设行政主管部门负责全国工程施工招标投标活动的监督管理。

县级以上地方人民政府建设行政主管部门负责本行政区域内工程施工招标投标活动的监督管理。具体的监督管理工作，可以委托工程招标投标监督管理机构负责实施。

第五条 任何单位和个人不得违反法律、行政法规规定，限制或者排斥本地区、本系统以外的法人或者其他组织参加投标，不得以任何方式非法干涉施工招标投标活动。

第六条 施工招标投标活动及其当事人应当依法接受监督。

建设行政主管部门依法对施工招标投标活动实施监督，查处施工招标投标活动中的违法行为。

第二章 招 标

第七条 工程施工招标由招标人依法组织实施。招标人不得以不合理条件限制或者排斥潜在投标人，不得对潜在投标人实行歧视待遇，不得对潜在投标人提出与招标工程实际要求不符的过高的资质等级要求和其他要求。

第八条 工程施工招标应当具备下列条件：

（一）按照国家有关规定需要履行项目审批手续的，已经履行审批手续；

（二）工程资金或者资金来源已经落实；

（三）有满足施工招标需要的设计文件及其他技术资料；

（四）法律、法规、规章规定的其他条件。

第九条 工程施工招标分为公开招标和邀请招标。

依法必须进行施工招标的工程，全部使用国有资金投资或者国有资金投资占控股或者主导地位的，应当公开招标，但经国家计委或者省、自治区、直辖市人民政府依法批准可以进行邀请招标的重点建设项目除外；其他工程可以实行邀请招标。

第十条 工程有下列情形之一的，经县级以上地方人民政府建设行政主管部门批准，可以不进行施工招标：

（一）停建或者缓建后恢复建设的单位工程，且承包人未发生变更的；

（二）施工企业自建自用的工程，且该施工企业资质等级符合工程要求的；

（三）在建工程追加的附属小型工程或者主体加层工程，且承包人未发生变更的；

（四）法律、法规、规章规定的其他情形。

第十一条 依法必须进行施工招标的工程，招标人自行办理施工招标事宜的，应当具有编制招标文件和组织评标的能力：

（一）有专门的施工招标组织机构；

（二）有与工程规模、复杂程度相适应并具有同类工程施工招标经验、熟悉有关工程施工招标法律法规的工程技术、概预算及工程管理的专业人员。

不具备上述条件的，招标人应当委托具有相应资格的工程招标代理机构代理施工招标。

第十二条 招标人自行办理施工招标事宜的，应当在发布招标公告或者发出投标邀请书的5日前，向工程所在地县级以上地方人民政府建设行政主管部门备案，并报送下列材料：

（一）按照国家有关规定办理审批手续的各项批准文件；

（二）本办法第十一条所列条件的证明材料，包括专业技术人员的名单、职称证书或者执业资格证书及其工作经历的证明材料；

（三）法律、法规、规章规定的其他材料。

招标人不具备自行办理施工招标事宜条件的，建设行政主管部门应当自收到备案材料之日起 5 日内责令招标人停止自行办理施工招标事宜。

第十三条 全部使用国有资金投资或者国有资金投资占控股或者主导地位，依法必须进行施工招标的工程项目，应当进入有形建筑市场进行招标投标活动。

政府有关管理机关可以在有形建筑市场集中办理有关手续，并依法实施监督。

第十四条 依法必须进行施工公开招标的工程项目，应当在国家或者地方指定的报刊、信息网络或者其他媒介上发布招标公告，并同时在中国工程建设和建筑业信息网上发布招标公告。

招标公告应当载明招标人的名称和地址，招标工程的性质、规模、地点以及获取招标文件的办法等事项。

第十五条 招标人采用邀请招标方式的，应当向 3 个以上符合资质条件的施工企业发出投标邀请书。

投标邀请书应当载明本办法第十四条第二款规定的事项。

第十六条 招标人可以根据招标工程的需要，对投标申请人进行资格预审，也可以委托工程招标代理机构对投标申请人进行资格预审。实行资格预审的招标工程，招标人应当在招标公告或者投标邀请书中载明资格预审的条件和获取资格预审文件的办法。

资格预审文件一般应当包括资格预审申请书格式、申请人须知，以及需要投标申请人提供的企业资质、业绩、技术装备、财务状况和拟派出的项目经理与主要技术人员的简历、业绩等证明材料。

第十七条 经资格预审后，招标人应当向资格预审合格的投标申请人发出资格预审合格通知书，告知获取招标文件的时间、地点和方法，并同时向资格预审不合格的投标申请人告知资格预审结果。

在资格预审合格的投标申请人过多时，可以由招标人从中选择不少于 7 家资格预审合格的投标申请人。

第十八条 招标人应当根据招标工程的特点和需要，自行或者委托工程招标代理机构编制招标文件。招标文件应当包括下列内容：

（一）投标须知，包括工程概况，招标范围，资格审查条件，工程资金来源或者落实情况（包括银行出具的资金证明），标段划分，工期要求，质量标准，现场踏勘和答疑安排，投标文件编制、提交、修改、撤回的要求，投标报价要求，投标有效期，开标的时间和地点，评标的方法和标准等；

（二）招标工程的技术要求和设计文件；

（三）采用工程量清单招标的，应当提供工程量清单；

（四）投标函的格式及附录；

（五）拟签订合同的主要条款；

（六）要求投标人提交的其他材料。

第十九条 依法必须进行施工招标的工程，招标人应当在招标文件发出的同时，将招标文件报工程所在地的县级以上地方人民政府建设行政主管部门备案。建设行政主管部门发现招标文件有违反法律、法规内容的，应当责令招标人改正。

第二十条 招标人对已发出的招标文件进行必要的澄清或者修改的，应当在招标文件要求提交投标文件截止时间至少 15 日前，以书面形式通知所有招标文件收受人，并同时报工程所在地的县级以上地方人民政府建设行政主管部门备案。该澄清或者修改的内容为招标文件的组成部分。

第二十一条 招标人设有标底的，应当依据国家规定的工程量计算规则及招标文件规定的计价方法和要求编制标底，并在开标前保密。一个招标工程只能编制一个标底。

第二十二条 招标人对于发出的招标文件可以酌收工本费。其中的设计文件，招标人可以酌收押金。对于开标后将设计文件退还的，招标人应当退还押金。

第三章 投 标

第二十三条 施工招标的投标人是响应施工招标、参与投标竞争的施工企业。

投标人应当具备相应的施工企业资质，并在工程业绩、技术能力、项目经理资格条件、财务状况等方面满足招标文件提出的要求。

第二十四条 投标人对招标文件有疑问需要澄清的，应当以书面形式向招标人提出。

第二十五条 投标人应当按照招标文件的要求编制投标文件，对招标文件提出的实质性要求和条件作出响应。

招标文件允许投标人提供备选标的，投标人可以按照招标文件的要求提交替代方案，并作出相应报价作备选标。

第二十六条 投标文件应当包括下列内容：

（一）投标函；

（二）施工组织设计或者施工方案；

（三）投标报价；

（四）招标文件要求提供的其他材料。

第二十七条 招标人可以在招标文件中要求投标人提交投标担保。投标担保可以采用投标保函或者投标保证金的方式。投标保证金可以使用支票、银行汇票等，一般不得超过投标总价的 2%，最高不得超过 50 万元。

投标人应当按照招标文件要求的方式和金额，将投标保函或者投标保证金随投标文件提交招标人。

第二十八条 投标人应当在招标文件要求提交投标文件的截止时间前，将投标文件密封送达投标地点。招标人收到投标文件后，应当向投标人出具标明签收人和签收时间的凭证，并妥善保存投标文件。在开标前，任何单位和个人均不得开启投标文件。在招标文件要求提交投标文件的截止时间后送达的投标文件，为无效的投标文件，招标人应当拒收。

提交投标文件的投标人少于 3 个的，招标人应当依法重新招标。

第二十九条 投标人在招标文件要求提交投标文件的截止时间前，可以补充、修改或者撤回已提交的投标文件。补充、修改的内容为投标文件的组成部分，并应当按照本办法第二十八条第一款的规定送达、签收和保管。在招标文件要求提交投标文件的截止时间后送达的补充或者修改的内容无效。

第三十条 两个以上施工企业可以组成一个联合体，签订共同投标协议，以一个投标人的身份共同投标。联合体各方均应当具备承担招标工程的相应资质条件。相同专业的施工企业组成的联合体，按照资质等级低的施工企业的业务许可范围承揽工程。

招标人不得强制投标人组成联合体共同投标，不得限制投标人之间的竞争。

第三十一条 投标人不得相互串通投标，不得排挤其他投标人的公平竞争，损害招标人或者其他投标人的合法权益。

投标人不得与招标人串通投标，损害国家利益、社会公共利益或者他人的合法权益。

禁止投标人以向招标人或者评标委员会成员行贿的手段谋取中标。

第三十二条 投标人不得以低于其企业成本的报价竞标，不得以他人名义投标或者以其他方式弄虚作假，骗取中标。

第四章　开标、评标和中标

第三十三条 开标应当在招标文件确定的提交投标文件截止时间的同一时间公开进行；开标地点应当为招标文件中预先确定的地点。

第三十四条 开标由招标人主持，邀请所有投标人参加。开标应当按照下列规定进行：

由投标人或者其推选的代表检查投标文件的密封情况，也可以由招标人委托的公证机构进行检查并公证。经确认无误后，由有关工作人员当众拆封，宣读投标人名称、投标价格和投标文件的其他主要内容。

招标人在招标文件要求提交投标文件的截止时间前收到的所有投标文件，开标时都应当当众予以拆封、宣读。

开标过程应当记录，并存档备查。

第三十五条 在开标时，投标文件出现下列情形之一的，应当作为无效投标文件，不得进入评标：

（一）投标文件未按照招标文件的要求予以密封的；

（二）投标文件中的投标函未加盖投标人的企业及企业法定代表人印章的，或者企业法定代表人委托代理人没有合法、有效的委托书（原件）及委托代理人印章的；

（三）投标文件的关键内容字迹模糊、无法辨认的；

（四）投标人未按照招标文件的要求提供投标保函或者投标保证金的；

（五）组成联合体投标的，投标文件未附联合体各方共同投标协议的。

第三十六条 评标由招标人依法组建的评标委员会负责。

依法必须进行施工招标的工程，其评标委员会由招标人的代表和有关技术、经济等方面的专家组成，成员人数为 5 人以上单数，其中招标人、招标代理机构以外的技术、经济等方面专家不得少于成员总数的 2/3。评标委员会的专家成员，应当由招标人从建设行政主管部门及其他有关政府部门确定的专家名册或者工程招标代理机构的专家库内相关专业的专家名单中确定。确定专家成员一般应当采取随机抽取的方式。

与投标人有利害关系的人不得进入相关工程的评标委员会。评标委员会成员的名单在中标结果确定前应当保密。

第三十七条 建设行政主管部门的专家名册应当拥有一定数量规模并符合法定资格条件的专家。省、自治区、直辖市人民政府建设行政主管部门可以将专家数量少的地区的专家名册予以合并或者实行专家名册计算机联网。

建设行政主管部门应当对进入专家名册的专家组织有关法律和业务培训，对其评标能力、廉洁公正等进行综合评估，及时取消不称职或者违法违规人员的评标专家资格。被取消评标专家资格的人员，不得再参加任何评标活动。

第三十八条 评标委员会应当按照招标文件确定的评标标准和方法，对投标文件进行评审和比较，并对评标结果签字确认；设有标底的，应当参考标底。

第三十九条 评标委员会可以用书面形式要求投标人对投标文件中含义不明确的内容作必要的澄清或者说明。投标人应当采用书面形式进行澄清或者说明，其澄清或者说明不得超出投标文件的范围或者改变投标文件的实质性内容。

第四十条 评标委员会经评审，认为所有投标文件都不符合招标文件要求的，可以否决所有投标。

依法必须进行施工招标工程的所有投标被否决的，招标人应当依法重新招标。

第四十一条 评标可以采用综合评估法、经评审的最低投标标价法或者法律法规允许的其他评标方法。

采用综合评估法的，应当对投标文件提出的工程质量、施工工期、投标价格、施工组织设计或者施工方案、投标人及项目经理业绩等，能否最大限度地满足招标文件中规定的各项要求和评价标准进行评审和比较。以评分方式进行评估的，对于各种评比奖项不得额外计分。

采用经评审的最低投标价法的，应当在投标文件能够满足招标文件实质性要求的投标人中，评审出投标价格最低的投标人，但投标价格低于其企业成本的除外。

第四十二条 评标委员会完成评标后，应当向招标人提出书面评标报告，阐明评标委员会对各投标文件的评审和比较意见，并按照招标文件中规定的评标方法，推荐不超过 3 名有排序的合格的中标候选人。招标人根据评标委员会提出的书面评标报告和推荐的中标候选人确定中标人。

使用国有资金投资或者国家融资的工程项目，招标人应当按照中标候选人的排序确定中标人。当确定中标的中标候选人放弃中标或者因不可抗力提出不能履行合同的，招标人可以依序确定其他中标候选人为中标人。

招标人也可以授权评标委员会直接确定中标人。

第四十三条 有下列情形之一的，评标委员会可以要求投标人作出书面说明并提供相关材料：

（一）设有标底的，投标报价低于标底合理幅度的；

（二）不设标底的，投标报价明显低于其他投标报价，有可能低于其企业成本的。

经评标委员会论证，认定该投标人的报价低于其企业成本的，不能推荐为中标候选人或者中标人。

第四十四条 招标人应当在投标有效期截止时限 30 日前确定中标人。投标有效期应当在招标文件中载明。

第四十五条 依法必须进行施工招标的工程，招标人应当自确定中标人之日起 15 日内，向工程所在地的县级以上地方人民政府建设行政主管部门提交施工招标投标情况的书面报告。书面报告应当包括下列内容：

（一）施工招标投标的基本情况，包括施工招标范围、施工招标方式、资格审查、开评标过程和确定中标人的方式及理由等。

（二）相关的文件资料，包括招标公告或者投标邀请书、投标报名表、资格预审文件、招标文件、评标委员会的评标报告（设有标底的，应当附标底）、中标人的投标文件。委托工程招标代理的，还应当附工程施工招标代理委托合同。

前款第二项中已按照本办法的规定办理了备案的文件资料，不再重复提交。

第四十六条 建设行政主管部门自收到书面报告之日起 5 日内未通知招标人在招标投标活动中有违法行为的，招标人可以向中标人发出中标通知书，并将中标结果通知所有未中标的投标人。

第四十七条 招标人和中标人应当自中标通知书发出之日起 30 日内，按照招标文件和中标人的投标文件订立书面合同；招标人和中标人不得再行订立背离合同实质性内容的其他协议。订立书面合同后 7 日内，中标人应当将合同送工程所在地的县级以上地方人民政府建设行政主管部门备案。

中标人不与招标人订立合同的，投标保证金不予退还并取消其中标资格，给招标人造成的损失超过投标保证金数额的，应当对超过部分予以赔偿；没有提交投标保证金的，应当对招标人的损失承担赔偿责任。

招标人无正当理由不与中标人签订合同，给中标人造成损失的，招标人应当给予赔偿。

第四十八条 招标文件要求中标人提交履约担保的，中标人应当提交。招标人应当同时向中标人提供工程款支付担保。

第五章 罚 则

第四十九条 有违反《招标投标法》行为的，县级以上地方人民政府建设行政主管部门应当按照《招标投标法》的规定予以处罚。

第五十条 招标投标活动中有《招标投标法》规定中标无效情形的，由县级以上地方人民政府建设行政主管部门宣布中标无效，责令重新组织招标，并依法追究有关责任人责任。

第五十一条 应当招标未招标的，应当公开招标未公开招标的，县级以上地方人民政府建设行政主管部门应当责令改正，拒不改正的，不得颁发施工许可证。

第五十二条 招标人不具备自行办理施工招标事宜条件而自行招标的，县级以上地方人民政府建设行政主管部门应当责令改正，处 1 万元以下的罚款。

第五十三条 评标委员会的组成不符合法律、法规规定的，县级以上地方人民政府建设行政主管部门应当责令招标人重新组织评标委员会。招标人拒不改正的，不得颁发施工许可证。

第五十四条 招标人未向建设行政主管部门提交施工招标投标情况书面报告的，县级以上地方人民政府建设行政主管部门应当责令改正；在未提交施工招标投标情况书面报告前，建设行政主管部门不予颁发施工许可证。

第六章 附　　则

第五十五条 工程施工专业分包、劳务分包采用招标方式的，参照本办法执行。

第五十六条 招标文件或者投标文件使用两种以上语言文字的，必须有一种是中文；如对不同文本的解释发生异议的，以中文文本为准。用文字表示的金额与数字表示的金额不一致的，以文字表示的金额为准。

第五十七条 涉及国家安全、国家秘密、抢险救灾或者属于利用扶贫资金实行以工代赈、需要使用农民工等特殊情况，不适宜进行施工招标的工程，按照国家有关规定可以不进行施工招标。

第五十八条 使用国际组织或者外国政府贷款、援助资金的工程进行施工招标，贷款方、资金提供方对招标投标的具体条件和程序有不同规定的，可以适用其规定，但违背中华人民共和国的社会公共利益的除外。

第五十九条 本办法由国务院建设行政主管部门负责解释。

第六十条 本办法自发布之日起施行。1992 年 12 月 30 建设部颁布的《工程建设施工招标投标管理办法》（建设部令第 23 号）同时废止。

建筑工程施工许可管理办法

（1999 年 10 月 15 日建设部令第 71 号发布，根据 2001 年 7 月 4 日
建设部令第 91 号修正）

第一条 为了加强对建筑活动的监督管理，维护建筑市场秩序，保证建筑工程的质量和安全，根据《中华人民共和国建筑法》，制定本办法。

第二条 在中华人民共和国境内从事各类房屋建筑及其附属设施的建造、装修装饰和与其配套的线路、管道、设备的安装，以及城镇市政基础设施工程的施工，建设单位在开工前应当依照本办法的规定，向工程所在地的县级以上人民政府建设行政主管部门（以下简称发证机关）申请领取施工许可证。

工程投资额在 30 万元以下或者建筑面积在 300 平方米以下的建筑工程，可以不申请办理施工许可证。省、自治区、直辖市人民政府建设行政主管部门可以根据当地的实际情况，对限额进行调整，并报国务院建设行政主管部门备案。

按照国 104 务院规定的权限和程序批准开工报告的建筑工程，不再领取施工许可证。

第三条 本办法规定必须申请领取施工许可证的建筑工程未取得施工许可证的，一律不得开工。

任何单位和个人不得将应该申请领取施工许可证的工程项目分解为若干限额以下的工程项目，规避申请领取施工许可证。

第四条 建设单位申请领取施工许可证，应当具备下列条件，并提交相应的证明文件：

（一）已经办理该建筑工程用地批准手续。

（二）在城市规划区的建筑工程，已经取得建设工程规划许可证。

（三）施工场地已经基本具备施工条件，需要拆迁的，其拆迁进度符合施工要求。

（四）已经确定施工企业。按照规定应该招标的工程没有招标，应该公开招标的工程没有公开招标，或者肢解发包工程，以及将工程发包给不具备相应资质条件的，所确定的施工企业无效。

（五）有满足施工需要的施工图纸及技术资料，施工图设计文件已按规定进行了审查。

（六）有保证工程质量和安全的具体措施。施工企业编制的施工组织设计中有根据建筑工程特点制定的相应质量、安全技术措施，专业性较强的工程项目编制了专项质量、安全施工组织设计，并按照规定办理了工程质量、安全监督手续。

（七）按照规定应该委托监理的工程已委托监理。

（八）建设资金已经落实。建设工期不足 1 年的，到位资金原则上不得少于工程合同价的 50%，建设工期超过 1 年的，到位资金原则上不得少于工程合同价的 30%。建设单位应当提供银行出具的到位资金证明，有条件的可以实行银行付款保函或者其他第三方担保。

（九）法律、行政法规规定的其他条件。

第五条 申请办理施工许可证，应当按照下列程序进行：

（一）建设单位向发证机关领取《建筑工程施工许可证申请表》。

（二）建设单位持加盖单位及法定代表人印鉴的《建筑工程施工许可证申请表》，并附本办法第四条规定的证明文件，向发证机关提出申请。

（三）发证机关在收到建设单位报送的《建筑工程施工许可证申请表》和所附证明文件后，对于符合条件的，应当自收到申请之日起 15 日内颁发施工许可证；对于证明文件不齐全或者失效的，应当限期要求建设单位补正，审批时间可以自证明文件补正齐全后作相应顺延；对于不符合条件的，应当自收到申请之日起 15 日内书面通知建设单位，并说明理由。

建筑工程在施工过程中，建设单位或者施工单位发生变更的，应当重新申请领取施工许可证。

第六条 建设单位申请领取施工许可证的工程名称、地点、规模，应当与依法签订的施工承包合同一致。

施工许可证应当放置在施工现场备查。

第七条 施工许可证不得伪造和涂改。

第八条 建设单位应当自领取施工许可证之日起 3 个月内开工。因故不能按期开工的，应当在期满前向发证机关申请延期，并说明理由；延期以两次为限，每次不超过3个月。既不开工又不申请延期或者超过延期次数、时限的，施工许可证自行废止。

第九条 在建的建筑工程因故中止施工的，建设单位应当自中止施工之日起1个月内向发证机关报告，报告内容包括中止施工的时间、原因、在施部位、维护管理措施等，并按照规定做好建筑工程的维护管理工作。

建筑工程恢复施工时，应当向发证机关报告；中止施工满1年的工程恢复施工前，建设单位应当报发证机关核验施工许可证。

第十条 对于未取得施工许可证或者为规避办理施工许可证将工程项目分解后擅自施工的，由有管辖权的发证机关责令改正，对于不符合开工条件的，责令停止施工，并对建设单位和施工单位分别处以罚款。

第十一条 对于采用虚假证明文件骗取施工许可证的，由原发证机关收回施工许可证，责令停止施工，并对责任单位处以罚款；构成犯罪的，依法追究刑事责任。

第十二条 对于伪造施工许可证的，该施工许可证无效，由发证机关责令停止施工，并对责任单位处以罚款；构成犯罪的，依法追究刑事责任。

对于涂改施工许可证的，由原发证机关责令改正，并对责任单位处以罚款；构成犯罪的，依法追究刑事责任。

第十三条 本办法中的罚款，法律、法规有幅度规定的从其规定。无幅度规定的，有违法所得的处5000元以上30000元以下的罚款，没有违法所得的处5000元以上10000元以下的罚款。

第十四条 发证机关及其工作人员对不符合施工条件的建筑工程颁发施工许可证的，由其上级机关责令改正，对责任人员给予行政处分；徇私舞弊、滥用职权的，不得继续从事施工许可管理工作；构成犯罪的，依法追究刑事责任。

对于符合条件、证明文件齐全有效的建筑工程，发证机关在规定时间内不予颁发施工许可证的，建设单位可以依法申请行政复议或者提起行政诉讼。

第十五条 建筑工程施工许可证由国务院建设行政主管部门制定格式，由各省、自治区、直辖市人民政府建设行政主管部门统一印制。

施工许可证分为正本和副本，正本和副本具有同等法律效力。复印的施工许可证无效。

第十六条 本办法关于施工许可管理的规定适用于其他专业建筑工程。有关法律、行政法规有明确规定的，从其规定。

抢险救灾工程、临时性建筑工程、农民自建两层以下（含两层）住宅工程，不适用本办法。

军事房屋建筑工程施工许可的管理，按国务院、中央军事委员会制定的办法执行。

第十七条 省、自治区、直辖市人民政府建设行政主管部门可以根据本办法制定实施细则。

第十八条 本办法由国务院建设行政主管部门负责解释。

第十九条 本办法自1999年12月1日起施行。

外商投资建筑业企业管理规定

（2002 年 9 月 27 日建设部、对外贸易经济合作部令第 113 号发布）

第一章 总 则

第一条 为进一步扩大对外开放，规范对外商投资建筑业企业的管理，根据《中华人民共和国建筑法》、《中华人民共和国招标投标法》、《中华人民共和国中外合资经营企业法》、《中华人民共和国中外合作经营企业法》、《中华人民共和国外资企业法》、《建设工程质量管理条例》等法律、行政法规，制定本规定。

第二条 在中华人民共和国境内设立外商投资建筑业企业，申请建筑业企业资质，实施对外商投资建筑业企业监督管理，适用本规定。

本规定所称外商投资建筑业企业，是指根据中国法律、法规的规定，在中华人民共和国境内投资设立的外资建筑业企业、中外合资经营建筑业企业以及中外合作经营建筑业企业。

第三条 外国投资者在中华人民共和国境内设立外商投资建筑业企业，并从事建筑活动，应当依法取得对外贸易经济行政主管部门颁发的外商投资企业批准证书，在国家工商行政管理总局或者其授权的地方工商行政管理局注册登记，并取得建设行政主管部门颁发的建筑业企业资质证书。

第四条 外商投资建筑业企业在中华人民共和国境内从事建筑活动，应当遵守中国的法律、法规、规章。

外商投资建筑业企业在中华人民共和国境内的合法经营活动及合法权益受中国法律、法规、规章的保护。

第五条 国务院对外贸易经济行政主管部门负责外商投资建筑业企业设立的管理工作；国务院建设行政主管部门负责外商投资建筑业企业资质的管理工作。

省、自治区、直辖市人民政府对外贸易经济行政主管部门在授权范围内负责外商投资建筑业企业设立的管理工作；省、自治区、直辖市人民政府建设行政主管部门按照本规定负责本行政区域内的外商投资建筑业企业资质的管理工作。

第二章 企业设立与资质的申请和审批

第六条 外商投资建筑业企业设立与资质的申请和审批，实行分级、分类管理。

申请设立施工总承包序列特级和一级、专业承包序列一级资质外商投资建筑业企业的，其设立由国务院对外贸易经济行政主管部门审批，其资质由国务院建设行政主管部门审批；申请设立施工总承包序列和专业承包序列二级及二级以下、劳务分包序列资质的，其设立由省、自治区、直辖市人民政府对外贸易经济行政主管部门审批，其资质由省、自治区、直辖市人民政府建设行政主管部门审批。

中外合资经营建筑业企业、中外合作经营建筑业企业的中方投资者为中央管理企业的，其设立由国务院对外贸易经济行政主管部门审批，其资质由国务院建设行政主管部门审批。

第七条 设立外商投资建筑业企业，申请施工总承包序列特级和一级、专业承包序列一级资质的程序：

（一）申请者向拟设立企业所在地的省、自治区、直辖市人民政府对外贸易经济行政主管部门提出设立申请。

（二）省、自治区、直辖市人民政府对外贸易经济行政主管部门在受理申请之日起30日内完成初审，初审同意后，报国务院对外贸易经济行政主管部门。

（三）国务院对外贸易经济行政主管部门在收到初审材料之日起10日内将申请材料送国务院建设行政主管部门征求意见。国务院建设行政主管部门在收到征求意见函之日起30日内提出意见。国务院对外贸易经济行政主管部门在收到国务院建设行政主管部门书面意见之日起30日内作出批准或者不批准的书面决定。予以批准的，发给外商投资企业批准证书；不予批准的，书面说明理由。

（四）取得外商投资企业批准证书的，应当在30日内到登记主管机关办理企业登记注册。

（五）取得企业法人营业执照后，申请建筑业企业资质的，按照建筑业企业资质管理规定办理。

第八条 设立外商投资建筑业企业，申请施工总承包序列和专业承包序列二级及二级以下、劳务分包序列资质的程序，由各省、自治区、直辖市人民政府建设行政主管部门和对外贸易经济行政主管部门，结合本地区实际情况，参照本规定第七条以及建筑业企业资质管理规定执行。

省、自治区、直辖市人民政府建设行政主管部门审批的外商投资建筑业企业资质，应当在批准之日起30日内报国务院建设行政主管部门备案。

第九条 外商投资建筑业企业申请晋升资质等级或者增加主项以外资质的，应当依照有关规定到建设行政主管部门办理相关手续。

第十条 申请设立外商投资建筑业企业应当向对外贸易经济行政主管部门提交下列资料：

（一）投资方法定代表人签署的外商投资建筑业企业设立申请书；

（二）投资方编制或者认可的可行性研究报告；

（三）投资方法定代表人签署的外商投资建筑业企业合同和章程（其中，设立外资建筑业企业的只需提供章程）；

（四）企业名称预先核准通知书；

（五）投资方法人登记注册证明、投资方银行资信证明；

（六）投资方拟派出的董事长、董事会成员、经理、工程技术负责人等任职文件及证明文件；

（七）经注册会计师或者会计事务所审计的投资方最近3年的资产负债表和损益表。

第十一条 申请外商投资建筑业企业资质应当向建设行政主管部门提交下列资料：

（一）外商投资建筑业企业资质申请表；

（二）外商投资企业批准证书；

（三）企业法人营业执照；

（四）投资方的银行资信证明；

（五）投资方拟派出的董事长、董事会成员、企业财务负责人、经营负责人、工程技术负责人等任职文件及证明文件；

（六）经注册会计师或者会计师事务所审计的投资方最近3年的资产负债表和损益表；

（七）建筑业企业资质管理规定要求提交的资料。

第十二条 中外合资经营建筑业企业、中外合作经营建筑业企业中方合营者的出资总额不得低于注册资本的25%。

第十三条 本规定实施前，已经设立的中外合资经营建筑业企业、中外合作经营建筑业企业，应当按照本规定和建筑业企业资质管理规定重新核定资质等级。

第十四条 本规定中要求申请者提交的资料应当使用中文，证明文件原件是外文的，应当提供中文译本。

第三章　工程承包范围

第十五条 外资建筑业企业只允许在其资质等级许可的范围内承包下列工程：

（一）全部由外国投资、外国赠款、外国投资及赠款建设的工程；

（二）由国际金融机构资助并通过根据贷款条款进行的国际招标授予的建设项目；

（三）外资等于或者超过50%的中外联合建设项目；及外资少于50%，但因技术困难而不能由中国建筑企业独立实施，经省、自治区、直辖市人民政府建设行政主管部门批准的中外联合建设项目；

（四）由中国投资，但因技术困难而不能由中国建筑企业独立实施的建设项目，经省、自治区、直辖市人民政府建设行政主管部门批准，可以由中外建筑企业联合承揽。

第十六条 中外合资经营建筑业企业、中外合作经营建筑业企业应当在其资质等级许可的范围内承包工程。

第四章　监督管理

第十七条 外商投资建筑业企业的资质等级标准执行国务院建设行政主管部门颁发的建筑业企业资质等级标准。

第十八条 承揽施工总承包工程的外商投资建筑业企业，建筑工程主体结构的施工必须由其自行完成。

第十九条 外商投资建筑业企业与其他建筑业企业联合承包，应当按照资质等级低的企业的业务许可范围承包工程。

第二十条 外资建筑业企业违反本规定第十五条，超越资质许可的业务范围承包工程的，处工程合同价款2%以上4%以下的罚款；可以责令停业整顿，降低资质等级；情节严重的，吊销资质证书；有违法所得的，予以没收。

第二十一条 外商投资建筑业企业从事建筑活动，违反《中华人民共和国建筑法》、《中华人民共和国招标投标法》、《建设工程质量管理条例》、《建筑业企业资质管理规定》等有关法律、法规、规章的，依照有关规定处罚。

第五章 附　则

第二十二条 本规定实施前已经取得《外国企业承包工程资质证》的外国企业投资设立外商投资建筑业企业，可以根据其在中华人民共和国境内承包工程业绩等申请相应等级的建筑业企业资质。

根据本条第一款规定已经在中华人民共和国境内设立外商投资建筑业企业的外国企业，设立新的外商投资建筑业企业，其资质等级按照建筑业企业资质管理规定核定。

第二十三条 香港特别行政区、澳门特别行政区和台湾地区投资者在其他省、自治区、直辖市投资设立建筑业企业，从事建筑活动的，参照本规定执行。法律、法规、国务院另有规定的除外。

第二十四条 本规定由国务院建设行政主管部门和国务院对外贸易经济行政主管部门按照各自职责负责解释。

第二十五条 本规定自 2002 年 12 月 1 日起施行。

第二十六条 自 2003 年 10 月 1 日起，1994 年 3 月 22 日建设部颁布的《在中国境内承包工程的外国企业资质管理暂行办法》（建设部令第 32 号）废止。

第二十七条 自 2002 年 12 月 1 日起，建设部和对外贸易经济合作部联合颁布的《关于设立外商投资建筑业企业的若干规定》（建建〔1995〕533 号）废止。

外商投资建设工程设计企业管理规定

（2002 年 9 月 27 日建设部、对外贸易经济合作部令第 114 号发布）

第一条 为进一步扩大对外开放，规范对外商投资建设工程设计企业的管理，根据《中华人民共和国建筑法》、《中华人民共和国中外合资经营企业法》、《中华人民共和国中外合作经营企业法》、《中华人民共和国外资企业法》、《建设工程质量管理条例》、《建设工程勘察设计管理条例》等法律、行政法规，制定本规定。

第二条 在中华人民共和国境内设立外商投资建设工程设计企业，申请建设工程设计企业资质，实施对外商投资建设工程设计企业监督管理，适用本规定。

本规定所称外商投资建设工程设计企业，是指根据中国法律、法规的规定，在中华人民共和国境内投资设立的外资建设工程设计企业、中外合资经营建设工程设计企业以及中外合作经营建设工程设计企业。

第三条 外国投资者在中华人民共和国境内设立外商投资建设工程设计企业，并从事建设工程设计活动，应当依法取得对外贸易经济行政主管部门颁发的外商投资企业批准证书，在国家工商行政管理总局或者其授权的地方工商行政管理局注册登记，并取得建设行政主管部门颁发的建设工程设计企业资质证书。

第四条 外商投资建设工程设计企业在中华人民共和国境内从事建设工程设计活动，应当遵守中国的法律、法规、规章。

外商投资建设工程设计企业在中华人民共和国境内的合法经营活动及合法权益受中国法律、法规、规章的保护。

第五条 国务院对外贸易经济合作行政主管部门负责外商投资建设工程设计企业设立的管理工作；国务院建设行政主管部门负责外商投资建设工程设计企业资质的管理工作。

省、自治区、直辖市人民政府对外贸易经济行政主管部门在授权范围内负责外商投资建设工程设计企业设立的管理工作；省、自治区、直辖市人民政府建设行政主管部门按照本规定负责本行政区域内的外商投资建设工程设计企业资质的管理工作。

第六条 外商投资建设工程设计企业设立与资质的申请和审批，实行分级、分类管理。

申请设立建筑工程设计甲级资质及其他建设工程设计甲、乙级资质外商投资建设工程设计企业的，其设立由国务院对外贸易经济行政主管部门审批，其资质由国务院建设行政主管部门审批；申请设立建筑工程设计乙级资质、其他建设工程设计丙级及以下等级资质外商投资建设工程设计企业的，其设立由省、自治区、直辖市人民政府对外贸易经济行政主管部门审批，其资质由省、自治区、直辖市人民政府建设行政主管部门审批。

第七条 设立外商投资建设工程设计企业，申请建筑工程设计甲级资质及其他建设工程设计甲、乙级资质的程序：

（一）申请者向拟设立企业所在地的省、自治区、直辖市人民政府对外贸易经济行政主管部门提出设立申请。

（二）省、自治区、直辖市人民政府对外贸易经济行政主管部门在受理申请之日起30日内完成初审；初审同意后，报国务院对外贸易经济行政主管部门。

（三）国务院对外贸易经济行政主管部门在收到初审材料之日起10日内将申请材料送国务院建设行政主管部门征求意见。国务院建设行政主管部门在收到征求意见函之日起30日内提出意见。国务院对外贸易经济行政主管部门在收到国务院建设行政主管部门书面意见之日起30日内作出批准或者不批准的书面决定。予以批准的，发给外商投资企业批准证书；不予批准的，书面说明理由。

（四）取得外商投资企业批准证书的，应当在30日内到登记主管机关办理企业登记注册。

（五）取得企业法人营业执照后，申请建设工程设计企业资质的，按照建设工程设计企业资质管理规定办理。

第八条 设立外商投资建设工程设计企业，申请建筑工程乙级资质和其他建设工程设计丙级及以下等级资质的程序，由各省、自治区、直辖市人民政府建设行政主管部门和对外贸易经济行政主管部门，结合本地区实际情况，参照本规定第七条以及建设工程设计企业资质管理规定执行。

省、自治区、直辖市人民政府建设行政主管部门审批的外商投资建设工程设计企业资质，应当在批准之日起30日内报国务院建设行政主管部门备案。

第九条 外商投资建设工程设计企业申请晋升资质等级或者申请增加其他建设工程设计企业资质，应当依照有关规定到建设行政主管部门办理相关手续。

第十条 申请设立外商投资建设工程设计企业应当向对外贸易经济行政主管部门提交下列资料：

（一）投资方法定代表人签署的外商投资建设工程设计企业设立申请书；

（二）投资方编制或者认可的可行性研究报告；

（三）投资方法定代表人签署的外商投资建设工程设计企业合同和章程（其中，设立外资建设工程设计企业只需提供章程）；

（四）企业名称预先核准通知书；

（五）投资方所在国或者地区从事建设工程设计的企业注册登记证明、银行资信证明；

（六）投资方拟派出的董事长、董事会成员、经理、工程技术负责人等任职文件及证明文件；

（七）经注册会计师或者会计师事务所审计的投资方最近三年的资产负债表和损益表。

第十一条 申请外商投资建设工程设计企业资质应当向建设行政主管部门提交下列资料：

（一）外商投资建设工程设计企业资质申报表；

（二）外商投资企业批准证书；

（三）企业法人营业执照；

（四）外方投资者所在国或者地区从事建设工程设计的企业注册登记证明、银行资信证明；

（五）外国服务提供者所在国或者地区的个人执业资格证明以及由所在国或者地区政府主管部门或者行业学会、协会、公证机构出具的个人、企业建设工程设计业绩、信誉证明；

（六）建设工程设计企业资质管理规定要求提供的其他资料。

第十二条 本规定中要求申请者提交的资料应当使用中文，证明文件原件是外文的，应当提供中文译本。

第十三条 外商投资建设工程设计企业的外方投资者及外国服务提供者应当是在其本国从事建设工程设计的企业或者注册建筑师、注册工程师。

第十四条 中外合资经营建设工程设计企业、中外合作经营建设工程设计企业中方合营者的出资总额不得低于注册资本的25%。

第十五条 外商投资建设工程设计企业申请建设工程设计企业资质，应当符合建设工程设计企业资质分级标准要求的条件。

外资建设工程设计企业申请建设工程设计企业资质，其取得中国注册建筑师、注册工程师资格的外国服务提供者人数应当各不少于资质分级标准规定的注册执业人员总数的1/4；具有相关专业设计经历的外国服务提供者人数应当不少于资质分级标准规定的技术骨干总人数的1/4。

中外合资经营、中外合作经营建设工程设计企业申请建设工程设计企业资质，其取得中国注册建筑师、注册工程师资格的外国服务提供者人数应当各不少于资质分级标准规定的注册执业人员总数的 1/8；具有相关专业设计经历的外国服务提供者人数应当不少于资质分级标准规定的技术骨干总人数的 1/8。

第十六条 外商投资建设工程设计企业中，外国服务提供者在中国注册的建筑师、工程师及技术骨干，每人每年在中华人民共和国境内累计居住时间应当不少于 6 个月。

第十七条 外商投资建设工程设计企业在中国境内从事建设工程设计活动，违反《中华人民共和国建筑法》、《建设工程质量管理条例》、《建设工程勘察设计管理条例》、《建设工程勘察设计企业资质管理规定》等有关法律、法规、规章的，依照有关规定处罚。

第十八条 香港特别行政区、澳门特别行政区和台湾地区的投资者在其他省、自治区、直辖市内投资设立建设工程设计企业，从事建设工程设计活动，参照本规定执行。法律、法规、国务院另有规定的除外。

第十九条 受理设立外资建设工程设计企业申请的时间由国务院建设行政主管部门和国务院对外贸易经济行政主管部门决定。

第二十条 本规定由国务院建设行政主管部门和国务院对外贸易经济行政主管部门按照各自职责负责解释。

第二十一条 本规定自 2002 年 12 月 1 日起施行，《成立中外合营工程设计机构审批管理规定》（建设〔1992〕180 号）同时废止。

《外商投资建筑业企业管理规定》的补充规定

（2003 年 12 月 19 日建设部、商务部令第 121 号发布）

为了促进内地与香港、澳门经贸关系的发展，鼓励香港服务提供者和澳门服务提供者在内地设立建筑业企业，根据国务院批准的《内地与香港关于建立更紧密经贸关系的安排》和《内地与澳门关于建立更紧密经贸关系的安排》，现就《外商投资建筑业企业管理规定》（建设部、对外贸易经济合作部令第 113 号）做如下补充规定：

一、香港服务提供者和澳门服务提供者申请设立建筑业企业时，其在香港、澳门和内地的业绩可共同作为评定其在内地设立的建筑业企业资质的依据。管理和技术人员数量应以其在内地设立的建筑业企业的实际人员数量为资质评定依据。

二、允许香港服务提供者和澳门服务提供者全资收购内地的建筑业企业。

三、香港服务提供者和澳门服务提供者在内地投资设立的建筑业企业承揽中外合营建设项目时不受建设项目的中外方投资比例限制。

四、香港服务提供者和澳门服务提供者在内地投资的建筑业企业申办资质证应按内地有关法规办理。凡取得建筑业企业资质的，可依法在全国范围内参加工程投标。

五、香港服务提供者和澳门服务提供者在内地投资设立建筑业企业以及申请资质，按照《外商投资建筑业企业管理规定》以及有关的建筑业企业资质管理规定执行。

六、本规定中的香港服务提供者和澳门服务提供者应分别符合《内地与香港关于建立更紧密经贸关系的安排》和《内地与澳门关于建立更紧密经贸关系的安排》中关于"服务提供者"定义及相关规定的要求。

七、本补充规定由建设部和商务部按照各自职责负责解释。

八、本补充规定自 2004 年 1 月 1 日起实施。

《外商投资建设工程设计企业管理规定》的补充规定

（2003 年 12 月 19 日建设部、商务部令第 122 号发布）

为了促进内地与香港、澳门经贸关系的发展，鼓励香港服务提供者和澳门服务提供者在内地设立建设工程设计企业，根据国务院批准的《内地与香港关于建立更紧密经贸关系的安排》和《内地与澳门关于建立更紧密经贸关系的安排》，现就《外商投资建设工程设计企业管理规定》（建设部、对外贸易经济合作部令第 114 号）做如下补充规定：

一、自 2004 年 1 月 1 日起，允许香港服务提供者和澳门服务提供者在内地以独资形式设立建设工程设计企业。

二、香港服务提供者和澳门服务提供者在内地投资设立建设工程设计企业以及申请资质，按照《外商投资建设工程设计企业管理规定》以及有关的建设工程设计企业资质管理规定执行。

三、本规定中的香港服务提供者和澳门服务提供者应分别符合《内地与香港关于建立更紧密经贸关系的安排》和《内地与澳门关于建立更紧密经贸关系的安排》中关于"服务提供者"定义及相关规定的要求。

四、本补充规定由建设部和商务部按照各自职责负责解释。

五、本补充规定自 2004 年 1 月 1 日起实施。

房屋建筑和市政基础设施工程施工分包管理办法

（2004 年 2 月 3 日建设部令第 124 号发布）

第一条 为了规范房屋建筑和市政基础设施工程施工分包活动，维护建筑市场秩序，保证工程质量和施工安全，根据《中华人民共和国建筑法》、《中华人民共和国招标投标法》、《建设工程质量管理条例》等有关法律、法规，制定本办法。

第二条 在中华人民共和国境内从事房屋建筑和市政基础设施工程施工分包活动，实施对房屋建筑和市政基础设施工程施工分包活动的监督管理，适用本办法。

第三条 国务院建设行政主管部门负责全国房屋建筑和市政基础设施工程施工分包的监督管理工作。

县级以上地方人民政府建设行政主管部门负责本行政区域内房屋建筑和市政基础设

施工程施工分包的监督管理工作。

第四条 本办法所称施工分包，是指建筑业企业将其所承包的房屋建筑和市政基础设施工程中的专业工程或者劳务作业发包给其他建筑业企业完成的活动。

第五条 房屋建筑和市政基础设施工程施工分包分为专业工程分包和劳务作业分包。

本办法所称专业工程分包，是指施工总承包企业（以下简称专业分包工程发包人）将其所承包工程中的专业工程发包给具有相应资质的其他建筑业企业（以下简称专业分包工程承包人）完成的活动。

本办法所称劳务作业分包，是指施工总承包企业或者专业承包企业（以下简称劳务作业发包人）将其承包工程中的劳务作业发包给劳务分包企业（以下简称劳务作业承包人）完成的活动。

本办法所称分包工程发包人包括本条第二款、第三款中的专业分包工程发包人和劳务作业发包人；分包工程承包人包括本条第二款、第三款中的专业分包工程承包人和劳务作业承包人。

第六条 房屋建筑和市政基础设施工程施工分包活动必须依法进行。

鼓励发展专业承包企业和劳务分包企业，提倡分包活动进入有形建筑市场公开交易，完善有形建筑市场的分包工程交易功能。

第七条 建设单位不得直接指定分包工程承包人。任何单位和个人不得对依法实施的分包活动进行干预。

第八条 分包工程承包人必须具有相应的资质，并在其资质等级许可的范围内承揽业务。

严禁个人承揽分包工程业务。

第九条 专业工程分包除在施工总承包合同中有约定外，必须经建设单位认可。专业分包工程承包人必须自行完成所承包的工程。

劳务作业分包由劳务作业发包人与劳务作业承包人通过劳务合同约定。劳务作业承包人必须自行完成所承包的任务。

第十条 分包工程发包人和分包工程承包人应当依法签订分包合同，并按照合同履行约定的义务。分包合同必须明确约定支付工程款和劳务工资的时间、结算方式以及保证按期支付的相应措施，确保工程款和劳务工资的支付。

分包工程发包人应当在订立分包合同后 7 个工作日内，将合同送工程所在地县级以上地方人民政府建设行政主管部门备案。分包合同发生重大变更的，分包工程发包人应当自变更后 7 个工作日内，将变更协议送原备案机关备案。

第十一条 分包工程发包人应当设立项目管理机构，组织管理所承包工程的施工活动。

项目管理机构应当具有与承包工程的规模、技术复杂程度相适应的技术、经济管理人员。其中，项目负责人、技术负责人、项目核算负责人、质量管理人员、安全管理人员必须是本单位的人员。具体要求由省、自治区、直辖市人民政府建设行政主管部门规定。

前款所指本单位人员，是指与本单位有合法的人事或者劳动合同、工资以及社会保险关系的人员。

第十二条　分包工程发包人可以就分包合同的履行，要求分包工程承包人提供分包工程履约担保；分包工程承包人在提供担保后，要求分包工程发包人同时提供分包工程付款担保的，分包工程发包人应当提供。

第十三条　禁止将承包的工程进行转包。不履行合同约定，将其承包的全部工程发包给他人，或者将其承包的全部工程肢解后以分包的名义分别发包给他人的，属于转包行为。

违反本办法第十一条规定，分包工程发包人将工程分包后，未在施工现场设立项目管理机构和派驻相应人员，并未对该工程的施工活动进行组织管理的，视同转包行为。

第十四条　禁止将承包的工程进行违法分包。下列行为，属于违法分包：

（一）分包工程发包人将专业工程或者劳务作业分包给不具备相应资质条件的分包工程承包人的；

（二）施工总承包合同中未有约定，又未经建设单位认可，分包工程发包人将承包工程中的部分专业工程分包给他人的。

第十五条　禁止转让、出借企业资质证书或者以其他方式允许他人以本企业名义承揽工程。

分包工程发包人没有将其承包的工程进行分包，在施工现场所设项目管理机构的项目负责人、技术负责人、项目核算负责人、质量管理人员、安全管理人员不是工程承包人本单位人员的，视同允许他人以本企业名义承揽工程。

第十六条　分包工程承包人应当按照分包合同的约定对其承包的工程向分包工程发包人负责。分包工程发包人和分包工程承包人就分包工程对建设单位承担连带责任。

第十七条　分包工程发包人对施工现场安全负责，并对分包工程承包人的安全生产进行管理。专业分包工程承包人应当将其分包工程的施工组织设计和施工安全方案报分包工程发包人备案，专业分包工程发包人发现事故隐患，应当及时作出处理。

分包工程承包人就施工现场安全向分包工程发包人负责，并应当服从分包工程发包人对施工现场的安全生产管理。

第十八条　违反本办法规定，转包、违法分包或者允许他人以本企业名义承揽工程的，按照《中华人民共和国建筑法》、《中华人民共和国招标投标法》和《建设工程质量管理条例》的规定予以处罚；对于接受转包、违法分包和用他人名义承揽工程的，处1万元以上3万元以下的罚款。

第十九条　未取得建筑业企业资质承接分包工程的，按照《中华人民共和国建筑法》第六十五条第三款和《建设工程质量管理条例》第六十条第一款、第二款的规定处罚。

第二十条　本办法自2004年4月1日起施行。原城乡建设环境保护部1986年4月30日发布的《建筑安装工程总分包实施办法》同时废止。

勘察设计注册工程师管理规定

（2005 年 2 月 4 日建设部令第 137 号发布）

第一章 总 则

第一条 为了加强对建设工程勘察、设计注册工程师的管理，维护公共利益和建筑市场秩序，提高建设工程勘察、设计质量与水平，依据《中华人民共和国建筑法》、《建设工程勘察设计管理条例》等法律法规，制定本规定。

第二条 中华人民共和国境内建设工程勘察设计注册工程师（以下简称注册工程师）的注册、执业、继续教育和监督管理，适用本规定。

第三条 本规定所称注册工程师，是指经考试取得中华人民共和国注册工程师资格证书（以下简称资格证书），并按照本规定注册，取得中华人民共和国注册工程师注册执业证书（以下简称注册证书）和执业印章，从事建设工程勘察、设计及有关业务活动的专业技术人员。

未取得注册证书及执业印章的人员，不得以注册工程师的名义从事建设工程勘察、设计及有关业务活动。

第四条 注册工程师按专业类别设置，具体专业划分由国务院建设主管部门和人事主管部门商国务院有关部门制定。

除注册结构工程师分为一级和二级外，其他专业注册工程师不分级别。

第五条 国务院建设主管部门对全国的注册工程师的注册、执业活动实施统一监督管理；国务院铁路、交通、水利等有关部门按照国务院规定的职责分工，负责全国有关专业工程注册工程师执业活动的监督管理。

县级以上地方人民政府建设主管部门对本行政区域内的注册工程师的注册、执业活动实施监督管理；县级以上地方人民政府交通、水利等有关部门在各自的职责范围内，负责本行政区域内有关专业工程注册工程师执业活动的监督管理。

第二章 注 册

第六条 注册工程师实行注册执业管理制度。取得资格证书的人员，必须经过注册方能以注册工程师的名义执业。

第七条 取得资格证书的人员申请注册，由省、自治区、直辖市人民政府建设主管部门初审，国务院建设主管部门审批；其中涉及有关部门的专业注册工程师的注册，由国务院建设主管部门和有关部门审批。

取得资格证书并受聘于一个建设工程勘察、设计、施工、监理、招标代理、造价咨询等单位的人员，应当通过聘用单位向单位工商注册所在地的省、自治区、直辖市人民政府建设主管部门提出注册申请；省、自治区、直辖市人民政府建设主管部门受理后提出初审意见，并将初审意见和全部申报材料报审批部门审批；符合条件的，由审批部门核发由国务院建设主管部门统一制作、国务院建设主管部门或者国务院建设主管部门和有关部门共同用印的注册证书，并核发执业印章。

第八条 省、自治区、直辖市人民政府建设主管部门在收到申请人的申请材料后，应当即时作出是否受理的决定，并向申请人出具书面凭证；申请材料不齐全或者不符合法定形式的，应当在5日内一次性告知申请人需要补正的全部内容。逾期不告知的，自收到申请材料之日起即为受理。

省、自治区、直辖市人民政府建设主管部门应当自受理申请之日起20日内审查完毕，并将申请材料和初审意见报审批部门。

国务院建设主管部门自收到省、自治区、直辖市人民政府建设主管部门上报材料之日起，应当在20日内审批完毕并作出书面决定，自作出决定之日起10日内，在公众媒体上公告审批结果。其中，由国务院建设主管部门和有关部门共同审批的，审批时间为45日；对不予批准的，应当说明理由，并告知申请人享有依法申请行政复议或者提起行政诉讼的权利。

第九条　二级注册结构工程师的注册受理和审批，由省、自治区、直辖市人民政府建设主管部门负责。

第十条　注册证书和执业印章是注册工程师的执业凭证，由注册工程师本人保管、使用。注册证书和执业印章的有效期为3年。

第十一条　初始注册者，可自资格证书签发之日起3年内提出申请。逾期未申请者，须符合本专业继续教育的要求后方可申请初始注册。

初始注册需要提交下列材料：

（一）申请人的注册申请表；

（二）申请人的资格证书复印件；

（三）申请人与聘用单位签订的聘用劳动合同复印件；

（四）逾期初始注册的，应提供达到继续教育要求的证明材料。

第十二条　注册工程师每一注册期为3年，注册期满需继续执业的，应在注册期满前30日，按照本规定第七条规定的程序申请延续注册。

延续注册需要提交下列材料：

（一）申请人延续注册申请表；

（二）申请人与聘用单位签订的聘用劳动合同复印件；

（三）申请人注册期内达到继续教育要求的证明材料。

第十三条　在注册有效期内，注册工程师变更执业单位，应与原聘用单位解除劳动关系，并按本规定第七条规定的程序办理变更注册手续，变更注册后仍延续原注册有效期。

变更注册需要提交下列材料：

（一）申请人变更注册申请表；

（二）申请人与新聘用单位签订的聘用劳动合同复印件；

（三）申请人的工作调动证明（或者与原聘用单位解除聘用劳动合同的证明文件、退休人员的退休证明）。

第十四条　注册工程师有下列情形之一的，其注册证书和执业印章失效：

（一）聘用单位破产的；

（二）聘用单位被吊销营业执照的；

（三）聘用单位相应资质证书被吊销的；

（四）已与聘用单位解除聘用劳动关系的；

（五）注册有效期满且未延续注册的；

（六）死亡或者丧失行为能力的；

（七）注册失效的其他情形。

第十五条 注册工程师有下列情形之一的，负责审批的部门应当办理注销手续，收回注册证书和执业印章或者公告其注册证书和执业印章作废：

（一）不具有完全民事行为能力的；

（二）申请注销注册的；

（三）有本规定第十四条所列情形发生的；

（四）依法被撤销注册的；

（五）依法被吊销注册证书的；

（六）受到刑事处罚的；

（七）法律、法规规定应当注销注册的其他情形。

注册工程师有前款情形之一的，注册工程师本人和聘用单位应当及时向负责审批的部门提出注销注册的申请；有关单位和个人有权向负责审批的部门举报；建设主管部门和有关部门应当及时向负责审批的部门报告。

第十六条 有下列情形之一的，不予注册：

（一）不具有完全民事行为能力的；

（二）因从事勘察设计或者相关业务受到刑事处罚，自刑事处罚执行完毕之日起至申请注册之日止不满 2 年的；

（三）法律、法规规定不予注册的其他情形。

第十七条 被注销注册者或者不予注册者，在重新具备初始注册条件，并符合本专业继续教育要求后，可按照本规定第七条规定的程序重新申请注册。

第三章 执 业

第十八条 取得资格证书的人员，应受聘于一个具有建设工程勘察、设计、施工、监理、招标代理、造价咨询等一项或多项资质的单位，经注册后方可从事相应的执业活动。但从事建设工程勘察、设计执业活动的，应受聘并注册于一个具有建设工程勘察、设计资质的单位。

第十九条 注册工程师的执业范围：

（一）工程勘察或者本专业工程设计；

（二）本专业工程技术咨询；

（三）本专业工程招标、采购咨询；

（四）本专业工程的项目管理；

（五）对工程勘察或者本专业工程设计项目的施工进行指导和监督；

（六）国务院有关部门规定的其他业务。

第二十条 建设工程勘察、设计活动中形成的勘察、设计文件由相应专业注册工程师按照规定签字盖章后方可生效。各专业注册工程师签字盖章的勘察、设计文件种类及办法由国务院建设主管部门会同有关部门规定。

第二十一条　修改经注册工程师签字盖章的勘察、设计文件，应当由该注册工程师进行；因特殊情况，该注册工程师不能进行修改的，应由同专业其他注册工程师修改，并签字、加盖执业印章，对修改部分承担责任。

第二十二条　注册工程师从事执业活动，由所在单位接受委托并统一收费。

第二十三条　因建设工程勘察、设计事故及相关业务造成的经济损失，聘用单位应承担赔偿责任；聘用单位承担赔偿责任后，可依法向负有过错的注册工程师追偿。

第四章　继续教育

第二十四条　注册工程师在每一注册期内应达到国务院建设主管部门规定的本专业继续教育要求。继续教育作为注册工程师逾期初始注册、延续注册和重新申请注册的条件。

第二十五条　继续教育按照注册工程师专业类别设置，分为必修课和选修课，每注册期各为60学时。

第五章　权利和义务

第二十六条　注册工程师享有下列权利：

（一）使用注册工程师称谓；

（二）在规定范围内从事执业活动；

（三）依据本人能力从事相应的执业活动；

（四）保管和使用本人的注册证书和执业印章；

（五）对本人执业活动进行解释和辩护；

（六）接受继续教育；

（七）获得相应的劳动报酬；

（八）对侵犯本人权利的行为进行申诉。

第二十七条　注册工程师应当履行下列义务：

（一）遵守法律、法规和有关管理规定；

（二）执行工程建设标准规范；

（三）保证执业活动成果的质量，并承担相应责任；

（四）接受继续教育，努力提高执业水准；

（五）在本人执业活动所形成的勘察、设计文件上签字、加盖执业印章；

（六）保守在执业中知悉的国家秘密和他人的商业、技术秘密；

（七）不得涂改、出租、出借或者以其他形式非法转让注册证书或者执业印章；

（八）不得同时在2个或2个以上单位受聘或者执业；

（九）在本专业规定的执业范围和聘用单位业务范围内从事执业活动；

（十）协助注册管理机构完成相关工作。

第六章 法律责任

第二十八条 隐瞒有关情况或者提供虚假材料申请注册的，审批部门不予受理，并给予警告，一年之内不得再次申请注册。

第二十九条 以欺骗、贿赂等不正当手段取得注册证书的，由负责审批的部门撤销其注册，3 年内不得再次申请注册；并由县级以上人民政府建设主管部门或者有关部门处以罚款，其中没有违法所得的，处以 1 万元以下的罚款；有违法所得的，处以违法所得 3 倍以下且不超过 3 万元的罚款；构成犯罪的，依法追究刑事责任。

第三十条 注册工程师在执业活动中有下列行为之一的，由县级以上人民政府建设主管部门或者有关部门予以警告，责令其改正，没有违法所得的，处以 1 万元以下的罚款；有违法所得的，处以违法所得 3 倍以下且不超过 3 万元的罚款；造成损失的，应当承担赔偿责任；构成犯罪的，依法追究刑事责任：

（一）以个人名义承接业务的；

（二）涂改、出租、出借或者以其他形式非法转让注册证书或者执业印章的；

（三）泄露执业中应当保守的秘密并造成严重后果的；

（四）超出本专业规定范围或者聘用单位业务范围从事执业活动的；

（五）弄虚作假提供执业活动成果的；

（六）其他违反法律、法规、规章的行为。

第三十一条 有下列情形之一的，负责审批的部门或者其上级主管部门，可以撤销其注册：

（一）建设主管部门或者有关部门的工作人员滥用职权、玩忽职守颁发注册证书和执业印章的；

（二）超越法定职权颁发注册证书和执业印章的；

（三）违反法定程序颁发注册证书和执业印章的；

（四）对不符合法定条件的申请人颁发注册证书和执业印章的；

（五）依法可以撤销注册的其他情形。

第三十二条 县级以上人民政府建设主管部门及有关部门的工作人员，在注册工程师管理工作中，有下列情形之一的，依法给予行政处分；构成犯罪的，依法追究刑事责任：

（一）对不符合法定条件的申请人颁发注册证书和执业印章的；

（二）对符合法定条件的申请人不予颁发注册证书和执业印章的；

（三）对符合法定条件的申请人未在法定期限内颁发注册证书和执业印章的；

（四）利用职务上的便利，收受他人财物或者其他好处的；

（五）不依法履行监督管理职责，或者发现违法行为不予查处的。

第七章 附 则

第三十三条 注册工程师资格考试工作按照国务院建设主管部门、国务院人事主管部门的有关规定执行。

第三十四条 香港特别行政区、澳门特别行政区、台湾地区及外籍专业技术人员，注册工程师注册和执业的管理办法另行制定。

第三十五条 本规定自 2005 年 4 月 1 日起施行。

注册监理工程师管理规定

（2006 年 1 月 26 日建设部令第 147 号发布）

第一章 总 则

第一条 为了加强对注册监理工程师的管理，维护公共利益和建筑市场秩序，提高工程监理质量与水平，根据《中华人民共和国建筑法》、《建设工程质量管理条例》等法律法规，制定本规定。

第二条 中华人民共和国境内注册监理工程师的注册、执业、继续教育和监督管理，适用本规定。

第三条 本规定所称注册监理工程师，是指经考试取得中华人民共和国监理工程师资格证书（以下简称资格证书），并按照本规定注册，取得中华人民共和国注册监理工程师注册执业证书（以下简称注册证书）和执业印章，从事工程监理及相关业务活动的专业技术人员。

未取得注册证书和执业印章的人员，不得以注册监理工程师的名义从事工程监理及相关业务活动。

第四条 国务院建设主管部门对全国注册监理工程师的注册、执业活动实施统一监督管理。

县级以上地方人民政府建设主管部门对本行政区域内的注册监理工程师的注册、执业活动实施监督管理。

第二章 注 册

第五条 注册监理工程师实行注册执业管理制度。

取得资格证书的人员，经过注册方能以注册监理工程师的名义执业。

第六条 注册监理工程师依据其所学专业、工作经历、工程业绩，按照《工程监理企业资质管理规定》划分的工程类别，按专业注册。每人最多可以申请两个专业注册。

第七条 取得资格证书的人员申请注册，由省、自治区、直辖市人民政府建设主管部门初审，国务院建设主管部门审批。

取得资格证书并受聘于一个建设工程勘察、设计、施工、监理、招标代理、造价咨询等单位的人员，应当通过聘用单位向单位工商注册所在地的省、自治区、直辖市人民政府建设主管部门提出注册申请；省、自治区、直辖市人民政府建设主管部门受理后提出初审意见，并将初审意见和全部申报材料报国务院建设主管部门审批；符合条件的，由国务院建设主管部门核发注册证书和执业印章。

第八条 省、自治区、直辖市人民政府建设主管部门在收到申请人的申请材料后，应当即时作出是否受理的决定，并向申请人出具书面凭证；申请材料不齐全或者不符合法定形式的，应当在 5 日内一次性告知申请人需要补正的全部内容。逾期不告知的，自收到申请材料之日起即为受理。

对申请初始注册的，省、自治区、直辖市人民政府建设主管部门应当自受理申请之日起 20 日内审查完毕，并将申请材料和初审意见报国务院建设主管部门。国务院建设主管部门自收到省、自治区、直辖市人民政府建设主管部门上报材料之日起，应当在 20 日内审批完毕并作出书面决定，并自作出决定之日起 10 日内，在公众媒体上公告审批结果。

对申请变更注册、延续注册的，省、自治区、直辖市人民政府建设主管部门应当自受理申请之日起 5 日内审查完毕，并将申请材料和初审意见报国务院建设主管部门。国务院建设主管部门自收到省、自治区、直辖市人民政府建设主管部门上报材料之日起，应当在 10 日内审批完毕并作出书面决定。

对不予批准的，应当说明理由，并告知申请人享有依法申请行政复议或者提起行政诉讼的权利。

第九条 注册证书和执业印章是注册监理工程师的执业凭证，由注册监理工程师本人保管、使用。

注册证书和执业印章的有效期为 3 年。

第十条 初始注册者，可自资格证书签发之日起 3 年内提出申请。逾期未申请者，须符合继续教育的要求后方可申请初始注册。

申请初始注册，应当具备以下条件：

（一）经全国注册监理工程师执业资格统一考试合格，取得资格证书；

（二）受聘于一个相关单位；

（三）达到继续教育要求；

（四）没有本规定第十三条所列情形。

初始注册需要提交下列材料：

（一）申请人的注册申请表；

（二）申请人的资格证书和身份证复印件；

（三）申请人与聘用单位签订的聘用劳动合同复印件；

（四）所学专业、工作经历、工程业绩、工程类中级及中级以上职称证书等有关证明材料；

（五）逾期初始注册的，应当提供达到继续教育要求的证明材料。

第十一条 注册监理工程师每一注册有效期为 3 年，注册有效期满需继续执业的，应当在注册有效期满 30 日前，按照本规定第七条规定的程序申请延续注册。延续注册有效期 3 年。延续注册需要提交下列材料：

（一）申请人延续注册申请表；

（二）申请人与聘用单位签订的聘用劳动合同复印件；

（三）申请人注册有效期内达到继续教育要求的证明材料。

第十二条 在注册有效期内，注册监理工程师变更执业单位，应当与原聘用单位解除劳动关系，并按本规定第七条规定的程序办理变更注册手续，变更注册后仍延续原注册有效期。

变更注册需要提交下列材料：

（一）申请人变更注册申请表；

（二）申请人与新聘用单位签订的聘用劳动合同复印件；

（三）申请人的工作调动证明（与原聘用单位解除聘用劳动合同或者聘用劳动合同到期的证明文件、退休人员的退休证明）。

第十三条 申请人有下列情形之一的，不予初始注册、延续注册或者变更注册：

（一）不具有完全民事行为能力的；

（二）刑事处罚尚未执行完毕或者因从事工程监理或者相关业务受到刑事处罚，自刑事处罚执行完毕之日起至申请注册之日止不满 2 年的；

（三）未达到监理工程师继续教育要求的；

（四）在两个或者两个以上单位申请注册的；

（五）以虚假的职称证书参加考试并取得资格证书的；

（六）年龄超过 65 周岁的；

（七）法律、法规规定不予注册的其他情形。

第十四条 注册监理工程师有下列情形之一的，其注册证书和执业印章失效：

（一）聘用单位破产的；

（二）聘用单位被吊销营业执照的；

（三）聘用单位被吊销相应资质证书的；

（四）已与聘用单位解除劳动关系的；

（五）注册有效期满且未延续注册的；

（六）年龄超过 65 周岁的；

（七）死亡或者丧失行为能力的；

（八）其他导致注册失效的情形。

第十五条 注册监理工程师有下列情形之一的，负责审批的部门应当办理注销手续，收回注册证书和执业印章或者公告其注册证书和执业印章作废：

（一）不具有完全民事行为能力的；

（二）申请注销注册的；

（三）有本规定第十四条所列情形发生的；

（四）依法被撤销注册的；

（五）依法被吊销注册证书的；

（六）受到刑事处罚的；

（七）法律、法规规定应当注销注册的其他情形。

注册监理工程师有前款情形之一的，注册监理工程师本人和聘用单位应当及时向国务院建设主管部门提出注销注册的申请；有关单位和个人有权向国务院建设主管部门举报；县级以上地方人民政府建设主管部门或者有关部门应当及时报告或者告知国务院建设主管部门。

第十六条 被注销注册者或者不予注册者，在重新具备初始注册条件，并符合继续教育要求后，可以按照本规定第七条规定的程序重新申请注册。

第三章 执 业

第十七条 取得资格证书的人员，应当受聘于一个具有建设工程勘察、设计、施工、监理、招标代理、造价咨询等一项或者多项资质的单位，经注册后方可从事相应的执业活动。从事工程监理执业活动的，应当受聘并注册于一个具有工程监理资质的单位。

第十八条 注册监理工程师可以从事工程监理、工程经济与技术咨询、工程招标与采购咨询、工程项目管理服务以及国务院有关部门规定的其他业务。

第十九条 工程监理活动中形成的监理文件由注册监理工程师按照规定签字盖章后方可生效。

第二十条 修改经注册监理工程师签字盖章的工程监理文件，应当由该注册监理工程师进行；因特殊情况，该注册监理工程师不能进行修改的，应当由其他注册监理工程师修改，并签字、加盖执业印章，对修改部分承担责任。

第二十一条 注册监理工程师从事执业活动，由所在单位接受委托并统一收费。

第二十二条 因工程监理事故及相关业务造成的经济损失，聘用单位应当承担赔偿责任；聘用单位承担赔偿责任后，可依法向负有过错的注册监理工程师追偿。

第四章 继续教育

第二十三条 注册监理工程师在每一注册有效期内应当达到国务院建设主管部门规定的继续教育要求。继续教育作为注册监理工程师逾期初始注册、延续注册和重新申请注册的条件之一。

第二十四条 继续教育分为必修课和选修课，在每一注册有效期内各为48学时。

第五章 权利和义务

第二十五条 注册监理工程师享有下列权利：

（一）使用注册监理工程师称谓；

（二）在规定范围内从事执业活动；

（三）依据本人能力从事相应的执业活动；

（四）保管和使用本人的注册证书和执业印章；

（五）对本人执业活动进行解释和辩护；

（六）接受继续教育；

（七）获得相应的劳动报酬；

（八）对侵犯本人权利的行为进行申诉。

第二十六条 注册监理工程师应当履行下列义务：

（一）遵守法律、法规和有关管理规定；

（二）履行管理职责，执行技术标准、规范和规程；

（三）保证执业活动成果的质量，并承担相应责任；

（四）接受继续教育，努力提高执业水准；

（五）在本人执业活动所形成的工程监理文件上签字、加盖执业印章；

（六）保守在执业中知悉的国家秘密和他人的商业、技术秘密；

（七）不得涂改、倒卖、出租、出借或者以其他形式非法转让注册证书或者执业印章；

（八）不得同时在 2 个或者 2 个以上单位受聘或者执业；

（九）在规定的执业范围和聘用单位业务范围内从事执业活动；

（十）协助注册管理机构完成相关工作。

第六章　法律责任

第二十七条　隐瞒有关情况或者提供虚假材料申请注册的，建设主管部门不予受理或者不予注册，并给予警告，1 年之内不得再次申请注册。

第二十八条　以欺骗、贿赂等不正当手段取得注册证书的，由国务院建设主管部门撤销其注册，3 年内不得再次申请注册，并由县级以上地方人民政府建设主管部门处以罚款，其中没有违法所得的，处以 1 万元以下罚款，有违法所得的，处以违法所得 3 倍以下且不超过 3 万元的罚款；构成犯罪的，依法追究刑事责任。

第二十九条　违反本规定，未经注册，擅自以注册监理工程师的名义从事工程监理及相关业务活动的，由县级以上地方人民政府建设主管部门给予警告，责令停止违法行为，处以 3 万元以下罚款；造成损失的，依法承担赔偿责任。

第三十条　违反本规定，未办理变更注册仍执业的，由县级以上地方人民政府建设主管部门给予警告，责令限期改正；逾期不改的，可处以 5000 元以下的罚款。

第三十一条　注册监理工程师在执业活动中有下列行为之一的，由县级以上地方人民政府建设主管部门给予警告，责令其改正，没有违法所得的，处以 1 万元以下罚款，有违法所得的，处以违法所得 3 倍以下且不超过 3 万元的罚款；造成损失的，依法承担赔偿责任；构成犯罪的，依法追究刑事责任：

（一）以个人名义承接业务的；

（二）涂改、倒卖、出租、出借或者以其他形式非法转让注册证书或者执业印章的；

（三）泄露执业中应当保守的秘密并造成严重后果的；

（四）超出规定执业范围或者聘用单位业务范围从事执业活动的；

（五）弄虚作假提供执业活动成果的；

（六）同时受聘于两个或者两个以上的单位，从事执业活动的；

（七）其他违反法律、法规、规章的行为。

第三十二条　有下列情形之一的，国务院建设主管部门依据职权或者根据利害关系人的请求，可以撤销监理工程师注册：

（一）工作人员滥用职权、玩忽职守颁发注册证书和执业印章的；

（二）超越法定职权颁发注册证书和执业印章的；

（三）违反法定程序颁发注册证书和执业印章的；

（四）对不符合法定条件的申请人颁发注册证书和执业印章的；

（五）依法可以撤销注册的其他情形。

第三十三条 县级以上人民政府建设主管部门的工作人员，在注册监理工程师管理工作中，有下列情形之一的，依法给予处分；构成犯罪的，依法追究刑事责任：

（一）对不符合法定条件的申请人颁发注册证书和执业印章的；

（二）对符合法定条件的申请人不予颁发注册证书和执业印章的；

（三）对符合法定条件的申请人未在法定期限内颁发注册证书和执业印章的；

（四）对符合法定条件的申请不予受理或者未在法定期限内初审完毕的；

（五）利用职务上的便利，收受他人财物或者其他好处的；

（六）不依法履行监督管理职责，或者发现违法行为不予查处的。

第七章 附 则

第三十四条 注册监理工程师资格考试工作按照国务院建设主管部门、国务院人事主管部门的有关规定执行。

第三十五条 香港特别行政区、澳门特别行政区、台湾地区及外籍专业技术人员，申请参加注册监理工程师注册和执业的管理办法另行制定。

第三十六条 本规定自 2006 年 4 月 1 日起施行。1992 年 6 月 4 日建设部颁布的《监理工程师资格考试和注册试行办法》（建设部令第 18 号）同时废止。

注册建造师管理规定

（2006 年 12 月 28 日建设部令第 153 号发布）

第一章 总 则

第一条 为了加强对注册建造师的管理，规范注册建造师的执业行为，提高工程项目管理水平，保证工程质量和安全，依据《建筑法》、《行政许可法》、《建设工程质量管理条例》等法律、行政法规，制定本规定。

第二条 中华人民共和国境内注册建造师的注册、执业、继续教育和监督管理，适用本规定。

第三条 本规定所称注册建造师，是指通过考核认定或考试合格取得中华人民共和国建造师资格证书（以下简称资格证书），并按照本规定注册，取得中华人民共和国建造师注册证书（以下简称注册证书）和执业印章，担任施工单位项目负责人及从事相关活动的专业技术人员。

未取得注册证书和执业印章的，不得担任大中型建设工程项目的施工单位项目负责人，不得以注册建造师的名义从事相关活动。

第四条 国务院建设主管部门对全国注册建造师的注册、执业活动实施统一监督管理；国务院铁路、交通、水利、信息产业、民航等有关部门按照国务院规定的职责分工，对全国有关专业工程注册建造师的执业活动实施监督管理。

县级以上地方人民政府建设主管部门对本行政区域内的注册建造师的注册、执业活动实施监督管理；县级以上地方人民政府交通、水利、通信等有关部门在各自职责范围内，对本行政区域内有关专业工程注册建造师的执业活动实施监督管理。

第二章　注　册

第五条　注册建造师实行注册执业管理制度，注册建造师分为一级注册建造师和二级注册建造师。

取得资格证书的人员，经过注册方能以注册建造师的名义执业。

第六条　申请初始注册时应当具备以下条件：

（一）经考核认定或考试合格取得资格证书；

（二）受聘于一个相关单位；

（三）达到继续教育要求；

（四）没有本规定第十五条所列情形。

第七条　取得一级建造师资格证书并受聘于一个建设工程勘察、设计、施工、监理、招标代理、造价咨询等单位的人员，应当通过聘用单位向单位工商注册所在地的省、自治区、直辖市人民政府建设主管部门提出注册申请。

省、自治区、直辖市人民政府建设主管部门受理后提出初审意见，并将初审意见和全部申报材料报国务院建设主管部门审批；涉及铁路、公路、港口与航道、水利水电、通信与广电、民航专业的，国务院建设主管部门应当将全部申报材料送同级有关部门审核。符合条件的，由国务院建设主管部门核发《中华人民共和国一级建造师注册证书》，并核定执业印章编号。

第八条　对申请初始注册的，省、自治区、直辖市人民政府建设主管部门应当自受理申请之日起，20 日内审查完毕，并将申请材料和初审意见报国务院建设主管部门。国务院建设主管部门应当自收到省、自治区、直辖市人民政府建设主管部门上报材料之日起，20 日内审批完毕并作出书面决定。有关部门应当在收到国务院建设主管部门移送的申请材料之日起，10 日内审核完毕，并将审核意见送国务院建设主管部门。

对申请变更注册、延续注册的，省、自治区、直辖市人民政府建设主管部门应当自受理申请之日起 5 日内审查完毕。国务院建设主管部门应当自收到省、自治区、直辖市人民政府建设主管部门上报材料之日起，10 日内审批完毕并作出书面决定。有关部门在收到国务院建设主管部门移送的申请材料后，应当在 5 日内审核完毕，并将审核意见送国务院建设主管部门。

第九条　取得二级建造师资格证书的人员申请注册，由省、自治区、直辖市人民政府建设主管部门负责受理和审批，具体审批程序由省、自治区、直辖市人民政府建设主管部门依法确定。对批准注册的，核发由国务院建设主管部门统一样式的《中华人民共和国二级建造师注册证书》和执业印章，并在核发证书后 30 日内送国务院建设主管部门备案。

第十条　注册证书和执业印章是注册建造师的执业凭证，由注册建造师本人保管、使用。

注册证书与执业印章有效期为3年。

一级注册建造师的注册证书由国务院建设主管部门统一印制，执业印章由国务院建设主管部门统一样式，省、自治区、直辖市人民政府建设主管部门组织制作。

第十一条 初始注册者，可自资格证书签发之日起3年内提出申请。逾期未申请者，须符合本专业继续教育的要求后方可申请初始注册。

申请初始注册需要提交下列材料：

（一）注册建造师初始注册申请表；

（二）资格证书、学历证书和身份证明复印件；

（三）申请人与聘用单位签订的聘用劳动合同复印件或其他有效证明文件；

（四）逾期申请初始注册的，应当提供达到继续教育要求的证明材料。

第十二条 注册有效期满需继续执业的，应当在注册有效期届满30日前，按照第七条、第八条的规定申请延续注册。延续注册的，有效期为3年。

申请延续注册的，应当提交下列材料：

（一）注册建造师延续注册申请表；

（二）原注册证书；

（三）申请人与聘用单位签订的聘用劳动合同复印件或其他有效证明文件；

（四）申请人注册有效期内达到继续教育要求的证明材料。

第十三条 在注册有效期内，注册建造师变更执业单位，应当与原聘用单位解除劳动关系，并按照第七条、第八条的规定办理变更注册手续，变更注册后仍延续原注册有效期。

申请变更注册的，应当提交下列材料：

（一）注册建造师变更注册申请表；

（二）注册证书和执业印章；

（三）申请人与新聘用单位签订的聘用合同复印件或有效证明文件；

（四）工作调动证明（与原聘用单位解除聘用合同或聘用合同到期的证明文件、退休人员的退休证明）。

第十四条 注册建造师需要增加执业专业的，应当按照第七条的规定申请专业增项注册，并提供相应的资格证明。

第十五条 申请人有下列情形之一的，不予注册：

（一）不具有完全民事行为能力的；

（二）申请在2个或者2个以上单位注册的；

（三）未达到注册建造师继续教育要求的；

（四）受到刑事处罚，刑事处罚尚未执行完毕的；

（五）因执业活动受到刑事处罚，自刑事处罚执行完毕之日起至申请注册之日止不满5年的；

（六）因前项规定以外的原因受到刑事处罚，自处罚决定之日起至申请注册之日止不满 3 年的；

（七）被吊销注册证书，自处罚决定之日起至申请注册之日止不满 2 年的；

（八）在申请注册之日前 3 年内担任项目经理期间，所负责项目发生过重大质量和安全事故的；

（九）申请人的聘用单位不符合注册单位要求的；

（十）年龄超过 65 周岁的；

（十一）法律、法规规定不予注册的其他情形。

第十六条 注册建造师有下列情形之一的，其注册证书和执业印章失效：

（一）聘用单位破产的；

（二）聘用单位被吊销营业执照的；

（三）聘用单位被吊销或者撤回资质证书的；

（四）已与聘用单位解除聘用合同关系的；

（五）注册有效期满且未延续注册的；

（六）年龄超过 65 周岁的；

（七）死亡或不具有完全民事行为能力的；

（八）其他导致注册失效的情形。

第十七条 注册建造师有下列情形之一的，由注册机关办理注销手续，收回注册证书和执业印章或者公告注册证书和执业印章作废：

（一）有本规定第十六条所列情形发生的；

（二）依法被撤销注册的；

（三）依法被吊销注册证书的；

（四）受到刑事处罚的；

（五）法律、法规规定应当注销注册的其他情形。

注册建造师有前款所列情形之一的，注册建造师本人和聘用单位应当及时向注册机关提出注销注册申请；有关单位和个人有权向注册机关举报；县级以上地方人民政府建设主管部门或者有关部门应当及时告知注册机关。

第十八条 被注销注册或者不予注册的，在重新具备注册条件后，可按第七条、第八条规定重新申请注册。

第十九条 注册建造师因遗失、污损注册证书或执业印章，需要补办的，应当持在公众媒体上刊登的遗失声明的证明，向原注册机关申请补办。原注册机关应当在 5 日内办理完毕。

第三章 执 业

第二十条 取得资格证书的人员应当受聘于一个具有建设工程勘察、设计、施工、监理、招标代理、造价咨询等一项或者多项资质的单位，经注册后方可从事相应的执业活动。

担任施工单位项目负责人的，应当受聘并注册于一个具有施工资质的企业。

第二十一条　注册建造师的具体执业范围按照《注册建造师执业工程规模标准》执行。

注册建造师不得同时在两个及两个以上的建设工程项目上担任施工单位项目负责人。

注册建造师可以从事建设工程项目总承包管理或施工管理，建设工程项目管理服务，建设工程技术经济咨询，以及法律、行政法规和国务院建设主管部门规定的其他业务。

第二十二条　建设工程施工活动中形成的有关工程施工管理文件，应当由注册建造师签字并加盖执业印章。

施工单位签署质量合格的文件上，必须有注册建造师的签字盖章。

第二十三条　注册建造师在每一个注册有效期内应当达到国务院建设主管部门规定的继续教育要求。

继续教育分为必修课和选修课，在每一注册有效期内各为60学时。经继续教育达到合格标准的，颁发继续教育合格证书。

继续教育的具体要求由国务院建设主管部门会同国务院有关部门另行规定。

第二十四条　注册建造师享有下列权利：

（一）使用注册建造师名称；

（二）在规定范围内从事执业活动；

（三）在本人执业活动中形成的文件上签字并加盖执业印章；

（四）保管和使用本人注册证书、执业印章；

（五）对本人执业活动进行解释和辩护；

（六）接受继续教育；

（七）获得相应的劳动报酬；

（八）对侵犯本人权利的行为进行申述。

第二十五条　注册建造师应当履行下列义务：

（一）遵守法律、法规和有关管理规定，恪守职业道德；

（二）执行技术标准、规范和规程；

（三）保证执业成果的质量，并承担相应责任；

（四）接受继续教育，努力提高执业水准；

（五）保守在执业中知悉的国家秘密和他人的商业、技术等秘密；

（六）与当事人有利害关系的，应当主动回避；

（七）协助注册管理机关完成相关工作。

第二十六条　注册建造师不得有下列行为：

（一）不履行注册建造师义务；

（二）在执业过程中，索贿、受贿或者谋取合同约定费用外的其他利益；

（三）在执业过程中实施商业贿赂；

（四）签署有虚假记载等不合格的文件；

（五）允许他人以自己的名义从事执业活动；

（六）同时在两个或者两个以上单位受聘或者执业；

（七）涂改、倒卖、出租、出借或以其他形式非法转让资格证书、注册证书和执业印章；

（八）超出执业范围和聘用单位业务范围内从事执业活动；

（九）法律、法规、规章禁止的其他行为。

第四章　监督管理

第二十七条　县级以上人民政府建设主管部门、其他有关部门应当依照有关法律、法规和本规定，对注册建造师的注册、执业和继续教育实施监督检查。

第二十八条　国务院建设主管部门应当将注册建造师注册信息告知省、自治区、直辖市人民政府建设主管部门。

省、自治区、直辖市人民政府建设主管部门应当将注册建造师注册信息告知本行政区域内市、县、市辖区人民政府建设主管部门。

第二十九条　县级以上人民政府建设主管部门和有关部门履行监督检查职责时，有权采取下列措施：

（一）要求被检查人员出示注册证书；

（二）要求被检查人员所在聘用单位提供有关人员签署的文件及相关业务文档；

（三）就有关问题询问签署文件的人员；

（四）纠正违反有关法律、法规、本规定及工程标准规范的行为。

第三十条　注册建造师违法从事相关活动的，违法行为发生地县级以上地方人民政府建设主管部门或者其他有关部门应当依法查处，并将违法事实、处理结果告知注册机关；依法应当撤销注册的，应当将违法事实、处理建议及有关材料报注册机关。

第三十一条　有下列情形之一的，注册机关依据职权或者根据利害关系人的请求，可以撤销注册建造师的注册：

（一）注册机关工作人员滥用职权、玩忽职守作出准予注册许可的；

（二）超越法定职权作出准予注册许可的；

（三）违反法定程序作出准予注册许可的；

（四）对不符合法定条件的申请人颁发注册证书和执业印章的；

（五）依法可以撤销注册的其他情形。

申请人以欺骗、贿赂等不正当手段获准注册的，应当予以撤销。

第三十二条　注册建造师及其聘用单位应当按照要求，向注册机关提供真实、准确、完整的注册建造师信用档案信息。

注册建造师信用档案应当包括注册建造师的基本情况、业绩、良好行为、不良行为等内容。违法违规行为、被投诉举报处理、行政处罚等情况应当作为注册建造师的不良行为记入其信用档案。

注册建造师信用档案信息按照有关规定向社会公示。

第五章　法律责任

第三十三条　隐瞒有关情况或者提供虚假材料申请注册的，建设主管部门不予受理或者不予注册，并给予警告，申请人1年内不得再次申请注册。

第三十四条　以欺骗、贿赂等不正当手段取得注册证书的，由注册机关撤销其注册，3年内不得再次申请注册，并由县级以上地方人民政府建设主管部门处以罚款。其中没有违法所得的，处以1万元以下的罚款；有违法所得的，处以违法所得3倍以下且不超过3万元的罚款。

第三十五条　违反本规定，未取得注册证书和执业印章，担任大中型建设工程项目施工单位项目负责人，或者以注册建造师的名义从事相关活动的，其所签署的工程文件无效，由县级以上地方人民政府建设主管部门或者其他有关部门给予警告，责令停止违法活动，并可处以1万元以上3万元以下的罚款。

第三十六条　违反本规定，未办理变更注册而继续执业的，由县级以上地方人民政府建设主管部门或者其他有关部门责令限期改正；逾期不改正的，可处以5000元以下的罚款。

第三十七条　违反本规定，注册建造师在执业活动中有第二十六条所列行为之一的，由县级以上地方人民政府建设主管部门或者其他有关部门给予警告，责令改正，没有违法所得的，处以1万元以下的罚款；有违法所得的，处以违法所得3倍以下且不超过3万元的罚款。

第三十八条　违反本规定，注册建造师或者其聘用单位未按照要求提供注册建造师信用档案信息的，由县级以上地方人民政府建设主管部门或者其他有关部门责令限期改正；逾期未改正的，可处以1000元以上1万元以下的罚款。

第三十九条　聘用单位为申请人提供虚假注册材料的，由县级以上地方人民政府建设主管部门或者其他有关部门给予警告，责令限期改正；逾期未改正的，可处以1万元以上3万元以下的罚款。

第四十条　县级以上人民政府建设主管部门及其工作人员，在注册建造师管理工作中，有下列情形之一的，由其上级行政机关或者监察机关责令改正，对直接负责的主管人员和其他直接责任人员依法给予处分；构成犯罪的，依法追究刑事责任：

（一）对不符合法定条件的申请人准予注册的；

（二）对符合法定条件的申请人不予注册或者不在法定期限内作出准予注册决定的；

（三）对符合法定条件的申请不予受理或者未在法定期限内初审完毕的；

（四）利用职务上的便利，收受他人财物或者其他好处的；

（五）不依法履行监督管理职责或者监督不力，造成严重后果的。

第六章　附　则

第四十一条　本规定自2007年3月1日起施行。

工程建设项目招标代理机构资格认定办法

(2007 年 1 月 11 日建设部令第 154 号发布)

第一条 为了加强对工程建设项目招标代理机构的资格管理，维护工程建设项目招标投标活动当事人的合法权益，根据《中华人民共和国招标投标法》、《中华人民共和国行政许可法》等有关法律和行政法规，制定本办法。

第二条 在中华人民共和国境内从事各类工程建设项目招标代理业务机构资格的认定，适用本办法。

本办法所称工程建设项目（以下简称工程），是指土木工程、建筑工程、线路管道和设备安装工程及装饰装修工程项目。

本办法所称工程建设项目招标代理（以下简称工程招标代理），是指工程招标代理机构接受招标人的委托，从事工程的勘察、设计、施工、监理以及与工程建设有关的重要设备（进口机电设备除外）、材料采购招标的代理业务。

第三条 国务院建设主管部门负责全国工程招标代理机构资格认定的管理。

省、自治区、直辖市人民政府建设主管部门负责本行政区域内的工程招标代理机构资格认定的管理。

第四条 从事工程招标代理业务的机构，应当依法取得国务院建设主管部门或者省、自治区、直辖市人民政府建设主管部门认定的工程招标代理机构资格，并在其资格许可的范围内从事相应的工程招标代理业务。

第五条 工程招标代理机构资格分为甲级、乙级和暂定级。

甲级工程招标代理机构可以承担各类工程的招标代理业务。

乙级工程招标代理机构只能承担工程总投资 1 亿元人民币以下的工程招标代理业务。

暂定级工程招标代理机构，只能承担工程总投资 6000 万元人民币以下的工程招标代理业务。

第六条 工程招标代理机构可以跨省、自治区、直辖市承担工程招标代理业务。

任何单位和个人不得限制或者排斥工程招标代理机构依法开展工程招标代理业务。

第七条 甲级工程招标代理机构资格由国务院建设主管部门认定。

乙级、暂定级工程招标代理机构资格由工商注册所在地的省、自治区、直辖市人民政府建设主管部门认定。

第八条 申请工程招标代理资格的机构应当具备下列条件：

（一）是依法设立的中介组织，具有独立法人资格；

（二）与行政机关和其他国家机关没有行政隶属关系或者其他利益关系；

（三）有固定的营业场所和开展工程招标代理业务所需设施及办公条件；

（四）有健全的组织机构和内部管理的规章制度；

（五）具备编制招标文件和组织评标的相应专业力量；

（六）具有可以作为评标委员会成员人选的技术、经济等方面的专家库；

（七）法律、行政法规规定的其他条件。

第九条　申请甲级工程招标代理资格的机构，除具备本办法第八条规定的条件外，还应当具备下列条件：

（一）取得乙级工程招标代理资格满 3 年；

（二）近 3 年内累计工程招标代理中标金额在 16 亿元人民币以上（以中标通知书为依据，下同）；

（三）具有中级以上职称的工程招标代理机构专职人员不少于 20 人，其中具有工程建设类注册执业资格人员不少于 10 人（其中注册造价工程师不少于 5 人），从事工程招标代理业务 3 年以上的人员不少于 10 人；

（四）技术经济负责人为本机构专职人员，具有 10 年以上从事工程管理的经验，具有高级技术经济职称和工程建设类注册执业资格；

（五）注册资本金不少于 200 万元。

第十条　申请乙级工程招标代理资格的机构，除具备本办法第八条规定的条件外，还应当具备下列条件：

（一）取得暂定级工程招标代理资格满 1 年；

（二）近 3 年内累计工程招标代理中标金额在 8 亿元人民币以上；

（三）具有中级以上职称的工程招标代理机构专职人员不少于 12 人，其中具有工程建设类注册执业资格人员不少于 6 人（其中注册造价工程师不少于 3 人），从事工程招标代理业务 3 年以上的人员不少于 6 人；

（四）技术经济负责人为本机构专职人员，具有 8 年以上从事工程管理的经历，具有高级技术经济职称和工程建设类注册执业资格；

（五）注册资本金不少于 100 万元。

第十一条　新设立的工程招标代理机构具备第八条和第十条第（三）、（四）、（五）项条件的，可以申请暂定级工程招标代理资格。

第十二条　申请工程招标代理机构资格的机构，应当提供下列资料：

（一）工程招标代理机构资格申请报告；

（二）《工程招标代理机构资格申请表》及电子文档；

（三）企业法人营业执照；

（四）工程招标代理机构章程以及内部管理规章制度；

（五）专职人员身份证复印件、劳动合同、职称证书或工程建设类注册执业资格证书、社会保险缴费凭证以及人事档案代理证明；

（六）法定代表人和技术经济负责人的任职文件、个人简历等材料，技术经济负责人还应提供从事工程管理经历证明；

（七）办公场所证明，主要办公设备清单；

（八）出资证明及上一年度经审计的企业财务报告（含报表及说明，下同）；

（九）评标专家库成员名单；

（十）法律、法规要求提供的其他有关资料。

申请甲级、乙级工程招标代理机构资格的，还应当提供工程招标代理有效业绩证明（工程招标代理合同、中标通知书和招标人评价意见）。

工程招标代理机构应当对所提供资料的真实性负责。

第十三条 申请甲级工程招标代理机构资格的，应当向机构工商注册所在地的省、自治区、直辖市人民政府建设主管部门提出申请。

省、自治区、直辖市人民政府建设主管部门应当自受理申请之日起20日内初审完毕，并将初审意见和申请材料报国务院建设主管部门。

国务院建设主管部门应当自省、自治区、直辖市人民政府建设主管部门受理申请材料之日起40日内完成审查，公示审查意见，公示时间为10日。

第十四条 乙级、暂定级工程招标代理机构资格的具体实施程序，由省、自治区、直辖市人民政府建设主管部门依法确定。

省、自治区、直辖市人民政府建设主管部门应当将认定的乙级、暂定级的工程招标代理机构名单在认定后15日内，报国务院建设主管部门备案。

第十五条 工程招标代理机构的资格，在认定前由建设主管部门组织专家委员会评审。

第十六条 工程招标代理机构资格证书分为正本和副本，由国务院建设主管部门统一印制，正本和副本具有同等法律效力。

甲级、乙级工程招标代理机构资格证书的有效期为5年，暂定级工程招标代理机构资格证书的有效期为3年。

第十七条 甲级、乙级工程招标代理机构的资格证书有效期届满，需要延续资格证书有效期的，应当在其工程招标代理机构资格证书有效期届满60日前，向原资格许可机关提出资格延续申请。

对于在资格有效期内遵守有关法律、法规、规章、技术标准，信用档案中无不良行为记录，且业绩、专职人员满足资格条件的甲级、乙级工程招标代理机构，经原资格许可机关同意，有效期延续5年。

第十八条 暂定级工程招标代理机构的资格证书有效期届满，需继续从事工程招标代理业务的，应当重新申请暂定级工程招标代理机构资格。

第十九条 工程招标代理机构在资格证书有效期内发生下列情形之一的，应当自情形发生之日起30日内，到原资格许可机关办理资格证书变更手续，原资格许可机关在2日内办理变更手续：

（一）工商登记事项发生变更的；

（二）技术经济负责人发生变更的；

（三）法律法规规定的其他需要变更资格证书的情形。

由省、自治区、直辖市人民政府建设主管部门办理变更的，省、自治区、直辖市人民政府建设主管部门应当在办理变更后15日内，将变更情况报国务院建设主管部门备案。

第二十条 工程招标代理机构申请资格证书变更的，应当提交以下材料：

（一）资格证书变更申请；

（二）企业法人营业执照复印件；

（三）资格证书正、副本复印件；

（四）与资格变更事项有关的证明材料。

第二十一条　工程招标代理机构合并的，合并后存续或者新设立的机构可以承继合并前各方中较高的资格等级，但应当符合相应的资格条件。

工程招标代理机构分立的，只能由分立后的一方工程招标代理机构承继原工程招标代理机构的资格，但应当符合原工程招标代理机构的资格条件。承继原工程招标代理机构资格的一方由分立各方协商确定；其他各方资格按照本办法的规定申请重新核定。

第二十二条　工程招标代理机构在领取新的工程招标代理机构资格证书的同时，应当将原资格证书交回原发证机关予以注销。

工程招标代理机构需增补（含增加、更换、遗失补办）工程招标代理机构资格证书的，应当持资格证书增补申请等材料向资格许可机关申请办理。遗失资格证书的，在申请补办前，应当在公众媒体上刊登遗失声明。资格许可机关应当在2日内办理完毕。

第二十三条　工程招标代理机构应当与招标人签订书面合同，在合同约定的范围内实施代理，并按照国家有关规定收取费用；超出合同约定实施代理的，依法承担民事责任。

第二十四条　工程招标代理机构应当在其资格证书有效期内，妥善保存工程招标代理过程文件以及成果文件。

工程招标代理机构不得伪造、隐匿工程招标代理过程文件以及成果文件。

第二十五条　工程招标代理机构在工程招标代理活动中不得有下列行为：

（一）与所代理招标工程的招投标人有隶属关系、合作经营关系以及其他利益关系；

（二）从事同一工程的招标代理和投标咨询活动；

（三）超越资格许可范围承担工程招标代理业务；

（四）明知委托事项违法而进行代理；

（五）采取行贿、提供回扣或者给予其他不正当利益等手段承接工程招标代理业务；

（六）未经招标人书面同意，转让工程招标代理业务；

（七）泄露应当保密的与招标投标活动有关的情况和资料；

（八）与招标人或者投标人串通，损害国家利益、社会公共利益和他人合法权益；

（九）对有关行政监督部门依法责令改正的决定拒不执行或者以弄虚作假方式隐瞒真相；

（十）擅自修改经招标人同意并加盖了招标人公章的工程招标代理成果文件；

（十一）涂改、倒卖、出租、出借或者以其他形式非法转让工程招标代理资格证书；

（十二）法律、法规和规章禁止的其他行为。

申请资格升级的工程招标代理机构或者重新申请暂定级资格的工程招标代理机构，在申请之日起前一年内有前款规定行为之一的，资格许可机关不予批准。

第二十六条　国务院建设主管部门和省、自治区、直辖市建设主管部门应当通过核查工程招标代理机构从业人员、经营业绩、市场行为、代理质量状况等情况，加强对工程招标代理机构资格的管理。

第二十七条　工程招标代理机构取得工程招标代理资格后，不再符合相应条件的，建设主管部门根据利害关系人的请求或者依据职权，可以责令其限期改正；逾期不改的，资格许可机关可以撤回其工程招标代理资格。被撤回工程招标代理资格的，可以按照其实际达到的条件，向资格许可机关提出重新核定工程招标代理资格的申请。

第二十八条　有下列情形之一的，资格许可机关或者其上级机关，根据利害关系人的请求或者依据职权，可以撤销工程招标代理资格：

（一）资格许可机关工作人员滥用职权、玩忽职守作出准予资格许可的；

（二）超越法定职权作出准予资格许可的；

（三）违反法定程序作出准予资格许可的；

（四）对不符合许可条件的申请作出资格许可的；

（五）依法可以撤销工程招标代理资格的其他情形。

以欺骗、贿赂等不正当手段取得工程招标代理资格证书的，应当予以撤销。

第二十九条　有下列情形之一的，资格许可机关应当依法注销工程招标代理机构资格，并公告其资格证书作废，工程招标代理机构应当及时将资格证书交回资格许可机关：

（一）资格证书有效期届满未依法申请延续的；

（二）工程招标代理机构依法终止的；

（三）资格证书被撤销、撤回，或者吊销的；

（四）法律、法规规定的应当注销资格的其他情形。

第三十条　建设主管部门应当建立工程招标代理机构信用档案，并向社会公示。

工程招标代理机构应当按照有关规定，向资格许可机关提供真实、准确、完整的企业信用档案信息。

工程招标代理机构的信用档案信息应当包括机构基本情况、业绩、工程质量和安全、合同违约等情况。本办法第二十五条第一款规定的行为、被投诉举报处理的违法行为、行政处罚等情况应当作为不良行为记入其信用档案。

第三十一条　工程招标代理机构隐瞒有关情况或者提供虚假材料申请工程招标代理机构资格的，资格许可机关不予受理或者不予行政许可，并给予警告，该机构1年内不得再次申请工程招标代理机构资格。

第三十二条　工程招标代理机构以欺骗、贿赂等不正当手段取得工程招标代理机构资格的，由资格许可机关给予警告，并处3万元罚款；该机构3年内不得再次申请工程招标代理机构资格。

第三十三条　工程招标代理机构不及时办理资格证书变更手续的，由原资格许可机关责令限期办理；逾期不办理的，可处以1000元以上1万元以下的罚款。

第三十四条　工程招标代理机构未按照规定提供信用档案信息的，由原资格许可机关给予警告，责令限期改正；逾期未改正的，可处以1000元以上1万元以下的罚款。

第三十五条　未取得工程招标代理资格或者超越资格许可范围承担工程招标代理业务的，该工程招标代理无效，由原资格许可机关处以3万元罚款。

第三十六条　工程招标代理机构涂改、倒卖、出租、出借或者以其他形式非法转让工程招标代理资格证书的，由原资格许可机关处以3万元罚款。

第三十七条　有本办法第二十五条第（一）、（二）、（四）、（五）、（六）、（九）、（十）、（十二）项行为之一的，处以3万元罚款。

第三十八条　本办法自2007年3月1日起施行。《工程建设项目招标代理机构资格认定办法》（建设部令第 79 号）同时废止。

外商投资建设工程服务企业管理规定

（2007 年 1 月 22 日建设部、商务部令第 155 号发布）

第一条 为进一步扩大对外开放，规范对外商投资建设工程服务企业的管理，根据《中华人民共和国建筑法》、《中华人民共和国招标投标法》、《中华人民共和国中外合资经营企业法》、《中华人民共和国中外合作经营企业法》、《中华人民共和国外资企业法》、《建设工程质量管理条例》等法律、行政法规，制定本规定。

第二条 在中华人民共和国境内设立外商投资建设工程服务企业，申请外商投资建设工程服务企业资质，实施对外商投资建设工程服务企业的监督管理，适用本规定。

第三条 本规定所称外商投资建设工程服务企业，是指在中华人民共和国境内依法设立，并取得相应资质的中外合资经营建设工程服务企业、中外合作经营建设工程服务企业和外资建设工程服务企业。

本规定所称建设工程服务，包括建设工程监理、工程招标代理和工程造价咨询。

第四条 外国投资者在中华人民共和国境内设立外商投资建设工程服务企业，从事建设工程服务活动，应当依法取得商务主管部门颁发的外商投资企业批准证书，经工商行政管理部门注册登记，并取得建设主管部门颁发的相应建设工程服务企业资质证书。

第五条 外商投资建设工程服务企业从事建设工程服务活动，应当遵守中华人民共和国法律、法规、规章。

外商投资建设工程服务企业在中华人民共和国境内的合法经营活动及合法权益受中华人民共和国法律、法规、规章的保护。

第六条 国务院商务主管部门及其依法授权的省、自治区、直辖市人民政府商务主管部门负责外商投资建设工程服务企业设立的管理工作。

国务院建设主管部门负责外商投资建设工程服务企业资质的管理工作；省、自治区、直辖市人民政府建设主管部门按照本规定负责本行政区域内外商投资建设工程服务企业资质的管理工作。

第七条 外商投资建设工程服务企业的设立由国务院商务主管部门授权的省、自治区、直辖市人民政府商务主管部门审批。

申请外商投资建设工程服务企业甲级资质的，由国务院建设主管部门审批；申请外商投资建设工程服务企业乙级或者乙级以下资质的，由省、自治区、直辖市人民政府建设主管部门审批。

第八条 设立外商投资建设工程服务企业，申请外商投资建设工程服务企业资质的程序：

（一）申请者向拟设立企业所在地的省、自治区、直辖市人民政府商务主管部门提出设立申请。

（二）省、自治区、直辖市人民政府商务主管部门在受理申请之日起 5 日内将申请材料送省、自治区、直辖市人民政府建设主管部门征求意见。

（三）省、自治区、直辖市人民政府建设主管部门在收到征求意见函之日起 10 日内提出书面意见。省、自治区、直辖市人民政府商务主管部门在收到建设主管部门书面意见之日起 30 日内作出批准或者不予批准的书面决定。予以批准的，发给外商投资企业批准证书；不予批准的，书面说明理由。

（四）取得外商投资企业批准证书的，应当在 30 日内到登记主管机关办理企业登记注册。

（五）取得企业法人营业执照后，申请外商投资建设工程服务企业资质的，按照有关资质管理规定办理。

第九条　省、自治区、直辖市人民政府建设主管部门审批的外商投资建设工程服务企业资质，应当在批准之日起 30 日内报国务院建设主管部门备案。

第十条　申请设立外商投资建设工程服务企业应当向省、自治区、直辖市人民政府商务主管部门提交以下资料：

（一）外商投资建设工程服务企业设立申请书；

（二）外商投资建设工程服务企业合同和章程（其中，设立外资建设工程服务企业的只提供章程）；

（三）企业名称预先核准通知书；

（四）投资方注册（登记）证明、投资方银行资信证明；

（五）投资方拟派出的董事长、董事会成员、经理、工程技术负责人等任职文件及证明文件；

（六）经注册会计师审计或者会计事务所审计的投资方最近 3 年的资产负债表和损益表，投资方成立不满 3 年的，按照其实际成立年份提供相应的资产负债表和损益表。

第十一条　申请外商投资建设工程服务企业资质，应当向建设主管部门提交以下资料：

（一）外商投资建设工程服务企业资质申请表：

（二）外商投资企业批准证书；

（三）企业法人营业执照；

（四）投资方在其所在国或者地区的注册（登记）证明、相关业绩证明、银行资信证明；

（五）经注册会计师或者会计师事务所审计的投资方最近 3 年的资产负债表和损益表，投资方成立不满 3 年的，按照其成立年限提供相应的资产负债表和损益表；

（六）建设工程监理、工程招标代理或工程造价咨询企业资质管理规定要求提交的其他资料。

第十二条　本规定要求申请者提交的主要资料应当使用中文，证明文件原件是外文的，应当提供中文译本。

第十三条　申请设立外商投资建设工程服务企业的外方投资者，应当是在其所在国从事相应工程服务的企业、其他经济组织或者注册专业技术人员。

第十四条　申请外商投资建设工程服务企业资质，应当符合相应的建设工程监理、工程招标代理和工程造价咨询企业资质标准要求的条件。

第十五条　外商投资建设工程服务企业申请晋升资质等级或者申请增加其他建设工程服务企业资质，应当依照有关规定到建设主管部门办理相关手续。

第十六条　外商投资建设工程服务企业变更合同、章程条款的，应当到省、自治区、直辖市人民政府商务主管部门办理相关手续。

第十七条　外商投资建设工程服务企业在中华人民共和国境内从事建设工程服务活动，违反《中华人民共和国建筑法》、《中华人民共和国招标投标法》、《建设工程质量管理条例》等有关法律、法规和相关资质管理规定的，依照有关规定进行处罚。

第十八条　香港特别行政区、澳门特别行政区和台湾地区的投资者在其他省、自治区、直辖市内投资设立建设工程服务企业，从事建设工程服务活动，参照本规定执行，法律、法规、国务院另有规定的除外。

第十九条　本规定由国务院建设主管部门和国务院商务主管部门负责解释。

第二十条　本规定自 2007 年 3 月 26 日起施行。

工程监理企业资质管理规定

（2007 年 6 月 26 日建设部令第 158 号发布）

第一章　总　　则

第一条　为了加强工程监理企业资质管理，规范建设工程监理活动，维护建筑市场秩序，根据《中华人民共和国建筑法》、《中华人民共和国行政许可法》、《建设工程质量管理条例》等法律、行政法规，制定本规定。

第二条　在中华人民共和国境内从事建设工程监理活动，申请工程监理企业资质，实施对工程监理企业资质监督管理，适用本规定。

第三条　从事建设工程监理活动的企业，应当按照本规定取得工程监理企业资质，并在工程监理企业资质证书（以下简称资质证书）许可的范围内从事工程监理活动。

第四条　国务院建设主管部门负责全国工程监理企业资质的统一监督管理工作。国务院铁路、交通、水利、信息产业、民航等有关部门配合国务院建设主管部门实施相关资质类别工程监理企业资质的监督管理工作。

省、自治区、直辖市人民政府建设主管部门负责本行政区域内工程监理企业资质的统一监督管理工作。省、自治区、直辖市人民政府交通、水利、信息产业等有关部门配合同级建设主管部门实施相关资质类别工程监理企业资质的监督管理工作。

第五条　工程监理行业组织应当加强工程监理行业自律管理。

鼓励工程监理企业加入工程监理行业组织。

第二章　资质等级和业务范围

第六条　工程监理企业资质分为综合资质、专业资质和事务所资质。其中，专业资质按照工程性质和技术特点划分为若干工程类别。

综合资质、事务所资质不分级别。专业资质分为甲级、乙级；其中，房屋建筑、水利水电、公路和市政公用专业资质可设立丙级。

第七条 工程监理企业的资质等级标准如下：

（一）综合资质标准

1. 具有独立法人资格且注册资本不少于600万元。

2. 企业技术负责人应为注册监理工程师，并具有15年以上从事工程建设工作的经历或者具有工程类高级职称。

3. 具有5个以上工程类别的专业甲级工程监理资质。

4. 注册监理工程师不少于60人，注册造价工程师不少于5人，一级注册建造师、一级注册建筑师、一级注册结构工程师或者其它勘察设计注册工程师合计不少于15人次。

5. 企业具有完善的组织结构和质量管理体系，有健全的技术、档案等管理制度。

6. 企业具有必要的工程试验检测设备。

7. 申请工程监理资质之日前一年内没有本规定第十六条禁止的行为。

8. 申请工程监理资质之日前一年内没有因本企业监理责任造成重大质量事故。

9. 申请工程监理资质之日前一年内没有因本企业监理责任发生三级以上工程建设重大安全事故或者发生两起以上四级工程建设安全事故。

（二）专业资质标准

1. 甲级

（1）具有独立法人资格且注册资本不少于300万元。

（2）企业技术负责人应为注册监理工程师，并具有15年以上从事工程建设工作的经历或者具有工程类高级职称。

（3）注册监理工程师、注册造价工程师、一级注册建造师、一级注册建筑师、一级注册结构工程师或者其它勘察设计注册工程师合计不少于25人次；其中，相应专业注册监理工程师不少于《专业资质注册监理工程师人数配备表》（附表1）中要求配备的人数，注册造价工程师不少于2人。

（4）企业近2年内独立监理过3个以上相应专业的二级工程项目，但是，具有甲级设计资质或一级及以上施工总承包资质的企业申请本专业工程类别甲级资质的除外。

（5）企业具有完善的组织结构和质量管理体系，有健全的技术、档案等管理制度。

（6）企业具有必要的工程试验检测设备。

（7）申请工程监理资质之日前一年内没有本规定第十六条禁止的行为。

（8）申请工程监理资质之日前一年内没有因本企业监理责任造成重大质量事故。

（9）申请工程监理资质之日前一年内没有因本企业监理责任发生三级以上工程建设重大安全事故或者发生两起以上四级工程建设安全事故。

2. 乙级

（1）具有独立法人资格且注册资本不少于100万元。

（2）企业技术负责人应为注册监理工程师，并具有10年以上从事工程建设工作的经历。

（3）注册监理工程师、注册造价工程师、一级注册建造师、一级注册建筑师、一级注册结构工程师或者其它勘察设计注册工程师合计不少于15人次。其中，相应专业注册监理工程师不少于《专业资质注册监理工程师人数配备表》（附表1）中要求配备的人数，注册造价工程师不少于1人。

（4）有较完善的组织结构和质量管理体系，有技术、档案等管理制度。

（5）有必要的工程试验检测设备。

（6）申请工程监理资质之日前一年内没有本规定第十六条禁止的行为。

（7）申请工程监理资质之日前一年内没有因本企业监理责任造成重大质量事故。

（8）申请工程监理资质之日前一年内没有因本企业监理责任发生三级以上工程建设重大安全事故或者发生两起以上四级工程建设安全事故。

3. 丙级

（1）具有独立法人资格且注册资本不少于50万元。

（2）企业技术负责人应为注册监理工程师，并具有8年以上从事工程建设工作的经历。

（3）相应专业的注册监理工程师不少于《专业资质注册监理工程师人数配备表》（附表1）中要求配备的人数。

（4）有必要的质量管理体系和规章制度。

（5）有必要的工程试验检测设备。

（三）事务所资质标准

1. 取得合伙企业营业执照，具有书面合作协议书。

2. 合伙人中有3名以上注册监理工程师，合伙人均有5年以上从事建设工程监理的工作经历。

3. 有固定的工作场所。

4. 有必要的质量管理体系和规章制度。

5. 有必要的工程试验检测设备。

第八条 工程监理企业资质相应许可的业务范围如下：

（一）综合资质

可以承担所有专业工程类别建设工程项目的工程监理业务。

（二）专业资质

1. 专业甲级资质

可承担相应专业工程类别建设工程项目的工程监理业务（见附表2）。

2. 专业乙级资质：

可承担相应专业工程类别二级以下（含二级）建设工程项目的工程监理业务（见附表2）。

3. 专业丙级资质：

可承担相应专业工程类别三级建设工程项目的工程监理业务（见附表2）。

（三）事务所资质

可承担三级建设工程项目的工程监理业务（见附表2），但是，国家规定必须实行强制监理的工程除外。

工程监理企业可以开展相应类别建设工程的项目管理、技术咨询等业务。

第三章　资质申请和审批

第九条　申请综合资质、专业甲级资质的，应当向企业工商注册所在地的省、自治区、直辖市人民政府建设主管部门提出申请。

省、自治区、直辖市人民政府建设主管部门应当自受理申请之日起 20 日内初审完毕，并将初审意见和申请材料报国务院建设主管部门。

国务院建设主管部门应当自省、自治区、直辖市人民政府建设主管部门受理申请材料之日起 60 日内完成审查，公示审查意见，公示时间为 10 日。其中，涉及铁路、交通、水利、通信、民航等专业工程监理资质的，由国务院建设主管部门送国务院有关部门审核。国务院有关部门应当在 20 日内审核完毕，并将审核意见报国务院建设主管部门。国务院建设主管部门根据初审意见审批。

第十条　专业乙级、丙级资质和事务所资质由企业所在地省、自治区、直辖市人民政府建设主管部门审批。

专业乙级、丙级资质和事务所资质许可。延续的实施程序由省、自治区、直辖市人民政府建设主管部门依法确定。

省、自治区、直辖市人民政府建设主管部门应当自作出决定之日起 10 日内，将准予资质许可的决定报国务院建设主管部门备案。

第十一条　工程监理企业资质证书分为正本和副本，每套资质证书包括一本正本，四本副本。正、副本具有同等法律效力。

工程监理企业资质证书的有效期为 5 年。

工程监理企业资质证书由国务院建设主管部门统一印制并发放。

第十二条　申请工程监理企业资质，应当提交以下材料：

（一）工程监理企业资质申请表（一式三份）及相应电子文档；

（二）企业法人、合伙企业营业执照；

（三）企业章程或合伙人协议；

（四）企业法定代表人、企业负责人和技术负责人的身份证明、工作简历及任命（聘用）文件；

（五）工程监理企业资质申请表中所列注册监理工程师及其他注册执业人员的注册执业证书；

（六）有关企业质量管理体系、技术和档案等管理制度的证明材料；

（七）有关工程试验检测设备的证明材料。

取得专业资质的企业申请晋升专业资质等级或者取得专业甲级资质的企业申请综合资质的，除前款规定的材料外，还应当提交企业原工程监理企业资质证书正、副本复印件，企业《监理业务手册》及近两年已完成代表工程的监理合同、监理规划、工程竣工验收报告及监理工作总结。

第十三条　资质有效期届满，工程监理企业需要继续从事工程监理活动的，应当在资质证书有效期届满 60 日前，向原资质许可机关申请办理延续手续。

对在资质有效期内遵守有关法律、法规、规章、技术标准，信用档案中无不良记录，且专业技术人员满足资质标准要求的企业，经资质许可机关同意，有效期延续 5 年。

第十四条 工程监理企业在资质证书有效期内名称、地址、注册资本、法定代表人等发生变更的，应当在工商行政管理部门办理变更手续后 30 日内办理资质证书变更手续。

涉及综合资质、专业甲级资质证书中企业名称变更的，由国务院建设主管部门负责办理，并自受理申请之日起 3 日内办理变更手续。

前款规定以外的资质证书变更手续，由省、自治区、直辖市人民政府建设主管部门负责办理。省、自治区、直辖市人民政府建设主管部门应当自受理申请之日起 3 日内办理变更手续，并在办理资质证书变更手续后 15 日内将变更结果报国务院建设主管部门备案。

第十五条 申请资质证书变更，应当提交以下材料：

（一）资质证书变更的申请报告；

（二）企业法人营业执照副本原件；

（三）工程监理企业资质证书正、副本原件。

工程监理企业改制的，除前款规定材料外，还应当提交企业职工代表大会或股东大会关于企业改制或股权变更的决议、企业上级主管部门关于企业申请改制的批复文件。

第十六条 工程监理企业不得有下列行为：

（一）与建设单位串通投标或者与其他工程监理企业串通投标，以行贿手段谋取中标；

（二）与建设单位或者施工单位串通弄虚作假、降低工程质量；

（三）将不合格的建设工程、建筑材料、建筑构配件和设备按照合格签字；

（四）超越本企业资质等级或以其他企业名义承揽监理业务；

（五）允许其他单位或个人以本企业的名义承揽工程；

（六）将承揽的监理业务转包；

（七）在监理过程中实施商业贿赂；

（八）涂改、伪造、出借、转让工程监理企业资质证书；

（九）其他违反法律法规的行为。

第十七条 工程监理企业合并的，合并后存续或者新设立的工程监理企业可以承继合并前各方中较高的资质等级，但应当符合相应的资质等级条件。

工程监理企业分立的，分立后企业的资质等级，根据实际达到的资质条件，按照本规定的审批程序核定。

第十八条 企业需增补工程监理企业资质证书的（含增加、更换、遗失补办），应当持资质证书增补申请及电子文档等材料向资质许可机关申请办理。遗失资质证书的，在申请补办前应当在公众媒体刊登遗失声明。资质许可机关应当自受理申请之日起 3 日内予以办理。

第四章 监督管理

第十九条 县级以上人民政府建设主管部门和其他有关部门应当依照有关法律、法规和本规定，加强对工程监理企业资质的监督管理。

第二十条　建设主管部门履行监督检查职责时，有权采取下列措施：

（一）要求被检查单位提供工程监理企业资质证书、注册监理工程师注册执业证书，有关工程监理业务的文档，有关质量管理、安全生产管理、档案管理等企业内部管理制度的文件；

（二）进入被检查单位进行检查，查阅相关资料；

（三）纠正违反有关法律、法规和本规定及有关规范和标准的行为。

第二十一条　建设主管部门进行监督检查时，应当有两名以上监督检查人员参加，并出示执法证件，不得妨碍被检查单位的正常经营活动，不得索取或者收受财物、谋取其他利益。

有关单位和个人对依法进行的监督检查应当协助与配合，不得拒绝或者阻挠。

监督检查机关应当将监督检查的处理结果向社会公布。

第二十二条　工程监理企业违法从事工程监理活动的，违法行为发生地的县级以上地方人民政府建设主管部门应当依法查处，并将违法事实、处理结果或处理建议及时报告该工程监理企业资质的许可机关。

第二十三条　工程监理企业取得工程监理企业资质后不再符合相应资质条件的，资质许可机关根据利害关系人的请求或者依据职权，可以责令其限期改正；逾期不改的，可以撤回其资质。

第二十四条　有下列情形之一的，资质许可机关或者其上级机关，根据利害关系人的请求或者依据职权，可以撤销工程监理企业资质：

（一）资质许可机关工作人员滥用职权、玩忽职守作出准予工程监理企业资质许可的；

（二）超越法定职权作出准予工程监理企业资质许可的；

（三）违反资质审批程序作出准予工程监理企业资质许可的；

（四）对不符合许可条件的申请人作出准予工程监理企业资质许可的；

（五）依法可以撤销资质证书的其他情形。

以欺骗、贿赂等不正当手段取得工程监理企业资质证书的，应当予以撤销。

第二十五条　有下列情形之一的，工程监理企业应当及时向资质许可机关提出注销资质的申请，交回资质证书，国务院建设主管部门应当办理注销手续，公告其资质证书作废：

（一）资质证书有效期届满，未依法申请延续的；

（二）工程监理企业依法终止的；

（三）工程监理企业资质依法被撤销、撤回或吊销的；

（四）法律、法规规定的应当注销资质的其他情形。

第二十六条　工程监理企业应当按照有关规定，向资质许可机关提供真实、准确、完整的工程监理企业的信用档案信息。

工程监理企业的信用档案应当包括基本情况、业绩、工程质量和安全、合同违约等情况。被投诉举报和处理、行政处罚等情况应当作为不良行为记入其信用档案。

工程监理企业的信用档案信息按照有关规定向社会公示，公众有权查阅。

第五章　法律责任

第二十七条　申请人隐瞒有关情况或者提供虚假材料申请工程监理企业资质的，资质许可机关不予受理或者不予行政许可，并给予警告，申请人在 1 年内不得再次申请工程监理企业资质。

第二十八条　以欺骗、贿赂等不正当手段取得工程监理企业资质证书的，由县级以上地方人民政府建设主管部门或者有关部门给予警告，并处 1 万元以上 2 万元以下的罚款，申请人 3 年内不得再次申请工程监理企业资质。

第二十九条　工程监理企业有本规定第十六条第七项、第八项行为之一的，由县级以上地方人民政府建设主管部门或者有关部门予以警告，责令其改正，并处 1 万元以上 3 万元以下的罚款；造成损失的，依法承担赔偿责任；构成犯罪的，依法追究刑事责任。

第三十条　违反本规定，工程监理企业不及时办理资质证书变更手续的，由资质许可机关责令限期办理；逾期不办理的，可处以 1 千元以上 1 万元以下的罚款。

第三十一条　工程监理企业未按照本规定要求提供工程监理企业信用档案信息的，由县级以上地方人民政府建设主管部门予以警告，责令限期改正；逾期未改正的，可处以 1 千元以上 1 万元以下的罚款。

第三十二条　县级以上地方人民政府建设主管部门依法给予工程监理企业行政处罚的，应当将行政处罚决定以及给予行政处罚的事实、理由和依据，报国务院建设主管部门备案。

第三十三条　县级以上人民政府建设主管部门及有关部门有下列情形之一的，由其上级行政主管部门或者监察机关责令改正，对直接负责的主管人员和其他直接责任人员依法给予处分；构成犯罪的，依法追究刑事责任：

（一）对不符合本规定条件的申请人准予工程监理企业资质许可的；

（二）对符合本规定条件的申请人不予工程监理企业资质许可或者不在法定期限内作出准予许可决定的；

（三）对符合法定条件的申请不予受理或者未在法定期限内初审完毕的；

（四）利用职务上的便利，收受他人财物或者其他好处的；

（五）不依法履行监督管理职责或者监督不力，造成严重后果的。

第六章　附　　则

第三十四条　本规定自 2007 年 8 月 1 日起施行。2001 年 8 月 29 日建设部颁布的《工程监理企业资质管理规定》（建设部令第 102 号）同时废止。

附件：1. 专业资质注册监理工程师人数配备表

　　　2. 专业工程类别和等级表

序　号	工程类别	甲级	乙级	丙级
1	房屋建筑工程	15	10	5
2	冶炼工程	15	10	
3	矿山工程	20	12	
4	化工石油工程	15	10	
5	水利水电工程	20	12	5
6	电力工程	15	10	
7	农林工程	15	10	
8	铁路工程	23	14	
9	公路工程	20	12	5
10	港口与航道工程	20	12	
11	航天航空工程	20	12	
12	通信工程	20	12	
13	市政公用工程	15	10	5
14	机电安装工程	15	10	

注：表中各专业资质注册监理工程师人数配备是指企业取得本专业工程类别注册的注册监理工程师人数。

专业工程类别和等级表 　　　　　　　　　　附表2

序号	工程类别		一 级	二 级	三 级
一	房屋建筑工程	一般公共建筑	28层以上；36米跨度以上（轻钢结构除外）；单项工程建筑面积3万平方米以上	14～28层；24～36米跨度（轻钢结构除外）；单项工程建筑面积1万～3万平方米	14层以下；24米跨度以下（轻钢结构除外）；单项工程建筑面积1万平方米以下
		高耸构筑工程	高度120米以上	高度70～120米	高度70米以下
		住宅工程	小区建筑面积12万平方米以上；单项工程28层以上	建筑面积6万～12万平方米；单项工程14～28层	建筑面积6万平方米以下；单项工程14层以下
二	冶炼工程	钢铁冶炼、连铸工程	年产100万吨以上；单座高炉炉容1250立方米以上；单座公称容量转炉100吨以上；电炉50吨以上；连铸年产100万吨以上或板坯连铸单机1450毫米以上	年产100万吨以下；单座高炉炉容1250立方米以下；单座公称容量转炉100吨以下；电炉50吨以下；连铸年产100万吨以下或板坯连铸单机1450毫米以下	
		轧钢工程	热轧年产100万吨以上，装备连续、半连续轧机；冷轧带板年产100万吨以上，冷轧线材年产30万吨以上或装备连续、半连续轧机	热轧年产100万吨以下，装备连续、半连续轧机；冷轧带板年产100万吨以下，冷轧线材年产30万吨以下或装备连续、半连续轧机	

序号	工程类别		一 级	二 级	三 级
二	冶炼工程	冶炼辅助工程	炼焦工程年产50万吨以上或炭化室高度4.3米以上；单台烧结机100平方米以上；小时制氧300立方米以上	炼焦工程年产50万吨以下或炭化室高度4.3米以下；单台烧结机100平方米以下；小时制氧300立方米以下	
		有色冶炼工程	有色冶炼年产10万吨以上；有色金属加工年产5万吨以上；氧化铝工程40万吨以上	有色冶炼年产10万吨以下；有色金属加工年产5万吨以下；氧化铝工程40万吨以下	
		建材工程	水泥日产2000吨以上；浮化玻璃日熔量400吨以上；池窑拉丝玻璃纤维、特种纤维；特种陶瓷生产线工程	水泥日产2000吨以下；浮化玻璃日熔量400吨以下；普通玻璃生产线；组合炉拉丝玻璃纤维；非金属材料、玻璃钢、耐火材料、建筑及卫生陶瓷厂工程	
三	矿山工程	煤矿工程	年产120万吨以上的井工矿工程；年产120万吨以上的洗选煤工程；深度800米以上的立井井筒工程；年产400万吨以上的露天矿山工程	年产120万吨以下的井工矿工程；年产120万吨以下的洗选煤工程；深度800米以下的立井井筒工程；年产400万吨以下的露天矿山工程	
		冶金矿山工程	年产100万吨以上的黑色矿山采选工程；年产100万吨以上的有色砂矿采、选工程；年产60万吨以上的有色脉矿采、选工程	年产100万吨以下的黑色矿山采选工程；年产100万吨以下的有色砂矿采、选工程；年产60万吨以下的有色脉矿采、选工程	
		化工矿山工程	年产60万吨以上的磷矿、硫铁矿工程	年产60万吨以下的磷矿、硫铁矿工程	
		铀矿工程	年产10万吨以上的铀矿；年产200吨以上的铀选冶	年产10万吨以下的铀矿；年产200吨以下的铀选冶	
		建材类非金属矿工程	年产70万吨以上的石灰石矿；年产30万吨以上的石膏矿、石英砂岩矿	年产70万吨以下的石灰石矿；年产30万吨以下的石膏矿、石英砂岩矿	
四	化工石油工程	油田工程	原油处理能力150万吨/年以上、天然气处理能力150万方/天以上、产能50万吨以上及配套设施	原油处理能力150万吨/年以下、天然气处理能力150万方/天以下、产能50万吨以下及配套设施	
		油气储运工程	压力容器8MPa以上；油气储罐10万立方米/台以上；长输管道120千米以上	压力容器8MPa以下；油气储罐10万立方米/台以下；长输管道120千米以下	

序号	工程类别		一　级	二　级	三　级
四	化工石油工程	炼油化工工程	原油处理能力在 500 万吨/年以上的一次加工及相应二次加工装置和后加工装置	原油处理能力在 500 万吨/年以下的一次加工及相应二次加工装置和后加工装置	
		基本原材料工程	年产 30 万吨以上的乙烯工程；年产 4 万吨以上的合成橡胶、合成树脂及塑料和化纤工程	年产 30 万吨以下的乙烯工程；年产 4 万吨以下的合成橡胶、合成树脂及塑料和化纤工程	
		化肥工程	年产 20 万吨以上合成氨及相应后加工装置；年产 24 万吨以上磷氨工程	年产 20 万吨以下合成氨及相应后加工装置；年产 24 万吨以下磷氨工程	
		酸碱工程	年产硫酸 16 万吨以上；年产烧碱 8 万吨以上；年产纯碱 40 万吨以上	年产硫酸 16 万吨以下；年产烧碱 8 万吨以下；年产纯碱 40 万吨以下	
		轮胎工程	年产 30 万套以上	年产 30 万套以下	
		核化工及加工工程	年产 1000 吨以上的铀转换化工工程；年产 100 吨以上的铀浓缩工程；总投资 10 亿元以上的乏燃料后处理工程；年产 200 吨以上的燃料元件加工工程；总投资 5000 万元以上的核技术及同位素应用工程	年产 1000 吨以下的铀转换化工工程；年产 100 吨以下的铀浓缩工程；总投资 10 亿元以下的乏燃料后处理工程；年产 200 吨以下的燃料元件加工工程；总投资 5000 万元以下的核技术及同位素应用工程	
		医药及其他化工工程	总投资 1 亿元以上	总投资 1 亿元以下	
五	水利水电工程	水库工程	总库容 1 亿立方米以上	总库容 1 千万～1 亿立方米	总库容 1 千万立方米以下
		水力发电站工程	总装机容量 300MW 以上	总装机容量 50M～300MW	总装机容量 50MW 以下
		其他水利工程	引调水堤防等级 1 级；灌溉排涝流量 5 立方米/秒以上；河道整治面积 30 万亩；城市防洪城市人口 50 万人以上；围垦面积 5 万亩以上；水土保持综合治理面积 1000 平方公里以上	引调水堤防等级 2、3 级；灌溉排涝流量 0.5～5 立方米/秒；河道整治面积 3 万～30 万亩；城市防洪城市人口 20 万～50 万人；围垦面积 0.5 万～5 万亩；水土保持综合治理面积 100～1000 平方公里	引调水堤防等级 4、5 级；灌溉排涝流量 0.5 立方米/秒以下；河道整治面积 3 万亩以下；城市防洪城市人口 20 万人以下；围垦面积 0.5 万亩以下；水土保持综合治理面积 100 平方公里以下
六	电力工程	火力发电站工程	单机容量 30 万千瓦以上	单机容量 30 万千瓦以下	
		输变电工程	330 千伏以上	330 千伏以下	
		核电工程	核电站；核反应堆工程		

序号	工程类别	一级	二级	三级
七	农林工程	林业局（场）总体工程	面积35万公顷以上	面积35万公顷以下	
		林产工业工程	总投资5000万元以上	总投资5000万元以下	
		农业综合开发工程	总投资3000万元以上	总投资3000万元以下	
		种植业工程	2万亩以上或总投资1500万元以上	2万亩以下或总投资1500万元以下	
		兽医/畜牧工程	总投资1500万元以上	总投资1500万元以下	
		渔业工程	渔港工程总投资3000万元以上；水产养殖等其他工程总投资1500万元以上	渔港工程总投资3000万元以下；水产养殖等其他工程总投资1500万元以下	
		设施农业工程	设施园艺工程1公顷以上；农产品加工等其他工程总投资1500万元以上	设施园艺工程1公顷以下；农产品加工等其他工程总投资1500万元以下	
		核设施退役及放射性三废处理处置工程	总投资5000万元以上	总投资5000万元以下	
八	铁路工程	铁路综合工程	新建、改建一级干线；单线铁路40千米以上；双线30千米以上及枢纽	单线铁路40千米以下；双线30千米以下；二级干线及站线；专用线、专用铁路	
		铁路桥梁工程	桥长500米以上	桥长500米以下	
		铁路隧道工程	单线3000米以上；双线1500米以上	单线3000米以下；双线1500米以下	
		铁路通信、信号、电力电气化工程	新建、改建铁路（含枢纽、配、变电所、分区亭）单双线200千米及以上	新建、改建铁路（不含枢纽、配、变电所、分区亭）单双线200千米及以下	
九	公路工程	公路工程	高速公路	高速公路路基工程及一级公路	一级公路路基工程及二级以下各级公路
		公路桥梁工程	独立大桥工程；特大桥总长1000米以上或单跨跨径150米以上	大桥、中桥桥梁总长30～1000米或单跨跨径20～150米	小桥总长30米以下或单跨跨径20米以下；涵洞工程
		公路隧道工程	隧道长度1000米以上	隧道长度500～1000米	隧道长度500米以下
		其他工程	通信、监控、收费等机电工程，高速公路交通安全设施、环保工程和沿线附属设施	一级公路交通安全设施、环保工程和沿线附属设施	二级及以下公路交通安全设施、环保工程和沿线附属设施

序号	工程类别		一 级	二 级	三 级
十	港口与航道工程	港口工程	集装箱、件杂、多用途等沿海港口工程 20000 吨级以上；散货、原油沿海港口工程 30000 吨级以上；1000 吨级以上内河港口工程	集装箱、件杂、多用途等沿海港口工程 20000 吨级以下；散货、原油沿海港口工程 30000 吨级以下；1000 吨级以下内河港口工程	
		通航建筑与整治工程	1000 吨级以上	1000 吨级以下	
		航道工程	通航 30000 吨级以上船舶沿海复杂航道；通航 1000 吨级以上船舶的内河航运工程项目	通航 30000 吨级以下船舶沿海航道；通航 1000 吨级以下船舶的内河航运工程项目	
		修造船水工工程	10000 吨位以上的船坞工程；船体重量 5000 吨位以上的船台、滑道工程	10000 吨位以下的船坞工程；船体重量 5000 吨位以下的船台、滑道工程	
		防波堤、导流堤等水工工程	最大水深 6 米以上	最大水深 6 米以下	
		其他水运工程项目	建安工程费 6000 万元以上的沿海水运工程项目；建安工程费 4000 万元以上的内河水运工程项目	建安工程费 6000 万元以下的沿海水运工程项目；建安工程费 4000 万元以下的内河水运工程项目	
十一	航天航空工程	民用机场工程	飞行区指标为 4E 及以上及其配套工程	飞行区指标为 4D 及以下及其配套工程	
		航空飞行器	航空飞行器（综合）工程总投资 1 亿元以上；航空飞行器（单项）工程总投资 3000 万元以上	航空飞行器（综合）工程总投资 1 亿元以下；航空飞行器（单项）工程总投资 3000 万元以下	
		航天空间飞行器	工程总投资 3000 万元以上；面积 3000 平方米以上；跨度 18 米以上	工程总投资 3000 万元以下；面积 3000 平方米以下；跨度 18 米以下	
十二	通信工程	有线、无线传输通信工程，卫星、综合布线	省际通信、信息网络工程	省内通信、信息网络工程	
		邮政、电信、广播枢纽及交换工程	省会城市邮政、电信枢纽	地市级城市邮政、电信枢纽	
		发射台工程	总发射功率 500 千瓦以上短波或 600 千瓦以上中波发射台；高度 200 米以上广播电视发射塔	总发射功率 500 千瓦以下短波或 600 千瓦以下中波发射台；高度 200 米以下广播电视发射塔	

序号	工程类别		一级	二级	三级
十三	市政公用工程	城市道路工程	城市快速路、主干路、城市互通式立交桥及单孔跨径100米以上桥梁；长度1000米以上的隧道工程	城市次干路工程，城市分离式立交桥及单孔跨径100米以下的桥梁；长度1000米以下的隧道工程	城市支路工程、过街天桥及地下通道工程
		给水排水工程	10万吨/日以上的给水厂；5万吨/日以上污水处理工程；3立方米/秒以上的给水、污水泵站；15立方米/秒以上的雨泵站；直径2.5米以上的给排水管道	2万~10万吨/日的给水厂；1万~5万吨/日污水处理工程；1~3立方米/秒的给水、污水泵站；5~15立方米/秒的雨泵站；直径1~2.5米的给水管道；直径1.5~2.5米的排水管道	2万吨/日以下的给水厂；1万吨/日以下污水处理工程；1立方米/秒以下的给水、污水泵站；5立方米/秒以下的雨泵站；直径1米以下的给水管道；直径1.5米以下的排水管道
		燃气热力工程	总储存容积1000立方米以上液化气贮罐场（站）；供气规模15万立方米/日以上的燃气工程；中压以上的燃气管道、调压站；供热面积150万平方米以上的热力工程	总储存容积1000立方米以下的液化气贮罐场（站）；供气规模15万立方米/日以下的燃气工程；中压以下的燃气管道、调压站；供热面积50万~150万平方米的热力工程	供热面积50万平方米以下的热力工程
		垃圾处理工程	1200吨/日以上的垃圾焚烧和填埋工程	500~1200吨/日的垃圾焚烧及填埋工程	500吨/日以下的垃圾焚烧及填埋工程
		地铁轻轨工程	各类地铁轻轨工程		
		风景园林工程	总投资3000万元以上	总投资1000万~3000万元	总投资1000万元以下
十四	机电安装工程	机械工程	总投资5000万元以上	总投资5000万以下	
		电子工程	总投资1亿元以上；含有净化级别6级以上的工程	总投资1亿元以下；含有净化级别6级以下的工程	
		轻纺工程	总投资5000万元以上	总投资5000万元以下	
		兵器工程	建安工程费3000万元以上的坦克装甲车辆、炸药、弹箭工程；建安工程费2000万元以上的枪炮、光电工程；建安工程费1000万元以上的防化民爆工程	建安工程费3000万元以下的坦克装甲车辆、炸药、弹箭工程；建安工程费2000万元以下的枪炮、光电工程；建安工程费1000万元以下的防化民爆工程	
		船舶工程	船舶制造工程总投资1亿元以上；船舶科研、机械、修理工程总投资5000万元以上	船舶制造工程总投资1亿元以下；船舶科研、机械、修理工程总投资5000万元以下	
		其他工程	总投资5000万元以上	总投资5000万元以下	

说明　1. 表中的"以上"含本数，"以下"不含本数。
　　　2. 未列入本表中的其他专业工程，由国务院有关部门按照有关规定在相应的工程类别中划分等级。
　　　3. 房屋建筑工程包括结合城市建设与民用建筑修建的附建人防工程。

建筑业企业资质管理规定

(2007 年 6 月 26 日建设部令第 159 号发布)

第一章 总 则

第一条 为了加强对建筑活动的监督管理，维护公共利益和建筑市场秩序，保证建设工程质量安全，根据《中华人民共和国建筑法》、《中华人民共和国行政许可法》、《建设工程质量管理条例》、《建设工程安全生产管理条例》等法律、行政法规，制定本规定。

第二条 在中华人民共和国境内申请建筑业企业资质，实施对建筑业企业资质监督管理，适用本规定。

本规定所称建筑业企业，是指从事土木工程、建筑工程、线路管道设备安装工程、装修工程的新建、扩建、改建等活动的企业。

第三条 建筑业企业应当按照其拥有的注册资本、专业技术人员、技术装备和已完成的建筑工程业绩等条件申请资质，经审查合格，取得建筑业企业资质证书后，方可在资质许可的范围内从事建筑施工活动。

第四条 国务院建设主管部门负责全国建筑业企业资质的统一监督管理。国务院铁路、交通、水利、信息产业、民航等有关部门配合国务院建设主管部门实施相关资质类别建筑业企业资质的管理工作。

省、自治区、直辖市人民政府建设主管部门负责本行政区域内建筑业企业资质的统一监督管理。省、自治区、直辖市人民政府交通、水利、信息产业等有关部门配合同级建设主管部门实施本行政区域内相关资质类别建筑业企业资质的管理工作。

第二章 资质序列、类别和等级

第五条 建筑业企业资质分为施工总承包、专业承包和劳务分包三个序列。

第六条 取得施工总承包资质的企业（以下简称施工总承包企业），可以承接施工总承包工程。施工总承包企业可以对所承接的施工总承包工程内各专业工程全部自行施工，也可以将专业工程或劳务作业依法分包给具有相应资质的专业承包企业或劳务分包企业。

取得专业承包资质的企业（以下简称专业承包企业），可以承接施工总承包企业分包的专业工程和建设单位依法发包的专业工程。专业承包企业可以对所承接的专业工程全部自行施工，也可以将劳务作业依法分包给具有相应资质的劳务分包企业。

取得劳务分包资质的企业（以下简称劳务分包企业），可以承接施工总承包企业或专业承包企业分包的劳务作业。

第七条 施工总承包资质、专业承包资质、劳务分包资质序列按照工程性质和技术特点分别划分为若干资质类别。各资质类别按照规定的条件划分为若干资质等级。

第八条 建筑业企业资质等级标准和各类别等级资质企业承担工程的具体范围，由国务院建设主管部门会同国务院有关部门制定。

第三章　资质许可

第九条　下列建筑业企业资质的许可，由国务院建设主管部门实施：

（一）施工总承包序列特级资质、一级资质；

（二）国务院国有资产管理部门直接监管的企业及其下属一层级的企业的施工总承包二级资质、三级资质；

（三）水利、交通、信息产业方面的专业承包序列一级资质；

（四）铁路、民航方面的专业承包序列一级、二级资质；

（五）公路交通工程专业承包不分等级资质、城市轨道交通专业承包不分等级资质。

申请前款所列资质的，应当向企业工商注册所在地省、自治区、直辖市人民政府建设主管部门提出申请。其中，国务院国有资产管理部门直接监管的企业及其下属一层级的企业，应当由国务院国有资产管理部门直接监管的企业向国务院建设主管部门提出申请。

省、自治区、直辖市人民政府建设主管部门应当自受理申请之日起 20 日内初审完毕并将初审意见和申请材料报国务院建设主管部门。

国务院建设主管部门应当自省、自治区、直辖市人民政府建设主管部门受理申请材料之日起 60 日内完成审查，公示审查意见，公示时间为 10 日。其中，涉及铁路、交通、水利、信息产业、民航等方面的建筑业企业资质，由国务院建设主管部门送国务院有关部门审核，国务院有关部门在 20 日内审核完毕，并将审核意见送国务院建设主管部门。

第十条　下列建筑业企业资质许可，由企业工商注册所在地省、自治区、直辖市人民政府建设主管部门实施：

（一）施工总承包序列二级资质（不含国务院国有资产管理部门直接监管的企业及其下属一层级的企业的施工总承包序列二级资质）；

（二）专业承包序列一级资质（不含铁路、交通、水利、信息产业、民航方面的专业承包序列一级资质）；

（三）专业承包序列二级资质（不含民航、铁路方面的专业承包序列二级资质）；

（四）专业承包序列不分等级资质（不含公路交通工程专业承包序列和城市轨道交通专业承包序列的不分等级资质）。

前款规定的建筑业企业资质许可的实施程序由省、自治区、直辖市人民政府建设主管部门依法确定。

省、自治区、直辖市人民政府建设主管部门应当自作出决定之日起 30 日内，将准予资质许可的决定报国务院建设主管部门备案。

第十一条　下列建筑业企业资质许可，由企业工商注册所在地设区的市人民政府建设主管部门实施：

（一）施工总承包序列三级资质（不含国务院国有资产管理部门直接监管的企业及其下属一层级的企业的施工总承包三级资质）；

（二）专业承包序列三级资质；

（三）劳务分包序列资质；

（四）燃气燃烧器具安装、维修企业资质。

前款规定的建筑业企业资质许可的实施程序由省、自治区、直辖市人民政府建设主管部门依法确定。

企业工商注册所在地设区的市人民政府建设主管部门应当自作出决定之日起30日内，将准予资质许可的决定通过省、自治区、直辖市人民政府建设主管部门，报国务院建设主管部门备案。

第十二条　建筑业企业资质证书分为正本和副本，正本一份，副本若干份，由国务院建设主管部门统一印制，正、副本具备同等法律效力。资质证书有效期为5年。

第十三条　建筑业企业可以申请一项或多项建筑业企业资质；申请多项建筑业企业资质的，应当选择等级最高的一项资质为企业主项资质。

第十四条　首次申请或者增项申请建筑业企业资质，应当提交以下材料：

（一）建筑业企业资质申请表及相应的电子文档；

（二）企业法人营业执照副本；

（三）企业章程；

（四）企业负责人和技术、财务负责人的身份证明、职称证书、任职文件及相关资质标准要求提供的材料；

（五）建筑业企业资质申请表中所列注册执业人员的身份证明、注册执业证书；

（六）建筑业企业资质标准要求的非注册的专业技术人员的职称证书、身份证明及养老保险凭证；

（七）部分资质标准要求企业必须具备的特殊专业技术人员的职称证书、身份证明及养老保险凭证；

（八）建筑业企业资质标准要求的企业设备、厂房的相应证明；

（九）建筑业企业安全生产条件有关材料；

（十）资质标准要求的其他有关材料。

第十五条　建筑业企业申请资质升级的，应当提交以下材料：

（一）本规定第十四条第（一）、（二）、（四）、（五）、（六）、（八）、（十）项所列资料；

（二）企业原资质证书副本复印件；

（三）企业年度财务、统计报表；

（四）企业安全生产许可证副本；

（五）满足资质标准要求的企业工程业绩的相关证明材料。

第十六条　资质有效期届满，企业需要延续资质证书有效期的，应当在资质证书有效期届满60日前，申请办理资质延续手续。

对在资质有效期内遵守有关法律、法规、规章、技术标准，信用档案中无不良行为记录，且注册资本、专业技术人员满足资质标准要求的企业，经资质许可机关同意，有效期延续5年。

第十七条　建筑业企业在资质证书有效期内名称、地址、注册资本、法定代表人等发生变更的，应当在工商部门办理变更手续后30日内办理资质证书变更手续。

由国务院建设主管部门颁发的建筑业企业资质证书，涉及企业名称变更的，应当向企业工商注册所在地省、自治区、直辖市人民政府建设主管部门提出变更申请，省、自治区、直辖市人民政府建设主管部门应当自受理申请之日起 2 日内将有关变更证明材料报国务院建设主管部门，由国务院建设主管部门在 2 日内办理变更手续。

前款规定以外的资质证书变更手续，由企业工商注册所在地的省、自治区、直辖市人民政府建设主管部门或者设区的市人民政府建设主管部门负责办理。省、自治区、直辖市人民政府建设主管部门或者设区的市人民政府建设主管部门应当自受理申请之日起 2 日内办理变更手续，并在办理资质证书变更手续后 15 日内将变更结果报国务院建设主管部门备案。

涉及铁路、交通、水利、信息产业、民航等方面的建筑业企业资质证书的变更，办理变更手续的建设主管部门应当将企业资质变更情况告知同级有关部门。

第十八条　申请资质证书变更，应当提交以下材料：

（一）资质证书变更申请；

（二）企业法人营业执照复印件；

（三）建筑业企业资质证书正、副本原件；

（四）与资质变更事项有关的证明材料。

企业改制的，除提供前款规定资料外，还应当提供改制重组方案、上级资产管理部门或者股东大会的批准决定、企业职工代表大会同意改制重组的决议。

第十九条　企业首次申请、增项申请建筑业企业资质，不考核企业工程业绩，其资质等级按照最低资质等级核定。

已取得工程设计资质的企业首次申请同类别或相近类别的建筑业企业资质的，可以将相应规模的工程总承包业绩作为工程业绩予以申报，但申请资质等级最高不超过其现有工程设计资质等级。

第二十条　企业合并的，合并后存续或者新设立的建筑业企业可以承继合并前各方中较高的资质等级，但应当符合相应的资质等级条件。

企业分立的，分立后企业的资质等级，根据实际达到的资质条件，按照本规定的审批程序核定。

企业改制的，改制后不再符合资质标准的，应按其实际达到的资质标准及本规定申请重新核定；资质条件不发生变化的，按本规定第十八条办理。

第二十一条　取得建筑业企业资质的企业，申请资质升级、资质增项，在申请之日起前一年内有下列情形之一的，资质许可机关不予批准企业的资质升级申请和增项申请：

（一）超越本企业资质等级或以其他企业的名义承揽工程，或允许其他企业或个人以本企业的名义承揽工程的；

（二）与建设单位或企业之间相互串通投标，或以行贿等不正当手段谋取中标的；

（三）未取得施工许可证擅自施工的；

（四）将承包的工程转包或违法分包的；

（五）违反国家工程建设强制性标准的；

（六）发生过较大生产安全事故或者发生过两起以上一般生产安全事故的；

（七）恶意拖欠分包企业工程款或者农民工工资的；

（八）隐瞒或谎报、拖延报告工程质量安全事故或破坏事故现场、阻碍对事故调查的；

（九）按照国家法律、法规和标准规定需要持证上岗的技术工种的作业人员未取得证书上岗，情节严重的；

（十）未依法履行工程质量保修义务或拖延履行保修义务，造成严重后果的；

（十一）涂改、倒卖、出租、出借或者以其他形式非法转让建筑业企业资质证书；

（十二）其他违反法律、法规的行为。

第二十二条 企业领取新的建筑业企业资质证书时，应当将原资质证书交回原发证机关予以注销。

企业需增补（含增加、更换、遗失补办）建筑业企业资质证书的，应当持资质证书增补申请等材料向资质许可机关申请办理。遗失资质证书的，在申请补办前应当在公众媒体上刊登遗失声明。资质许可机关应当在 2 日内办理完毕。

第四章 监督管理

第二十三条 县级以上人民政府建设主管部门和其他有关部门应当依照有关法律、法规和本规定，加强对建筑业企业资质的监督管理。

上级建设主管部门应当加强对下级建设主管部门资质管理工作的监督检查，及时纠正资质管理中的违法行为。

第二十四条 建设主管部门、其他有关部门履行监督检查职责时，有权采取下列措施：

（一）要求被检查单位提供建筑业企业资质证书、注册执业人员的注册执业证书，有关施工业务的文档，有关质量管理、安全生产管理、档案管理、财务管理等企业内部管理制度的文件；

（二）进入被检查单位进行检查，查阅相关资料；

（三）纠正违反有关法律、法规和本规定及有关规范和标准的行为。

建设主管部门、其他有关部门依法对企业从事行政许可事项的活动进行监督检查时，应当将监督检查情况和处理结果予以记录，由监督检查人员签字后归档。

第二十五条 建设主管部门、其他有关部门在实施监督检查时，应当有两名以上监督检查人员参加，并出示执法证件，不得妨碍企业正常的生产经营活动，不得索取或者收受企业的财物，不得谋取其他利益。

有关单位和个人对依法进行的监督检查应当协助与配合，不得拒绝或者阻挠。

监督检查机关应当将监督检查的处理结果向社会公布。

第二十六条 建筑业企业违法从事建筑活动的，违法行为发生地的县级以上地方人民政府建设主管部门或者其他有关部门应当依法查处，并将违法事实、处理结果或处理建议及时告知该建筑业企业的资质许可机关。

第二十七条 企业取得建筑业企业资质后不再符合相应资质条件的，建设主管部门、其他有关部门根据利害关系人的请求或者依据职权，可以责令其限期改正；逾期不改的，资质许可机关可以撤回其资质。被撤回建筑业企业资质的企业，可以申请资质许可机关按照其实际达到的资质标准，重新核定资质。

第二十八条 有下列情形之一的，资质许可机关或者其上级机关，根据利害关系人的请求或者依据职权，可以撤销建筑业企业资质：

（一）资质许可机关工作人员滥用职权、玩忽职守作出准予建筑业企业资质许可的；

（二）超越法定职权作出准予建筑业企业资质许可的；

（三）违反法定程序作出准予建筑业企业资质许可的；

（四）对不符合许可条件的申请人作出准予建筑业企业资质许可的；

（五）依法可以撤销资质证书的其他情形。

以欺骗、贿赂等不正当手段取得建筑业企业资质证书的，应当予以撤销。

第二十九条 有下列情形之一的，资质许可机关应当依法注销建筑业企业资质，并公告其资质证书作废，建筑业企业应当及时将资质证书交回资质许可机关：

（一）资质证书有效期届满，未依法申请延续的；

（二）建筑业企业依法终止的；

（三）建筑业企业资质依法被撤销、撤回或吊销的；

（四）法律、法规规定的应当注销资质的其他情形。

第三十条 有关部门应当将监督检查情况和处理意见及时告知资质许可机关。资质许可机关应当将涉及有关铁路、交通、水利、信息产业、民航等方面的建筑业企业资质被撤回、撤销和注销的情况告知同级有关部门。

第三十一条 企业应当按照有关规定，向资质许可机关提供真实、准确、完整的企业信用档案信息。

企业的信用档案应当包括企业基本情况、业绩、工程质量和安全、合同履约等情况。被投诉举报和处理、行政处罚等情况应当作为不良行为记入其信用档案。

企业的信用档案信息按照有关规定向社会公示。

第五章 法律责任

第三十二条 申请人隐瞒有关情况或者提供虚假材料申请建筑业企业资质的，不予受理或者不予行政许可，并给予警告，申请人在 1 年内不得再次申请建筑业企业资质。

第三十三条 以欺骗、贿赂等不正当手段取得建筑业企业资质证书的，由县级以上地方人民政府建设主管部门或者有关部门给予警告，并依法处以罚款，申请人 3 年内不得再次申请建筑业企业资质。

第三十四条 建筑业企业有本规定第二十一条行为之一，《中华人民共和国建筑法》、《建设工程质量管理条例》和其他有关法律、法规对处罚机关和处罚方式有规定的，依照法律、法规的规定执行；法律、法规未作规定的，由县级以上地方人民政府建设主管部门或者其他有关部门给予警告，责令改正，并处 1 万元以上 3 万元以下的罚款。

第三十五条 建筑业企业未按照本规定及时办理资质证书变更手续的，由县级以上地方人民政府建设主管部门责令限期办理；逾期不办理的，可处以 1000 元以上 1 万元以下的罚款。

第三十六条　建筑业企业未按照本规定要求提供建筑业企业信用档案信息的，由县级以上地方人民政府建设主管部门或者其他有关部门给予警告，责令限期改正；逾期未改正的，可处以1000元以上1万元以下的罚款。

第三十七条　县级以上地方人民政府建设主管部门依法给予建筑业企业行政处罚的，应当将行政处罚决定以及给予行政处罚的事实、理由和依据，报国务院建设主管部门备案。

第三十八条　建设主管部门及其工作人员，违反本规定，有下列情形之一的，由其上级行政机关或者监察机关责令改正；情节严重的，对直接负责的主管人员和其他直接责任人员，依法给予行政处分：

（一）对不符合条件的申请人准予建筑业企业资质许可的；

（二）对符合条件的申请人不予建筑业企业资质许可或者不在法定期限内作出准予许可决定的；

（三）对符合条件的申请不予受理或者未在法定期限内初审完毕的；

（四）利用职务上的便利，收受他人财物或者其他好处的；

（五）不依法履行监督管理职责或者监督不力，造成严重后果的。

第六章　附　　则

第三十九条　取得建筑业企业资质证书的企业，可以从事资质许可范围相应等级的建设工程总承包业务，可以从事项目管理和相关的技术与管理服务。

第四十条　本规定自2007年9月1日起施行。2001年4月18日建设部颁布的《建筑业企业资质管理规定》（建设部令第87号）同时废止。

建设工程勘察设计资质管理规定

（2007年6月26日建设部令第160号发布）

第一章　总　　则

第一条　为了加强对建设工程勘察、设计活动的监督管理，保证建设工程勘察、设计质量，根据《中华人民共和国行政许可法》、《中华人民共和国建筑法》、《建设工程质量管理条例》和《建设工程勘察设计管理条例》等法律、行政法规，制定本规定。

第二条　在中华人民共和国境内申请建设工程勘察、工程设计资质，实施对建设工程勘察、工程设计资质的监督管理，适用本规定。

第三条　从事建设工程勘察、工程设计活动的企业，应当按照其拥有的注册资本、专业技术人员、技术装备和勘察设计业绩等条件申请资质，经审查合格，取得建设工程勘察、工程设计资质证书后，方可在资质许可的范围内从事建设工程勘察、工程设计活动。

第四条　国务院建设主管部门负责全国建设工程勘察、工程设计资质的统一监督管理。国务院铁路、交通、水利、信息产业、民航等有关部门配合国务院建设主管部门实施相应行业的建设工程勘察、工程设计资质管理工作。

省、自治区、直辖市人民政府建设主管部门负责本行政区域内建设工程勘察、工程设计资质的统一监督管理。省、自治区、直辖市人民政府交通、水利、信息产业等有关部门配合同级建设主管部门实施本行政区域内相应行业的建设工程勘察、工程设计资质管理工作。

第二章　资质分类和分级

第五条　工程勘察资质分为工程勘察综合资质、工程勘察专业资质、工程勘察劳务资质。

工程勘察综合资质只设甲级；工程勘察专业资质设甲级、乙级，根据工程性质和技术特点，部分专业可以设丙级；工程勘察劳务资质不分等级。

取得工程勘察综合资质的企业，可以承接各专业（海洋工程勘察除外）、各等级工程勘察业务；取得工程勘察专业资质的企业，可以承接相应等级相应专业的工程勘察业务；取得工程勘察劳务资质的企业，可以承接岩土工程治理、工程钻探、凿井等工程勘察劳务业务。

第六条　工程设计资质分为工程设计综合资质、工程设计行业资质、工程设计专业资质和工程设计专项资质。

工程设计综合资质只设甲级；工程设计行业资质、工程设计专业资质、工程设计专项资质设甲级、乙级。

根据工程性质和技术特点，个别行业、专业、专项资质可以设丙级，建筑工程专业资质可以设丁级。

取得工程设计综合资质的企业，可以承接各行业、各等级的建设工程设计业务；取得工程设计行业资质的企业，可以承接相应行业相应等级的工程设计业务及本行业范围内同级别的相应专业、专项（设计施工一体化资质除外）工程设计业务；取得工程设计专业资质的企业，可以承接本专业相应等级的专业工程设计业务及同级别的相应专项工程设计业务（设计施工一体化资质除外）；取得工程设计专项资质的企业，可以承接本专项相应等级的专项工程设计业务。

第七条　建设工程勘察、工程设计资质标准和各资质类别、级别企业承担工程的具体范围由国务院建设主管部门商国务院有关部门制定。

第三章　资质申请和审批

第八条　申请工程勘察甲级资质、工程设计甲级资质，以及涉及铁路、交通、水利、信息产业、民航等方面的工程设计乙级资质的，应当向企业工商注册所在地的省、自治区、直辖市人民政府建设主管部门提出申请。其中，国务院国资委管理的企业应当向国务院建设主管部门提出申请；国务院国资委管理的企业下属一层级的企业申请资质，应当由国务院国资委管理的企业向国务院建设主管部门提出申请。

省、自治区、直辖市人民政府建设主管部门应当自受理申请之日起20日内初审完毕，并将初审意见和申请材料报国务院建设主管部门。

国务院建设主管部门应当自省、自治区、直辖市人民政府建设主管部门受理申请材料之日起60日内完成审查，公示审查意见，公示时间为10日。其中，涉及铁路、交通、水利、信息产业、民航等方面的工程设计资质，由国务院建设主管部门送国务院有关部门审核，国务院有关部门在20日内审核完毕，并将审核意见送国务院建设主管部门。

第九条 工程勘察乙级及以下资质、劳务资质、工程设计乙级（涉及铁路、交通、水利、信息产业、民航等方面的工程设计乙级资质除外）及以下资质许可由省、自治区、直辖市人民政府建设主管部门实施。具体实施程序由省、自治区、直辖市人民政府建设主管部门依法确定。

省、自治区、直辖市人民政府建设主管部门应当自作出决定之日起30日内，将准予资质许可的决定报国务院建设主管部门备案。

第十条 工程勘察、工程设计资质证书分为正本和副本，正本1份，副本6份，由国务院建设主管部门统一印制，正、副本具备同等法律效力。资质证书有效期为5年。

第十一条 企业首次申请工程勘察、工程设计资质，应当提供以下材料：

（一）工程勘察、工程设计资质申请表；

（二）企业法人、合伙企业营业执照副本复印件；

（三）企业章程或合伙人协议；

（四）企业法定代表人、合伙人的身份证明；

（五）企业负责人、技术负责人的身份证明、任职文件、毕业证书、职称证书及相关资质标准要求提供的材料；

（六）工程勘察、工程设计资质申请表中所列注册执业人员的身份证明、注册执业证书；

（七）工程勘察、工程设计资质标准要求的非注册专业技术人员的职称证书、毕业证书、身份证明及个人业绩材料；

（八）工程勘察、工程设计资质标准要求的注册执业人员、其他专业技术人员与原聘用单位解除聘用劳动合同的证明及新单位的聘用劳动合同；

（九）资质标准要求的其他有关材料。

第十二条 企业申请资质升级应当提交以下材料：

（一）本规定第十一条第（一）、（二）、（五）、（六）、（七）、（九）项所列资料；

（二）工程勘察、工程设计资质标准要求的非注册专业技术人员与本单位签定的劳动合同及社保证明；

（三）原工程勘察、工程设计资质证书副本复印件；

（四）满足资质标准要求的企业工程业绩和个人工程业绩。

第十三条 企业增项申请工程勘察、工程设计资质，应当提交下列材料：

（一）本规定第十一条所列（一）、（二）、（五）、（六）、（七）、（九）的资料；

（二）工程勘察、工程设计资质标准要求的非注册专业技术人员与本单位签定的劳动合同及社保证明；

（三）原资质证书正、副本复印件；

（四）满足相应资质标准要求的个人工程业绩证明。

第十四条 资质有效期届满，企业需要延续资质证书有效期的，应当在资质证书有效期届满60日前，向原资质许可机关提出资质延续申请。

对在资质有效期内遵守有关法律、法规、规章、技术标准，信用档案中无不良行为记录，且专业技术人员满足资质标准要求的企业，经资质许可机关同意，有效期延续5年。

第十五条 企业在资质证书有效期内名称、地址、注册资本、法定代表人等发生变更的，应当在工商部门办理变更手续后30日内办理资质证书变更手续。

取得工程勘察甲级资质、工程设计甲级资质，以及涉及铁路、交通、水利、信息产业、民航等方面的工程设计乙级资质的企业，在资质证书有效期内发生企业名称变更的，应当向企业工商注册所在地省、自治区、直辖市人民政府建设主管部门提出变更申请，省、自治区、直辖市人民政府建设主管部门应当自受理申请之日起2日内将有关变更证明材料报国务院建设主管部门，由国务院建设主管部门在2日内办理变更手续。

前款规定以外的资质证书变更手续，由企业工商注册所在地的省、自治区、直辖市人民政府建设主管部门负责办理。省、自治区、直辖市人民政府建设主管部门应当自受理申请之日起2日内办理变更手续，并在办理资质证书变更手续后15日内将变更结果报国务院建设主管部门备案。

涉及铁路、交通、水利、信息产业、民航等方面的工程设计资质的变更，国务院建设主管部门应当将企业资质变更情况告知国务院有关部门。

第十六条 企业申请资质证书变更，应当提交以下材料：

（一）资质证书变更申请；

（二）企业法人、合伙企业营业执照副本复印件；

（三）资质证书正、副本原件；

（四）与资质变更事项有关的证明材料。

企业改制的，除提供前款规定资料外，还应当提供改制重组方案、上级资产管理部门或者股东大会的批准决定、企业职工代表大会同意改制重组的决议。

第十七条 企业首次申请、增项申请工程勘察、工程设计资质，其申请资质等级最高不超过乙级，且不考核企业工程勘察、工程设计业绩。

已具备施工资质的企业首次申请同类别或相近类别的工程勘察、工程设计资质的，可以将相应规模的工程总承包业绩作为工程业绩予以申报。其申请资质等级最高不超过其现有施工资质等级。

第十八条 企业合并的，合并后存续或者新设立的企业可以承继合并前各方中较高的资质等级，但应当符合相应的资质标准条件。

企业分立的，分立后企业的资质按照资质标准及本规定的审批程序核定。

企业改制的，改制后不再符合资质标准的，应按其实际达到的资质标准及本规定重新核定；资质条件不发生变化的，按本规定第十六条办理。

第十九条 从事建设工程勘察、设计活动的企业，申请资质升级、资质增项，在申请之日起前一年内有下列情形之一的，资质许可机关不予批准企业的资质升级申请和增项申请：

（一）企业相互串通投标或者与招标人串通投标承揽工程勘察、工程设计业务的；

（二）将承揽的工程勘察、工程设计业务转包或违法分包的；

（三）注册执业人员未按照规定在勘察设计文件上签字的；

（四）违反国家工程建设强制性标准的；

（五）因勘察设计原因造成过重大生产安全事故的；

（六）设计单位未根据勘察成果文件进行工程设计的；

（七）设计单位违反规定指定建筑材料、建筑构配件的生产厂、供应商的；

（八）无工程勘察、工程设计资质或者超越资质等级范围承揽工程勘察、工程设计业务的；

（九）涂改、倒卖、出租、出借或者以其他形式非法转让资质证书的；

（十）允许其他单位、个人以本单位名义承揽建设工程勘察、设计业务的；

（十一）其他违反法律、法规行为的。

第二十条 企业在领取新的工程勘察、工程设计资质证书的同时，应当将原资质证书交回原发证机关予以注销。

企业需增补（含增加、更换、遗失补办）工程勘察、工程设计资质证书的，应当持资质证书增补申请等材料向资质许可机关申请办理。遗失资质证书的，在申请补办前应当在公众媒体上刊登遗失声明。资质许可机关应当在 2 日内办理完毕。

第四章 监督与管理

第二十一条 国务院建设主管部门对全国的建设工程勘察、设计资质实施统一的监督管理。国务院铁路、交通、水利、信息产业、民航等有关部门配合国务院建设主管部门对相应的行业资质进行监督管理。

县级以上地方人民政府建设主管部门负责对本行政区域内的建设工程勘察、设计资质实施监督管理。县级以上人民政府交通、水利、信息产业等有关部门配合同级建设主管部门对相应的行业资质进行监督管理。

上级建设主管部门应当加强对下级建设主管部门资质管理工作的监督检查，及时纠正资质管理中的违法行为。

第二十二条 建设主管部门、有关部门履行监督检查职责时，有权采取下列措施：

（一）要求被检查单位提供工程勘察、设计资质证书、注册执业人员的注册执业证书，有关工程勘察、设计业务的文档，有关质量管理、安全生产管理、档案管理、财务管理等企业内部管理制度的文件；

（二）进入被检查单位进行检查，查阅相关资料；

（三）纠正违反有关法律、法规和本规定及有关规范和标准的行为。

建设主管部门、有关部门依法对企业从事行政许可事项的活动进行监督检查时，应当将监督检查情况和处理结果予以记录，由监督检查人员签字后归档。

第二十三条 建设主管部门、有关部门在实施监督检查时，应当有两名以上监督检查人员参加，并出示执法证件，不得妨碍企业正常的生产经营活动，不得索取或者收受企业的财物，不得谋取其他利益。

有关单位和个人对依法进行的监督检查应当协助与配合，不得拒绝或者阻挠。

监督检查机关应当将监督检查的处理结果向社会公布。

第二十四条　企业违法从事工程勘察、工程设计活动的，其违法行为发生地的建设主管部门应当依法将企业的违法事实、处理结果或处理建议告知该企业的资质许可机关。

第二十五条　企业取得工程勘察、设计资质后，不再符合相应资质条件的，建设主管部门、有关部门根据利害关系人的请求或者依据职权，可以责令其限期改正；逾期不改的，资质许可机关可以撤回其资质。

第二十六条　有下列情形之一的，资质许可机关或者其上级机关，根据利害关系人的请求或者依据职权，可以撤销工程勘察、工程设计资质：

（一）资质许可机关工作人员滥用职权、玩忽职守作出准予工程勘察、工程设计资质许可的；

（二）超越法定职权作出准予工程勘察、工程设计资质许可；

（三）违反资质审批程序作出准予工程勘察、工程设计资质许可的；

（四）对不符合许可条件的申请人作出工程勘察、工程设计资质许可的；

（五）依法可以撤销资质证书的其他情形。

以欺骗、贿赂等不正当手段取得工程勘察、工程设计资质证书的，应当予以撤销。

第二十七条　有下列情形之一的，企业应当及时向资质许可机关提出注销资质的申请，交回资质证书，资质许可机关应当办理注销手续，公告其资质证书作废：

（一）资质证书有效期届满未依法申请延续的；

（二）企业依法终止的；

（三）资质证书依法被撤销、撤回，或者吊销的；

（四）法律、法规规定的应当注销资质的其他情形。

第二十八条　有关部门应当将监督检查情况和处理意见及时告知建设主管部门。资质许可机关应当将涉及铁路、交通、水利、信息产业、民航等方面的资质被撤回、撤销和注销的情况及时告知有关部门。

第二十九条　企业应当按照有关规定，向资质许可机关提供真实、准确、完整的企业信用档案信息。

企业的信用档案应当包括企业基本情况、业绩、工程质量和安全、合同违约等情况。被投诉举报和处理、行政处罚等情况应当作为不良行为记入其信用档案。

企业的信用档案信息按照有关规定向社会公示。

第五章　法律责任

第三十条　企业隐瞒有关情况或者提供虚假材料申请资质的，资质许可机关不予受理或者不予行政许可，并给予警告，该企业在 1 年内不得再次申请该资质。

第三十一条　企业以欺骗、贿赂等不正当手段取得资质证书的，由县级以上地方人民政府建设主管部门或者有关部门给予警告，并依法处以罚款；该企业在 3 年内不得再次申请该资质。

第三十二条 企业不及时办理资质证书变更手续的，由资质许可机关责令限期办理；逾期不办理的，可处以 1000 元以上 1 万元以下的罚款。

第三十三条 企业未按照规定提供信用档案信息的，由县级以上地方人民政府建设主管部门给予警告，责令限期改正；逾期未改正的，可处以 1000 元以上 1 万元以下的罚款。

第三十四条 涂改、倒卖、出租、出借或者以其他形式非法转让资质证书的，由县级以上地方人民政府建设主管部门或者有关部门给予警告，责令改正，并处以 1 万元以上 3 万元以下的罚款；造成损失的，依法承担赔偿责任；构成犯罪的，依法追究刑事责任。

第三十五条 县级以上地方人民政府建设主管部门依法给予工程勘察、设计企业行政处罚的，应当将行政处罚决定以及给予行政处罚的事实、理由和依据，报国务院建设主管部门备案。

第三十六条 建设主管部门及其工作人员，违反本规定，有下列情形之一的，由其上级行政机关或者监察机关责令改正；情节严重的，对直接负责的主管人员和其他直接责任人员，依法给予行政处分：

（一）对不符合条件的申请人准予工程勘察、设计资质许可的；

（二）对符合条件的申请人不予工程勘察、设计资质许可或者未在法定期限内作出许可决定的；

（三）对符合条件的申请不予受理或者未在法定期限内初审完毕的；

（四）利用职务上的便利，收受他人财物或者其他好处的；

（五）不依法履行监督职责或者监督不力，造成严重后果的。

第六章 附 则

第三十七条 本规定所称建设工程勘察包括建设工程项目的岩土工程、水文地质、工程测量、海洋工程勘察等。

第三十八条 本规定所称建设工程设计是指：

（一）建设工程项目的主体工程和配套工程（含厂（矿）区内的自备电站、道路、专用铁路、通信、各种管网管线和配套的建筑物等全部配套工程）以及与主体工程、配套工程相关的工艺、土木、建筑、环境保护、水土保持、消防、安全、卫生、节能、防雷、抗震、照明工程等的设计。

（二）建筑工程建设用地规划许可证范围内的室外工程设计、建筑物构筑物设计、民用建筑修建的地下工程设计及住宅小区、工厂厂前区、工厂生活区、小区规划设计及单体设计等，以及上述建筑工程所包含的相关专业的设计内容（包括总平面布置、竖向设计、各类管网管线设计、景观设计、室内外环境设计及建筑装饰、道路、消防、安保、通信、防雷、人防、供配电、照明、废水治理、空调设施、抗震加固等）。

第三十九条 取得工程勘察、工程设计资质证书的企业，可以从事资质证书许可范围内相应的建设工程总承包业务，可以从事工程项目管理和相关的技术与管理服务。

第四十条 本规定自 2007 年 9 月 1 日起实施。2001 年 7 月 25 日建设部颁布的《建设工程勘察设计企业资质管理规定》（建设部令第 93 号）同时废止。

中华人民共和国注册建筑师条例实施细则

（2008 年 1 月 29 日建设部令第 167 号发布）

第一章　总　　则

第一条　根据《中华人民共和国行政许可法》和《中华人民共和国注册建筑师条例》（以下简称《条例》），制定本细则。

第二条　中华人民共和国境内注册建筑师的考试、注册、执业、继续教育和监督管理，适用本细则。

第三条　注册建筑师，是指经考试、特许、考核认定取得中华人民共和国注册建筑师执业资格证书（以下简称执业资格证书），或者经资格互认方式取得建筑师互认资格证书（以下简称互认资格证书），并按照本细则注册，取得中华人民共和国注册建筑师注册证书（以下简称注册证书）和中华人民共和国注册建筑师执业印章（以下简称执业印章），从事建筑设计及相关业务活动的专业技术人员。

未取得注册证书和执业印章的人员，不得以注册建筑师的名义从事建筑设计及相关业务活动。

第四条　国务院建设主管部门、人事主管部门按职责分工对全国注册建筑师考试、注册、执业和继续教育实施指导和监督。

省、自治区、直辖市人民政府建设主管部门、人事主管部门按职责分工对本行政区域内注册建筑师考试、注册、执业和继续教育实施指导和监督。

第五条　全国注册建筑师管理委员会负责注册建筑师考试、一级注册建筑师注册、制定颁布注册建筑师有关标准以及相关国际交流等具体工作。

省、自治区、直辖市注册建筑师管理委员会负责本行政区域内注册建筑师考试、注册以及协助全国注册建筑师管理委员会选派专家等具体工作。

第六条　全国注册建筑师管理委员会委员由国务院建设主管部门商人事主管部门聘任。

全国注册建筑师管理委员会由国务院建设主管部门、人事主管部门、其他有关主管部门的代表和建筑设计专家组成，设主任委员一名、副主任委员若干名。全国注册建筑师管理委员会秘书处设在建设部执业资格注册中心。全国注册建筑师管理委员会秘书处承担全国注册建筑师管理委员会的日常工作职责，并承担相应的法律责任。

省、自治区、直辖市注册建筑师管理委员会由省、自治区、直辖市人民政府建设主管部门商同级人事主管部门参照本条第一款、第二款规定成立。

第二章　考　　试

第七条　注册建筑师考试分为一级注册建筑师考试和二级注册建筑师考试。注册建筑师考试实行全国统一考试，每年进行一次。遇特殊情况，经国务院建设主管部门和人事主管部门同意，可调整该年度考试次数。

注册建筑师考试由全国注册建筑师管理委员会统一部署，省、自治区、直辖市注册建筑师管理委员会组织实施。

第八条　一级注册建筑师考试内容包括：建筑设计前期工作、场地设计、建筑设计与表达、建筑结构、环境控制、建筑设备、建筑材料与构造、建筑经济、施工与设计业务管理、建筑法规等。上述内容分成若干科目进行考试。科目考试合格有效期为8年。

二级注册建筑师考试内容包括：场地设计、建筑设计与表达、建筑结构与设备、建筑法规、建筑经济与施工等。上述内容分成若干科目进行考试。科目考试合格有效期为4年。

第九条　《条例》第八条第（一）、（二）、（三）项，第九条第（一）项中所称相近专业，是指大学本科及以上建筑学的相近专业，包括城市规划、建筑工程和环境艺术等专业。

《条例》第九条第（二）项所称相近专业，是指大学专科建筑设计的相近专业，包括城乡规划、房屋建筑工程、风景园林、建筑装饰技术和环境艺术等专业。

《条例》第九条第（四）项所称相近专业，是指中等专科学校建筑设计技术的相近专业，包括工业与民用建筑、建筑装饰、城镇规划和村镇建设等专业。

《条例》第八条第（五）项所称设计成绩突出，是指获得国家或省部级优秀工程设计铜质或二等奖（建筑）及以上奖励。

第十条　申请参加注册建筑师考试者，可向省、自治区、直辖市注册建筑师管理委员会报名，经省、自治区、直辖市注册建筑师管理委员会审查，符合《条例》第八条或者第九条规定的，方可参加考试。

第十一条　经一级注册建筑师考试，在有效期内全部科目考试合格的，由全国注册建筑师管理委员会核发国务院建设主管部门和人事主管部门共同用印的一级注册建筑师执业资格证书。

经二级注册建筑师考试，在有效期内全部科目考试合格的，由省、自治区、直辖市注册建筑师管理委员会核发国务院建设主管部门和人事主管部门共同用印的二级注册建筑师执业资格证书。

自考试之日起，90日内公布考试成绩；自考试成绩公布之日起，30日内颁发执业资格证书。

第十二条　申请参加注册建筑师考试者，应当按规定向省、自治区、直辖市注册建筑师管理委员会交纳考务费和报名费。

第三章　注　　册

第十三条　注册建筑师实行注册执业管理制度。取得执业资格证书或者互认资格证书的人员，必须经过注册方可以注册建筑师的名义执业。

第十四条　取得一级注册建筑师资格证书并受聘于一个相关单位的人员，应当通过聘用单位向单位工商注册所在地的省、自治区、直辖市注册建筑师管理委员会提出申请；省、自治区、直辖市注册建筑师管理委员会受理后提出初审意见，并将初审意见和申请材料报全国注册建筑师管理委员会审批；符合条件的，由全国注册建筑师管理委员会颁发一级注册建筑师注册证书和执业印章。

第十五条 省、自治区、直辖市注册建筑师管理委员会在收到申请人申请一级注册建筑师注册的材料后，应当即时作出是否受理的决定，并向申请人出具书面凭证；申请材料不齐全或者不符合法定形式的，应当在 5 日内一次性告知申请人需要补正的全部内容。逾期不告知的，自收到申请材料之日起即为受理。

对申请初始注册的，省、自治区、直辖市注册建筑师管理委员会应当自受理申请之日起 20 日内审查完毕，并将申请材料和初审意见报全国注册建筑师管理委员会。全国注册建筑师管理委员会应当自收到省、自治区、直辖市注册建筑师管理委员会上报材料之日起，20 日内审批完毕并作出书面决定。

审查结果由全国注册建筑师管理委员会予以公示，公示时间为 10 日，公示时间不计算在审批时间内。

全国注册建筑师管理委员会自作出审批决定之日起 10 日内，在公众媒体上公布审批结果。

对申请变更注册、延续注册的，省、自治区、直辖市注册建筑师管理委员会应当自受理申请之日起 10 日内审查完毕。全国注册建筑师管理委员会应当自收到省、自治区、直辖市注册建筑师管理委员会上报材料之日起，15 日内审批完毕并作出书面决定。

二级注册建筑师的注册办法由省、自治区、直辖市注册建筑师管理委员会依法制定。

第十六条 注册证书和执业印章是注册建筑师的执业凭证，由注册建筑师本人保管、使用。

注册建筑师由于办理延续注册、变更注册等原因，在领取新执业印章时，应当将原执业印章交回。

禁止涂改、倒卖、出租、出借或者以其他形式非法转让执业资格证书、互认资格证书、注册证书和执业印章。

第十七条 申请注册建筑师初始注册，应当具备以下条件：

（一）依法取得执业资格证书或者互认资格证书；

（二）只受聘于中华人民共和国境内的一个建设工程勘察、设计、施工、监理、招标代理、造价咨询、施工图审查、城乡规划编制等单位（以下简称聘用单位）；

（三）近 3 年内在中华人民共和国境内从事建筑设计及相关业务 1 年以上；

（四）达到继续教育要求；

（五）没有本细则第二十一条所列的情形。

第十八条 初始注册者可以自执业资格证书签发之日起 3 年内提出申请。逾期未申请者，须符合继续教育的要求后方可申请初始注册。

初始注册需要提交下列材料：

（一）初始注册申请表；

（二）资格证书复印件；

（三）身份证明复印件；

（四）聘用单位资质证书副本复印件；

（五）与聘用单位签订的聘用劳动合同复印件；

（六）相应的业绩证明；

（七）逾期初始注册的，应当提交达到继续教育要求的证明材料。

第十九条 注册建筑师每一注册有效期为2年。注册建筑师注册有效期满需继续执业的，应在注册有效期届满30日前，按照本细则第十五条规定的程序申请延续注册。延续注册有效期为2年。

延续注册需要提交下列材料：

（一）延续注册申请表；

（二）与聘用单位签订的聘用劳动合同复印件；

（三）注册期内达到继续教育要求的证明材料。

第二十条 注册建筑师变更执业单位，应当与原聘用单位解除劳动关系，并按照本细则第十五条规定的程序办理变更注册手续。变更注册后，仍延续原注册有效期。

原注册有效期届满在半年以内的，可以同时提出延续注册申请。准予延续的，注册有效期重新计算。

变更注册需要提交下列材料：

（一）变更注册申请表；

（二）新聘用单位资质证书副本的复印件；

（三）与新聘用单位签订的聘用劳动合同复印件；

（四）工作调动证明或者与原聘用单位解除聘用劳动合同的证明文件、劳动仲裁机构出具的解除劳动关系的仲裁文件、退休人员的退休证明复印件；

（五）在办理变更注册时提出延续注册申请的，还应当提交在本注册有效期内达到继续教育要求的证明材料。

第二十一条 申请人有下列情形之一的，不予注册：

（一）不具有完全民事行为能力的；

（二）申请在2个或者2个以上单位注册的；

（三）未达到注册建筑师继续教育要求的；

（四）因受刑事处罚，自刑事处罚执行完毕之日起至申请注册之日止不满5年的；

（五）因在建筑设计或者相关业务中犯有错误受行政处罚或者撤职以上行政处分，自处罚、处分决定之日起至申请之日止不满2年的；

（六）受吊销注册建筑师证书的行政处罚，自处罚决定之日起至申请注册之日止不满5年的；

（七）申请人的聘用单位不符合注册单位要求的；

（八）法律、法规规定不予注册的其他情形。

第二十二条 注册建筑师有下列情形之一的，其注册证书和执业印章失效：

（一）聘用单位破产的；

（二）聘用单位被吊销营业执照的；

（三）聘用单位相应资质证书被吊销或者撤回的；

（四）已与聘用单位解除聘用劳动关系的；

（五）注册有效期满且未延续注册的；

（六）死亡或者丧失民事行为能力的；

（七）其他导致注册失效的情形。

第二十三条 注册建筑师有下列情形之一的，由注册机关办理注销手续，收回注册证书和执业印章或公告注册证书和执业印章作废：

（一）有本细则第二十二条所列情形发生的；

（二）依法被撤销注册的；

（三）依法被吊销注册证书的；

（五）受刑事处罚的；

（六）法律、法规规定应当注销注册的其他情形。

注册建筑师有前款所列情形之一的，注册建筑师本人和聘用单位应当及时向注册机关提出注销注册申请；有关单位和个人有权向注册机关举报；县级以上地方人民政府建设主管部门或者有关部门应当及时告知注册机关。

第二十四条 被注销注册者或者不予注册者，重新具备注册条件的，可以按照本细则第十五条规定的程序重新申请注册。

第二十五条 高等学校（院）从事教学、科研并具有注册建筑师资格的人员，只能受聘于本校（院）所属建筑设计单位从事建筑设计，不得受聘于其他建筑设计单位。在受聘于本校（院）所属建筑设计单位工作期间，允许申请注册。获准注册的人员，在本校（院）所属建筑设计单位连续工作不得少于 2 年。具体办法由国务院建设主管部门商教育主管部门规定。

第二十六条 注册建筑师因遗失、污损注册证书或者执业印章，需要补办的，应当持在公众媒体上刊登的遗失声明的证明，或者污损的原注册证书和执业印章，向原注册机关申请补办。原注册机关应当在 10 日内办理完毕。

第四章 执 业

第二十七条 取得资格证书的人员，应当受聘于中华人民共和国境内的一个建设工程勘察、设计、施工、监理、招标代理、造价咨询、施工图审查、城乡规划编制等单位，经注册后方可从事相应的执业活动。

从事建筑工程设计执业活动的，应当受聘并注册于中华人民共和国境内一个具有工程设计资质的单位。

第二十八条 注册建筑师的执业范围具体为：

（一）建筑设计；

（二）建筑设计技术咨询；

（三）建筑物调查与鉴定；

（四）对本人主持设计的项目进行施工指导和监督；

（五）国务院建设主管部门规定的其他业务。

本条第一款所称建筑设计技术咨询包括建筑工程技术咨询，建筑工程招标、采购咨询，建筑工程项目管理，建筑工程设计文件及施工图审查，工程质量评估，以及国务院建设主管部门规定的其他建筑技术咨询业务。

第二十九条 一级注册建筑师的执业范围不受工程项目规模和工程复杂程度的限制。

二级注册建筑师的执业范围只限于承担工程设计资质标准中建设项目设计规模划分表中规定的小型规模的项目。

注册建筑师的执业范围不得超越其聘用单位的业务范围。注册建筑师的执业范围与其聘用单位的业务范围不符时，个人执业范围服从聘用单位的业务范围。

第三十条 注册建筑师所在单位承担民用建筑设计项目，应当由注册建筑师任工程项目设计主持人或设计总负责人；工业建筑设计项目，须由注册建筑师任工程项目建筑专业负责人。

第三十一条 凡属工程设计资质标准中建筑工程建设项目设计规模划分表规定的工程项目，在建筑工程设计的主要文件（图纸）中，须由主持该项设计的注册建筑师签字并加盖其执业印章，方为有效。否则设计审查部门不予审查，建设单位不得报建，施工单位不准施工。

第三十二条 修改经注册建筑师签字盖章的设计文件，应当由原注册建筑师进行；因特殊情况，原注册建筑师不能进行修改的，可以由设计单位的法人代表书面委托其他符合条件的注册建筑师修改，并签字、加盖执业印章，对修改部分承担责任。

第三十三条 注册建筑师从事执业活动，由聘用单位接受委托并统一收费。

第五章 继续教育

第三十四条 注册建筑师在每一注册有效期内应当达到全国注册建筑师管理委员会制定的继续教育标准。继续教育作为注册建筑师逾期初始注册、延续注册、重新申请注册的条件之一。

第三十五条 继续教育分为必修课和选修课，在每一注册有效期内各为 40 学时。

第六章 监督检查

第三十六条 国务院建设主管部门对注册建筑师注册执业活动实施统一的监督管理。县级以上地方人民政府建设主管部门负责对本行政区域内的注册建筑师注册执业活动实施监督管理。

第三十七条 建设主管部门履行监督检查职责时，有权采取下列措施：

（一）要求被检查的注册建筑师提供资格证书、注册证书、执业印章、设计文件（图纸）；

（二）进入注册建筑师聘用单位进行检查，查阅相关资料；

（三）纠正违反有关法律、法规和本细则及有关规范和标准的行为。

建设主管部门依法对注册建筑师进行监督检查时，应当将监督检查情况和处理结果予以记录，由监督检查人员签字后归档。

第三十八条 建设主管部门在实施监督检查时，应当有两名以上监督检查人员参加，并出示执法证件，不得妨碍注册建筑师正常的执业活动，不得谋取非法利益。

注册建筑师和其聘用单位对依法进行的监督检查应当协助与配合，不得拒绝或者阻挠。

第三十九条 注册建筑师及其聘用单位应当按照要求，向注册机关提供真实、准确、完整的注册建筑师信用档案信息。

注册建筑师信用档案应当包括注册建筑师的基本情况、业绩、良好行为、不良行为等内容。违法违规行为、被投诉举报处理、行政处罚等情况应当作为注册建筑师的不良行为记入其信用档案。

注册建筑师信用档案信息按照有关规定向社会公示。

第七章 法律责任

第四十条 隐瞒有关情况或者提供虚假材料申请注册的，注册机关不予受理，并由建设主管部门给予警告，申请人一年之内不得再次申请注册。

第四十一条 以欺骗、贿赂等不正当手段取得注册证书和执业印章的，由全国注册建筑师管理委员会或省、自治区、直辖市注册建筑师管理委员会撤销注册证书并收回执业印章，3 年内不得再次申请注册，并由县级以上人民政府建设主管部门处以罚款。其中没有违法所得的，处以 1 万元以下罚款；有违法所得的处以违法所得 3 倍以下且不超过 3 万元的罚款。

第四十二条 违反本细则，未受聘并注册于中华人民共和国境内一个具有工程设计资质的单位，从事建筑工程设计执业活动的，由县级以上人民政府建设主管部门给予警告，责令停止违法活动，并可处以 1 万元以上 3 万元以下的罚款。

第四十三条 违反本细则，未办理变更注册而继续执业的，由县级以上人民政府建设主管部门责令限期改正；逾期未改正的，可处以 5000 元以下的罚款。

第四十四条 违反本细则，涂改、倒卖、出租、出借或者以其他形式非法转让执业资格证书、互认资格证书、注册证书和执业印章的，由县级以上人民政府建设主管部门责令改正，其中没有违法所得的，处以 1 万元以下罚款；有违法所得的处以违法所得 3 倍以下且不超过 3 万元的罚款。

第四十五条 违反本细则，注册建筑师或者其聘用单位未按照要求提供注册建筑师信用档案信息的，由县级以上人民政府建设主管部门责令限期改正；逾期未改正的，可处以 1000 元以上 1 万元以下的罚款。

第四十六条 聘用单位为申请人提供虚假注册材料的，由县级以上人民政府建设主管部门给予警告，责令限期改正；逾期未改正的，可处以 1 万元以上 3 万元以下的罚款。

第四十七条 有下列情形之一的，全国注册建筑师管理委员会或者省、自治区、直辖市注册建筑师管理委员可以撤销其注册：

（一）全国注册建筑师管理委员会或者省、自治区、直辖市注册建筑师管理委员的工作人员滥用职权、玩忽职守颁发注册证书和执业印章的；

（二）超越法定职权颁发注册证书和执业印章的；

（三）违反法定程序颁发注册证书和执业印章的；

（四）对不符合法定条件的申请人颁发注册证书和执业印章的；

（五）依法可以撤销注册的其他情形。

第四十八条 县级以上人民政府建设主管部门、人事主管部门及全国注册建筑师管理委员会或者省、自治区、直辖市注册建筑师管理委员的工作人员，在注册建筑师管理工作中，有下列情形之一的，依法给予处分；构成犯罪的，依法追究刑事责任：

（一）对不符合法定条件的申请人颁发执业资格证书、注册证书和执业印章的；

（二）对符合法定条件的申请人不予颁发执业资格证书、注册证书和执业印章的；

（三）对符合法定条件的申请不予受理或者未在法定期限内初审完毕的；

（四）利用职务上的便利，收受他人财物或者其他好处的；

（五）不依法履行监督管理职责，或者发现违法行为不予查处的。

第八章 附 则

第四十九条 注册建筑师执业资格证书由国务院人事主管部门统一制作；一级注册建筑师注册证书、执业印章和互认资格证书由全国注册建筑师管理委员会统一制作；二级注册建筑师注册证书和执业印章由省、自治区、直辖市注册建筑师管理委员会统一制作。

第五十条 香港特别行政区、澳门特别行政区、台湾地区的专业技术人员按照国家有关规定和有关协议，报名参加全国统一考试和申请注册。

外籍专业技术人员参加全国统一考试按照对等原则办理；申请建筑师注册的，其所在国应当已与中华人民共和国签署双方建筑师对等注册协议。

第五十一条 本细则自 2008 年 3 月 15 日起施行。1996 年 7 月 1 日建设部颁布的《中华人民共和国注册建筑师条例实施细则》（建设部令第 52 号）同时废止。

对外承包工程资格管理办法

（2009 年 10 月 12 日商务部、住房和城乡建设部令 2009 年第 9 号发布）

第一章 总 则

第一条 为规范和加强对外承包工程管理，促进对外承包工程健康发展，根据《中华人民共和国对外贸易法》和《对外承包工程管理条例》，制定本办法。

第二条 本办法所称对外承包工程，是指中国的企业或者其他单位（以下统称单位）承包境外建设工程项目，包括咨询、勘察、设计、监理、招标、造价、采购、施工、安装、调试、运营、管理等活动。

第三条 对外承包工程的单位依据本办法取得对外承包工程资格，领取《中华人民共和国对外承包工程资格证书》（以下简称《资格证书》）后，方可在许可范围内从事对外承包工程。

第二章 资格条件

第四条 对外承包工程的单位分为工程建设类和非工程建设类。

其中，工程建设类单位指从事国内工程勘察、设计、咨询、监理、施工、安装等活动，且取得住房和城乡建设主管部门或其他有关部门颁发的相关资质的单位。

第五条 对外承包工程的单位应当具备下列条件：

（一）有法人资格；工程建设类单位应具有与其资质要求相适应的注册资本（本办法所称注册资本包括开办资金）；非工程建设类单位的注册资本不低于2000万元人民币。

（二）具有相应的资质或者业绩：

工程建设类单位应当依法取得住房和城乡建设主管部门或其他有关部门颁发的特级或者一级（甲级）资质证书；国家对于有关专业的资质不分等级的，应取得该资质证书；

非工程建设类单位上一年度机电产品出口额达到5000万美元，或自行设计、生产（含组织生产）、出口的成套设备或大型单机设备出口额达到1000万美元，或对外承包工程营业额达到1000万美元且近3年中成功实施过3个单项合同额在500万美元以上的项目。

（三）有与开展对外承包工程相适应的专业技术人员，管理人员中至少2人具有2年以上从事对外承包工程的经历。

（四）有与开展对外承包工程相适应的安全防范能力，成立由本单位主要负责人负责的境外安全防范领导小组，常设人员不得少于2人，有相应的境外安全防范机制和应急处理预案。

（五）有保障工程质量和安全生产的管理体系，最近2年内没有发生重大工程质量问题和较大事故以上的生产安全事故，建筑施工企业还需取得住房和城乡建设主管部门颁发的安全生产许可证。

（六）有良好的商业信誉，最近3年内没有重大违约行为和重大违法经营记录。为外商投资企业的，最近3年应连续通过外商投资企业联合年检。

第六条 对外承包工程的单位应承包与其实力、规模、业绩相适应的项目。

第三章 资格申请

第七条 申请对外承包工程资格，中央企业和中央管理的其他单位（以下简称中央单位）应当向商务部提出申请，中央单位以外的单位应当向注册所在地省级商务主管部门提出申请。

第八条 申请对外承包工程资格，需提交如下书面申请材料一式两份：

（一）对外承包工程资格申请书；

（二）中华人民共和国组织机构代码证（复印件）；

（三）企业法人营业执照或事业单位法人证书（复印件），外商投资企业应提交外商投资企业批准证书；

（四）工程建设类单位需提供住房和城乡建设主管部门或者其他有关部门颁发的资质证书（复印件），建筑施工企业还需提供住房和城乡建设主管部门颁发的安全生产许可证（复印件）；非工程建设类单位需提供海关出具的出口额证明或商务部出具的相应业务统计证明；

（五）与对外承包工程相关的专业技术人员和管理人员的情况说明及相关证明材料；

（六）申请单位境外安全防范领导小组及常设人员状况的说明及境外安全防范机制和应急处理预案；

（七）申请单位工程质量和安全生产的管理体系文件；

（八）商务主管部门要求提交的证明符合第五条规定条件的其他材料。

第九条　申请对外承包工程资格，材料齐全、符合法定形式，且属于本部门职权范围的，商务主管部门应当受理。

申请材料不齐全或者不符合法定形式的，收到材料的商务主管部门应当在 5 个工作日内一次告知申请人需要补正的全部内容；逾期不告知的，自收到申请材料之日起即为受理。

第十条　工程建设类单位申请对外承包工程资格的，商务主管部门自受理之日起 5 个工作日内，将申请材料转同级住房和城乡建设主管部门；住房和城乡建设主管部门自收到申请材料之日起 15 个工作日内提出审查意见并转交商务主管部门；商务主管部门自收到住房和城乡建设主管部门审查意见之日起 10 个工作日内做出批准或者不予批准的决定。

非工程建设类单位申请对外承包工程资格的，商务主管部门自受理之日起 30 个工作日内进行审查，做出批准或者不予批准的决定。

商务主管部门应当将审批结果及其他相关统计信息告知同级住房和城乡建设主管部门。

第十一条　批准对外承包工程资格申请的，对外承包工程的单位到注册所在地省级商务主管部门领取《资格证书》，并缴纳劳务合作备用金。省级商务主管部门应同时通过对外承包工程资格网上管理系统将其颁发《资格证书》的情况报商务部备案。

不予批准对外承包工程资格申请的，由受理申请的商务主管部门书面通知申请单位并说明理由。

第十二条　具有对外承包工程资格的单位与其他单位合并，原具有对外承包工程资格的单位终止的，合并后的单位符合本办法规定的相应条件的，可以依照第七条的规定向有关商务主管部门申请换领《资格证书》。商务主管部门应在受理申请之日起 15 个工作日内作出决定。

具有对外承包工程资格的单位分立的，分立后的单位符合相应条件的，可按照本办法重新申请对外承包工程资格。

第四章　《资格证书》管理

第十三条　《资格证书》须妥善保管，不得涂改、倒卖、出租、出借或者以其他形式非法转让。

《资格证书》遗失的，应及时向原审批的商务主管部门报告，并在全国性商业报纸或杂志上声明作废后方可向原审批的商务主管部门申请补发。

第十四条　对外承包工程的单位名称、地址、法定代表人、单位类型、注册资本等发生变更时，应在变更之日起 30 个工作日内向原审批的商务主管部门办理《资格证书》变更手续并换领新的《资格证书》。

对外承包工程的单位依法终止的，原审批的商务主管部门应当注销其对外承包工程资格及其《资格证书》。

第五章　监督管理

第十五条　商务部和省级商务主管部门负责对外承包工程资格的监督检查，并会同同级住房和城乡建设主管部门对工程建设类单位的对外承包工程资格进行监督检查。

商务部和省级商务主管部门在监督检查中，发现对外承包工程的单位不再具备本办法规定条件的，应当责令其限期整改；逾期仍达不到的，吊销其《资格证书》，并书面告知住房和城乡建设主管部门。

第十六条　商务部负责建立和维护对外承包工程资格网上管理系统，加强对全国对外承包工程资格的监督管理。

第十七条　商务部可视对外承包工程管理和协调工作的需要，根据对外承包工程单位对外承包工程的业绩、守法经营情况和有关组织资信评级等，对对外承包工程的单位实行分级分类管理。

第十八条　有关对外承包工程的协会、商会应依法发挥行业自律作用，根据对外承包工程资格的监督管理情况，依据行业规范提出行业意见和建议。

第六章　法律责任

第十九条　未取得对外承包工程资格，擅自开展对外承包工程的，由商务主管部门责令改正，处 50 万元以上 100 万元以下的罚款；有违法所得的，没收违法所得；对其主要负责人处 5 万元以上 10 万元以下的罚款。

第二十条　涂改、倒卖、出租、出借《资格证书》或者以其他形式非法转让对外承包工程资格的，由原审批的商务主管部门给予警告，并处 3 万元以下罚款；构成犯罪的，依法追究刑事责任。

第二十一条　申请对外承包工程资格的单位隐瞒有关情况或者提供虚假材料的，商务主管部门不予受理或者不予许可，并给予警告。

申请对外承包工程资格的单位以欺骗、贿赂等不正当手段取得《资格证书》的，由原审批的商务主管部门撤销《资格证书》，并给予警告，处 10 万元以下罚款；构成犯罪的，依法追究刑事责任。

第二十二条　商务主管部门、住房和城乡建设主管部门或者其他有关主管部门可以依据《对外承包工程管理条例》第二十五条、第二十六条的规定处罚。

第二十三条　商务主管部门和住房和城乡建设主管部门的工作人员在对外承包工程资格许可和管理工作中滥用职权、玩忽职守、徇私舞弊的，依法给予处分；构成犯罪的，依法追究刑事责任。

第七章　附　　则

第二十四条　本办法实施前已获得对外承包工程资格的单位，可自本办法施行之日起 6 个月内按照本办法关于资格申请的规定向商务主管部门申请换领《资格证书》。

前款所称单位在申请时达不到本办法规定的相应条件的，商务主管部门应责令其在本办法施行之日起 3 年内整改，并在其《资格证书》上注明有效期为 3 年。

商务主管部门应当将《资格证书》换证和变更信息告知同级住房和城乡建设主管部门。

第二十五条 本办法调整范围不包括机电产品及大型机械和成套设备出口。

第二十六条 本办法由商务部会同住房和城乡建设部负责解释。

第二十七条 本办法自 2009 年 11 月 1 日起施行。

四、规范性文件

（一）市场管理

建设部、国家计委《关于印发〈工程建设监理规定〉的通知》

（建监〔1995〕737号）

各省、自治区、直辖市建委（建设厅）、计委，计划单列市建委、计委，国务院各有关部门建设司（局），解放军总后营房部：

现将《工程建设监理规定》印发给你们，请贯彻执行。

1996年，我国的建设监理将转入全面推行阶段。请各地方、各部门进一步加强组织领导，充分发挥监理工作的效用，努力提高建设监理质量和水平，为我国的经济建设作出新的贡献。在执行本规定中有什么问题和建议，请及时告建设部建设监理司。

附：工程建设监理规定

中华人民共和国建设部
国家计划委员会
一九九五年十二月十五日

工程建设监理规定

第一章 总 则

第一条 为了确保工程建设质量，提高工程建设水平，充分发挥投资效益，促进工程建设监理事业的健康发展，制定本规定。

第二条 在中华人民共和国境内从事工程建设监理活动，必须遵守本规定。

第三条 本规定所称工程建设监理是指监理单位受项目法人的委托，依据国家批准的工程项目建设文件、有关工程建设的法律、法规和工程建设监理合同及其他工程建设合同，对工程建设实施的监督管理。

第四条 从事工程建设监理活动，应当遵循守法、诚信、公正、科学的准则。

第二章 工程建设监理的管理机构及职责

第五条 国家计委和建设部共同负责推进建设监理事业的发展，建设部归口管理全国工程建设监理工作。建设部的主要职责：（一）起草并商国家计委制定、发布工程建设监理行政法规，监督实施；（二）审批甲级监理单位资质；（三）管理全国监理工程师资格考试、考核和注册等项工作；（四）指导、监督、协调全国工程建设监理工作。

第六条　省、自治区、直辖市人民政府建设行政主管部门归口管理本行政区域内工程建设监理工作，其主要职责：（一）贯彻执行国家工程建设监理法规，起草或制定地方工程建设监理法规并监督实施；（二）审批本行政区域内乙级、丙级监理单位的资质，初审并推荐甲级监理单位；（三）组织本行政区域内监理工程师资格考试、考核和注册工作；（四）指导、监督、协调本行政区域内的工程建设监理工作。

第七条　国务院工业、交通等部门管理本部门工程建设监理工作，其主要职责：（一）贯彻执行国家工程建设监理法规，根据需要制定本部门工程建设监理实施办法，并监督实施；（二）审批直属的乙级、丙级监理单位资质，初审并推荐甲级监理单位；（三）管理直属监理单位的监理工程师资格考试、考核和注册工作；（四）指导、监督、协调本部门工程建设监理工作。

第三章　工程建设监理范围及内容

第八条　工程建设监理的范围：（一）大、中型工程项目；（二）市政、公用工程项目；（三）政府投资兴建和开发建设的办公楼、社会发展事业项目和住宅工程项目；（四）外资、中外合资、国外贷款、赠款、捐款建设的工程项目。

第九条　工程建设监理的主要内容是控制工程建设的投资、建设工期和工程质量；进行工程建设合同管理，协调有关单位间的工作关系。

第四章　工程建设监理合同与监理程序

第十条　项目法人一般通过招标投标方式择优选定监理单位。

第十一条　监理单位承担监理业务，应当与项目法人签订书面工程建设监理合同。工程建设监理合同的主要条款是：监理的范围和内容、双方的权利与义务、监理费的计取与支付、违约责任、双方约定的其他事项。

第十二条　监理费从工程概算中列支，并核减建设单位的管理费。

第十三条　监理单位应根据所承担的监理任务，组建工程建设监理机构。监理机构一般由总监理工程师、监理工程师和其他监理人员组成。承担工程施工阶段的监理，监理机构应进驻施工现场。

第十四条　工程建设监理一般应按下列程序进行：（一）编制工程建设监理规划；（二）按工程建设进度、分专业编制工程建设监理细则；（三）按照建设监理细则进行建设监理；（四）参与工程竣工预验收，签署建设监理意见；（五）建设监理业务完成后，向项目法人提交工程建设监理档案资料。

第十五条　实施监理前，项目法人应当将委托的监理单位、监理的内容、总监理工程师姓名及所赋予的权限，书面通知被监理单位。总监理工程师应当将其授予监理工程师的权限，书面通知被监理单位。

第十六条　工程建设监理过程中，被监理单位应当按照与项目法人签订的工程建设

合同的规定接受监理

第五章　工程建设监理单位与监理工程师

第十七条　监理单位实行资质审批制度。设立监理单位，须报工程建设监理主管机关进行资质审查合格后，向工商行政管理机关申请企业法人登记。监理单位应当按照核准的经营范围承接工程建设监理业务。

第十八条　监理单位是建筑市场的主体之一，建设监理是一种高智能的有偿技术服务。监理单位与项目法人之间是委托与被委托的合同关系；与被监理单位是监理与被监理的关系。监理单位应按照"公正、独立、自主"的原则，开展工程建设监理工作，公平地维护项目法人和被监理单位的合法权益。

第十九条　监理单位不得转让监理业务。

第二十条　监理单位不得承包工程，不得经营建筑材料、构配件和建筑机械、设备。

第二十一条　监理单位在监理过程中因过错造成重大经济损失的，应承担一定的经济责任和法律责任。

第二十二条　监理工程师实行注册制度。监理工程师不得出卖、出借、转让、涂改《监理工程师岗位证书》。

第二十三条　监理工程师不得在政府机关或施工、设备制造、材料供应单位兼职，不得是施工、设备制造和材料、构配件供应单位的合伙经营者。

第二十四条　工程项目建设监理实行总监理工程师负责制。总监理工程师行使合同赋予监理单位的权限，全面负责受委托的监理工作。

第二十五条　总监理工程师在授权范围内发布有关指令，签认所监理的工程项目有关款项的支付凭证。项目法人不得擅自更改总监理工程师的指令。总监理工程师有权建议撤换不合格的工程建设分包单位和项目负责人及有关人员。

第二十六条　总监理工程师要公正地协调项目法人与被监理单位的争议。

第六章　外资、中外合资和国外贷款、赠款、捐款建设的工程建设监理

第二十七条　国外公司或社团组织在中国境内独立投资的工程项目建设，如果需要委托国外监理单位承担建设监理业务时，应当聘请中国监理单位参加，进行合作监理。中国监理单位能够监理的中外合资的工程建设项目，应当委托中国监理单位监理。若有必要，可以委托与该工程项目建设有关的国外监理机构监理或者聘请监理顾问。国外贷款的工程项目建设，原则上应由中国监理单位负责建设监理。如果贷款方要求国外监理单位参加的，应当与中国监理单位进行合作监理。国外赠款、捐款建设的工程项目，一般由中国监理单位承担建设监理业务。

第二十八条　外资、中外合资和国外贷款建设的工程项目的监理费用计取标准及付款方式，参照国际惯例由双方协商确定。

第七章　罚　　则

第二十九条　项目法人违反本规定，由人民政府建设行政主管部门给予警告、通报

批评，现令改正，并可处以罚款。对项目法人的处罚决定抄送计划行政主管部门。

第三十条 监理单位违反本规定，有下列行为之一的，由人民政府建设行政主管部门给予警告、通报批评、责令停业整顿、降低资质等级、吊销资质证书的处罚，并可处以罚款。(一)未经批准而擅自开业；(二)超出批准的业务范围从事工程建设监理活动；(三)转让监理业务；(四)故意损害项目法人、承建商利益；(五)因工作失误造成重大事故。

第三十一条 监理工程师违反本规定，有下列行为之一的，由人民政府建设行政主管部门没收非法所得、收缴《监理工程师岗位证书》，并可处以罚款。(一)假借监理工程师的名义从事监理工作；(二)出卖、出借、转让、涂改《监理工程师岗位证书》；(三)在影响公正执行监理业务的单位兼职。

第八章 附 则

第三十二条 本规定涉及国家计委职能的条款由建设部商国家计委解释。

第三十三条 省、自治区、直辖市人民政府建设行政主管部门、国务院有关部门参用本规定制定实施办法，并报建设部备案。

第三十四条 本规定自1996年1月1日起实施，建设部1989年7月28日发布的《建设监理试行规定》同时废止。

建设部、国家工商行政管理局《关于禁止在工程建设中垄断市场和肢解发包工程的通知》

(建建〔1996〕240号)

各省、自治区、直辖市建委(建设厅)、工商行政管理局，计划单列市建委(建工局)、工商行政管理局，国务院有关部门基建局：

改革开放以来，我国公用事业发展迅速，对促进国民经济与社会的发展和人民生活水平的提高，发挥了积极作用。但是，在一些地方和行业中，不同程度地存在着依赖行业特权垄断市场、肢解工程发包等不正当行为。

主要表现为：在工程承包中，有关单位强行垄断本专业的建设项目，要求承包单位和建设单位必须采购其指定厂家生产的材料、设备，否则不予验收工程，不予供水、供气、供热、供电等。这种做法，不符合建立社会主义市场经济体制的要求和《反不正当竞争法》的有关规定。为此，特通知如下：

一、在工程施工中，总包(包括施工总包，下同)单位有能力并有相应资质承担上下水、暖气、电气、电信、消防工程和清运渣土的，应当由其自行组织施工和清运；若总包单位需将上述某种工程分包的，在征得建设单位同意后，亦可分包给具有相应资质的企业，但必须由总包单位统一进行管理，切实承担总包责任。建设单位要加强监督检查，明确责任，保证工程质量和施工安全。除总包单位外，任何单位和个人均不得以任何方式指定分包单位。

二、单项工程或住宅小区以外的供水、供热、供气、供电、电信、消防等工程项目，应依法按工程建设程序及有关规定，通过招标投标、公平竞争，优选具有相应资质的企业承包。工程项目的主管部门及企事业单位，不得以任何方式强行垄断承包本专业的工程项目。

三、工程建设的材料、设备，应主要由承包单位负责采购，并明确责任，择优选购，加强检查验收，切实保证材料、设备的质量。建设单位需要自己定货采购的，要在合同中明确其责任和要求。对可能影响工程质量和使用功能的劣质材料、设备，承包单位有权拒绝使用；若建设单位强行要求承包单位使用的，由建设单位承担由此造成的工程质量和安全责任。任何单位和个人，均不得强行要求承包单位购买其指定厂家生产的材料、设备。

四、建设行政主管部门要加强对工程竣工验收的管理。工程竣工后，建设单位或有关方面，应按规定及时组织各有关部门共同验收，任何部门和单位不得拒绝参加。工程按规定经验收通过后，供水、排水、供气、供热、供电、电信等公用企事业单位必须按规定接通管线、线路。

五、各级建设行政主管部门和工商行政管理部门要按照各自的职责权限加强对建筑市场的监督检查，同时，要建立举报制度，发挥全社会的监督作用。对于垄断市场、肢解发包工程的行为，工商行政管理部门要依照《反不正当竞争法》和国家工商行政管理局《关于禁止公用企业限制竞争行为的若干规定》，严肃查处。建设行政主管部门要按照《关于在工程建设中深入开展反对腐败和反对不正当竞争的通知》中的规定，对违法单位的负责人给予党纪政纪处分。各级建设行政主管部门和工商行政管理部门要加强协作，密切配合，共同做好执法工作。

中华人民共和国建设部

国家工商行政管理局

一九九六年四月二十二日

建设部、国家工商行政管理局《关于印发〈建设工程施工合同（示范文本）〉的通知》

（建建〔1999〕313 号）

各省、自治区、直辖市建委（建设厅）、工商行政管理局，计划单列市建委（建设局）、工商行政管理局，国务院有关部门：

为了贯彻《中华人民共和国建筑法》、《中华人民共和国合同法》等法律，我们在总结近几年施工合同示范文本推行经验及借鉴国际上一些通行的施工合同文本的基础上，对《建设工程施工合同》（GF－91－0201）进行了修订。修订后的《建设工程施工合同（示范文本）》由协议书、通用条款、专用条款三部分组成，基本适用于各类公用建筑、民用住宅、工业厂房、交通设施及线路管道的施工和设备安装。现将《建设工程施工合同（示范文本）》（GF－1999－0201）印发给你们，请做好推行工作。原《建设工程施工合同》》（GF－91－0201）停止使用。

附件:《建设工程施工合同(示范文本)》(GF-1999-0201)(略)

中华人民共和国建设部
国家工商行政管理局
一九九九年十二月二十四日

建设部、国家工商行政管理局《关于印发〈建设工程勘察设计合同管理办法〉和〈建设工程勘察合同〉、〈建设工程设计合同〉文本的通知》

(建设〔2000〕50号)

各省、自治区、直辖市建委(建设厅)、工商行政管理局,各计划单列市建委、深圳市建设局、工商行政管理局,国务院有关部门、总后营房部:

为了加强工程勘察设计咨询市场管理,规范市场行为,根据《中华人民共和国合同法》,我们修订了《建设工程勘察设计合同管理办法》,请贯彻执行。同时修订了《建设工程勘察合同(示范文本)》和《建设工程设计合同(示范文本)》(以下简称合同文本),现印发给你们,请组织施行。

凡在我国境内的建设工程,对其进行勘察、设计的单位,应当按照《建设工程勘察设计合同管理办法》,接受建设行政主管部门和工商行政管理部门对建设工程项目勘察设计合同的管理与监督。在施行中,要加强对合同履行情况的监督和检查,做好合同纠纷的调解工作。施行中有何问题和建议,请及时告建设部勘察设计司和国家工商行政管理局市场规范管理司。

中华人民共和国建设部
国家工商行政管理局
二〇〇〇年三月一日

第一条 为了加强对工程勘察设计合同的管理,明确签订《建设工程勘察合同》、《建设工程设计合同》(以下简称勘察设计合同)双方的技术经济责任,保护合同当事人的合法权益,以适应社会主义市场经济发展的需要,根据《中华人民共和国合同法》,制定本办法。

第二条 凡在中华人民共和国境内的建设工程(包括新建、扩建、改建工程和涉外工程等),其勘察设计应当按本办法签订合同。

第三条 签订勘察设计合同应当执行《中华人民共和国合同法》和工程勘察设计市场管理的有关规定。

第四条 勘察设计合同的发包人(以下简称甲方)应当是法人或者自然人,承接方(以下简称乙方)必须具有法人资格。甲方是建设单位或项目管理部门,乙方是持有建设行政主管部门颁发的工程勘察设计资质证书、工程勘察设计收费资格证书和工商行政管理部门核发的企业法人营业执照的工程勘察设计单位。

第五条　签订勘察设计合同，应当采用书面形式，参照文本的条款，明确约定双方的权利义务。对文本条款以外的其他事项，当事人认为需要约定的，也应采用书面形式。对可能发生的问题，要约定解决办法和处理原则。

双方协商同意的合同修改文件、补充协议均为合同的组成部分。

第六条　双方应当依据国家和地方有关规定，确定勘察设计合同价款。

第七条　乙方经甲方同意，可以将自己承包的部分工作分包给具有相应资质条件的第三人。第三人就其完成的工作成果与乙方向甲方承担连带责任。

禁止乙方将其承包的工作全部转包给第三人或者肢解以后以分包的名义转包给第三人。禁止第三人将其承包的工作再分包。严禁出卖图章、图签等行为。

第八条　建设行政主管部门和工商行政管理部门，应当加强对建设工程勘察设计合同的监督管理。主要职能为：

一、贯彻国家和地方有关法律、法规和规章；

二、制定和推荐使用建设工程勘察设计合同文本；

三、审查和鉴证建设工程勘察设计合同，监督合同履行，调解合同争议，依法查处违法行为；

四、指导勘察设计单位的合同管理工作，培训勘察设计单位的合同管理人员，总结交流经验，表彰先进的合同管理单位。

第九条　签订勘察设计合同的双方，应当将合同文本送所在地省级建设行政主管部门或其授权机构备案，也可以到工商行政管理部门办理合同鉴证。

第十条　合同依法成立，即具有法律效力，任何一方不得擅自变更或解除。单方擅自终止合同的，应当依法承担违约责任。

第十一条　在签订、履行合同过程中，有违反法律、法规，扰乱建设市场秩序行为的，建设行政主管部门和工商行政管理部门要依照各自职责，依法给予行政处罚。构成犯罪的，提请司法机关追究其刑事责任。

第十二条　当事人对行政处罚决定不服的，可以依法提起行政复议或行政诉讼，对复议决定不服的，可向人民法院起诉。逾期不申请复议或向人民法院起诉，又不执行处罚决定的，由作出处罚的部门申请人民法院强制执行。

第十三条　本办法解释权归建设部和国家工商行政管理局。

第十四条　各省、自治区、直辖市建设行政主管部门和工商行政管理部门可根据本办法制定实施细则。

第十五条　本办法自发布之日起施行。

《建设工程勘察合同》和《建设工程设计合同》（略）

建设部《关于加快建立建筑市场有关企业和专业技术人员信用档案的通知》

（建市 [2002] 155 号）

各省、自治区建设厅，直辖市建委，北京市规委，山东、江苏省建管局：

为认真贯彻落实朱镕基总理在九届全国人大第五次会议《政府工作报告》中提出的关于"加快建立企业、中介机构和个人的信用档案，使有不良记录者付出代价，名誉扫地，直至绳之以法"的重要措施和《国务院办公厅关于进一步整顿和规范建筑市场秩序的通知》（国办发 [2001] 81 号）要求，加快建立建筑市场有关企业和专业技术人员信用档案，现通知如下：

一、建筑市场有关企业和专业技术人员信用档案，是指建设单位和工程勘察、设计、施工、监理、招标代理、造价咨询等企业，以及注册建筑师、结构工程师、监理工程师、造价工程师和建筑业企业项目经理等专业技术人员（以下简称企业和专业技术人员）的业绩、建筑市场违法违规行为、工程质量安全事故及其他不良记录等。

二、工程勘察、设计、施工、监理、招标代理、造价咨询等企业和专业技术人员信用档案，应当按照规定的企业资质审批、专业技术人员执业资格注册的管理权限，分别由建设部和省、自治区、直辖市建设行政主管部门负责建立或组织建立。省、自治区、直辖市建设行政主管部门负责建立或组织建立的企业和专业技术人员的信用档案，应当按照建设部信息中心提供的数据接口标准，通过中国工程建设信息网向建设部备案。

三、建设部和省、自治区、直辖市建设行政主管部门要运用计算机和网络技术，通过企业资质审批、年检及专业技术人员执业资格注册工作，同步将企业和专业技术人员的数据库建立并予以充实。企业和专业技术人员数据库的内容，应当与企业资质审批、年检和专业技术人员执业资格注册材料的内容相一致。企业和专业技术人员的基本情况应当在中国工程建设信息网及相应的地方网络上公布。

建设部数据库建立的具体工作由部信息中心负责，并形成建设部数据中心。省、自治区、直辖市建设行政主管部门建立的数据库应当与建设部数据中心相连接。

省、自治区、直辖市建设行政主管部门建立数据库时，应当按照建设部信息中心提供的数据接口标准开发数据接口软件。对于开发相关软件有困难的地区，建设部信息中心应当提供技术服务。

四、对于发生工程质量安全事故或者严重违反工程建设强制性标准和有建筑市场违法违规等行为的，建设行政主管部门应当在作出行政处罚决定后1个月内，将受处罚的企业、专业技术人员在中国工程建设信息网及相应的地方网络上公布，并作为不良记录载入有关数据库，形成其信用档案。

对于由建设部负责审批或者注册的企业和专业技术人员，其责令停业整顿（停止执业）、降低资质等级和吊销资质（执业资格）证书的行政处罚，由建设部依法作出处罚决定；其他行政处罚由省、自治区、直辖市建设行政主管部门依法作出处罚决定，并在10日内将行政处罚决定书抄报建设部。建设部将处罚决定书在中国工程建设信息网上公布，并作为不良记录载人有关数据库。

五、各级建设行政主管部门要高度重视企业和专业技术人员数据库及信用档案的建立工作，明确分管领导和承办机构及人员，并落实责任制。数据库及信用档案的建立，要与企业资质审批、年检和专业技术人员执业资格注册工作相结合，特别要结合建筑业企业资质就位和勘察设计企业资质换证工作，同步建立相应的数据库及信用档案。企业和专业技术人员数据库及信用档案应当在 2002 年 10 月 1 日前基本建成并运行。

中华人民共和国建设部

二〇〇二年六月四日

建设部《关于印发〈房屋建筑工程施工旁站监理管理办法（试行）〉的通知》

（建市 [2002] 189 号）

各省、自治区建设厅，直辖市建委，国务院有关部门建设司，解放军总后营房部，新疆生产建设兵团，中央管理的有关总公司：

现将《房屋建筑工程施工旁站监理管理办法（试行）》印发给你们，请结合本地区、本部门实际情况认真贯彻执行。执行中有何问题，请及时告我部建筑市场管理司。

附件：旁站监理记录表（略）

中华人民共和国建设部

二〇〇二年七月十七日

房屋建筑工程施工旁站监理管理办法（试行）

第一条 为加强对房屋建筑工程施工旁站监理的管理，保证工程质量，依据《建设工程质量管理条例》的有关规定，制定本办法。

第二条 本办法所称房屋建筑工程施工旁站监理（以下简称旁站监理），是指监理人员在房屋建筑工程施工阶段监理中，对关键部位、关键工序的施工质量实施全过程现场跟班的监督活动。

本办法所规定的房屋建筑工程的关键部位、关键工序，在基础工程方面包括：土方回填，混凝土灌注桩浇筑，地下连续墙、土钉墙、后浇带及其他结构混凝土、防水混凝土浇筑，卷材防水层细部构造处理，钢结构安装；在主体结构工程方面包括：梁柱节点钢筋隐蔽过程，混凝土浇筑，预应力张拉，装配式结构安装，钢结构安装，网架结构安装，索膜安装。

第三条 监理企业在编制监理规划时，应当制定旁站监理方案，明确旁站监理的范围、内容、程序和旁站监理人员职责等。旁站监理方案应当送建设单位和施工企业各一份，并抄送工程所在地的建设行政主管部门或其委托的工程质量监督机构。

第四条 施工企业根据监理企业制定的旁站监理方案，在需要实施旁站监理的关键部位、关键工序进行施工前24小时，应当书面通知监理企业派驻工地的项目监理机构。项目监理机构应当安排旁站监理人员按照旁站监理方案实施旁站监理。

第五条 旁站监理在总监理工程师的指导下，由现场监理人员负责具体实施。

第六条 旁站监理人员的主要职责是：

（一）检查施工企业现场质检人员到岗、特殊工种人员持证上岗以及施工机械、建筑材料准备情况；

（二）在现场跟班监督关键部位、关键工序的施工执行施工方案以及工程建设强制性标准情况；

（三）核查进场建筑材料、建筑构配件、设备和商品混凝土的质量检验报告等，并可在现场监督施工企业进行检验或者委托具有资格的第三方进行复验；

（四）做好旁站监理记录和监理日记，保存旁站监理原始资料。

第七条 旁站监理人员应当认真履行职责，对需要实施旁站监理的关键部位、关键工序在施工现场跟班监督，及时发现和处理旁站监理过程中出现的质量问题，如实准确地做好旁站监理记录。凡旁站监理人员和施工企业现场质检人员未在旁站监理记录（见附件）上签字的，不得进行下一道工序施工。

第八条 旁站监理人员实施旁站监理时，发现施工企业有违反工程建设强制性标准行为的，有权责令施工企业立即整改；发现其施工活动已经或者可能危及工程质量的，应当及时向监理工程师或者总监理工程师报告，由总监理工程师下达局部暂停施工指令或者采取其他应急措施。

第九条 旁站监理记录是监理工程师或者总监理工程师依法行使有关签字权的重要依据。对于需要旁站监理的关键部位、关键工序施工，凡没有实施旁站监理或者没有旁站监理记录的，监理工程师或者总监理工程师不得在相应文件上签字。在工程竣工验收后，监理企业应当将旁站监理记录存档备查。

第十条 对于按照本办法规定的关键部位、关键工序实施旁站监理的，建设单位应当严格按照国家规定的监理取费标准执行；对于超出本办法规定的范围，建设单位要求监理企业实施旁站监理的，建设单位应当另行支付监理费用，具体费用标准由建设单位与监理企业在合同中约定。

第十一条 建设行政主管部门应当加强对旁站监理的监督检查，对于不按照本办法实施旁站监理的监理企业和有关监理人员要进行通报，责令整改，并作为不良记录载入该企业和有关人员的信用档案；情节严重的，在资质年检时应定为不合格，并按照下一个资质等级重新核定其资质等级；对于不按照本办法实施旁站监理而发生工程质量事故的，除依法对有关责任单位进行处罚外，还要依法追究监理企业和有关监理人员的相应责任。

第十二条 其他工程的施工旁站监理，可以参照本办法实施。

第十三条　本办法自 2003 年 1 月 1 日起施行。

建设部《关于加强房屋建筑和市政基础设施工程评标专家管理的通知》

（建市〔2002〕214 号）

各省、自治区建设厅，直辖市建委：

为了规范建设工程招标投标活动，提高建设工程评标质量和水平，逐步在全国建立起一支高素质的评标专家队伍，实现评标专家的科学管理和资源共享，依据《中华人民共和国招标投标法》和国家计委、建设部等七部委第 12 号令《评标委员会和评标办法暂行规定》，现就加强房屋建筑和市政基础设施工程评标专家管理的有关事项通知如下：

一、评标是建设工程招标投标活动中的重要环节。评标专家作为评标工作的主体，其职业道德、专业水平和法律知识等直接影响评标工作的质量，关系到工程招标能否实现公平和公正。因此，各级建设行政主管部门都应当高度重视评标专家的管理工作。凡尚未制定房屋建筑和市政基础设施工程评标专家管理办法和尚未建立评标专家名册的地区，应抓紧研究制订管理办法，并于 2002 年 12 月 31 日前建立符合《招标投标法》第三十七条规定的评标专家名册；已制定评标专家管理办法和建立了评标专家名册的地区，应当根据需要，逐步加以完善。对于其他专业工程评标专家的管理，各地建设行政主管部门应当履行同级人民政府所赋予的职责。

二、建设行政主管部门要严格按照《招标投标法》规定的资格条件，确定评标专家人选，建立评标专家名册。建设行政主管部门及其所属的工程招投标监管机构的工作人员不得担任评标专家，不得参加房屋建筑和市政基础设施工程的评标工作。

三、各省、自治区、直辖市建设行政主管部门要抓紧将所辖各市（地）、县（市）的评标专家名册实现计算机联网。建设部将逐步将省、自治区、直辖市建设行政主管部门的评标专家名册在全国联网，形成统一的评标专家名册，实现资源共享，为招标人跨地区乃至在全国选择评标专家提供服务。

四、建设行政主管部门要加大对评标专家的管理力度，强化评标专家的职业道德建设和纪律约束，组织培训学习和交流研讨，并对其评标能力、工作态度和廉洁自律等方面进行综合评估。要建立评标专家的信用档案，对不能胜任评标工作或有严重不良记录的，应当及时取消其评标专家资格，并不得再参加评标活动。

五、建设部将北京、上海、天津、重庆、江苏、河北、山东、广东等确定为建立全国房屋建筑和市政基础设施工程评标专家名册的试点省（市）。上述地方省（市）建设行政主管部门应在 2002 年 10 月 30 日前完成评标专家管理办法的制定或修订工作，对评标专家的资格条件、入选程序、权利和义务、动态管理以及违规行为查处等做出明确规定，并于 2002 年 12 月 31 日前将评标专家名册实现与建设部联网。

其他省、自治区建设行政主管部门也要积极开展此项工作，力争在 2003 年底前将评标专家名册与建设部联网，基本建成全国统一的房屋建筑和市政基础设施工程评标专家名册。

各省、自治区、直辖市建设行政主管部门应当将工作进展情况，及时告我部建筑市场管理司。

中华人民共和国建设部

二〇〇二年八月十五日

建设部、国家工商行政管理总局《关于印发〈建设工程施工专业分包合同（示范文本）〉、〈建设工程施工劳务分包合同（示范文本）〉的通知》

（建市〔2003〕168号）

各省、自治区、直辖市建设厅（建委）、工商行政管理局，国务院有关部门，新疆生产建设兵团建设局，山东、江苏省建管局：

为了贯彻《中华人民共和国建筑法》和《中华人民共和国合同法》等法律法规要求，我们编制了《建设工程施工专业分包合同（示范文本）》（GF－2003－0213）和《建设工程施工劳务分包合同（示范文本）》（GF－2003－0214），现印发给你们，与已经颁发的《建设工程施工合同（示范文本）》（GF－1999—0211）配套使用。

附件：《建设工程施工专业分包合同（示范文本）》（GF－2003－0213）和《建设工程施工劳务分包合同（范文本）》（GF－2003－0214）（略）

中国人民共和国建设部

国家工商行政管理总局

二〇〇三年八月十三日

建设部《关于印发〈有形建筑市场运行和管理示范文本〉的通知》

（建市〔2003〕231号）

各省、自治区建设厅，直辖市建委：

为进一步规范各地有形建筑市场的运行和管理，充分发挥其在整顿和规范建筑市场中的作用，现将《有形建筑市场运行和管理示范文本》印发给你们，请结合本地区的实际情况，认真贯彻执行。执行中发现的有关问题，请及时反馈给我部建筑市场管理司。

附件：有形建筑市场运行和管理示范文本

中华人民共和国建设部

二〇〇三年十一月二十六日

有形建筑市场运行和管理示范文本

一、有形建筑市场运行和管理制度

（一）有形建筑市场工作职责

1. 宣传、贯彻、执行国家及本地区有关工程建设的法律、法规和方针、政策等。

2. 为工程发包承包交易的各方主体提供招标公告发布、投标报名、开标及评标的场地服务以及评标专家抽取服务，为交易各方主体办理有关手续提供便利的配套服务。

3. 为政府有关部门和相关机构派驻有形建筑市场的窗口提供办公场地和必要的办公条件服务，实现有形建筑市场"一站式"管理和服务功能。

4. 依法办事，遵守建设程序，按规定办理建设工程有关手续，严守秘密，创造公开、透明的市场竞争环境。

5. 建立和完善计算机管理系统和信息网络，实现信息收集、发布功能，为交易各方主体及驻场部门提供高效的网络化办公系统。

6. 提供法律、法规、政策、基本建设程序等咨询服务，提供有关企业资质、专业人员和工程建设相关信息的查询服务。

7. 建立和完善评标专家抽取系统，对评标专家的出勤情况和评标活动进行记录和考核。

8. 负责进场交易的建设工程招标投标备案文件等档案材料的收集、整理、立卷和统一管理，并建立档案管理制度，按规定为有关部门及单位提供档案查阅服务。

9. 对进场交易的建设工程招标投标及发包承包交易活动中发现的违法违规行为，及时向有关部门报告，并协助开展调查。

10. 建立有形建筑市场发包承包交易活动中企业和执业资格人员的市场不良行为记录，并形成档案，按规定提交给有关部门或向社会公布。

11. 加强对交易场所的管理和维护，对驻场部门的服务质量和工作效能进行考核评比，组织实施社会公示制度，抓好督办整改工作。

12. 按规定交纳有关税费，不乱收费，不随意减免费用。

13. 承担上级主管部门交办的其他有关事项。

（二）有形建筑市场各职能部门工作职责有形建筑市场办公室工作职责

1. 负责有形建筑市场对内对外的组织协调工作：（1）落实、督促各项工作的执行和完成；（2）拟订有形建筑市场有关管理制度和办法；（3）协调、完善各部门工作岗位责任制；（4）负责信访、提案的归口管理以及对外接待工作；（5）负责对外宣传工作。

2. 负责有形建筑市场文秘工作：（1）文书往来和印信管理；（2）起草有形建筑市场工作总结、报告文件、记录和整理工作会议、大事记等；（3）负责文书核稿工作，并分类收集归档。

3. 负责人事、劳资管理工作：（1）职工人事档案以及职工调配、辞聘与岗位考核；（2）审核、调整和报批职工劳动工资；（3）职工业务培训、职称评聘等有关工作；（4）职工劳动纪律和在岗工作礼仪的考核。

4. 负责行政后勤和安全保卫工作：（1）固定资产的购置、登记和保管；（2）车辆的安全运行、维修等工作；（3）负责房产管理、维护等工作；（4）职工福利、低质易耗办公用品的管理；（5）职工食堂、医疗保健、环境卫生的管理；（6）安排值班室的值班、检查保安人员工作；（7）安全消防、保卫等管理工作。

5. 完成有形建筑市场领导交办的其他有关事项。

有形建筑市场招标投标服务部门工作职责：

1. 负责建设工程项目勘察、设计、施工、监理、设备材料等发包承包交易的入场登记服务。

2. 负责建设工程项目招标公告的发布服务。

3. 负责建设工程发包承包交易的投标报名服务。

4. 负责将投标报名工作中发现的问题及时反馈给有关部门。

5. 负责投标企业数据库的建立、维护等管理：（1）录入投标企业相关资料，建立投标企业数据库；（2）对投标企业数据库实施动态维护，办理数据资料变更。

6. 负责建设工程项目的开标、评标服务工作：（1）负责开标、评标场地安排服务；（2）负责开标过程中的数据输入和现场记录服务；（3）负责将开标过程中发现的问题及时反馈到有关部门。

7. 负责建设工程评标专家库的使用管理、评标专家的抽取服务。

8. 负责建设工程发包承包交易项目的相关数据整理、资料收集工作。

9. 完成有形建筑市场领导交办的其他有关事项。

有形建筑市场信息管理部门工作职责：

1. 建立和管理有形建筑市场的内部管理网络，实现有形建筑市场和政府主管部门及相关机构派驻有形建筑市场各窗口单位办公的信息化、网络化和自动化。

2. 建立与有形建筑市场各相关部门、专业市场、区县分市场的工作信息交换平台，建立本地区有形建筑市场信息网络系统，并进行必要的维护、业务指导和协调，负责对相关部门的人员进行培训。

3. 根据建设部及当地建设行政主管部门的要求，负责本地区建设工程信息网站的运行维护和管理。

4. 建立有形建筑市场发包承包交易活动中企业和执业资格人员的市场不良行为记录，并形成档案。

5. 负责有形建筑市场的报表统计工作。

6. 完成有形建筑市场领导交办的其他有关事项。

有形建筑市场咨询服务部门工作职责：

1. 宣传、贯彻建设工程发包承包交易活动及建设工程招标投标的法律、法规和政策，以及对发包承包交易活动中的问题进行咨询。

2. 分析、研究建筑市场的发展动态，针对发包承包交易活动中出现的问题，开展专题性研究。

3. 根据需要，组织或协助有关部门开展人员岗位培训、业务技能培训等工作。

4. 完成有关课题的调研工作。

5. 完成有形建筑市场领导交办的其他有关事项。

有形建筑市场行风监督部门工作职责：

1. 加强有形建筑市场自身的行风建设，促进有形建筑市场各窗口单位提高服务质量，保障有形建筑市场健康有序发展。

2. 受理对招标投标和发包承包交易活动中违法违规行为的举报和投诉，并向主管部门反映情况，协助有关部门开展调查工作。

3. 邀请或接受人大、政协代表、特邀监察员、新闻媒体等对有形建筑市场的检查和监督。

4. 完成有形建筑市场领导交办的其他有关事项。

有形建筑市场财务部门工作职责：

1. 负责有形建筑市场的会计核算工作。

2. 按有关规定收取建设工程交易服务费。

3. 编制有形建筑市场财务预算和财务计划，并监督分析执行情况。

4. 负责有形建筑市场日常财务开支工作。

5. 参与拟定有形建筑市场的经济活动计划，依法对经济活动实行会计监督。

6. 为有形建筑市场的资金运用提供方案。

7. 制定有形建筑市场有关财务管理制度和办法。

8. 完成有形建筑市场领导交办的其他有关事项。

（三）有形建筑市场工程交易流程图（见附图1、附图2）

（四）有形建筑市场档案查询和保密制度有形建筑市场档案管理工作制度

1. 对招标投标过程中的档案应当进行收集、整理、保管。

2. 有形建筑市场文书、人事、财务、物业、党群、工会等资料应当归档、立卷和保管。

3. 为有关部门和有形建筑市场提供档案借阅服务。

4. 对档案的保存期进行鉴定，对超过保管期限的档案提出存、毁意见。

5. 定期对具有永久和长期保存价值的档案进行必要的分类、统计和保管。

6. 维护档案的完整与安全，做好对档案的防盗、防火、防尘、防潮、防虫等管理。

7. 做好日常文件材料的立卷和保管。

有形建筑市场会计档案管理制度：

1. 会计人员要按照国家和上级关于会计档案管理办法的规定和要求，对本单位的会计凭证、会计账簿、会计报表、单位预算和重要的经济合同等会计资料定期收集、审查、核对。

2. 每年形成的会计档案，都由财务部门按照归档要求负责整理立卷、装订成册。当年会计档案，在会计报表年度终了后，可暂由本单位财务会计部门保管一年，期满之后，由财务会计部门编制移交清册，并移交到本单位的档案管理部门保管。

3. 调阅会计档案要严格办理手续，本单位人员调阅会计档案要经会计主管人员同意，外单位人员调阅会计档案要有正式介绍信，经单位领导或会计主管人员批准方可调阅。同时要详细登记调阅档案名称、调阅日期、调阅人员的单位和姓名、调阅理由、归还日期等。调阅人员一般不得将会计档案携带外出，需要复制的要经本单位同意。

4. 对保管期满的会计档案要按照档案管理办法的规定，由财务部门和档案部门共同鉴定，报经批准后，进行处理。对需要销毁的会计档案要填写会计档案销毁清册，统一移交到财务部门一同销毁，并在销毁清册上签名或盖章，会计档案清册要长期保存。对未了结的债权债务，其原始凭证应单独抽出，另行立卷，由档案部门保管至结清债权债务为止。

5. 对会计档案必须进行科学管理，做到存放有序、查找方便，同时严格执行保密制度，不得随意堆放，严禁毁损散失、泄密。

6. 会计档案的保管要符合防潮、防虫、安全等要求，配备库房和与档案数量相适应的档案柜，做到存放有序、查找方便、安全保管。

7. 实行会计电算化处理的档案管理，按照会计电算化的管理制度执行。

有形建筑市场机要秘密文件管理规定为加强有形建筑市场机要秘密文件、资料的管理，提高工作人员的保密意识，保守国家秘密，维护国家安全和利益，防止在文件管理工作中泄露国家秘密事件的发生，根据国家《保密法》、《保密法实施办法》及本地区有关保密工作的规定，结合有形建筑市场的具体情况，作如下规定：

1. 机要秘密文件包括：中央、国务院及省、市政府等上级机关下发的各种机要文件；建设行政主管部门正式印发的机要文件；建设行政主管部门各机关之间来往的涉密文件等。

2. 有形建筑市场办公室作为有形建筑市场机要秘密文件的主管部门，负责对来往的机要秘密文件，实行统一管理，并负责保密工作。

3. 有形建筑市场办公室选派政治可靠、责任心强的同志，负责本部门的机要文件管理工作，对机要文件实行专人、专柜管理。机要文件管理人员要自觉遵守国家保密纪律。

4. 机要秘密文件应由机要人员拆封，拆封时要清点、核对份数。凡指定由领导同志亲自拆封阅办的文件，他人不得拆阅。

5. 机要公文的收发和内部运转，要建立登记制度，严格执行交接签字手续。

6. 除绝密和注明不准转发、翻印、复制的机要公文外，其余机要文件，因工作需要翻印时，必须严格按照批准权限办理，按规定登记，并注明翻印、复制的机关名称、日期、份数和印发范围，妥善保管。

7. 机要公文的传阅应及时，传阅人要向机要人员履行签字手续，杜绝横传，阅后及时退回。

8. 借阅涉密文件，须经有形建筑市场主管领导批准，在指定地点和人员范围内阅读，并对文件内容承担保密义务。任何人不得随意扩大秘密文件阅读范围，也不允许向规定范围以外的人泄露文件内容。

9. 外出参加重要会议人员带回的秘密文件和资料，一律到办公室机要部门登记，工作中如需用文件，应办理借阅手续。

10. 各部门主管业务活动或制发公文内容，属于保密范围内的事项时，均负有不得泄露其内容的责任。

11. 以有形建筑市场名义制发涉密公文，应严格根据国家保密范围，确定密级，注明定密根据及保密期限。传递秘密文件，必须采取保密措施，确保安全。秘密文件的传递，要专人取送，严格手续。取送秘密文件，必须装在文件包或文件箱内，不准把文件放在衣服口袋里，不允许携带秘密文件去公共场所或探亲访友。利用计算机、传真机传递秘密文件，必须采用加密装置。

12. 外事活动和出境期间，严禁携带涉密文件、资料、内部刊物和有涉密内容的笔记本。因工作需要，经有关部门批准携带的资料，应注意保管，严防丢失。

13. 各单位编印文件汇集时，按国家《保密法》及有关规定办理。

14. 有形建筑市场办公室保管的秘密文件，要定期清查、按期销退、归档。发现泄密和丢失文件，要立即追查，及时逐级上报，采取补救措施，并依情节轻重，追究有关人员的责任。

15. 机要人员调动工作，必须将所管文件进行认真清理，详细开具目录或按文件的原有登记簿办理移交手续。

16. 需要销毁的秘密文件和内部资料，须经有关领导批准，由有形建筑市场办公室登记造册，派专人、专车到本地区政府保密委员会指定的造纸厂监护销尽，严禁个人自行销毁或向废品收购部门出售秘密文件。

有形建筑市场保密工作制度：

1. 不该说的机密不说，不该看的机密不看，不该问的机密不问，不该打听的机密不打听。

2. 不得将保密资料带出本单位或带回家。

3. 在公共场所不要随便谈论业务项目具体细节和进展情况。

4. 个人不得随意打探标底，更不得泄露标底。

5. 任何人不得泄露评标专家库的内容或具体工程的评标专家名单。

6. 在招投标服务过程中，不得随意向投标单位透露不该透露的细节情况。

7. 对可能影响招投标公正性的记录、台账、资料等，要注意保管好，该销毁时要及时用碎纸机销毁，不得随意扔进废纸篓。

（五）有形建筑市场公文处理制度

1. 有形建筑市场办公室是有形建筑市场公文处理工作的归口管理部门，负责有形建筑市场公文运转全过程的管理。公文处理工作要严格依照《国家行政机关公文处理办法》和本地区有关国家行政机关公文处理办法细则实施。

2. 公文传递要以有形建筑市场办公室为中枢，公文的每次进出都应该在办公室的统一管理下进行，直至办理完毕，各部门不得随意传递文件。

3. 领导审批公文，主批人应当明确签署意见，签署姓名和批示日期；其他审批人圈阅，视为同意。

4. 有形建筑市场制发公文要严格坚持行文程序：经领导交办、部门有关人员撰稿、负责人审核修改、有关部室会签、办公室核稿、送主管领导签发、办公室编号、组织打印；公文付印之前，认真校对；印出之后，再次核对确认公文准确无误后，方可盖印发出。

5. 公文行文的格式应严格依照《国家行政机关公文处理办法》和本地区有关行政机关公文处理办法细则的要求执行。

6. 严格执行制发公文的会签和核稿制度，以免造成矛盾和不必要的公文往返。

7. 有形建筑市场办公室派专人负责公文的收发工作，以确保上传下达渠道的畅通。

8. 严格按时限要求办理，有形建筑市场办公室送请领导批示的公文，领导同志应当在3日之内作出批示；送有关部门办理的公文，应在7日之内作出处理；对请示批准事项的公文，应在收文后的10日之内答复来文机关。无法如期办复的要及时说明情况。

9. 做好公文归档工作。根据《中华人民共和国档案法》和《机关档案工作条例》的有关规定，将有归档保存价值的公文及有关资料，定期归档。任何部门和个人均不得私自保存应当归档的公务文书。

10. 明确检查催办工作办理程序，做到有章可循。交有形建筑市场办公室承办的催查件，都要经过办公室登记、有形建筑市场领导批示、部门承办、核稿反馈的办理程序，做到催办件件件落实。

11. 建立部门负责制。各部门都要强化检查催办意识，明确责任，按期完成本部门承办件的处理工作。

12. 急事急办、特事特办，提高工作的时效性。对急、难事项的催办，由办公室牵头，召开有关承办单位协调会，促进贯彻执行。

13. 建立检查催办工作的考核评比制度。每年年终总结全年工作时，评比考核检查催办工作，总结交流先进经验，对拖拉扯皮的要通报批评。

（六）有形建筑市场信息工作制度

1. 信息报送制度。有形建筑市场办公室应派专人负责信息撰写和发送工作，及时准确地将有形建筑市场的重大事项向建设行政主管部门报告。

2. 信息审核制度。有形建筑市场办公室对报送的信息，审核把关后再签发。重要信息材料须经领导审阅过目后，方可签发。

3. 对领导批示信息的催办制度。有形建筑市场办公室有专人负责办理，急事急办，特事特办，及时上报。

4．积极组织信息稿件的撰写，及时反映本地区近期建设工程交易工作的动态。

（七）有形建筑市场公开承诺制度

1．公开事项：（1）招投标工作的法律、法规和规章等规定；（2）工作流程、职责、责任人；（3）工程信息、工作时限、招标公告、中标结果；（4）综合收费标准和依据；（5）对违法、违规的处理结果。

2．承诺：（1）态度和蔼、细心周到、服务热情；（2）能办的事即办，在规定的办理时限内办结，急事急办、不拖拉、不推诿，确保及时、高效、无差错；（3）廉洁自律，不谋私利，杜绝乱收费，自觉接受监督；（4）投诉渠道顺畅，并认真接待处理，口头投诉的口头答复，书面投诉的书面答复，对有效投诉做到件件有落实。

3．承诺责任：（1）凡有违公开事项及承诺的，发现一次，批评教育，发现两次，通报批评并作出书面检查，连续发现3次以上者，给予相应处罚，直至辞退；（2）群众投诉工作人员违反公开事项及承诺，调查属实的，视情节轻重，分别对责任人给予作出检查、向服务对象赔礼道歉、罚款、下岗等处罚，直至辞退。

（八）有形建筑市场信访工作制度

1．本着化解矛盾、调解纠纷、听取群众意见、改进有形建筑市场工作、促进安定团结的原则，认真接待和处理群众来信来访，不得敷衍。

2．建立信访工作登记簿，准确摘要信件基本内容及承办运转过程，做到来信件件有着落，办理过程有案可查。

3．坚持"及时、高效"的办理原则，凡有领导批示和群众关注的重要信件，当日转出，责成承办单位限期办结。一般信件两日内转出，由承办单位函复来信人，不能分流的信件，由有形建筑市场负责人视情况处理。

4．遵守信访工作制度，保护来信人权益，对未经查实或虽已查实，但组织上未做结论的问题不得泄露。

5．树立实事求是、深入调研的工作作风，多方面听取意见，高质量办理来信及来访。

6．做好信访情况综合统计工作，每季度按期报送建设行政主管部门。

（九）有形建筑市场会计监督制度有形建筑市场会计部门、会计人员对本单位的经济活动进行会计监督

1．会计人员进行会计监督的依据：（1）财经法律、法规、规章；（2）会计法律、法规和国家统一会计制度；（3）本地区财政主管部门根据《中华人民共和国会计法》和国家统一会计制度制定的具体实施办法或者补充规定；（4）根据《中华人民共和国会计法》和国家统一会计制度制定的单位内部会计管理制度；（5）各单位内部预算、财务计划、经济计划、业务计划等。

2．会计部门、会计人员应当对原始凭证进行审核和监督。对不真实、不合法的原始

凭证，不予受理。对弄虚作假、严重违法的原始凭证，在不予受理的同时，应及时向单位领导人报告，查明原因，追究当事人责任。对记载不准确、不完整的原始凭证，予以退回，要求经办人员更正、补充。

3. 会计部门、会计人员对伪造、变造、故意损毁会计账簿或者账外设账行为，应当制止和纠正；制止和纠正无效的，应当向主管领导报告，请示做出处理。

4. 会计部门、会计人员应当对实物、款项进行监督，督促建立并严格执行财产清查制度。发现账簿记录与实物、款项不符时，应当按照国家有关规定进行处理。超出会计部门、会计人员职权范围的，应当立即向主管领导报告，查明原因，做出处理。

5. 会计人员对下列财务行为，应当进行监督并加以制止和纠正：（1）审批手续不全的财务收支；（2）违反规定不纳入单位统一核算的财务收支；（3）违反国家财政、财务、会计制度规定的财务收支；（4）严重违反国家利益和社会公众利益的财务收支。

6. 会计部门、会计人员对违反单位内部会计制度的经济活动，应当制止和纠正；制止和纠正无效的，及时向主管领导报告。

7. 有形建筑市场会计部门和会计人员要依照法律和国家有关规定接受财政、审计、税务等机关的监督，如实提供会计凭证、会计账簿、会计报表和其他会计资料以及有关情况，不得拒绝、隐匿、谎报。

8. 按照法律规定应当委托注册会计师进行审计的，应当委托注册会计师进行审计，并配合注册会计师的工作，如实提供会计凭证、会计报表和其他会计资料以及有关情况，不得拒绝、隐匿、谎报，不得要求注册会计师出具不当的审计报告。

（十）有形建筑市场行风监督制度有形建筑市场行风工作责任制

1. 成立行风建设领导小组，组长由有形建筑市场负责人或党建负责人担任，成员由有形建筑市场各职能部门负责人和驻场部门相关人员组成。

2. 行风建设工作领导小组，负责行风建设的日常宣传教育和上级有关会议精神的传达贯彻，抓好具体工作的落实。

3. 严格按照上级要求，组织开展好阶段性的行风评议工作，认真发动、精心指导、细心整改、严格规范、自查自纠、不走过场。

4. 组长主要是抓好行风工作总体方案制定和实施过程中的原则性指导。

5. 成员负责日常行风工作的具体实施，以及相关资料的收集整理、文件起草、工作记录，行风情况的检查、督办等。

6. 行风建设工作实行领导责任制，组长负总责，副组长负重要责任，成员负连带责任，其他负管理责任。

有形建筑市场行风监督评议制度：

1. 坚持开展行风评议活动，主动接受社会对工程交易服务工作的监督评议。

2. 积极参加本地区开展的行风评议活动。

3. 设立行风评议箱，主动要求建设、施工等单位，对工程交易服务工作进行评议。

4. 配合有关监管部门建立面向社会的行风监督员队伍，并组织行风监督员开展经常性的行风评议活动。

5. 与行风监督员建立正常工作联系，经常向行风监督员发送工作信息，加强沟通；并和监督员所在单位建立良好联系，取得其对行风监督工作的理解和支持。

6. 定期召开行风监督员工作例会，每半年通报一次行风监督工作的情况，征求行风监督员的意见和建议，做好会议记录，并对上次会议的意见和建议整改情况进行反馈。

7. 组织行风监督员学习培训，针对行风监督小组工作的不同侧面，组织行风监督员开展招投标业务知识学习，提高监督员参与监督的能力和水平。

8. 实施日常跟踪监督，每年挑选一些具有代表性的重点工程和大、中型招标项目，配合招投标监管部门邀请行风监督员进行开标、评标全过程的监督；并组织每位行风监督员一年内走访1~2家建设、施工单位（提供素材，行风监督员自选项目），听取对招投标服务工作的建议和意见，同时向有形建筑市场及时反馈。

9. 开展年度行风综合评议，每年底要求各位行风监督员对有形建筑市场的全年工作，进行一次综合性书面评议。

（十一）有形建筑市场首问责任制度

1. 第一位接待群众来电或来访的工作人员为第一责任人，对群众来电或来访要认真负责。

2. 对群众来电或来访，第一责任人必须主动热情接待，详细填写来电、来访记录单，不得以任何借口拒绝。

3. 第一责任人的主要职责：（1）受理应由本部室办理的来电、来访；（2）转办应由本单位其他部门办理的来电、来访；（3）对符合政策、法规的来电、来访，明确答复来电、来访人办复时间，并确保兑现；（4）对不符合政策、法规的来电、来访，耐心宣传解释；（5）对转办事项进行跟踪，直至答复来电、来访人；（6）将受理办复情况填报。

4. 对重大疑难问题，第一责任人应及时向分管领导或直接向主管领导汇报，经请示后批转有关部门限期答复。

5. 对受理的群众来电、来访，凡涉及两个以上承办部门的，有关部门都必须积极配合，必要时由分管领导组织协调。

（十二）有形建筑市场责任追究制度

1. 在工程交易服务过程中，违规干预招标投标活动，并受到举报，经核实无误的，责令当事人进行检查，给予必要的经济处罚，并记入当年考核档案；情节严重或屡犯的调离原岗位，或视情节轻重给予责令辞职、免职、解聘、辞退等组织处理。

2. 工作人员违反廉洁自律管理制度，一经发现，责令检查，立即退还或折价退还非法所得，并视情节轻重，是党员的按照党纪政纪处分规定给予处分或责令辞职、免职、解聘、辞退等组织处理；非党员的参照行政处分的规定给予处分或者责令辞职、免职、解聘、辞退等组织处理；情节恶劣构成犯罪的，依法追究刑事责任。

3. 在工程交易服务过程中，工作人员串通有关单位人员，利用计算机或其他手段设定评委圈，或评标前泄露评标专家名单，给他人提供舞弊帮助的，一经确认，停职反省，并给予经济处罚；情节特别严重，造成社会恶劣影响的，报上级主管部门给予党纪政纪处分。

4. 在工程交易服务过程中，工作人员打探并泄露招投标有关情况以谋取私利的，一经确认，停职反省，并给予经济处罚；情节严重造成招标人或投标单位重大损失的，报上级主管部门给予党纪政纪处分。

5. 财会人员玩忽职守，给本单位造成经济损失的，视情节轻重，给予经济处罚或行政处分；对有意损毁账目，侵吞单位资产的，报上级主管部门给予党纪政纪处分，直至追究刑事责任。

6. 工作人员玩忽职守，造成安全事故，并给单位财产造成损失的，视情节轻重给予经济处罚或行政处分；对造成重大损失的，依法追究刑事责任。

（十三）有形建筑市场廉洁自律管理制度有形建筑市场廉洁自律管理规定

1. 认真学习有关廉政建设的重要文件，加强反腐倡廉的法制教育和管理，增强各级领导和职工的法制观念和反腐能力。

2. 公开办事程序和工作制度，接受社会监督，按法定程序做好工程承发包交易服务。

3. 自觉抵制物质引诱和不良思想侵蚀，在对外公务活动中，谢绝对方给予的礼金、有价证券等，不便或难以拒绝的应及时送交行风监督部门，按有关规定处理。

4. 坚持原则，秉公办事，不准利用工作方便参与推荐施工单位、厂家或产品等活动；不参加影响公正执行公务的宴请，不准借服务便利提供影响公正竞争的信息。

5. 不准从事有偿中介活动，不准到关系单位和其它企事业单位索取物品或报销应由个人支付的各种费用。

6. 因公外出办事，应按规定标准吃工作餐，不得要求建设单位、施工单位或其他有关单位设宴招待。

7. 有形建筑市场人员应严格遵守本规定，如出现社会举报，经调查属实，将根据情节及社会影响给予直接责任人及有关领导相应的党纪或政纪处分，构成犯罪的，移交司法机关依法追究刑事责任。

8. 本管理规定，纳入职工年终岗位综合考核、考评内容。

有形建筑市场十条禁令：

1. 严禁有令不行，有法不依，确保政令畅通。

2. 严禁不按程序和时限办事，刁难服务对象，"生冷硬顶、推诿扯皮"。

3. 严禁利用职权违规开展有偿服务。

4. 严禁向建设单位推荐施工队伍和建筑材料、设备、制品等。

5. 严禁利用职权干预和插手工程招标投标活动。

6. 严禁利用职权和工作之便，对建设单位、企业和基层单位"吃、拿、卡、要"。

7. 严禁接受被管理、服务单位和个人邀请参加宴请、娱乐、旅游等活动。

8. 严禁接受建设单位和企业以任何名义赠送的礼金、礼品。

9. 严禁利用职权和工作之便，为个人、亲友和小集体谋取私利。

10. 严禁从事第二职业，未经批准不得到企事业单位兼职或担任顾问，因工作需要经批准兼职者不准领取酬金。

有形建筑市场十条保廉措施：

1. 实行政务公开制度。

2. 建立部门岗位责任制度。

3. 工作人员实行轮岗制度。

4. 建立招标投标项目回访制度。

5. 实行开门整风及上门服务制度。

6. 制定、完善办事守则和工作承诺。

7. 开展树新风，学先进，争创文明窗口、文明岗位的活动。

8. 自觉接受驻场纪检监察部门的监督。

9. 聘请社会监督员。

10. 执行"禁令"的措施及处理办法：（1）建立礼品、纪念品申报登记制度。无法谢绝的纪念品、礼品要填报申报单，按有关规定处理。（2）实行工作餐交费制度。需要在外就餐的，按有形建筑市场规定的标准付给餐费。（3）凡违反"禁令"一次，扣发当月奖金等。

凡违反"禁令"二次，除扣发奖金外，并给予通报批评。

凡违反"禁令"三次，由现岗转为待岗，时间半年，待岗人员的工资及其他待遇标准由各地有形建筑市场自行制定。

（十四）有形建筑市场文明礼貌制度

1. 服务用语提倡讲普通话，在接待服务对象时，要使用"您好"、"请"、"对不起"、"谢谢"、"再见"等文明用语，禁止使用伤害感情、激化矛盾、损害形象的语言。

2. 服务态度必须热情和蔼。

（1）接待服务对象时，应当主动打招呼、让座。

（2）对待服务对象，应当做到：领导与群众一样，生人和熟人一样，外地人和本地人一样。

（3）服务对象咨询有关问题时，要主动热情、耐心周到、解释全面、不得推托冷落、刁难训斥和歧视。

（4）服务对象提出意见、建议和批评时，要耐心听取，不与其争辩，做到有则改之、无则加勉。

（5）服务对象出现误解，出言不逊时，要做好相关政策的宣传和解释工作，不得与其争吵，应及时向领导汇报，妥善解决。

3. 工作人员服装仪表整洁，举止端正、文明，有条件的有形建筑市场应统一规定着装。

（十五）有形建筑市场文明窗口制度（略）

（十六）驻场各部门职责（由各驻场部门自行制定）

招标投标监督管理部门职责（略）；

设计审查部门职责（略）；

国土资源管理部门职责（略）；

工商行政管理部门职责（略）；

工程质量监督部门职责（略）；

安全监督部门职责（略）；

市政建设管理部门职责（略）；

工程建设管理部门职责（略）；

工程造价管理部门职责（略）；

公证部门职责（略）；

城建监察部门职责（略）；

纪检监察部门职责（略）；

其他驻场部门职责（略）。

（十七）监察部门制定的进驻有形建筑市场执法监察制度有形建筑市场执法监察工作制度为强化各级建筑市场执法监察部门的队伍建设，确保执法监察人员秉公执法，特制定有形建筑市场执法监察工作制度。

1. 设立专职人员。

2. 例行检查制度。

3. 执法监察工作的检查内容。

4. 登记汇总制度。

5. 抽查和复查制度。

6. 监察及办案制度。

7. 违法登记制度。

8. 自我约束制度。

9. 责任追究制度。

10. 驻有形建筑市场执法监察人员考核制度。

二、有形建筑市场工作人员管理制度。

（一）工作人员职业守则有形建筑市场工作人员必须遵守"严、廉、勤、俭、团"五字职业守则。

1. 严（严肃）即：严肃纪律，执行规章制度；坚持原则，按章秉公办事；遵纪守法，违纪严肃处理。

2. 廉（廉洁）即：廉洁奉公，谢绝请客送礼；洁身自爱，不准索要礼品；规范服务，文明礼貌接待。

3. 勤（勤劳）即：勤奋上进，精研本职业务；坚守岗位，工作随来随办；环境整洁，争创文明单位。

4. 俭（俭朴）即：俭朴务实，不比办公条件；精打细算，防止铺张浪费；勤俭节约，努力增收节支。

5. 团（团结）即：团结合作，搞好内外配合；发生矛盾，多做自我批评；同心协力，完成各项工作。

（二）有形建筑市场工作人员行为准则 依法办事，不随心所欲和主观臆断；公平公正，不偏听偏信和感情用事；严格监督，不马虎从事和放弃原则；遵章守纪，不玩忽职守和各行其是；严守秘密，不泄漏消息和到处打听；实事求是，不弄虚作假和隐瞒真相；诚实可信，不随意表态和失信于人；耐心指导，不刁难他人和草率应付；文明礼貌，不举止粗俗和给人难堪；廉政自律，不以权谋私和索拿卡要。

（三）有形建筑市场工作人员工作纪律（十不准）

不准态度生硬，不准随意许诺；不准参与中介，不准推荐产品；不准介绍队伍，不准暗示索礼；不准操纵评标，不准暗中干预；不准泄露机密，不准优亲厚友。

（四）窗口工作人员考核管理办法 有形建筑市场窗口办公考核管理规定 为了进一步加强有形建筑市场办事窗口的管理，充分发挥模范窗口的示范作用，全面规范窗口工作人员的工作标准，提高整体工作水平，更好地为交易各方主体服务，特制定本规定。

1. 窗口工作人员由所在单位安排，填写窗口单位授权委托书，送有形建筑市场备案。

2. 遵守劳动纪律，严格作息时间。坚守工作岗位，不得无故空岗。因工作需要或病事假不能到岗的，必须由所在部门领导安排工作人员替岗，并填写"替岗通知单"报有形建筑市场备案。

3. 窗口工作人员应当按要求统一着装。

4. 保持办公环境整洁、卫生，禁止吸烟。

5. 信守服务承诺，使用文明礼貌用语，提供热情周到的服务。

6. 遵守廉政规定，谢绝办事单位或人员的宴请和馈赠礼品。

7. 认真做好安全防范工作，注意防火防盗。

8. 坚持业务学习和业务培训。

9. 认真做好窗口评比活动，评比分为月份流动"优质服务示范区"、季度"服务明星"和年度"优质服务岗"。

10. 考核形式分为随机抽查、月份考核和年度考核。

有形建筑市场窗口办公人员考核表（见附表1～附表5）。

三、有形建筑市场各方交易主体管理制度

（一）入场交易资格

1. 招标人的招标资格凡具有编制招标文件和组织评标的能力，且符合下列条件者，即可自行在有形建筑市场办理招标事宜：

（1）是法人或者其他组织。

（2）有从事同类工程招标的经验，并熟悉和掌握有关工程招标的法律、法规、规章及规范性文件及招标程序的有关人员。

（3）有专门的招标组织机构并有与工程规模、复杂程度相适应（满足建设部令第79号第8、9条第二款规定）的工程技术、概预算（专业应配套）、财务以及工程管理等方面的专业技术人员（不含聘请人员），专业技术人员应附证明材料（证明材料包括：专业技术人员的名单、职称证书、执业资格证书及工作经历证明）。

（4）法律、法规规定的其他条件。

不具备上述条件者，招标人应委托具有相应资质的工程招标代理机构代理招标。

2. 投标人的投标资格

（1）具备相应的企业资质、企业法人营业执照、项目负责人执业资格，并在工程业绩、技术能力、工程质量保证、技术装备、安全生产、财务状况等方面能满足资格预审或招标公告的潜在投标人有权申请投标。

（2）跨地区企业应取得当地建设行政主管部门备案登记。

（3）投标期间没有处于被责令停业，投标资格被取消，财产被接管、冻结、破产状态等。

（4）在最近3年内没有骗取中标和严重违约及重大工程质量、安全事故。

（5）法律、法规规定的其他条件。

3. 工程招标代理机构的资格具备相应的工程招标代理机构资质、企业法人营业执照，受招标人自愿委托，可在资质许可和招标人委托的范围内按有关规定从事招标代理业务。任何部门、单位和个人不得强制招标人委托工程招标代理机构办理招标事宜。

任何工程招标代理机构也不得以任何理由强行代理。

工程招标代理机构代理招标，应向有形建筑市场出具招标人的委托合同及授权协议书。

4. 按规定必须进场进行招标的工程建设项目，在场外进行招标的，一律视为无效。

（二）评标委员会组建及评标

1. 评标委员会依据《评标委员会和评标方法暂行规定》（七部委令第12号）、《工程建设项目施工招标投标办法》（七部委令第30号）、《工程建设项目勘察设计招标投标办法》（八部委令第2号）、《房屋建筑和市政基础设施工程施工招标投标管理办法》（建设部令第89号）的有关规定组建。

2. 评标委员会负责人由评标委员会推举产生或由招标人确定。评标委员会负责人与

评标委员会的其他成员有同等的表决权。

3. 评标委员会成员应当客观、公正地履行职责，遵守职业道德，对所提出的评审意见承担个人责任。

4. 评标期间除评标委员会成员、监督人员和有形建筑市场见证服务人员外，任何人不得擅自进入评标工作室。为了减少干扰，监督人员可通过监控设施监督。

5. 评标期间监督人员、有形建筑市场工作人员及评标委员会成员均不得对评标工作有诱导、启发、干预等行为。评标出现异议或投标文件出现差错等，均由评标委员会独立形成书面评审意见，并对形成的书面评审意见承担责任。

6. 评标委员会成员评标期间应严格遵守工作纪律。

（三）进场交易程序

1. 招标人应持立项等批文（在立项下达后的 1 个月内）向进驻有形建筑市场的建设行政主管部门登记。

2. 招标人持报建登记表向有形建筑市场索取交易登记表，填写完毕后在有形建筑市场办理交易登记。

3. 按规定必须进行设计招标的工程，进入设计招标流程；非设计招标工程，招标人向进驻有形建筑市场的有关部门办理施工图审查手续。

4. 招标公告应在指定的信息发布媒介和中国工程建设信息网上同时发布；招标公告发布时间至报名截止时间最低期限为 5 个工作日。

5. 招标人或招标代理机构编制招标文件或资格预审文件，应向驻有形建筑市场的招投标监管部门备案；招标文件或资格预审文件应包括评标方法、资格预审方法。

6. 招标人或招标代理机构通过有形建筑市场安排招标活动日程。

7. 招标人或招标代理机构在有形建筑市场发售招标文件或资格预审文件，潜在投标人按招标公告要求在有形建筑市场获取招标文件或资格预审文件，有形建筑市场提供见证服务。

8. 进行资格预审的项目，由招标人或招标代理机构在有形建筑市场向资格预审合格的特定投标人发出投标邀请书，有形建筑市场提供见证服务并跟踪管理。

9. 招标人或招标代理机构组织不特定的投标人或资格预审合格后的特定投标人踏勘现场，并在有形建筑市场以召开投标预备会的方式解答，同时以书面方式通知所有投标人。但在上述活动中不得向他人透露已获取招标文件的潜在投标人的名称、数量以及可能影响公开竞争的有关招标投标的其他情况，有形建筑市场提供见证服务并跟踪管理。

10. 投标人按招标文件要求编制投标文件；需设标底的工程，标底由招标人自行编制或委托经建设行政主管部门批准，具有编制工程标底资格和能力的中介咨询服务机构代理编制。

11. 投标人按招标文件的要求编制投标文件，并按招标文件约定的时间、地点递送投标文件，招标人或招标代理机构应予以签收，并出具表明签收人和签收时间的凭证，有形建筑市场提供见证服务并跟踪管理。

12. 招标人或授权的招标代理机构通过计算机从有形建筑市场提供的评标专家名册中随机抽取评标专家，组成评标委员会，有形建筑市场提供见证服务并跟踪管理。

13. 由招标人或招标代理机构主持开标会议，按招标文件规定的提交投标文件截止时间的同一时间在有形建筑市场公开开标，有形建筑市场提供监督和见证服务。其开标程序如下：

（1）会议由招标人主持并宣布会场纪律。

①场内严禁吸烟；②凡与开标无关人员退场；③参加会议的所有人员应关闭寻呼机、手机等，开标期间不得高声喧哗；④投标人员有疑问应举手发言，参加会议人员未经主持人同意不得在场内随意走动。

（2）主持人介绍参加会议的有关单位和代表。

（3）领导讲话（招标人如果有此项安排的）。

（4）主持人宣布开标人、唱标人、监标人、记录人。

（5）主持人或工作人员宣布评标方法。

（6）需要进行评标指标复合的，随机抽取复合比例等。

（7）招标人和投标人推荐的代表共同检查投标书的密封情况，认为投标书密封符合要求后签字确认。

（8）按投标书送达时间逆顺序开标、唱标（宣布投标书的主要内容：如投标报价、最终报价、工期、质量标准、主要材料用量及调价信、承诺书等）。

（9）投标人澄清开标内容并在开标记录上签字确认。

（10）需要公布标底的公布标底。

（11）开标会议结束。

14. 评标委员会依据招标文件确定的评标方法评标，并产生评标报告，向招标人推荐中标候选人，有形建筑市场提供见证服务并全过程进行现场监督；评标委员会同时将评标报告（复印件）送招投标监管部门。评标报告应包括以下内容：（1）投标文件送达签收情况的记录；（2）评标委员会组成及评标专家抽取记录；（3）参加开标会议的代表签到情况；（4）投标文件检查及确认情况；（5）开标记录及投标人确认开标记录情况；（6）评标委员会签到记录；（7）投标文件初审（符合性检查）一览表；采用资格后审方式时的资格审查情况；（8）废标情况的说明；（9）详评或终评一览表及排序情况；（10）澄清、补正及说明、签定合同时应注意事项纪要等；（11）推荐的中标候选人情况；（12）评标标准、评标方法；（13）法律、法规规定的其他内容。

15. 依据评标委员会提交的评标报告，招标人按有关规定确定中标人，招标人也可授权评标委员会确定中标人。

16. 招标人或招标代理机构在有形建筑市场通过信息网公示中标候选人（3个工作日），有形建筑市场提供见证服务。

17. 招标人或招标代理机构按《招标投标法》及有关规定向招投标监管部门提交招标投标情况的书面报告。书面报告应包括以下内容：（1）招标项目的基本情况：如工程概况、招标过程等；（2）招标方式和发布招标公告的媒介；（3）招标文件中投标人须知、技术规范、评标方法和标准、合同主要条款等内容；（4）评标委员会的组成和评标报告及附件；（5）中标结果；（6）其他需要说明的问题；（7）法律、法规规定的其他内容。

18. 招投标监管部门对招标人或招标代理机构提交的招标投标情况的书面报告备案。

19. 招标人、中标人缴纳相关费用。

20. 有形建筑市场按统一格式打印中标（交易成交）或未中标通知书，招标人向中标人签发中标（交易成交）通知书，并将未中标通知送达未中标的投标人。

21. 涉及专业分包、劳务分包、材料、设备采购招标的，转入分包或专业市场按规定程序发包。

22. 招标人、中标人向进驻有形建筑市场的有关部门办理合同备案、质量监督、安全监督等手续。

23. 招标人或招标代理机构应将全部交易资料原件或复印件在有形建筑市场备案一份。

24. 招标人向进驻有形建筑市场的建设行政主管部门办理施工许可。

（四）进场交易各方主体应当遵守的场内守则

1. 严格遵守有关法律、法规、规章、交易规则和程序，维护正常交易秩序。

2. 服从有形建筑市场的统一管理。

3. 遵循自愿、公开、公平、公正、诚实信用的原则和公认的交易道德；遵守建设程序，按规定办理各项工程建设手续。

4. 不互相串通搞不正当竞争，不用虚假宣传抬高自己，贬低他人。

5. 自觉维护委托人的合法权益。

6. 驻场各部门做到政务公开，按规定时限办理手续，坚持原则，秉公办事、廉洁高效、优质服务，切实履行社会承诺，接受各方监督。

7. 在履行工作职责期间，遇到与本人或直系亲属有利害关系的情形应当回避。

8. 在交易活动中廉洁奉公，严禁行贿、受贿、索贿。

9. 爱护有形建筑市场内各种设备、设施，损坏物品，照价赔偿。

10. 讲究文明礼貌，不大声喧哗、吵闹，保持场内卫生。

11. 公众场合，禁止吸烟。

（五）监督管理进驻有形建筑市场的各部门负责自己业务范围内的监督工作，应按计算机设定的交易流程办理业务，每道程序均由办事人员确认后方可通过下道程序。每道程序在手续符合条件时，一般情况下当日完成，特殊情况不超过 2 个工作日。有形建筑市场负责交易活动的日常监督管理。

交易双方发生纠纷，可向有形建筑市场反映，有形建筑市场组织相关部门进行调解或向建设行政主管部门报告。

有形建筑市场及进驻有形建筑市场的各部门，接受驻场纪检监察部门的监督。

四、有形建筑市场工程交易活动管理制度

（一）招标公告发布工作制度

1. 依法必须进行公开招标的项目，资格预审通知及招标公告须在国家或省、市指定的媒介上发布方为有效，并同时通过中国工程建设信息网发布。

2. 发布前须经招投标监管部门核准。

3. 招标公告应包括下列内容：（1）招标人和招标代理人的单位名称、地址并加盖公章；（2）招标人和招标代理机构联系人姓名、联系电话；（3）工程名称；（4）工程地点；（5）公告发布时间；（6）投标申请人专业类别要求；（7）投标申请人资质等级要求；（8）报名截止时间；（9）报名地点；（10）工程规模；（11）结构类型；（12）层数/高数；（13）立项批准部门文号；（14）建设工程规划许可证批准部门及文号；（15）计划开、竣工时间。

4. 发布时间：不少于5个工作日。

（二）信息发布工作制度

1. 工程项目报建在有形建筑市场报建大厅统一登记。

2. 招投标监管部门对报建信息及有关资料进行审核后，由有形建筑市场发布建设工程交易信息。

3. 报建信息应包括以下内容：（1）工程名称；（2）建设单位；（3）建设地点；（4）单位性质；（5）联系人与电话；（6）建筑面积（平方米）及总投资（万元）；（7）结构形式与建设类别；（8）招标方式或发包方式；（9）计划开、竣工日期；（10）委托代理情况；（11）法人代表；（12）工程概算（万元）；（13）层数；（14）计划招标时间；（15）总工期（日历天）。

（三）中标结果公示制度

1. 确定中标单位后，招标人应当在有形建筑市场发布中标结果公示。

2. 中标结果公示应包括以下内容：（1）招标人名称；（2）工程名称；（3）结构类型；（4）工程规模；（5）招标方式；（6）中标价；（7）开标时间；（8）中标人名称；（9）公示开始时间；（10）公示结束时间。

3. 公示时间不得少于3个工作日。

五、有形建筑市场评标专家管理制度

（一）评标专家守则

1. 在接到评标通知后没有正当理由不得无故拒绝，不得询问与评审项目有关的情况，应按通知时间准时到达指定地点报到。因故不能参加评标的，应在评标前告知通知人，具体提前时间由各有形建筑市场自行确定。

2. 凡接到通知的专家必须凭身份证亲自参加评标，不得委托他人代替。

3. 从接到评标通知到中标（交易成交）通知书发出之前，不得与投标人或者与招标结果有利害关系者有任何私下接触，不得收受投标人和其他利害关系人的财物和其他好处。

4. 参加评标时，若发现本人与招标人或招标代理机构、投标人有利害关系，应主动提出回避。

5. 评标时，应各自独立进行评审；评标委员会成员或负责人不得发表任何具有倾向性、诱导性的见解，不得对其他评委的评审意见施加任何影响；任何人不得要求、组织评标委员会成员集体协商评标。

6. 在评标过程中，应服从有关部门的监督和管理，若发现评标过程中有违法违纪情况，应及时向有形建筑市场或有关监管部门举报。

7. 在评标过程中，不得将投标文件擅自带离评标会场评审；不得向外界透漏评标内容或评标委员会成员对某标书的评审情况；不得在评标用纸以外记录、抄写、夹带有关评标内容；评标结束后不得复印或带走与评标内容有关的资料。

8. 出具的评审意见应客观、公正、真实，并承担个人责任。对评标结论持有异议的评标委员会成员，应书面向评标委员会提出意见和理由，否则视为同意。

9. 在评标过程中不得中途离开或提前退场，如有特殊情况确需离开的，应征得评标委员会负责人、招标人或招标代理机构、监督人的许可。

10. 评标期间，应自觉关闭一切通信设备或主动将通信设备临时上缴有形建筑市场工作人员封存保管。

（二）评标专家抽取管理程序

1. 依据建设工程评标专家名册管理办法建立评标专家计算机随机抽取系统。

2. 招标单位持经招投标监管部门核发的"建设工程招标备案登记表"，会同招投标监管部门监督员进行评标专家抽取工作。

3. 由招投标监管部门审核招标人的评标办法，确定评标委员会中评标专家的人数。

4. 在开标会24小时前，招标单位在有形建筑市场使用计算机随机抽取评标专家。

5. 抽取评标专家时必须有招标单位代表、招投标监管部门监督员同时在场。招标单位代表执行抽取，招投标监管部门监督员负责监督。

6. 有形建筑市场工作人员按抽取顺序通知被抽取的评标专家，对不能出席评标会的评标专家应在抽取通知单上注明原因。

7. 按抽取顺序通知的评标专家满足评标委员会人数时，则不再继续通知。

8. 已抽取的评标专家不能满足评标委员会的需要时，可增加抽取人数。

9. 抽取专家工作完成后，打印可参加评标会的评标专家出席表，一式三份，招标单位、招投标监管部门、有形建筑市场各一份，该表只显示随机号码和评标专家编号，不显示评标专家的姓名、单位、住址、电话等情况。同时打印专家抽取表，由有形建筑市场备案。

（三）评标专家名册管理规定（由建设行政主管部门制定，略）

（四）评标专家考核制度

1. 评标专家的考核主要从工作态度、业务水平、职业道德、评标质量等方面进行，一般采用打分的办法。

2. 招投标监管部门负责评标专家的考核与管理，招标人、有形建筑市场协助考核。

3. 有形建筑市场负责通知评委的工作人员应当对每个项目的通知情况详细记录，对无故屡次不参加评标工作的专家评委，应及时报招投标监管部门，依据有关《工程招标投标评标专家管理办法》予以处罚。

4. 评标开始前，有形建筑市场工作人员须在指定地点安排评委签到，对签到结果做好记录，以作为对评标专家考核的部分依据。

5. 评标结束后，由招标人、招投标监管部门或有形建筑市场工作人员分别对评标专家的评标工作进行打分，填写《建设工程评标专家考核打分表》并汇总录入计算机。

6. 有形建筑市场应当定期对评标专家考核情况进行汇总，填写《建设工程评标专家考核汇总表》，拟出书面考核意见，并将汇总表及考核意见报招投标监管部门。

（五）评标室管理制度为保证评标活动规范进行，加强对建设工程评标活动的监督，创造公平、公正、秩序良好的评标环境，特制定评标室管理规定。

1. 只有参加评标的评标委员会成员和与评标有关的工作人员方可进入评标室，其他人员在评标结束前一律不得进入评标室（招投标监管人员除外）。

2. 对进入评标室的人员实行凭工作证出入的制度，招标人代表在评标前到专家库抽取室填写工作证领取登记表，领取工作证。

3. 凭证进入评标室的人员在评标结束前禁止与外界联系，包括不得随意与室外人员交谈、去卫生间需告知评标委员会负责人，手机、寻呼机及其他通信器材一律关机，并放入保存袋中交由评标委员会指定人员暂时保管。

4. 组织评标的负责人或招投标监管人员，在评标前须对参加评标人员宣读评标专家"十不准"并提出相应的要求。

5. 评标委员会负责人要切实负起责任，严格遵守评标有关规定，发现违法违规行为，及时向招投标监管部门报告。

6. 招投标监管人员将采取评标前监督、评标中巡查等方式，加强对评标工作的监督，参与评标的人应自觉接受监督。

7. 招投标监管部门对违反上述规定者将视情节轻重，给予警告、责令改正、取消评标资格、没收专家证并从专家库中除名，向社会公开曝光、罚款等处罚。

六、有形建筑市场举报、投诉管理制度

（一）举报投诉管理办法

1. 为加强举报、投诉工作的管理，保障公民、法人和其他组织行使举报、投诉的权利，查处有形建筑市场中的违法违规行为，制定本办法。

2．有形建筑市场应设立举报、投诉中心。举报、投诉中心主要有以下职责：

（1）维护有形建筑市场公开、公平、公正的市场交易环境，保证市场管理服务工作高效、廉洁、有序运行。

（2）监督检查建设工程交易各方主体的交易活动，保证交易各方主体行为公正合法和规范有序。

（3）受理群众的举报、投诉，纠正工程交易中的违规行为。

3．任何单位和个人都可以举报、投诉有形建筑市场内发生的违法违规行为。

4．举报、投诉的方式、方法不受限制，可以采用电话、信函和当面举报、投诉的方式进行，也可以委托他人举报、投诉，鼓励举报人表明真实姓名、工作单位、住址或提供其他通信方式。

5．举报电话应当公开。对不属于管辖范围的举报、投诉要告知有管辖权的部门或单位，并妥善做好举报、投诉人的工作。

6．对举报、投诉的处理，按以下程序进行：

（1）登记举报、投诉材料（工程地点、业主名称、施工单位名称等）。

（2）对举报、投诉的情况应及时报部门领导，根据领导批示转相关部门或人员及时办理。

受理举报、投诉的工作人员应在登记举报、投诉的材料后附调查报告，并由部门负责人签署意见，及时交管理部门存档。

举报、投诉人要求回复的应当及时回复。

（3）已做处理并没有新内容的重复举报、投诉，在登记后存档备查。

7．对举报、投诉的调查，应立即进行，因特殊情况不便立即进行的，可待情况解除后进行。

8．负责受理举报、投诉工作的人员必须恪守职责，廉洁奉公，保守秘密。

9．部门领导负责对受理举报、投诉工作的监督检查，任何人不得以任何借口向被举报、投诉单位通风报信或打击、报复举报、投诉人，对违反者要严肃处理，直至追究法律责任。

（二）有形建筑市场确保实施的三项措施

1．公布监督举报电话、设立举报箱，主动接受社会和基层单位的监督，对群众反映的官僚主义、衙门作风的举报，有一件、查一件，做到件件有着落。

2．凡违反纪律规定的，视情节轻重，一次警告，二次通报，三次调离现岗。对触犯党纪国法的，依法严肃处理，并追究有关领导的责任。

3．有形建筑市场领导与各职能部门主要负责人应签订党风廉政责任书，上一级要管好下一级，下一级违犯纪律要追究上一级领导的责任。

（三）驻场纪检监察工作制度

（由纪检监察部门制定，略）

建设部《关于印发〈关于外国企业在中华人民共和国境内从事建设工程设计活动的管理暂行规定〉的通知》

(建市 [2004] 78 号)

各省、自治区建设厅，直辖市建委（北京市规委），国务院有关部门建设司，国资委管理的有关企业，总后基建营房部工程管理局，新疆生产建设兵团建设局：

现将《关于外国企业在中华人民共和国境内从事建设工程设计活动的管理暂行规定》印发给你们，请遵照执行。

附件：关于外国企业在中华人民共和国境内从事建设工程设计活动的管理暂行规定

中华人民共和国建设部

二○○四年五月十日

关于外国企业在中华人民共和国境内从事建设工程设计活动的管理暂行规定

第一条 为了规范在中华人民共和国境内从事建设工程设计活动的外国企业的管理，根据《中华人民共和国建筑法》、《建设工程勘察设计管理条例》、《建设工程质量管理条例》、《工程建设项目勘察设计招标投标办法》等法律、法规和规章，制定本规定。

第二条 本规定所称外国企业是指在中华人民共和国境外注册登记的、从事建设工程设计活动的企业。

第三条 外国企业以跨境交付的方式在中华人民共和国境内提供编制建设工程初步设计（基础设计）、施工图设计（详细设计）文件等建设工程设计服务的，应遵守本规定。

提供建设工程初步设计（基础设计）之前的方案设计不适用本规定。

第四条 外国企业承担中华人民共和国境内建设工程设计，必须选择至少一家持有建设行政主管部门颁发的建设工程设计资质的中方设计企业（以下简称中方设计企业）进行中外合作设计（以下简称合作设计），且在所选择的中方设计企业资质许可的范围内承接设计业务。

第五条 合作设计项目的工程设计合同，应当由合作设计的中方设计企业或者中外双方设计企业共同与建设单位签订，合同应明确各方的权利、义务。工程设计合同应为中文文本。

第六条 建设单位负责对合作设计的外国企业是否具备设计能力进行资格预审，符合资格预审条件的外国企业方可参与合作设计。

第七条 建设单位在对外国企业进行设计资格预审时，可以要求外国企业提供以下能满足建设工程项目需要的有效证明材料，证明材料均要求有外国企业所在国官方文字与中文译本两种文本。

（一）所在国政府主管部门核发的企业注册登记证明；

（二）所在国金融机构出具的资信证明和企业保险证明；

（三）所在国政府主管部门或者有关行业组织、公证机构出具的企业工程设计业绩证明；

（四）所在国政府主管部门或者有关行业组织核发的设计许可证明；

（五）国际机构颁发的 ISO9000 系列质量标准认证证书；

（六）参与中国项目设计的全部技术人员的简历、身份证明、最高学历证明和执业注册证明；

（七）与中方设计企业合作设计的意向书；

（八）其他有关材料。

第八条 外国企业与其所选择的中方设计企业进行合作设计时，必须按照中国的有关法律法规签订合作设计协议，明确各方的权利、义务。合作设计协议应有中文文本。

合作设计协议应包括以下内容：

（一）合作设计各方的企业名称、注册登记所在地和企业法定代表人的姓名、国籍、身份证明登记号码、住所、联系方式；

（二）建设工程项目的名称、所在地、规模；

（三）合作设计的范围、期限和方式，对设计内容、深度、质量和工作进度的要求；

（四）合作设计各方对设计任务、权利和义务的划分；

（五）合作设计的收费构成、分配方法和纳税责任；

（六）违反协议的责任及对协议发生争议时的解决方法；

（七）协议生效的条件及协议签定的日期、地点；

（八）各方约定的其他事项。

第九条 工程设计合同（副本）、合作设计协议（副本）和本规定第七条所规定的材料（复印件）应报项目所在地省级建设行政主管部门备案。

第十条 外国设计企业在中国境内承接建设工程设计，必须符合中国政府颁布的工程建设强制性标准和工程设计文件编制规定的要求。

无相应的工程建设强制性标准时，按照《实施工程建设强制性标准监督规定》（建设部令第 81 号）第五条的规定执行。

第十一条 根据《中华人民共和国建筑法》、《中华人民共和国城市规划法》等有关法律法规的规定，需报中国政府有关部门审查的中外合作设计文件应符合以下要求：

（一）提供中文文本；

（二）符合中国有关建设工程设计文件的编制规定；

（三）采用中国法定的计量单位；

（四）初步设计（基础设计）文件封面应注明项目及合作各方企业名称、首页应注明合作各方企业名称及法定代表人、主要技术负责人、项目负责人名称并签章；

（五）施工图设计（详细设计）文件图签中应注明合作设计各方的企业名称，应有项目设计人员的签字，其他按中国有关工程设计文件出图规定办理；

（六）初步设计（基础设计）文件、施工图设计（详细设计）文件应按规定由取得中国注册建筑师、注册工程师等注册执业资格的人员审核确认、在设计文件上签字盖章，并加盖中方设计企业的公章后方为有效设计文件；未实施工程设计注册执业制度的专业，应由中方设计企业的专业技术负责人审核确认后，在设计文件上签字，并加盖中方设计企业的公章后方为有效设计文件。

第十二条　外国设计企业在中国境内承接建设工程设计收取设计费用，应参照执行中国的设计收费标准，并按中国有关法律规定向中国政府纳税。

由外国企业提供设计文件，需要中方设计企业按照国家标准规定审核并签署确认意见的，按照国际通行做法或者实际发生的工作量，由双方协商确定审核确认费用。

第十三条　香港、澳门特别行政区和台湾地区的设计机构在中国内地从事建设工程设计活动参照本规定执行。

第十四条　外国企业违反本规定的，由中国政府有关部门按有关的法律、法规、规章处罚，并在有关媒体上公布其不良记录，向其所在国政府和相关行业组织通报。

第十五条　保密工程、抢险救灾工程和我国未承诺对外开放的其他工程，禁止外国企业参与设计。

第十六条　本规定自发布之日起 30 日后施行。

建设部《关于印发〈关于在房地产开发项目中推行工程建设合同担保的若干规定（试行）〉的通知》

（建市〔2004〕137 号）

各省、自治区建设厅，直辖市建委及有关部门，计划单列市建委（建设局），新疆生产建设兵团建设局，解放军总后营房部：

《关于在房地产开发项目中推行工程建设合同担保的若干规定（试行）》已征得有关部门原则同意，现印发给你们，请结合实际贯彻落实。

中华人民共和国建设部

二〇〇四年八月六日

关于在房地产开发项目中推行工程建设合同担保的若干规定（试行）

第一章　总　　则

第一条　为进一步规范建筑市场主体行为，降低工程风险，保障从事建设工程活动各方的合法权益和维护社会稳定，根据《中华人民共和国建筑法》、《中华人民共和国招投标法》、《中华人民共和国合同法》、《中华人民共和国担保法》及有关法律法规，制定本规定。

第二条 工程建设合同造价在 1000 万元以上的房地产开发项目（包括新建、改建、扩建的项目），适用本规定。其他建设项目可参照本规定执行。

第三条 本规定所称工程建设合同担保，是指在工程建设活动中，根据法律法规规定或合同约定，由担保人向债权人提供的，保证债务人不履行债务时，由担保人代为履行或承担责任的法律行为。

本规定所称担保的有效期，是指债权人要求担保人承担担保责任的权利存续期间。在有效期内，债权人有权要求担保人承担担保责任。有效期届满，债权人要求担保人承担担保责任的实体权利消灭，担保人免除担保责任。

第四条 保证人提供的保证方式为一般保证或连带责任保证。

第五条 本规定所称担保分为投标担保、业主工程款支付担保、承包商履约担保和承包商付款担保。投标担保可采用投标保证金或保证的方式。业主工程款支付担保，承包商履约担保和承包商支付担保应采用保证的方式。当事人对保证方式没有约定或者约定不明确的，按照连带责任保证承担保证责任。

第六条 工程建设合同担保的保证人应是中华人民共和国境内注册的有资格的银行业金融机构、专业担保公司。

本规定所称专业担保公司，是指以担保为主要经营范围和主要经营业务，依法登记注册的担保机构。

第七条 依法设立的专业担保公司可以承担工程建设合同担保。但是，专业担保公司担保余额的总额不得超过净资产的 10 倍；单笔担保金额不得超过该担保公司净资产的 50%。不符合该条件的，可以与其他担保公司共同提供担保。

第八条 工程建设合同担保的担保费用可计入工程造价。

第九条 国务院建设行政主管部门负责对工程建设合同担保工作实行统一监督管理，县级以上地方人民政府建设行政主管部门负责对本行政区域内的工程建设合同担保进行监督管理。

第十条 各级建设行政主管部门将业主（房地产开发商）、承包商违反本办法的行为记入房地产信息管理系统、建筑市场监督管理系统等不良行为记录及信用评估系统。

第二章 业主工程款支付担保

第十一条 业主工程款支付担保，是指为保证业主履行工程合同约定的工程款支付义务，由担保人为业主向承包商提供的，保证业主支付工程款的担保。

业主在签订工程建设合同的同时，应当向承包商提交业主工程款支付担保。未提交业主工程款支付担保的建设工程，视作建设资金未落实。

第十二条 业主工程款支付担保可以采用银行保函、专业担保公司的保证。

业主支付担保的担保金额应当与承包商履约担保的担保金额相等。

第十三条 业主工程款支付担保的有效期应当在合同中约定。合同约定的有效期截止时间为业主根据合同的约定完成了除工程质量保修金以外的全部工程结算款项支付之日起 30 天至 180 天。

第十四条　对于工程建设合同额超过 1 亿元人民币以上的工程，业主工程款支付担保可以按工程合同确定的付款周期实行分段滚动担保，但每段的担保金额为该段工程合同额的 10%～15%。

第十五条　业主工程款支付担保采用分段滚动担保的，在业主、项目监理工程师或造价工程师对分段工程进度签字确认或结算，业主支付相应的工程款后，当期业主工程款支付担保解除，并自动进入下一阶段工程的担保。

第十六条　业主工程款支付担保与工程建设合同应当由业主一并送建设行政主管部门备案。

第三章　投标担保

第十七条　投标担保是指由担保人为投标人向招标人提供的，保证投标人按照招标文件的规定参加招标活动的担保。投标人在投标有效期内撤回投标文件，或中标后不签署工程建设合同的，由担保人按照约定履行担保责任。

第十八条　投标担保可采用银行保函、专业担保公司的保证，或定金（保证金）担保方式，具体方式由招标人在招标文件中规定。

第十九条　投标担保的担保金额一般不超过投标总价的 2%，最高不得超过 80 万元人民币。

第二十条　投标人采用保证金担保方式的，招标人与中标人签订合同后 5 个工作日内，应当向中标人和未中标的投标人退还投标保证金。

第二十一条　投标担保的有效期应当在合同中约定。合同约定的有效期截止时间为投标有效期后的 30 天至 180 天。

第二十二条　除不可抗力外，中标人在截标后的投标有效期内撤回投标文件，或者中标后在规定的时间内不与招标人签订承包合同的，招标人有权对该投标人所交付的保证金不予返还；或由保证人按照下列方式之一，履行保证责任：

（一）代承包商向招标人支付投标保证金，支付金额不超过双方约定的最高保证金额；

（二）招标人依法选择次低标价中标，保证人向招标人支付中标价与次低标价之间的差额，支付金额不超过双方约定的最高保证金额；

（三）招标人依法重新招标，保证人向招标人支付重新招标的费用，支付金额不超过双方约定的最高保证金额。

第四章　承包商履约担保

第二十三条　承包商履约担保，是指由保证人为承包商向业主提供的，保证承包商履行工程建设合同约定义务的担保。

第二十四条　承包商履约担保的担保金额不得低于工程建设合同价格（中标价格）的 10%。采用经评审的最低投标价法中标的招标工程，担保金额不得低于工程合同价格的 15%。

第二十五条　承包商履约担保的方式可采用银行保函、专业担保公司的保证。具体方式由招标人在招标文件中作出规定或者在工程建设合同中约定。

第二十六条　承包商履约担保的有效期应当在合同中约定。合同约定的有效期截止时间为工程建设合同约定的工程竣工验收合格之日后30天至180天。

第二十七条　承包商由于非业主的原因而不履行工程建设合同约定的义务时，由保证人按照下列方式之一，履行保证责任：

（一）向承包商提供资金、设备或者技术援助，使其能继续履行合同义务；

（二）直接接管该项工程或者另觅经业主同意的有资质的其他承包商，继续履行合同义务，业主仍按原合同约定支付工程款，超出原合同部分的，由保证人在保证额度内代为支付；

（三）按照合同约定，在担保额度范围内，向业主支付赔偿金。

第二十八条　业主向保证人提出索赔之前，应当书面通知承包商，说明其违约情况并提供项目总监理工程师及其监理单位对承包商违约的书面确认书。如果业主索赔的理由是因建筑工程质量问题，业主还需同时提供建筑工程质量检测机构出具的检测报告。

第二十九条　同一银行分支行或专业担保公司不得为同一工程建设合同提供业主工程款支付担保和承包商履约担保。

第五章　承包商付款担保

第三十条　承包商付款担保，是指担保人为承包商向分包商、材料设备供应商、建设工人提供的，保证承包商履行工程建设合同的约定向分包商、材料设备供应商、建设工人支付各项费用和价款，以及工资等款项的担保。

第三十一条　承包商付款担保可以采用银行保函、专业担保公司的保证。

第三十二条　承包商付款担保的有效期应当在合同中约定。合同约定的有效期截止时间为自各项相关工程建设分包合同（主合同）约定的付款截止日之后的30天至180天。

第三十三条　承包商不能按照合同约定及时支付分包商、材料设备供应商、工人工资等各项费用和价款的，由担保人按照担保函或保证合同的约定承担担保责任。

建设部《关于印发〈工程担保合同示范文本〉（试行）的通知》

（建市〔2005〕74号）

各省、自治区建设厅、直辖市建委，计划单列市建委（建设局），新疆生产建设兵团建设局，解放军总后营房部：

为推进建设领域担保制度建设，现将我部制定的《工程担保合同示范文本》（试行）印发给你们。《示范文本》由投标委托保证合同、投标保函；业主支付委托保证合同、业主支付保函；承包商履约委托保证合同、承包商履约保函；总承包商付款（分包）委托保证合同、总承包商付款（分包）保函；总承包商付款（供货）委托保证合同、总承包商付款（供货）保函组成。请在试行中认真总结经验，并将试行情况及时反馈我部建筑市场管理司。

中华人民共和国建设部

二〇〇五年五月十一日

附件：

1. 投标委托保证合同（试行）（略）
2. 投 标 保 函 （试行）（略）
3. 业主支付委托保证合同（试行）（略）
4. 业主支付保函（试行）（略）
5. 承包商履约委托保证合同（试行）（略）
6. 承包商履约保函（试行）（略）
7. 总承包商付款（分包）委托保证合同（试行）（略）
8. 总承包商付款（分包）保函（试行）（略）
9. 总承包商付款（供货）委托保证合同（试行）（略）
10. 总承包商付款（供货）保函（试行）（略）
11. 投标委托保证合同（试行）（略）

建设部《关于加快推进建筑市场信用体系
建设工作的意见》

（建市〔2005〕138号）

各省、自治区建设厅、直辖市、计划单列市建委、新疆生产建设兵团建设局、解放军总后营房部工程管理局：

建立和完善建筑市场信用体系是健全社会信用体系的重要组成部分，是整顿和规范建筑市场秩序的治本举措，也是建筑业改革和发展的重要保证。为贯彻党中央、国务院关于"加快社会信用体系建设"的要求，按照"一个指导思想，二者同步推进，三方协调配合，实现四个统一"的基本思路，现就加快推进建筑市场信用体系建设工作提出以下意见：

一、指导思想、总体目标和基本原则

（一）指导思想：以邓小平理论和"三个代表"重要思想为指导，以建设社会主义和谐社会为目标，坚持法治与德治相结合。按照社会主义市场经济的要求，加强对建筑市场各方主体的诚信管理，建立行政监督和社会监督相结合的诚信监管保障体制，营造诚实守信的良好氛围，为建筑市场监管提供有力的手段。

（二）总体目标：到2010年，基本构建起全国建筑市场诚信信息平台，实现信息互通、互用和互认；建筑市场责任主体（各类企业和执业人员）行为诚信标准更符合建筑市场监管的需要；相关法律法规得到完善，信用体系的建设和运行做到有法可依；建立起有力的诚信激励和失信惩戒机制；建筑市场各方主体做到守法经营，依法活动；综合信用评价的市场化初步形成。

（三）基本原则：政府启动、市场运作、权威发布、信息共享。即，充分发挥政府和市场的作用，调动社会各方的积极性，按照守法经营、诚实守信、失信必惩、保障有力的原则，营造良好的建筑市场诚信环境，共同推进建筑市场信用体系建设。

二、同步推进政府对市场主体的守法诚信评价和社会中介信用机构开展的综合信用评价

（一）根据建筑市场监管的需要，目前要以政府对市场主体的守法诚信评价为重点。政府对市场主体的守法诚信评价是政府主导，以守法为基础，根据违法违规行为的行政处罚记录，对市场主体进行诚信评价。具体标准由建设部制定，内容包括对市场主体违反各类行政法律规定强制义务的行政处罚记录以及其他不良失信行为记录。具体工作思路是：1. 制定标准和评价方法。标准内容以建筑市场有关的法律责任为主要依据进行整理、分类，力求简明、科学，便于理解、记录和应用。对社会关注的焦点、热点问题可有所侧重，如拖欠工程款和农民工工资、转包、违法分包、挂靠、招投标弄虚作假、质量安全问题、违反法定基本建设程序等。2. 进行采集和评价。各地建设行政主管部门要充分依托现有的建筑市场和工程现场业务监管服务体系，做好信息的采集、管理和发布工作，推进诚信信息平台的建设；全国地级以上城市要在建立和完善建筑市场监管综合信息系统的基础上，逐步建立可向社会开放的建筑市场守法诚信信息平台；在建设部统一组织下，开展区域和城市试点，逐步实现全国联网，提供网络查询，披露诚信情况。

（二）要以政府对市场主体守法诚信评价为前提和基础，积极推进社会中介信用机构开展的综合信用评价。社会中介信用机构的综合评价是市场主导，以守法、守信（主要指经济信用，包括市场交易信用和合同履行信用）、守德（主要指道德、伦理信用）、综合实力（主要包括经营、资本、管理、技术等）为基础进行综合评价。具体评价指标由有关协会指导社会中介信用机构研究制定。具体工作思路是：1. 由建设部指导有关协会根据综合实力和相关条件确定若干家社会中介信用机构，并制定从事建筑市场信用综合评价机构准入和清出的管理办法。2. 社会中介机构在有关协会指导下，研究制定标准，建立评价体系，组织开展征信和信用评价，提供和发布信用信息。3. 综合评价中有关建筑市场各方责任主体的优良和不良行为记录等信息要以建筑市场信用信息平台的记录为基础。

三、充分发挥政府部门、行业协会和评价机构的作用，推动建筑市场信用体系的建设

（一）建设行政主管部门的主要工作：推动建筑市场信用体系的建立，包括制订建筑市场信用体系的总体框架、实施方案等；建立和完善有关的法律法规和规章制度；通过加大管理资源整合和组织协调力度，建立和完善建筑市场和工程现场联动的业务监管体系，发挥有形建筑市场的资源优势，建立信用信息系统，并向社会公开相关信息；组织制定建筑市场各方责任主体的信用标准；建立失信惩戒机制，依法对建筑市场失信行为进行惩处；对征信和被征信机构参与信用体系建设的行为，如信息采集、信息使用、信用评估等依法实施监管，建立准入和清出机制；推进与工商、金融、商务等有关部门信用信息资源的共享。

（二）行业协会的主要工作：参与信用体系的建设，协助政府部门研究制定信用标准，参与信用征信和评价，负责具体的事务性工作；建立行业内部监督和协调机制，建立以会员单位为基础的自律维权信息平台，加强对信用征信和评估机构的监督；开展建筑市场信用体系专题研究，指导有关信用征信和评价机构研究建筑市场各方责任主体的信用标准模型和评价方法，并适时修改完善；组织有关交流研讨和业务培训，开展加强对从业人员的动态监管，努力提高建筑市场信用征信和评价工作的质量。

（三）信用征信和评价机构的主要工作：加强对建筑行业和建筑市场的研究，掌握建筑市场各方责任主体的经营管理运行情况，有针对性地提出建筑市场信用征信和评价的工作建议；在建设行政主管部门的监管和行业协会的指导下，依法从事建筑市场信用信息咨询、征信和信用评价等业务；为建筑市场信用体系建设及其与全社会信用体系融合提供专业支持，参与构建市场化的信用征信和评价机制。

四、建筑市场信用体系建设要努力实现四个统一

根据建筑市场监管工作的形势和要求，推进政府对市场主体的守法诚信评价是当前工作的重点。为此，各地建设行政主管部门要共同努力，使建筑市场信用体系建设实现四个统一。

1. 统一的诚信信息平台

完善的诚信信息系统是诚信体系的基本组成部分，是建立建筑市场诚信体系的基础性工作，能够确保诚信信息搜集整理及时准确和实现共享。在现有诚信档案系统的基础上，首先要推动南北两大区域诚信信息平台的建设和试点工作；即以上海市、江苏省、浙江省三地为主构建一个统一的长三角地区诚信信息平台，以北京、天津、石家庄、济南、青岛、沈阳、大连等地为主构建一个区域性城市间联合诚信信息平台；全国各直辖市、省会城市、计划单列市以及其他一些基础条件较好的地级城市要在诚信信息平台的建设方面起到示范和带头作用；在试点经验的基础上，逐步推动其他区域诚信信息平台的建设；待条件成熟时，研究逐步将区域间的诚信信息平台实现互联，以点带面、稳步推进，逐步实现全国联网，构建全国性的建筑市场诚信信息平台，并在建设部"中国工程建设信息网"上设立诚信信息交流、发布的窗口，逐步实现诚信信息的互通、互用和互认。为此，各级建设行政主管部门要加大协调和整合力度，要在建立和完善建筑市场监管综合信息系统的基础上，逐步建立可向社会开放的建筑市场守法诚信信息平台；要求相关业务监管部门把对建筑市场主体违法违规行为的日常处罚决定和不良行为记录及时整理，并按照各自权限通过监管综合信息系统自行上网记录，形成基础性诚信信息，为诚信评价提供信息保障。诚信信息平台的建设要充分发挥现有建筑市场和工程现场业务监管体系的联动作用，并依托有形建筑市场在人员、技术、业务和硬件等方面资源优势，注重提高政府对建筑市场主体的服务能力和服务水平，创造诚信得彰、失信必惩的良好市场环境，推进建筑市场诚信建设。

2. 统一的诚信评价标准

要根据进一步整顿和规范建筑市场秩序的实际需要，制定发布建筑市场责任主体行为诚信标准。针对当前建筑市场中存在的突出问题，依据国家有关建筑市场的法律、法规及相关政策，本着先易后难、简便易行、科学实用的原则，制定建筑市场各方主体行为的诚信标准。重点评价在建筑市场内从事建筑活动的企业和执业资格人员的诚信行为。要结合日常建设行政监管和执法工作的需要，对建筑市场各方主体在执行法定建设程序、招投标交易、合同签订履行、业主工程款支付、农民工工资支付、质量安全管理等方面，提出应达到的最基本诚信要求。对建筑市场的执业资格人员（注册建造师等各类注册人员），也要开展诚信行为的评价。诚信标准发布后，各省可根据本地区实际情况对诚信标准进行细化，并制定相应的诚信管理办法和失信惩戒办法等。为确保诚信标准的推广和尽快实施，保证实施过程中的公正、公平，同时根据转变政府职能的要求，行业协会或其他相关机构在各级建设行政主管部门的支持下，可以开展建筑市场各方主体诚信等级的评定工作，并将相关信息在建筑市场诚信信息平台上向全社会发布。

3. 统一的诚信法规体系

建立建筑市场诚信体系要有法律保障，各地建设行政主管部门要根据国家有关诚信法律法规，制定与建筑市场诚信体系相配套的部门规章和规范性文件，使诚信体系的建设和运行实现制度化、规范化，具体内容包括对诚信信息的采集、整理、应用和发布，对诚信状况的评价，对征信机构的管理，特别是运用失信惩戒机制对存在失信行为的主体进行适当的惩罚等。各地建设行政主管部门要加大研究力度，有针对性地提出建立和完善诚信法规体系的建议和措施，加快建筑市场诚信法规制度建设，加强对建筑市场诚信体系建设的指导。

4. 统一的诚信奖惩机制

诚信奖惩机制是诚信体系的重要组成部分，是对守信者进行保护，对失信者进行惩罚，发挥社会监督和约束的制度保障。各地建设行政主管部门要将诚信建设与招标投标、资质监管、市场稽查、评优评奖等相结合，逐步建立诚信奖惩机制。对于一般失信行为，要对相关单位和人员进行诚信法制教育，促使其知法、懂法、守法；对有严重失信行为的企业和人员，要会同有关部门，采取行政、经济、法律和社会舆论等综合惩治措施，对其依法公布、曝光或予以行政处罚、经济制裁；行为特别恶劣的，要坚决追究失信者的法律责任，提高失信成本，使失信者得不偿失。诚信体系建设要注意调动建筑市场各方主体参与的积极性，在招标投标、资质监管、市场稽查、评优评奖等建筑市场监管的各个环节，要研究出台对诚实守信的企业和人员给予鼓励的政策和措施，并加大正面宣传力度，使建筑市场形成诚实光荣和守信受益的良好环境。

中华人民共和国建设部

二〇〇五年八月十二日

建设部《关于加强房屋建筑和市政基础设施工程项目施工招标投标行政监督工作的若干意见》

（建市〔2005〕208 号）

各省、自治区建设厅，直辖市建委，江苏省、山东省建管局，新疆生产建设兵团建设局，解放军总后营房部工程管理局，计划单列市建委：

近年来，各地建设行政主管部门以建立统一、开放、竞争、有序的建筑市场为目标，不断深化招标投标体制改革，完善招标投标法律法规，依法履行行政监督职能，健全建设工程交易中心的服务功能，使招标投标工作和建设工程交易中心建设取得了新的进展。为进一步规范房屋建筑和市政基础设施工程项目（以下简称工程项目）的施工招标投标活动，维护市场秩序，保证工程质量，根据《国务院办公厅〈关于进一步规范招投标活动的若干意见〉》（国办发〔2004〕56 号）精神，现就加强招标投标行政监督的有关工作提出如下意见。

一、明确招标人自行办理招标事宜的条件和监督程序

依法必须进行招标的工程项目，招标人自行办理施工招标事宜的，应当在发布招标公告或者发出投标邀请书的 5 日前，向建设行政主管部门备案，以证明其具备以下编制招标文件和组织评标的能力：具有项目法人资格或者法人资格；有从事同类工程招标的经验；有与招标项目规模和复杂程度相适应的工程技术、概预算、财务和工程管理等方面的专业技术力量，即招标人应当具有 3 名以上本单位的中级以上职称的工程技术经济人员，并熟悉和掌握招标投标有关法规，并且至少包括 1 名在本单位注册的造价工程师。

建设行政主管部门在收到招标人自行办理招标事宜的备案材料后，应当对照标准及时进行核查，发现招标人不具备自行办理招标事宜的条件或者在备案材料中弄虚作假的，应当依法责令其改正，并且要求其委托具有相应资格的工程建设项目招标代理机构（以下简称招标代理机构）代理招标。

二、完善资格审查制度

资格审查分为资格预审和资格后审，一般使用合格制的资格审查方式。

在工程项目的施工招标中，除技术特别复杂或者具有特殊专业技术要求的以外，提倡实行资格后审。实行资格预审的，提倡招标人邀请所有资格预审合格的潜在投标人（以下简称合格申请人）参加投标。

依法必须公开招标的工程项目的施工招标实行资格预审，并且采用经评审的最低投标价法评标的，招标人必须邀请所有合格申请人参加投标，不得对投标人的数量进行限制。

依法必须公开招标的工程项目的施工招标实行资格预审，并且采用综合评估法评标的，当合格申请人数量过多时，一般采用随机抽签的方法，特殊情况也可以采用评分排名的方法选择规定数量的合格申请人参加投标。其中，工程投资额 1000 万元以上的工程项目，邀请的合格申请人应当不少于 9 个；工程投资额 1000 万元以下的工程项目，邀请的合格申请人应当不少于 7 个。

实行资格后审的，招标文件应当设置专门的章节，明确合格投标人的条件、资格后审的评审标准和评审方法。

实行资格预审的，资格预审文件应当明确合格申请人的条件、资格预审的评审标准和评审方法、合格申请人过多时将采用的选择方法和拟邀请参加投标的合格申请人数量等内容。资格预审文件一经发出，不得擅自更改。确需更改的，应当将更改的内容通知所有已经获取资格预审文件的潜在投标人。

对潜在投标人或者投标人的资格审查必须充分体现公开、公平、公正的原则，不得提出高于招标工程实际情况所需要的资质等级要求。资格审查中还应当注重对拟选派的项目经理（建造师）的劳动合同关系、参加社会保险、正在施工和正在承接的工程项目等方面情况的审查。要严格执行项目经理管理规定的要求，一个项目经理（建造师）只宜担任一个施工项目的管理工作，当其负责管理的施工项目临近竣工，并已经向发包人提出竣工验收申请后，方可参加其他工程项目的投标。

三、深化对评标专家和评标活动的管理

各地要不断深化对已经建立的评标专家名册的管理，建立对评标专家的培训教育、定期考核和准入、清出制度。要强化对评标专家的职业道德教育和纪律约束，有组织、有计划地组织培训学习和交流研讨，提高评标专家的综合素质。对不能胜任评标工作或者有不良行为记录的评标专家，应当暂停或者取消其评标专家资格。

工程项目的评标专家应当从建设部或者省、自治区、直辖市建设行政主管部门组建的专家名册内抽取，抽取工作应当在建设工程交易中心内进行，并采取必要的保密措施，参与抽取的所有人员应当在抽取清单上签字。评标委员会中招标人的代表应当具备评标专家的相应条件。

评标工作应当在建设工程交易中心进行，有条件的地方应当建立评标监控系统。评标时间在 1 天以上的，应当采取必要的隔离措施，隔断评委与外界，尤其是与投标人的联系。提倡采用电子招标、电子投标和计算机辅助评标等现代化的手段，提高招标投标的效率和评标结果的准确性、公正性。

四、积极推行工程量清单计价方式招标

各地要进一步在国有资金投资的工程项目中推行《建设工程工程量清单计价规范》（以下简称《计价规范》）。工程量清单作为招标文件的重要组成部分，应当本着严格、准确的原则，依据《计价规范》的规定进行编制。

提倡在工程项目的施工招标中设立对投标报价的最高限价，以预防和遏制串通投标和哄抬标价的行为。招标人设定最高限价的，应当在投标截止日 3 天前公布。

五、探索实行科学、公正、合理的评标方法

各地要深化对经评审的最低投标价法、综合评估法等评标方法的研究，制定更加明确的标准，尤其要突出《计价规范》所要求的技术与经济密切结合的特点。

对于具有通用技术和性能标准的一般工程，当采用经评审的不低于成本的最低投标价法时，提倡对技术部分采用合格制评审的方法。对可能低于成本的投标，评标委员会不仅要审查投标报价是否存在漏项或者缺项，是否符合招标文件规定的要求，还应当从技术和经济相结合的角度，对工程内容是否完整，施工方法是否正确，施工组织和技术措施是否合理、可行，单价和费用的组成、工料机消耗及费用、利润的确定是否合理，主要材料的规格、型号、价格是否合理，有无具有说服力的证明材料等方面进行重点评审。在充分发挥招标投标机制实现社会资源合理分配的同时，要防止恶意的、不理性的"低价抢标"行为，维护正当的竞争秩序。

在推行经评审的最低投标价法的同时，除了要完善与评标程序、评标标准有关的规定外，还应当积极推行工程担保制度的实施，按市场规律建立风险防范机制。国有资金投资的工程项目实行担保的，应当由金融机构或者具有风险防范能力的专业担保机构实施担保。对于以价格低为理由，在合同履行中偷工减料、减少必要的安全施工措施和设施、拖延工期、拖欠农民工工资、降低工程质量标准等行为，要予以公开曝光，依法处理，并记入信用档案。

对于技术复杂的工程项目，可以采用综合评估的方法，但不能任意提高技术部分的评分比重，一般技术部分的分值权重不得高于40%，商务部分的分值权重不得少于60%。

所有的评标标准和方法必须在招标文件中详细载明，招标文件未载明评标的具体标准和方法的，或者评标委员会使用与招标文件规定不一致的评标标准和方法的，评标结果无效，应当依法重新评标或者重新招标。招标文件应当将投标文件存在重大偏差和应当废除投标的情形集中在一起进行表述，并要求表达清晰、含义明确。严禁针对某一投标人的特点，采取"量体裁衣"等手法确定评标的标准和方法，对这类行为应当视为对投标人实行歧视待遇，要按照法律、法规、规章的相关规定予以处理。

六、建立中标候选人的公示制度，加强对确定中标人的管理

各地应当建立中标候选人的公示制度。采用公开招标的，在中标通知书发出前，要将预中标人的情况在该工程项目招标公告发布的同一信息网络和建设工程交易中心予以公示，公示的时间最短应当不少于2个工作日。

确定中标人必须以评标委员会出具的评标报告为依据，严格按照法定的程序，在规定的时间内完成，并向中标人发出中标通知书。对于拖延确定中标人、随意更换中标人、向中标人提出额外要求甚至无正当理由拒不与中标人签署合同的招标人，要依法予以处理。

七、建立和完善各管理机构之间的联动机制，监督合同的全面履行

各地建设行政主管部门应当进一步建立和完善建筑市场与招标投标、资质和资格、工程造价、质量和安全监督等管理机构之间的相互联动机制，相互配合，加强对合同履行的监督管理，及时发现和严厉查处中标后随意更换项目经理（建造师）、转包、违法分包、任意进行合同变更、不合理地增加合同价款、拖延支付工程款、拖延竣工结算等违法、违规和违约行为，促进合同的全面履行，营造诚信经营、忠实履约的市场环境。同时，要建立工程信息和信用档案管理系统，及时、全面地掌握工程项目的进展情况和合同履约情况，对于发现的不良行为和违法行为，要及时予以查处，并计入相应责任单位和责任人的信用档案，向社会公布。

八、加强对招标代理机构的管理，维护招标代理市场秩序

招标代理机构必须遵循《民法通则》和《合同法》的规定，订立工程招标代理合同，严格履行民事代理责任。招标代理服务费原则上向招标人收取。

各地建设行政主管部门要在严格招标代理机构资格市场准入的基础上，加强对招标代理机构承接业务后的行为管理，重点是代理合同的签订、代理项目专职人员的落实、在代理过程中签字、盖章手续的履行等。应当尽快建立和实施对招标代理机构及其专职人员的清出制度，严厉打击挂靠，出让代理资格，通过采用虚假招标、串通投标等违法方式操纵招标结果，违反规定将代理服务费转嫁给投标人或者中标人，以及以赢利为目的高价出售资格预审文件和招标文件等行为。对上述行为，经查证核实的，除依法对招标代理机构进行处理外，还应当将负有直接和相关责任的专职人员清出招标代理机构。

各地工程招标投标行政监督机构和建设工程招标投标行业社团组织应当建立对招标代理机构专职人员的继续教育制度，通过不断的培训教育，提高其业务水平、综合素质和工程招标代理的服务质量。

各地建设行政主管部门要积极推动工程招标投标行业社团组织的建设，充分发挥行业社团组织的特点和优势，建立和完善工程招标投标行业自律机制，包括行业技术规范、行业行为准则以及行业创建活动等，规范和约束工程招标代理机构的行为，维护工程招标投标活动的秩序。

九、继续推进建设工程交易中心的建设与管理，充分发挥建设工程交易中心的作用

建设工程交易中心是经省级以上建设行政主管部门批准设立，为工程项目的交易活动提供服务的特殊场所，应当为非盈利性质的事业单位。各地建设行政主管部门要全面贯彻落实《国务院办公厅转发建设部、国家计委、监察部〈关于健全和规范有形建筑市场若干意见的通知〉》（国办发〔2002〕21号）要求，加强对建设工程交易中心的管理，继续做好与纪检监察及其他有关部门的协调工作，强化对建设工程交易中心的监督、指导和考核，及时研究、解决实际工作中遇到的困难和问题，完善服务设施，规范服务行为，提高服务质量。

建设工程交易中心要在充分发挥现有服务功能的基础上，积极拓展服务范围、服务内容和服务领域，为工程项目的交易活动提供全面、规范和高效的服务。当前要重点做好以下两个方面的工作：一是为全国建筑市场与工程项目招标投标的信用体系建设提供信息网络平台，为建筑市场参与各方提供真实、准确、便捷的信用状况服务，为营造诚实守信、失信必惩的建筑市场环境，提高整个行业的信用水平，推进建设领域诚信建设创造条件。各地可以以项目经理（建造师）的联网管理作为试点，取得经验后逐步向其他方面拓展。二是建立档案管理制度，加强对工程项目交易档案的管理，及时收集和整理建设工程交易活动中产生的各类文字、音像、图片资料和原始记录，并妥善保存档案资料。

十、切实加强工程项目施工招标投标活动的监督管理

各地建设行政主管部门要切实加强对工程项目施工招标投标活动的监督管理工作，依法履行好行政监督职能。

对于招标投标活动中的各个重要环节，应当通过完善方式、明确重点来实施有效的监督。在监督的对象上，要以国有资金投资的工程项目为重点，对非国有资金投资的工程项目的施工招标投标活动，可以转变方式，突出重点；在监督的主体上，要以招标人、招标代理机构和评标委员会为重点；在监督的方法上，除了全过程监督外，要进一步创新方法，将有针对性的过程监督和随机监督有机地结合起来，提高行政监督的效率和权威。同时，要注意发挥建设工程交易中心的作用，相互配合，形成合力，共同推进招标投标工作水平的提高。

要按照国家七部委颁发的《工程建设项目招标投标活动投诉处理办法》的要求，进一步加强招标投标活动中的投诉处理工作，建立和完善公正、高效的投诉处理机制，及时受理和妥善处理投诉，查处投诉处理中发现的违法行为。

招标投标监督管理机构是受建设行政主管部门委托，依法对工程项目的招标投标活动实施监督的职能机构，各地要积极、认真地解决好工程招标投标监督管理机构的编制、人员和经费等问题，为工程项目招标投标的监督提供保障，同时要加强工程招标投标监督管理机构的廉政建设和所属工作人员的教育和培训，提高依法监督和依法行政的水平。

中华人民共和国建设部
二○○五年十月十日

建设部、国家发改委、财政部、中国人民银行《关于严禁政府投资项目使用带资承包方式进行建设的通知》

（建市［2006］6号）

各省、自治区、直辖市人民政府：

近年来，一些地方政府和部门要求建筑业企业以带资承包的方式建设新的工程项目；同时也有一些建筑业企业以承诺带资承包作为竞争手段，承揽政府投资项目。上述行为严重干扰了国家对固定资产投资的宏观调控，扰乱了建筑市场秩序，同时由于超概算资金落实难度大，造成了拖欠工程款和农民工工资。为贯彻落实《国务院〈关于投资体制改革的决定〉》和《国务院办公厅转发建设部等部门关于〈进一步解决建设领域拖欠工程款问题意见的通知〉》精神，加强政府投资项目管理，完善宏观调控，防止政府投资项目超概算，维护建筑市场秩序，防止拖欠工程款和农民工工资，特通知如下：

一、政府投资项目一律不得以建筑业企业带资承包的方式进行建设，不得将建筑业企业带资承包作为招投标条件；严禁将此类内容写入工程承包合同及补充条款，同时要对政府投资项目实行告知性合同备案制度。

政府投资项目是指使用各类政府投资资金，包括预算内资金、各类专项建设基金、国际金融组织和外国政府贷款的国家主权外债资金建设的项目。党政机关（包括党的机关、人大机关、行政机关、政协机关、审判机关、检察机关，以及工会、共青团、妇联等人民团体）及财政拨款的事业单位自筹资金建设的项目，视同政府投资项目适用本通知，采用BOT、BOOT、BOO方式建设的政府投资项目可不适用本通知。

带资承包是指建设单位未全额支付工程预付款或未按工程进度按月支付工程款（不含合同约定的质量保证金），由建筑业企业垫款施工。

二、各级发展改革、财政、建设等有关部门，要在各自职责范围内加强对政府投资项目的管理，严禁带资承包。

各级发展改革及有关审批部门要把好工程建设项目审核关，不得批准建设资金来源不落实的政府投资项目；各商业银行要据实出具项目开工前的项目资金存款证明；各级财政部门要对工程建设过程中的资金进行监管；各级建设行政主管部门在发放施工许可时要严格审验资金到位情况，对建设资金不落实的，不予发放施工许可证。

三、对于使用带资承包方式建设的政府投资项目，一经发现，有关部门要按照有关法律法规对该建设单位进行查处并依法进行行政处罚；建设等部门应停止办理其报建手续，对该项目不予竣工验收备案；发展改革等有关部门对该单位新建项目给予制约；对于在工程建设过程中抽逃资金的，财政部门要立即停止该项目的资金拨付。

有关部门要建立健全建筑业企业不良信用档案制度，对于违反规定的企业，给予相应处罚。对以带资承包方式承揽政府投资项目的施工总承包企业和以带资承包方式承揽专业分包工程、劳务工程的专业分包企业、劳务分包企业，一经发现，有关部门要按照有关法律法规对该企业依法进行查处。

银行等金融机构应加强对建设项目的授信审查和贷款管理，在借款合同中明确约定不得利用银行贷款带资承包政府投资项目。对违反约定的，应限期追回银行信贷资金，并通过人民银行信贷登记咨询系统向其他银行通报，各银行不得再对该企业提供信贷支持。对于违反本通知规定的银行，金融监管部门应予以处罚。

四、各地区、各部门及各有关单位要严格政府投资项目管理，有关部门要加强对政府投资项目的监督检查。对违反本通知有关规定，把关不严，造成工作失误的，视情节轻重追究直接责任人和主要领导的责任。

五、各有关部门要在职责范围内对政府投资项目是否使用带资承包进行建设情况进行稽察。任何单位或个人对违反本通知规定使用带资承包方式进行建设的政府投资项目，以及该项目的主管部门和承建该项目的建筑业企业，都有权向建设部门、发展改革部门和财政部门予以举报。

本通知自下发之日起实行。原建建〔1996〕347号《关于严格禁止在工程建设中带资承包的通知》同时废止。

中华人民共和国建设部

中华人民共和国国家发展和改革委员会

中华人民共和国财政部

中国人民银行

二〇〇六年一月四日

建设部《关于加强区域重大建设项目选址工作，严格实施房屋建筑和市政工程施工许可制度的意见》

（建市〔2006〕81号）

各省、自治区建设厅，直辖市建委，北京市规委，上海、天津、重庆市规划局，江苏省、山东省建管局，计划单列市建委（建设局），新疆生产建设兵团建设局，解放军总后营房部工程管理局：

为适应国家投资体制改革的要求，充分发挥政府宏观调控的作用，健全社会主义市场经济条件下重大建设项目的规划选址制度，进一步整顿和规范建筑市场，实现城乡健康、协调和可持续发展，现就加强区域重大建设项目选址工作和严格实施建筑工程施工许可制度提出如下意见：

一、健全制度，规范程序，加强区域重大建设项目选址的规划管理

（一）各地建设（规划）行政主管部门要依据《城市规划法》、《建设项目选址规划管理办法》和《国务院关于加强城乡规划监督管理的通知》（国发〔2002〕13号）、《建设部等九部委关于贯彻落实〈国务院关于加强城乡规划监督管理的通知〉的通知》（建规〔2002〕204号）规定，严格执行"选址意见书"制度，按照《国务院关于投资体制改革的决定》（国发〔2004〕20号）、《企业投资项目核准暂行办法》等文件的要求，配合有关部门做好重大项目建设的前期工作。

（二）要进一步规范选址程序，健全社会主义市场经济条件下的规划选址意见书分级管理制度。省级建设（规划）主管部门可以结合本省（自治区、直辖市）的实际，采取直接核发选址意见书或对项目所在地城市规划行政主管部门核发的选址意见书进行预审等方式，依据经法定程序审查批准的省域城镇体系规划，加强省级建设（规划）行政主管部门对区域重大建设项目的选址管理。区域重大建设项目主要包括区域性交通和基础设施项目，以及需要国家或省级投资主管部门审批或核准的项目。

（三）要结合派驻城乡规划督察员制度和城乡规划效能监察的建立和推广，将区域重大建设项目是否按要求核发选址意见书作为督察和监察的重点内容之一。

（四）要加强对建设项目选址的后续管理，对已取得项目选址意见书但建设项目最终未得到审批或核准的，选址意见书自动失效。

（五）要按照加强重大建设项目选址工作的需要，充实和加强省级城乡规划的技术支撑，做好项目选址的方案比选和论证。必要时要编制建设项目规划选址论证报告。

二、严格实施房屋建筑和市政工程施工许可制度

（一）高度重视施工许可工作

《建筑法》、《建筑工程施工许可管理办法》（建设部令第91号）对施工许可管理作了明确的规定。工程施工许可制度是建筑市场管理的一项法定且行之有效的制度，对于规范建筑市场秩序，严格工程建设程序，提高工程质量安全水平和经济社会效益具有重要意义。各地建设行政主管部门应按照建筑市场行政管理精减、统一、效能的原则，进一步加强施工许可管理工作，提高工作效率和工作质量。

（二）明确实施建筑工程施工许可范围

依据《建筑法》及相关法规的规定，各类房屋建筑及其附属设施的建造和与其配套的线路、管道、设备的安装项目和市政工程项目，除按照国务院规定的权限和程序批准开工报告以及限额以下小型工程外，一律实行施工许可制度。上述项目开工前，建设单位必须依法向工程所在地县级以上建设行政主管部门申请领取建筑工程施工许可证，并接受其监督和管理。

（三）严格履行法定施工许可条件

建设单位申请领取施工许可证必须具备《建筑法》等法律、法规、规章规定的许可条件。依据《建筑法》第八条第四项"已经确定建筑施工企业"、第六项"有保证工程质量和安全的具体措施"和第七项"建设资金已经落实"等规定，对建设资金未按规定落实到位的项目、政府投资项目中使用带资承包方式进行建设的项目以及不具备工程质量安全保证措施的项目，建设行政主管部门不予颁发施工许可证。

（四）规范行政审批，提高办事效率

颁发施工许可证，要严格按照法律和有关规定的程序，在规定的时间限期内办结。对申请材料不齐全或者不符合法定形式的，应当按规定一次性告知申请人需要补正的全部内容。各地发放施工许可证时，不得增加法律法规规定以外的附加条件，不得违反规定收费。

（五）加强监管，严厉查处未经施工许可擅自施工的违法行为

建设行政主管部门颁发施工许可证前，应根据实际需要进行现场踏勘，踏勘内容主要包括拆迁进度是否符合施工要求、施工单位是否擅自进场施工等。对建设单位、施工单位未取得施工许可证擅自施工的，建设行政主管部门应责令其限期改正；对不符合开工条件的要责令停止施工，依法进行处罚，记入不良信用档案，并通过公众媒体对违法施工的项目和相关单位进行通报。

各地要建立颁发施工许可证后的监督检查制度。对取得施工许可证后条件发生变更、延期开工、中止施工、政府投资项目使用带资承包方式建设以及对由于建设单位的原因造成拖欠工程款和农民工工资等行为进行监督检查，发现违法违规行为及时处理。

（六）加强层级监督，规范行政执法行为

各地要规范行政执法行为，加强施工许可管理工作层级监督工作，建立上级建设行政主管部门对下级建设行政主管部门施工许可管理工作的指导和监督检查制度，建立健全施工许可执法投诉、举报制度，建立建筑市场监管和施工许可证颁发责任制度，确保建筑市场规范有序。对施工许可管理中失职、渎职，把关不严造成工作失误的，视情节轻重，追究直接责任人和主要负责人的责任。

（七）加强施工许可电子政务建设

各地建设行政主管部门应当公开施工许可审批程序和条件，建立施工许可审批档案，确保施工许可审批的公开、公正。要进一步加强电子政务建设，整合信息资源，优化审

批流程，提高审批效能，探索建立标准规范、功能完善、高效快捷的审批管理模式，逐步实现网上申报、审批、汇总与核查。

中华人民共和国建设部
二〇〇六年四月十二日

建设部、铁道部《关于继续开放铁路建设市场的通知》

（建市〔2006〕87号）

各省、自治区建设厅，直辖市建委，北京市规划委员会，江苏省、山东省建管局，国务院有关部门建设司（局），新疆生产建设兵团建设局，总后基建营房部工程管理局，各铁路局，国资委管理的有关企业，中铁建设投资公司、中铁集装箱公司，各铁路公司：

建立统一、开放、竞争、有序的建筑市场体系，是完善社会主义市场经济体制的重要任务。铁路建设市场的开放，有利于全国统一市场的形成，有利于完善建筑业企业资质管理体系，有利于提高企业的竞争力。为加快实现符合建筑市场经济发展要求的资质改革目标，适应铁路建设需求，建设部和铁道部决定，继续开放铁路建设市场，现将有关事宜通知如下：

一、铁路建设市场开放的范围

在2004年12月下发的《关于进一步开放铁路建设市场的通知》（建市〔2004〕234号）基础上，对铁路建设市场的设计、施工、监理业务范围继续开放。

1. 设计。同时具有甲级公路（公路、特大桥梁、特大隧道）和城市轨道交通设计资质的设计院，可以从事时速200km以下普通铁路设计工作；具有城市轨道交通设计资质的设计院，可以从事时速160km以下普通铁路设计工作；具有甲级水运（港口工程）设计资质的设计院，可以从事铁路集装箱结点站设计工作；具有甲级电子通信广电（通信工程类）设计资质的设计院，可以从事铁路通信设计工作。

2. 施工。具有公路、港口与航道、水利水电、矿山、市政公用工程施工总承包特级资质的企业，比照铁路施工总承包特级资质承担铁路工程施工，可以参加铁路工程总承包或施工总承包投标；具有房屋建筑工程施工总承包特级资质的企业，仍然可以参加铁路大型站房工程投标。

3. 监理。具有甲级电力（输变电工程）监理资质的企业，可以从事铁路电力专业监理工作；具有甲级通信工程监理资质的企业，可以从事铁路通信专业监理工作；具有甲级房屋建筑工程监理资质的企业，仍然可以从事铁路大型旅客站房和房建专业监理工作。

二、有关事项

1. 本次准许进入铁路建设市场的设计、施工、监理企业，按照上述可以从事的业务范围，比照铁路同等级别资质参与投标。

2. 具备上述条件的企业，要研究熟悉铁路建设市场规则和管理制度，加强对铁道行业标准及规范的学习。

3. 本通知自下发之日起执行。

中华人民共和国建设部
中华人民共和国铁道部
二〇〇六年四月十四日

建设部《关于落实建设工程安全生产监理责任的若干意见》

（建市 [2006] 248 号）

各省、自治区建设厅，直辖市建委，山东、江苏省建管局，新疆生产建设兵团建设局，国务院有关部门，总后基建营房部工程管理局，国资委管理的有关企业，有关行业协会：

为了认真贯彻《建设工程安全生产管理条例》（以下简称《条例》），指导和督促工程监理单位（以下简称"监理单位"）落实安全生产监理责任，做好建设工程安全生产的监理工作（以下简称"安全监理"），切实加强建设工程安全生产管理，提出如下意见：

一、建设工程安全监理的主要工作内容

监理单位应当按照法律、法规和工程建设强制性标准及监理委托合同实施监理，对所监理工程的施工安全生产进行监督检查，具体内容包括：

（一）施工准备阶段安全监理的主要工作内容

1. 监理单位应根据《条例》的规定，按照工程建设强制性标准、《建设工程监理规范》GB 50319 和相关行业监理规范的要求，编制包括安全监理内容的项目监理规划，明确安全监理的范围、内容、工作程序和制度措施，以及人员配备计划和职责等。

2. 对中型及以上项目和《条例》第二十六条规定的危险性较大的分部分项工程，监理单位应当编制监理实施细则。实施细则应当明确安全监理的方法、措施和控制要点，以及对施工单位安全技术措施的检查方案。

3. 审查施工单位编制的施工组织设计中的安全技术措施和危险性较大的分部分项工程安全专项施工方案是否符合工程建设强制性标准要求。审查的主要内容应当包括：

（1）施工单位编制的地下管线保护措施方案是否符合强制性标准要求；

（2）基坑支护与降水、土方开挖与边坡防护、模板、起重吊装、脚手架、拆除、爆破等分部分项工程的专项施工方案是否符合强制性标准要求；

（3）施工现场临时用电施工组织设计或者安全用电技术措施和电气防火措施是否符合强制性标准要求；

（4）冬季、雨季等季节性施工方案的制定是否符合强制性标准要求；

（5）施工总平面布置图是否符合安全生产的要求，办公、宿舍、食堂、道路等临时设施设置以及排水、防火措施是否符合强制性标准要求。

4. 检查施工单位在工程项目上的安全生产规章制度和安全监管机构的建立、健全及专职安全生产管理人员配备情况，督促施工单位检查各分包单位的安全生产规章制度的建立情况。

5. 审查施工单位资质和安全生产许可证是否合法有效。

6. 审查项目经理和专职安全生产管理人员是否具备合法资格，是否与投标文件相一致。

7. 审核特种作业人员的特种作业操作资格证书是否合法有效。

8. 审核施工单位应急救援预案和安全防护措施费用使用计划。

（二）施工阶段安全监理的主要工作内容

1. 监督施工单位按照施工组织设计中的安全技术措施和专项施工方案组织施工，及时制止违规施工作业。

2. 定期巡视检查施工过程中的危险性较大工程作业情况。

3. 核查施工现场施工起重机械、整体提升脚手架、模板等自升式架设设施和安全设施的验收手续。

4. 检查施工现场各种安全标志和安全防护措施是否符合强制性标准要求，并检查安全生产费用的使用情况。

5. 督促施工单位进行安全自查工作，并对施工单位自查情况进行抽查，参加建设单位组织的安全生产专项检查。

二、建设工程安全监理的工作程序

（一）监理单位按照《建设工程监理规范》和相关行业监理规范要求，编制含有安全监理内容的监理规划和监理实施细则。

（二）在施工准备阶段，监理单位审查核验施工单位提交的有关技术文件及资料，并由项目总监在有关技术文件报审表上签署意见；审查未通过的，安全技术措施及专项施工方案不得实施。

（三）在施工阶段，监理单位应对施工现场安全生产情况进行巡视检查，对发现的各类安全事故隐患，应书面通知施工单位，并督促其立即整改；情况严重的，监理单位应及时下达工程暂停令，要求施工单位停工整改，并同时报告建设单位。安全事故隐患消除后，监理单位应检查整改结果，签署复查或复工意见。施工单位拒不整改或不停工整改的，监理单位应当及时向工程所在地建设主管部门或工程项目的行业主管部门报告，以电话形式报告的，应当有通话记录，并及时补充书面报告。检查、整改、复查、报告等情况应记载在监理日志、监理月报中。

监理单位应核查施工单位提交的施工起重机械、整体提升脚手架、模板等自升式架设设施和安全设施等验收记录，并由安全监理人员签收备案。

（四）工程竣工后，监理单位应将有关安全生产的技术文件、验收记录、监理规划、监理实施细则、监理月报、监理会议纪要及相关书面通知等按规定立卷归档。

三、建设工程安全生产的监理责任

（一）监理单位应对施工组织设计中的安全技术措施或专项施工方案进行审查，未进行审查的，监理单位应承担《条例》第五十七条规定的法律责任。

施工组织设计中的安全技术措施或专项施工方案未经监理单位审查签字认可，施工单位擅自施工的，监理单位应及时下达工程暂停令，并将情况及时书面报告建设单位。

监理单位未及时下达工程暂停令并报告的，应承担《条例》第五十七条规定的法律责任。

（二）监理单位在监理巡视检查过程中，发现存在安全事故隐患的，应按照有关规定及时下达书面指令要求施工单位进行整改或停止施工。监理单位发现安全事故隐患没有及时下达书面指令要求施工单位进行整改或停止施工的，应承担《条例》第五十七条规定的法律责任。

（三）施工单位拒绝按照监理单位的要求进行整改或者停止施工的，监理单位应及时将情况向当地建设主管部门或工程项目的行业主管部门报告。监理单位没有及时报告，应承担《条例》第五十七条规定的法律责任。

（四）监理单位未依照法律、法规和工程建设强制性标准实施监理的，应当承担《条例》第五十七条规定的法律责任。

监理单位履行了上述规定的职责，施工单位未执行监理指令继续施工或发生安全事故的，应依法追究监理单位以外的其他相关单位和人员的法律责任。

四、落实安全生产监理责任的主要工作

（一）健全监理单位安全监理责任制。监理单位法定代表人应对本企业监理工程项目的安全监理全面负责。总监理工程师要对工程项目的安全监理负责，并根据工程项目特点，明确监理人员的安全监理职责。

（二）完善监理单位安全生产管理制度。在健全审查核验制度、检查验收制度和督促整改制度基础上，完善工地例会制度及资料归档制度。定期召开工地例会，针对薄弱环节，提出整改意见，并督促落实；指定专人负责监理内业资料的整理、分类及立卷归档。

（三）建立监理人员安全生产教育培训制度。监理单位的总监理工程师和安全监理人员需经安全生产教育培训后方可上岗，其教育培训情况记入个人继续教育档案。

各级建设主管部门和有关主管部门应当加强建设工程安全生产管理工作的监督检查，督促监理单位落实安全生产监理责任，对监理单位实施安全监理给予支持和指导，共同督促施工单位加强安全生产管理，防止安全事故的发生。

中华人民共和国建设部

二〇〇六年十月十六日

建设部《关于印发〈关于在建设工程项目中进一步推行工程担保制度的意见〉的通知》

（建市〔2006〕326号）

各省、自治区建设厅，直辖市建委，计划单列市建委（建设局），新疆生产建设兵团建设局，总后营房部工程管理局：

为进一步推行工程担保制度，我们制定了《关于在建设工程项目中进一步推行工程担保制度的意见》。现将《关于在建设工程项目中进一步推行工程担保制度的意见》印发给你们，请结合本地实际贯彻。

附件：关于在建设工程项目中进一步推行工程担保制度的意见

中华人民共和国建设部
二〇〇六年十二月七日

关于在建设工程项目中进一步推行
工程担保制度的意见

推行工程担保制度是规范建筑市场秩序的一项重要举措，对规范工程承发包交易行为，防范和化解工程风险，遏制拖欠工程款和农民工工资，保证工程质量和安全等具有重要作用。建设部于 2004 年 8 月和 2005 年 5 月分别印发了《关于在房地产开发项目中推行工程建设合同担保的若干规定（试行）》（建市 [2004] 137 号）和《工程担保合同示范文本》，并在部分试点城市取得了经验。为了进一步推行工程担保制度，现提出如下意见。

一、充分认识推行工程担保制度的意义，明确目标和原则

1. 工程担保是指在工程建设活动中，由保证人向合同一方当事人（受益人）提供的，保证合同另一方当事人（被保证人）履行合同义务的担保行为，在被保证人不履行合同义务时，由保证人代为履行或承担代偿责任。引入工程担保机制，增加合同履行的责任主体，根据企业实力和信誉的不同实行有差别的担保，用市场手段加大违约失信的成本和惩戒力度，使工程建设各方主体行为更加规范透明，有利于转变建筑市场监管方式，有利于促进建筑市场优胜劣汰，有利于推动建设领域治理商业贿赂工作。

2. 工作目标：2007 年 6 月份前，省会城市和计划单列市在房地产开发项目中推行试点；2008 年年底前，全国地级以上城市在房地产开发项目中推行工程担保制度试点，有条件的地方可根据本地实际扩大推行范围；到 2010 年，工程担保制度应具备较为完善的法律法规体系、信用管理体系、风险控制体系和行业自律机制。

3. 基本原则：借鉴国际经验，结合中国国情，坚持促进发展与防范风险相结合，政府推进与行业自律相结合，政策性引导与市场化操作相结合，培育市场与扶优限劣相结合。发挥市场机制作用，结合信用体系建设，调动各方积极性，积极推行工程担保制度。

二、积极稳妥推进工程担保试点工作

4. 近几年来，一些地方在建立和推行工程担保制度方面开展了有成效的工作。2005 年 10 月，建设部确定天津、深圳、厦门、青岛、成都、杭州、常州等 7 城市作为推行工程担保试点城市，为进一步推行工程担保制度积累了经验。各省、自治区、直辖市建设行政主管部门应在 2007 年 3 月底前确定本地区的工程担保试点城市或试点项目。

5. 各地要针对推行工程担保制度过程中存在的问题，如相关法律法规滞后，工程担保市场监管有待加强，专业化担保机构发育不成熟，工程担保行为不规范等，加强调查研究，及时总结经验，根据相关法律法规和本地区的实际情况，制定本地区实施工程担保制度的相关管理规定，推动地方工程担保制度的实施。

6. 工程建设合同造价在 1000 万元以上的房地产开发项目（包括新建、改建、扩建的项目），施工单位应当提供以建设单位为受益人的承包商履约担保，建设单位应当提供以施工单位为受益人的业主工程款支付担保。不按照规定提供担保的，地方建设行政主管部门应当要求其改正，并作为不良行为记录记入建设行业信用信息系统。其他工程担保品种除了另有规定外，可以由建设单位、施工单位自行选择实行。除了《关于在房地产开发项目中推行工程建设合同担保的若干规定（试行）》中所规定的投标担保、承包商履约担保、业主工程款支付担保、承包商付款担保等四个担保品种外，各地还应积极鼓励开展符合建筑市场需要的其他类型的工程担保品种，如预付款担保、分包履约担保、保修金担保等。

三、加强工程担保市场监管

7. 《关于在房地产开发项目中推行工程建设合同担保的若干规定（试行）》已经明确："国务院建设行政主管部门负责对工程建设合同的担保工作实行统一监督管理，县级以上地方人民政府建设行政主管部门负责对本行政区域内的工程建设合同担保进行监督管理。"各级建设行政主管部门要落实责任，明确目标，加大工作力度，积极稳妥推进工程担保制度。

8. 提供工程担保的保证人可以是在中华人民共和国境内注册的有资格的银行、专业担保公司、保险公司。专业担保公司应当具有与当地行政区域内的银行签订的合作协议，并取得银行一定额度的授信，或根据中国银行业监督管理委员会的规定具备与银行开展授信业务的条件。银行、专业担保公司、保险公司从事工程担保应当遵守相关法律法规和建设行政主管部门的有关规定。

9. 专业担保公司从事工程担保业务应符合资金规模和人员结构的要求，并在地方建设行政主管部门进行备案。专业担保公司开展工程担保业务应向地方建设行政主管部门报送反映其经营状况及相关资信的材料。地方建设行政主管部门应当根据本地区的实际情况，引导市场主体在工程建设活动中，要求具有与其所担保工程相适应的自有资金、专业人员的专业担保公司提供担保。

10. 已开展工程担保的地区应当尽快建立对专业担保公司资信和担保能力的评价体系，使专业担保公司的信用信息在行业内公开化，以利于当事人对其选择和发挥行业与社会的监督作用。

11. 担保金额是指担保主合同的标的金额，担保余额是指某时点上已发生且尚未解除担保责任的金额，担保代偿是指保证人按照约定为债务人代为清偿债务的行为，再担保是指再担保人为保证人承保的担保业务提供全部保证或部分保证责任的担保行为。

12. 专业担保机构的担保余额一般应控制在该公司上一年度末净资产的 10 倍，单笔履约担保的担保金额不得超过该公司上一年度末净资产的 50%，单笔业主工程款支付担保的担保金额不得超过该公司上一年度末净资产的 20%。

13. 要尽快建立工程担保信息调查分析系统，便于对保证人的数量、市场份额、担保代偿情况、担保余额和保函的查询、统计和管理工作，担保余额超出担保能力的专业担保机构限制其出具保函或要求其做出联保、再担保等安排。

14. 工程担保监管措施完善的地方，在工程担保可以提交银行保函、专业担保公司或保险公司保函的情况下，应由被保证人自主选择其担保方式，但其提交的担保必须符合有关规定。使用外资建设的项目，投资人对工程担保有专门要求的除外。

15. 各地建设行政主管部门可以根据本地区的实际情况，制定合理的担保费率的最低限额，避免出现恶性竞争影响担保行业的健康发展。

四、规范工程担保行为

16. 地方建设行政主管部门可以参考建设部颁发的工程担保合同示范文本，制定本地区统一使用的工程担保合同或保函格式文本。

17. 保证人提供的保证方式应当是连带责任保证。保证人应当建立健全对被保证人和项目的保前评审、保后服务和风险监控制度，加强内部管理，规范经营。保证人对于承保的施工项目，应当有效地进行保后风险监控工作，定期出具保后跟踪调查报告。

18. 在保函有效期截止前30日，被保证人合同义务尚未实际履行完毕的，保证人应当对被保证人作出续保的提示，被保证人应当及时提交续保保函。被保证人在保函有效期截止日前未提交续保保函的，建设行政主管部门将该行为记入建设行业信用信息系统，并可以按照有关规定予以处理。

19. 工程担保保函应为不可撤销保函，在保函约定的有效期届满之前，除因主合同终止执行外，保证人、被保证人和受益人都不得以任何理由撤保。

20. 保证人要求被保证人提供第三方反担保的，该反担保人不得为受益人或受益人的关联企业。

21. 工程建设单位依承包商履约保函向保证人提出索赔之前，应当书面通知施工单位，说明导致索赔的原因，并向保证人提供项目总监理工程师及其监理单位对索赔理由的书面确认。项目总监理工程师及其监理单位应当在承发包合同约定的时间内对建设单位的索赔理由进行核实并作出相应的处理。施工单位依业主工程款支付保函向保证人提出索赔之前，应当书面通知建设单位和保证人，说明导致索赔的原因。建设单位应当在14天内向保证人提供能够证明工程款已按约定支付或工程款不应支付的有关证据，否则保证人应该在担保额度内予以代偿。

五、实行保函集中保管制度

22. 地方建设行政主管部门可以实行保函集中保管制度。建设行政主管部门可以委托建设工程交易服务中心或相关单位具体实施保函保管、工程担保信息的统计分析工作以及对索赔处理的监管。

23. 建设单位在申办建设工程施工许可证前，应当将施工单位提供的承包商履约保函原件和建设单位提供的业主工程款支付保函原件提交建设行政主管部门或其委托单位保管。工程投标担保提倡以保函形式提交，把投标保函纳入集中保管的范围。实行分段滚动担保的，应将涵盖各阶段保证责任的保函原件分阶段提交建设行政主管部门或其委托单位保管。

24. 建设行政主管部门或其委托单位应当对保函的合规性（包括保证人主体的合规性和保函条件的合规性等）进行审核，发现保函不合规的，不予收存。建设行政主管部门或其委托单位对保函的真实性不承担责任，但有权对保函的真实性进行核查。建设单位、施工单位提供虚假担保资料或虚假保函的，建设行政主管部门将该行为记入建设行业信用信息系统，并可以根据相关规定给予处分。

25. 在保函约定的有效期内发生索赔时，索赔方可凭索赔文件到建设行政主管部门或其委托单位取回被索赔方的保函原件，向保证人提起索赔。经索赔后，如被索赔方的主合同义务尚未履行完毕，索赔方应当将被索赔方的保函原件交回建设行政主管部门或其委托单位保管；如被索赔方的保函金额已不足以保证主合同继续履行的，索赔方应当要求被索赔方续保，并将续保的保函原件送交建设行政主管部门或其委托单位保管。

26. 工程建设单位、施工单位的主合同义务已实际履行完毕，应当分别凭施工单位出具的工程款支付情况证明或工程竣工验收证明文件以及由建设行政主管部门出具的保函收讫证明原件，由保函受益人到建设行政主管部门或其委托单位分别取回保函原件，退回保证人。

27. 在保函有效期届满前，建设工程因故中止施工3个月以上，或建设工程未完工但工程承包合同解除，需要解除担保责任的，工程建设单位、施工单位经协商一致，应当凭双方中止施工的协议、中止施工的情况说明或合同解除备案证明，到建设行政主管部门或其委托单位取回保函原件，办理解除担保手续，恢复施工前应当按规定重新办理担保手续。

28. 建设行政主管部门或其委托单位应当建立保证人工程担保余额台账，进行有关信息的统计和管理工作，建立相应的数据库，为保证人的担保余额、保函的查询提供方便条件。

六、加快信用体系建设

29. 各地要按照建设部《关于加快推进建筑市场信用体系建设工作的意见》、《建筑市场诚信行为信息管理试行办法》和《全国建筑市场责任主体不良行为记录基本标准》等有关规定，加快建筑市场信用体系建设，为推行工程担保制度提供支持。

30. 保证人可依据建筑市场主体在资质、经营管理、安全与文明施工、质量管理和社会责任等方面的信用信息，实施担保费率差别化制度。对于资信良好的建设单位、施工单位，应当适当降低承保条件，实现市场奖优罚劣的功能。

31. 保证人在工程担保业务活动中存在以下情况的，应记入建筑市场信用信息系统，并作为不良行为记录予以公布，情节严重的，应禁止其开展工程担保业务：

（1）超出担保能力从事工程担保业务的；

（2）虚假注册、虚增注册资本金或抽逃资本金的；

（3）擅自挪用被保证人保证金的；

（4）违反约定，拖延或拒绝承担保证责任的；

（5）在保函备案时制造虚假资料或提供虚假信息的；

（6）撤保或变相撤保的；

（7）安排受益人和被保证人互保的；

（8）恶意压低担保收费，进行不正当竞争的；

（9）不进行风险预控和保后风险监控的；

（10）其他违反法律、法规规定的行为。

七、加强行业自律、宣传培训和专题研究

32. 建设行政主管部门、行业自律组织应积极宣传、介绍工程担保制度，开展有关的培训工作，特别应当注重对专业担保公司从业人员的培训，有条件的地方可以组织专业担保公司从业人员进行专业性的考核。

33. 建设行政主管部门、行业自律组织、有关科研机构应加强对工程担保推行情况的调研工作，进一步深化对工程担保品种、模式的研究，及时总结实践经验，设计切实可行的担保品种，推广有效的工程担保模式，促进工程担保制度健康发展。

建设部《关于印发〈建筑市场诚信行为信息管理办法〉的通知》

（建市〔2007〕9号）

各省、自治区建设厅，直辖市建委，计划单列市建委（建设局），新疆生产建设兵团建设局，总后基建营房部工程局，国资委管理的有关企业，有关行业协会：

为进一步规范建筑市场秩序，健全建筑市场诚信体系，加强对建筑市场各方主体的动态监管，营造诚实守信的市场环境，我们组织制定了《建筑市场诚信行为信息管理办法》，现印发给你们，请遵照执行。

省、自治区、直辖市建设行政主管部门要对建筑市场信用体系建设工作高度重视，加强组织领导和宣传贯彻，并结合本地实际，抓紧制订落实《建筑市场诚信行为信息管理办法》的实施细则。省会城市、计划单列市以及基础条件较好的地级城市要在2007年6月30日前，按照《建筑市场诚信行为信息管理办法》的要求，建立本地区的建筑市场综合监管信息系统和诚信信息平台。其他地区在2007年年底前也要全部启动这项工作，推动建筑市场信用体系建设的全面实施。

附件：建筑市场诚信行为信息管理办法

中华人民共和国建设部

二〇〇七年一月十二日

建筑市场诚信行为信息管理办法

第一条 为进一步规范建筑市场秩序，健全建筑市场诚信体系，加强对建筑市场各方主体的监管，营造诚实守信的市场环境，根据《建筑法》、《招标投标法》、《建设工程勘察设计管理条例》、《建设工程质量管理条例》、《建设工程安全生产管理条例》等有关法律法规，制定本办法。

第二条 本办法所称建筑市场各方主体是指建设项目的建设单位和参与工程建设活动的勘察、设计、施工、监理、招标代理、造价咨询、检测试验、施工图审查等企业或单位以及相关从业人员。

第三条 本办法所称诚信行为信息包括良好行为记录和不良行为记录。

良好行为记录指建筑市场各方主体在工程建设过程中严格遵守有关工程建设的法律、法规、规章或强制性标准，行为规范，诚信经营，自觉维护建筑市场秩序，受到各级建设行政主管部门和相关专业部门的奖励和表彰，所形成的良好行为记录。

不良行为记录是指建筑市场各方主体在工程建设过程中违反有关工程建设的法律、法规、规章或强制性标准和执业行为规范，经县级以上建设行政主管部门或其委托的执法监督机构查实和行政处罚，形成的不良行为记录。《全国建筑市场各方主体不良行为记录认定标准》由建设部制定和颁布。

第四条 建设部负责制定全国统一的建筑市场各方主体的诚信标准；负责指导建立建筑市场各方主体的信用档案；负责建立和完善全国联网的统一的建筑市场信用管理信息平台；负责对外发布全国建筑市场各方主体诚信行为记录信息；负责指导对建筑市场各方主体的信用评价工作。

各省、自治区和直辖市建设行政主管部门负责本地区建筑市场各方主体的信用管理工作，采集、审核、汇总和发布所属各市、县建设行政主管部门报送的各方主体的诚信行为记录，并将符合《全国建筑市场各方主体不良行为记录认定标准》的不良行为记录及时报送建设部。报送内容应包括：各方主体的基本信息、在建筑市场经营和生产活动中的不良行为表现、相关处罚决定等。

各市、县建设行政主管部门按照统一的诚信标准和管理办法，负责对本地区参与工程建设的各方主体的诚信行为进行检查、记录，同时将不良行为记录信息及时报送上级建设行政主管部门。

中央管理企业和工商注册不在本地区的企业的诚信行为记录，由其项目所在地建设行政主管部门负责采集、审核、记录、汇总和公布，逐级上报，同时向企业工商注册所在地的建设行政主管部门通报，建立和完善其信用档案。

第五条 各级建设行政主管部门要明确分管领导和承办机构人员，落实责任制，加强对各方主体不良行为的监督检查以及不良行为记录真实性的核查，负责收集、整理、归档、保全不良行为事实的证据和资料，不良行为记录报表要真实、完整、及时报送。

第六条 行业协会要协助政府部门做好诚信行为记录、信息发布和信用评价等工作，推进建筑市场动态监管；要完善行业内部监督和协调机制，建立以会员单位为基础的自律维权信息平台，加强行业自律，提高企业及其从业人员的诚信意识。

第七条　各省、自治区、直辖市建设行政主管部门应按照《全国建筑市场各方主体不良行为记录认定标准》，自行或通过市、县建设行政主管部门及其委托的执法监督机构，结合建筑市场检查、工程质量安全监督以及政府部门组织的各类执法检查、督查和举报、投诉等工作，采集不良行为记录，并建立与工商、税务、纪检、监察、司法、银行等部门的信息共享机制。

第八条　各省、自治区、直辖市建设行政主管部门应根据行政处罚情况，及时公布各方主体的不良行为信息，形成政府监管、行业自律、社会监督的有效约束机制。

第九条　各地建设行政主管部门要通过资源整合和组织协调，完善建筑市场和工程现场联动的业务监管体系，在健全建筑市场综合监管信息系统的基础上，建立向社会开放的建筑市场诚信信息平台，做好诚信信息的发布工作。诚信信息平台的建设可依托各地有形建筑市场（建设工程交易中心）的资源条件，避免重复建设和资源浪费。

第十条　诚信行为记录实行公布制度。

诚信行为记录由各省、自治区、直辖市建设行政主管部门在当地建筑市场诚信信息平台上统一公布。其中，不良行为记录信息的公布时间为行政处罚决定做出后7日内，公布期限一般为6个月至3年；良好行为记录信息公布期限一般为3年，法律、法规另有规定的从其规定。公布内容应与建筑市场监管信息系统中的企业、人员和项目管理数据库相结合，形成信用档案，内部长期保留。

属于《全国建筑市场各方主体不良行为记录认定标准》范围的不良行为记录除在当地发布外，还将由建设部统一在全国公布，公布期限与地方确定的公布期限相同，法律、法规另有规定的从其规定。各省、自治区、直辖市建设行政主管部门将确认的不良行为记录在当地发布之日起7日内报建设部。

通过与工商、税务、纪检、监察、司法、银行等部门建立的信息共享机制，获取的有关建筑市场各方主体不良行为记录的信息，省、自治区、直辖市建设行政主管部门也应参照本规定在本地区统一公布。

各地建筑市场综合监管信息系统，要逐步与全国建筑市场诚信信息平台实现网络互联、信息共享和实时发布。

第十一条　对发布有误的信息，由发布该信息的省、自治区和直辖市建设行政主管部门进行修正，根据被曝光单位对不良行为的整改情况，调整其信息公布期限，保证信息的准确和有效。

省、自治区和直辖市建设行政主管部门负责审查整改结果，对整改确有实效的，由企业提出申请，经批准，可缩短其不良行为记录信息公布期限，但公布期限最短不得少于3个月，同时将整改结果列于相应不良行为记录后，供有关部门和社会公众查询；对于拒不整改或整改不力的单位，信息发布部门可延长其不良行为记录信息公布期限。

行政处罚决定经行政复议、行政诉讼以及行政执法监督被变更或被撤消，应及时变更或删除该不良记录，并在相应诚信信息平台上予以公布，同时应依法妥善处理相关事宜。

第十二条　各省、自治区、直辖市建设行政主管部门应加强信息共享，推进各地诚信信息平台的互联互通，逐步开放诚信行为信息，维护建筑市场的统一、开放、竞争、有序。

第十三条　各级建设行政主管部门，应当依据国家有关法律、法规和规章，按照诚信激励和失信惩戒的原则，逐步建立诚信奖惩机制，在行政许可、市场准入、招标投标、资质管理、工程担保与保险、表彰评优等工作中，充分利用已公布的建筑市场各方主体的诚信行为信息，依法对守信行为给予激励，对失信行为进行惩处。在健全诚信奖惩机制的过程中，要防止利用诚信奖惩机制设置新的市场壁垒和地方保护。

第十四条　各级建设行政主管部门应按照管理权限和属地管理原则建立建筑市场各方主体的信用档案，将信用记录信息与建筑市场监管综合信息系统数据库相结合，实现数据共享和管理联动。

第十五条　各省、自治区、直辖市和计划单列市建设行政主管部门可结合本地区实际情况，依据地方性法规对本办法和认定标准加以补充，制订具体实施细则。

第十六条　各级建设行政主管部门要按照《最高人民检察院、建设部、交通部、水利部关于在工程建设领域开展行贿犯罪档案试点工作的通知》（高检会〔2004〕2号）要求，准确把握建立工程建设领域行贿犯罪档案查询系统的内容和要求，认真履行职责，加强领导，密切配合，做好工程建设领域行贿犯罪档案查询试点工作，将其纳入建筑市场信用体系建设工作中，逐步建立健全信用档案管理制度和失信惩戒制度。

第十七条　对参与工程建设的其他单位（如建筑材料、设备和构配件生产供应单位等）和实行个人注册执业制度的各类从业人员的诚信行为信息，可参照本办法进行管理。

第十八条　本办法由建设部负责解释。

第十九条　本办法自发布之日起施行。

附件：全国建筑市场各方主体不良行为记录认定标准

　　建设单位不良行为记录认定标准（A1）

　　勘察单位不良行为记录认定标准（B1）

　　设计单位不良行为记录认定标准（C1）

　　施工单位不良行为记录认定标准（D1）

　　监理单位不良行为记录认定标准（E1）

　　招标代理单位不良行为记录认定标准（F1）

　　造价咨询单位不良行为记录认定标准（G1）

　　检测机构不良行为记录认定标准（H1）

　　施工图审查机构不良行为记录认定标准（I1）

建设单位不良行为记录认定标准（A1）

行为类别	行为代码	不 良 行 为	法 律 依 据	处 罚 依 据
A1-1 建设程序	A1-1-01	未取得资质等级证书或超越资质等级从事房地产开发经营的	《房地产开发经营管理条例》第三十五条	《房地产开发企业资质管理规定》第十九条、第二十条
	A1-1-02	在报送的可行性研究报告中，未将招标范围、招标方式、招标组织形式等有关招标内容报项目审批部门核准的；不按核准内容进行招标的	《工程建设项目施工招标投标办法》第十条，《工程建设项目货物招标投标办法》第八条	《工程建设项目施工招标投标办法》第七十三条，《工程建设项目货物招标投标办法》第五十五条
	A1-1-03	未取得建设工程规划许可证件或违反建设工程规划许可证件的规定进行建设的	《城市规划法》第三十二条	《城市规划法》第四十条
	A1-1-04	建设项目必须实行工程监理而未实行工程监理	《建设工程质量管理条例》第十二条	《建设工程质量管理条例》第五十六条
	A1-1-05	未按照国家规定办理工程质量监督手续	《建设工程质量管理条例》第十三条	《建设工程质量管理条例》第五十六条
	A1-1-06	施工图设计文件未经审查或者审查不合格，擅自施工的	《建设工程质量管理条例》第十一条	《建设工程质量管理条例》第五十六条
	A1-1-07	未取得施工许可证或者开工报告未经批准或者为规避办理施工许可证将工程项目分解后，擅自施工的；采用虚假证明文件骗取施工许可证的；伪造、涂改施工许可证的	《建筑法》第七条	《建筑法》第六十四条，《建设工程质量管理条例》第五十七条，《建筑工程施工许可证管理办法》第十条、第十一条、第十二条、第十三条
	A1-1-08	在工程竣工验收合格之日起15日内未办理工程竣工验收备案的；将备案机关决定重新组织竣工验收的工程，在重新组织竣工验收前，擅自使用的；或采用虚假证明文件办理工程竣工验收备案的	《建设工程质量管理条例》第四十九条	《建设工程质量管理条例》第五十六条，《房屋建筑工程和市政基础设施工程竣工验收备案管理暂行办法》第九条、第十条、第十一条
	A1-1-09	建设工程竣工验收后，建设单位未按规定移交建设项目档案	《建设工程质量管理条例》第十七条	《建设工程质量管理条例》第五十九条

行为类别	行为代码	不良行为	法律依据	处罚依据
A1-2 招标发包	A1-2-01	必须进行招标的项目而不招标的；将必须进行招标的项目化整为零或者以其他任何方式规避招标的	《招标投标法》第三条、第四条	《招投标法》第四十九条
	A1-2-02	不具备招标条件而进行招标	《工程建设项目勘察设计招标投标办法》第九条，《工程建设项目施工招标投标办法》第八条，《工程建设项目货物招标投标办法》第八条	《工程建设项目勘察设计招标投标办法》第五十条，《工程建设项目施工招标投标办法》第七十三条，《工程建设项目货物招标投标办法》第五十五条第五项
	A1-2-03	不具备自行办理施工招标事宜条件而自行招标的	《房屋建筑和市政基础设施工程施工招标投标管理办法》第十一条	《房屋建筑和市政基础设施工程施工招标投标管理办法》第五十二条
	A1-2-04	应当公开招标而不公开招标的；勘察、设计、货物擅自进行邀请招标或不招标的	《工程建设项目勘察设计招标投标办法》第十条，《工程建设项目施工招标投标办法》第十一条，《工程建设项目货物招标投标办法》第十一条	《工程建设项目勘察设计招标投标办法》第五十条，《工程建设项目施工招标投标办法》第七十三条，《房屋建筑和市政基础设施工程施工招标投标管理办法》第五十一条，《工程建设项目货物招标投标办法》第五十五条
	A1-2-05	未在指定的媒介发布招标公告	《招标投标法》第十六条	《工程建设项目勘察设计招标投标办法》第五十条，《工程建设项目施工招标投标办法》第七十三条，《工程建设项目货物招标投标办法》第五十五条
	A1-2-06	自招标文件或资格预审文件出售之日起至停止出售之日止，少于五个工作日	《工程建设项目勘察设计招标投标办法》第十二条，《工程建设项目施工招标投标办法》第十五条	《工程建设项目勘察设计招标投标办法》第五十条，《工程建设项目施工招标投标办法》第七十三条
	A1-2-07	在发布招标公告、发出投标邀请书或者售出招标文件或资格预审文件后终止招标的	《工程建设项目勘察设计招标投标办法》第二十条，《工程建设项目施工招标投标办法》第十五条，《工程建设项目货物招标投标办法》第十四条	《工程建设项目勘察设计招标投标办法》第五十条，《工程建设项目施工招标投标办法》第七十二条，《工程建设项目货物招标投标办法》第五十五条
	A1-2-08	以不合理的条件限制或者排斥潜在投标人的，对潜在投标人实行歧视待遇的；强制要求投标人组成联合体共同投标的；或者限制投标人之间竞争的	《招标投标法》第十八条、第三十一条，《工程建设项目勘察设计招标投标办法》第十四条	《招标投标法》第五十一条，《工程建设项目勘察设计招标投标办法》第五十三条

行为类别	行为代码	不 良 行 为	法 律 依 据	处 罚 依 据
A1-2 招标发包	A1-2-09	资格预审或者评标标准和方法含有排斥投标人的内容,妨碍或者限制投标人之间竞争的	《招标投标法》第十八条	《工程建设项目勘察设计招标投标办法》第五十四条,《工程建设项目施工招标投标办法》第七十九条,《工程建设项目货物招标投标办法》第五十七条
	A1-2-10	依法必须进行招标的项目向他人透露已获取招标文件的潜在投标人的名称、数量或者可能影响公平竞争的有关招标投标的其他情况的	《招标投标法》第二十二条	《招标投标法》第五十二条
	A1-2-11	依法必须进行招标的项目泄露标底的	《招标投标法》第二十二条	《招标投标法》第五十二条
	A1-2-12	依法必须招标的项目,自招标文件开始发出之日起至提交投标文件截止之日止,少于20日的	《招标投标法》第二十四条	《工程建设项目勘察设计招标投标办法》第五十条,《工程建设项目施工招标投标办法》第七十三条,《工程建设项目货物招标投标办法》第五十五条
	A1-2-13	在提交投标文件截止时间后接收投标文件的	《招标投标法》第二十八条	《工程建设项目施工招标投标办法》第七十三条,《工程建设项目货物招标投标办法》第五十五条
	A1-2-14	投标人数量不符合法定要求不重新招标的	《招标投标法》第二十八条	《工程建设项目施工招标投标办法》第七十三条,《工程建设项目货物招标投标办法》第五十五条
	A1-2-15	评标委员会的组建及人员组成不符合法定要求的	《招标投标法》第三十七条	《工程建设项目勘察设计招标投标办法》第五十四条,《工程建设项目施工招标投标办法》第七十九条,《工程建设项目货物招标投标办法》第五十七条
	A1-2-16	不从依法组建的评标专家库中抽取专家的	《招标投标法》第三十七条	《评标专家和评标专家库管理暂行办法》第十七条
	A1-2-17	应当回避担任评标委员会成员的人参与评标的	《招标投标法》第三十七条,《评标专家和评标专家库管理暂行办法》第十二条	《工程建设项目勘察设计招标投标办法》第五十四条,《工程建设项目施工招标投标办法》第七十九条,《工程建设项目货物招标投标办法》第五十七条

行为类别	行为代码	不良行为	法律依据	处罚依据
A1-2 招标发包	A1-2-18	使用招标文件没有确定的评标标准和方法的	《招标投标法》第四十条	《工程建设项目勘察设计招标投标办法》第五十四条,《工程建设项目施工招标投标办法》第七十九条,《工程建设项目货物招标投标办法》第五十七条
	A1-2-19	在评标委员会依法推荐的中标候选人以外确定中标人的	《招标投标法》第四十条	《招标投标法》第五十七条
	A1-2-20	依法必须进行招标的项目在所有投标被评标委员会否决后自行确定中标人的	《招标投标法》第四十二条	《招标投标法》第五十七条
	A1-2-21	依法必须进行招标的项目与投标人就投标价格、投标方案等实质性内容进行谈判的	《招标投标法》第四十三条	《招标投标法》第五十五条
	A1-2-22	不按规定期限确定中标人的	《评标委员会和评标方法暂行规定》第四十条,《工程建设项目施工招标投标办法》第五十六条,《工程建设项目货物招标投标办法》第四十七条	《工程建设项目施工招标投标办法》第八十一条,《工程建设项目货物招标投标办法》第五十八条
	A1-2-23	未向建设行政主管部门提交施工招标投标情况书面报告的	《招投标法》四十七条,《房屋建筑和市政基础设施工程施工招标投标管理办法》第四十五条	《房屋建筑和市政基础设施工程施工招标投标管理办法》第五十四条
	A1-2-24	中标通知书发出后改变中标结果的	《招标投标法》第四十五条	《工程建设项目施工招标投标办法》第八十一条、《工程建设项目货物招标投标办法》第五十八条
	A1-2-25	与中标人不按照招标文件和中标人的投标文件订立合同的;订立背离合同实质性内容的其他协议的	《招标投标法》第四十六条	《招标投标法》第五十九条
	A1-2-26	擅自提高履约保证金或强制要求中标人垫资的	《工程建设项目施工招标投标办法》第六十二条	《工程建设项目施工招标投标办法》第八十三条
	A1-2-27	无正当理由不与中标人签订合同的	《招标投标法》第四十六条	《评标委员会和评标方法暂行规定》第五十七条,《工程建设项目施工招标投标办法》第八十一条,《工程建设项目货物招标投标办法》第五十八条

行为类别	行为代码	不良行为	法律依据	处罚依据
A1-2 招标发包	A1-2-28	在签订合同时向中标人提出附加条件或者更改合同实质性内容的	《招标投标法》第四十六条，《工程建设项目施工招标投标办法》第五十九条，《工程建设项目货物招标投标办法》第四十九条	《工程建设项目施工招标投标办法》第八十一条、《工程建设项目货物招标投标办法》第五十八条
	A1-2-29	在工程发包中索贿、受贿的	《建筑法》第十七条	《建筑法》第六十八条
	A1-2-30	将工程发包给不具有相应资质等级的勘察、设计、施工单位或者委托给不具有相应资质等级的工程监理单位	《建设工程质量管理条例》第七条、第十二条	《建设工程质量管理条例》第五十四条
	A1-2-31	将拆除工程发包给不具有相应资质等级的施工单位的	《建设工程安全生产管理条例》第十一条	《建设工程安全生产管理条例》第五十五条
	A1-2-32	委托未取得相应资质的检测机构进行检测的	《建设工程质量检测管理办法》第十二条	《建设工程质量检测管理办法》第三十一条
	A1-2-33	将建设工程肢解发包的	《建设工程质量管理条例》第七条	《建设工程质量管理条例》第五十五条
A1-3 质量安全	A1-3-01	明示或暗示设计单位或施工单位违反工程强制性标准，降低建设工程质量的	《建设工程质量管理条例》第十条	《建设工程质量管理条例》第五十六条
	A1-3-02	明示或暗示施工单位使用不合格的建筑材料、建筑构配件和设备的	《建设工程质量管理条例》第十四条	《建设工程质量管理条例》第五十六条
	A1-3-03	未按照建筑节能强制性标准委托设计，擅自修改节能设计文件，明示或暗示设计单位、施工单位违反建筑节能设计强制性标准，降低工程建设质量的	《民用建筑节能管理规定》第十七条	《民用建筑节能管理规定》第二十五条
	A1-3-04	对勘察设计、施工、监理等单位提出不符合安全生产法律、法规和强制性标准规定的要求的；要求施工单位压缩合同约定的工期的	《建设工程安全生产管理条例》第七条	《建设工程安全生产管理条例》第五十五条
	A1-3-05	涉及建筑主体或者承重结构变动的装修工程，没有设计方案，擅自同意施工的	《建筑法》第四十九条，《建设工程质量管理条例》第十五条	《建筑法》第七十条，《建设工程质量管理条例》第六十九条
	A1-3-06	明示或暗示检测机构出具虚假检测报告，篡改或伪造检测报告的；弄虚作假送检试样的	《建设工程质量检测办法》第十三条，《建设工程质量检测办法》第十五条	《建设工程质量检测办法》第三十一条

行为类别	行为代码	不良行为	法律依据	处罚依据
A1-3 质量安全	A1-3-07	建设单位未组织竣工验收，擅自交付使用的；验收不合格，擅自交付使用的；对不合格的建设工程按照合格工程验收	《建设工程质量管理条例》第十六条	《建设工程质量管理条例》第五十八条
	A1-3-08	建设单位未提供或挪用建设工程安全作业环境及安全施工措施费用的	《建设工程安全生产管理条例》第八条、第二十七条	《建设工程安全生产管理条例》第五十四条、第六十三条
A1-4 拖欠工程款	A1-4-01	不按合同约定支付施工工程款及工程勘察、设计、监理、造价咨询、招标代理、检测试验等费用，或违规收取费用	《合同法》第十六章第二百八十六条	

勘察单位不良行为记录认定标准（B1）

行为类别	行为代码	不良行为	法律依据	处罚依据
B1-1 资质	B1-1-01	未取得资质证书承揽工程的，或超越本单位资质等级承揽业务的	《建筑法》第十三条、第二十六条，《建设工程勘察设计管理条例》第八条、第二十一条，《建设工程质量管理条例》第十八条	《建筑法》第六十五条，《建设工程质量管理条例》第六十条，《建设工程勘察设计管理条例》第三十五条
	B1-1-02	以欺骗手段取得资质证书承揽业务的	《建筑法》第十三条、第二十六条，《建设工程勘察设计管理条例》第八条、第二十一条，《建设工程质量管理条例》第十八条	《建筑法》第六十五条，《建设工程质量管理条例》第六十条，《建设工程勘察设计管理条例》第三十五条
	B1-1-03	允许其他单位或个人以本单位名义承揽业务的	《建设工程质量管理条例》第十八条，《建设工程勘察设计管理条例》第八条	《建设工程质量管理条例》第六十一条
	B1-1-04	以其他单位名义承揽业务的	《建设工程勘察设计管理条例》第八条	《建设工程勘察设计企业资质管理规定》第三十七条
B1-2 承揽业务	B1-2-01	利用向发包单位及其工作人员行贿、提供回扣或者给予其他好处等不正当手段承揽的	《建筑法》第十七条	《建筑法》第六十八条
	B1-2-02	相互串通投标或者与招标人串通投标的；以向招标人或者评标委员会成员行贿的手段谋取中标的	《招标投标法》第三十二条	《招标投标法》第五十三条

行为类别	行为代码	不 良 行 为	法 律 依 据	处 罚 依 据
B1-2 承揽业务	B1-2-03	以他人名义投标，利用伪造、转让、租借、无效的资质证书参加投标，或者请其他单位在自己编制的投标文件上代为签字盖章，弄虚作假，骗取中标的	《招标投标法》第三十三条，《工程建设项目勘察、设计招标投标办法》第二十九条	《招标投标法》第五十四条，《工程建设项目勘察、设计招标投标办法》第五十二条
	B1-2-04	以联合体形式投标的，联合体成员又以自己名义单独投标，或者参加其他联合体投同一个标的	《工程建设项目勘察设计招标投标办法》第二十七条	《工程建设项目勘察设计招标投标办法》第五十一条
	B1-2-05	不按照与招标人订立的合同履行义务，情节严重的	《招标投标法》第四十八条	《招标投标法》第六十条
	B1-2-06	将承揽的业务转包或者违法分包的	《建筑法》第二十八条，《建设工程质量管理条例》第十八条，《建设工程勘察设计管理条例》第二十条	《建筑法》第六十七条，《建设工程勘察设计管理条例》第三十九条，《建设工程质量管理条例》第六十二条
B1-3 质量安全	B1-3-01	未按照工程建设强制性标准进行勘察的	《建设工程勘察设计管理条例》第二十五条，《建设工程质量管理条例》第十九条，《建设工程安全生产管理条例》第十二条	《建设工程勘察设计管理条例》第四十条，《建设工程质量管理条例》第六十三条，《建设工程安全生产管理条例》第五十六条
	B1-3-02	弄虚作假、提供虚假成果资料的	《建设工程质量管理条例》第二十条、《建设工程勘察设计管理条例》第二十六条，《建设工程勘察质量管理办法》第十四条、第二十四条、第二十五条	《建设工程勘察质量管理办法》第二十四条
	B1-3-03	原始记录不按照规定记录或者记录不完整的	《建设工程勘察质量管理办法》第十四条	《建设工程勘察质量管理办法》第二十五条
	B1-3-04	勘察文件没有责任人签字或者签字不全的	《建设工程勘察质量管理办法》第十三条	《建设工程勘察质量管理办法》第二十五条
	B1-3-05	不参加施工验槽的	《建设工程勘察质量管理办法》第九条	《建设工程勘察质量管理办法》第二十五条
	B1-3-06	项目完成后，勘察文件不归档保存的	《建设工程勘察质量管理办法》第十七条	《建设工程勘察质量管理办法》第二十五条

设计单位不良行为记录认定标准（C1）

行为类别	行为代码	不良行为	法律依据	处罚依据
C1－1 资质	C1－1－01	未取得资质证书承揽工程的，或超越本单位资质等级承揽业务的	《建筑法》第十三条、第二十六条，《建设工程勘察设计管理条例》第八条、第二十一条，《建设工程质量管理条例》第十八条	《建筑法》第六十五条，《建设工程质量管理条例》第六十条，《建设工程勘察设计管理条例》第三十五条
	C1－1－02	以欺骗手段取得资质证书承揽业务的	《建筑法》第十三条、第二十六条，《建设工程勘察设计管理条例》第八条、第二十一条，《建设工程质量管理条例》第十八条	《建筑法》第六十五条，《建设工程质量管理条例》第六十条，《建设工程勘察设计管理条例》第三十五条
	C1－1－03	允许其他单位或个人以本单位名义承揽业务的	《建设工程质量管理条例》第十八条，《建设工程勘察设计管理条例》第八条	《建设工程质量管理条例》第六十一条
	C1－1－04	以其他单位名义承揽业务的	《建设工程勘察设计管理条例》第八条	《建设工程勘察设计企业资质管理规定》第三十七条
C1－2 承揽业务	C1－2－01	利用向发包单位及其工作人员行贿、提供回扣或者给予其他好处等不正当手段承揽的	《建筑法》第十七条	《建筑法》第六十八条
	C1－2－02	相互串通投标或者与招标人串通投标的；以向招标人或者评标委员会成员行贿的手段谋取中标的	《招标投标法》第三十二条	《招标投标法》第五十三条
	C1－2－03	以他人名义投标，利用伪造、转让、租借、无效的资质证书参加投标，或者请其他单位在自己编制的投标文件上代为签字盖章，弄虚作假，骗取中标的	《招标投标法》第三十三条，《工程建设项目勘察、设计招标投标办法》第二十九条	《招标投标法》第五十四条，《工程建设项目勘察、设计招标投标办法》第五十二条
	C1－2－04	以联合体形式投标的，联合体成员又以自己名义单独投标，或者参加其他联合体投同一个标的	《工程建设项目勘察设计招标投标办法》第二十七条	《工程建设项目勘察设计招标投标办法》第五十一条
	C1－2－05	不按照与招标人订立的合同履行义务，情节严重的	《招标投标法》第四十八条	《招标投标法》第六十条
	C1－2－06	将承揽的业务转包或者违法分包的	《建筑法》第二十八条，《建设工程质量管理条例》第十八条，《建设工程勘察设计管理条例》第二十条	《建筑法》第六十七条，《建设工程勘察设计管理条例》第三十九条，《建设工程质量管理条例》第六十二条
	C1－2－07	不执行国家的勘察设计收费规定，以低于国家规定的最低收费标准进行不正当竞争	《建设工程勘察设计管理条例》第二十条	《建设工程勘察设计管理条例》第三十五条

行为类别	行为代码	不 良 行 为	法 律 依 据	处 罚 依 据
C1-3 质量安全	C1-3-01	未按照工程建设强制性标准进行设计的	《建设工程勘察设计管理条例》第二十五条,《建设工程质量管理条例》第十九条,《建设工程安全生产管理条例》第十二条	《建设工程勘察设计管理条例》第四十条,《建设工程质量管理条例》第六十三条,《建设工程安全生产管理条例》第五十六条
	C1-3-02	未根据勘察成果文件进行工程设计的	《建设工程勘察设计管理条例》第四十条,《建设工程质量管理条例》第二十一条	《建设工程质量管理条例》第六十三条
	C1-3-03	指定建筑材料、建筑构配件的生产厂、供应商的	《建筑法》第五十七条,《建设工程勘察设计管理条例》第二十七条,《建设工程质量管理条例》第二十二条	《建设工程勘察设计管理条例》第四十条,《建设工程质量管理条例》六十三条
	C1-3-04	采用新结构、新材料、新工艺的建设工程和特殊结构的建设工程,未在设计中提出保障施工作业人员安全和预防生产安全事故的措施建议的	《建设工程安全生产管理条例》第十三条	《建设工程安全生产管理条例》第五十六条

施工单位不良行为记录认定标准 (D1)

行为类别	行为代码	不 良 行 为	法 律 依 据	处 罚 依 据
D1-1 资质	D1-1-01	未取得资质证书承揽工程的,或超越本单位资质等级承揽工程的	《建筑法》第十三条、第二十六条,《建设工程质量管理条例》第二十五条	《建筑法》第六十五条,《建设工程质量管理条例》第六十条
	D1-1-02	以欺骗手段取得资质证书承揽工程的	《建筑法》第十三条,《建设工程质量管理条例》第二十五条	《建设工程质量管理条例》第六十条
	D1-1-03	允许其他单位或个人以本单位名义承揽工程的	《建筑法》第二十六条,《建设工程质量管理条例》第二十五条	《建设工程质量管理条例》第六十一条
	D1-1-04	未在规定期限内办理资质变更手续的	《建筑业企业资质管理规定》第三十一条	《建筑业企业资质管理规定》第三十六条
	D1-1-05	涂改、伪造、出借、转让《建筑企业资质证书》	《建筑业企业资质管理规定》第十六条	《建筑业企业资质管理规定》第三十二条、第三十五条
	D1-1-06	按照国家规定需要持证上岗的技术工种的作业人员未经培训、考核,未取得证书上岗,情节严重	《建筑业企业资质管理规定》第十四条	《建筑业企业资质管理规定》第三十八条

行为类别	行为代码	不良行为	法律依据	处罚依据
D1-2 承揽业务	D1-2-01	利用向发包单位及其工作人员行贿、提供回扣或者给予其他好处等不正当手段承揽的	《建筑法》第十七条	《建筑法》第六十八条
	D1-2-02	相互串通投标或者与招标人串通投标的；以向招标人或者评标委员会成员行贿的手段谋取中标的	《招标投标法》第三十二条	《招标投标法》第五十三条
	D1-2-03	以他人名义投标或者以其他方式弄虚作假，骗取中标的	《招标投标法》第三十三条	《招标投标法》第五十四条
	D1-2-04	不按照与招标人订立的合同履行义务，情节严重的	《招标投标法》第四十八条	《招标投标法》第六十条
	D1-2-05	将承包的工程转包或者违法分包的	《建筑法》第二十八条，《建设工程质量管理条例》第二十五条	《建筑法》第六十七条，《建设工程质量管理条例》第六十二条
D1-3 工程质量	D1-3-01	在施工中偷工减料的，使用不合格的建筑材料、建筑构配件和设备的，或者不按照工程设计图示或者施工技术标准施工的其他行为的	《建筑法》第五十八条、第五十九条，《建设工程质量管理条例》第二十八条	《建筑法》第七十四条，《建设工程质量管理条例》第六十四条
	D1-3-02	未按照节能设计进行施工的	《民用建筑节能管理规定》第二十条	《民用建筑节能管理规定》第二十七条
	D1-3-03	未对建筑材料、建筑构配件、设备和商品混凝土进行检验，或者未对涉及结构安全的试块、试件以及有关材料取样检测的	《建筑法》第五十九条，《建设工程质量管理条例》第三十一条	《建筑法》第七十四条，《建设工程质量管理条例》第六十五条
	D1-3-04	工程竣工验收后，不向建设单位出具质量保修书的，或质量保修的内容、期限违反规定的	《建设工程质量管理条例》第三十九条	《房屋建筑工程质量保修办法》第十八条
	D1-3-05	不履行保修义务或者拖延履行保修义务的	《建设工程质量管理条例》第四十一条	《建设工程质量管理条例》第六十六条

行为类别	行为代码	不良行为	法律依据	处罚依据
D1-4 工程安全	D1-4-01	主要负责人在本单位发生重大生产安全事故时，不立即组织抢救或者在事故调查处理期间擅离之后或者逃匿的；主要负责人对生产安全事故隐瞒不报、谎报或者拖延不报的	《安全生产法》第七十条，《建设工程安全生产管理条例》第五十条、第五十一条	《安全生产法》第九十一条
	D1-4-02	对建筑安全事故隐患不采取措施予以消除的	《建筑法》第四十四条	《建筑法》第七十一条
	D1-4-03	未设立安全生产管理机构、配备专职安全生产管理人员或者分部分项工程施工时无专职安全生产管理人员现场监督的	《建设工程安全生产管理条例》第二十三条、第二十六条	《安全生产法》第八十二条，《建设工程安全生产管理条例》第六十二条
	D1-4-04	主要负责人、项目负责人、专职安全生产管理人员、作业人员或者特种作业人员，未经安全教育培训或者经考核不合格即从事相关工作的	《建筑法》第四十六条，《建设工程安全生产管理条例》第三十六条、第三十七条、第二十五条	《安全生产法》第八十二条，《建设工程安全生产管理条例》第六十二条
	D1-4-05	未在施工现场的危险部位设置明显的安全警示标志，或者未按照国家有关规定在施工现场设置消防通道、消防水源、配备消防设施和灭火器材的	《建设工程安全生产管理条例》第二十八条、第三十一条	《安全生产法》第八十三条，《建设工程安全生产管理条例》第六十二条
	D1-4-06	未向作业人员提供安全防护用具和安全防护服装的	《建设工程安全生产管理条例》第三十二条	《安全生产法》第八十三条，《建设工程安全生产管理条例》第六十二条
	D1-4-07	未按照规定在施工起重机械和整体提升脚手架、模板等自升式架设设施验收合格后登记的	《建设工程安全生产管理条例》第三十五条	《安全生产法》第八十三条，《建设工程安全生产管理条例》第六十二条
	D1-4-08	使用国家明令淘汰、禁止使用的危及施工安全的工艺、设备、材料的	《建设工程安全生产管理条例》第三十四条	《安全生产法》第八十三条，《建设工程安全生产管理条例》第六十二条
	D1-4-09	违法挪用列入建设工程概算的安全生产作业环境及安全施工措施所需费用	《建设工程安全生产管理条例》第二十二条	《建设工程安全生产管理条例》第六十三条
	D1-4-10	施工前未对有关安全施工的技术要求作出详细说明的	《建设工程安全生产管理条例》第二十七条	《建设工程安全生产管理条例》第六十四条

行为类别	行为代码	不良行为	法律依据	处罚依据
D1-4 工程安全	D1-4-11	未根据不同施工阶段和周围环境及季节、气候的变化，在施工现场采取相应的安全施工措施，或者在城市市区内的建设工程的施工现场未实行封闭围挡的	《建设工程安全生产管理条例》第二十八条、第三十条	《建设工程安全生产管理条例》第六十四条
	D1-4-12	在尚未竣工的建筑物内设置员工集体宿舍的	《建设工程安全生产管理条例》第二十九条	《建设工程安全生产管理条例》第六十四条
	D1-4-13	施工现场临时搭建的建筑物不符合安全使用要求的	《建设工程安全生产管理条例》第二十九条	《建设工程安全生产管理条例》第六十四条
	D1-4-14	未对因建设工程施工可能造成损害的毗邻建筑物、构筑物和地下管线等采取专项防护措施的	《建设工程安全生产管理条例》第三十条	《建设工程安全生产管理条例》第六十四条
	D1-4-15	安全防护用具、机械设备、施工机具及配件在进入施工现场前未经查验或者查验不合格即投入使用的	《建设工程安全生产管理条例》第三十四条	《建设工程安全生产管理条例》第六十五条
	D1-4-16	使用未经验收或者验收不合格的施工起重机械和整体提升脚手架、模板等自升式架设设施的	《建设工程安全生产管理条例》第三十五条	《建设工程安全生产管理条例》第六十五条
	D1-4-17	委托不具有相应资质的单位承担施工现场安装、拆卸施工起重机械和整体提升脚手架、模板等自升式架设设施的	《建设工程安全生产管理条例》第十七条	《建设工程安全生产管理条例》第六十五条
	D1-4-18	在施工组织设计中未编制安全技术措施、施工现场临时用电方案或者专项施工方案的	《建设工程安全生产管理条例》第二十六条	《建设工程安全生产管理条例》第六十五条
	D1-4-19	主要负责人、项目负责人未履行安全生产管理职责的，或不服管理、违反规章制度和操作规程冒险作业的	《建设工程安全生产管理条例》第二十一条、第三十三条	《建设工程安全生产管理条例》第六十六条
	D1-4-20	施工单位取得资质证书后，降低安全生产条件的；或经整改仍未达到与其资质等级相适应的安全生产条件的	《安全生产许可证条例》第十四条	《建设工程安全生产管理条例》第六十七条，《建筑施工企业安全生产许可证管理规定》第二十三条
	D1-4-21	取得安全生产许可证发生重大安全事故的	《安全生产许可证条例》第十四条	《建筑施工企业安全生产许可证管理规定》第二十二条

行为类别	行为代码	不良行为	法律依据	处罚依据
D1-4 工程安全	D1-4-22	未取得安全生产许可证擅自进行生产的	《安全生产许可证条例》第二条	《安全生产许可证条例》第十九条，《建筑施工企业安全生产许可证管理规定》第二十四条
	D1-4-23	安全生产许可证有效期满未办理延期手续，继续进行生产的，或逾期不办理延期手续，继续进行生产的	《安全生产许可证条例》第九条	《安全生产许可证条例》第十九条、第二十条，《建筑施工企业安全生产许可证管理规定》第二十四条、第二十五条
	D1-4-24	转让安全生产许可证的；接受转让的；冒用或者使用伪造的安全生产许可证的	《安全生产许可证条例》第十三条	《安全生产许可证条例》第十九条、第二十一条，《建筑施工企业安全生产许可证管理规定》第二十六条、第二十四条
D1-5 拖欠工程款或工人工资	D1-5-01	恶意拖欠或克扣劳动者工资	《劳动法》第五十条	《劳动法》第九十一条，《劳动保障监察条例》第二十六条

监理单位不良行为记录认定标准（E1）

行为类别	行为代码	不良行为	法律依据	处罚依据
E1-1 资质	E1-1-01	未取得资质证书承揽工程的，或超越本单位资质等级承揽业务的	《建筑法》第十三条，《建设工程质量管理条例》第三十四条	《建设工程质量管理条例》第六十条
	E1-1-02	以欺骗手段取得资质证书承揽业务的	《建筑法》第十三条，《建设工程质量管理条例》第三十四条	《建设工程质量管理条例》第六十条，
	E1-1-03	允许其他单位或个人以本单位名义承揽工程的	《建设工程质量管理条例》第三十四条	《建设工程质量管理条例》第六十一条
	E1-1-04	隐瞒有关情况或者提供虚假材料申请监理资质的	《工程监理企业资质管理规定》第十三条	《工程监理企业资质管理规定》第二十八条
	E1-1-05	涂改、伪造、出借、转让《工程监理企业资质证书》	《工程监理企业资质管理规定》第十七条	《工程监理企业资质管理规定》第二十九条
E1-2 承揽业务	E1-2-01	相互串通投标或者与招标人串通投标的；以向招标人或者评标委员会成员行贿的手段谋取中标的	《招标投标法》第三十二条	《招标投标法》第五十三条
	E1-2-02	以他人名义投标或者以其他方式弄虚作假，骗取中标的	《招标投标法》第三十三条	《招标投标法》第五十四条

行为类别	行为代码	不良行为	法律依据	处罚依据
E1-2 承揽业务	E1-2-03	不按照与招标人订立的合同履行义务，情节严重的	《招标投标法》第四十八条	《招标投标法》第六十条
	E1-2-04	转让工程监理业务的	《建筑法》第三十四条，《建设工程质量管理条例》第三十四条	《建设工程质量管理条例》第六十二条
E1-3 质量安全	E1-3-01	与建设单位或者施工单位串通、弄虚作假、降低工程质量的	《建筑法》第三十四条、第三十五条，《建设工程质量管理条例》第三十六条	《建设工程质量管理条例》第六十七条
	E1-3-02	将不合格的建设工程、建筑材料、建筑构配件和设备按照合格签字的	《建筑法》第三十四条、第三十五条，《建设工程质量管理条例》第三十六条	《建设工程质量管理条例》第六十七条
	E1-3-03	与被监理工程的施工承包单位以及建筑材料、建筑构配件和设备供应单位有隶属关系或者其他利害关系承担该项建设工程的监理业务的	《建设工程质量管理条例》第三十四条	《建设工程质量管理条例》第六十八条
	E1-3-04	未对施工组织设计中的安全技术措施或者专项施工方案进行审查的	《建设工程安全生产管理条例》第十四条	《建设工程安全生产管理条例》第五十七条
	E1-3-05	发现安全事故隐患未及时要求施工单位整改或者暂时停止施工的	《建设工程安全生产管理条例》第十四条	《建设工程安全生产管理条例》第五十七条
	E1-3-06	施工单位拒不整改或者不停止施工，未及时向有关主管部门报告的	《建设工程安全生产管理条例》第十四条	《建设工程安全生产管理条例》第五十七条
	E1-3-07	未依照法律、法规和工程建设强制性标准实施监理的	《建设工程安全生产管理条例》第十四条	《建设工程安全生产管理条例》第五十七条

招标代理单位不良行为记录认定标准（F1）

行为类别	行为代码	不良行为	法律依据	处罚依据
F1-1 资格	F1-1-01	未取得资格认定承担工程招标代理业务的	《工程建设项目招标代理机构资格认定办法》第四条	《工程建设项目招标代理机构资格认定办法》第二十二条
	F1-1-02	超越规定范围承担工程招标代理业务的	《工程建设项目招标代理机构资格认定办法》第九条、第十三条	《工程建设项目招标代理机构资格认定办法》第二十三条
	F1-1-03	在申请资格认定或者资格复审时弄虚作假的	《工程建设项目招标代理机构资格认定办法》第十条	《工程建设项目招标代理机构资格认定办法》第二十一条

行为类别	行为代码	不 良 行 为	法 律 依 据	处 罚 依 据
F1-1 资格	F1-1-04	出借、转让或者涂改资格证书的	《工程建设项目招标代理机构资格认定办法》第二十四条	《工程建设项目招标代理机构资格认定办法》第二十四条
F1-2 招标代理	F1-2-01	泄漏应当保密的与招标投标活动有关的情况和资料的	《招投标法》第二十二条	《招投标法》第五十条，《工程建设项目施工招标投标办法》第六十九条
	F1-2-02	与招标人、投标人串通损害国家利益、社会公共利益或者他人合法权益的	《招投标法》第五十条	《招投标法》第五十条，《工程建设项目施工招标投标办法》第六十九条

造价咨询单位不良行为记录认定标准（G1）

行为类别	行为代码	不 良 行 为	法 律 依 据	处 罚 依 据
G1-1 资质	G1-1-01	未取得工程造价咨询企业资质从事工程造价咨询活动或者超越资质等级承接工程造价咨询业务的	《工程造价咨询企业管理办法》第四条、第二十七条	《工程造价咨询企业管理办法》第三十八条
	G1-1-02	涂改、倒卖、出租、出借资质证书，或者以其他形式非法转让资质证书	《工程造价咨询企业管理办法》第二十七条	《工程造价咨询企业管理办法》第四十一条
	G1-1-03	隐瞒有关情况或者提供虚假材料申请工程造价咨询企业资质的		《工程造价咨询企业管理办法》第三十六条
	G1-1-04	以欺骗、贿赂等不正当手段取得工程造价咨询企业资质的		《工程造价咨询企业管理办法》第三十二条、第三十七条
	G1-1-05	不及时办理资质证书变更手续的	《工程造价咨询企业管理办法》第十七条	《工程造价咨询企业管理办法》第三十九条
G1-2 承揽业务	G1-2-01	新设立分支机构不备案；跨省、自治区、直辖市承接业务不备案的	《工程造价咨询企业管理办法》第二十三条、第二十五条	《工程造价咨询企业管理办法》第四十条
	G1-2-02	同时接受招标人和投标人或两个以上投标人对同一工程项目的工程造价咨询业务的	《工程造价咨询企业管理办法》第二十七条	《工程造价咨询企业管理办法》第四十一条
	G1-2-03	以给予回扣、恶意压低收费等方式进行不正当竞争	《工程造价咨询企业管理办法》第二十七条	《工程造价咨询企业管理办法》第四十一条
	G1-2-04	转包承接的工程造价咨询业务	《工程造价咨询企业管理办法》第二十七条	《工程造价咨询企业管理办法》第四十一条
G1-3 合同履行	G1-3-01	有意抬高、压低价格或者提供虚假报告的	《工程造价咨询企业管理办法》第五条	《建筑工程施工发包与承包计价管理办法》第二十条

检测机构不良行为记录认定标准（H1）

行为类别	行为代码	不良行为	法律依据	处罚依据
H1-1 资质	H1-1-01	未取得相应的资质，擅自承担《建设工程质量检测管理办法》规定的检测业务的	《建设工程质量检测管理办法》第四条	《建设工程质量检测管理办法》第二十六条
	H1-1-02	超出资质范围从事检测活动的	《建设工程质量检测管理办法》第八条	《建设工程质量检测管理办法》第二十九条
	H1-1-03	隐瞒有关情况或者提供虚假材料申请资质的		《建设工程质量检测管理办法》第二十七条
	H1-1-04	以欺骗、贿赂等不正当手段取得资质证书的		《建设工程质量检测管理办法》第二十八条
	H1-1-05	涂改、倒卖、出租、出借、转让资质证书的	《建设工程质量检测管理办法》第十条	《建设工程质量检测管理办法》第二十九条
H1-2 承揽业务	H1-2-01	转包检测业务的	《建设工程质量检测管理办法》第十七条	《建设工程质量检测管理办法》第二十九条
H1-3 合同履行	H1-3-01	使用不符合条件的检测人员的	《建设工程质量检测管理办法》第十六条	《建设工程质量检测管理办法》第二十九条
	H1-3-02	未按规定在检测报告上签字盖章的	《建设工程质量检测管理办法》第十四条	《建设工程质量检测管理办法》第二十九条
	H1-3-03	未按规定上报发现的违法违规行为和检测不合格事项的	《建设工程质量检测管理办法》第十九条	《建设工程质量检测管理办法》第二十九条
	H1-3-04	未按照国家有关工程建设强制性标准进行检测的	《建设工程质量检测管理办法》第二条、第八条	《建设工程质量检测管理办法》第二十九条
	H1-3-05	档案资料管理混乱，造成检测数据无法追溯的	《建设工程质量检测管理办法》第二十条	《建设工程质量检测管理办法》第二十九条
	H1-3-06	伪造检测数据，出具虚假检测报告或鉴定结论的	《建设工程质量检测管理办法》第十八条	《建设工程质量检测管理办法》第三十条

施工图审查机构不良行为记录认定标准（I1）

行为类别	行为代码	不良行为	法律依据	处罚依据
I1-1 资质	I1-1-01	未经省、自治区、直辖市人民政府建设主管部门核准，擅自从事施工图审查业务活动的	《房屋建筑和市政基础设施工程施工图设计文件审查管理办法》第四条	《房屋建筑和市政基础设施工程施工图设计文件审查管理办法》第四条
	I1-1-02	超越核准的等级和范围从事施工图审查业务活动的	《房屋建筑和市政基础设施工程施工图设计文件审查管理办法》第六条	《房屋建筑和市政基础设施工程施工图设计文件审查管理办法》第二十二条
I1-2 业务	I1-2-01	使用不符合条件审查人员的	《房屋建筑和市政基础设施工程施工图设计文件审查管理办法》第二十二条	《房屋建筑和市政基础设施工程施工图设计文件审查管理办法》第二十二条

行为类别	行为代码	不良行为	法律依据	处罚依据
I1-2 业务	I1-2-02	未按规定上报审查过程中发现的违法违规行为的	《房屋建筑和市政基础设施工程施工图设计文件审查管理办法》第二十二条	《房屋建筑和市政基础设施工程施工图设计文件审查管理办法》第二十二条
	I1-2-03	未按规定在审查合格书和施工图上签字盖章的	《房屋建筑和市政基础设施工程施工图设计文件审查管理办法》第二十二条	《房屋建筑和市政基础设施工程施工图设计文件审查管理办法》第二十二条
	I1-2-04	未按规定的审查内容进行审查的	《房屋建筑和市政基础设施工程施工图设计文件审查管理办法》第二十二条	《房屋建筑和市政基础设施工程施工图设计文件审查管理办法》第二十二条
	I1-2-05	审查机构出具虚假审查合格书的	《房屋建筑和市政基础设施工程施工图设计文件审查管理办法》第二十三条	《房屋建筑和市政基础设施工程施工图设计文件审查管理办法》第二十三条
	I1-2-06	施工图经审查合格后，仍有违反法律、法规和工程建设强制性标准的问题，给建设单位造成损失的	《房屋建筑和市政基础设施工程施工图设计文件审查管理办法》第十五条	《房屋建筑和市政基础设施工程施工图设计文件审查管理办法》第十五条

住房和城乡建设部《关于印发〈建筑工程方案设计招标投标管理办法〉的通知》

（建市〔2008〕63号）

各省、自治区建设厅，直辖市建委，北京市规划委，江苏省、山东省建管局，国务院有关部门建设司，新疆生产建设兵团建设局，总后基建营房部工程局，国资委管理的有关企业，有关行业协会：

为进一步规范建筑工程方案设计招标投标活动，确保建筑工程方案设计质量，体现公平有序竞争，节约社会资源。我部制定了《建筑工程方案设计招标投标管理办法》，现印发给你们，请遵照执行。执行中有何问题，请与我部建筑市场管理司联系。

附件：建筑工程方案设计招标投标管理办法

住房和城乡建设部
二○○八年三月二十一日

建筑工程方案设计招标投标管理办法

第一章 总 则

第一条 为规范建筑工程方案设计招标投标活动，提高建筑工程方案设计质量，体现公平有序竞争，根据《中华人民共和国建筑法》、《中华人民共和国招标投标法》及相关法律、法规和规章，制定本办法。

第二条 在中华人民共和国境内从事建筑工程方案设计招标投标及其管理活动的，适用本办法。

学术性的项目方案设计竞赛或不对某工程项目下一步设计工作的承接具有直接因果关系的"创意征集"等活动，不适用本办法。

第三条 本办法所称建筑工程方案设计招标投标，是指在建筑工程方案设计阶段，按照有关招标投标法律、法规和规章等规定进行的方案设计招标投标活动。

第四条 按照国家规定需要政府审批的建筑工程项目，有下列情形之一的，经有关部门批准，可以不进行招标：

（一）涉及国家安全、国家秘密的；

（二）涉及抢险救灾的；

（三）主要工艺、技术采用特定专利、专有技术，或者建筑艺术造型有特殊要求的；

（四）技术复杂或专业性强，能够满足条件的设计机构少于3家，不能形成有效竞争的；

（五）项目的改、扩建或者技术改造，由其他设计机构设计影响项目功能配套性的；

（六）法律、法规规定可以不进行设计招标的其他情形。

第五条 国务院建设主管部门负责全国建筑工程方案设计招标投标活动统一监督管理。县级以上人民政府建设主管部门依法对本行政区域内建筑工程方案设计招标投标活动实施监督管理。

建筑工程方案设计招标投标管理流程图详见附件一。

第六条 建筑工程方案设计应按照科学发展观，全面贯彻适用、经济，在可能条件下注意美观的原则。建筑工程设计方案要与当地经济发展水平相适应，积极鼓励采用节能、节地、节水、节材、环保技术的建筑工程设计方案。

第七条 建筑工程方案设计招标投标活动应遵循公开、公平、公正、择优和诚实信用的原则。

第八条 建筑工程方案设计应严格执行《建设工程质量管理条例》、《建设工程勘察设计管理条例》和国家强制性标准条文；满足现行的建筑工程建设标准、设计规范（规程）和本办法规定的相应设计文件编制深度要求。

第二章 招 标

第九条 建筑工程方案设计招标方式分为公开招标和邀请招标。

全部使用国有资金投资或者国有资金投资占控股或者主导地位的建筑工程项目，以及国务院发展和改革部门确定的国家重点项目和省、自治区、直辖市人民政府确定的地方重点项目，除符合本办法第四条及第十条规定条件并依法获得批准外，应当公开招标。

第十条 依法必须进行公开招标的建筑工程项目，在下列情形下可以进行邀请招标：

（一）项目的技术性、专业性强，或者环境资源条件特殊，符合条件的潜在投标人数量有限的；

（二）如采用公开招标，所需费用占建筑工程项目总投资额比例过大的；

（三）受自然因素限制，如采用公开招标，影响建筑工程项目实施时机的；

（四）法律、法规规定不宜公开招标的。

招标人采用邀请招标的方式，应保证有三个以上具备承担招标项目设计能力，并具有相应资质的机构参加投标。

第十一条 根据设计条件及设计深度，建筑工程方案设计招标类型分为建筑工程概念性方案设计招标和建筑工程实施性方案设计招标两种类型。

招标人应在招标公告或者投标邀请函中明示采用何种招标类型。

第十二条 建筑工程方案设计招标时应当具备下列条件：

（一）按照国家有关规定需要履行项目审批手续的，已履行审批手续，取得批准；

（二）设计所需要资金已经落实；

（三）设计基础资料已经收集完成；

（四）符合相关法律、法规规定的其他条件。

建筑工程概念性方案设计招标和建筑工程实施性方案设计招标的招标条件详见本办法附件二。

第十三条 公开招标的项目，招标人应当在指定的媒介发布招标公告。大型公共建筑工程的招标公告应当按照有关规定在指定的全国性媒介发布。

第十四条 招标人填写的招标公告或投标邀请函应当内容真实、准确和完整。

招标公告或投标邀请函的主要内容应当包括：工程概况、招标方式、招标类型、招标内容及范围、投标人承担设计任务范围、对投标人资质、经验及业绩的要求、投标人报名要求、招标文件工本费收费标准、投标报名时间、提交资格预审申请文件的截止时间、投标截止时间等。

建筑工程方案设计招标公告和投标邀请函样本详见本办法附件三。

第十五条 招标人应当按招标公告或者投标邀请函规定的时间、地点发出招标文件或者资格预审文件。自招标文件或者资格预审文件发出之日起至停止发出之日止，不得少于5个工作日。

第十六条 大型公共建筑工程项目或投标人报名数量较多的建筑工程项目招标可以实行资格预审。采用资格预审的，招标人应在招标公告中明示，并发出资格预审文件。招标人不得通过资格预审排斥潜在投标人。

对于投标人数量过多，招标人实行资格预审的情形，招标人应在招标公告中明确进行资格预审所需达到的投标人报名数量。招标人未在招标公告中明确或实际投标人报名数量未达到招标公告中规定的数量时，招标人不得进行资格预审。

资格预审必须由专业人员评审。资格预审不采用打分的方式评审，只有"通过"和

"未通过"之分。如果通过资格预审投标人的数量不足 3 家，招标人应修订并公布新的资格预审条件，重新进行资格预审，直至 3 家或 3 家以上投标人通过资格预审为止。特殊情况下，招标人不能重新制定新的资格预审条件的，必须依据国家相关法律、法规规定执行。

建筑工程方案设计招标资格预审文件样本详见本办法附件四。

第十七条 招标人应当根据建筑工程特点和需要编制招标文件。招标文件包括以下方面内容：

（一）投标须知；

（二）投标技术文件要求；

（三）投标商务文件要求；

（四）评标、定标标准及方法说明；

（五）设计合同授予及投标补偿费用说明。

招标人应在招标文件中明确执行国家规定的设计收费标准或提供投标人设计收费的统一计算基价。

对政府或国有资金投资的大型公共建筑工程项目，招标人应当在招标文件中明确参与投标的设计方案必须包括有关使用功能、建筑节能、工程造价、运营成本等方面的专题报告。

设计招标文件中的投标须知样本、招标技术文件编写内容及深度要求、投标商务文件内容等分别详见本办法附件五、附件六和附件七。

第十八条 招标人和招标代理机构应将加盖单位公章的招标公告或投标邀请函及招标文件，报项目所在地建设主管部门备案。各级建设主管部门对招标投标活动实施监督。

第十九条 概念性方案设计招标或者实施性方案设计招标的中标人应按招标文件要求承担方案及后续阶段的设计和服务工作。但中标人为中华人民共和国境外企业的，若承担后续阶段的设计和服务工作应按照《关于外国企业在中华人民共和国境内从事建设工程设计活动的管理暂行规定》（建市〔2004〕78 号）执行。

如果招标人只要求中标人承担方案阶段设计，而不再委托中标人承接或参加后续阶段工程设计业务的，应在招标公告或投标邀请函中明示，并说明支付中标人的设计费用。采用建筑工程实施性方案设计招标的，招标人应按照国家规定方案阶段设计付费标准支付中标人。采用建筑工程概念性方案设计招标的，招标人应按照国家规定方案阶段设计付费标准的 80% 支付中标人。

第三章 投 标

第二十条 参加建筑工程项目方案设计的投标人应具备下列主体资格：

（一）在中华人民共和国境内注册的企业，应当具有建设主管部门颁发的建筑工程设计资质证书或建筑专业事务所资质证书，并按规定的等级和范围参加建筑工程项目方案设计投标活动。

（二）注册在中华人民共和国境外的企业，应当是其所在国或者所在地区的建筑设计行业协会或组织推荐的会员。其行业协会或组织的推荐名单应由建设单位确认。

（三）各种形式的投标联合体各方应符合上述要求。招标人不得强制投标人组成联合体共同投标，不得限制投标人组成联合体参与投标。

招标人可以根据工程项目实际情况，在招标公告或投标邀请函中明确投标人其他资格条件。

第二十一条 采用国际招标的，不应人为设置条件排斥境内投标人。

第二十二条 投标人应按照招标文件确定的内容和深度提交投标文件。

第二十三条 招标人要求投标人提交备选方案的，应当在招标文件中明确相应的评审和比选办法。

凡招标文件中未明确规定允许提交备选方案的，投标人不得提交备选方案。如投标人擅自提交备选方案的，招标人应当拒绝该投标人提交的所有方案。

第二十四条 建筑工程概念性方案设计投标文件编制一般不少于 20 日，其中大型公共建筑工程概念性方案设计投标文件编制一般不少于 40 日；建筑工程实施性方案设计投标文件编制一般不少于 45 日。招标文件中规定的编制时间不符合上述要求的，建设主管部门对招标文件不予备案。

第四章　开标、评标、定标

第二十五条 开标应在招标文件规定提交投标文件截止时间的同一时间公开进行；除不可抗力外，招标人不得以任何理由拖延开标，或者拒绝开标。

建筑工程方案设计招标开标程序详见本办法附件八。

第二十六条 投标文件出现下列情形之一的，其投标文件作为无效标处理，招标人不予受理：

（一）逾期送达的或者未送达指定地点的；

（二）投标文件未按招标文件要求予以密封的；

（三）违反有关规定的其他情形。

第二十七条 招标人或招标代理机构根据招标建筑工程项目特点和需要组建评标委员会，其组成应当符合有关法律、法规和本办法的规定：

（一）评标委员会的组成应包括招标人以及与建筑工程项目方案设计有关的建筑、规划、结构、经济、设备等专业专家。大型公共建筑工程项目应增加环境保护、节能、消防专家。评委应以建筑专业专家为主，其中技术、经济专家人数应占评委总数的 2/3 以上；

（二）评标委员会人数为 5 人以上单数组成，其中大型公共建筑工程项目评标委员会人数不应少于 9 人；

（三）大型公共建筑工程或具有一定社会影响的建筑工程，以及技术特别复杂、专业性要求特别高的建筑工程，采取随机抽取确定的专家难以胜任的，经主管部门批准，招标人可以从设计类资深专家库中直接确定，必要时可以邀请外地或境外资深专家参加评标。

第二十八条 评标委员会必须严格按照招标文件确定的评标标准和评标办法进行评审。评委应遵循公平、公正、客观、科学、独立、实事求是的评标原则。

评审标准主要包括以下方面：

（一）对方案设计符合有关技术规范及标准规定的要求进行分析、评价；

（二）对方案设计水平、设计质量高低、对招标目标的响应度进行综合评审；

（三）对方案社会效益、经济效益及环境效益的高低进行分析、评价；

（四）对方案结构设计的安全性、合理性进行分析、评价；

（五）对方案投资估算的合理性进行分析、评价；

（六）对方案规划及经济技术指标的准确度进行比较、分析；

（七）对保证设计质量、配合工程实施，提供优质服务的措施进行分析、评价；

（八）对招标文件规定废标或被否决的投标文件进行评判。

评标方法主要包括记名投票法、排序法和百分制综合评估法等，招标人可根据项目实际情况确定评标方法。评标方法及实施步骤详见本办法附件九。

第二十九条 设计招标投标评审活动应当符合以下规定：

（一）招标人应确保评标专家有足够时间审阅投标文件，评审时间安排应与工程的复杂程度、设计深度、提交有效标的投标人数量和投标人提交设计方案的数量相适应。

（二）评审应由评标委员会负责人主持，负责人应从评标委员会中确定一名资深技术专家担任，并从技术评委中推荐一名评标会议纪要人。

（三）评标应严格按照招标文件中规定的评标标准和办法进行，除了有关法律、法规以及国家标准中规定的强制性条文外，不得引用招标文件规定以外的标准和办法进行评审。

（四）在评标过程中，当评标委员会对投标文件有疑问，需要向投标人质疑时，投标人可以到场解释或澄清投标文件有关内容。

（五）在评标过程中，一旦发现投标人有对招标人、评标委员会成员或其他有关人员施加不正当影响的行为，评标委员会有权拒绝该投标人的投标。

（六）投标人不得以任何形式干扰评标活动，否则评标委员会有权拒绝该投标人的投标。

（七）对于国有资金投资或国家融资的有重大社会影响的标志性建筑，招标人可以邀请人大代表、政协委员和社会公众代表列席，接受社会监督。但列席人员不发表评审意见，也不得以任何方式干涉评标委员会独立开展评标工作。

第三十条 大型公共建筑工程项目如有下列情况之一的，招标人可以在评标过程中对其中有关规划、安全、技术、经济、结构、环保、节能等方面进行专项技术论证：

（一）对于重要地区主要景观道路沿线，设计方案是否适合周边地区环境条件兴建的；

（二）设计方案中出现的安全、技术、经济、结构、材料、环保、节能等有重大不确定因素的；

（三）有特殊要求，需要进行设计方案技术论证的。

一般建筑工程项目，必要时，招标人也可进行涉及安全、技术、经济、结构、材料、环保、节能中的一个或多个方面的专项技术论证，以确保建筑方案的安全性和合理性。

第三十一条 投标文件有下列情形之一的，经评标委员会评审后按废标处理或被否决：

（一）投标文件中的投标函无投标人公章（有效签署）、投标人的法定代表人有效签章及未有相应资格的注册建筑师有效签章的；或者投标人的法定代表人授权委托人没有经有效签章的合法、有效授权委托书原件的；

（二）以联合体形式投标，未向招标人提交共同签署的联合体协议书的；

（三）投标联合体通过资格预审后在组成上发生变化的；

（四）投标文件中标明的投标人与资格预审的申请人在名称和组织结构上存在实质性差别的；

（五）未按招标文件规定的格式填写，内容不全，未响应招标文件的实质性要求和条件的，经评标委员会评审未通过的；

（六）违反编制投标文件的相关规定，可能对评标工作产生实质性影响的；

（七）与其他投标人串通投标，或者与招标人串通投标的；

（八）以他人名义投标，或者以其他方式弄虚作假的；

（九）未按招标文件的要求提交投标保证金的；

（十）投标文件中承诺的投标有效期短于招标文件规定的；

（十一）在投标过程中有商业贿赂行为的；

（十二）其他违反招标文件规定实质性条款要求的。

评标委员会对投标文件确认为废标的，应当由2/3以上评委签字确认。

第三十二条 有下列情形之一的，招标人应当依法重新招标：

（一）所有投标均做废标处理或被否决的；

（二）评标委员会界定为不合格标或废标后，因有效投标人不足3个使得投标明显缺乏竞争，评标委员会决定否决全部投标的；

（三）同意延长投标有效期的投标人少于3个的。

符合前款第一种情形的，评标委员会应在评标纪要上详细说明所有投标均做废标处理或被否决的理由。

招标人依法重新招标的，应对有串标、欺诈、行贿、压价或弄虚作假等违法或严重违规行为的投标人取消其重新投标的资格。

第三十三条 评标委员会按如下规定向招标人推荐合格的中标候选人：

（一）采取公开和邀请招标方式的，推荐1~3名。

（二）招标人也可以委托评标委员会直接确定中标人。

（三）经评标委员会评审，认为各投标文件未最大程度响应招标文件要求，重新招标时间又不允许的，经评标委员会同意，评委可以以记名投票方式，按自然多数票产生3名或3名以上投标人进行方案优化设计。评标委员会重新对优化设计方案评审后，推荐合格的中标候选人。

第三十四条 各级建设主管部门应在评标结束后15天内在指定媒介上公开排名顺序，并对推荐中标方案、评标专家名单及各位专家评审意见进行公示，公示期为5个工作日。

第三十五条 推荐中标方案在公示期间没有异议、异议不成立、没有投诉或投诉处理后没有发现问题的，招标人应当根据招标文件中规定的定标方法从评标委员会推荐的中标候选方案中确定中标人。定标方法主要包括：

（一）招标人委托评标委员会直接确定中标人。

（二）招标人确定评标委员会推荐的排名第一的中标候选人为中标人。排名第一的中标候选人放弃中标、因不可抗力提出不能履行合同、招标文件规定应当提交履约保证金而在规定的期限内未提交的，或者存在违法行为被有关部门依法查处，且其违法行为影响中标结果的，招标人可以确定排名第二的中标候选人为中标人。如排名第二的中标候选人也发生上述问题，依次可确定排名第三的中标候选人为中标人。

（三）招标人根据评标委员会的书面评标报告，组织审查评标委员会推荐的中标候选方案后，确定中标人。

第三十六条　依法必须进行设计招标的项目，招标人应当在确定中标人之日起 15 日内，向有关建设主管部门提交招标投标情况的书面报告。

建筑工程方案设计招标投标情况书面报告的主要内容详见本办法附件十。

第五章　其　　他

第三十七条　招标人和中标人应当自中标通知书发出之日起 30 日内，依据《中华人民共和国合同法》及有关工程设计合同管理规定的要求，按照不违背招标文件和中标人的投标文件内容签订设计委托合同，并履行合同约定的各项内容。合同中确定的建设标准、建设内容应当控制在经审批的可行性报告规定范围内。

国家制定的设计收费标准上下浮动 20% 是签订建筑工程设计合同的依据。招标人不得以压低设计费、增加工作量、缩短设计周期等作为发出中标通知书的条件，也不得与中标人再订立背离合同实质性内容的其他协议。如招标人违反上述规定，其签订的合同效力按《中华人民共和国合同法》有关规定执行，同时建设主管部门对设计合同不予备案，并依法予以处理。

招标人应在签订设计合同起 7 个工作日内，将设计合同报项目所在地建设或规划主管部门备案。

第三十八条　对于达到设计招标文件要求但未中标的设计方案，招标人应给予不同程度的补偿。

（一）采用公开招标，招标人应在招标文件中明确其补偿标准。若投标人数量过多，招标人可在招标文件中明确对一定数量的投标人进行补偿。

（二）采用邀请招标，招标人应给予每个未中标的投标人经济补偿，并在投标邀请函中明确补偿标准。

招标人可根据情况设置不同档次的补偿标准，以便对评标委员会评选出的优秀设计方案给予适当鼓励。

第三十九条　境内外设计企业在中华人民共和国境内参加建筑工程设计招标的设计收费，应按照同等国民待遇原则，严格执行中华人民共和国的设计收费标准。

工程设计中采用投标人自有专利或者专有技术的，其专利和专有技术收费由招标人和投标人协商确定。

第四十条　招标人应保护投标人的知识产权。投标人拥有设计方案的著作权（版权）。未经投标人书面同意，招标人不得将交付的设计方案向第三方转让或用于本招标范围以外的其他建设项目。

招标人与中标人签署设计合同后，招标人在该建设项目中拥有中标方案的使用权。中标人应保护招标人一旦使用其设计方案不能受到来自第三方的侵权诉讼或索赔，否则中标人应承担由此而产生的一切责任。

招标人或者中标人使用其他未中标人投标文件中的技术成果或技术方案的，应当事先征得该投标人的书面同意，并按规定支付使用费。未经相关投标人书面许可，招标人或者中标人不得擅自使用其他投标人投标文件中的技术成果或技术方案。

联合体投标人合作完成的设计方案，其知识产权由联合体成员共同所有。

第四十一条 设计单位应对其提供的方案设计的安全性、可行性、经济性、合理性、真实性及合同履行承担相应的法律责任。

由于设计原因造成工程项目总投资超出预算的，建设单位有权依法对设计单位追究责任。但设计单位根据建设单位要求，仅承担方案设计，不承担后续阶段工程设计业务的情形除外。

第四十二条 各级建设主管部门应加强对建设单位、招标代理机构、设计单位及取得执业资格注册人员的诚信管理。在设计招标投标活动中对招标代理机构、设计单位及取得执业资格注册人员的各种失信行为和违法违规行为记录在案，并建立招标代理机构、设计单位及取得执业资格注册人员的诚信档案。

第四十三条 各级政府部门不得干预正常的招标投标活动和无故否决依法按规定程序评出的中标方案。

各级政府相关部门应加强监督国家和地方建设方针、政策、标准、规范的落实情况，查处不正当竞争行为。

在建筑工程方案设计招标投标活动中，对违反《中华人民共和国招标投标法》、《工程建设项目勘察设计招标投标办法》和本办法规定的，建设主管部门应当依法予以处理。

第六章 附 则

第四十四条 本办法所称大型公共建筑工程一般指建筑面积 2 万平方米以上的办公建筑、商业建筑、旅游建筑、科教文卫建筑、通信建筑以及交通运输用房等。

第四十五条 使用国际组织或者外国政府贷款、援助资金的建筑工程进行设计招标时，贷款方、资金提供方对招标投标的条件和程序另有规定的，可以适用其规定，但违背中华人民共和国社会公共利益的除外。

第四十六条 各省、自治区、直辖市建设主管部门可依据本办法制定实施细则。

第四十七条 本办法自 2008 年 5 月 1 日起施行。

附件一：建筑工程方案设计招标管理流程图（略）

附件二：建筑工程方案设计招标条件（略）

附件三：建筑工程方案设计公开招标公告样本和建筑工程方案设计投标邀请函样本（略）

住房和城乡建设部《关于进一步加强建筑市场监管与服务保障扩大内需投资建设项目质量和效益的通知》

（建市［2009］6号）

各省、自治区建设厅，直辖市建委，新疆生产建设兵团建设局：

为积极应对国际经济环境对我国经济的不利影响，党中央、国务院做出了进一步扩大内需保持经济平稳较快发展的重大决策，大力推进民生工程、基础设施、生态环境建设和灾后重建。为保障扩大内需投资建设项目的质量和效益，现就进一步加强建筑市场监管与服务提出如下要求：

一、统一思想，加强服务

（一）统一思想，认真落实。民生工程、基础设施、生态环境建设和灾后重建等建设项目的质量和效益关系到广大群众的切身利益和国家发展的长远大计。各地住房和城乡建设主管部门要高度重视，加强领导，把思想和行动统一到中央的决策和部署上来，要坚持以科学发展观为指导，按照"加强服务、依法监管、创新机制、促进发展"的原则，增强服务意识，认真履行建筑市场监管职责，不断完善建筑市场监管方式，努力营造统一开放、竞争有序的建筑市场环境，为扩大内需投资建设项目提供有力保障和高效服务，促进经济平稳较快发展。

（二）积极协调，提高行政审批效率。各地住房和城乡建设主管部门要积极与发展改革、国土、规划、环保等相关部门协调沟通，合理安排项目立项、土地、规划、环境评价、招标投标、施工许可等审批工作，建立扩大内需投资建设项目快速审批通道，在保证质量的前提下，简化手续、缩短时限，确保工程项目尽早开工建设。

（三）加强指导服务，改进管理方式。各地要采取有效方式做好相关项目的对口咨询、靠前服务和跟踪指导，完善信息化服务，及时协调解决项目建设过程中出现的各种问题；要加强对扩大内需投资建设项目招投标活动的法律咨询和指导服务；简化非国有投资项目招投标的环节；合理缩短中小型项目的招标时限；鼓励采用工程总承包、全过程项目管理等招标模式；充分发挥有形建筑市场服务功能，推行网上招标备案、投标报名、电子标书及计算机辅助评标等信息化服务手段，提高招标效率，加快工程建设进度。

（四）加大政策扶持力度。各地住房和城乡建设主管部门要会同财政、税务等部门认真落实建筑业税收有关政策规定，根据建筑行业的总体税赋和实际盈利水平，结合本地区实际情况，按规定程序合理核定征收范围和标准，解决建筑业企业重复纳税问题，减轻企业负担，促进企业发展。

二、依法监管，保障建设项目质量和效益

（五）严格基本建设程序。建设项目必须坚持先勘察、后设计、再施工的原则，进一步落实项目法人责任制、招标投标制、工程监理制、合同管理制。建设单位应当保证工程建设前期各项手续合法有效，严格履行项目报建、用地许可、规划许可、招投标、施工图审查、施工许可或开工报告、委托监理、质量安全监督、工程竣工验收备案和工程技术档案移交等法定建设程序，保证工程建设的合理周期和费用。各地要切实防止借口加快建设、不履行法定建设程序情况的发生。

（六）严格市场准入清出制度。建设工程企业必须在资质许可范围内从事相关建设活动，严禁无资质或超越资质等级和业务范围承揽业务，注册执业人员要强化法律责任。各地要进一步加强企业资质动态监管，建立注册执业执法检查制度，对不满足资质标准、存在违法违规行为、发生重大质量安全事故的企业，以及出租、出借、重复注册、不履行执业责任等行为的企业和执业人员，要及时依法撤销或吊销其资质、资格，清出建筑市场。

（七）遏制虚假招标和串通招投标行为。各地要加强招投标中的围标、串标治理，整治招标代理机构串通招标人或投标人操纵招标投标等违法违规行为，抓住典型案例严肃处理；加强评标专家管理，建立培训、考核、评价制度，规范评标专家行为，健全评标专家退出机制；建立市场价格指数发布和风险防范机制，加强中标合同价格和工程结算价格跟踪管理，坚决制止不经评审的最低价中标做法。

（八）加强合同履约管理。各地要加强对工程总承包、施工总承包、专业承包、劳务分包以及勘察、设计、监理、项目管理等合同的履约管理，对合同中违反法律法规的内容要及时指出和纠正；建立健全合同履约监管机制，将合同履约监管与质量安全监督相结合，重点查处转包、挂靠、违法分包工程、签订阴阳合同等违法违规行为；强化对合同重大变更的备案管理，及时掌握合同履约情况，减少合同争议的发生。

（九）严格工程监理制度。依法必须实行监理的建设项目，建设单位必须委托具有相应资质的监理单位进行监理；未经监理工程师签字，建筑材料、构配件和设备不得在工程上使用或安装，不得进入下一道工序的施工；监理单位要落实项目总监负责制，严格按照法律、法规、合同以及技术标准、设计文件实施监理，按照规定监理程序开展监理工作，保证工程项目监理人员专业配套、人员到位，确保监理工作质量。

（十）严格建筑节能监管。建设单位要严格遵守国家建筑节能的有关法律法规，按照相应的建筑节能标准和技术要求委托建设项目的规划设计、开工建设、组织竣工验收。设计、施工、监理单位及其注册执业人员，要严格按照建筑节能强制性标准进行设计、施工、监理。国家机关办公建筑和大型公共建筑,建成后应进行建筑能效专项测评,凡达不到工程建设节能强制性标准的,有关部门不得办理竣工验收备案手续。

(十一)加强施工现场监管。各地要尽快建立工程项目数据库,与企业资质、执业人员数据库形成统一的信息管理平台,实现市场与施工现场监管信息的及时联通,实施全过程、全方位闭合管理,提高监管的有效性;严肃查处中标企业不履行合同及投标承诺,随意变更施工现场负责人及主要管理人员等违法违规行为。要严格落实施工现场总承包单位负责制,总承包单位对所承包工程的施工质量、安全生产和由其分包工程的工程款拨付、分包单位劳务用工、农民工工资发放等方面负总责。总承包或专业承包单位必须依法分包工程,严禁将工程分包给不具备相应资质的企业。建设单位直接发包的专业工程,建设单位应当负责协调、督促专业承包单位接受总承包单位的管理并支付相应的管理费用,保证施工现场统一管理,否则建设单位应承担相应的责任和后果。

(十二)进一步规范工程款支付行为。各地要严格施工许可环节审批,防止建设资金不到位的项目开工建设;要结合施工合同履约监管,建立对建设资金、商品房预售款使用情况的监督机制,督促建设单位按照合同约定支付工程款,规范工程款结算行为,加快建立由相关政府部门推动,仲裁机构和法院等部门联动的快速裁决机制,及时解决合同争议问题。逐步建立农民工身份识别、劳动技能培训、从业记录、工资发放等信息的管理制度,为规范劳务用工、解决劳务纠纷提供有效的依据和手段;配合劳动保障部门加大执法检查力度,规范劳动合同订立、履行,严肃查处违法用工、拖欠农民工工资等行为。

三、创新机制,促进行业健康发展

(十三)建立健全信用机制。各地要加快建筑市场信用体系建设,收集有关企业、执业人员的违法违规、合同履约等市场行为信息和银行、工商、税务等部门的相关信用信息,建立全面、动态的信用档案;健全信用信息发布、查询制度,并通过网络、新闻媒体向社会公示守法诚信以及严重违法违规的企业和执业人员名单,引导市场主体选择诚信的合作者,构建依法守信的市场信用环境。对建筑市场违法违规行为的处理,各地除按时在省级建筑市场信用信息平台公布外,还应在公布之日起7日内,按规定上报住房和城乡建设部,在全国建筑市场诚信信息平台上公布。

(十四)加快推行工程担保制度。各地要加大工程款支付担保和承包商履约担保工作力度,积极培育工程担保市场,加强对担保机构的资信管理,健全担保机构备案、保函保管等制度,有效防止虚假担保等问题;要将工程担保与信用机制相结合,实施信用差别化管理,提高违法违规企业的工程担保额度,加大其违约失信成本,充分发挥经济手段调节、规范市场的作用。

(十五)加快建筑业产业结构调整。各地要结合当前经济形势,坚持以市场为导向,统筹规划本地区建筑业发展,指导企业调整产业结构。政府和国有投资工程要积极推行工程总承包、工程项目管理等组织实施方式,促进企业调整经营结构;支持大企业做大做强、中小企业做精做专,形成大中小企业、综合型与专业型企业互相依存、协调发展的产业结构，适应国家投资体制和建设项目组织实施方式改革的要求。

（十六）充分发挥行业协会作用。住房和城乡建设领域各行业协会要加强自身建设，改进工作方式，深入开展调查和相关政策研究，反映行业诉求，充分发挥桥梁和纽带作用；要建立自律约束机制，完善行业管理，规范会员行为，维护公平竞争的市场环境；要坚持服务理念，积极组织开展有关学习、交流、咨询、培训等活动，提高企业和从业人员素质，促进对外交流，推动企业开拓国际市场。

中华人民共和国住房和城乡建设部

二〇〇九年一月六日

住房和城乡建设部《关于进一步强化住宅工程质量管理和责任的通知》

（建市［2010］68号）

各省、自治区住房和城乡建设厅，直辖市建委（建设交通委），北京市规划委，总后基建营房部工程局：

住宅工程质量，关系到人民群众的切身利益和生命财产安全，关系到住有所居、安居乐业政策的有效落实。近几年来，住宅工程质量总体上是好的，但在一些住宅工程中，违反建设程序、降低质量标准、违规违章操作、执法监督不力等现象依然存在，重大质量事故仍有发生。为进一步加强质量管理，强化质量责任，切实保证住宅工程质量，现将有关问题通知如下：

一、强化住宅工程质量责任，规范建设各方主体行为

（一）建设单位的责任。建设单位要严格履行项目用地许可、规划许可、招投标、施工图审查、施工许可、委托监理、质量安全监督、工程竣工验收、工程技术档案移交、工程质量保修等法定职责，依法承担住宅工程质量的全面管理责任。建设单位要落实项目法人责任制，设立质量管理机构并配备专职人员，高度重视项目前期的技术论证，及时提供住宅工程所需的基础资料，统一协调安排住宅工程建设各相关方的工作；要加强对勘察、设计、采购和施工质量的过程控制和验收管理，不得将住宅工程发包给不具有相应资质等级的勘察、设计、施工、监理等单位，不得将住宅工程肢解发包，不得违规指定分包单位，不得以任何明示或暗示的方式要求勘察、设计、施工、监理等单位违反法律、法规、工程建设标准和任意更改相关工作的成果及结论；要严格按照基本建设程序进行住宅工程建设，不得以任何名义不履行法定建设程序或擅自简化建设程序；要保证合理的工期和造价，严格执行有关工程建设标准，确保住宅工程质量。

（二）勘察单位的责任。勘察单位要严格按照法律、法规、工程建设标准进行勘察，对住宅工程的勘察质量依法承担责任。勘察单位要建立健全质量管理体系，全面加强对现场踏勘、勘察纲要编制、现场作业、土水试验和成果资料审核等关键环节的管理，确保勘察工作内容满足国家法律、法规、工程建设标准和工程设计与施工的需要；要强化质量责任制，落实注册土木工程师（岩土）执业制度，加强对钻探描述（记录）员、机长、观测员、试验员等作业人员的岗位培训；要增强勘察从业人员的质量责任意识，及时整理、核对勘察过程中的各类原始记录，不得虚假勘察，不得离开现场进行追记、补记和修改记录，保证地质、测量、水文等勘察成果资料的真实性和准确性。

（三）设计单位的责任。设计单位要严格按照法律、法规、工程建设标准、规划许可条件和勘察成果文件进行设计，对住宅工程的设计质量依法承担责任。设计单位要建立健全质量管理体系，加强设计过程的质量控制，保证设计质量符合工程建设标准和设计深度的要求；要依法设计、精心设计，坚持以人为本，对容易产生质量通病的部位和环节，实施优化及细化设计；要配备足够数量和符合资格的设计人员做好住宅工程设计和现场服务工作，严禁采用未按规定审定的可能影响住宅工程质量和安全的技术和材料；要进一步强化注册建筑师、勘察设计注册工程师等执业人员的责任意识，加强文件审查，对不符合要求的设计文件不得签字认可，确保所签章的设计文件能够满足住宅工程对安全、抗震、节能、防火、环保、无障碍设计、公共卫生和居住方便等结构安全和使用功能的需要，并在设计使用年限内有足够的可靠性。

（四）施工单位的责任。施工单位要严格按照经审查合格的施工图设计文件和施工技术标准进行施工，对住宅工程的施工质量依法承担责任。施工单位要建立健全质量管理体系，强化质量责任制，确定符合规定并满足施工需要的项目管理机构和项目经理、技术负责人等主要管理人员，不得转包和违法分包，不得擅自修改设计文件，不得偷工减料；要建立健全教育培训制度，所有施工管理和作业人员必须经过教育培训且考核合格后方可上岗；要按照工程设计要求、施工技术标准和合同约定，对建筑材料、建筑构配件、设备和商品混凝土进行检验，未经检验或者检验不合格的，不得使用；要健全施工过程的质量检验检测制度，做好工程重要结构部位和隐蔽工程的质量检查和记录，隐蔽工程在隐蔽前，要按规定通知有关单位验收；要对施工或者竣工验收中出现质量问题的住宅工程负责返修，对已竣工验收合格并交付使用的住宅工程要按规定承担保修责任。

（五）监理单位的责任。监理单位要严格依照法律、法规以及有关技术标准、设计文件和建设工程承包合同进行监理，对住宅工程的施工质量依法承担监理责任。监理单位因不按照监理合同约定履行监理职责，给建设单位造成损失的，要承担违约赔偿责任；因监理单位弄虚作假，降低工程质量标准，造成工程质量事故的，要依法承担相应法律责任。监理单位要建立健全质量管理体系，落实项目总监负责制，建立适宜的组织机构，配备足够的、专业配套的合格监理人员，严格按照监理规划和规定的监理程序开展监理工作，不得转让工程监理业务，不得与被监理的住宅工程的施工单位以及建筑材料、建筑构配件和设备供应单位有隶属关系或其他利害关系。监理人员要按规定采取旁站、巡视、平行检验等多种形式，及时到位进行监督检查，对达不到规定要求的材料、设备、工程以及不符合要求的施工组织设计、施工方案不得签字放行，并按规定及时向建设单位和有关部门报告，确保监理工作质量。

（六）有关专业机构的责任。工程质量检测机构依法对其检测数据和检测报告的真实性和准确性负责，因违反国家有关规定给他人造成损失的，要依法承担相应赔偿责任及其他法律责任。工程质量检测机构要建立健全质量管理体系，严格依据法律、法规、工程建设标准和批准的资质范围实施质量检测，不得转包检测业务，不得与承接工程项目建设的各方有隶属关系或其他利害关系；要加强检测工程的质量监控，保证检测报告真实有效、结论明确，并要将检测过程中发现的建设、监理、施工等单位违反国家有关规定以及涉及结构安全检测结果的不合格情况，及时按规定向有关部门报告。施工图审查机构要依法对施工图设计文件（含勘察文件，下同）质量承担审查责任。施工图设计文件经审查合格后，仍有违反法律、法规和工程建设强制性标准的问题，给建设单位造成损失的，要依法承担相应赔偿责任。施工图审查机构要建立健全内部质量管理制度，配备合格、专业配套的审查人员，严格按照国家有关规定和认定范围进行审查，不得降低标准或虚假审查，并要按规定将审查过程中发现的建设、勘察、设计单位和注册执业人员的违法违规行为向有关部门报告。

二、加强住宅工程质量管理，严格执行法定基本制度

（七）加强市场准入清出管理。住宅工程要严格执行房地产开发、招标代理、勘察、设计、施工、监理等企业资质管理制度，严禁企业无资质或超越资质等级和业务范围承揽业务。要健全关键岗位个人注册执业签章制度，严禁执业人员出租、出借执业证书和印章，从事非法执业活动。对不满足资质标准、存在违法违规行为，以及出租、出借、重复注册、不履行执业责任等行为的企业和执业人员，要依法进行处罚。对发生重大质量事故的，要依法降低资质等级、吊销资质证书、吊销执业资格并追究其他法律责任。

（八）加强工程招标投标管理。住宅工程要依法执行招标投标制度。严禁围标、串标，严禁招标代理机构串通招标人或投标人操纵招标投标。要加强评标专家管理，建立培训、考核、评价制度，规范评标专家行为，健全评标专家退出机制；要完善评标方法和标准，坚决制止不经评审的最低价中标的做法。对存在围标、串标的企业以及不正确履行职责的招标代理机构、评标专家要依法进行处罚；对情节严重的，要依法降低资质等级、吊销资质证书、取消评标专家资格并追究其他法律责任。

（九）加强合同管理。住宅工程的工程总承包、施工总承包、专业承包、劳务分包以及勘察、设计、施工、监理、项目管理等都要依法订立书面合同。各类合同都应有明确的承包范围、质量要求以及违约责任等内容。对于违反合同的单位，要依法追究违约责任。发生合同争议时，合同各方应积极协商解决，协商不成的，要及时通过仲裁或诉讼妥善解决，维护合法权益。各地要加强合同备案管理制度，及时掌握合同履约情况，减少合同争议的发生。对因合同争议而引发群体性事件或突发性事件，损害房屋所有人、使用人以及施工作业人员合法权益，以及存在转包、挂靠、违法分包、签订阴阳合同等违法违规行为的单位，要依法进行处罚，并追究单位法定代表人的责任。

（十）加强施工许可管理。住宅工程要严格执行施工许可制度。依法必须申请领取施工许可证的住宅工程未取得施工许可手续的，不得擅自开工建设。任何单位和个人不得将应该申请领取施工许可证的工程项目分解为若干限额以下的工程项目，规避申请领取施工许可证。各地要切实加强施工许可证的发放管理，严格依法审查住宅工程用地、规划、设计等前置条件，不符合法定条件的不得颁发施工许可证。对存在违法开工行为的单位和个人，要依法进行处罚，并追究建设单位和施工单位法定代表人的责任。对于不按规定颁发施工许可证的有关部门和个人，要依法追究法律责任。

（十一）加强施工图审查管理。建设单位要严格执行施工图设计文件审查制度，及时将住宅工程施工图设计文件报有关机构审查；要先行将勘察文件报审，不得将勘察文件和设计文件同时报审，未经审查合格的勘察文件不得作为设计依据。施工图审查机构要重点对住宅工程的地基基础和主体结构的安全性，防火、抗震、节能、环保以及厨房、卫生间等关键场所的设计质量是否符合工程建设强制性标准进行审查，任何单位和个人不得擅自修改已审查合格的施工图设计文件。确需修改的，建设单位要按有关规定将修改后的施工图设计文件送原审查机构审查。凡出据虚假审查合格书或未尽审查职责的审查机构和审查人员要依法承担相应责任。

（十二）加强总承包责任管理。住宅工程实行总承包的要严格执行国家有关法律、法规，总承包单位分包工程要取得建设单位书面认可。严禁总承包单位将承接工程转包或将其主体工程分包，严禁分包单位将分包工程再分包。对转包和违法分包的单位，要依法停业整顿，降低资质等级，情节严重的要依法吊销资质证书。要认真落实总承包单位负责制，总承包单位要按照合同约定加强对分包单位的组织协调和管理，并对所承接工程质量负总责。对因分包单位责任导致工程质量事故的，总承包单位要承担连带责任。

（十三）加强建筑节能管理。建设单位要严格遵守国家建筑节能的有关法律法规，按照相应的建筑节能标准和技术要求委托住宅工程项目的规划设计、开工建设、组织竣工验收，不得以任何理由要求设计、施工等单位擅自修改经审查合格的节能设计文件，降低建筑节能标准。勘察、设计、施工、监理单位及其注册执业人员，要严格按照建筑节能强制性标准开展工作，加强节能管理，提高能源利用效率和可再生能源利用水平，保证住宅工程建筑节能质量。对违反国家有关节能规定，降低建设节能标准的有关单位和个人，要依法追究法律责任。

（十四）加强工期和造价管理。合理工期和造价是保证住宅工程质量的重要前提。建设单位要从保证住宅工程安全和质量的角度出发，科学确定住宅工程合理工期以及勘察、设计和施工等各阶段的合理时间；要在住宅工程合同中明确合理工期要求，并严格约定工期调整的前提和条件。建设、勘察、设计和施工等单位要严格执行住宅工程合同，任何单位和个人不得任意压缩合理工期，不得不顾客观规律随意调整工期。建设单位要严格执行国家有关工程造价计价办法和计价标准，不得任意降低住宅工程质量标准，不得要求承包方以低于成本的价格竞标。勘察、设计、施工和监理等单位要严格执行国家有关收费标准，坚持质量第一，严禁恶意压价竞争。对违反国家有关规定，任意压缩合理工期或降低工程造价造成工程质量事故的有关单位和个人，要依法追究法律责任。

（十五）加强施工现场组织管理。施工单位要建立施工现场管理责任制，全面负责施工过程中的现场管理。住宅工程实行总承包的，由总包方负责施工现场的统一管理，分包方在总包方的统一管理下，在其分包范围内实施施工现场管理。施工单位要按规定编制施工组织设计和专项施工方案并组织实施。任何单位和个人不得擅自修改已批准的施工组织设计和施工方案。建设单位要指定施工现场总代表人，全面负责协调施工现场的组织管理。建设单位要根据事先确定的设计、施工方案，定期对住宅工程项目实施情况进行检查，督促施工现场的设计、施工、监理等单位加强现场管理，并及时处理和解决有关问题，切实保证住宅工程建设及原有地下管线、地下建筑和周边建筑、构筑物的质量安全。设计单位要加强住宅工程项目实施过程中的驻场设计服务，及时解决与设计有关的各种问题。要加强与建设、施工单位的沟通，不断优化设计方案，保证工程质量。监理单位要加强对施工现场的巡查，认真履行对重大质量问题和事故的督促整改和报告的责任。对于因建设、设计、施工和监理单位未正确履行现场组织管理职责，造成工程质量事故的，要依法进行处罚，并追究单位法定代表人的责任。

（十六）加强竣工验收管理。住宅工程建成后，建设单位要组织勘察、设计、施工、监理等有关单位严格按照规定的组织形式、验收程序和验收标准进行竣工验收，并及时将有关验收文件报有关住房和城乡建设主管部门备案。各地要加强对住宅工程竣工验收备案的管理，将竣工验收备案情况及时向社会公布。未经验收或验收不合格的住宅工程不得交付使用。住宅工程经竣工验收备案后，方可办理房屋所有权证。对发现建设单位在竣工验收过程中有违反国家有关建设工程质量管理规定以及建筑节能强制性标准行为的，或采用虚假证明文件办理工程竣工验收备案的住宅工程项目，要限期整改，重新组织竣工验收，并依法追究建设单位及其法定代表人的责任。

有条件的地区，在住宅工程竣工验收前，要积极推行由建设单位组织实施的分户验收。若住房地基基础和主体结构质量经法定检测不符合验收质量标准或全装修住房的装饰装修标准不符合合同约定的，购房人有权按照合同约定向建设单位索赔。

（十七）加强工程质量保修管理。建设单位要按照国家有关工程质量保修规定和住宅质量保证书承诺的内容承担相应法律责任。施工单位要按照国家有关工程质量保修规定和工程质量保修书的要求，对住宅工程竣工验收后在保修期限内出现的质量缺陷予以修复。在保修期内，因住宅工程质量缺陷造成房屋所有人、使用人或者第三方人身、财产损害的，房屋所有人、使用人或者第三方可以向建设单位提出赔偿要求，建设单位可以向造成房屋建筑工程质量缺陷的责任方追偿。对因不履行保修义务或保修不及时、不到位，造成工程质量事故的建设单位和施工单位，要依法追究法律责任。建设单位要逐步推进质量安全保险机制，在住宅工程项目中实行工程质量保险，为用户在工程竣工一定时期内出现的质量缺陷提供保险。

（十八）加强工程质量报告工作。各地要建立住宅工程质量报告制度。建设单位要按工程进度及时向工程项目所在地住房城乡建设主管部门报送工程质量报告。质量报告要如实反映工程质量情况，工程质量负责人和监理负责人要对填报的内容签字负责。住宅工程发生重大质量事故，事故发生单位要依法向工程项目所在地住房和城乡建设主管部门及有关部门报告。对弄虚作假和隐瞒不报的，要依法追究有关单位责任人和建设单位法定代表人的责任。

（十九）加强城市建设档案管理。住宅工程要按照《城市建设档案管理规定》有关要求，建立健全项目档案管理制度。建设单位要组织勘察、设计、施工、监理等有关单位严格按照规定收集、整理、归档从项目决策立项到工程竣工验收各环节的全部文件资料及竣工图，并在规定时限内向城市建设档案管理机构报送。城市建设档案管理机构和档案管理人员要严格履行职责，认真做好档案的登记、验收、保管和保护工作。对未按照规定移交建设工程档案的建设单位以及在档案管理中失职的有关单位和人员，要依法严肃处理。

（二十）加强应急救援管理。建设单位要建立健全应急抢险组织，充分考虑住宅工程施工过程中可能出现的紧急情况，制定施工应急救援预案，并开展应急救援预案的演练。施工单位要根据住宅工程施工特点制定切实可行的应急救援预案，配备相应装备和人员，并按有关规定进行演练。监理单位要审查应急救援预案并督促落实各项应急准备措施。住宅工程施工现场各有关单位要重视应急救援管理，共同建立起与政府应急体系的联动机制，确保应急救援反应灵敏、行动迅速、处置得力。

三、强化工程质量负责制，落实住宅工程质量责任

（二十一）强化建设单位法定代表人责任制。建设单位是住宅工程的主要质量责任主体，要依法对所建设的商品住房、保障性安居工程等住宅工程在设计使用年限内的质量负全面责任。建设单位的法定代表人要对所建设的住宅工程质量负主要领导责任。住宅工程发生工程质量事故的，除依法追究建设单位及有关责任人的法律责任以外，还要追究建设单位法定代表人的领导责任。对政府部门作为建设单位直接负责组织建设的保障性安居工程发生工程质量事故的，除依法追究有关责任人外，还要追究政府部门相关负责人的领导责任。

（二十二）强化参建单位法定代表人责任制。勘察、设计、施工、监理等单位按照法律规定和合同约定对所承接的住宅工程承担相应法律责任。勘察、设计、施工、监理等单位的法定代表人，对所承接的住宅工程项目的工程质量负领导责任。因参建单位责任导致工程质量事故的，除追究直接责任人的责任外，还要追究参建单位法定代表人的领导责任。

（二十三）强化关键岗位执业人员负责制。住宅工程项目要严格执行国家规定的注册执业管理制度。注册建筑师、勘察设计注册工程师、注册监理工程师、注册建造师等注册执业人员应对其法定义务内的工作和签章文件负责。因注册执业人员的过错造成工程质量事故的，要依法追究注册执业人员的责任。

（二十四）强化工程质量终身负责制。住宅工程的建设、勘察、设计、施工、监理等单位的法定代表人、工程项目负责人、工程技术负责人、注册执业人员要按各自职责对所承担的住宅工程项目在设计使用年限内的质量负终身责任。违反国家有关建设工程质量管理规定，造成重大工程质量事故的，无论其在何职何岗，身居何处，都要依法追究相应责任。

四、加强政府监管和社会监督，健全住宅工程质量监督体系

（二十五）加强政府监管。各级住房城乡建设主管部门要加强对建设、勘察、设计、施工、监理以及质量检测、施工图审查等有关单位执行建设工程质量管理规定和工程建设标准情况的监督检查。要加大对住宅工程质量的监管力度，特别要加大对保障性安居工程质量的监管力度。要充分发挥工程质量监督机构的作用，严格按照工程建设标准，依法对住宅工程实行强制性工程质量监督检查，对在监督检查中发现的问题，各有关单位要及时处理和整改。对检查中发现问题较多的住宅工程，要加大检查频次，并将其列入企业的不良记录。对检查中发现有重大工程质量问题的项目，要及时发出整改通知，限期进行整改，对违法违规行为要依法予以查处。要加强质量监管队伍建设，充实监管

人员，提供必要的工作条件和经费；要严格质量监督机构和人员的考核，进一步加强监管人员培训教育，提高监管机构和监管人员执法能力，保障住宅工程质量监管水平。

地方政府要切实负起农房建设质量安全的监管责任，采取多种形式加强对农房建设质量安全的监督管理工作，加大对农民自建低层住宅的技术服务和指导。实施统建的，要参照本文件进行管理，并严格执行有关质量管理规定。

（二十六）加强社会监督。建设单位要在住宅工程施工现场的显著部位，将建设、勘察、设计、施工、监理等单位的名称、联系电话、主要责任人姓名和工程基本情况挂牌公示。住宅工程建成后，建设单位须在每栋建筑物明显部位永久标注建设、勘察、设计、施工、监理单位的名称及主要责任人的姓名，接受社会监督。各地和有关单位要公布质量举报电话，建立质量投诉渠道，完善投诉处理制度。要进一步加强信息公开制度，及时向社会公布住宅建筑工程质量的相关信息，切实发挥媒体与公众的监督作用。所有单位、个人和新闻媒体都有权举报和揭发工程质量问题。各有关单位要及时处理在社会监督中发现的问题，对于不能及时处理有关问题的单位和个人，要依法进行处罚。

（二十七）加强组织领导。各地要高度重视，加强领导，认真贯彻"百年大计，质量第一"的方针，充分认识保证住宅工程质量的重要性，要把强化质量责任，保证住宅工程质量摆在重要位置。要认真贯彻中共中央办公厅、国务院办公厅《关于实行党政领导干部问责的暂行规定》，严格落实党政领导干部问责制，对发生住宅工程质量事故的，除按有关法律法规追究有关单位和个人的责任外，还要严格按照规定的问责内容、问责程序，对有关党政领导干部进行问责。各地要结合本地区住宅工程质量实际情况，切实采取有效措施，进一步做好宣传和教育工作，增强各单位及从业人员的责任意识，切实将住宅工程质量责任落实到位，真正确保住宅工程质量。

中华人民共和国住房和城乡建设部

二〇一〇年五月四日

住房和城乡建设部《关于印发〈房屋建筑和市政工程标准施工招标资格预审文件〉和〈房屋建筑和市政工程标准施工招标文件〉的通知》

（建市〔2010〕88号）

各省、自治区住房和城乡建设厅，直辖市建委（建设交通委），新疆生产建设兵团建设局：

为了规范房屋建筑和市政工程施工招标资格预审文件、招标文件编制活动，促进房屋建筑和市政工程招标投标公开、公平和公正，根据《〈标准施工招标资格预审文件〉和〈标准施工招标文件〉试行规定》（国家发展改革委、财政部、建设部等九部委令第56号），我部制定了《房屋建筑和市政工程标准施工招标资格预审文件》和《房屋建筑和市政工程标准施工招标文件》，现予发布，自即日起施行。

    附件：1. 房屋建筑和市政工程标准施工招标资格预审文件（略）
    　　　 2. 房屋建筑和市政工程标准施工招标文件（略）

中华人民共和国住房和城乡建设部

二〇一〇年六月九日

住房和城乡建设部《关于印发〈关于加强建筑市场资质资格动态监管完善企业和人员准入清出制度的指导意见〉的通知》

（建市〔2010〕128号）

各省、自治区住房和城乡建设厅，直辖市建委（建交委），北京市规委，国务院有关部门建设司（局），总后营房部工程管理局，有关中央企业：

    为贯彻落实住房城乡建设系统开展建设领域突出问题专项治理工作要求，引导、规范、监督建筑市场主体行为，建立和维护公平竞争、规范有序的建筑市场秩序，我部制定了《关于加强建筑市场资质资格动态监管完善企业和人员准入清出制度的指导意见》。现印发给你们，请遵照执行。

    附件：关于加强建筑市场资质资格动态监管完善企业和人员准入清出制度的指导意见

中华人民共和国住房和城乡建设部

二〇一〇年八月十三日

关于加强建筑市场资质资格动态监管完善企业和人员准入清出制度的指导意见

    进入新世纪以来，我国建筑市场开放程度不断提高，推动了建筑业持续发展，为促进国民经济发展发挥了重要作用。据统计，2009年我国全社会固定资产投资224846亿元，建筑业总产值75864亿元，占固定资产投资的33.7%；建筑业增加值22333亿元，比上年增长18.2%。目前，全国建筑业企业及其分支机构总量已达到23万家，从业人员约3400万人；工程勘察、工程设计、工程监理、工程招标代理等工程咨询服务企业近3万家，从业人员已超过200万人。

    但是，当前建筑市场仍存在一些不容忽视的问题：建筑业企业数量过多，建筑业产业结构不尽合理，特别是房屋建筑和市政基础设施工程类企业"供大于求"矛盾比较突出；各类注册人员分布不均衡，部分地区注册人员与企业数量、建设规模不匹配；工程转包、违法分包、工程结算纠纷、拖欠农民工工资以及质量安全事故等问题屡有发生；建筑市场监管体系不健全，市场清出机制不完善，"重准入、轻监管"的现象依然存在。这些问题严重影响了建筑市场秩序和建筑业的健康发展，必须下大力气认真解决。

为解决建筑市场中存在的问题，以开展工程建设领域突出问题专项治理为契机，加快完善我国建筑市场监管体系；严格市场准入，着力解决企业、从业人员市场清出机制不健全的问题；实行市场准入清出与工程质量安全、诚信体系建设相结合，形成各部门监管合力；实现资质资格许可、动态监管、信用管理等各环节的联动；保障建设工程质量安全，维护统一、规范、公开、有序的建筑市场秩序，促进建筑业健康协调可持续发展，特制定本指导意见。

一、强化质量安全事故"一票否决制"

各级住房和城乡建设主管部门应当依据《建设工程质量管理条例》、《建设工程安全生产管理条例》等法规规定，将工程质量安全作为建筑市场资质资格动态监管的重要内容，认真落实质量安全事故"一票否决制"。

质量安全事故发生后，在依法进行事故报告和调查处理的同时，事故发生地县级以上住房和城乡建设主管部门应当在事故发生之日起3个工作日内将事故情况、与事故有关的企业以及注册人员简要情况上报省级住房和城乡建设主管部门；对非本省市的企业和注册人员，事故发生地省级住房城乡建设主管部门接到报告后，应当在3个工作日内通报其注册所在地省级住房城乡建设主管部门。企业和注册人员注册所在地省级住房城乡建设主管部门，应当在接到报告或通报之日起3个工作日内，做出在事故调查处理期间暂停其资质升级、增项，资格认定、注册等事项的处理。

属于住房和城乡建设部审批资质资格的企业和注册人员，其注册所在地省级住房城乡建设主管部门应当在接到事故调查报告或批复后7个工作日内，将事故调查报告或批复以及处理建议上报住房城乡建设部。

根据事故调查报告或批复，应当降低或吊销有关责任企业和注册人员资质资格的，原发证机关应当在做出行政处罚决定后7个工作日内，将其证书注销，并向社会公布。同时在15个工作日内监督企业或注册人员将资质、资格证书交回。住房和城乡建设部负责审批的企业和注册人员资质、资格证书，由其注册所在地省级住房城乡建设主管部门负责在规定时间内监督企业或注册人员交回，并及时将资质、资格证书交住房和城乡建设部。

对事故负有责任但未给予降低或吊销资质处罚的企业，一年内不得申请资质升级、增项。

事故调查报告或者负责组织事故调查的人民政府对事故调查报告的批复认定与事故有关的企业和注册人员无过错责任的，其注册所在地省级住房和城乡建设主管部门应当在接到事故调查报告或批复后3个工作日内恢复其资质升级、增项，资格认定、注册等事项。

住房和城乡建设部将抓紧开展规范工程建设领域行政处罚自由裁量权的相关工作，依法研究制定规范工程建设行政处罚自由裁量权实施办法和裁量基准。

二、加大对资质资格申报弄虚作假查处力度

住房和城乡建设部将制定《建设工程企业资质弄虚作假处理办法》，明确资质核查及处理的主体、程序、具体措施以及责任追究等制度。各资质审查部门应实行申报企业注册人员、工程业绩等公示制度。对于申报材料有弄虚作假嫌疑或被举报的企业和个人，要及时开展核查。经核查确实存在弄虚作假行为的，对其申请事项不给予行政许可，在一年内不受理其资质升级和增项申请，在住房城乡建设主管部门网站和各级有形建筑市场予以通报，并记入企业和个人信用档案；对于存在伪造印章等严重违法行为的，移交公安或司法部门处理。

需要核查非本省市工程业绩的，由受理申请的省级住房城乡建设主管部门商请工程所在地省级住房城乡建设主管部门协助核查。工程所在地省级住房城乡建设主管部门应当给予配合，在接到协助核查函后7个工作日内书面反馈核查情况。

各级住房城乡建设主管部门应当加强对下级资质、资格审批情况的监督管理。我部将定期对省级资质、资格审批情况进行抽查并向全国通报抽查结果。省级住房城乡建设主管部门要对所属设区市住房城乡建设主管部门资质、资格审批情况开展检查、抽查。严禁违规下放审批权限，对违规下放审批权限的，要责令限期收回，撤销行政许可，并给予通报批评。

三、加强建筑市场动态监管

住房和城乡建设部将尽快出台《企业资质和注册人员动态核查办法》。各级住房城乡建设主管部门应当充分利用信息化等手段，对企业取得资质后是否继续符合资质标准进行动态核查。一是核查企业的工程业绩和主要技术指标情况；二是核查企业的主要管理和技术、经济注册人员变动情况；三是核查包括企业资本金在内的有关财务指标变动等情况；四是重点核查企业工程质量和安全生产管理的各项制度、措施落实情况，是否发生工程质量、安全生产事故，或者存在质量安全隐患；五是核查企业是否存在其他违法违规行为。

在核查企业时，要对注册在该企业的人员一并进行核查。重点核查其注册和在岗情况，以及是否存在出租、出借、倒卖或以其他形式非法转让执业资格证书、注册证书和执业印章，不履行执业责任，超越执业范围执业等违法违规行为。

省级住房城乡建设主管部门每年动态核查的比例应不低于在本地区注册企业总数的5%。对经核查认定已不符合相应资质标准的企业，应当撤回其资质；对存在违法违规行为的注册人员，应当给予相应的行政处罚。

省级住房城乡建设主管部门应当对在本地区从事经营活动的企业和注册人员招标投标、合同订立及履约、质量安全管理、劳务管理等市场行为实施动态监管，建立和完善动态监管制度，加大对依法诚信经营企业和注册人员的表彰宣传力度，可采取在有关管理事项中给予绿色通道服务等措施，发挥动态监管的激励作用。

对问题比较突出的企业和注册人员，可以采用预警提示或约谈等措施，督促其限期改正。逾期不改的，要采取进一步措施予以处理。其企业资质或个人执业资格由省级以下住房城乡建设主管部门负责审批的，省级以上住房城乡建设主管部门应当对其资质或执业资格条件进行核查，经核查已不符合相应资质、执业资格标准的，应当撤回其资质、资格许可。对外省市企业和注册人员，应当通报其注册所在地省级住房城乡建设主管部门进行核查、处理。其注册所在地省级住房城乡建设主管部门应当及时将核查、处理结果反馈工程所在地省级住房城乡建设主管部门。企业资质或执业资格由住房城乡建设部负责审批的，其注册所在地省级住房城乡建设主管部门核查后，应当将处理建议报住房城乡建设部。

省级住房城乡建设主管部门应当规范和完善外省市企业和注册人员进入本地区的告知性备案管理制度。不得擅自设立审批性备案和借用备案等名义违法、违规收取费用，不得强行要求企业和注册人员注册所在地省级住房城乡建设行政主管部门或其上级集团公司出具证明其资质、资格、诚信行为、合同履约、质量安全等情况的文件。企业和注册人员办理备案后，省级住房城乡建设主管部门应当将备案信息及时通报本地区各级住房城乡建设主管部门。企业或注册人员在备案时提供虚假资料的，省级住房城乡建设主管部门不予备案，并作为不良行为记录向社会公布。除省级住房城乡建设主管部门外，设区市和县（市）级住房城乡建设主管部门均不得设置外省市企业和注册人员进入本地区的备案管理制度。

四、加快建立完善基础数据库

加快建立和完善建设工程企业、注册人员、工程项目和质量安全事故基础数据库。最大程度利用各地现有信息化建设成果，健全数据采集、报送、发布制度，统一数据标准，实现注册人员、企业、工程项目和质量安全事故数据库之间的动态关联，实行住房和城乡建设部数据库与省级住房城乡建设主管部门数据库数据信息的同步共享。要为监管机构对建设工程企业、注册人员市场准入和清出提供全面、准确、动态的基础数据；为政府部门制定政策提供科学、客观的依据；为社会公众提供真实、便捷的信息查询服务。

住房和城乡建设部负责建立注册人员、企业和工程项目的中央数据库，制定统一的数据标准、数据交换标准，统一数据信息采集、报送标准，制定数据库运行、维护的相关管理制度，建立相关管理程序。

省级住房城乡建设主管部门应当建立和完善本地区统一的注册人员、企业、工程项目和质量安全事故数据库，按照住房和城乡建设部的工作部署和要求，采集、报送各类数据信息，实现与全国中央数据库对接，及省际数据库之间互通共享。

人员数据库

2011年6月前，住房和城乡建设部负责制定统一的注册人员数据标准，完善现有的一级注册建筑师、勘察设计注册工程师（二级注册结构工程师除外）、注册监理工程师、一级注册建造师、注册造价工程师等相关注册人员数据库，建立全国注册人员中央数据库，公布与各地的接口标准；省级住房城乡建设主管部门负责按照统一的数据标准，完善本地区二级注册建筑师、二级注册结构工程师和二级注册建造师数据库，实现与全国注册人员中央数据库对接，实时上传数据。

2012年6月前，在部分有条件的省市开展将企业主要技术人员和管理人员纳入人员数据库的试点工作。

从2010年起开展农民工实名制管理试点工作，加强农民工输出地和输入地之间的联动管理，逐步建立包括农民工基本信息、技能培训、工作简历等基本数据系统和制发实名电子信息卡。通过农民工实名制管理，保护农民工合法权益，开展农民工基本技能培训，提高建设工程质量，促进城乡一体化的发展。

企业数据库

住房和城乡建设部负责制定统一的企业数据标准，以2007年启用的资质证书管理信息系统为基础，完善现有工程招标代理机构、工程设计企业、工程监理企业数据库，尽快整合工程勘察企业、建筑业企业数据库，建立全国建设工程企业中央数据库。

2010年前，完成各地资质证书管理系统使用情况检查，并向全国通报。督促未将本地管理系统与全国建设工程企业数据库对接的省市尽快对接，实现企业数据实时共享。

《工程勘察资质标准》和《建筑业企业资质等级标准》修订颁布后，住房和城乡建设部将启动工程勘察和建筑业企业资质证书管理系统。2011年底前建立实时联网共享的全国建设工程企业中央数据库。

2011年6月前，实现全国建设工程企业数据库与注册人员数据库的互联互通，实时监控企业中的注册人员是否能够满足企业资质条件。

强化企业资质证书管理，企业资质证书必须通过证书管理系统订购，对证书使用量与证书订购量有明显偏差的地区，要求其说明情况后，再予以批准发放。

工程项目数据库

2012年6月底前，住房和城乡建设部充分依托各地已有工程项目数据资源和信息系统，研究制定统一的工程项目数据标准、数据交换标准，明确信息采集、数据上报的管理模式，构建覆盖工程项目招标投标、合同备案、施工图审查、施工许可、质量监督、安全生产监督、竣工验收备案各主要环节，包括工程规模、工程造价、参建企业以及与项目有关的主要管理、技术人员等信息的全国工程项目中央数据库。

2012年底前，各省级住房城乡建设主管部门负责建立本地区工程项目数据库，并根据统一的数据标准和数据交换标准实现与全国工程项目中央数据库对接。

2013年6月底前，建立建筑市场监管的指标数据库、信息发布与共享数据库和数据分析及应用模型，实现基础数据库的整合、统计、分析、评价及发布，做到建筑市场的立法与执法并重、市场准入管理与清出管理并重、资质资格审批管理与后续动态管理并重，为建筑市场与工程质量安全监管工作提供系统、科学的技术支撑与保障。

五、加强建筑市场诚信体系建设

在建立健全全国建筑市场诚信平台以及注册人员、企业、工程项目和质量安全事故数据库的基础上，完善各类企业和注册人员诚信行为标准，健全诚信信息采集、报送制度，实现各地诚信信息互通、互用和互认，建立有效的诚信激励和失信惩戒机制。

各级住房城乡建设主管部门应当按照规定做好企业和注册人员诚信信息的采集、发布和报送工作。住房和城乡建设部将定期统计、公布各地报送情况，对存在不按期报送、瞒报等问题的地区通报批评。

省级住房城乡建设主管部门应当在开展资质、资格动态监管的基础上，及时将企业和注册人员在合同履约、招标投标、工程质量管理、安全生产管理等方面的良好行为信息和不良行为信息记入诚信档案，可以通过有形建筑市场、新闻媒体公布信誉良好的企业和注册人员，引导市场各方主体依法诚信经营；将发生不良行为较多的企业和注册人员列为重点监管对象，加强动态监管。

省级住房城乡建设主管部门应当建立和完善本地区建筑市场诚信行为公示制度，对发生较大及以上质量安全事故、拖欠劳务费或农民工工资、以讨要工资为名扰乱正常生产生活秩序、转包工程、违法分包工程等违法违规行为的企业和注册人员要及时向社会公布，引导市场各方主体重视诚信记录，选择守法诚信的合作者，同时加强与有关部门的信息互通，加大对违法失信企业和注册人员的信用惩戒。

2011 年底前，住房和城乡建设部出台工程建设领域不良信息分级发布标准，住房和城乡建设环境保护部建立部、省两级分级发布的信息平台。

六、加强与有关部门的联动

加强与铁道、交通、水利、工业与信息化等部门的配合，加快建立与工商等部门的工作协调机制，完善沟通渠道，健全信息共享、联动执法等制度，形成建筑市场监管合力。尽快实现与工商部门信息共享，对企业虚报、抽逃注册资本金等行为进行治理；将被吊销或伪造资质、资格证书，以及发生严重违法违规行为的企业和注册人员名单提供给工商部门。以此为基础，逐步与相关部门开展联动，及时准确的了解企业营业状况和纳税、社会保险缴纳等情况，以便更好地实施动态监管；对发生重大违法行为或拒不执行法院判决的企业和注册人员纳入重点监管范围，并作为不良行为记入诚信档案，对其实施资质、资格条件核查、信用惩戒等动态监管。

住房和城乡建设部《关于进一步加强建筑市场监管工作的意见》

（建市〔2011〕86 号）

各省、自治区住房城乡建设厅，直辖市住房城乡建委（建交委），新疆生产建设兵团建设局，国务院各有关部门建设司，总后基建营房部，国资委管理的有关企业：

当前，我国建筑市场运行机制初步建立，建筑业规模不断扩大，为我国经济社会发展作出了积极贡献。但是，目前建筑市场仍然存在着一些突出问题，尤其是市场各方主体行为不规范，影响了建筑业的健康发展。为维护建筑市场秩序，保障工程质量安全，现就进一步加强建筑市场监管工作提出如下意见：

一、落实建设单位责任，严格依法发包工程

（一）不具备建设条件的项目一律不得发包。建设单位要严格遵守国家有关建设工程基本程序、工期、造价、质量、安全、节能与环境保护等方面的法律法规和强制性标准，依法进行项目发包，不得以任何名义不履行法定建设程序或者擅自简化法定建设程序。建设工程发包应当具备以下条件：

1. 已经履行工程立项审批、核准或备案手续；
2. 发包人为法人或依法成立的其他组织；
3. 有满足工程发包所需的资料或文件；
4. 工程建设资金已经落实；

5. 法律法规规定的其他条件。

（二）禁止设置不合理的招标条件。建设单位要严格依法进行工程招标，不得设置不合理条款排斥或限制潜在投标人，不得将所有制形式、企业注册地、过高资质等级要求、特定地域业绩及奖项等设置为招标条件，严禁政府投资项目使用带资承包方式进行建设。

（三）禁止肢解发包工程。建设单位要将工程发包给具备相应资质条件的承包单位，不得将应当由一个承包单位完成的建设工程肢解成若干部分发包给不同的承包单位。建设单位将施工总承包单位资质范围内的工程发包给两个及以上单位的，视为肢解发包，有关部门要依法进行查处。

建设单位直接向施工总承包单位的分包单位支付分包工程款，或者要求承包单位将已经承包的部分建设工程分包给指定单位的，有关部门应当依法进行查处。

（四）禁止建设单位指定工程分包单位。承包单位对其承包范围内的部分专业工程依法进行分包时，建设单位不得指定分包单位，不得要求承包单位购入其指定的建筑材料、构配件和设备，不得采用与总承包单位、分包单位签订"三方协议"的方式变相指定分包单位。

二、规范工程承包行为，严禁转包和违法分包

（五）禁止转包工程。承包单位要严格履行合同约定的责任和义务，不得转包工程。工程勘察、设计、施工单位不履行合同约定的责任和义务，将其承包的全部建设工程转给他人或者以分包名义分别转给他人的；分包工程的发包单位未在施工现场设立项目管理机构、派驻项目经理及配备项目管理人员的，视为转包工程，有关部门要依法进行查处。

实行施工总承包的工程，施工总承包单位与施工总承包范围内分包工程的发包单位是两个独立法人单位的；主体工程使用的主要建筑材料或设备由分包单位购买或租赁的，有关部门应当依法进行查处。

（六）禁止违法分包工程。承包单位要严格按照法律法规的规定进行工程分包。承包单位不得将承接工程的主体工程进行分包，分包单位不得将分包工程再分包。承包单位存在下列情形之一的视为违法分包，有关部门要依法进行查处：

1. 承包单位将建设工程分包给不具备相应资质条件的单位或个人的；

2. 承包合同中没有约定，又未经建设单位书面认可，承包单位将其承包的部分建设工程交由其他单位完成的；

3. 劳务企业将承包的劳务作业再分包的；

4. 法律法规规定的其他情形。

建筑工程设计单位将建筑专业的全部设计业务分包给其他单位的，建筑、结构、机电工程设计事务所将本专业的设计业务分包给其他单位的，其他专业工程设计单位将全部工艺设计业务分包给其他单位的，有关部门应当依法进行查处。

三、加强合同管理，规范合同履约行为

（七）规范合同订立。建设工程合同双方要在合同中明确约定承包范围、质量安全要求、工期、价款及支付方式、变更要求、验收与结算以及合同争议的解决方式等内容，避免因双方责任、权利、义务约定不明确造成合同纠纷。建设单位不得任意压低造价和压缩工期。合同双方要依据国家和建设项目所在地的有关规定，合理确定工程预付款、进度款的数额和支付方式，工程变更的调整方式，工程量清单错漏项的认定方式，人工及材料价格大幅变化所致风险的承担方式，竣工结算款的支付期限等。各地造价管理机构要依据市场实际价格情况及时发布建设工程造价信息，指导和推进合同双方规范工程计价行为。

（八）推行合同备案制度。合同双方要按照有关规定，将合同报项目所在地建设主管部门备案。工程项目的规模标准、使用功能、结构形式、基础处理等方面发生重大变更的，合同双方要及时签订变更协议并报送原备案机关备案。在解决合同争议时，应当以备案合同为依据。

（九）落实合同履约责任。合同双方应当按照合同约定，全面履行各自义务和责任，协商处理合同履行中出现的问题和争议。建设单位要及时跟踪工程质量安全、工程进展等情况，按时支付工程预付款、安全防护费、进度款和办理竣工结算，并督促承包单位落实质量安全防护措施。建设单位未按合同约定支付工程款，致使承包单位无法施工的，由建设单位承担工期延误的责任，并按照合同约定向承包单位赔偿经济损失。承包单位要按照合同约定认真履行工程质量安全、工期等义务，按时支付劳务费和办理竣工结算。

（十）建立合同履约风险防范机制。在工程建设项目特别是房地产开发项目中，要积极推行以业主工程款支付担保、承包商履约担保为主要内容的工程担保制度，完善相关措施，落实担保人保后监管责任，促进合同履约，防范和化解合同争议。要积极推行工程质量保险制度，防范和降低工程质量风险。

四、加强施工现场管理，保障工程质量安全

（十一）强化施工总承包单位负责制。施工总承包单位对工程施工的质量、安全、工期、造价以及执行强制性标准等负总责。施工总承包单位的责任不因工程分包行为而转移。分包单位责任导致的工程质量安全事故，施工总承包单位承担连带责任。专业分包或劳务分包单位应当接受施工总承包单位的施工现场统一管理。建设单位依法直接发包的专业工程，建设单位、专业承包单位要与施工总承包单位签订施工现场统一管理协议，明确各方的责任、权利、义务。

（十二）健全施工现场管理制度。施工单位要制定工程项目现场管理办法并严格执行，配备与项目规模技术要求相适应的项目管理班子。项目经理、施工、技术、质量、安全、劳资等管理人员应为本企业人员且持有相应资格的上岗证书。施工单位要切实履行职责，定期对本单位和分包单位的现场管理人员和作业人员到位和持证上岗、质量安全保证体系、技术交底、教育培训等实施情况进行检查。

（十三）强化设计单位的现场设计服务。建设单位和设计单位要明确约定现场设计服务的内容及费用。设计单位要加强工程项目建设过程中的现场设计服务，在项目施工前应对审查合格的施工图文件向施工单位做出详细说明，并及时解决施工过程中与设计有关的问题。设计单位要对参加现场设计服务情况做出记录并予以保存。

（十四）严格履行监理单位职责。监理单位要严格依照法律法规以及有关技术标准、设计文件和建设工程承包合同实施监理，对建设工程的施工质量安全依法承担监理责任。监理单位要落实项目总监负责制，建立项目监理机构，配备足够的、专业配套的监理人员，严格按程序开展监理工作。监理工程师要按照工程监理规范的要求，采取旁站、巡视、平行检验等多种形式，及时到位进行监督检查，对达不到规定要求的建筑材料、构配件、设备以及不符合要求的施工组织设计、施工方案不得签字放行。发现存在质量安全隐患的，应当要求施工单位整改；情况严重的，应当要求施工单位暂停施工，并及时报告建设单位。施工单位拒不整改或者不停止施工的，监理单位要及时向有关主管部门报告。

（十五）严格执行工程建设标准。建设工程的建设、勘察、设计、施工、监理、检测等单位要严格执行工程建设标准，督促从业人员认真掌握并严格执行相关工程建设标准。各地要加强对工程建设标准的培训和宣传，并将市场各方主体不执行工程建设强制性标准的情况及时在建筑市场诚信信息平台上公布。

五、加强建筑劳务管理，提高作业人员素质

（十六）落实用工单位责任。施工总承包单位对劳务分包单位的日常管理、劳务作业和用工情况负有监督管理责任，对监管不到位以及因转包、违法分包工程造成拖欠劳务人员工资的，依法承担相应责任。施工总承包单位不得要求劳务分包单位垫资承包，不得拖欠劳务分包单位的劳务费用。用工单位要依法与劳务人员签订规范的劳动合同。用工单位对内部用工管理、持证上岗作业和劳务人员工资发放负直接责任，并要按月或按合同约定及时支付劳务人员工资，不得以任何理由拖欠劳务人员工资。

（十七）加大农民工培训力度。要利用各类职业培训资源，充分发挥职业院校和社会化职业培训机构作用，建立政府部门、行业协会、施工单位多层次培训体系，多渠道筹集培训经费，加大对农民工的培训力度。进一步落实持证上岗制度，特殊工种人员严禁无证上岗。大力开展职业技能培训与鉴定工作，普通技术工人在"十二五"期间推行持证上岗。营造职业技能等级与劳动报酬挂钩的市场环境，增强农民工参加培训、提升技术水平的积极性，全面提高建筑劳务人员素质。

（十八）推行建筑劳务人员实名制管理。施工总承包单位要以工程项目为单位落实劳务人员实名管理制度，要配置专人对劳务分包单位的劳动统计、出工考勤、工资发放进行监管，并处理劳务人员的举报投诉。用工单位要设置专人对劳务人员身份信息、劳动合同、工资发放、持证上岗、工伤保险、意外伤害险等情况进行规范管理。各地要总结试点地区的经验，扩大建筑劳务人员信息化管理试点范围，实行建筑劳务人员从业档案电子化管理。

六、加强诚信体系建设，提高监管信息化水平

（十九）建立完善建筑市场监管信息系统。要加快行业注册人员数据库、企业数据库、工程项目数据库的建设步伐。住房和城乡建设部将尽快制定全国建筑市场监管信息系统基础数据库的数据标准。各地要健全和完善省级建筑市场监管信息系统的基础数据库，实现与中央数据库的对接和互联互通，在全国范围内建立覆盖建设、勘察、设计、施工、监理等各方主体，以及招标投标、施工许可、工程施工、质量安全各环节的监管信息系统。

（二十）加强信用信息的采集和录入。各地要建立由企业资质、人员资格、招标投标、施工许可、合同备案、设计、施工、监理、造价、质量、安全、行政执法等多部门组成的联席办公机制，建立综合与专业相结合、上下对口联动的信用信息采集体系，落实工作职责，按照《全国建筑市场责任主体不良行为记录基本标准》，及时录入和上报不良信用信息。住房和城乡建设部将继续完善全国建筑市场诚信信息平台，尽快出台注册执业人员不良行为记录基本标准，并建立信息报送通报制度，对不按期报送、瞒报信用信息的地区进行通报批评。

（二十一）实现市场主体行为信息公开。各级住房城乡建设主管部门要充分利用全国建筑市场诚信信息平台，向社会公布工程项目、承包企业及注册人员的基本情况、招投标、施工许可、质量安全、合同备案、合同履约等各类信息，尽快制定不良行为信息分级分类管理办法，公示市场主体的不良行为，公布发生较大及以上质量安全事故、转包工程、违法分包工程、拖欠农民工工资、以讨要工资为名扰乱正常生产生活秩序等违法违规行为的企业和人员，接受社会监督。要逐步建立失信惩戒、守信激励制度，通过约谈、公示、公告等方式进行信用惩戒和社会监督，通报表彰诚实守信的企业和人员，引导建设单位在发包中选用遵纪守法、重视质量安全的企业和人员，不用不遵纪守法、不重视质量安全的企业和人员。

七、加大市场清出力度，严肃查处违法违规行为

（二十二）强化质量安全事故"一票否决制"。各地要积极主动参与质量安全事故的调查处理，建立事故统计通报制度，及时将事故情况及涉及企业和个人信息通报上级住房城乡建设主管部门。对事故涉及的企业和个人，要暂停其资质资格的升级、增项。要加强事故责任认定后的处罚，对事故负有责任的企业和个人，要按照有关法律法规和《规范住房城乡建设部工程建设行政处罚裁量权实施办法》、《住房城乡建设部工程建设行政处罚裁量基准》，予以严肃查处。

（二十三）加强资质资格动态监管。要严格资质资格的审批，适度提高准入标准，调控各类企业数量规模。各级住房城乡建设主管部门要明确职责、严格把关，认真核实企业的工程业绩，严厉打击资质资格申报过程中弄虚作假行为。要认真落实《关于加强建筑市场资质资格动态监管完善企业和人员准入清出制度的指导意见》，对企业取得资质后是否符合资质标准进行动态核查，依法清理一批不再符合资质资格条件的企业和个人，逐步扭转建筑市场供大于求的局面。省级住房城乡建设主管部门每年要将本行政区域内对企业和从业人员违法违规行为的处罚情况书面报送住房和城乡建设部，住房和城乡建设部汇总后向全国通报。

（二十四）严肃查处建设单位违法违规行为。各地要及时纠正建设单位在招标时设置不合理条件，任意压缩工期和工程造价，或者政府投资工程要求带资承包等违法违规行为，建设单位拒不改正的，应依法进行处理。要依法查处建设单位肢解发包工程，指定分包单位或材料设备生产厂、供应商，强迫承包单位签订"阴阳合同"等违法违规行为，造成工程质量安全事故或重大隐患的，应依法追究建设单位的责任。要按照有关法律法规，严肃处理建设单位不按合同约定及时支付工程款，或质量保证金等到期不及时返还的问题，对造成农民工工资拖欠以及群体性事件的，应依法追究其责任。各地要严格施工许可管理，不符合法定条件的不得颁发施工许可证；对于违法开工的工程，要依法责令停工。建设单位发生上述行为的，各地应将其作为不良行为在建筑市场诚信信息平台上进行公布。

（二十五）严肃查处勘察、设计、施工单位的违法违规行为。对勘察、设计、施工单位转包、违法分包、转让、出借资质证书或者以其他方式允许他人以本单位名义承揽工程的，要责令改正，依法给予没收违法所得、罚款等行政处罚；对勘察设计单位不按照建设工程质量安全标准进行勘察设计，施工单位在施工中偷工减料的，或者使用不合格的材料、构配件和设备的，要责令改正，依法给予罚款等行政处罚。施工单位未将其承包的工程进行分包，但在施工现场所设项目管理机构的项目经理及项目管理人员与承包单位之间无注册执业关系和劳动合同及社会保险关系的，视同允许他人以本企业名义承揽工程进行查处。勘察、设计、施工单位的不良行为要在建筑市场诚信信息平台上向社会公布。对因拖欠农民工工资造成群体性事件的，要记入建筑市场诚信信息平台并向全国通报。对于造成工程质量安全事故的，依法给予停业整顿、降低资质等级、吊销资质证书的行政处罚；构成犯罪的，依法追究刑事责任。

（二十六）严肃查处工程监理等单位违法违规行为。各地要结合实际，对工程监理单位以及招标代理、造价咨询、工程检测、施工图审查等中介机构开展专项治理。对工程监理单位转让监理业务、不按《建设工程监理规范》规定和合同约定配备监理人员、超越资质等级承接业务、出卖或转让资质证书的，招标代理机构与招标人或投标人串通搞虚假招标的，造价咨询机构违法违规编审工程造价的，工程检测机构出具虚假检测报告的，施工图审查单位在审查中发生重大失误或弄虚作假的，要依法追究其责任，给委托方造成损失的，要承担相应赔偿责任。上述行为要作为不良行为在建筑市场诚信信息平台上向社会公布。对于造成工程质量安全事故的，要依法降低其资质资格等级直至吊销资质资格证书；构成犯罪的，依法追究刑事责任。

（二十七）严肃查处从业人员违法违规行为。各地要按照"企业和人员并重"的监管方针，切实加强对注册建筑师、勘察设计注册工程师、注册监理工程师、注册建造师等注册人员的监管，落实其法定责任和签章制度。要严肃查处注册人员出租出借资格证书、出卖印章、人证分离、重复注册、不执行有关法律法规与强制性标准等违法违规行为，造成工程质量安全事故，情节严重的，要依法吊销其执业资格直至终身禁止执业，并在建筑市场诚信信息平台上向社会公布；构成犯罪的，依法追究刑事责任。

八、创建良好市场环境，促进建筑业健康发展

（二十八）加强组织领导。各地要高度重视加强建筑市场监管工作，认真落实党中央、国务院关于开展工程建设领域突出问题专项治理的有关要求，坚持以科学发展观为指导，切实增强紧迫感和使命感，充分运用法律、经济、行政以及信用约束等手段，维护公平竞争、依法诚信的建筑市场秩序，保障工程质量安全和人民群众切身利益，维护社会和谐稳定。

各地要规范外地企业进入本地的告知性备案制度，取消强制要求外地企业在当地注册独立子公司，将本地区、本系统业绩作为评标加分条件等不合理的限制措施，维护全国建筑市场的统一。政府部门要加快与其所属企业脱钩，严禁利用自身监管权力违法违规干预工程招投标，为其下属或本地企业承接工程，努力构建公平竞争、合理流动的市场环境。

（二十九）健全监督执法机制。从2011年开始，住房和城乡建设部将定期组织全国建筑市场专项检查活动，对建筑市场中的突出问题进行集中执法检查。市（县）级住房城乡建设主管部门要对本地所有在建工程项目进行全面检查，省级住房城乡建设主管部门要进行重点巡查，住房和城乡建设部进行抽查，通过强化对市场主体违法违规行为的打击力度，将建筑市场专项检查活动常态化、制度化。各地要加强对开发区、保税区、工业园区等区域内工程建设的管理，不允许以加快建设、营造良好软环境为借口，不履行法定建设程序，不遵守相关法律制度，逃避监督执法。各地要充分发挥部门联动执法的作用，加强与工商、税务、司法、银行等相关行业主管部门的协调配合，完善沟通渠道，健全信息共享、联动执法等制度，形成建筑市场监管合力。

（三十）加强监管队伍建设。各级住房城乡建设主管部门要加强建筑市场监管队伍建设，充实监管人员，落实必要的工作条件和经费。上级住房城乡建设主管部门要加强对基层建筑市场监管工作的指导，针对突出问题组织专题调研，强化对基层监管人员的业务培训和工作监督，提高基层建筑市场监管工作对政策的掌握水平和依法行政能力。各地要加强对建筑市场执法情况的检查，对有法不依、执法不严、违法不究的单位和人员，要依法追究责任。

（三十一）促进行业发展。各地要督促企业落实"绿色建筑、节能减排"要求，推动企业技术进步，提升企业自主创新能力，鼓励企业开发具有自主知识产权的专利和专有技术，鼓励企业制定具有自身特点的技术标准和工法，提高大型现代化机械设备装备能力，增强企业的核心竞争力。要加大支持力度，在一些大型公共建筑和基础设施建设中推行工程总承包，引导大型设计、施工企业发展成为具有设计、采购、施工管理等全过程服务能力的龙头企业，全面提升建筑企业的技术与管理水平，促进建筑业健康发展。

中华人民共和国住房和城乡建设部

二〇一一年六月二十四日

住房和城乡建设部、国家工商行政管理总局
《关于印发〈建设项目工程总承包合同
示范文本（试行）〉的通知》

（建市〔2011〕139号）

各省、自治区住房和城乡建设厅、工商行政管理局，直辖市建委（建交委）、工商行政管理局，北京市规划委，新疆生产建设兵团建设局，国务院有关部门建设司，国资委管理的有关企业：

为促进建设项目工程总承包的健康发展，规范工程总承包合同当事人的市场行为，住房和城乡建设部、国家工商行政管理总局联合制定了《建设项目工程总承包合同示范文本（试行）》（GF-2011-0216），现印发给你们，自2011年11月1日起试行。在试行中有何问题，请及时与住房和城乡建设部建筑市场监管司、国家工商行政管理总局市场规范管理司联系。

附件：《建设项目工程总承包合同示范文本（试行）》（GF-2011-0216）（略）

中华人民共和国住房和城乡建设部

中华人民共和国国家工商行政管理总局

二〇一一年九月七日

住房和城乡建设部、国家工商行政管理总局《关于印发〈建设工程监理合同（示范文本）〉的通知》

（建市〔2012〕46号）

各省、自治区住房和城乡建设厅、工商行政管理局，直辖市建委（建交委）、工商行政管理局，新疆生产建设兵团建设局、工商局，国务院有关部门建设司，国资委管理的有关企业：

为规范建设工程监理活动，维护建设工程监理合同当事人的合法权益，住房和城乡建设部、国家工商行政管理总局对《建设工程委托监理合同（示范文本）》（GF-2000-2002）进行了修订，制定了《建设工程监理合同（示范文本）》（GF-2012-0202），现印发给你们，供参照执行。在推广使用过程中，有何问题请与住房和城乡建设部建筑市场监管司、国家工商行政管理总局市场规范管理司联系。

本合同自颁布之日起执行，原《建设工程委托监理合同（示范文本）》（GF-2000-2002）同时废止。

附件：《建设工程监理合同（示范文本）》（GF-2012-0202）（略）

中华人民共和国住房和城乡建设部

中华人民共和国国家工商行政管理总局

二〇一二年三月二十七日

住房和城乡建设部《关于进一步加强房屋建筑和市政工程项目招标投标监督管理工作的指导意见》

（建市〔2012〕61号）

各省、自治区住房和城乡建设厅，直辖市建委（建设交通委），新疆生产建设兵团建设局：

为全面贯彻《招标投标法实施条例》，深入落实工程建设领域突出问题专项治理有关要求，进一步规范房屋建筑和市政工程项目（以下简称房屋市政工程项目）招标投标活动，严厉打击招标投标过程中存在的规避招标、串通投标、以他人名义投标、弄虚作假等违法违规行为，维护建筑市场秩序，保障工程质量和安全，现就加强房屋市政工程项目招标投标监管有关重点工作提出如下意见。

一、依法履行招标投标监管职责，做好招标投标监管工作

招标投标活动是房屋市政工程项目建设的重要环节，加强招标投标监管是住房城乡建设主管部门履行建筑市场监管职责，规范建筑市场秩序，确保工程质量安全的重要手段。各地住房城乡建设主管部门要认真贯彻落实《招标投标法实施条例》，在全面清理现有规定的同时，抓紧完善配套法规和相关制度。按照法律法规等规定，依法履行房屋市政工程项目招标投标监管职责，合理配置监管资源，重点加强政府和国有投资房屋市政工程项目招标投标监管，探索优化非国有投资房屋市政工程项目的监管方式。加强招标投标过程监督和标后监管，形成"两场联动"监管机制，依法查处违法违规行为。加强有形市场（招标投标交易场所）建设，推进招标投标监管工作的规范化、标准化和信息化。加强与纪检监察部门的联动，加强管理、完善制度、堵塞漏洞。探索引入社会监督机制，建立招标投标特邀监督员、社会公众旁听等制度，提高招标投标工作的透明度。

二、加快推行电子招标投标，提高监管效率

电子招标投标是一种新型工程交易方式，有利于降低招标投标成本，方便各方当事人，提高评标效率，减少人为因素干扰，遏制弄虚作假行为，增加招标投标活动透明度，保证招标投标活动的公开、公平和公正，预防和减少腐败现象的发生。各省级住房城乡建设主管部门要充分认识推行电子招标投标的重要意义，统一规划，稳步推进，避免重复建设。可依托有形市场，按照科学、安全、高效、透明的原则，健全完善房屋市政工程项目电子招标投标系统。通过推行电子招标投标，实现招标投标交易、服务、监管和监察的全过程电子化。电子招标投标应当包括招标投标活动各类文件无纸化、工作流程网络化、计算机辅助评标、异地远程评标、招标投标档案电子化管理、电子监察等。各地住房和城乡建设主管部门在积极探索完善电子招标投标系统的同时，应当逐步实现与行业注册人员、企业和房屋市政工程项目等数据库对接，不断提高监管效率。

各地住房城乡建设主管部门应当在电子招标投标系统功能建设、维护等方面给予政策、资金、人员和设施等支持，确保电子招标投标系统建设稳步推进。

三、建立完善综合评标专家库，探索开展标后评估制度

住房和城乡建设部在 2012 年底前建立全国房屋市政工程项目综合评标专家库，研究制定评标专家特别是资深和稀缺专业评标专家标准及管理使用办法。各省级住房城乡建设主管部门应当按照我部的统一部署和要求，在 2013 年 6 月底前将本地区的房屋市政工程项目评标专家库与全国房屋市政工程项目综合评标专家库对接，逐步实现评标专家资源共享和评标专家异地远程评标，为招标人跨地区乃至在全国范围内选择评标专家提供服务。

各地住房城乡建设主管部门要研究出台评标专家管理和使用办法，健全完善对评标专家的入库审查、考核培训、动态监管和抽取监督等管理制度，加强对评标专家的管理，严格履行对评标专家的监管职责。研究建立住房城乡建设系统标后评估制度，推选一批"品德正、业务精、经验足、信誉好"的资深评标专家，对评标委员会评审情况和评标报告进行抽查和后评估，查找分析专家评标过程中存在的突出问题，提出评价建议，不断提高评标质量。对于不能胜任评标工作或者有不良行为记录的评标专家，应当暂停或者取消其评标专家资格；对于有违法违规行为、不能公正履行职责的评标专家，应当依法从严查处、清出。

四、利用好现有资源，充分发挥有形市场作用

招标投标监管是建筑市场监管的源头，有形市场作为房屋市政工程项目交易服务平台，对于加强建筑市场交易活动管理和施工现场质量安全行为管理，促进"两场联动"具有重要意义。各地住房城乡建设主管部门要从实际出发，充分利用有形市场现有场地、人员、设备、信息及专业管理经验等资源，进一步完善有形市场服务功能，加强有形市场设施建设，为房屋市政工程项目招标投标活动和建筑市场监管、工程项目建设实施和质量安全监督、诚信体系建设等提供数据信息支持，为建设工程招标投标活动提供优良服务。各地住房城乡建设主管部门要按照《关于开展工程建设领域突出问题专项治理工作的意见》（中办发〔2009〕27号）提出的"统一进场、集中交易、行业监管、行政监察"要求，加强对有形市场的管理，创新考核机制，强化对有形市场建设的监督、指导，严格规范有形市场的收费，坚决取消不合理的收费项目，及时研究、解决实际工作中遇到的困难和问题，继续做好与纪检监察及其他有关部门的协调配合工作。

五、加强工程建设项目招标代理机构资格管理，规范招标投标市场秩序

依据《招标投标法》及相关规定，从事工程建设项目招标代理业务的机构，应当依法取得国务院住房城乡建设主管部门或者省级人民政府住房城乡建设主管部门认定的工程建设项目招标代理机构资格，并在其资格许可的范围内从事相应的工程建设项目招标代理业务。各地住房城乡建设主管部门要依法严格执行工程建设项目招标代理机构资格市场准入和清出制度，加强对工程建设项目招标代理机构及其从业人员的动态监管，严肃查处工程建设项目招标代理机构挂靠出让资格、泄密、弄虚作假、串通投标等违法行为。对于有违法违规行为的工程建设项目招标代理机构和从业人员，要按照《关于印发〈建筑市场诚信行为信息管理办法〉的通知》（建市〔2007〕9号）和《关于印发〈全国建筑市场注册执业人员不良行为记录认定标准〉（试行）的通知》（建办市〔2011〕38号）要求，及时记入全国建筑市场主体不良行为记录，通过全国建筑市场诚信信息平台向全社会公布，营造"诚信激励、失信惩戒"的市场氛围。

各地住房城乡建设主管部门要加强工程建设项目招标代理合同管理。工程建设项目招标代理机构与招标人签订的书面委托代理合同应当明确招标代理项目负责人，项目负责人应当是具有工程建设类注册执业资格的本单位在职人员。工程建设项目招标代理机构从业人员应当具备相应能力，办理工程建设项目招标代理业务应当实行实名制，并对所代理业务承担相应责任。工程建设项目招标代理合同应当报当地住房和城乡建设主管部门备案。

六、加强招标公告管理，加大招标投标过程公开公示力度

公开透明是从源头预防和遏制腐败的治本之策，是实现招标投标"公开、公平、公正"的重要途径。各地住房城乡建设主管部门应当加强招标公告管理，房屋市政工程项目招标人应当通过有形市场发布资格预审公告或者招标公告。有形市场应当建立与法定招标公告发布媒介的有效链接。资格预审公告或招标公告内容应当真实合法，不得设定与招标项目的具体特点和实际需要不相适应的不合理条件限制和排斥潜在投标人。

各地住房城乡建设主管部门要进一步健全中标候选人公示制度，依法必须进行招标的项目，招标人应当在有形市场公示中标候选人。公示应当包括以下内容：评标委员会推荐的中标候选人名单及其排序；采用资格预审方式的，资格预审的结果；唱标记录；投标文件被判定为废标的投标人名称、废标原因及其依据；评标委员会对投标报价给予修正的原因、依据和修正结果；评标委员会成员对各投标人投标文件的评分；中标价和中标价中包括的暂估价、暂列金额等。

各地住房城乡建设主管部门要认真执行《招标投标法》、《招标投标法实施条例》等法律法规和本指导意见，不断总结完善招标投标监管成熟经验做法，狠抓制度配套落实，切实履行好房屋市政工程招标监管职责，不断规范招标投标行为，促进建筑市场健康发展。

中华人民共和国住房和城乡建设部

二〇一二年四月十八日

建设部《关于工程总承包市场准入问题说明的函》

（建市函〔2003〕161号）

江苏省建设厅、上海市建委：

在《国务院关于取消第一批行政审批项目的决定》（国发〔2002〕24号）取消了工程总承包资格核准的行政审批后，为加强对工程总承包工作的监督管理，我部今年印发了《关于培育发展工程总承包和工程项目管理企业的指导意见》（建市〔2003〕30号）。按照《指导意见》的规定，《工程总承包资格证书》废止之后，对从事工程总承包业务的企业不专门设立工程总承包资质。具有工程勘察、设计或施工总承包资质的企业可以在其资质等级许可的工程项目范围内开展工程总承包业务。因此，中国寰球工程公司可以在其工程设计资质证书许可的工程项目范围内开展工程总承包业务，但工程的施工应由具有相应施工承包资质的企业承担。

中华人民共和国建设部

二〇〇三年七月十三日

建设部《关于启用全国建筑市场诚信信息平台的通知》

（建市函〔2007〕337号）

各省、自治区建设厅，直辖市建委，计划单列市建委（建设局），新疆生产建设兵团建设局，总后基建营房部工程局，国资委管理的有关企业，有关行业协会：

为贯彻落实党的十七大精神,推进建筑市场信用体系建设,建设部在部门户网站上构建了全国建筑市场诚信信息平台(以下简称平台)。平台的主要功能是:运用现代化的网络手段,采集各地诚信信息数据,发布建筑市场各方主体诚信行为记录,重点对失信行为进行曝光,并方便社会各界查询;整合表彰奖励、资质资格等方面的信息资源,为信用良好的企业和人员提供展示平台;普及和传播信用常识,及时发布行业最新的信用资讯、政策法规和工作动态,为工程建设行业提供信用信息交流平台;推动完善行政监管和社会监督相结合的诚信激励和失信惩戒机制,营造全国建筑市场诚实守信的良好环境。

为保证平台能够及时准确地发布诚信行为信息,现就有关事项通知如下:

一、全国建筑市场诚信信息平台的运行

全国建筑市场各方主体诚信行为记录信息以建设部门户网站(网址:www. cin. gov. cn)中的"信用体系"栏目为指定公布平台。省级建设行政主管部门应通过该平台,报送本地区建筑市场各方主体的信用行为信息。主要要求如下:

用户登录。进入建设部门户网站,点击导航栏中的"信用体系"栏目后,点击左侧菜单中"信用信息管理平台",在弹出的登录页面中输入用户名、密码和验证码进入平台。平台根据用户的注册信息自动分配其操作内容和权限。在平台的登录页面中可下载《操作手册》,或登录进入平台后,点击右上角的"帮助"菜单,查看平台的使用帮助信息。

数据报送。对于尚未建立信用信息平台的省份可以登录建设部系统平台,按照《建筑市场不良行为信息填报表》的要求逐项填写企业基本信息和企业不良行为记录信息内容。对于已建立建筑市场信用信息平台的省份,按照《建筑市场信用信息数据标准》要求准备需要报送的数据信息,然后登录到建设部系统平台,进入上方菜单中的"数据同步"栏目,按照界面中操作提示,上传数据文件。数据传输过程中,以企业组织机构代码为唯一标识编码,必须严格准确填写。

信息查询。依据《全国建筑市场各方主体不良行为记录认定标准》和《建筑市场信用信息数据标准》所归集的信息,为数据整合、查询、统计、分析提供了技术保障。通过系统提供的诚信信息查询界面和软件查询接口,各级建设主管部门和社会公众可以动态查询建筑市场各方主体的诚信行为信息。

信息应用。各级建设行政主管部门,应逐步建立信用奖惩机制,在行政许可、市场准入、招标投标、资质管理、工程担保与保险、表彰评优等工作中,充分利用已公布的诚信行为信息,依法对守信行为给予激励,对失信行为进行惩处。在健全诚信奖惩机制的过程中,要防止利用诚信奖惩机制设置新的市场壁垒和地方保护。

二、各地要认真做好不良行为记录信息的发布工作

按照《政府信息公开条例》"以公开为原则、以不公开为例外"的要求,参与建筑市场活动的各类建筑企业、中介服务机构和各类从业人员的基本信息和不良行为记录是公共信息,应实行公开公布制度。不良行为信息以有权行政机关做出行政处罚决定或行政处理决定之日起7日内予以网上公开公布。

省级建设行政主管部门的建筑市场信用信息平台为辖区内各级建设行政主管部门公

布不良行为信息的统一平台。公布内容应与建筑市场监管信息系统中的企业数据库、人员数据库和项目数据库的基本信息相结合，形成企业和人员的信用档案，内部长期保留，不得撤销。

其中，符合《全国建筑市场各方主体不良行为记录认定标准》的不良行为记录，除按时在省级建筑市场信用信息平台公布外，还应在公布之日起7日内，由省级建设行政主管部门报建设部，由建设部统一在全国建筑市场诚信信息平台上公布。

通过与工商、税务、纪检、监察、司法、银行等部门建立的信用信息共享机制，获取的有关建筑市场各方主体不良行为记录，也应纳入建设行政主管部门的信用管理，在相应的平台上予以公布。

三、各地要明确工作职责并落实责任单位和人员

建设部、省（含自治区、直辖市）、市（含省会城市和地级市）要形成各司其职、层级监督和协调联动的工作机制。

市级建设行政主管部门负责对本行政区域内建筑市场各方主体的诚信行为进行检查记录，将所采集到的不良行为记录信息及时报送省级建设行政主管部门。

省级建设行政主管部门负责采集、汇总和公布本地区建筑市场各方主体的诚信行为记录信息，统筹辖区内建筑市场信用信息的管理工作，并将符合《全国建筑市场各方主体不良行为记录认定标准》的不良行为信息通过信息平台报送建设部。

建设部负责建立和完善全国建筑市场信用管理信息平台，汇总、公布全国建筑市场各方主体诚信行为记录信息，检查、指导和督促各地建筑市场诚信行为信息管理工作。

各地要加快建筑市场诚信信息平台建设。要以工程招投标管理系统、质量安全监督管理系统、企业资质管理系统和执业注册人员管理系统等为基础，充分依托有形建筑市场的软硬件条件，加大整合力度，实现各业务系统的互联互通，形成覆盖建筑市场各方主体和执业注册人员的信用信息系统。

各地建设行政主管部门要明确此项工作的分管领导、业务负责单位和具体责任人员，落实工作责任制，推进诚信信息平台建设，切实做好信息的采集、整理、报送等工作，真实、完整、及时地公布不良行为记录信息。

四、各地要严格按照规定要求按时报送诚信行为信息

全国建筑市场诚信信息平台是对外发布建筑市场各方主体诚信行为记录信息的权威渠道。为切实做好平台启动后信息数据充实的工作，各地要按照《建筑市场诚信行为信息管理办法》（建市〔2007〕9号）要求，认真做好本区域内诚信行为信息的归集和整理，按时登录建筑市场诚信信息平台，报送有关诚信行为信息。总的时间要求是，各省、自治区、直辖市建设行政主管部门要在2007年12月30日以前，完成本区域内2007年全年发生的建筑市场各方主体不良行为记录信息的报送工作。2008年1月1日以后，按照不良行为信息公布制度的要求，转入常规的信息报送机制。

建设部将对各地建筑市场诚信行为记录信息发布和报送工作进行检查，对各地报送信息情况及时进行统计分析，并向全国通报。

为便于近期培训组织和今后工作联系，请各地建设行政主管部门于2007年11月15日前，将填写好的《全国建筑市场诚信信息平台工作联系名单》以电子邮件方式报送建

设部。

    联系人：建设部建筑市场管理司贾朝杰

        电话：010－58933262

        传真：010－58934994

        邮件：jiacj@ cein. gov. cn。

    有关平台技术问题咨询和联系，请洽建设部信息中心宋秀明

        电话：010－58934215

        邮件：sxm@ mail. cin. gov. cn。

    附件：1. 全国建筑市场诚信信息平台工作联系名单（略）

          2. 建筑市场不良行为信息填报表（略）

          3. 建筑市场信用信息数据标准（略）

中华人民共和国建设部

二〇〇七年十一月五日

住房和城乡建设部办公厅《关于印发〈全国建筑市场注册执业人员不良行为记录认定标准〉（试行）的通知》

（建办市［2011］38号）

各省、自治区住房和城乡建设厅，直辖市建委（建设交通委），北京市规划委，新疆生产建设兵团建设局：

    为贯彻落实《中共中央办公厅、国务院办公厅印发〈关于开展工程建设领域突出问题专项治理工作的意见〉的通知》、《中共中央纪委关于转发〈工程建设领域项目信息公开和诚信体系建设工作实施意见〉的通知》，进一步完善建筑市场诚信体系，及时向社会公布企业和注册执业人员不良行为信息，逐步建立守信激励、失信惩戒制度，不断完善信用信息公开共享、互联互通机制，在《全国建筑市场各方主体不良行为记录认定标准》（建市［2007］9号）基础上，我部依据相关法律法规制定了《全国建筑市场注册执业人员不良行为记录认定标准》（试行）。现印发给你们，请遵照执行。执行中的有关问题和建议，请及时反馈我部建筑市场监管司。

    各地住房和城乡建设主管部门要进一步提高对建筑市场诚信体系建设重要性和艰巨性的认识，加强组织领导，认真贯彻落实《全国建筑市场注册执业人员不良行为记录认定标准》（试行），做好本区域内注册执业人员诚信行为信息的收集、认定、记录和发布工作。要按照《建筑市场诚信行为信息管理办法》（建市［2007］9号）要求，登录全国建筑市场诚信信息平台，及时报送注册执业人员不良行为信息。为促进建筑市场诚信信息共享，规范注册执业人员行为，我部将加强对各地建筑市场各方主体及注册执业人员诚信行为信息发布工作情况的监督检查，拟于2011年年底对各地上报不良行为信息工作情况进行通报。

305

联系人：建筑市场监管司　明　刚 010-58933262
信　息　中　心　秦海春 010-58934536

附件：全国建筑市场注册执业人员不良行为记录认定标准（试行）

中华人民共和国住房和城乡建设部办公厅

二〇一一年六月七日

附件

全国建筑市场注册执业人员不良行为
记录认定标准（试行）

说　明

为了完善建筑市场注册执业人员诚信体系建设，规范执业行为和市场秩序，依据相关法律、法规和部门规章，根据各行业特点，我部制定了全国建筑市场注册执业人员不良行为记录认定标准。现将认定标准有关情况说明如下：

一、本标准所涉及的执业人员包括注册建筑师、勘察设计注册工程师、注册建造师、注册监理工程师。

二、本标准所列不良行为，指违反相关法律、法规、部门规章，被实施行政处罚的不良行为。

三、行为代码的编制参照全国建筑市场各方主体不良行为标准（建市［2007］9号），代码依次为：注册建筑师（M1）、勘察设计注册工程师（N1）、注册建造师（P1）、注册监理工程师（Q1）。

四、本标准依据的法律、法规、规章

（一）《中华人民共和国行政许可法》

（二）《中华人民共和国建筑法》

（三）《中华人民共和国注册建筑师条例》

（四）《中华人民共和国注册建筑师条例实施细则》

（五）《建设工程勘察设计管理条例》

（六）《建设工程安全生产管理条例》

（七）《建设工程质量管理条例》

（八）《勘察设计注册工程师管理规定》

（九）《注册建造师管理规定》

（十）《注册监理工程师管理规定》

注册建筑师不良记录认定行为标准（M1）

行为类别	行为代码	不良行为	法律依据	处罚依据
M1-1 注册	M1-1-01	隐瞒有关情况或者提供虚假材料申请注册	《中华人民共和国注册建筑师条例实施细则》第十七条	《中华人民共和国注册建筑师条例实施细则》第四十条《中华人民共和国行政许可法》第七十八条
	M1-1-02	以欺骗、贿赂等不正当手段取得注册证书和执业印章	《中华人民共和国注册建筑师条例实施细则》第三条	《中华人民共和国注册建筑师条例实施细则》第四十一条《中华人民共和国注册建筑师条例》第二十九条《中华人民共和国行政许可法》第七十九条
	M1-1-03	变更聘用单位，未办理变更注册而继续在原单位执业	《中华人民共和国注册建筑师条例实施细则》第二十条	《中华人民共和国注册建筑师条例实施细则》第四十三条
	M1-1-04	涂改、倒卖、出租、出借或者以其他形式非法转让执业资格证书、互认资格证书、注册证书和执业印章	《中华人民共和国注册建筑师条例实施细则》第十六条	《中华人民共和国注册建筑师条例实施细则》第四十四条
M1-2 执业	M1-2-01	超出《中华人民共和国注册建筑师条例实施细则》所规定的执业范围执业	《中华人民共和国建筑法》第十四条《中华人民共和国注册建筑师条例实施细则》第二十八条《中华人民共和国注册建筑师条例》第二十条	《中华人民共和国注册建筑师条例》第三十一条
	M1-2-02	未经注册擅自承担注册建筑师的执业范围业务	《中华人民共和国注册建筑师条例》第二十五条《中华人民共和国注册建筑师条例实施细则》第十三条	《中华人民共和国注册建筑师条例》第三十条
	M1-2-03	未按照法律、法规和工程建设强制性标准进行设计	《建设工程安全生产管理条例》第十三条	《建设工程安全生产管理条例》第五十八条
	M1-2-04	未受聘并注册于中华人民共和国境内一个具有工程设计资质的单位，从事建筑工程设计执业活动	《中华人民共和国注册建筑师条例》第二十一条《建设工程勘察设计管理条例》第十条《中华人民共和国注册建筑师条例实施细则》第二十七条	《建设工程勘察设计管理条例》第三十七条《中华人民共和国注册建筑师条例实施细则》第四十二条
	M1-2-05	未根据勘察成果文件进行工程设计，造成质量事故	《建设工程质量管理条例》第二十一条	《建设工程质量管理条例》第七十二条
	M1-2-06	指定建筑材料、建筑构配件等的生产厂、供应商，造成质量事故	《建设工程质量管理条例》第二十二条	《建设工程质量管理条例》第七十二条

行为类别	行为代码	不良行为	法律依据	处罚依据
M1-2 执业	M1-2-07	因设计质量不合格发生重大责任事故	《中华人民共和国注册建筑师条例》第二十八条	《中华人民共和国注册建筑师条例》第三十二条
	M1-2-08	以个人名义承接注册建筑师业务、收取费用	《中华人民共和国注册建筑师条例》第二十三条	《中华人民共和国注册建筑师条例》第三十一条
	M1-2-09	准许他人以本人名义执行业务	《中华人民共和国注册建筑师条例》第二十八条	《中华人民共和国注册建筑师条例》第三十一条
	M1-2-10	不保守在执业过程中获悉的单位和个人秘密	《中华人民共和国注册建筑师条例》第二十八条	《中华人民共和国注册建筑师条例》第三十一条
	M1-2-11	同时在两个以上单位受聘或者执业	《中华人民共和国注册建筑师条例》第二十八条《建设工程勘察设计管理条例》第十条	《中华人民共和国注册建筑师条例》第三十一条《建设工程勘察设计管理条例》第三十七条
M1-3 其它	M1-3-01	未按照要求提供注册建筑师信用档案信息	《中华人民共和国注册建筑师条例实施细则》第三十九条	《中华人民共和国注册建筑师条例实施细则》第四十五条
	M1-3-02	在注册、执业和继续教育活动中，发生其他违反法律、法规和工程建设强制性标准的行为	《建设工程安全生产管理条例》第十三条《建设工程质量管理条例》第十九条	《建设工程安全生产管理条例》第五十八条《建设工程质量管理条例》第七十二条

勘察设计注册工程师不良记录认定行为标准（N1）

行为类别	行为代码	不良行为	法律依据	处罚依据
N1-1 注册	N1-1-01	隐瞒有关情况或者提供虚假材料申请注册	《勘察设计注册工程师管理规定》第十一条	《勘察设计注册工程师管理规定》第二十八条《中华人民共和国行政许可法》第七十八条
	N1-1-02	以欺骗、贿赂等不正当手段取得注册证书的	《勘察设计注册工程师管理规定》第六条、第七条	《勘察设计注册工程师管理规定》第二十九条《中华人民共和国行政许可法》第七十九条
	N1-1-03	变更执业单位，未办理变更注册手续	《勘察设计注册工程师管理规定》第十三条	《勘察设计注册工程师管理规定》第三十条
	N1-1-04	涂改、倒卖、出租、出借或以其他形式非法转让资格证书、注册证书和执业印章	《勘察设计注册工程师管理规定》第二十七条	《勘察设计注册工程师管理规定》第三十条
N1-2 执业	N1-2-01	泄露在执业中知悉的国家秘密和他人的商业、技术等秘密	《勘察设计注册工程师管理规定》第二十七条	《勘察设计注册工程师管理规定》第三十条

行为类别	行为代码	不良行为	法律依据	处罚依据
N1-2 执业	N1-2-02	超出《勘察设计注册工程师管理规定》所规定的执业范围	《中华人民共和国建筑法》第十四条《勘察设计注册工程师管理规定》第十九条	《勘察设计注册工程师管理规定》第三十条
	N1-2-03	未受聘并注册于中华人民共和国境内一个具有工程设计资质的单位,从事建筑工程设计执业活动	《建设工程勘察设计管理条例》第十条	《建设工程勘察设计管理条例》第三十七条
	N1-2-04	未经注册,擅自以注册建设工程勘察、设计人员的名义从事建设工程勘察、设计活动	《中华人民共和国建筑法》第十四条《建设工程勘察设计管理条例》第九条	《建设工程勘察设计管理条例》第三十六条
	N1-2-05	同时在两个或两个以上单位受聘或者执业	《建设工程勘察设计管理条例》第十条	《建设工程勘察设计管理条例》第三十七条
	N1-2-06	以个人名义承接业务	《勘察设计注册工程师管理规定》第十八条	《勘察设计注册工程师管理规定》第三十条
	N1-2-07	未按照法律、法规和工程建设强制性标准进行设计	《建设工程安全生产管理条例》第十三条	《建设工程安全生产管理条例》第五十八条
	N1-2-08	未对涉及施工安全的重点部位和环节在设计文件中注明,未对防范生产安全事故提出指导意见	《建设工程安全生产管理条例》第十三条	《建设工程安全生产管理条例》第五十八条
	N1-2-09	采用新结构、新材料、新工艺的建设工程和特殊结构的建设工程,未在设计中提出保障施工作业人员安全和预防生产安全事故的措施建议	《建设工程安全生产管理条例》第十三条	《建设工程安全生产管理条例》第五十八条
	N1-2-10	未根据勘察成果文件进行工程设计,造成质量事故	《建设工程质量管理条例》第二十一条	《建设工程质量管理条例》第七十二条
	N1-2-11	指定建筑材料、建筑构配件等的生产厂、供应商,造成质量事故	《建设工程质量管理条例》第二十二条	《建设工程质量管理条例》第七十二条
	N1-2-12	因设计原因发生重大责任事故	《建设工程质量管理条例》第十九条	《建设工程质量管理条例》第七十二条
N1-3 其他	N1-3-01	在注册、执业和继续教育活动中,发生其他违反法律、法规和工程建设强制性标准的行为	《建设工程安全生产管理条例》第十二条、第十三条《建设工程质量管理条例》第十九条	《建设工程安全生产管理条例》第五十八条《建设工程质量管理条例》第七十二条

注册建造师不良记录认定行为标准（P1）

行为类别	行为代码	不良行为	法律依据	处罚依据
P1-1 注册	P1-1-01	隐瞒有关情况或者提供虚假材料申请注册	《注册建造师管理规定》第六条、第十一条	《注册建造师管理规定》第三十三条《中华人民共和国行政许可法》第七十八条
	P1-1-02	以欺骗、贿赂等不正当手段取得注册证书	《注册建造师管理规定》第七条、第九条	《注册建造师管理规定》第三十四条《中华人民共和国行政许可法》第七十九条
	P1-1-03	涂改、倒卖、出租、出借或以其他形式非法转让资格证书、注册证书和执业印章	《注册建造师管理规定》第二十六条	《注册建造师管理规定》第三十七条
	P1-1-04	未办理变更注册而继续执业	《注册建造师管理规定》第十三条	《注册建造师管理规定》第三十六条
P1-2 执业	P1-2-01	泄露在执业中知悉的国家秘密和他人的商业、技术等秘密	《注册建造师管理规定》第二十五条、第二十六条	《注册建造师管理规定》第三十七条
	P1-2-02	未取得注册证书和执业印章，担任大中型建设工程项目施工单位项目负责人，或者以建造师的名义从事相关活动	《中华人民共和国建筑法》第十四条《注册建造师管理规定》第三条	《注册建造师管理规定》第三十五条
	P1-2-03	同时担任两个及两个以上工程项目负责人	《注册建造师管理规定》第二十一条、第二十六条	《注册建造师管理规定》第三十七条
	P1-2-04	超出执业范围和聘用单位业务范围内从事执业活动	《中华人民共和国建筑法》第十四条《注册建造师管理规定》第二十六条	《注册建造师管理规定》第三十七条
	P1-2-05	索贿、受贿或者谋取合同约定费用外的其他利益	《注册建造师管理规定》第二十六条	《注册建造师管理规定》第三十七条
	P1-2-06	实施商业贿赂	《注册建造师管理规定》第二十六条	《中华人民共和国建筑法》第六十八条《注册建造师管理规定》第三十七条
	P1-2-07	签署有虚假记载等不合格的文件	《注册建造师管理规定》第二十六条	《注册建造师管理规定》第三十七条
	P1-2-08	允许他人以自己的名义从事执业活动	《注册建造师管理规定》第二十六条	《注册建造师管理规定》第三十七条
	P1-2-09	同时在两个或者两个以上单位受聘或者执业	《注册建造师管理规定》第二十六条	《注册建造师管理规定》第三十七条
	P1-2-10	未按照要求向注册机关提供准确、完整的注册建造师信用档案信息	《注册建造师管理规定》第三十二条	《注册建造师管理规定》第三十八条

続表

行为类别	行为代码	不良行为	法律依据	处罚依据
P1-3 其他	P1-3-01	因过错造成质量事故	《建设工程质量管理条例》第二十六条	《建设工程质量管理条例》第七十二条
	P1-3-02	未履行安全生产管理职责	《建设工程安全生产管理条例》第二十一条	《建设工程安全生产管理条例》第六十六条
	P1-3-03	违章指挥、强令职工冒险作业，因而发生重大伤亡事故或者造成其他严重后果	《中华人民共和国建筑法》第四十七条	《中华人民共和国建筑法》第七十一条
	P1-3-04	在注册、执业和继续教育活动中，发生其他违反法律、法规和工程建设强制性标准的行为	《建设工程安全生产管理条例》第四条《建设工程质量管理条例》第二十六条	《建设工程安全生产管理条例》第五十八条《建设工程质量管理条例》第七十二条

注：P1-2-03 同时担任两个及两个以上工程项目负责人处罚依据参照同时在两个或者两个以上单位受聘或者执业。

注册监理工程师不良记录认定行为标准（Q1）

行为类别	行为代码	不良行为	法律依据	处罚依据
Q1-1 注册	Q1-1-01	隐瞒有关情况或者提供虚假材料申请注册	《注册监理工程师管理规定》第十条	《注册监理工程师管理规定》第二十七条《中华人民共和国行政许可法》第七十八条
	Q1-1-02	以欺骗、贿赂等不正当手段取得注册证书	《注册监理工程师管理规定》第三条	《注册监理工程师管理规定》第二十八条《中华人民共和国行政许可法》第七十九条
	Q1-1-03	涂改、倒卖、出租、出借或以其他形式非法转让资格证书、注册证书和执业印章	《注册监理工程师管理规定》第二十六条	《注册监理工程师管理规定》第三十一条
	Q1-1-04	未办理变更注册仍执业	《注册监理工程师管理规定》第十四条	《注册监理工程师管理规定》第三十条
Q1-2 执业	Q1-2-01	泄露在执业中知悉的国家秘密和他人的商业、技术等秘密	《注册监理工程师管理规定》第二十六条	《注册监理工程师管理规定》第三十一条
	Q1-2-02	超出执业范围和聘用单位业务范围内从事执业活动	《中华人民共和国建筑法》第十四条《注册监理工程师管理规定》第十八条、第二十六条	《注册监理工程师管理规定》第三十一条
	Q1-2-03	弄虚作假提供执业活动成果	《注册监理工程师管理规定》第二十六条	《注册监理工程师管理规定》第三十一条
	Q1-2-04	以个人名义承接业务	《注册监理工程师管理规定》第十七条	《注册监理工程师管理规定》第三十一条

行为类别	行为代码	不 良 行 为	法 律 依 据	处 罚 依 据
Q1-2 执业	Q1-2-05	将不合格的建设工程、建筑材料、建筑构配件和设备按照合格签字	《注册监理工程师管理规定》第二十六条	《注册监理工程师管理规定》第三十一条
	Q1-2-06	因过错造成质量事故	《建设工程质量管理条例》第三十六条、第三十七条、第三十八条	《建设工程质量管理条例》第七十二条
Q1-3 其他	Q1-3-01	在注册、执业和继续教育活动中，发生其他违反法律、法规和工程建设强制性标准的行为	《建设工程安全生产管理条例》第十四条《建设工程质量管理条例》第三十六条	《建设工程安全生产管理条例》第五十八条《建设工程质量管理条例》第七十二条

建设部办公厅《关于做好〈建设工程监理与相关服务收费管理规定〉贯彻实施工作的通知》

（建办市函〔2007〕233号）

各省、自治区建设厅，直辖市建委，国务院有关部门建设司，新疆生产建设兵团建设局，总后基建营房部，国资委管理的有关企业，有关行业协会：

为规范建设工程监理与相关服务收费行为，促进我国工程监理行业的健康发展，国家发展改革委、建设部组织国务院有关部门和有关行业组织，历时两年，经多次论证修改、测算复核、专家审议，并在广泛征求建设单位及监理单位意见的基础上，制定了《建设工程监理与相关服务收费管理规定》（以下简称《管理规定》），新的工程监理与相关服务收费标准将于今年5月1日开始施行。为切实做好《管理规定》宣贯培训和实施工作，现将有关事项通知如下：

一、各地和各有关部门要结合工作实际，研究制定贯彻实施《管理规定》的工作方案和实施意见，切实规范建设工程监理与相关服务收费行为，不断提高工程监理与相关服务的工作质量和水平，促进工程监理行业的健康发展。

二、各地和各有关单位要因地制宜，通过举办培训班、宣贯会等多种方式，广泛宣传和学习《管理规定》，确保《管理规定》得到准确理解、掌握和执行。

三、为便于各地和各有关单位做好宣贯培训和实施工作，正确理解掌握和应用好《管理规定》，委托中国建设监理协会组织编写、发行《建设工程监理与相关服务收费标准》（单行本）和《建设工程监理与相关服务收费标准使用手册》，供各地建设行政主管部门、各有关部门、建设单位、工程监理单位、勘察设计单位及工程建设从业人员参考。

中华人民共和国建设部办公厅

二〇〇七年四月十一日

住房和城乡建设部办公厅《关于进一步做好建筑市场不良行为信息上报工作的通知》

（建办市函〔2009〕560号）

各省、自治区住房和城乡建设厅，直辖市建委，山东省、江苏省建管局：

全国建筑市场诚信信息平台开通后，各地住房和城乡建设行政主管部门高度重视，积极推进本地建筑市场信用体系建设工作。浙江、新疆、广东等地住房和城乡建设行政主管部门认识早、行动快，在做好本地建筑市场信用体系建设工作的同时，按照《建筑市场诚信行为信息管理办法》要求，及时主动做好建筑市场各方主体不良行为信息上报工作，对于健全和完善全国建筑市场诚信信息平台起到了重要作用。为了进一步发挥全国建筑市场诚信信息平台作用，现将有关事项通知如下：

一、加大建筑市场不良行为信息采集和上报工作力度

各地住房和城乡建设行政主管部门要按照《建筑市场诚信行为信息管理办法》（建市〔2007〕9号）和《关于启用全国建筑市场诚信信息平台的通知》（建市函〔2007〕33号）的要求，依据《全国建筑市场各方主体不良行为记录认定标准》，进一步加大不良行为信用信息采集和上报工作力度。请各地在对建筑市场主体不良行为行政处罚决定生效后的7个工作日内，填写《全国建筑市场不良行为信息表》（见附表1），并报住房和城乡建设部。

各地根据地方行政法规、地方规章和规范性文件进行行政处罚和行政处理，且不在《全国建筑市场各方主体不良行为记录认定标准》范围内的不良行为信息记录，由各地在本地区政务网站公布；其中情节比较严重的，应地方要求也可由全国建筑市场诚信信息平台统一发布。

二、实行定期通报制度

为继续做好全国建筑市场诚信信息平台建设，我部拟对各地建筑市场不良行为信息上报情况进行定期通报。我部建筑市场监管司将在每一季度最后一周整理汇总各地上报的不良行为信息记录，形成《全国建筑市场不良行为信息统计表》（附表2），在建筑市场诚信信息平台（http：//jzcx. cin. gov. cn）上发布。对于应当在全国建筑市场诚信信息平台上公布，而地方未报或仅在本地区政务公开网站平台上公布不良行为信息的地区，我部将在发布统计报表时一并通报批评。

请各地住房和城乡建设行政部门高度重视全国建筑市场诚信信息平台建设工作，按要求及时上报建筑市场不良行为信息。

附件：1. 全国建筑市场不良行为信息表
      2. 全国建筑市场不良行为信息统计表（略）
      3. 全国建筑市场诚信信息平台工作联系名单（略）

中华人民共和国住房和城乡建设部办公厅

二〇〇九年六月二十三日

附表1：全国建筑市场不良行为信息表

（1）企业基本情况表

组织机构代码

企业名称

企业经济类型

注册地址

资质证书号

主项资质

营业执照号

法人代表

联系电话

企业注册地行政区划

注：填报说明：

序号	字 段 名 称	填 报 说 明	备注
1	组织机构代码	认真核对组织机构代码，保存后将不能修改	
2	企业名称	企业名称须与营业执照上的企业名称完全一致	
3	企业经济类型	选择企业的经济类型	
4	注册地址	企业注册地的详细地址	
5	资质证书号	企业的资质证书号	
6	主项资质	企业的资质等级	
7	营业执照号	企业的营业执照号	

序号	字 段 名 称	填 报 说 明	备注
8	法人代表	企业法人代表的名称	
9	联系电话	企业的联系电话	
10	企业注册地行政区划	企业注册地的行政区域，选择至第三级（区县级）	

（2）不良行为记录表

选择企业

项目工程

项目工程地址

项目工程建设单位

不良行为代码

发生时间

行为描述

处罚依据　　　系统根据不良行为代码自动生成

处罚决定

处罚机构

处罚日期

行为发生地区划

行政文件网址

注：1. 在线填写时单击企业文本框后的按钮，查找对应的企业。
　　2. 填报说明：

序号	项目名称	填 报 说 明	备注
1	选择企业	选择合适的企业，如无相关企业信息需先添加企业基础信息	
2	项目工程	辖区内的工程	
3	项目工程地址	工程的实际地址	
4	项目工程建设单位	工程的建设单位名称	
5	不良行为代码	选择对应的不良行为	
6	发生时间	不良行为的发生时间	
7	行为描述	不良行为的描述，250字以内	
8	处罚依据	系统根据不良行为代码自动生成	
9	处罚决定	处罚的具体内容，250字以内	
10	处罚机构	做出处罚的单位	
11	处罚日期	做出处罚的时间	
12	行为发生地区划	不良行为发生地的行政区域	
13	行政文件网址	行政处罚书的网页地址	

住房和城乡建设部办公厅《关于对工程设计企业开展工程总承包业务有关安全生产许可证问题的复函》

（建办市函〔2010〕283号）

中国兵器工业集团公司：

你公司《关于申请解决五洲工程设计研究院承揽工程总承包业务过程中无法提供"安全生产许可证"问题的请示》（兵器战略字〔2010〕231号）收悉。经研究，现答复如下：

根据建设工程勘察设计资质管理和安全生产许可证管理的有关规定，取得工程设计资质证书的企业（以下简称设计企业）可以从事资质证书许可范围内相应的建设工程总承包业务，但应将其中施工业务分包给具有相应施工资质的企业（以下简称施工企业），施工企业须按有关规定取得安全生产许可证；如上述设计企业同时具有施工资质，并从事工程总承包项目中相应施工业务的，则须按有关规定取得安全生产许可证。

中华人民共和国住房和城乡建设部办公厅

二〇一〇年四月十六日

住房和城乡建设部办公厅《关于工程担保业务属性与业务主管部门问题的复函》

（建办市函［2011］350号）

深圳市住房和建设局：

你局《关于商请对工程担保业务属性与业务主管部门予以确认的函》（深建字［2011）144号）收悉。经研究，函复如下：

根据国务院"三定"规定，住房和城乡建设部负责制订工程风险管理的规章制度并监督执行。工程担保制度是控制和防范工程风险的重要制度，工程担保公司作为工程担保的主要载体，是住房和城乡建设部引导培育的工程建设领域的风险服务机构。工程担保业务具有建筑工程领域的行业特点，应属于建筑工程服务业。

请你市按照《关于选择深圳、厦门等市作为推行工程担保试点城市的意见》（建市招［2005］73号）要求，继续深入做好工程担保试点工作，加强市场监管，防范担保风险，引导和规范工程担保机构健康发展。

中华人民共和国住房和城乡建设部办公厅

二〇一一年六月二十三日

（二）企业资质管理

建设部《关于印发〈建筑业企业资质等级标准〉的通知》

（建建［2001］82号）

各省、自治区建设厅，直辖市建委，山东、江苏省建管局，国务院有关部门建设司，总后营房部工程局，新疆生产建设兵团：

根据《建筑业企业资质管理规定》（建设部令第87号），我部会同铁道部、交通部、水利部、信息产业部、民航总局等有关部门组织制定了《建筑业企业资质等级标准》，现印发给你们，请遵照执行。

《建筑业企业资质等级标准》自2001年7月1日起施行。建设部印发的《建筑业企业资质等标准（试行）》（建建［1995］666号）、《混凝土预制构件和商品混凝土生产企业资质管理规定（试行）》（建施［1993］770号）、《建筑幕墙工程施工企业资质等级标准》（建建［1996］608号）同时废止。

附件：《建筑业企业资质等级标准》（略）

中华人民共和国建设部
二〇〇一年四月二十日

建设部《关于印发〈建设部关于外商投资建筑业企业管理规定中有关资质管理的实施办法〉的通知》

（建市［2003］73号）

各省、自治区建设厅，直辖市建委，山东、江苏省建管局，国务院有关部门建设司，新疆建设兵团建设局，总后营房部工程局：

现将《建设部关于外商投资建筑业企业管理规定中有关资质管理的实施办法》印发给你们，请遵照执行。在执行过程中有什么问题，请及时告我部建筑市场管理司。

中华人民共和国建设部
二〇〇三年四月八日

建设部关于外商投资建筑业企业管理规定中有关资质管理的实施办法

为贯彻实施《外商投资建筑业企业管理规定》（建设部、对外贸易经济合作部部令第113号）（以下简称《规定》），制定本实施办法。

一、外商投资建筑业企业资质证书的颁发对象

建筑业企业资质证书依法颁发给下列取得中国企业法人资格的外商投资建筑业企业：

1. 全部资本由外国投资者投资的建筑业企业。

2. 外国投资者和中国投资者通过共同出资或合作方式设立的建筑业企业。

3. 已经在中国境内依法设立的外商投资企业，以本企业的名义，在中国境内再投资新设立建筑业企业或购买其他建筑业企业投资者股权后的企业。

建筑业企业资质证书不颁发给外国企业以及外国企业和其他经济组织在中国境内设立的分支机构。

二、外商投资建筑业企业从事建筑活动的范围

《规定》第三条所称的建筑活动是指根据《中华人民共和国建筑法》和《建设工程质量管理条例》的规定在中国境内从事土木工程、建筑工程、线路管道设备安装工程、装修工程的新建、扩建、改建等活动。

三、外商投资建筑业企业资质的核定

外商投资建筑业企业申请建筑业企业资质应当依据：《外商投资建筑业企业管理规定》（建设部、对外贸易经济合作部令第113号）、《建筑业企业资质管理规定》（建设部令第87号）、《建筑业企业资质管理规定实施意见》（建办建［2001］24号）、《建筑业企业资质等级标准》（建建［2001］82号）以及有关建筑业企业资质管理的规章、规范性文件。

1. 新设立的外商投资建筑业企业，其资质等级按照最低等级核定，并设一年的暂定期。

2. 已经在中国境内承包工程的外国企业新设立外商投资建筑业企业，除具备建筑业企业资质标准规定条件外，具备以下条件的，可以直接申请二级及二级以上建筑业企业资质。

（1）根据《在中国境内承包工程的外国企业资质管理暂行办法》（建设部令第32号），于2003年9月30日前取得建设部、省级建设行政主管部门或经济特区、沿海开放城市建设行政主管部门颁发的外国企业资质证书或承包工程批准证书。

（2）申请外资建筑业企业资质，外国企业在中国境内的工程承包业绩满足所申请建筑业企业资质要求的工程承包业绩标准；申请中外合资、中外合作经营建筑业企业资质，外国企业在中国境内的工程承包业绩与中方合营者的工程承包业绩总和应当满足所申请建筑业企业资质要求的工程承包业绩标准。

3. 外国企业投资入股内资建筑业企业，企业性质变更为中外合资经营建筑业企业或中外合作经营建筑业企业，企业资质按照其实际达到的标准重新核定。

4. 外国企业收购内资建筑业企业，企业性质变更为外资建筑业企业，企业资质按照其实际达到的标准重新核定。

5. 规定实施前，已经设立的中外合资经营建筑业企业、中外合作经营建筑业企业由于注册资本金达不到原建设部和对外贸易经济合作部联合颁布的《关于设立外商投资建筑业企业的若干规定》（建建〔1995〕533号）要求的，规定实施后，可以申报相应级别的建筑业企业资质。

四、外商投资建筑业企业中外国服务提供者的条件

外商投资建筑业企业聘用外国服务提供者为本企业的工程技术和经济管理人员，在申报企业资质时应当出示依法签定的劳动合同。

1. 外商投资建筑业企业聘用外国服务提供者为本企业的企业经理，外国服务提供者应当具有建筑业企业资质标准要求的从事工程管理工作经历，并提供相应证明文件。

2. 外商投资建筑业企业聘用外国服务提供者为本企业工程技术和经济管理人员，外国服务提供者应当具有相当于建筑业企业资质标准规定的技术职称要求条件。

3. 外商投资建筑业企业聘用外国服务提供者为本企业工程技术和经济管理人员，具有大学本科或以上学历，并具有10年以上从事本专业工作经验的，在企业申报资质时，可以按照具有高级职称的人员申报；具有大学专科或以上学历，并具有5年以上从事本专业工作经验的，在企业申报资质时，可以按照具有中级职称的人员申报。

4. 外商投资建筑业企业聘用外国服务提供者为本企业项目经理，符合以下条件，并能够提供相关证明文件的，可以在企业申报资质时由资质管理部门认可其具有相应级别项目经理资格。

（1）外国服务提供者作为一级项目经理资格申报的，应当担任过一个一级建筑业企业资质标准要求的工程项目，或两个二级建筑业企业资质标准要求的工程项目施工管理工作的主要负责人。

（2）外国服务提供者作为二级项目经理资格申报的，应当担任过两个工程项目，其中至少一个为二级建筑业企业资质标准要求的工程项目施工管理工作的主要负责人。

（3）外国服务提供者作为三级项目经理资格申报的，应当担任过两个工程项目，其中至少一个为三级建筑业企业资质标准要求的工程项目施工管理工作的主要负责人。

根据本条规定认可的外国服务提供者作为本公司项目经理的人数，不得超过建筑业企业资质标准中规定的项目经理人数的1/3。

5. 外商投资建筑业企业聘用外国服务提供者为本企业的工程技术和经济管理人员的，每人每年在中国境内累计居住时间应当不少于3个月。

五、外商投资建筑业企业工程承包业绩的认定

《规定》施行后，外商投资建筑业企业的外国投资者在中华人民共和国境外同中国建筑业企业采取联合承包方式承包工程或将工程分包给中国建筑业企业的，该工程承包业绩可作为外商投资建筑业企业申报建筑业企业资质或资质年检时的工程承包业绩。

六、外资建筑业企业的工程承包范围

《规定》第十五条第四款"中外建筑企业联合承揽"是指外资建筑业企业可以与内资建筑业企业、中外合资经营建筑业企业、中外合作经营建筑业企业联合承包工程。

七、外商投资建筑业企业申请资质的受理时间

2002 年 12 月 1 日至 2003 年 10 月 1 日，为同时实行建设部令第 32 号和《规定》的过渡期。在此过渡期内，资质管理部门随时受理外商投资建筑业企业的资质申请。

2003 年 10 月 1 日以后，外商投资建筑业企业的资质申请按照内资建筑业企业资质申请受理时间安排统一进行。

八、《规定》和原建设部令第 32 号的关系

根据《规定》第二十六条，在 2003 年 10 月 1 日之前，外国企业在中国境内承包工程仍然按照原建设部令第 32 号《在中国境内承包工程的外国企业资质管理暂行办法》执行。

1. 已经取得外国企业承包工程资质证书的外国企业，仍可以根据《在中国境内承包工程的外国企业资质管理暂行办法》的规定要求，继续在中国境内承包工程，包括继续承包未完成的经批准的建设工程，继续申请扩大工程承包地域，继续申请资质证书延期。

2. 没有取得外国企业承包工程资质证书的外国企业，仍可以根据《在中国境内承包工程的外国企业资质管理暂行办法》的规定申请外国企业资质证书。

3. 在 2003 年 10 月 1 日以后，资质管理部门不再受理外国企业在中国境内承包工程的资质申请，不再办理资质延期以及扩大工程承包地域的审批。在此日期之前签定的工程承包合同，合同期或实际履行期延续到 2003 年 10 月 1 日以后的，外国企业仍可以继续完成该工程。

建设部《关于做好在中国境内承包工程的外国企业资质管理有关工作的通知》

（建市［2003］193 号）

各省、自治区建设厅，直辖市建委，山东、江苏省建管局，国务院有关部门建设司，总后营房部工程局：

《外商投资建筑业企业管理规定》（建设部、对外贸易经济合作部令第 113 号）第 26 条规定："自 2003 年 10 月 1 日起，1994 年建设部颁发的《在中国境内承包工程的外国企业资质管理暂行办法》（建设部令第 32 号）废止"。同时根据《外商投资建筑业企业管理规定》，自 2003 年 10 月 1 日以后，外国企业必须在取得建筑业企业资质证书后方可在中国境内承包工程。由于今年上半年突发"非典"疫情，使外商投资建筑业企业的设立和资质申报工作受到影响，为使在中国境内开展工程承包活动的外国企业顺利完成企业设立及建筑业企业资质的申报工作，现将有关工作通知如下：

一、2003 年 10 月 1 日前，根据建设部令第 32 号已经取得《外国企业承包工程资质证》，且未取得《外商投资建筑业企业资质证书》的外国企业，在 2004 年 4 月 1 日之前可依据其签定的工程承包合同申请资质延期或扩大工程承包地域。

符合上款规定条件的外国企业，在 2004 年 4 月 1 日之前申请资质延期或扩大工程承包地域，经各省、自治区、直辖市建设行政主管部门初审同意后，由建设部统一办理。

二、根据建设部、对外贸易经济合作部令第 113 号以及建筑业企业资质管理的有关规定，已经取得《外商投资建筑业企业资质证书》的企业中的外国投资者，不得继续以外国企业身份持《外国企业承包工程资质证书》在中国境内承包工程。各省、自治区、直辖市建设行政主管部门在颁发《外商投资建筑业企业资质证书》时，应同时收回《外国企业承包工程资质证》。

三、请各省、自治区、直辖市建设行政主管部门按照上述规定，切实加强对外国企业资质申报的管理工作，同时做好《在中国境内承包工程的外国企业资质管理暂行办法》（建设部令第 32 号）执行情况的汇总工作（具体要求见附件），并于 2004 年 4 月 1 日以前，将《在中国境内承包工程的外国企业情况汇总表》报送我部建筑市场管理司。

四、香港特别行政区、澳门特别行政区和台湾地区企业参照本通知执行。

附：《在中国境内承包工程的外国企业情况汇总表》（略）

中华人民共和国建设部

二〇〇三年九月二十八日

建设部、商务部《关于做好外商投资建筑业企业资质管理工作有关问题的通知》

（建市 [2004] 159 号）

各省、自治区建设厅，直辖市建委，山东、江苏省建管局，国务院有关部门建设司，新疆生产建设兵团建设局，总后营房部工程局，各省、自治区、直辖市及计划单列市商务主管部门：

为进一步做好外国企业在中国境内设立外商投资建筑业企业的资质管理工作，现将有关问题通知如下：

一、继续做好外国企业在中国境内设立建筑业企业、申请资质及有关工作

1. 对在我国境内取得外商投资企业批准证书，尚未取得建筑业企业资质证书的外国企业，为使其已进行的工程承包活动与新规定实施的平稳衔接，在 2005 年 7 月 1 日以前，有关外国企业可以依据其签定的工程承包合同和《外国企业承包工程资质证》，经省级建设行政主管部门初审同意后，由建设部为其办理承包单项工程的承包证明。2005 年 7 月 1 日以后，没有取得建筑业企业资质证书的外国企业，一律不得进行工程承包活动。

各级建设行政主管部门和有关部门要抓紧时间进行外商投资建筑业企业的设立以及

资质的审批工作。

2. 对于已经取得《建筑业企业资质证书》的外商投资企业，在 2005 年 7 月 1 日前，可以持《建筑业企业资质证书》或者《外国企业承包工程资质证》在中国境内承包工程。其工程承包业绩可以作为企业资质升级和资质年检时的业绩。

二、对外商投资建筑业企业资质评审工作中若干问题的办理

为鼓励国际大型工程承包公司在中国境内设立外商投资建筑业企业，对新设立的外商投资建筑业企业资质评审时，在业绩和人员方面达不到资质标准要求的，可按照以下办法办理：

1. 外国投资者在中国境外完成的工程承包业绩，可作为在中国境内新设立企业申请资质的业绩。外国投资者申报资质时应当提供相应业绩的证明材料，由资质管理部门按照建筑业企业资质标准进行审查确认。

2. 外商投资建筑业企业可以聘用境外服务提供者为本企业工程技术和经济管理人员，境外服务提供者应当具有相当于建筑业企业资质标准规定的技术职称要求条件。

境外服务提供者所具备的技术职称条件，依据建设部关于《外商投资建筑业企业管理规定中有关资质管理的实施办法》（建市〔2003〕73 号）的规定，由资质管理部门在审核建筑业企业资质时，根据境外服务提供者的学历以及工作经历予以审核。

3. 外商投资建筑业企业可以聘用境外服务提供者作为本企业的项目经理。境外服务提供者作为企业项目经理申报的，应当依据建筑业企业资质标准、建设部关于《外商投资建筑业企业管理规定中有关资质管理的实施办法》（建市〔2003〕73 号）的规定，由资质管理部门根据其工程项目施工管理经历，在评审建筑业企业资质时予以审核。

外商投资建筑业企业聘用境外服务提供者作为本企业的项目经理数量不受限制。

请各省、自治区、直辖市建设行政主管部门按照本通知的精神，做好外商投资建筑业企业的资质管理工作，工作中有何问题，请及时告建设部建筑市场管理司和商务部外国投资管理司。

中华人民共和国建设部

中华人民共和国商务部

二〇〇四年九月六日

建设部《关于印发〈建筑智能化工程设计与施工资质标准〉等四个设计与施工资质标准的通知》

（建市〔2006〕40 号）

各省、自治区建设厅，直辖市建委（北京市规划委），国务院有关部门建设司，新疆生产建设兵团建设局，解放军总后营房部工程局，国资委管理的有关企业，有关行业协会：

为进一步贯彻落实《行政许可法》，减轻企业负担，推进专业工程总承包发展，加强对建筑市场的监管，结合有关专业工程的具体情况，我部组织制定了《建筑智能化工程设计与施工资质标准》、《消防设施工程设计与施工资质标准》、《建筑装饰装修工程设计与施工资质标准》、《建筑幕墙工程设计与施工资质标准》。现印发给你们，请认真贯彻执行。执行中有何问题和建议请及时与我部建筑市场管理司联系。

附件：1. 建筑智能化工程设计与施工资质标准
2. 消防设施工程设计与施工资质标准
3. 建筑装饰装修工程设计与施工资质标准
4. 建筑幕墙工程设计与施工资质标准

中华人民共和国建设部
二〇〇六年三月六日

附件1：

建筑智能化工程设计与施工资质标准

一、总　　则

（一）为了加强对从事建筑智能化工程设计与施工企业的管理，维护建筑市场秩序，保证工程质量和安全，促进行业健康发展，结合建筑智能化工程的特点，制定本标准；

（二）本标准工程范围系指各类建设工程中的建筑智能化工程；

（三）本标准是核定从事建筑智能化工程设计与施工活动的企业资质等级的依据；

（四）本标准设一级、二级两个级别；

（五）本标准中工程业绩和专业技术人员业绩指标是指已竣工并验收质量合格的建筑智能化工程。

二、标　　准

（一）一级

1. 企业资信

（1）具有独立企业法人资格；

（2）具有良好的社会信誉并有相应的经济实力，工商注册资本金不少于800万元，净资产不少于960万元；

（3）近5年独立承担过单项合同额不少于1000万元的智能化工程（设计或施工或设计施工一体）不少于2项；

（4）近 3 年每年工程结算收入不少于 1200 万元。

2．技术条件

（1）企业技术负责人具有不少于 8 年从事建筑智能化工程经历，并主持完成单项合同额不少于 1000 万元的建筑智能化工程（设计或施工或设计施工一体）不少于 2 项，具备注册电气工程师执业资格或高级工程类专业技术职称；

（2）企业具有从事建筑智能化工程的中级及以上工程类职称的专业技术人员不少于 20 名。其中，自动化、通信信息、计算机专业技术人员分别不少于 2 名，注册电气工程师不少于 2 名，一级注册建造师（一级项目经理）不少于 2 名；

（3）企业专业技术人员均具有完成不少于 2 项建筑智能化工程（设计或施工或设计施工一体）业绩。

3．技术装备及管理水平

（1）有必要的技术装备及固定的工作场所；

（2）具有完善的质量管理体系，运行良好。具备技术、安全、经营、人事、财务、档案等管理制度。

（二）二级

1．企业资信

（1）具有独立企业法人资格；

（2）具有良好的社会信誉并有相应的经济实力，工商注册资本金不少于 300 万元，净资产不少于 360 万元；

（3）近 5 年独立承担过单项合同额不少于 300 万元的建筑智能化工程（设计或施工或设计施工一体）不少于 2 项；

（4）近 3 年每年工程结算收入不少于 600 万元。

2．技术条件

（1）企业技术负责人具有不少于 6 年从事建筑智能化工程经历，并主持完成单项合同额不少于 500 万元的建筑智能化工程（设计或施工或设计施工一体）不少于 1 项，具备注册电气工程师执业资格或中级及以上工程类专业技术职称；

（2）企业具有从事建筑智能化工程的中级及以上工程类职称的专业技术人员不少于 10 名，其中，自动化、通信信息、计算机专业人员分别不少于 1 人，注册电气工程师不少于 2 名，二级及以上注册建造师（项目经理）不少于 2 名；

（3）企业专业技术人员均具有完成不少于 2 项建筑智能化工程（设计或施工或设计施工一体）业绩。

3．技术装备及管理水平

（1）有必要的技术装备及固定的工作场所；

（2）具有完善的质量管理体系，运行良好。具备技术、安全、经营、人事、财务、档案等管理制度。

三、承担业务范围

（一）取得建筑智能化工程设计与施工资质的企业，可从事各类建设工程中的建筑智能化项目的咨询、设计、施工和设计与施工一体化工程，还可承担相应工程的总承包、项目管理等业务；

包括：1. 综合布线及计算机网络系统工程；2. 设备监控系统工程；3. 安全防范系统工程；4 通信系统工程；5. 灯光音响广播会议系统工程；6. 智能卡系统工程；7. 车库管理系统工程；8. 物业管理综合信息系统工程；9. 卫星及共用电视系统工程；10. 信息显示发布系统工程；11. 智能化系统机房工程；12. 智能化系统集成工程；13. 舞台设施系统工程；

（二）取得一级资质的企业承担建筑智能化工程的规模不受限制；

（三）取得二级资质的企业可承担单项合同额 1200 万元及以下的建筑智能化工程。

四、附　　则

（一）企业申请二级资质晋升一级资质，应在近 2 年内无违法违规行为，无质量、安全责任事故；

（二）取得《建筑智能化工程设计与施工资质证书》的单位，其原《建筑智能化系统工程设计和系统集成专项资质证书》、《建筑智能化专业承包资质证书》收回注销；

（三）新设立企业只能申请二级，除对"企业资信"（2）中净资产以及（3）、（4）不作要求外，其他条件均应符合二级资质标准要求；

（四）本标准由建设部负责解释；

（五）本标准自 2006 年 9 月 1 日起施行。

附件 2：

消防设施工程设计与施工资质标准

一、总　　则

（一）为了加强对从事消防设施工程设计与施工企业的管理，维护建筑市场秩序，保证消防设施工程质量和安全，促进行业健康发展，结合消防设施工程的特点，制定本标准；

（二）本标准工程范围系指各类建设工程中的消防设施工程；

（三）本标准是核定从事消防设施工程设计与施工活动的企业资质等级的依据；

（四）本标准设一级、二级两个级别；

（五）本标准中工程业绩和专业技术人员业绩指标是指已竣工并经消防验收质量合格的消防设施工程。

二、标　　准

（一）一级

1．企业资信

（1）具有独立企业法人资格；

（2）具有良好的社会信誉并有相应的经济实力，工商注册资本金不少于800万元，净资产不少于960万元；

（3）近五年独立承担过单体建筑面积不小于3万平方米的消防设施工程（设计或施工或设计施工一体）不少于3项，其中3项均含有火灾自动报警、联动控制系统以及自动灭火系统，至少1项含有气体灭火系统或泡沫灭火系统或防烟排烟系统；

（4）近三年每年工程结算收入不少于1200万元。

2．技术条件

（1）企业技术负责人具有不少于8年从事消防设施工程经历，并主持完成单体建筑面积不少于3万平方米的消防设施工程（设计或施工或设计施工一体）不少于2项。具备注册电气工程师（公用设备）执业资格或高级工程类专业技术职称；

（2）企业具有从事消防设施工程的中级及以上工程类职称的专业技术人员不少于20名。其中，有不少于2人具有至少1项气体灭火系统设计或施工业绩，有不少于2人具有至少1项泡沫灭火系统设计或施工业绩，有不少于2人具有至少1项防烟排烟灭火系统设计或施工业绩，有不少于2人具有至少2项自动喷水灭火系统设计或施工业绩，有不少于2人具有至少2项火灾自动报警及其联动控系统设计或施工业绩；

（3）企业专业配置合理，其中电气、自动化、给水排水、暖通专业各不少于3人。注册电气工程师（结构工程师、公用设备）执业资格或高级以上工程类专业技术职称人员不少于5人，一级注册建造师（一级项目经理）不少于5人。

3．技术装备及管理水平

（1）有必要的技术装备及固定的工作场所；

（2）具有完善的质量管理体系，运行良好。具备技术、安全、经营、人事、财务、档案等管理制度。

（二）二级

1．企业资信

（1）具有独立企业法人资格；

（2）具有良好的社会信誉并有相应的经济实力，工商注册资本金不少于500万元，净资产不少于600万元；

（3）近5年独立承担过单体建筑面积不大于4万平方米的消防设施工程（设计或施工或设计施工一体）不少于2项。其中，2项均含有火灾自动报警及其联动控制系统和自动灭火系统，至少1项含有气体灭火系统或泡沫灭火系统或防烟排烟系统；

（4）近3年每年工程结算收入不少于800万元。

2．技术条件

（1）企业技术负责人具有不少于 6 年从事消防设施工程设计和施工经历，并主持完成单体建筑面积不小于 2 万平方米的消防设施工程（设计或施工或设计施工一体）不少于 2 项。具备注册电气工程师（公用设备）执业资格或高级工程类专业技术职称；

（2）企业具有从事消防设施工程的中级及以上工程类职称的专业技术人员不少于 12 名。其中，有不少于 1 人具有至少 1 项气体灭火系统设计或施工业绩，有不少于 1 人具有至少 1 项泡沫灭火系统设计或施工业绩，有不少于 1 人具有至少 1 项防烟排烟灭火系统设计或施工业绩，有不少于 2 人具有至少 1 项自动喷水灭火系统设计或施工业绩，有不少于 2 人具有至少 1 项火灾自动报警及其联动控系统设计或施工业绩；

（3）企业专业配置合理，其中电气、自动化、给水排水、暖通专业各不少于 2 人。注册电气工程师（结构工程师、公用设备）执业资格或高级及以上工程类专业技术职称人员不少于 3 人，二级及以上注册建造师（项目经理）不少于 3 人。

3．技术装备及管理水平

（1）有必要的技术装备及固定的工作场所；

（2）具有完善的质量管理体系，运行良好。具备技术、安全、经营、人事、财务、档案等管理制度。

三、承担业务范围

（一）取得消防设施工程设计与施工资质的企业，可从事各类建设工程中的消防设施项目的咨询、设计、施工和设计与施工一体化工程，还可承担相应工程的总承包、项目管理等业务；

包括：1．火灾自动报警及其联动控制系统；2．自动喷水灭火系统；3．水喷雾灭火系统；4．气体灭火系统；5．泡沫灭火系统；6．干粉灭火系统等自动灭火系统；7．防烟排烟系统自动消防设施工程；

（二）取得一级资质的企业，承担消防设施工程的规模不受限制；

（三）取得二级资质的企业，可承担单体建筑面积不大于 4 万平方米的民用建筑、火灾危险性为丙类及以下的厂房和库房的消防设施工程。

四、附 则

（一）企业申请二级资质晋升一级资质，应在近 2 年内无违法违规行为，无质量、安全责任事故；

（二）取得《消防设施工程设计与施工资质证书》的单位，其原《消防设施专项工程设计资格证书》、《消防设施工程专业承包企业资质证书》收回注销；

（三）新设立企业只能申请二级，除对"企业资信"中（2）中净资产以及（3）、（4）不作要求外，其他条件均应符合二级资质标准要求；

（四）本标准由建设部负责解释；

（五）本标准自 2006 年 9 月 1 日起施行。

建筑装饰装修工程设计与施工资质标准

一、总　　则

（一）为了加强对从事建筑装饰装修工程设计与施工企业的管理，维护建筑市场秩序，保证工程质量和安全，促进行业健康发展，结合建筑装饰装修工程的特点，制定本标准；

（二）本标准工程范围系指各类建设工程中的建筑室内、外装饰装修工程（建筑幕墙工程除外）；

（三）本标准是核定从事建筑装饰装修工程设计与施工活动的企业资质等级的依据；

（四）本标准设一级、二级、三级三个级别；

（五）本标准中工程业绩和专业技术人员业绩指标是指已竣工并验收质量合格的建筑装饰装修工程。

二、标　　准

（一）一级

1. 企业资信

（1）具有独立企业法人资格；

（2）具有良好的社会信誉并有相应的经济实力，工商注册资本金不少于1000万元，净资产不少于1200万元；

（3）近5年独立承担过单项合同额不少于1500万元的装饰装修工程（设计或施工或设计施工一体）不少于2项；或单项合同额不少于750万元的装饰装修工程（设计或施工或设计施工一体）不少于4项；

（4）近3年每年工程结算收入不少于4000万元。

2. 技术条件

（1）企业技术负责人具有不少于8年从事建筑装饰装修工程经历，具备一级注册建造师（一级结构工程师、一级建筑师、一级项目经理）执业资格或高级专业技术职称；

（2）企业具备一级注册建造师（一级结构工程师、一级项目经理）执业资格的专业技术人员不少于6人。

3. 技术装备及管理水平

（1）有必要的技术装备及固定的工作场所；

（2）有完善的质量管理体系，运行良好。具备技术、安全、经营、人事、财务、档案等管理制度。

（二）二级

1. 企业资信

（1）具有独立企业法人资格；

（2）具有良好的社会信誉并有相应的经济实力，工商注册资本金不少于500万元，净资产不少于600万元；

（3）近5年独立承担过单项合同额不少于500万元的装饰装修工程（设计或施工或设计施工一体）不少于2项；或单项合同额不少于250万元的装饰装修工程（设计或施工或设计施工一体）不少于4项；

（4）近3年最低年工程结算收入不少于1000万元。

2. 技术条件

（1）企业技术负责人具有不少于6年从事建筑装饰装修工程经历，具有二级及以上注册建造师（注册结构工程师、建筑师、项目经理）执业资格或中级及以上专业技术职称；

（2）企业具有二级及以上注册建造师（结构工程师、项目经理）执业资格的专业技术人员不少于5人。

3. 技术装备及管理水平

（1）有必要的技术装备及固定的工作场所；

（2）具有完善的质量管理体系，运行良好。具备技术、安全、经营、人事、财务、档案等管理制度。

（三）三级

1. 企业资信

（1）具有独立企业法人资格；

（2）工商注册资本金不少于50万元，净资产不少于60万元。

2. 技术条件

企业技术负责人具有不少于三年从事建筑装饰装修工程经历，具有二级及以上注册建造师（建筑师、项目经理）执业资格或中级及以上专业技术职称。

3. 技术装备及管理水平

（1）有必要的技术装备及固定的工作场所；

（2）具有完善的技术、安全、合同、财务、档案等管理制度。

三、承包业务范围

（一）取得建筑装饰装修工程设计与施工资质的企业，可从事各类建设工程中的建筑装饰装修项目的咨询、设计、施工和设计与施工一体化工程，还可承担相应工程的总承包、项目管理等业务（建筑幕墙工程除外）；

（二）取得一级资质的企业可承担各类建筑装饰装修工程的规模不受限制（建筑幕墙工程除外）；

（三）取得二级资质的企业可承担单项合同额不高于1200万元的建筑装饰装修工程（建筑幕墙工程除外）；

（四）取得三级资质的企业可承担单项合同额不高于 300 万元的建筑装饰装修工程（建筑幕墙工程除外）。

四、附　则

（一）企业申请三级资质晋升二级资质及二级资质晋升一级资质，应在近两年内无违法违规行为，无质量、安全责任事故；

（二）取得《建筑装饰装修工程设计与施工资质证书》的单位，其原《建筑装饰装修专项工程设计资格证书》、《建筑装饰装修专项工程专业承包企业资质证书》收回注销；

（三）新设立企业可根据自身情况申请二级资质或三级资质，申请二级资质除对"企业资信"（2）中净资产以及（3）、（4）不作要求外，其他条件均应符合二级资质标准要求。申请三级资质除对"企业资信"（2）中净资产不作要求外，其他条件均应符合三级资质标准要求；

（四）本标准由建设部负责解释；

（五）本标准自 2006 年 9 月 1 日起施行。

建筑幕墙工程设计与施工资质标准

一、总　　则

（一）为了加强从事建筑幕墙工程设计与施工企业的管理，维护建筑市场秩序，保证工程质量和安全，促进行业健康发展，结合建筑幕墙工程的特点，制定本标准；

（二）本标准工程范围系指各类建设工程中的建筑幕墙工程；

（三）本标准是核定从事建筑幕墙工程设计与施工活动的企业资质等级的依据；

（四）本标准设一级、二级两个级别；

（五）本标准中工程业绩和专业技术人员业绩指标是指已竣工并验收质量合格的建筑装饰装修工程。

二、标　　准

（一）一级

1. 企业资信

（1）具有独立企业法人资格；

（2）具有良好的社会信誉并有相应的经济实力，工商注册资本金不少于 1000 万元，净资产不少于 1200 万元；

（3）近 5 年独立承担过单体建筑幕墙面积不少于 6000 平方米的建筑工程（设计或施工或设计施工一体）不少于 6 项；

（4）近 3 年每年工程结算收入不少于 4000 万元。

2. 技术条件

（1）企业技术负责人有不少于 8 年从事建筑幕墙工程经历，具有一级注册建造师（一级结构工程师）执业资格或高级专业技术职称（所学专业为建筑结构类、机械类）；

（2）企业具有从事建筑幕墙工程专业技术人员不少于 10 人（所学专业为建筑结构类、机械类）。其中，机械类专业不少于 6 人，建筑结构类专业不少于 4 人，且从事建筑幕墙工作 3 年以上，参与完成单体建筑幕墙面积不少于 3000 平方米的建筑工程（设计或施工或设计施工一体）不少于 1 项；

（3）企业具备一级注册建造师（一级结构工程师、一级项目经理）执业资格的专业技术人员不少于 6 人。

3. 技术装备及管理水平

（1）有必要的技术装备及固定的工作场所；

（2）具有完善的质量管理体系，运行良好。具备技术、安全、经营、人事、财务、档案等管理制度。

（二）二级

1. 企业资信

（1）具有独立企业法人资格；

（2）具有良好的社会信誉并有相应的经济实力，工商注册资本金不少于 500 万元，净资产不少于 600 万元；

（3）企业近 5 年独立承担过单体建筑幕墙面积不小于 2000 平方米的建筑工程（设计或施工或设计施工一体）不少于 4 项；

（4）企业近 3 年每年工程结算收入不少于 1000 万元。

2. 技术条件

（1）企业技术负责人具有不少于 6 年从事建筑幕墙工程经历，具有二级及以上注册建造师（结构工程师）执业资格或中级及以上专业技术职称（所学专业为建筑结构类、机械类）；

（2）企业具有从事建筑幕墙工程专业技术人员不少于 5 人（所学专业为建筑结构类、机械类）。其中，机械类专业不少于 3 人，建筑结构类专业不少于 2 人，且从事建筑幕墙工作 3 年以上，参与完成单体建筑幕墙面积不少于 3000 平方米的建筑工程（设计或施工或设计施工一体）不少于 1 项；

（3）企业具备二级及以上注册建造师（结构工程师、项目经理）执业资格的专业技术人员不少于 5 人。

3. 技术装备及管理水平

（1）有必要的技术装备及固定的工作场所；

（2）具有完善的质量管理体系，运行良好。具备技术、安全、经营、人事、财务、档案等管理制度。

三、承包业务范围

（一）取得建筑幕墙工程设计与施工资质的企业，可从事各类建设工程中的建筑幕墙项目的咨询、设计、施工和设计与施工一体化工程，还可承担相应工程的总承包、项目管理；

（二）取得一级资质的企业承担建筑幕墙工程的规模不受限制；

（三）取得二级资质的企业，可承担单体建筑幕墙面积不大于 8000 平方米的建筑工程。

四、附 则

（一）企业申请二级资质晋升一级资质，应在近两年内无违法违规行为，无质量、安全责任事故；

（二）取得《建筑幕墙工程设计与施工资质证书》的单位，其原《建筑幕墙专项工程设计资格证书》、《建筑幕墙专项工程专业承包企业资质证书》收回注销；

（三）新设立企业只能申请二级，除对"企业资信"（2）中净资产以及（3）、（4）不作要求外，其他条件均应符合二级资质标准要求；

（四）本标准由建设部负责解释；

（五）本标准自 2006 年 9 月 1 日起施行。

建设部、商务部《关于印发〈外商投资建设工程设计企业管理规定实施细则〉的通知》

（建市〔2007〕18号）

各省、自治区建设厅，直辖市建委（北京市规划委），各省、自治区、直辖市、计划单列市商务主管部门，国务院有关部门，新疆生产建设兵团建设局、商务局，总后基建营房部工程局，国资委管理的企业，有关行业协会：

为实施《外商投资建设工程设计企业管理规定》（建设部、对外贸易经济合作部令第114号），建设部和商务部联合制定了《外商投资建设工程设计企业管理规定实施细则》。现印发给你们，请贯彻执行。执行中有何问题和建议，请及时与建设部建筑市场管理司和商务部外国投资管理司联系。

中华人民共和国建设部

中华人民共和国商务部

二〇〇七年一月五日

外商投资建设工程设计企业管理规定实施细则

为实施《外商投资建设工程设计企业管理规定》（建设部、对外贸易经济合作部令第114号）（以下简称《规定》），制定本实施细则。

一、外商投资建设工程设计企业资质申请、受理和审批程序

外商投资建设工程设计企业，取得企业法人营业执照后，首次申请建设工程设计企业资质，或取得工程设计资质后的资质升级、降级、增项、变更、注销等，其申请、受理及审批的程序和审查标准，按照《规定》第七条、建设工程设计资质管理规定和本实施细则办理。

二、外商投资建设工程设计企业资质核定条件

外商投资建设工程设计企业资质按照建设工程设计资质标准进行核定，并符合下列要求：

（一）外国服务提供者应当是在其所在国或地区从事建设工程设计的企业或取得相关注册执业资格的自然人。其中外国企业应当具有在其所在国或地区从事建设工程设计的企业业绩；自然人应当是在其所在国或地区从事建设工程设计的注册建筑师或注册工程师。

（二）外商投资建设工程设计企业，首次申请工程设计资质，其外国服务提供者（外国投资方）应提供两项及以上在中国境外完成的工程设计业绩，其中至少一项工程设计业绩是在其所在国或地区完成的；申请资质升级，应提供取得工程设计资质后在中国境内或境外完成的工程设计业绩，其中至少有两项工程设计业绩是在中国境内完成的。

（三）外商投资建设工程设计企业聘用外国注册建筑师、注册工程师，并将其作为本企业申请建设工程设计资质的主要专业技术人员，在资质审查时不考核其专业技术职称条件，只考核其学历、从事工程设计实践年限、在国外的注册资格、工程设计业绩及信誉。同时要求其只能受聘于一个工程设计企业，并应取得中国政府有关部门发放的《中华人民共和国外国人就业证》，台湾、香港、澳门服务提供者应取得《台港澳人员就业证》。其外国的注册资格应经建设部执业资格注册中心核实。其中，学历应为大学本科及以上，具有 10 年及以上工程设计实践经验，所学专业应符合《工程设计资质标准》中对相应主要专业技术人员的专业要求；个人业绩，在企业首次申请资质时，考核其在中国境外完成的工程设计业绩。

（四）外商投资建设工程设计企业暂不满足《规定》第十五条要求时，可以聘用中国注册建筑师、注册工程师以满足《规定》对取得中国注册建筑师、注册工程师资格的外国服务提供者人数的要求；对《规定》中具有相关专业设计经历的外国服务提供者人数的要求，可以聘用具有中国国籍的专业技术人员代替。

（五）对外国服务提供者暂时不能满足《规定》第十六条关于居住时限要求的，可以不予考核。

（六）外商投资建设工程设计企业，不得申请涉及中国国家安全、保密等特殊行业、专业或专项工程设计资质。

三、外商投资建设工程设计企业资质申报材料

外商投资建设工程设计企业资质申报材料按照《规定》第十一条、十二条规定提供，其中第六款：建设工程设计企业资质管理规定要求的其他资料，除符合建设工程设计资质标准要求外，同时还需满足以下要求：

（一）外国服务提供者在中国境外完成的业绩材料

1. 外国企业提供的工程设计业绩，应是以本企业名义与业主签订合同并负责实施，已经竣工、质量合格的工程项目。工程项目内容应包括工程名称、工程所在地、工程规模等，并附实物照片及有关的证明文件。证明文件具体要求见附件一。

2. 注册建筑师、注册工程师的工程设计业绩，应是其主持完成，或担任项目技术负责人，或项目某个专业负责人，并已经竣工、质量合格的工程项目。工程项目内容应包括工程名称、工程所在地、工程规模等，并附实物照片及有关的证明文件。证明文件具体要求见附件二。

（二）注册建筑师、注册工程师个人注册资格有关材料

1. 有效的学历证书；

2. 注册建筑师或注册工程师注册证书；

3. 注册建筑师或注册工程师所在学会（协会、注册管理机构等）出具的其遵守职业道德的证明；

4.《中华人民共和国外国人就业证》或《台港澳人员就业证》。

四、其他

香港特别行政区、澳门特别行政区和台湾地区的投资者在其他省、自治区、直辖市内投资设立建设工程设计企业，参照本实施细则执行。

本细则自发布之日起施行。

附件一：外国服务提供者（企业）在中国境外完成的业绩证明

附件二：外国服务提供者（个人）在中国境外完成的业绩证明

说明：为方便外国服务提供者理解外商投资建设工程设计企业管理规定实施细则，现附上英文译稿，如果中、英文在内容方面有歧义时，以中文内容为准。

附件一：

外国服务提供者（企业）在中国境外完成的业绩证明

外国企业名称		注册所在国家	
在中国境内 设立的企业名称		注册地址	
工程项目名称			
工程项目所在地	国家（　　　　）州、市、县（　　　　　　　　　　　）		
完成内容	设计 □　　施工 □　　工程总承包 □ 项目管理 □　　设备采购 □　　其他：		
工程规模指标			
工作始末时间			
工程竣工时间			
工程质量情况	合格 □　　　　　　　不合格□		
工程总承包单位			
设计单位			
其他			

现证明以上情况属实。

证明人（单位）签字（盖章）：

填表说明：1. 工程规模指标参照《建设工程设计资质标准》中相应行业的建设项目规模划分表的内容填写；具体数值应依据合同中的内容填写。

2. 证明人是指工程项目业主、政府部门、协（学）会或公证机构等。

附件二：

外国服务提供者（个人）在中国境外完成的业绩证明

姓名	中文： 英文：		国籍		工作签证编号	
现聘用单位名称						
工程项目名称						
工程项目所在地	国家（　　　）州、市、区、县（　　　　　　　）					
完成内容	设计 □　　　施工 □　　　工程总承包 □ 项目管理 □　　设备采购 □　　　其他：					
工程规模指标						
本人在项目中 工作始末时间						
工程竣工时间						
工程质量情况	合格 □　　　　　　　不合格□					
工程总承包单位						
设计单位						
本人在项目中 所担任的职务	设计人□　　　审核人□　　　项目总工程师□ 专业负责人□　　项目技术负责人□　　　其他：					
本人的职业 道德表现	是否有违反当地法律法规行为□　是否受到过处罚□ 是否有不良信用记录□					
其　他						
声明：1. 目前本人只受聘于现聘用单位。 　　　2. 以上内容属实 本人签字：			以上工程业绩情况属实。 证明人（单位）签字（盖章）：			

填表说明：

1. 工程规模指标参照《建设工程设计资质标准》中相应行业的建设项目规模划分表的内容填写；具体数值应依据合同中的内容填写。

2. 证明人是指工程项目业主、政府部门、协（学）会或公证机构等。

建设部《关于印发〈施工总承包企业特级资质标准〉的通知》

（建市［2007］72号）

各省、自治区建设厅，直辖市建委，山东、江苏省建管局，国务院有关部门建设司，总后营房部工程局，新疆生产建设兵团建设局：

为规范对施工总承包特级企业的资质管理，引导企业成为技术含量高，融资能力强，管理水平高的龙头企业，促进建筑业企业向工程总承包发展，我们组织对《建筑业企业资质等级标准》（建建〔2001〕82号）中施工总承包特级资质标准进行了修订。现将修订后的《施工总承包企业特级资质标准》印发给你们，请遵照执行。

本标准自颁布之日起施行，原《建筑业企业资质等级标准》（建建〔2001〕82号）中施工总承包特级资质标准同时废止。

中华人民共和国建设部

二〇〇七年三月十三日

施工总承包企业特级资质标准

申请特级资质，必须具备以下条件：

一、企业资信能力

1. 企业注册资本金3亿元以上。

2. 企业净资产3.6亿元以上。

3. 企业近3年上缴建筑业营业税均在5000万元以上。

4. 企业银行授信额度近3年均在5亿元以上。

二、企业主要管理人员和专业技术人员要求

1. 企业经理具有10年以上从事工程管理工作经历。

2. 技术负责人具有15年以上从事工程技术管理工作经历，且具有工程序列高级职称及一级注册建造师或注册工程师执业资格；主持完成过两项及以上施工总承包一级资质要求的代表工程的技术工作或甲级设计资质要求的代表工程或合同额2亿元以上的工程总承包项目。

3. 财务负责人具有高级会计师职称及注册会计师资格。

4. 企业具有注册一级建造师（一级项目经理）50人以上。

5. 企业具有本类别相关的行业工程设计甲级资质标准要求的专业技术人员。

三、科技进步水平

1. 企业具有省部级（或相当于省部级水平）及以上的企业技术中心。

2. 企业近3年科技活动经费支出平均达到营业额的0.5%以上。

3. 企业具有国家级工法3项以上；近五年具有与工程建设相关的，能够推动企业技术进步的专利3项以上，累计有效专利8项以上，其中至少有一项发明专利。

4. 企业近10年获得过国家级科技进步奖项或主编过工程建设国家或行业标准。

5. 企业已建立内部局域网或管理信息平台，实现了内部办公、信息发布、数据交换的网络化；已建立并开通了企业外部网站；使用了综合项目管理信息系统和人事管理系统、工程设计相关软件，实现了档案管理和设计文档管理。

四、代表工程业绩（见附件）

（一）房屋建筑工程（附1-1）

（二）公路工程（附1-2）

（三）铁路工程（附1-3）

（四）港口与航道工程（附1-4）

（五）水利水电工程（附1-5）

（六）电力工程（附1-6）

（七）矿山工程（附1-7）

（八）冶炼工程（附1-8）

（九）石油化工工程（附1-9）

（十）市政公用工程（附1-10）

承包范围

1. 取得施工总承包特级资质的企业可承担本类别各等级工程施工总承包、设计及开展工程总承包和项目管理业务；

2. 取得房屋建筑、公路、铁路、市政公用、港口与航道、水利水电等专业中任意1项施工总承包特级资质和其中2项施工总承包一级资质，即可承接上述各专业工程的施工总承包、工程总承包和项目管理业务，及开展相应设计主导专业人员齐备的施工图设计业务。

3. 取得房屋建筑、矿山、冶炼、石油化工、电力等专业中任意1项施工总承包特级资质和其中2项施工总承包一级资质，即可承接上述各专业工程的施工总承包、工程总承包和项目管理业务，及开展相应设计主导专业人员齐备的施工图设计业务。

4. 特级资质的企业，限承担施工单项合同额3000万元以上的房屋建筑工程。

附件1-1

房屋建筑工程施工总承包企业特级资质
标准代表工程业绩

近5年承担过下列5项工程总承包或施工总承包项目中的3项，工程质量合格。

1. 高度100米以上的建筑物；

2. 28层以上的房屋建筑工程；

3. 单体建筑面积5万平方米以上房屋建筑工程；

4. 钢筋混凝土结构单跨30米以上的建筑工程或钢结构单跨36米以上房屋建筑工程；

5. 单项建安合同额2亿元以上的房屋建筑工程。

公路工程施工总承包企业特级资质
标准代表工程业绩

近 10 年承担过下列 4 项中的 3 项以上工程的工程总承包、施工总承包或主体工程承包，工程质量合格。

1. 累计修建一级以上公路路基 100 公里以上；
2. 累计修建高级路面 400 万平方米以上；
3. 累计修建单座桥长 ≥500 米或单跨跨度 ≥100 米的公路特大桥 6 座以上；
4. 单项合同额 2 亿元以上的公路工程 3 个以上。

附件 1-3

铁路工程施工总承包企业特级资质
标准代表工程业绩

近 10 年承担一级铁路干线综合工程 300 公里以上或铁路客运专线综合工程 100 公里以上，并承担下列 4 项中的 2 项以上工程的工程总承包、施工总承包或主体工程承包，工程质量合格。

1. 长度 3000 米以上隧道 2 座；
2. 长度 500 米以上特大桥 3 座，或长度 1000 米以上特大桥 1 座；
3. 编组站 1 个；
4. 单项合同额 5 亿元以上铁路工程 2 个。

附件 1-4

港口与航道工程施工总承包企业特级资质
标准代表工程业绩

近 5 年承担过下列 11 项中的 6 项以上工程的工程总承包、施工总承包或主体工程承包，工程质量合格。

1. 沿海 3 万吨或内河 5000 吨级以上码头；
2. 5 万吨级以上船坞；
3. 水深大于 5 米的防波堤 600 米以上；
4. 沿海 5 万吨或内河 1000 吨级以上航道工程；

5. 1000 吨级以上船闸或 300 吨级以上升船机；

6. 500 万立方米以上疏浚工程；

7. 400 万立方米以上吹填造地工程；

8. 15 万平方米以上港区堆场工程；

9. 1000 米以上围堤护岸工程；

10. 3 万立方米以上水下炸礁、清礁工程；

11. 单项合同额沿海 2 亿元以上或内河 8000 万元以上的港口与航道工程。

附件 1-5

水利水电工程施工总承包企业特级资质
标准代表工程业绩

近 10 年承担过下列 6 项中的 3 项以上工程的工程总承包、施工总承包或主体工程承包，其中至少有 1 项是 1、2 中的工程，工程质量合格。

1. 库容 10 亿立方米以上或坝高 80 米以上大坝 1 座，或库容 1 亿立方米以上或坝高 60 米以上大坝 2 座；

2. 过闸流量大于 3000 立方米/秒的拦河闸 1 座，或过闸流量大于 1000 立方米/米的拦河闸 2 座；

3. 总装机容量 300MW 以上水电站 1 座，或总装机容量 100MW 以上水电站 2 座；

4. 总装机容量 10MW 以上灌溉、排水泵站 1 座，或总装机容量 5MW 瓦以上灌溉、排水泵站 2 座；

5. 洞径大于 8 米、长度大于 3000 米的水工隧洞 1 个，或洞径大于 6 米、长度大于 2000 米的水工隧洞 2 个；

6. 年完成水工混凝土浇筑 50 万立方米以上或坝体土石方填筑 120 万立方米以上或岩基灌浆 12 万米以上或防渗墙成墙 8 万平方米以上。

附件 1-6

电力工程施工总承包企业特级资质标
准代表工程业绩

近 5 年承担过下列 5 项中的 2 项以上工程的工程总承包、施工总承包或主体工程承包，工程质量合格。

1. 累计电站装机容量 500 万千瓦以上；

2. 单机容量 60 万千瓦机组，或 2 台单机容量 30 万千瓦机组，或 4 台单机容量 20 万千瓦机组整体工程；

    3. 单机容量 90 万千瓦以上核电站核岛或常规岛整体工程；

    4. 330 千伏以上送电线路 500 公里；

    5. 330 千伏以上电压等级变电站 4 座。

附件 1－7

矿山工程施工总承包企业特级资质
标准代表工程业绩

    近 10 年承担过下列 7 项中的 3 项以上或 1～5 项中某一项的 3 倍以上规模工程的工程总承包、施工总承包或主体工程承包，工程质量合格。

    1. 100 万吨/年以上铁矿采、选工程；

    2. 100 万吨/年以上有色砂矿或 60 万吨/年以上有色脉矿采、选工程；

    3. 120 万吨/年以上煤矿或 300 万吨/年以上洗煤工程；

    4. 60 万吨/年以上磷矿、硫铁矿或 30 万吨/年以上铀矿工程；

    5. 20 万吨/年以上石膏矿、石英矿或 70 万吨/年以上石灰石矿等建材矿山工程；

    6. 10000 米以上巷道工程及 100 万吨以上尾矿库工程；

    7. 单项合同额 3000 万元以上矿山主体工程。

附件 1－8

冶炼工程施工总承包企业特级资质
标准代表工程业绩

    近 10 年承担过下列 11 项中的 4 项以上工程的工程总承包、施工总承包或主体工程承包，工程质量合格。

    1. 年产 100 万吨以上炼钢或连铸工程（或单座容量 120 吨以上转炉，90 吨以上电炉）；

    2. 年产 80 万吨以上轧钢工程；

    3. 年产 100 万吨以上炼铁工程（或单座容积 1200 立方米以上高炉）或烧结机使用面积 180 平方米以上烧结工程；

    4. 年产 90 万吨以上炼焦工程（炭化室高度 6 米以上焦炉）；

    5. 小时制氧 10000 立方米以上制氧工程；

    6. 年产 30 万吨以上氧化铝加工工程；

    7. 年产 20 万吨以上铜、铝或 10 万吨以上铅、锌、镍等有色金属冶炼、电解工程；

8. 年产 5 万吨以上有色金属加工工程或生产 5000 吨以上金属箔材工程；

9. 日产 2000 吨以上窑外分解水泥工程；

10. 日产 2000 吨以上预热器系统或水泥烧成系统工程；

11. 日熔量 400 吨以上浮法玻璃工程。

附件 1-9

石油化工工程施工总承包企业特级资质
标准代表工程业绩

近 5 年承担过 3 项以上大型石油化工工程的工程总承包、施工总承包或主体工程承包，工程质量合格。

附件 1-10

市政公用工程施工总承包企业特级资质
标准代表工程业绩

近 10 年承担过下列 7 项中的 4 项市政公用工程的施工总承包或主体工程承包，工程质量合格。

1. 累计修建城市道路（含城市主干道、城市快速路、城市环路，不含城际间公路）长度 30 公里以上；或累计修建城市道路面积 200 万平方米以上；

2. 累计修建直径 1 米以上的供、排、中水管道（含净宽 1 米以上方沟）工程 30 公里以上，或累计修建直径 0.3 米以上的中、高压燃气管道 30 公里以上，或累计修建直径 0.5 米以上的热力管道工程 30 公里以上；

3. 累计修建内径 5 米以上地铁隧道工程 5 公里以上，或累计修建地下交通工程 3 万平方米以上，或修建合同额 6000 万元以上的地铁车站工程 3 项以上；

4. 累计修建城市桥梁工程的桥梁面积 15 万平方米以上；或累计修建单跨 40 米以上的城市桥梁 5 座以上；

5. 修建日处理 30 万吨以上的污水处理厂工程 3 座以上，或日供水 50 万吨以上的供水厂工程 2 座以上；

6. 修建合同额 5000 万元以上的城市生活垃圾处理工程 3 项以上；

7. 合同额 8000 万元以上的市政综合工程（含城市道路、桥梁、及供水、排水、中水、燃气、热力、电力、通信等管线）总承包项目 5 项以上，或合同额为 2000 万美元以上的国（境）外市政公用工程项目 1 项以上。

建设部《关于印发〈工程设计资质标准〉的通知》

（建市［2007］86号）

各省、自治区建设厅，直辖市建委、北京市规委，国务院有关部门建设司，新疆生产建设兵团建设局，总后基建营房部工程局，国资委管理的有关企业，有关行业协会：

根据《建设工程勘察设计管理条例》和《建设工程勘察设计资质管理规定》，我部制定了《工程设计资质标准》，现印发给你们，请遵照执行。原《关于颁发工程勘察资质分级标准和工程设计资质分级标准的通知》（建设［2001］22号）中"工程设计资质分级标准"同时废止。其他有关规定与本标准不符的，以本标准为准。执行中有何问题，请与我部建筑市场管理司联系。

中华人民共和国建设部

二〇〇七年三月二十九日

工程设计资质标准

为适应社会主义市场经济发展，根据《建设工程勘察设计管理条例》和《建设工程勘察设计资质管理规定》，结合各行业工程设计的特点，制定本标准。

一、总 则

（一）本标准包括21个行业的相应工程设计类型、主要专业技术人员配备及规模划分等内容（见附件1：工程设计行业划分表；附件2：各行业工程设计主要专业技术人员配备表；附件3：各行业建设项目设计规模划分表）。

（二）本标准分为四个序列：

1. 工程设计综合资质：工程设计综合资质是指涵盖21个行业的设计资质。

2. 工程设计行业资质：工程设计行业资质是指涵盖某个行业资质标准中的全部设计类型的设计资质。

3. 工程设计专业资质：工程设计专业资质是指某个行业资质标准中的某一个专业的设计资质。

4. 工程设计专项资质：工程设计专项资质是指为适应和满足行业发展的需求，对已形成产业的专项技术独立进行设计以及设计、施工一体化而设立的资质。

（三）工程设计综合资质只设甲级。工程设计行业资质和工程设计专业资质设甲、乙两个级别；根据行业需要，建筑、市政公用、水利、电力（限送变电）、农林和公路行业设立工程设计丙级资质，建筑工程设计专业资质设丁级。建筑行业根据需要设立建筑工程设计事务所资质。工程设计专项资质根据需要设置等级。

（四）工程设计范围包括本行业建设工程项目的主体工程和配套工程（含厂/矿区内的自备电站、道路、专用铁路、通信、各种管网管线和配套的建筑物等全部配套工程）以及与主体工程、配套工程相关的工艺、土木、建筑、环境保护、水土保持、消防、安全、卫生、节能、防雷、抗震、照明工程等。

建筑工程设计范围包括建设用地规划许可证范围内的建筑物构筑物设计、室外工程设计、民用建筑修建的地下工程设计及住宅小区、工厂厂前区、工厂生活区、小区规划设计及单体设计等，以及所包含的相关专业的设计内容（总平面布置、竖向设计、各类管网管线设计、景观设计、室内外环境设计及建筑装饰、道路、消防、智能、安保、通信、防雷、人防、供配电、照明、废水治理、空调设施、抗震加固等）。

（五）本标准主要对企业资历和信誉、技术条件、技术装备及管理水平进行考核。其中对技术条件中的主要专业技术人员的考核内容为：

1. 已经实施注册且需配备注册执业人员的专业，对其专业技术人员的注册执业资格及相应专业进行考核。

2. 尚未实施注册、尚未建立注册执业资格制度的和已经实施注册但不需配备注册执业资格人员（以下简称非注册人员）的专业，对其专业技术人员的所学专业、技术职称按附件2专业设置中规定的专业进行考核。主导专业的非注册人员需考核相应业绩，并提供业绩证明。各行业主导专业见工程设计主要专业技术人员配备表。

（六）申请两个以上工程设计行业资质时，应同时满足附件2中相应行业的专业设置或注册专业的配置，其相同专业的专业技术人员的数量以其中的高值为准。

申请两个以上设计类型的工程设计专业资质时，应同时满足附件2中相应行业的相应设计类型的专业设置或注册专业的配置，其相同专业的专业技术人员的数量以其中的高值为准。

（七）具有工程设计资质的企业，可从事资质证书许可范围内的相应工程总承包、工程项目管理和相关的技术、咨询与管理服务。

（八）具有工程设计综合资质的企业，满足相应的施工总承包（专业承包）一级资质对注册建造师（项目经理）的人员要求后，可以准予与工程设计甲级行业资质（专业资质）相应的施工总承包（专业承包）一级资质。

（九）本标准所称主要专业技术人员，年龄限60周岁及以下。

二、标　准

（一）工程设计综合资质

1－1 资历和信誉

（1）具有独立企业法人资格。

（2）注册资本不少于6000万元人民币。

（3）近3年年平均工程勘察设计营业收入不少于10000万元人民币，且近5年内2次工程勘察设计营业收入在全国勘察设计企业排名列前50名以内；或近5年内2次企业营业税金及附加在全国勘察设计企业排名列前50名以内。

（4）具有两个工程设计行业甲级资质，且近10年内独立承担大型建设项目工程设计每行业不少于3项，并已建成投产。

或同时具有某1个工程设计行业甲级资质和其他3个不同行业甲级工程设计的专业资质，且近10年内独立承担大型建设项目工程设计不少于4项。其中，工程设计行业甲级相应业绩不少于1项，工程设计专业甲级相应业绩各不少于1项，并已建成投产。

1－2 技术条件

（1）技术力量雄厚，专业配备合理。

企业具有初级以上专业技术职称且从事工程勘察设计的人员不少于500人，其中具备注册执业资格或高级专业技术职称的不少于200人，且注册专业不少于5个，5个专业的注册人员总数不低于40人。

企业从事工程项目管理且具备建造师或监理工程师注册执业资格的人员不少于10人。

（2）企业主要技术负责人或总工程师应当具有大学本科以上学历、15年以上设计经历，主持过大型项目工程设计不少于2项，具备注册执业资格或高级专业技术职称。

（3）拥有与工程设计有关的专利、专有技术、工艺包（软件包）不少于3项。

（4）近10年获得过全国优秀工程设计奖、全国优秀工程勘察奖、国家级科技进步奖的奖项不少于5项，或省部级（行业）优秀工程设计一等奖（金奖）、省部级（行业）科技进步一等奖的奖项不少于5项。

（5）近10年主编2项或参编过5项以上国家、行业工程建设标准、规范。

1-3 技术装备及管理水平

（1）有完善的技术装备及固定的工作场所，且主要固定的工作场所建筑面积不少于10000平方米。

（2）有完善的企业技术、质量、安全和档案管理，通过ISO9000族标准质量体系认证。

（3）具有与承担建设项目工程总承包或工程项目管理相适应的组织机构或管理体系。

（二）工程设计行业资质

1. 甲级

1-1 资历和信誉

（1）具有独立企业法人资格。

（2）社会信誉良好，注册资本不少于600万元人民币。

（3）企业完成过的工程设计项目应满足所申请行业主要专业技术人员配备表中对工程设计类型业绩考核的要求，且要求考核业绩的每个设计类型的大型项目工程设计不少于1项或中型项目工程设计不少于2项，并已建成投产。

1-2 技术条件

（1）专业配备齐全、合理，主要专业技术人员数量不少于所申请行业资质标准中主要专业技术人员配备表规定的人数。

（2）企业主要技术负责人或总工程师应当具有大学本科以上学历、10年以上设计经历，主持过所申请行业大型项目工程设计不少于2项，具备注册执业资格或高级专业技术职称。

（3）在主要专业技术人员配备表规定的人员中，主导专业的非注册人员应当作为专业技术负责人主持过所申请行业中型以上项目不少于3项，其中大型项目不少于1项。

1-3 技术装备及管理水平

（1）有必要的技术装备及固定的工作场所。

（2）企业管理组织结构、标准体系、质量体系、档案管理体系健全。

具有施工总承包特级资质的企业，可以取得相应行业的设计甲级资质。

2．乙级

2-1　资历和信誉

（1）具有独立企业法人资格。

（2）社会信誉良好，注册资本不少于300万元人民币。

2-2　技术条件

（1）专业配备齐全、合理，主要专业技术人员数量不少于所申请行业资质标准中主要专业技术人员配备表规定的人数。

（2）企业的主要技术负责人或总工程师应当具有大学本科以上学历、10年以上设计经历，主持过所申请行业大型项目工程设计不少于1项，或中型项目工程设计不少于3项，具备注册执业资格或高级专业技术职称。

（3）在主要专业技术人员配备表规定的人员中，主导专业的非注册人员应当作为专业技术负责人主持过所申请行业中型项目不少于2项，或大型项目不少于1项。

2-3　技术装备及管理水平

（1）有必要的技术装备及固定的工作场所。

（2）有完善的质量体系和技术、经营、人事、财务、档案管理制度。

3．丙级

3-1　资历和信誉

（1）具有独立企业法人资格。

（2）社会信誉良好，注册资本不少于100万元人民币。

3-2　技术条件

（1）专业配备齐全、合理，主要专业技术人员数量不少于所申请行业资质标准中主要专业技术人员配备表规定的人数。

（2）企业的主要技术负责人或总工程师应当具有大专以上学历、10年以上设计经历，且主持过所申请行业项目工程设计不少于2项，具有中级以上专业技术职称。

（3）在主要专业技术人员配备表规定的人员中，主导专业的非注册人员应当作为专业技术负责人主持过所申请行业项目工程设计不少于2项。

3-3　技术装备及管理水平

（1）有必要的技术装备及固定的工作场所。

（2）有较完善的质量体系和技术、经营、人事、财务、档案管理制度。

（三）工程设计专业资质

1．甲级

1-1　资历和信誉

（1）具有独立企业法人资格。

（2）社会信誉良好，注册资本不少于300万元人民币。

（3）企业完成过所申请行业相应专业设计类型大型项目工程设计不少于1项，或中型项目工程设计不少于2项，并已建成投产。

1-2　技术条件

（1）专业配备齐全、合理，主要专业技术人员数量不少于所申请专业资质标准中主要专业技术人员配备表规定的人数。

（2）企业主要技术负责人或总工程师应当具有大学本科以上学历、10年以上设计经历，且主持过所申请行业相应专业设计类型的大型项目工程设计不少于2项，具备注册执业资格或高级专业技术职称。

（3）在主要专业技术人员配备表规定的人员中，主导专业的非注册人员应当作为专业技术负责人主持过所申请行业相应专业设计类型的中型以上项目工程设计不少于3项，其中大型项目不少于1项。

1-3　技术装备及管理水平

（1）有必要的技术装备及固定的工程场所。

（2）企业管理组织结构、标准体系、质量、档案体系健全。

2. 乙级

2-1　资历和信誉

（1）具有独立企业法人资格。

（2）社会信誉良好，注册资本不少于100万元人民币。

2-2　技术条件

（1）专业配备齐全、合理，主要专业技术人员数量不少于所申请专业资质标准中主要专业技术人员配备表规定的人数。

（2）企业的主要技术负责人或总工程师应当具有大学本科以上学历、10年以上设计经历，且主持过所申请行业相应专业设计类型的中型项目工程设计不少于3项，或大型项目工程设计不少于1项，具备注册执业资格或高级专业技术职称。

（3）在主要专业技术人员配备表规定的人员中，主导专业的非注册人员应当作为专业技术负责人主持过所申请行业相应专业设计类型的中型项目工程设计不少于2项，或大型项目工程设计不少于1项。

2-3　技术装备及管理水平

（1）有必要的技术装备及固定的工作场所。

（2）有较完善的质量体系和技术、经营、人事、财务、档案等管理制度。

3. 丙级

3-1　资历和信誉

（1）具有独立企业法人资格。

（2）社会信誉良好，注册资本不少于50万元人民币。

3-2　技术条件

（1）专业配备齐全、合理，主要专业技术人员数量不少于所申请专业资质标准中主要专业技术人员配备表规定的人数。

（2）企业的主要技术负责人或总工程师应当具有大专以上学历、10年以上设计经历，且主持过所申请行业相应专业设计类型的工程设计不少于2项，具有中级及以上专业技术职称。

（3）在主要专业技术人员配备表规定的人员中，主导专业的非注册人员应当作为专业技术负责人主持过所申请行业相应专业设计类型的项目工程设计不少于2项。

3-3 技术装备及管理水平

(1) 有必要的技术装备及固定的工作场所。

(2) 有较完善的质量体系和技术、经营、人事、财务、档案等管理制度。

4. 丁级（限建筑工程设计）

4-1 资历和信誉

(1) 具有独立企业法人资格。

(2) 社会信誉良好，注册资本不少于5万元人民币。

4-2 技术条件

企业专业技术人员总数不少于5人。其中，二级以上注册建筑师或注册结构工程师不少于1人；具有建筑工程类专业学历、2年以上设计经历的专业技术人员不少于2人；具有3年以上设计经历，参与过至少2项工程设计的专业技术人员不少于2人。

4-3 技术装备及管理水平

(1) 有必要的技术装备及固定的工作场所。

(2) 有较完善的技术、财务、档案等管理制度。

(四) 工程设计专项资质

1. 资历和信誉

(1) 具有独立企业法人资格。

(2) 社会信誉良好，注册资本符合相应工程设计专项资质标准的规定。

2. 技术条件

专业配备齐全、合理，企业的主要技术负责人或总工程师、主要专业技术人员配备符合相应工程设计专项资质标准的规定。

3. 技术装备及管理水平

(1) 有必要的技术装备及固定的工作场所。

(2) 企业管理的组织结构、标准体系、质量体系、档案管理体系运行有效。

三、承担业务范围

承担资质证书许可范围内的工程设计业务，承担与资质证书许可范围相应的建设工程总承包、工程项目管理和相关的技术、咨询与管理服务业务。承担业务的地区不受限制。

(一) 工程设计综合甲级资质

承担各行业建设工程项目的设计业务，其规模不受限制；但在承接工程项目设计时，须满足本标准中与该工程项目对应的设计类型对人员配置的要求。

承担其取得的施工总承包（施工专业承包）一级资质证书许可范围内的工程施工总承包（施工专业承包）业务。

(二) 工程设计行业资质

1. 甲级：承担本行业建设工程项目主体工程及其配套工程的设计业务，其规模不受限制。

2. 乙级：承担本行业中、小型建设工程项目的主体工程及其配套工程的设计业务。

3. 丙级：承担本行业小型建设项目的工程设计业务。

（三）工程设计专业资质

1. 甲级：承担本专业建设工程项目主体工程及其配套工程的设计业务，其规模不受限制。

2. 乙级：承担本专业中、小型建设工程项目的主体工程及其配套工程的设计业务。

3. 丙级：承担本专业小型建设项目的设计业务。

4. 丁级：限建筑工程设计。

4－1　一般公共建筑工程

（1）单体建筑面积 2000 平方米及以下。

（2）建筑高度 12 米及以下。

4－2　一般住宅工程

（1）单体建筑面积 2000 平方米及以下。

（2）建筑层数 4 层及以下的砖混结构。

4－3　厂房和仓库

（1）跨度不超过 12 米，单梁式吊车吨位不超过 5 吨的单层厂房和仓库。

（2）跨度不超过 7.5 米，楼盖无动荷载的二层厂房和仓库。

4－4　构筑物

（1）套用标准通用图高度不超过 20 米的烟囱。

（2）容量小于 50 立方米的水塔。

（3）容量小于 300 立方米的水池。

（4）直径小于 6 米的料仓。

（四）工程设计专项资质

承担规定的专项工程的设计业务，具体规定见有关专项设计资质标准。

四、附　　则

（一）本标准主要专业技术人员指下列人员：

（1）注册人员。

注册人员是指参加中华人民共和国统一考试或考核认定，取得执业资格证书，并按照规定注册，取得相应注册执业证书的人员。

注册人员专业包括：

注册建筑师；

注册工程师：结构（房屋结构、塔架、桥梁）、土木（岩土、水利水电、港口与航道、道路、铁路、民航）、公用设备（暖通空调、动力、给水排水）、电气（发输变电、供配电）、机械、化工、电子工程（电子信息、广播电影电视）、航天航空、农业、冶金、采矿/矿物、核工业、石油/天然气、造船、军工、海洋、环保、材料工程师；

注册造价工程师。

（2）非注册人员。

非注册人员须具有大专以上学历、中级以上专业技术职称，并从事工程设计实践 10 年以上。

（二）本标准自颁布之日起施行。

（三）本标准由建设部负责解释。

附件1：工程设计行业划分表

附件2：各行业工程设计主要专业技术人员配备表（略）

附件3：各行业建设项目设计规模划分表（略）

附件4：各行业配备注册人员的专业在未启动注册时专业设置对照表（略）

附件5：建筑工程设计事务所资质标准

附件6：工程设计专项资质标准

（1）建筑装饰工程设计专项资质标准

（2）建筑智能化系统设计专项资质标准

（3）建筑幕墙工程设计专项资质标准

（4）轻型钢结构工程设计专项资质标准

（5）风景园林工程设计专项资质标准

（6）消防设施工程设计专项资质标准

（7）环境工程设计专项资质标准

（8）照明工程设计专项资质标准

主要专业技术人员配备表 & 规模划分表

附件1

工程设计行业划分表

序号	行　业	备　注
（一）	煤炭	
（二）	化工石化医药	含石化、化工、医药
（三）	石油天然气（海洋石油）	
（四）	电力	含火电、水电、核电、新能源
（五）	冶金	含冶金、有色、黄金
（六）	军工	含航天、航空、兵器、船舶
（七）	机械	
（八）	商物粮	含商业、物资、粮食
（九）	核工业	
（十）	电子通信广电	含电子、通信、广播电影电视
（十一）	轻纺	含轻工、纺织
（十二）	建材	
（十三）	铁道	
（十四）	公路	
（十五）	水运	

序号	行　业	备　注
（十六）	民航	
（十七）	市政	
（十八）	农林	含农业、林业
（十九）	水利	
（二十）	海洋	
（二十一）	建筑	含建筑、人防

建筑工程设计事务所资质标准

一、总　则

（一）建筑工程设计事务所（以下简称设计事务所）是指由具备注册执业资格的专业设计人员依照《中华人民共和国合伙企业法》合伙设立的普通合伙企业或依照《中华人民共和国公司法》成立的有限责任公司（股份有限公司），从事建筑工程某一专业设计业务。

（二）设计事务所分为建筑设计事务所、结构设计事务所、机电设计事务所，均只设甲级。

（三）设计事务所名称中应当标明"建筑设计事务所"、"结构设计事务所"或"机电设计事务所"字样。

二、标　准

（一）依照《合伙企业法》设立的普通合伙企业形式的事务所

建筑设计事务所

1. 合伙人出资总额不少于 50 万元。

2. 合伙人中至少有 3 名具有良好的职业道德和业绩的一级注册建筑师，其中 60 岁以下的不少于 2 人；合伙人之一必须从事工程设计工作 10 年以上，且在中国境内主持完成过两项大型建筑工程项目设计。

3. 有固定的工作场所和必要的技术装备。

结构设计事务所

1. 合伙人出资总额不少于 50 万元。

2. 合伙人中至少有 3 名具有良好的职业道德和业绩的一级注册结构工程师；合伙人之一必须从事工程设计工作 10 年以上，且在中国境内主持完成过两项大型建筑工程项目设计。

3. 有固定的工作场所和必要的技术装备。

机电设计事务所

1. 合伙人出资总额不少于 50 万元。

2. 合伙人中至少有6名（给水排水专业、暖通空调专业及电气专业各2名）取得注册执业资格；合伙人中至少有3人（给水排水专业、暖通空调专业及电气专业至少各1名）从事设计工作10年以上，且在中国境内主持完成过两项大型建筑工程项目设计。

3. 有固定的工作场所和必要的技术装备。

（二）依照《公司法》成立的有限责任公司（股份有限公司）形式的事务所

1. 资历和信誉

（1）具有独立企业法人资格。

（2）社会信誉良好，注册资本不少于300万元人民币。

2. 技术条件

建筑设计事务所

至少有3名具有良好的职业道德和业绩的一级注册建筑师，其中60岁以下的不少于2人；至少有1人必须从事工程设计工作10年以上，且在中国境内主持完成过两项大型建筑工程项目设计。

结构设计事务所

至少有3名具有良好的职业道德和业绩的一级注册结构工程师；至少有1人必须从事工程设计工作10年以上，且在中国境内主持完成过两项大型建筑工程项目设计。

机电设计事务所

至少有6人（给水排水专业、暖通空调专业及电气专业各2名）取得注册执业资格；至少有3人（给水排水专业、暖通空调专业及电气专业至少各1名）从事设计工作10年以上，且在中国境内主持完成过两项大型建筑工程项目设计。

3. 技术装备及管理水平

（1）有固定的工作场所和必要的技术装备。

（2）企业管理组织结构、标准体系、质量体系、档案管理体系健全。

三、承担业务范围

（一）建筑设计事务所可以承接所有等级的建筑工程项目方案设计、初步设计及施工图设计中的建筑专业设计与技术服务。

（二）结构设计事务所可以承接所有等级的建筑工程项目方案设计、初步设计及施工图设计中的结构专业（包括轻钢结构）设计与技术服务。

（三）机电设计事务所可以承接有等级的建筑工程（包括建筑智能化设计）方案设计、初步设计及施工图设计中的机电设备专业的设计与技术服务。

（四）允许取得设计事务所资质的企业根据工程的类别和性质作为承包方对建筑工程项目的设计实行总包。承包方应当自行完成建筑工程本专业的设计业务，并在保证整个建筑工程项目完整性的前提下，经发包方同意，将其他部分专业设计业务发包给具有相应资质的分包方。

（建筑行业建设项目设计规模划分见附件3—21）

四、附　则

本标准由建设部负责解释。

建筑装饰工程设计专项资质标准

一、总　则

（一）建筑装饰工程设计专项资质设甲、乙、丙三个级别。

（二）建筑装饰工程设计范围包括建筑装饰装修和室内外环境设计，及相关配套的建筑、结构、电气、给水排水、暖通、空调等的设计。

二、标　准

（一）甲级

1. 资历和信誉

（1）具有独立企业法人资格。

（2）社会信誉良好，注册资本不少于 300 万元人民币。

（3）企业完成过中型建筑装饰工程设计项目不少于 2 项，或大型建筑装饰工程设计项目不少于 1 项。

2. 技术条件

（1）专业配备齐全、合理，主要专业技术人员专业和数量符合所申请专项资质标准中"主要专业技术人员配备表"的规定。

（2）企业主要技术负责人或总设计师、总工程师应具有大学本科以上学历，8 年以上从事建筑装饰设计经历，并主持过大中型建筑装饰工程设计项目不少于 2 项，其中大型建筑装饰工程设计项目不少于 1 项，具备高级以上专业技术职称或一级注册建筑师（一级注册结构工程师）注册执业资格。

（3）在主要专业技术人员配备表规定的人员中，非注册人员应参与过大型建筑装饰工程设计项目不少于 1 项，或中型建筑装饰工程设计项目不少于 2 项，具备中级以上专业技术职称。

3. 技术装备及管理水平

（1）有必要的技术装备及固定的工作场所。

（2）企业管理组织机构、标准体系、质量体系健全。

（二）乙级

1. 资历和信誉

（1）具有独立企业法人资格。

（2）社会信誉良好，注册资本不少于 100 万元人民币。

2. 技术条件

（1）专业配备齐全、合理，主要专业技术人员专业和数量符合所申请专项资质标准中"主要专业技术人员配备表"的规定。

（2）企业的主要技术负责人或总设计师、总工程师应具有大学本科以上学历，6 年以上从事建筑装饰设计经历，主持过中型以上建筑装饰工程设计项目不少于 2 项，具备中级以上专业技术职称。

（3）在主要专业技术人员配备表规定的人员中，非注册人员应参与过中型以上建筑装饰工程设计项目不少于 2 项，具备中级以上专业技术职称。

3．技术装备及管理水平

（1）有必要的技术装备及固定的工作场所。

（2）有较完善的质量体系和技术、财务、档案等管理制度。

（三）丙级

1．资历和信誉

（1）具有独立企业法人资格。

（2）社会信誉良好，注册资本不少于 50 万元人民币。

2．技术条件

（1）专业配备齐全、合理，主要专业技术人员专业和数量符合所申请专项资质标准中"主要专业技术人员配备表"的规定。

（2）企业主要技术负责人应具有大专以上学历，3 年以上从事建筑装饰设计经历，具备中级以上专业技术职称。

3．技术装备及管理水平

（1）有必要的技术装备及固定的工作场所。

（2）有较完善的质量体系和档案管理制度。

三、承担业务范围

（一）甲级

可承担建筑工程项目的装饰装修设计，其规模不受限制。

（二）乙级

可以承担单项合同额 1200 万元以下的建筑工程项目的装饰装修设计。

（三）丙级

可以承担单项合同额 300 万元以下的建筑工程项目的装饰装修设计。

四、附　　则

（一）建筑装饰装修包括建筑内部抹灰、门窗、吊顶、轻质隔断、板块饰面、地面、裱糊与软包、细部、涂饰及建筑外维护、保温，浴厕间防水、设备及电气专业配套支线或支管，非承重二次砌体结构、非主体钢结构、电气面板、灯具、卫生洁具、固定家具、室内景观和艺术陈设等。

（二）新设立企业可根据自身情况申请乙级资质或丙级资质。

（三）本标准由建设部负责解释。

附表 1：建筑装饰工程专项设计主要专业技术人员配备表

附表 2：建筑装饰工程专项设计规模划分

建筑智能化系统设计专项资质标准

一、总　　则

（一）建筑智能化系统设计专项资质设甲、乙两个级别。

（二）持有建筑智能化系统设计专项资质的企业，可从事各类土木建筑工程及其配套设施的智能化项目的咨询、设计。其中包括：1．综合布线及计算机网络系统工程；2．

设备监控系统工程；3. 安全防范系统工程；4. 通信系统工程；5. 灯光、音响、广播会议系统工程；6. 智能卡系统工程；7. 车库管理系统工程；8. 物业综合信息管理系统工程；9. 卫星及共用电视系统工程；10. 信息显示发布系统工程；11. 智能化系统机房工程；12. 智能化系统集成工程；13. 舞台设施系统工程。

二、标　准

（一）甲级

1. 资质和信誉

（1）具有独立企业法人资格。

（2）社会信誉良好，注册资本不少于 300 万人民币。

（3）企业承担过不少于 2 项大型建筑智能化系统设计项目的专项设计，或中型项目不少于 3 项。

2. 技术条件

（1）专业配备齐全、合理，主要专业技术人员专业和数量符合所申请专项资质标准中"主要专业技术人员配备表"的规定。

（2）企业的主要技术负责人应具有大学本科以上学历，8 年以上从事建筑智能化系统设计项目的设计经历，并主持完成过不少于 2 项大型建筑智能化系统项目的设计，具备注册执业资格或中级以上专业技术职称。

（3）主要专业技术人员中，非注册人员应完成过不少于 2 项中型以上建筑智能化系统项目的设计，并具备中级以上专业技术职称。

3. 技术装备及管理水平

（1）有必要的技术装备及固定的工作场所。

（2）具有完善的资质管理体系、运行良好，具备技术、经营、人事、财务、档案等管理制度。

（二）乙级

1. 资质和信誉

（1）具有独立企业法人资格。

（2）社会信誉良好，注册资本不少于 100 万元人民币。

2. 技术条件

（1）专业配备齐全、合理，主要专业技术人员专业和数量符合所申请专项资质标准中"主要专业技术人员配备表"的规定。

（2）企业的主要技术负责人应具有大专以上学历，5 年以上从事建筑智能化系统设计项目的设计经历，并主持完成过不少于 1 项中型以上建筑智能化系统设计项目的设计，具备注册执业资格或中级以上专业技术职称。

（3）主要专业技术人员中，非注册人员应完成过不少于 2 项小型以上建筑智能化系统设计项目的设计，并具备中级以上专业技术职称。

3. 技术装备及管理水平

（1）有必要的技术装备及固定的工作场所。

（2）具有较完善的资质管理体系、运行良好，具备技术、经营、人事、财务、档案等管理制度。

三、承担业务范围

（一）甲级：承担建筑智能化系统专项设计的类型和规模不受限制。

（二）乙级：可承担中型以下规模的建筑智能化系统专项设计。

四、附　　则

本标准由建设部负责解释。

附表1：建筑智能化系统专项设计主要专业技术人员配备表

附表2：建筑智能化系统专项设计规模划分表

建筑幕墙工程设计专项资质标准

一、总　　则

（一）本标准所称建筑幕墙工程包括玻璃幕墙、金属与石材幕墙、点支承玻璃幕墙、单元式幕墙以及采光屋顶等建筑幕墙工程类型。其他类型的建筑幕墙可参照本标准执行。

（二）建筑幕墙工程设计专项资质设甲、乙两个级别。

二、标　　准

（一）甲级

1. 资历和信誉

（1）具有独立企业法人资格。

（2）社会信誉良好，注册资本不少于300万元人民币。

（3）企业完成过不少于2项大型或4项中型规模的建筑幕墙工程设计。

2. 技术人员条件

（1）专业配备齐全、合理，主要专业技术人员专业和数量符合所申请专项资质标准中"主要专业技术人员配备表"的规定。

（2）企业主要技术负责人或总工程师应具有大学本科以上学历，10年以上从事建筑幕墙设计经历，并主持过不少于2项大型规模的幕墙工程设计，具备一级注册结构工程师或注册机械工程师执业资格，或具有高级专业技术职称。

（3）在主要专业技术人员配备表规定的人员中，非注册人员应具有3年以上从事建筑幕墙设计经历，并主持过不少于1项大型或2项中型规模的建筑幕墙工程设计。

3. 技术装备及管理水平

（1）有必要的技术装备，完善的工程计算机辅助设计系统，固定的工作场所。

（2）企业管理组织机构、标准体系、质量体系、档案管理体系健全。

（二）乙级

1. 资历和信誉

（1）具有独立企业法人资格。

（2）社会信誉良好，注册资本不少于100万元人民币。

2. 技术人员条件

（1）专业配备齐全、合理，主要专业技术人员专业和数量符合所申请专项资质标准中"主要专业技术人员配备表"的规定。

（2）企业主要技术负责人或总工程师应具有大学本科以上学历，8 年以上从事建筑幕墙设计经历，并主持过不少于 2 项中型或 1 项大型规模的幕墙工程设计，具备一级注册结构工程师或注册机械工程师执业资格，或具有高级专业技术职称。

（3）在主要专业技术人员配备表规定的人员中，非注册人员应具备 3 年以上从事建筑幕墙工程设计经历，并主持过不少于 1 项中型规模的建筑幕墙工程设计。

3. 技术装备及管理水平

（1）有必要的技术装备和工程计算机辅助设计系统，固定的工作场所。

（2）有较完善的质量体系和技术、经营、人事、财务、档案等管理制度。

三、承担任务范围

（一）甲级：承担建筑幕墙工程专项设计的类型和规模不受限制。

（二）乙级：可承担各类型幕墙高度在 80 米以下且幕墙单项工程面积在 6000m^2 以下的建筑幕墙工程专项设计。

四、附　　则

本标准由建设部负责解释。

附表 1：建筑幕墙工程专项设计主要专业技术人员配备表

附表 2：建筑幕墙工程专项设计规模划分表

轻型钢结构工程设计专项资质标准

一、总　　则

（一）本标准所称轻型钢结构工程，包括网架、网壳、单层刚架、排架、多层框架、索膜结构、压型拱板等钢结构工程。

（二）轻型钢结构工程设计专项资质设甲、乙两个级别。

二、标　　准

（一）甲级

1. 资历和信誉

（1）具有独立企业法人资格。

（2）社会信誉良好，注册资本不少于 300 万元人民币。

（3）企业完成过"轻型钢结构工程专项设计项目规模划分表"中 1 级工程项目设计不少于 3 项，或 2 级工程项目设计不少于 4 项。

2. 技术条件

（1）专业配备齐全、合理，主要专业技术人员专业和数量符合所申请专项资质标准中"主要专业技术人员配备表"的规定。

（2）企业主要技术负责人或总工程师，应具有大学本科以上学历，10 年以上从事钢结构工程设计经历，并主持过 1 级轻型钢结构工程设计不少于 3 项，具备注册执业资格或高级专业技术职称。

（3）在主要专业技术人员配备表规定的人员中，非注册人员应参加过 1 级轻型钢结构工程设计不少于 1 项，或 2 级轻型钢结构工程设计不少于 2 项，并具备中级以上专业技术职称。

3. 技术装备及管理水平

（1）具有完善的工程计算机辅助设计系统，固定的工作场所。

（2）企业管理组织机构健全，具有完善的标准体系、质量体系、档案管理体系、安全保障及环保措施。

（二）乙级

1. 资历和信誉

（1）具有独立企业法人资格。

（2）社会信誉良好，注册资本不少于 100 万元人民币。

2. 技术条件

（1）专业配备齐全、合理，主要专业技术人员专业和数量符合所申请专项资质标准中"主要专业技术人员配备表"的规定。

（2）企业主要技术负责人或总工程师，应具有大学本科以上学历，8 年以上从事钢结构设计经历，并主持过 2 级轻型钢结构工程设计不少于 3 项，具备注册执业资格或中级以上专业技术职称。

（3）在主要专业技术人员配备表规定的人员中，非注册人员应参加过 2 级轻型钢结构工程设计不少于 2 项，并具备中级以上专业技术职称。

3. 技术装备及管理水平

（1）具备必要的工程计算机辅助设计系统和固定的工作场所；

（2）有完善的质量保证管理体系和技术、经营、人事、财务、档案等管理制度。

三、承担任务范围

（一）甲级

承担轻型钢结构工程专项设计的类型和规模不受限制。当钢结构为建筑主体时，其工程设计包括相应的钢结构房屋的基础工程设计。

（二）乙级

可承担轻型钢结构 2 级工程和索膜结构、压型拱板工程设计。当钢结构为建筑主体时，仅限于低层钢结构房屋天然地基基础的工程设计。

四、附　　则

本标准由建设部负责解释。

附表 1：轻型钢结构工程专项设计主要专业技术人员配备表

附表 2：轻型钢结构工程专项设计规模划分表

风景园林工程设计专项资质标准

一、总　　则

（一）风景园林工程设计专项资质设甲、乙两个级别。

（二）本标准所称风景园林工程设计是指：风景资源的评价、保护和风景区的设计；

城市园林绿地系统、园林绿地、景园景点、城市景观环境；园林植物、园林建筑、园林工程、风景园林道路工程、园林种植设计；与上述风景园林工程配套的景观照明设计。

二、标　　准

（一）甲级

1. 资历和信誉

（1）具有独立企业法人资格。

（2）社会信誉良好，注册资本不少于 300 万元人民币。

（3）企业完成过中型风景园林工程设计项目不少于 5 项，或大型风景园林工程设计项目不少于 3 项。

2. 技术条件

（1）专业配备齐全、合理，主要专业技术人员专业和数量符合所申请专项资质标准中"主要专业技术人员配备表"的规定。

（2）企业主要技术负责人或总设计师、总工程师应具有大学学历，10 年以上从事风景园林工程设计经历，并主持过中型以上风景园林工程设计项目不少于 3 项，其中大型风景园林工程设计项目不少于 2 项，具备高级专业技术职称。

（3）在主要专业技术人员配备表规定的人员中，非注册人员应当作为专业技术负责人主持过中型以上风景园林工程设计项目不少于 2 项，其中大型风景园林工程设计项目不少于 1 项，具备中级以上专业技术职称。

3. 技术装备及管理水平

（1）有必要的技术装备和固定的工作场所。

（2）企业管理组织、标准体系、质量体系、档案管理体系健全。

（二）乙级

1. 资历和信誉

（1）具有独立企业法人资格。

（2）社会信誉良好，注册资本不少于 100 万元人民币。

2. 技术条件

（1）专业配备齐全、合理，主要专业技术人员专业和数量符合所申请专项资质标准中"主要专业技术人员配备表"的规定。

（2）企业的主要技术负责人或总设计师、总工程师应具有大学学历，8 年以上从事风景园林工程设计经历，并主持过中型风景园林工程设计项目不少于 2 项，具备中级以上专业技术职称。

（3）在主要专业技术人员配备表规定的人员中，非注册人员应当作为专业技术负责人主持过中型以上风景园林工程设计项目不少于 2 项，具备中级以上专业技术职称。

3. 技术装备及管理水平

（1）有必要的技术装备及固定的工作场所。

（2）有较完善的质量体系和技术、经营、人事、财务、档案等管理制度。

三、承担业务范围

（一）甲级：承担风景园林工程专项设计的类型和规模不受限制。

（二）乙级：可承担中型以下规模风景园林工程项目和投资额在 2000 万元以下的大型风景园林工程项目的设计。

四、附　则

本标准由建设部负责解释。

附表 1：风景园林工程专项设计主要专业技术人员配备表

附表 2：风景园林工程专项设计规模划分表

消防设施工程设计专项资质标准

一、总　则

（一）本标准中消防设施专项工程系指各类建设工程的火灾自动报警及其联动控制系统；自动喷水灭火系统、水喷雾灭火系统、气体灭火系统、泡沫灭火系统、干粉灭火系统、消火栓系统等自动灭火系统；防烟排烟系统等自动消防设施工程。

（二）消防设施工程设计专项资质设甲、乙两个级别。

二、标　准

（一）甲级

1. 资历和信誉

（1）具有独立企业法人资格。

（2）社会信誉良好，注册资本不少于 300 万元人民币。

（3）企业独立承担过建筑规模为中型以上的民用建筑或火灾危险性为丙类以上的工业建筑的消防设施专项工程设计不少于 3 项，且 3 项均含有火灾自动报警系统和自动灭火系统（至少 1 项含有气体灭火系统或泡沫灭火系统）。

2. 技术条件

（1）专业配备齐全、合理，主要专业技术人员专业和数量符合所申请专项资质标准中"主要专业技术人员配备表"的规定。

（2）企业主要技术负责人或总工程师应具有大学本科以上学历，10 年以上从事消防设施工程设计经历，并主持完成过质量合格的大型消防设施工程（且含有火灾自动报警系统和自动灭火系统）的设计不少于 2 项，具备一级注册建筑师（注册电气工程师、注册公用设备工程师）或高级工程类专业技术职称，且取得省级公安消防机构颁发的消防专业培训合格证书。

（3）在主要专业技术人员配备表规定的人员中，非注册人员应当具备中级以上工程类专业技术职称，且取得省级公安消防机构颁发的消防专业培训合格证书。

3. 技术装备及管理水平

（1）有必要的技术装备，完善的工程计算机辅助设计系统，固定的工作场所。

（2）企业管理组织机构、标准体系、质量体系、档案管理体系健全。

（二）乙级

1. 资历和信誉

（1）具有独立企业法人资格。

（2）社会信誉良好，注册资本不少于100万元人民币。

2．技术条件

（1）专业配备齐全、合理，主要专业技术人员专业和数量符合所申请专项资质标准中"主要专业技术人员配备表"的规定。

（2）企业主要技术负责人或总工程师应具有大学本科以上学历，8年以上从事消防设施工程设计经历，并主持完成过质量合格的大型消防设施工程（且含有火灾自动报警系统和自动灭火系统）设计项目不少于1项，具备一级注册建筑师（注册电气工程师、注册公用设备工程师）或高级工程类专业技术职称，且取得省级公安消防机构颁发的消防专业培训合格证书。

（3）在主要专业技术人员配备表规定的人员中，非注册人员应当具备中级以上工程类专业技术职称，且取得省级公安消防机构颁发的消防专业培训合格证书。

3．技术装备及管理水平

（1）有必要的技术装备，完善的工程计算机辅助设计系统，固定的工作场所。

（2）企业管理组织机构、标准体系、质量体系、档案管理体系健全。

三、承担业务范围

（一）甲级　承担消防设施工程专项设计项目的类型和规模不受限制。

（二）乙级　可承担建筑规模为中型以下的工业与民用建筑的消防设施工程专项设计。

四、附　　则

本标准由建设部负责解释。

附表1：消防设施工程专项设计主要专业技术人员配备表

附表2：消防设施工程专项设计规模划分表

环境工程设计专项资质标准

一、总　　则

（一）环境工程设计专项资质是指为适应和满足环境保护的特殊需求而设立的专项资质；取得环境工程设计专项资质的企业可以进行环境工程设计、提供施工和安装咨询、进行设备和工艺调试。

（二）环境工程设计专项资质分为水污染防治工程、大气污染防治工程、固体废物处理处置工程、物理污染防治工程和污染修复工程五个专项类别，详见附件：环境工程设计专项类别划分。

（三）环境工程设计专项资质设甲、乙两个级别。

二、标　　准

（一）甲级

1．资历与信誉

（1）具有独立企业法人资格。

（2）社会信誉良好，注册资本不少于300万元人民币。

（3）企业独立设计过所申请专项类别大型环境工程项目不少于1项，或中型环境工程项目不少于3项。工程竣工并通过环境保护行政主管部门组织的验收。

2. 技术条件

（1）专业配备齐全、合理，主要专业技术人员专业和数量符合所申请专项资质标准中"主要专业技术人员配备表"的规定。

（2）企业主要技术负责人应具有大学本科以上学历，5年以上从事环境工程设计经历，且主持过大型环境工程设计项目不少于2项，具备注册执业资格（限一级）或高级专业技术职称。

（3）在主要专业技术人员配备表规定的人员中，非注册人员应当作为专业技术负责人主持过所申请专项类别大型环境工程设计项目不少于1项，或中型环境工程设计项目不少于2项，具备中级以上专业技术职称。

3. 技术装备和管理水平

（1）具有完善的工程计算机辅助设计系统，有固定的工作场所。

（2）企业管理组织机构、档案管理体系健全，建立了完善的质量保证体系，已通过ISO9000族质量标准体系认证，并有效运行。

（二）乙级

1. 资历与信誉

（1）具有独立企业法人资格。

（2）社会信誉良好，注册资本不少于100万元人民币。

2. 技术条件

（1）专业配备齐全、合理，主要专业技术人员专业和数量符合所申请专项资质标准中"主要专业技术人员配备表"的规定。

（2）企业主要技术负责人应具有大学本科以上学历，5年以上从事环境工程设计经历，且主持过中型环境工程设计项目不少于2项，具备执业注册资格（限一级）或高级专业技术职称。

（3）在主要专业技术人员配备表规定的人员中，非注册人员应当作为专业技术负责人主持过所申请专项类别中型环境工程设计项目不少于1项，具备中级以上专业技术职称。

3. 技术装备和管理水平

（1）有固定的工作场所，并具有必备的工程计算机辅助设计系统。

（2）企业管理组织机构、档案管理体系健全，建立了质量保证体系，并有效运行。

三、承担业务范围

（一）甲级：可承担各类环境工程（含建构筑物和非标准设备等）专项设计，规模不受限制。

（二）乙级：可承担中型以下规模环境工程（含建构筑物和非标准设备等）专项设计。

四、附　　则

（一）取得环境工程设计专项资质中"水污染防治工程"和"固体废弃物处理处置

工程"资质的企业可以承接市政行业资质中"排水工程"、"环境卫生工程"相应级别的工程设计业务；取得市政行业"排水工程"和"环境卫生工程"专业资质的企业可以承接环境工程中"水污染防治工程"和"固体废物处理处置工程"相应级别的工程设计业务。

（二）本标准由建设部负责解释。

附表1：环境工程专项设计主要专业技术人员配备表

附表2：环境工程专项设计规模划分表

附件：

环境工程设计专项类别划分

（一）水污染防治工程

1. 工业废水污染防治工程

2. 城镇污水污染防治工程（不含市政管网、泵站以及厂内办公楼等公共建筑物）

3. 污废水回用工程

4. 医院、畜禽养殖业、垃圾渗滤液等特种行业废水污染防治工程

（二）大气污染防治工程

1. 烟尘、粉尘污染防治工程

2. 气态及气溶胶污染防治工程

3. 室内空气污染防治工程

（三）固体废物处理处置工程

1. 生活垃圾处理处置工程（不含办公楼等公共建筑物）

2. 一般工业固体废物处理处置工程

3. 危险固体废物处理处置工程

4. 其他固体废物处理处置工程

（四）物理污染防治工程

1. 交通噪声污染防治工程

2. 建筑施工噪声污染防治工程

3. 工业噪声污染防治工程

4. 室内噪声污染防治工程

5. 振动防治污染工程

6. 电磁污染防治工程

（五）污染修复工程

1. 污染水体修复工程

2. 污染土壤修复工程

3. 矿山修复等工程

4. 其他生态恢复工程

照明工程设计专项资质标准

一、总　则

（一）本标准所称照明工程包括：道路、街道的功能照明；住宅区的功能照明；室外公共空间功能照明；构筑物、建筑物的景观照明；公园、公共绿地、住宅区的景观照明；风景区、名胜古迹的景观照明；照明智能化集中监控管理系统；照明供配电系统工程。

（二）照明工程设计专项资质设甲、乙两个级别。

二、标　准

（一）甲级

1. 资历和信誉

（1）具有独立企业法人资格。

（2）社会信誉良好，注册资本不少于 300 万元人民币。

（3）单位年度照明工程设计工作量累计合同额 2000 万以上，且至少完成过照明工程设计项目中的 4 项。

2. 技术条件

（1）专业配备齐全、合理，主要专业技术人员专业和数量符合所申请专项资质标准中"主要专业技术人员配备表"的规定。

（2）企业主要技术负责人或总工程师应具有大学本科以上学历，6 年以上照明工程设计经历，并主持完成质量合格的大型照明工程的设计不少于 6 项，具备相关专业高级技术职称。

（3）在主要专业技术人员配备表规定的人员中，非注册人员作为专业技术负责人主持过中型以上照明工程设计项目不少于 4 项，具备中级以上专业技术职称。

3. 技术装备及管理水平

（1）具备独立进行照明专项指标（照度、亮度、结构强度等）的测试仪器和计算设备。

（2）有固定的工作场所。

（3）有健全的管理机构和综合管理能力，有完善的质量保证体系，技术、经营、人事、财务、档案等管理制度健全。

（二）乙级

1. 资历和信誉

（1）具有独立企业法人资格。

（2）社会信誉良好，注册资本不少于 100 万元人民币。

2. 技术条件

（1）专业配备齐全、合理，主要专业技术人员专业和数量符合所申请专项资质标准中"主要专业技术人员配备表"的规定。

（2）企业主要技术负责人或总工程师应具有大学本科以上学历，5 年以上照明工程设计经历，并主持完成质量合格的大型照明工程的设计不少于 5 项，具备相关专业高级技术职称。

（3）在主要专业技术人员配备表规定的人员中，非注册人员作为专业技术负责人主持过中型以上照明工程设计项目不少于 3 项，具备中级以上专业技术职称。

3. 技术装备及管理水平

（1）具备独立进行照明专项指标（照度、亮度、结构强度等）的测试仪器和计算设备。

（2）有固定的工作场所。

（3）有完善的质量保证体系，技术、经营、人事、财务、档案等管理制度健全。

三、承担业务范围

（一）甲级　承担照明工程设计项目的类型和规模不受限制。

（二）乙级　可承担中型以下规模的照明工程专项设计。

四、附　　则

本标准由建设部负责解释。

附表 1：照明工程专项设计主要专业技术人员配备表

附表 2：照明工程专项设计规模划分表

建设部《关于印发〈工程监理企业资质管理规定实施意见〉的通知》

（建市［2007］190 号）

各省、自治区建设厅，直辖市建委，北京市规划委，江苏、山东省建管局，新疆生产建设兵团建设局，国务院有关部门，总后基建营房部，国资委管理的有关企业，有关行业协会：

根据《工程监理企业资质管理规定》（建设部令第 158 号），我部组织制订了《工程监理企业资质管理规定实施意见》，现印发给你们，请遵照执行。执行中有何问题，请与我部建筑市场管理司联系。

中华人民共和国建设部

二〇〇七年七月三十一日

工程监理企业资质管理规定实施意见

为规范工程监理企业资质管理，依据《工程监理企业资质管理规定》（建设部令第 158 号，以下简称 158 号部令）及相关法律法规，制定本实施意见。

一、资质申请条件

（一）新设立的企业申请工程监理企业资质和已具有工程监理企业资质的企业申请综合资质、专业资质升级、增加其他专业资质，自 2007 年 8 月 1 日起应按照 158 号部令要求提出资质申请。

（二）新设立的企业申请工程监理企业资质，应先取得《企业法人营业执照》或《合伙企业营业执照》，办理完相应的执业人员注册手续后，方可申请资质。

取得《企业法人营业执照》的企业，只可申请综合资质和专业资质，取得《合伙企业营业执照》的企业，只可申请事务所资质。

（三）新设立的企业申请工程监理企业资质和已获得工程监理企业资质的企业申请增加其他专业资质，应从专业乙级、丙级资质或事务所资质开始申请，不需要提供业绩证明材料。申请房屋建筑、水利水电、公路和市政公用工程专业资质的企业，也可以直接申请专业乙级资质。

（四）已具有专业丙级资质企业可直接申请专业乙级资质，不需要提供业绩证明材料。已具有专业乙级资质申请晋升专业甲级资质的企业，应在近 2 年内独立监理过 3 个及以上相应专业的二级工程项目。

（五）具有甲级设计资质或一级及以上施工总承包资质的企业可以直接申请与主营业务相对应的专业工程类别甲级工程监理企业资质。具有甲级设计资质或一级及以上施工总承包资质的企业申请主营业务以外的专业工程类别监理企业资质的，应从专业乙级及以下资质开始申请。

主营业务是指企业在具有的甲级设计资质或一级及以上施工总承包资质中主要从事的工程类别业务。

（六）工程监理企业申请专业资质升级、增加其他专业资质的，相应专业的注册监理工程师人数应满足已有监理资质所要求的注册监理工程师等人员标准后，方可申请。申请综合资质的，应至少满足已有资质中的 5 个甲级专业资质要求的注册监理工程师人员数量。

（七）工程监理企业的注册人员、工程监理业绩（包括境外工程业绩）和技术装备等资质条件，均是以独立企业法人为审核单位。企业（集团）的母、子公司在申请资质时，各项指标不得重复计算。

二、申请材料

（八）申请专业甲级资质或综合资质的工程监理企业需提交以下材料：

1. 《工程监理企业资质申请表》（见附件 1）一式三份及相应的电子文档；

2. 企业法人营业执照正、副本复印件；

3. 企业章程复印件；

4. 工程监理企业资质证书正、副本复印件；

5. 企业法定代表人、企业负责人的身份证明、工作简历及任命（聘用）文件的复印件；

6. 企业技术负责人的身份证明、工作简历、任命（聘用）文件、毕业证书、相关专业学历证书、职称证书和加盖执业印章的《中华人民共和国注册监理工程师注册执业证书》等复印件；

7.《工程监理企业资质申请表》中所列注册执业人员的身份证明、加盖执业印章的注册执业证书复印件（无执业印章的，须提供注册执业证书复印件）；

8. 企业近2年内业绩证明材料的复印件，包括：监理合同、监理规划、工程竣工验收证明、监理工作总结和监理业务手册；

9. 企业必要的工程试验检测设备的购置清单（按申请表要求填写）。

（九）具有甲级设计资质或一级及以上施工总承包资质的企业申请与主营业务对应的专业工程类别甲级监理资质的，除应提供本实施意见第（八）条1、2、3、5、6、7、9所列材料外，还需提供企业具有的甲级设计资质或一级及以上施工总承包资质的资质证书正、副本复印件，不需提供相应的业绩证明。

（十）申请专业乙级和丙级资质的工程监理企业，需提供本实施意见第（八）条1、2、3、5、6、7、9所列材料，不需提供相应的业绩证明。

（十一）申请事务所资质的企业，需提供以下材料：

1.《工程监理企业资质申请表》（见附件1）一式三份及相应的电子文档；

2. 合伙企业营业执照正、副本复印件；

3. 合伙人协议文本复印件；

4. 合伙人组成名单、身份证明、工作简历以及加盖执业印章的《中华人民共和国注册监理工程师注册执业证书》复印件；

5. 办公场所属于自有产权的，应提供产权证明复印件；办公场所属于租用的，应提供出租方产权证明、双方租赁合同的复印件；

6. 必要的工程试验检测设备的购置清单（按申请表要求填写）。

（十二）申请综合资质、专业资质延续的企业，需提供本实施意见第（八）条1、2、4、7所列材料，不需提供相应的业绩证明；申请事务所资质延续的企业，应提供本实施意见第（十一）条1、2、4所列材料。

（十三）具有综合资质、专业甲级资质的企业申请变更资质证书中企业名称的，由建设部负责办理。企业应向工商注册所在地的省、自治区、直辖市人民政府建设主管部门提出申请，并提交下列材料：

1.《建设工程企业资质证书变更审核表》；

2. 企业法人营业执照副本复印件；

3. 企业原有资质证书正、副本原件及复印件；

4. 企业股东大会或董事会关于变更事项的决议或文件。

上述规定以外的资质证书变更手续，由省、自治区、直辖市人民政府建设主管部门负责办理，具体办理程序由省、自治区、直辖市人民政府建设主管部门依法确定。其中具有综合资质、专业甲级资质的企业其资质证书编号发生变化的，省、自治区、直辖市人民政府建设主管部门需报建设部核准后，方可办理。

（十四）企业改制、分立、合并后设立的工程监理企业申请资质，除提供本实施意见第（八）条所要求的材料外，还应当提供如下证明材料的复印件：

1. 企业改制、分立、合并或重组的情况说明，包括新企业与原企业的产权关系、资本构成及资产负债情况，人员、内部组织机构的分立与合并、工程业绩的分割、合并等情况；

2. 上级主管部门的批复文件，职工代表大会的决议；或股东大会、董事会的决议。

（十五）具有综合资质、专业甲级资质的工程监理企业申请工商注册地跨省、自治区、直辖市变更的，企业应向新注册所在地的省、自治区、直辖市人民政府建设主管部门提出申请，并提交下列材料：

1. 工程监理企业原工商注册地省、自治区、直辖市人民政府建设主管部门同意资质变更的书面意见；

2. 变更前原工商营业执照注销证明及变更后新工商营业执照正、副本复印件；

3. 本实施意见第（八）条1、2、3、4、5、6、7、9所列的材料。

其中涉及到资质证书中企业名称变更的，省、自治区、直辖市人民政府建设主管部门应将受理的申请材料报建设部办理。

具有专业乙级、丙级资质和事务所资质的工程监理企业申请工商注册地跨省、自治区、直辖市变更，由各省、自治区、直辖市人民政府建设主管部门参照上述程序依法制定。

（十六）企业申请工程监理企业资质的申报材料，应符合以下要求：

1. 申报材料应包括：《工程监理企业资质申请表》及相应的附件材料；

2. 《工程监理企业资质申请表》一式三份，涉及申请铁路、交通、水利、信息产业、民航等专业资质的，每增加申请一项资质，申报材料应增加两份申请表和一份附件材料；

3. 申请表与附件材料应分开装订，用 A4 纸打印或复印。附件材料应按《工程监理企业资质申请表》填写顺序编制详细目录及页码范围，以便审查查找。复印材料要求清晰、可辨；

4. 所有申报材料必须填写规范、盖章或印鉴齐全、字迹清晰；

5. 工程监理企业申报材料中如有外文，需附中文译本。

三、资质受理审查程序

（十七）工程监理企业资质申报材料应当齐全，手续完备。对于手续不全、盖章或印鉴不清的，资质管理部门将不予受理。

资质受理部门应对工程监理企业资质申报材料中的附件材料原件进行核验，确认企业附件材料中相关内容与原件相符。对申请综合资质、专业甲级资质的企业，省、自治区、直辖市人民政府建设主管部门应将其《工程监理企业资质申请表》（附件1）及附件材料、报送文件一并报建设部。

（十八）工程监理企业应于资质证书有效期届满60日前，向原资质许可机关提出资质延续申请。逾期不申请资质延续的，有效期届满后，其资质证书自动失效。如需开展工程监理业务，应按首次申请办理。

（十九）工程监理企业的所有申报材料一经建设主管部门受理，未经批准，不得修改。

（二十）各省、自治区、直辖市人民政府建设主管部门可根据本地的实际情况，制定事务所资质的具体实施办法。

（二十一）对企业改制、分立或合并后设立的工程监理企业，资质许可机关按下列规定进行资质核定：

1. 整体改制的企业，按资质变更程序办理；

2. 合并后存续或者新设立的工程监理企业可以承继合并前各方中较高资质等级。合并后不申请资质升级和增加其他专业资质的，按资质变更程序办理；申请资质升级或增加其他专业资质的，资质许可机关应根据其实际达到的资质条件，按照 158 号部令中的审批程序核定；

3. 企业分立成 2 个及以上工程监理企业的，应根据其实际达到的资质条件，按照 158 号部令的审批程序对分立后的企业分别重新核定资质等级。

（二十二）对工程监理企业的所有申请、审查等书面材料，有关建设主管部门应保存 5 年。

四、资质证书

（二十三）工程监理企业资质证书由建设部统一印制。专业甲级资质、乙级资质、丙级资质证书分别打印，每套资质证书包括 1 本正本和 4 本副本。

工程监理企业资质证书有效期为 5 年，有效期的计算时间以资质证书最后的核定日期为准。

（二十四）工程监理企业资质证书全国通用，各地、各部门不得以任何名义设立 158 号部令规定以外的其他准入条件，不得违法收取费用。

（二十五）工程监理企业遗失资质证书，应首先在全国性建设行业报刊或省级（含省级）综合类报刊上刊登遗失作废声明，然后再向原资质许可机关申请补办，并提供下列材料：

1. 企业补办资质证书的书面申请；

2. 刊登遗失声明的报刊原件；

3.《建设工程企业资质证书增补审核表》。

五、监督管理

（二十六）县级以上人民政府建设主管部门和有关部门应依法对本辖区内工程监理企业的资质情况实施动态监督管理。重点检查 158 号部令第十六条和第二十三条的有关内容，并将检查和处理结果记入企业信用档案。

具体抽查企业的数量和比例由县级以上人民政府建设主管部门或者有关部门根据实际情况研究决定。

监督检查可以采取下列形式：

1. 集中监督检查。由县级以上人民政府建设主管部门或者有关部门统一部署的监督检查；

2. 抽查和巡查。县级以上人民政府建设主管部门或者有关部门随机进行的监督检查。

（二十七）县级以上人民政府建设主管部门和有关部门应按以下程序实施监督检查：

1. 制定监督检查方案，其中集中监督检查方案应予以公布；

2. 检查应出具相应的检查文件或证件；

3. 当地建设主管部门和有关部门应当配合上级部门的监督检查；

4. 实施检查时，应首先明确监督检查内容，被检企业应如实提供相关文件资料。对于提供虚假材料的企业，予以通报；对于不符合相应资质条件要求的监理企业，应及时上报资质许可机关，资质许可机关可以责令其限期改正，逾期不改的，撤回其相应工程监理企业资质；对于拒不提供被检资料的企业，予以通报，并责令其限期提供被检资料；

5. 检查人员应当将检查情况予以记录，并由被检企业负责人和检查人员签字确认；

6. 检查人员应当将检查情况汇总，连同有关行政处理或者行政处罚建议书面告知当地建设主管部门。

（二十八）工程监理企业违法从事工程监理活动的，违法行为发生地的县级以上地方人民政府建设主管部门应当依法查处，并将工程监理企业的违法事实、处理结果或处理建议及时报告违法行为发生地的省、自治区、直辖市人民政府建设主管部门；其中对综合资质或专业甲级资质工程监理企业的违法事实、处理结果或处理建议，须通过违法行为发生地的省、自治区、直辖市人民政府建设主管部门报建设部。

六、有关说明

（二十九）注册资本金是指企业法人营业执照上注明的实收资本金。

（三十）工程监理企业的注册监理工程师是指在本企业注册的取得《中华人民共和国注册监理工程师注册执业证书》的人员。注册监理工程师不得同时受聘、注册于两个及以上企业。

注册监理工程师的专业是指《中华人民共和国注册监理工程师注册执业证书》上标注的注册专业。

一人同时具有注册监理工程师、注册造价工程师、一级注册建造师、一级注册建筑师、一级注册结构工程师或者其他勘察设计注册工程师两个及以上执业资格，且在同一监理企业注册的，可以按照取得的注册执业证书个数，累计计算其人次。

申请工程监理企业资质的企业，其注册人数和注册人次应分别满足158号部令中规定的注册人数和注册人次要求。申请综合资质的企业具有一级注册建造师、一级注册建筑师、一级注册结构工程师或者其他勘察设计注册工程师合计应不少于15人次，且具有一级注册建造师不少于1人次、具有一级注册结构工程师或其他勘察设计注册工程师或一级注册建筑师不少于1人次。

（三十一）"企业近2年内独立监理过3个以上相应专业的二级工程项目"是指企业自申报之日起前2年内独立监理完成并已竣工验收合格的工程项目。企业申报材料中应提供相应的工程验收证明复印件。

（三十二）因本企业监理责任造成重大质量事故和因本企业监理责任发生安全事故的发生日期，以行政处罚决定书中认定的事故发生日为准。

（三十三）具有事务所资质的企业只可承担房屋建筑、水利水电、公路和市政公用工程专业等级三级且非强制监理的建设工程项目的监理、项目管理、技术咨询等相关服务。

七、过渡期的有关规定

（三十四）158号部令自实施之日起设2年过渡期，即从2007年8月1日起，至2009年7月31日止。过渡期内，已取得工程监理企业资质的企业申请资质升级、增加其他专业资质以及申请企业分立的，按158号部令和本实施意见执行。对于准予资质许可的工程监理企业，核发新的工程监理企业资质证书，旧的资质证书交回原发证机关，予以作废。

（三十五）过渡期内，已取得工程监理企业资质证书的企业申请资质更名、遗失补证、两家及以上企业整体合并等不涉及申请资质升级和增加其他专业资质的，可按资质变更程序办理，并换发新的工程监理企业资质证书，新资质证书有效期至2009年7月31日。

（三十六）建设主管部门在2007年8月1日之前颁发的工程监理企业资质证书，在过渡期内有效，但企业资质条件仍应符合《工程监理企业资质管理规定》（建设部令第102号）的相关要求。过渡期内，各省、自治区、直辖市人民政府建设主管部门应按《工程监理企业资质管理规定》（建设部令第102号）要求的资质条件对本辖区内已取得工程监理企业资质的企业进行监督检查。过渡期届满后，对达不到158号部令要求条件的企业，要重新核定其监理企业资质等级。

对于已取得冶炼、矿山、化工石油、电力、铁路、港口与航道、航天航空和通信工程丙级资质的工程监理企业，过渡期内，企业可继续完成已承揽的工程项目。过渡期届满后，上述专业工程类别的工程监理企业丙级资质证书自行失效。

（三十七）已取得工程监理企业资质证书但未换发新的资质证书的企业，在过渡期届满60日前，应按158号部令要求向资质许可机关提交换发工程监理企业资质证书的申请材料，不需提供相应的业绩证明。对于满足相应资质标准要求的企业，资质许可机关给予换发新的工程监理企业资质证书，旧资质证书交回原发证机关，予以作废；对于不满足相应资质标准要求的企业，由资质许可机关根据其实际达到的资质条件，按照158号部令的审批程序和标准给予重新核定，旧资质证书交回原发证机关，予以作废。过渡期届满后，未申请换发工程监理企业资质证书的企业，其旧资质证书自行失效。

附件：1.《工程监理企业资质申请表》（略）
　　　2.《工程监理企业资质申请表》填表说明（略）

建设部《关于印发〈建设工程勘察设计资质管理规定实施意见〉的通知》

（建市〔2007〕202号）

各省、自治区建设厅，直辖市建委，北京市规划委，新疆生产建设兵团建设局，国务院各有关部门建设司，总后基建营房部工程局，国资委管理的有关企业，有关行业协会：

根据《建设工程勘察设计资质管理规定》（建设部令第160号）和《工程设计资质标准》（建市〔2007〕86号），我部组织制定了《建设工程勘察设计资质管理规定实施意见》，现印发给你们，请遵照执行。执行中有何问题，请与我部建筑市场管理司联系。

中华人民共和国建设部
二〇〇七年八月二十一日

建设工程勘察设计资质管理规定实施意见

为实施《建设工程勘察设计资质管理规定》（建设部令第 160 号）（以下简称新《规定》）和《工程设计资质标准》（建市〔2007〕86 号）（以下简称新《标准》），制定本实施意见。

一、资质申请条件

（一）凡在中华人民共和国境内，依法取得工商行政管理部门颁发的企业法人营业执照的企业，均可申请建设工程勘察、工程设计资质。依法取得合伙企业营业执照的企业，只可申请建筑工程设计事务所资质。

（二）因建设工程勘察未对外开放，资质审批部门不受理外商投资企业（含新成立、改制、重组、合并、并购等）申请建设工程勘察资质。

（三）工程设计综合资质涵盖所有工程设计行业、专业和专项资质。凡具有工程设计综合资质的企业不需单独申请工程设计行业、专业或专项资质证书。

工程设计行业资质涵盖该行业资质标准中的全部设计类型的设计资质。凡具有工程设计某行业资质的企业不需单独申请该行业内的各专业资质证书。

（四）具备建筑工程行业或专业设计资质的企业，可承担相应范围相应等级的建筑装饰工程设计、建筑幕墙工程设计、轻型钢结构工程设计、建筑智能化系统设计、照明工程设计和消防设施工程设计等专项工程设计业务，不需单独申请以上专项工程设计资质。

（五）有下列资质情形之一的，资质审批部门按照升级申请办理：

1. 具有工程设计行业、专业、专项乙级资质的企业，申请与其行业、专业、专项资质对应的甲级资质的；

2. 具有工程设计行业乙级资质或专业乙级资质的企业，申请现有资质范围内的一个或多个专业甲级资质的；

3. 具有工程设计某行业或专业甲、乙级资质的企业，其本行业和本专业工程设计内容中包含了某专项工程设计内容，申请相应的专项甲级资质的；

4. 具有丙级、丁级资质的企业，直接申请乙级资质的。

（六）新设置的分级别的工程勘察设计资质，自正式设置起，设立两年过渡期。在过渡期内，允许企业根据实际达到的条件申请资质等级，不受最高不超过乙级申请的限制，且申报材料不需提供企业业绩。

（七）具有一级及以上施工总承包资质的企业可直接申请同类别或相近类别的工程设计甲级资质。具有一级及以上施工总承包资质的企业申请不同类别的工程设计资质的，应从乙级资质开始申请（不设乙级的除外）。

（八）企业的专业技术人员、工程业绩、技术装备等资质条件，均是以独立企业法人为审核单位。企业（集团）的母、子公司在申请资质时，各项指标不得重复计算。

（九）允许每个大专院校有一家所属勘察设计企业可以聘请本校在职教师和科研人员作为企业的主要专业技术人员，但是其人数不得大于资质标准中要求的专业技术人员总数的 1/3，且聘期不得少于 2 年。在职教师和科研人员作为非注册人员考核时，其职称应满足讲师/助理研究员及以上要求，从事相应专业的教学、科研和设计时间 10 年及以上。

二、申报材料

（十）因《工程勘察资质标准》未修订，除本实施意见另有规定外，工程勘察资质的有关申报材料要求仍按建办市函［2006］274 号文办理。

（十一）首次申请工程设计资质，需提交以下材料：

1. 工程设计资质申请表及电子文档（见附件 1）；

2. 企业法人、合伙企业营业执照副本复印件；

3. 企业章程或合伙人协议文本复印件；

4. 企业法定代表人、合伙人的身份证明复印件；

5. 企业负责人、主要技术负责人或总工程师的身份证明、任职文件、毕业证书、职称证书等复印件，主要技术负责人或总工程师提供"专业技术人员基本情况及业绩表"；

6. 工程设计资质申请表中所列注册执业人员的身份证明复印件、企业注册所在地省级注册管理部门盖章的注册变更表或初始注册表；

7. 工程设计资质标准要求的非注册专业技术人员的身份证明、职称证书、毕业证书等复印件，主导专业的非注册人员还需提供"专业技术人员基本情况及业绩表"；

8. 工程设计资质标准要求的主要专业技术人员（注册、非注册）与企业依法签订的劳动合同主要页（包括合同双方名称、聘用起止时间、签字盖章、生效日期）、与原聘用单位解除聘用劳动合同的证明或近一个月的社保证明复印件；其中，对军队或高校从事工程设计的事业编制的主要专业技术人员不需提供社保证明，但需提供所在单位上级人事主管部门的人事证明材料；

9. 办公场所证明，属于自有产权的出具产权证复印件；属于租用或借用的，出具出租（借）方产权证和双方租赁合同或借用协议的复印件。

（十二）申请工程设计资质升级，需提交以下材料：

1. 工程设计资质申请表及电子文档（见附件 1）；

2. 企业法人、合伙企业营业执照副本复印件；

3. 原工程设计资质证书副本复印件；

4. 企业负责人、主要技术负责人或总工程师的身份证明、任职文件、毕业证书、职称证书等复印件，主要技术负责人或总工程师提供"专业技术人员基本情况及业绩表"；

5. 工程设计资质申请表中所列注册执业人员的身份证明复印件、加盖执业印章的注册证书复印件；

6. 工程设计资质标准要求的非注册专业技术人员的身份证明、职称证书、毕业证书等复印件，主导专业的非注册人员还需提供"专业技术人员基本情况及业绩表"；

7. 工程设计资质标准要求的非注册专业技术人员与企业依法签订的劳动合同主要页（包括合同双方名称、聘用起止时间、签字盖章、生效日期）及近一个月的社保证明复印件；其中，对军队或高校从事工程设计的事业编制的非注册专业技术人员不需提供社保证明，但需提供所在单位上级人事主管部门的人事证明材料；

8. 满足工程设计资质标准要求的企业业绩证明材料，包括：工程设计合同主要页的复印件；建设单位（业主）出具的工程竣工、移交、试运行证明文件，或工程竣工验收文件的复印件。

（十三）申请工程设计资质增项，需提交以下材料：

1. 工程设计资质申请表及电子文档（见附件1）；

2. 企业法人、合伙企业营业执照副本复印件；

3. 原工程设计资质证书副本复印件；

4. 企业负责人、主要技术负责人或总工程师的身份证明、任职文件、毕业证书、职称证书等复印件，主要技术负责人或总工程师提供"专业技术人员基本情况及业绩表"；

5. 工程设计资质申请表中所列注册执业人员的身份证明复印件、加盖执业印章的注册证书复印件；

6. 工程设计资质标准要求的非注册专业技术人员的身份证明、职称证书、毕业证书等复印件，主导专业的非注册人员还需提供"专业技术人员基本情况及业绩表"；

7. 工程设计资质标准要求的非注册专业技术人员与企业依法签订的劳动合同主要页（包括合同双方名称、聘用起止时间、签字盖章、生效日期）及近一个月的社保证明复印件；其中，对军队或高校从事工程设计的事业编制的非注册专业技术人员不需提供社保证明，但需提供所在单位上级主管部门人事部门的人事证明材料。

（十四）申请设计综合资质的，需提交以下材料：

1. 工程设计资质申请表及电子文档（见附件1）；

2. 企业法人营业执照副本复印件；

3. 企业法定代表人基本情况表、任职文件、身份证明复印件；

4. 企业主要技术负责人或总工程师的任职文件、毕业证书、职称证书或注册执业证书、身份证明等复印件及"专业技术人员基本情况及业绩表"；

5. 甲级工程设计资质证书正、副本复印件；

6. 大型建设项目工程设计合同，试运行或竣工验收证明复印件；

7. 企业相应年度财务报表（资产负债表、损益表）、年度审计报告复印件；

8. 注册执业人员的注册执业证书（加盖执业印章）、身份证明复印件；

9. 专业技术人员初级以上职称证书、身份证明复印件；

10. 工程勘察、工程设计、科技进步奖证书复印件；

11. 国家、行业工程建设标准、规范发布批准文件及出版物主要页（包括出版物名称、批准部门、主编或参编单位名称、出版社名称）复印件；

12. 专利证书、专有技术发布（批准）文件或工艺包认可、认定、鉴定证书复印件；

13. ISO9001标准质量体系认证证书复印件；

14. 办公场所证明，属于自有产权的出具产权证复印件；属于租用或借用的，出具出租（借）方产权证和双方租赁合同或借用协议的复印件。

（十五）延续工程设计资质，需提交以下材料：

1. 工程设计资质申请表及电子文档（见附件1）；

2. 企业法人、合伙企业营业执照副本复印件；

3. 原工程设计资质证书副本复印件；

4. 工程设计资质申请表中所列注册执业人员的身份证明复印件、加盖执业印章的注册证书复印件；

5．工程设计资质标准要求的非注册专业技术人员的身份证明、职称证书、毕业证书等复印件，主导专业的非注册人员还需提供"专业技术人员基本情况及业绩表"；

6．工程设计资质标准要求的非注册专业技术人员近一个月的社保证明复印件；其中，对军队或高校从事工程设计的事业编制的非注册专业技术人员不需提供社保证明，但需提供所在单位上级主管部门人事部门的人事证明材料。

（十六）已具备施工资质的企业首次申请同类别或相近类别的工程勘察、工程设计资质的，其申报材料除应提供首次申请所列全部材料外，申请甲级勘察设计资质的，还应提供相应规模的工程勘察、设计业绩或工程总承包业绩证明材料，包括：工程勘察、工程设计或工程总承包合同主要页的复印件；建设单位（业主）出具的工程竣工、移交、试运行证明文件，或工程竣工验收文件的复印件。

（十七）企业因注册名称、注册资本、法定代表人或执行合伙企业事务的合伙人、注册地址等发生变化需变更资质证书内容的，由企业提出变更理由及变更事项，并提交以下材料：

1．企业出具由法定代表人、执行合伙企业事务的合伙人签署的资质证书变更申请；

2．企业法人、合伙企业营业执照副本复印件；

3．资质证书正、副本原件；

4．建设工程企业资质证书变更审核表；

5．与资质变更事项有关的证明材料：

（1）企业名称、注册资本变更的，提供变更后的工商营业执照副本复印件；

（2）法定代表人或执行合伙企业事务的合伙人变更的，提供企业法定代表人或执行合伙企业事务的合伙人的身份证明；

（3）地址变更的提交新的办公场地的自有产权证明或租赁（借）合同和所租（借）场地的产权证明。

具有工程勘察甲级、工程设计甲级以及涉及铁路、交通、水利、信息产业、民航等方面的工程设计乙级资质的企业变更注册名称的，企业应向工商注册所在地的省级人民政府建设主管部门提出申请，由建设部负责办理。其他所有资质变更手续由企业工商注册所在地省级建设主管部门负责办理。但其中涉及企业资质证书编号发生变化的，省级人民政府建设主管部门需报建设部核准后，方可办理。

（十八）企业合并、分立、改制、重组后，需重新核定资质的，应提交下列材料：

1．企业合并、分立、改制情况报告，包括新企业与原企业的产权关系、资本构成及资产负债情况，人员、内部组织机构的分立与合并、工程勘察设计业绩的分割、合并等情况；

2．本实施意见第（十一）条所列的全部材料；

3．原资质证书正、副本复印件；

4．改制（重组）方案，上级行政主管部门及国有资产管理部门的批复文件，企业职工代表大会的决议；或股东（代表）大会、董事会的决议。

（十九）具有工程勘察甲级、工程设计甲级以及涉及铁路、交通、水利、信息产业、民航等方面的工程设计乙级资质的企业申请工商注册地跨省、自治区、直辖市变更，除提供本实施意见第（十一）条所列材料外，还应提交下列材料：

1. 企业原工商注册所在地省级建设主管部门同意资质变更的书面意见；

2. 资质变更前原企业工商注册登记注销证明及资质变更后新企业法人营业执照正本、副本复印件。

其中涉及到资质证书中企业名称变更的，省级人民政府建设主管部门应将受理的申请材料报建设部办理。

乙级及以下资质（涉及铁路、交通、水利、信息产业、民航等方面的工程设计乙级资质除外）的工程勘察设计企业申请工商注册地跨省、自治区、直辖市变更，由各省级人民政府建设主管部门参照上述程序依法制定。

（二十）材料要求

1. 申请设计综合资质的，申请表一式二份，附件材料一份；申请一个行业的设计资质，申请表一式二份，附件材料一份，每增加一个行业的设计资质，增加一份申请表和一份附件材料；涉及铁道、交通、水利、信息产业、民航等行业的，需另增加一份申请表和一份附件材料。专项设计资质申请表及附件材料份数要求同上。

2. 附件材料采用 A4 纸装订成册，并有目录和分类编号；技术人员证明材料应按人整理并依照申请表所列技术人员顺序装订。需要核实原件的，由资质受理部门进行审查核实，并在初审部门审查意见表中由核验人签字。其中资质证书正、副本须全部复印，不得有缺页。复印件应加盖企业公章，注册执业人员应加盖个人执业印章（非注册人员除外）。材料中要求加盖公章或印鉴的，复印无效。

3. 企业申请工程勘察设计资质要如实填报《工程勘察、工程设计资质申请表》，企业法定代表人须在申请表上签名，对其真实性负责。申报材料要清楚、齐全，出现数据不全、字迹潦草、印鉴不清、难以辨认的，资质受理部门可不予受理。

三、资质受理审查程序

（二十一）资质受理部门应在规定时限内对工程勘察、工程设计提出的资质申请做出是否受理的决定。

（二十二）依据新《规定》第八条，各有关资质初审部门应当对申请甲级资质以及涉及铁路、交通、水利、信息产业、民航等方面的工程设计乙级资质企业所提交的材料是否齐全、是否与原件相符、是否具有不良行为记录以及个人业绩材料等进行核查，提出初审意见，并填写初审部门审查意见表。各有关资质初审部门应在规定初审时限内，将初审部门审查意见表、《工程勘察、工程设计资质申请表》、附件材料和报送公函一并报国务院建设主管部门。

对具有下列情况的申请人，不予受理资质申请材料：

1. 材料不齐全，或不符合法定形式的；

2. 按照新《规定》第十九条、第三十条、第三十一条规定，不予受理的。

国务院建设主管部门对收到各有关资质初审部门的初审材料、直接受理的企业资质申请材料组织审查或转国务院有关部门审核，并将审核意见予以公示。对于准予建设工程勘察、设计资质许可的申请，在建设部网站发布公告，并颁发资质证书。

（二十三）工程勘察设计企业应于资质证书有效期届满60日前，向原资质许可机关提出资质延续申请。逾期不申请资质延续的，有效期届满后，其资质证书自动失效。如需开展工程勘察设计业务，应按首次申请办理。

（二十四）对企业改制、分立、重组、合并设立的工程勘察设计企业，资质审批程序按以下规定执行：

1. 整体改制的企业，按本实施意见第（十七）条资质变更程序办理；

2. 重组、合并后的工程勘察设计企业可以承继重组、合并前各方中较高资质等级和范围。重组、合并后不涉及资质升级和增项的，按本实施意见第（十七）条资质变更程序办理；涉及资质升级或增项的，按照160号部令中的审批程序核定。

3. 企业分立成两个以上工程勘察设计企业时，分立后的企业应分别按其实际达到的资质条件重新核定资质。

（二十五）省级人民政府建设主管部门对负责实施审批的建设工程勘察、工程设计资质许可，其资质受理审批程序由各省级人民政府建设主管部门研究确定。

省级人民政府建设主管部门应当自决定之日起30日内，将准予资质许可的决定报国务院建设主管部门备案，备案材料包括：准予资质许可的批准文件，批准企业的工程勘察、工程设计资质基本信息的电子文档。

（二十六）国务院国资委管理的企业及其下属一层级的企业申请工程勘察甲级资质、工程设计甲级资质，以及涉及铁路、交通、水利、信息产业、民航等方面的工程设计乙级资质的，应向国务院建设主管部门提出申请。国务院国资委管理的企业及其下属一层级的企业按规定程序申请获得甲级资质或涉及铁路、交通、水利、信息产业、民航等方面的工程设计乙级资质证书后30日内应将准予许可的公告、资质证书正副本复印件及工程勘察、工程设计资质基本信息的电子文档，向其工商注册所在地省级人民政府建设主管部门告知性备案。

教育部直属高校所属勘察设计企业参考上述规定办理。

四、资质证书

（二十七）建设工程勘察、工程设计资质证书由国务院建设主管部门统一印制，统一管理，由审批部门负责颁发，并加盖审批部门公章。

国务院建设主管部门统一制定资质证书编号规则。

（二十八）各序列、各级别建设工程勘察、工程设计资质证书全国通用，各地不得以任何名义设置审批性准入条件、收取费用。

（二十九）建设工程勘察、工程设计资质证书有效期为五年。建设工程勘察、工程设计资质证书分为正本和副本。

（三十）企业需遗失补办工程勘察、工程设计资质证书的，应当持下列材料，经其资质初审机关签署意见，报资质许可机关办理。企业在申请补办前应在全国性建筑行业报刊或省级以上（含省级）综合类报刊上刊登遗失作废的声明。资质许可机关应当在2日内办理完毕。

1. 由企业法定代表人、执行合伙企业事务的合伙人签署的申请补办证书的申请；

2.《建设工程企业资质证书变更审核表》及电子文档；

3. 全国性建筑行业报刊或省级以上（含省级）综合类报刊上刊登遗失作废的声明。

五、监督管理

（三十一）地方各级建设主管部门和有关部门对本辖区内从事工程勘察、工程设计的企业资质实施动态监督管理。按照新《规定》对企业的市场行为以及满足相应资质标准条件等方面加强检查，并将检查和处理结果记入企业信用档案。

具体抽查企业的数量和比例由各级建设主管部门和有关部门根据实际情况研究决定。

监督检查可以采取下列形式：

1. 集中监督检查。由建设主管部门或有关部门统一部署的监督检查；

2. 抽查和巡查。各级建设主管部门或有关部门随机进行的监督检查。

（三十二）实施监督检查时应当按以下程序进行：

1. 制定监督检查方案，其中集中监督检查方案应予以公布；

2. 检查应出具相应的检查文件或证件；

3. 上级部门实施监督检查时，当地建设主管部门和有关部门应当配合；

4. 实施检查时，应首先明确监督检查内容，被检单位应如实提供相关文件资料；对弄虚作假的，予以通报，并对其工程勘察设计资质重新核定，不符合相应资质标准要求的，资质许可机关可以撤回其工程勘察设计资质；对拒不提供被检资料的，予以通报，并责令其限期提供被检资料。

5. 检查人员应当将检查情况予以记录，并由被检单位负责人和检查人员签字确认；

6. 在监督检查中发现被检单位专业技术人员达不到资质标准要求或者发现其他违法行为和重大质量安全问题的，应当进行核实，依法提出行政处理或者行政处罚的建议。

7. 检查人员应当将检查情况汇总，连同有关行政处理或者行政处罚建议，向派出机关报告，并书面告知当地建设行政主管部门。

（三十三）企业违法从事工程勘察、工程设计活动的，其违法行为发生地的建设主管部门应当依法将企业的违法事实、处理结果或处理建议告知该企业的资质许可机关，同时告知企业工商注册所在地建设主管部门。

六、关于《工程设计资质标准》的有关说明

（三十四）资历和信誉

1. 企业排名

综合资质中工程勘察设计营业收入、企业营业税金及附加排名，是指经建设部业务主管部门依据企业年度报表，对各申报企业同期的年度工程勘察设计营业收入或企业营业税金及附加额从大到小的顺序排名；年度勘察设计营业收入、企业营业税金及附加，其数额以财政主管部门认可的审计机构出具的申报企业同期年度审计报告为准。

2. 注册资本

新《标准》中的注册资本，是指企业办理工商注册登记时的实收资本。

（三十五）技术条件

1. 企业主要技术负责人

新《标准》中所称企业主要技术负责人，是指企业中对所申请行业的工程设计在技术上负总责的人员。

2. 专业技术负责人

新《标准》中所称专业技术负责人，是指企业中对某一设计类型中的某个专业工程设计负总责的人员。

3. 非注册人员

新《标准》中所称非注册人员是指：

（1）经考核认定或考试取得了某个专业注册工程师资格证书，但还没有启动该专业注册的人员；

（2）在本标准"专业设置"范围内还没有建立对应专业的注册工程师执业资格制度的专业技术人员；

（3）在本标准"专业设置"范围内，某专业已经实施注册了，但该专业不需要配备具有注册执业资格的人员，只配备对应该专业的技术人员；或配备一部分注册执业资格人员，一部分对应该专业的技术人员（例如，某行业"专业设置"中"建筑"专业的技术岗位设置了二列，其中"注册专业"为"建筑"的一列是对注册人员数量的考核，"注册专业"为空白的一列则是对"建筑"专业非注册技术人员数量的考核）。

4. 专业技术职称

新《标准》中所称专业技术职称，是指经国务院人事主管部门授权的部门、行业或中央企业、省级专业技术职称评审机构评审的工程系列专业技术职称。

具有教学、研究系列职称的人员从事工程设计时，讲师、助理研究员可等同于工程系列的中级职称；副教授、副研究员可等同于工程系列的高级职称；教授、研究员可等同于工程系列的正高级职称。

5. 专业设置

新《标准》"各行业工程设计主要专业技术人员配备表"专业设置栏目中的专业，是指为完成某工程设计所设置的专业技术岗位（以下简称岗位），其称谓即为岗位的称谓。

在新《标准》中，将高等教育所学的且能够直接胜任岗位工程设计的学历专业称为本专业，与本专业同属于一个高等教育工学学科（如地矿类、土建类、电气信息类、机械类等工学学科）中的某些专业称为相近专业。本专业、相近专业的具体范围另行规定。岗位对人员所学专业和技术职称的考核要求为：学历专业为本专业，职称证书专业范围与岗位称谓相符。

在确定主要专业技术人员为有效专业人员时，除具备有效劳动关系以外，主要专业技术人员中的非注册人员学历专业、职称证书的专业范围，应与岗位要求的本专业和称谓一致和相符。符合下列条件之一的，也可作为有效专业人员认定：

（1）学历专业与岗位要求的本专业不一致，职称证书专业范围与岗位称谓相符，个人资历和业绩符合资质标准对主导专业非注册人员的资历和业绩要求的；

（2）学历专业与岗位要求的本专业一致，职称证书专业范围空缺或与岗位称谓不相符，个人资历和业绩符合资质标准对主导专业非注册人员的资历和业绩要求的；

（3）学历专业为相近专业，职称证书专业范围与岗位称谓相近，个人资历和业绩符合资质标准对主导专业非注册人员的资历和业绩要求的；

（4）学历专业、职称证书专业范围均与岗位要求的不一致，但取得高等院校一年以上本专业学习结业证书，从事工程设计10年及以上，个人资历和业绩符合资质标准对主导专业非注册人员的资历和业绩要求的。

6. 个人业绩

企业主要技术负责人或总工程师的个人业绩是指，作为所申请行业某一个大型项目的工程设计的项目技术总负责人（设总）所完成的项目业绩；主导专业的非注册人员的个人业绩是指，作为所申请行业某个大、中型项目工程设计中某个专业的技术负责人所完成的业绩。

建筑、结构专业的非注册人员业绩，也可作为所申请行业某个大、中型项目工程设计中建筑、结构专业的主要设计人所完成的业绩。

工程设计专项资质标准中的非注册人员，均须按新《标准》规定的对主导专业的非注册人员需考核业绩的要求，按相应专项资质标准对个人业绩规定的考核条件考核个人业绩。

7. 企业业绩

（1）申请乙级、丙级资质的，不考核企业的业绩；

（2）申请乙级升甲级资质的，企业业绩应为其取得相应乙级资质后所完成的中型项目的业绩，其数量以甲级资质标准中中型项目考核指标为准；

（3）除综合资质外，只设甲级资质的，企业申请该资质时不考核企业业绩；

（4）以工程总承包业绩为企业业绩申请设计资质的，企业的有效业绩为工程总承包业绩中的工程设计业绩；

（5）申请专项资质的，企业业绩应是独立签定专项工程设计合同的业绩。行业配套工程中符合专项工程设计规模标准，但未独立签定专项工程设计合同的业绩，不作为申请专项资质时的有效专项工程设计业绩。

8. 专有技术、工艺包（软件包）

本标准中的专有技术是指企业自主开发、申报，经所在行业的业务主管部门或所在行业的全国性专业社团组织等认定并对外发布的某项技术。本标准中的工艺包是指企业引进或自主开发的，用于工程设计关键技术或核心技术，经所在行业的业务主管部门或所在行业的全国性专业社团组织等认可的工艺包（软件包）。

9. 承担业务范围

取得工程设计综合资质的企业可以承担各行业的工程项目设计、工程项目管理和相关的技术、咨询与管理服务业务；其同时具有一级施工总承包（施工专业承包）资质的，可以自行承担相应类别工程项目的工程总承包业务（包括设计和施工）及相应的工程施工总承包（施工专业承包）业务；其不具有一级施工总承包（施工专业承包）资质的企业，可以承担该项目的工程总承包业务，但应将施工业务分包给具有相应施工资质的企业。

取得工程设计行业、专业、专项资质的企业可以承担资质证书许可范围内的工程项目设计、工程总承包、工程项目管理和相关的技术、咨询与管理业务。承担工程总承包业务时，应将工程施工业务分包给具有工程施工资质的企业。

（三十六）对于申请工程设计综合资质的，在已启动的工程勘察设计系列（造价系列）的注册专业数量未达到 5 个专业前，已启动注册工程师考试但未启动注册的专业可视为有效注册专业，已取得该专业执业资格证书的人员可视为有效注册人员。在申请资质时需提供这些人员的注册申请表或本人同意在该企业注册的声明、执业资格证书、劳动合同及身份证明复印件。

工程勘察设计系列（造价系列）的注册专业数量达到或超过 5 个专业后，申请工程设计综合资质时，需提供注册人员的注册执业证书、执业印章印鉴、身份证明复印件。

（三十七）工程设计综合资质标准中所称具有初级以上专业技术职称且从事工程设计的人员；行业、专业、专项资质标准中所称企业主要技术负责人或总工程师以及结构设计、机电设计事务所资质标准中的合伙人，年龄限制在 60 周岁及以下。

（三十八）新《标准》中的注册人员具有 2 个及以上注册执业资格，作为注册人员考核时只认定其一个专业的注册执业资格，其他注册执业资格不再作为相关专业的注册人员予以认定。

（三十九）持原《工程设计资质证书》的，其承接业务范围，以原《工程设计资质分级标准》（建设〔2001〕22 号，以下简称原《标准》）规定的承接业务范围为准。持新《工程设计资质证书》的，其承接业务范围以新《标准》规定的承接业务范围为准。

（四十）申请各专项资质的，企业主要技术负责人或总设计师、总工程师，以及主要专业技术人员中的非注册人员的资格条件以相应专项资质标准规定的考核条件为准。其中企业主要专业技术人员中的非注册人员的学历、职称条件在专项资质标准未作规定的，按大专以上学历、中级以上专业技术职称确定。

申请建筑工程设计丁级的，专业技术人员的学历和从业年限以建筑工程设计专业丁级资质标准规定的考核条件为准。

（四十一）对于新《标准》新设置的军工（地面设备工程、运载火箭制造工程、地面制导弹工程）、机械（金属制品业工程、热加工、表面处理、检测、物料搬运及仓储）、铁道（轨道）、水运（港口装卸工艺）、民航（供油工程）、水利（水土保持、水文设施）、农林（种植业工程）等工程设计专业资质和照明工程设计专项资质，在 2009 年 3 月 31 日以前，企业可根据实际达到的资质条件申请不同级别的资质。2009 年 4 月 1 日以后，企业新申请以上类别工程设计专业或专项资质的最高等级为乙级（不设乙级的除外）。

七、过渡期有关规定

（四十二）自新《标准》发布之日起，新申请资质、申请增项资质、申请资质升级的企业应按新《标准》提出申请。各地区、各部门按原《标准》已经受理的申请材料报送国家建设主管部门的截止日期为 2007 年 8 月 31 日。

（四十三）为确保新旧资质证书的平稳过渡，按照"简单、便捷、高效"的原则，对已经取得行业设计资质、行业部分设计资质、专业事务所资质（暂定级除外）的企业，在 2010 年 3 月 31 日以前，在满足原《标准》的条件下，其资质证书继续有效。2010 年 3 月 31 日以前，企业只需满足新《标准》中主要专业技术人员等基本标准条件，即可按照新旧设计类型对照关系换领有效期为 5 年的新资质证书，具体换领工作安排另行通知。自 2010 年 4 月 1 日起，原资质证书作废。

已经取得工程设计专项资质（暂定级除外）的企业，应在 2008 年 3 月 31 日前达到新《标准》规定的相应资质标准条件，从 2008 年 4 月 1 日起，我部将按照新《标准》开展换证工作，具体换证工作安排另行通知。

已经取得主导工艺设计资质、综合事务所资质的企业，应在 2010 年 1 月 31 日前按照新《标准》提出资质重新核定申请，并换发新资质证书，核定后证书有效期为 5 年。其现有资质证书有效期至 2010 年 3 月 31 日，过期作废。

（四十四）按原《标准》取得暂定级设计资质证书的企业，应在其暂定级届满前 60 日提出转正申请，对符合新《标准》的，给予转正，证书有效期为 5 年；对符合原《标准》的，给予转正，证书有效期至 2010 年 3 月 31 日，证书到期后需按新《标准》重新核定，核定后证书有效期为 5 年；对既不符合新《标准》也不符合原《标准》的，按新《标准》重新核定，核定后证书有效期为 5 年。

企业按新《标准》申请资质转正所需提交的申报材料，按本实施意见第（十二）条申请资质升级所应提交的申报材料要求办理。企业按原《标准》申请资质转正所需提交的申报材料，仍按建办市函［2006］274 号文相应要求办理。

（四十五）企业如因证书变更等换领证书（专项资质除外）的，符合新《标准》设置要求的，且满足新《标准》中主要专业技术人员等基本标准条件，即可按照新旧设计类型对照关系换领有效期为 5 年的新资质证书。不符合新《标准》设置要求或不满足新《标准》中主要专业技术人员等基本标准条件的，换领有效期至 2010 年 3 月 31 日的资质证书。

（四十六）原已取得市政行业风景园林专业资质的企业，可直接换领新标准中相应等级的风景园林专项资质。

附件 1：工程勘察、工程设计资质申请表（略）

附件 2：《工程勘察、工程设计资质申请表》填表说明（略）

建设部《关于建设工程企业发生改制、重组、分立等情况资质核定有关问题的通知》

（建市［2007］229 号）

各省、自治区建设厅，直辖市建委，北京市规划委员会，江苏省、山东省建管局，新疆生产建设兵团建设局，国务院有关部门建设司（局），总后营房部工程管理局，国资委管理的有关企业：

为了进一步明确工程勘察设计、施工、监理企业及招标代理机构（简称建设工程企业）改制、重组、分立后涉及资质重新审核办理的有关要求，简化审核办理程序，方便和服务企业，现将建设工程企业改制、重组、分立后涉及资质办理的有关事项通知如下：

一、下列类型建设工程企业改制、重组、分立，申请办理企业资质，按照有关规定重新进行核定。

1. 企业新设分立（也称"解散分立"），即企业的资产（含设备，下同）、人员、业务等分立为两个或两个以上的新企业，原企业注销，新企业分别申请原企业的相关资质的；

2. 企业派生分立（也称"存续分立"），即企业的部分资产、人员、业务等分立设立一个或几个新企业，原企业仍然存在。原企业和新企业分别申请原企业原有相关资质的，或者原企业不再拥有资质，由新企业申请原企业原有相关资质的；

3. 企业经济性质变更，即内资企业被外资企业整体收购或收购部分股权，企业性质由内资企业变更为外资企业，经商务主管部门审批后，取得外商投资批准证书的；或者外资企业由于外国投资者的退出，企业性质由外资企业变更为内资企业，经商务主管部门注销外商投资批准证书后，办理工商营业执照变更为内资的。

属于以上第1、2两种情况的，分立设立的新企业应当提交原企业关于代表工程业绩、法律责任承继或分割情况的说明材料；若分立后的两家新企业分别申请原企业的同一项资质类别，则应当分别提供相应的代表工程业绩；属于第3种情况的，变更后的新企业申请原企业原有资质可不提交代表工程业绩材料。

对外资收购内资的，应按照《外商投资建筑业企业管理规定》（建设部、外经贸部令第113号）、《外商投资建设工程设计企业管理规定》（建设部、外经贸部令第114号）、《外商投资建设工程服务企业管理规定》（建设部、商务部令第155号）及《外商投资建设工程设计企业管理规定实施细则》（建市〔2007〕18号）等有关规定办理。

二、根据有关法律法规和企业资质管理规定，下列类型的建设工程企业发生改制、合并等情况申请资质证书的，可按照有关规定简化审批手续，直接进行证书变更。有关具体申报材料和程序按照《关于建设部批准的建设工程企业办理资质证书变更和增补有关事项的通知》（建市函〔2005〕375号）等要求办理。

1. 企业吸收合并，即一个企业吸收另一个企业，被吸收企业已办理注销登记的；

2. 企业新设合并，即有资质的几家企业，合并重组为一个新企业，原有企业注销，新企业申请承继原有企业资质的；

3. 国有企业整体改制的，改制后的企业申请承继原国有企业的所有资质的；或者国有企业将其主营业务资产、人员等投资设立新的公司制企业，原国有企业依然存续，不再拥有建设工程企业资质，由新企业申请承继原企业与主营业务相关的资质的。

三、企业改制、重组等涉及注册资本与实收资本变更的，按照实收资本考核。

四、本通知自下发之日起执行。

中华人民共和国建设部

二○○七年九月二十一日

建设部《关于印发〈工程建设项目招标代理机构资格认定办法实施意见〉的通知》

（建市〔2007〕230号）

各省、自治区建设厅，直辖市建委，新疆生产建设兵团建设局，国务院有关部门建设司（局），总后营房部工程管理局，国资委管理的有关企业：

根据《工程建设项目招标代理机构资格认定办法》（建设部令第154号），我部组织制订了《工程建设项目招标代理机构资格认定办法实施意见》，现印发给你们，请遵照执行。执行中有何问题，请与我部建筑市场管理司联系。

附件：工程建设项目招标代理机构资格认定办法实施意见

中华人民共和国建设部

二〇〇七年九月二十一日

工程建设项目招标代理机构资格认定办法实施意见

为规范工程建设项目招标代理机构资格认定管理，依据《招标投标法》、《工程建设项目招标代理机构资格认定办法》（建设部令第154号，以下简称《认定办法》）等法律法规，制定本实施意见。

一、申请材料内容

（一）工程招标代理机构资格初始申请，需提供下列材料：

1. 《工程建设项目招标代理机构资格申请表》（以下简称《申请表》）及电子文档；

2. 企业法人营业执照正本、副本复印件；

3. 企业章程复印件；

4. 验资报告（含所有附件）复印件；

5. 主要办公设备清单、办公场所证明材料（自有的提供产权证复印件；租用的提供出租方产权证以及租用合同或协议的复印件）；

6. 技术经济负责人的身份证、任职文件、个人简历、高级职称证书、工程建设类注册执业资格证书、从事工程管理经历证明、社会保险缴费凭证、人事档案管理代理证明的复印件；

7. 工程建设类注册执业资格人员的身份证、注册执业资格证书（含变更记录及续期记录）、社会保险缴费凭证、人事档案管理代理证明及从事工程管理经历证明的复印件；

8. 具有工程建设类中级以上职称专职人员的身份证、职称证书、社会保险缴费凭证、人事档案管理代理证明及从事工程招标代理经历证明的复印件；

9. 工程招标代理机构内部各项管理规章制度；

10. 评标专家库成员名单。

（二）工程招标代理机构资格升级申请，需提供本实施意见第（一）条所列材料外，还需提供下列材料：

1. 原工程建设项目招标代理机构资格证书正本、副本（含变更记录）复印件；

2. 工程招标代理有效业绩证明，包括：工程招标代理委托合同、中标通知书和招标人评价意见（中标通知书或评价意见应有主管部门备案章的复印件）；

3. 企业上一年度经审计的财务报告（含资产负债表、损益表及报表说明）的复印件。

（三）工程招标代理机构资格延续申请，需提供下列材料：

1.《工程建设项目招标代理机构资格申请表》（以下简称《申请表》）及电子文档；

2. 企业法人营业执照正本、副本复印件；

3. 工程建设项目招标代理机构资格证书正本、副本（含变更记录）复印件；

4. 技术经济负责人的身份证、任职文件、个人简历、高级职称证书、工程建设类注册执业资格证书、从事工程管理经历证明、社会保险缴费凭证、人事档案管理代理证明的复印件；

5. 工程建设类注册执业资格人员的身份证、注册执业资格证书（含变更记录及续期记录）、社会保险缴费凭证、人事档案管理代理证明及从事工程管理经历证明的复印件；

6. 具有工程建设类中级以上职称专职人员的身份证、职称证书、社会保险缴费凭证、人事档案管理代理证明及从事工程招标代理经历证明的复印件；

7. 工程招标代理有效业绩证明，包括：工程招标代理委托合同、中标通知书和招标人评价意见（中标通知书或评价意见应有主管部门备案章）的复印件；

8. 建设主管部门提供的确认工程招标代理机构在资格有效期内市场诚信行为信息档案情况。

（四）甲级工程招标代理机构申请变更资质证书中企业名称的，由建设部负责办理。机构应向工商注册所在地的省、自治区、直辖市人民政府建设主管部门提出申请，并提交下列材料：

1.《建设工程企业资质证书变更审核表》；

2. 企业法人营业执照副本复印件；

3. 原有资格证书正、副本原件及复印件；

4. 股东大会或董事会关于变更事项的决议或文件。

上述规定以外的资格证书变更手续，由省、自治区、直辖市人民政府建设主管部门负责办理，具体办理程序由省、自治区、直辖市人民政府建设主管部门依法确定。其中甲级工程招标代理机构其资格证书编号发生变化的，省、自治区、直辖市人民政府建设主管部门需报建设部核准后，方可办理。

（五）工程招标代理机构改制、重组、分立、合并需重新核定资格的，除提供（一）、（二）所列材料外，还需提交下列材料：

1. 工程招标代理机构改制、重组、分立、合并情况报告；

2. 上级部门的批复（准）文件复印件；或股东大会或董事会关于改制、重组、分立、合并或股权变更等事项的决议复印件。

（六）甲级工程招标代理机构申请工商注册地跨省、自治区、直辖市变更的，应向拟迁入工商注册地的省、自治区、直辖市人民政府建设主管部门提出申请，除提供（一）所列材料外，还应提交下列材料：

1. 工程招标代理机构原工商注册所在地省级建设主管部门同意资格变更的书面意见；

2. 资格变更前原企业工商注册登记注销证明及资格变更后新企业法人营业执照正本、副本复印件。

其中涉及到资质证书中企业名称变更的，省、自治区、直辖市人民政府建设主管部门应将受理的申请材料报建设部办理。

乙级、暂定级工程招标代理机构申请工商注册地跨省、自治区、直辖市变更，由各省、自治区、直辖市人民政府建设主管部门参照上述程序依法制定。

（七）材料要求

1. 申报材料应包括《申请表》及相应的附件材料；《申请表》一式二份，附件材料一套（其中业绩证明材料应独立成册），并注明总册数和每册编号；

2. 附件资料应按上述"申请材料内容"的顺序排列，编制标明页码的总目录。复印资料关键内容必须清晰、可辨，申请材料必须数据齐全、填表规范、盖章或印鉴齐全、字迹清晰；

3. 附件资料装订规格为 A4（210mm×297mm）型纸，建议采用软封面封底，并逐页编写页码；

4. 专职人员资料的排列顺序，除按照"申请材料内容"的顺序排列外，《申请表》中人员表格中名单的排列也应与上述顺序相同；

5. 工程招标代理业绩证明材料应当依照《申请表》中填报的项目顺序（按时间先后顺序）提供，同一项业绩的工程招标代理委托代理合同、中标通知书和业主招标人评价意见应当装订在一起，三项材料缺一不可；

6. 甲级招标代理资格申请，应登陆建设部网站（http：//www.cin.gov.cn），通过建设工程资质审核专栏，填报申请数据，进行网上申报。

二、受理审查程序

（八）受理审查

1. 资格受理部门应在规定时限内对招标代理机构提出的资格申请做出是否受理的决定；

2. 资格初审部门应当对申报的附件材料原件进行核验，确认各项材料与原件相符，并在申报材料上加盖"原件与复印件一致"印章；

3. 资格许可机关可组织专家委员会对申请材料进行评审，并提出评审意见，在规定时限内作出行政许可决定；

4. 资格许可机关对企业申报材料提出质疑的，招标代理机构应予配合，做出相关解释或提供相关证明材料；

5. 资格许可机关对工程招标代理机构的申请材料、审查记录和审查意见、公示、质询和处理等书面材料和电子文档等应归档并保存5年；

6. 甲级工程招标代理机构的资格审查公告在建设部网站发布；乙级和暂定级工程招标代理机构资格的公告发布由各省、自治区、直辖市人民政府建设主管部门自行确定。

（九）资格延续

1. 工程招标代理机构应于资格证书有效期届满60日前，向原资格许可机关提出资格延续申请。逾期不申请资格延续的，其工程招标代理机构资格证书有效期届满后自动失效。如需从事工程招标代理业务，应按首次申请办理；

2. 甲级工程招标代理机构资格延续申请，应当通过工商注册所在地的省级人民政府建设主管部门上报国务院建设主管部门审批；

3. 招标代理机构在资格有效期内遵守有关法律、法规、规章、技术标准，信用档案中无《认定办法》第三十条规定的不良行为记录，且业绩、专职人员条件满足资格条件要求的，经原资格许可机关同意，可延续相应资格证书的有效期。不满足资格条件要求的，资格许可机关不予资格延续。

（十）资格变更、改制、重组、分立与合并

1. 工程招标代理机构改制、重组后不再符合资格条件的，应当按其实际达到的资格条件及《认定办法》申请重新核定；资格条件不发生变化的，按照变更规定办理；

2. 工程招标代理机构分立或者合并的，按照《认定办法》第二十一条执行。

三、资格证书

（十一）工程招标代理机构资格证书由国务院建设主管部门统一编码，由审批部门负责颁发，并加盖审批部门公章。

国务院建设主管部门统一制定资格证书编号规则，各级别资格证书全国通用。

（十二）工程招标代理机构资格证书包括正本一本和副本四本，企业因经营需要申请增加资格证书副本数量的，应持增加申请、企业法人营业执照副本、资格证书副本到原发证机关办理，最多增加四本。

（十三）工程招标代理机构遗失资格证书的，可以申请补办，并需提供下列资料：

1. 工程招标代理机构申请补办报告；

2. 《建设工程企业资质证书增补审核表》；

3. 在全国性建筑行业报纸或省级综合类报纸上刊登的遗失声明。

四、监督管理

（十四）工程招标代理机构应当按照《认定办法》的规定，向资格许可机关及时、准确地提供企业信用档案信息。信用档案信息应当包括机构基本信息、完成的招标代理业绩情况、招标代理合同的履约以及招标代理过程中有无不良行为等情况。

（十五）省级人民政府建设主管部门应通过核查工程招标代理机构资格条件、专职人员实际履职或执业情况、市场经营行为、招标代理服务质量等信用档案信息状况，充分运用网络信息化等手段，加强对工程招标代理机构资格的动态管理。

（十六）上级建设主管部门必要时可以对下级资格初审或审查部门的审批材料、审批程序，以及招标代理机构的申请材料等进行检查或抽查。

（十七）各级建设主管部门应建立并完善代理机构信用档案信息的记录、汇总、发布等工作，建立跨地区的联动监管机制。工程招标代理机构出现《认定办法》第二十五条所列违法违规行为的，各级建设主管部门在依法作出相应的行政处罚后，将处罚情况记入工程招标代理机构信用档案，并将处罚情况通报相应资格许可机关，资格许可机关应对其资格条件情况进行严格核查。一旦发生不满足资格条件的情况，按照《认定办法》第二十七条规定执行。

五、有关说明

（十八）申请招标代理机构资格的企业，不得与行政机关以及有行政职能的事业单位有隶属关系或者其他利益关系。有下列情形之一的，属于与行政机关、有行政职能的事业单位以及招投标人有隶属关系或者其他利益关系：

1. 由国家机关、行政机关及其所属部门、履行行政管理职能或者存在其他利益关系的事业单位出资；

2. 与国家机关、行政机关及其所属部门、履行行政管理职能或者存在其他利益关系的事业单位存在行政隶属关系；

3. 法人代表或技术经济负责人由国家机关、行政机关及其所属部门、履行行政管理职能或者存在其他利益关系的事业单位任命。

（十九）注册资本金以企业法人营业执照载明的实收资本和验资报告中载明的实际出资的注册资本金为考核指标。

（二十）超过60岁的人员，不得视为代理机构的专职人员；部分超过法定退休年龄已办理退休的专职人员，无社保证明的，需提供与企业依法签订的劳动合同主要页（包括合同双方名称、聘用起止时间、签字盖章、生效日期）；未到法定退休年龄已办理内退手续的专职人员，需提供原单位内退证明及与企业依法签订的劳动合同主要页（包括合同双方名称、聘用起止时间、签字盖章、生效日期）。

（二十一）工程建设类注册执业资格包括：注册建筑师、注册结构工程师及其他勘察设计注册工程师、注册建造师、注册监理工程师、注册造价工程师等具有注册执业资格的人员。申请甲级招标代理资格的机构，其注册人员的级别要求为一级注册建造师、一级注册建筑师、一级注册结构工程师或者其他注册人员，乙级、暂定级资格企业注册执业人员级别由省、自治区、直辖市人民政府建设主管部门自行确定。

一人同时具有注册监理工程师、注册造价工程师、注册建造师、注册建筑师、注册结构工程师或者其他勘察设计注册工程师两个及两个以上执业资格，证书不能重复计算，只能计算为工程建设类注册执业资格人员中的1人。

（二十二）社会保险证明指社会统筹保险基金管理部门颁发的代理机构社会养老保险手册及对帐单；或该机构资格有效期内的含有个人社会保障代码、缴费基数、缴费额度、缴费期限等信息的参加社会保险缴费人员名单和缴费凭证。

（二十三）人事档案代理管理证明是指国家许可的有人事档案管理权限的机构出具的资格有效期内的代理机构人事档案存档人员名单和委托代理管理协议（合同）。

（二十四）工程招标代理机构内部管理规章制度主要包括：人事管理制度、代理工作规则、合同管理办法、财务管理办法、档案管理办法等。

（二十五）工程总投资是指工程项目立项批准文件上的工程总投资额，含征地费、拆迁补偿费、大型市政配套费、建安工程费等。

（二十六）招标代理业绩证明材料中的工程招标代理合同应当至少载明下列内容：

1. 招标人和工程招标代理机构的名称与地址；

2. 工程概况与总投资额；

3. 代理事项、代理权限和代理期间；

4. 代理酬金及支付方式；

5. 双方的权利和义务；

6. 招标代理机构项目负责人情况；

7. 违约、索赔和争议条款。

（二十七）工程招标代理业绩要求的"近3年"的计算方法：企业申报业绩的中标通知书出具日期至该代理机构资格申报之日，期间跨度时间应在3年以内。

六、分支机构备案管理

（二十八）工程招标代理机构设立分支机构的，应当自领取分支机构营业执照之日起30日内，持下列材料到分支机构工商注册所在地省、自治区、直辖市人民政府建设主管部门备案：

1. 分支机构营业执照复印件；

2. 招标代理机构资格证书复印件；

3. 拟在分支机构执业的本机构不少于2名工程建设类注册执业人员的注册证书、职称证书和劳动合同复印件（其中注册造价师不少于1人）；

分支机构工作的本机构聘用有中级以上职称的专职人员不少于5人的身份证、职称证书、社会保险缴费凭证、人事档案管理代理证明和从事工程招标代理经历证明的复印件；

4. 分支机构内部管理规章制度；

5. 分支机构固定办公场所的租赁合同和产权证明（自有的只须提供产权证明）；

6. 机构注册地建设行政主管部门开具的一年内无不良行为的诚信记录证明。

省、自治区、直辖市人民政府建设主管部门应当在接受备案之日起20日内，报国务院建设主管部门备案。

（二十九）分支机构应当由设立该分支机构的工程招标代理机构负责承接工程招标代理业务，签订工程招标代理合同、出具中标通知书。

分支机构不得以自己名义承接工程招标代理业务、订立工程招标代理合同。

附件：1. 工程建设项目招标代理机构资格申请表（略）

2. 社会保险缴纳情况表（样表）（略）

建设部《关于印发〈建筑业企业资质管理规定实施意见〉的通知》

（建市〔2007〕241号）

各省、自治区建设厅，直辖市建委，江苏和山东省建管局，新疆生产建设兵团建设局，国务院有关部门建设司，总后营房部工程局，国资委管理的有关企业：

根据《建筑业企业资质管理规定》（建设部令第159号）、《建筑业企业资质等级标准》（建建〔2001〕82号）和《施工总承包企业特级资质标准》（建市〔2007〕72号），我部组织制定了《建筑业企业资质管理规定实施意见》，现印发给你们，请遵照执行。执行中有何问题，请与我部建筑市场管理司联系。

附件：1. 建筑业企业资质申请表（略）
   2. 施工总承包企业特级资质标准信息化考评表（略）

中华人民共和国建设部
二○○七年十月十八日

建筑业企业资质管理规定实施意见

为规范建筑业企业资质管理，依据《建筑业企业资质管理规定》（建设部令第159号，以下简称《规定》）及相关法律法规，制定本实施意见。

一、资质申请

（一）依法取得工商行政管理部门颁发的《企业法人营业执照》的企业，在中华人民共和国境内从事土木工程、建筑工程、线路管道设备安装工程、装修工程的新建、扩建、改建等活动，应当申请建筑业企业资质。

（二）企业申请资质应按照《规定》第九条、第十条、第十一条规定的申请渠道提出申请，增项资质按照主项资质的申请渠道申请；

《规定》第九条第（二）款规定之外的企业申请各类资质，应向企业工商注册所在地建设主管部门申请。

（三）已取得工程设计综合资质、行业甲级资质的企业，可以直接申请一级及以下建筑业企业资质，但应满足建筑业企业资质标准要求。申请施工总承包资质的，企业完成相应规模的工程总承包业绩可以作为工程业绩申报资质。

其他工程设计企业申请建筑业企业资质应按照《规定》的要求办理。

（四）对企业改制、分立或合并后设立的企业，资质许可机关按下列规定进行资质核定：

1. 整体改制的企业，按资质变更程序办理；

2. 合并后存续或者新设立的企业可以承继合并前各方中较高资质等级。合并后不申请资质升级和增加其他专业资质的，按资质变更程序办理；申请资质升级或增加其他专业资质的，资质许可机关应根据其实际达到的资质条件，按照《规定》中的审批程序核定；

3. 企业分立成两个及以上企业的，应根据其实际达到的资质条件，按照《规定》的审批程序对分立后的企业分别重新核定资质等级。

（五）企业申请资质升级不受年限限制。

（六）企业可以申请一项或多项资质，申请多项资质的，应当选择一项作为主项资质，其余为增项资质。

企业的增项资质级别不得高于主项资质级别。

经原资质许可机关批准，企业的主项资质可以与增项资质互换。

（七）选择总承包序列某一类别资质作为本企业主项资质的，可申请总承包序列内各类别资质。取得施工总承包资质的企业，不再申请总承包资质覆盖范围内的各专业承包类别资质，即可承揽专业承包工程。总承包企业投标或承包其总承包类别资质覆盖范围以外的专业工程，须具备相应的专业承包类别资质；总承包企业不得申请劳务分包类别资质。

总承包类别覆盖的相应专业承包类别的对照表，另行制定印发后执行。

二、申请材料

企业申请资质需提供《建筑业企业资质申请表》（含电子文档）及相应附件资料，并按照下列顺序进行装订：

（八）综合资料（第一册）：

1. 企业法人营业执照副本；

2. 企业资质证书正、副本；

3. 企业章程；

4. 企业近3年建筑业行业统计报表；

5. 企业经审计的近3年财务报表；

6. 企业法定代表人任职文件、身份证明；

7. 企业经理和技术、财务负责人的身份证明、职称证书、任职文件及相关资质标准要求的技术负责人代表工程业绩证明资料；

8. 如有设备、厂房等要求的，应提供设备购置发票或租赁合同、厂房的房屋产权证或房屋租赁合同等相关证明，以及相关资质标准要求提供的其他资料；

9. 企业安全生产许可证（劳务分包企业、混凝土预制构件企业、预拌商品混凝土等企业可不提供）。其中，首次申请资质的企业，不需提供上述2、4、5、9的材料，但应提供企业安全生产管理制度的文件；

10. 申请特级资质的，除提供上述材料外，还应提供：

（1）企业近3年银行授信凭证；

（2）企业近3年上缴建筑业营业税税票或境外工程的工程结算凭证；

（3）省、部级（或相当于省部级）以上企业技术（研发）中心，或分中心认证的证书或有效核准文件；

（4）国家级工法的认定文件、专利技术的认定证书；

（5）国家科技进步奖获奖证书或主编过工程建设国家、行业标准的发布通知（或发布令）、封面、目次、前言和引言等资料复印件。

（九）人员资料（第二册）：

1. 建筑业企业资质申请表中所列注册人员的身份证明、注册证书；

2. 建筑业企业资质标准要求的非注册的专业技术人员的职称证书、身份证明、养老保险凭证；

3. 部分资质标准要求企业必须具备的特殊专业技术人员的职称证书、身份证明及养老保险凭证，还应提供相应证书及反映专业的证明材料；

4. 劳务分包企业应提供标准要求的人员岗位证书、身份证明。

（十）工程业绩资料（申请最低等级资质不提供）（第三册）：

1. 工程合同、中标通知书；

2. 符合国家规定的竣工验收单（备案表）或质量核验资料；

3. 上述资料无法反映技术指标的，还应提供反映技术指标要求的工程照片、图纸、工程决算资料等。

（十一）对企业申请改制、分立、合并需重新核定资质的，除需提供上述资料外，还应提供下列资料（列入第一册综合材料）：

1. 企业改制、分立、合并方案（包括新企业与原企业资产、人员、工程业绩的分割情况）；

2. 企业改制、分立、合并的批准文件或股东会或职工代表大会决议；

3. 企业改制、分立应提供改制、分立前企业近 3 年财务报表和统计报表；

4. 企业合并应提供合并前各企业近 3 年财务报表和统计报表及最新合并报表；

5. 会计师事务所出具的验资报告。

（十二）资质证书延续资料

1. 《建筑业企业资质延续申请表》

2. 企业法人营业执照副本；

3. 企业资质证书正、副本；

4. 企业注册人员的注册证书。

（十三）已具备工程设计资质的企业首次申请同类别或相近类别建筑业企业资质的，其申报材料除应提供首次申请所列全部材料外，申请除最低等级的施工总承包资质的，还应提供本实施意见第（十）条所要求的全部材料。

（十四）具有《规定》第九条资质的企业申请变更资质证书中企业名称的，由建设部负责办理。企业应向工商注册所在地的省、自治区、直辖市人民政府建设主管部门提出申请，并提交下列材料：

1. 《建设工程企业资质证书变更审核表》；

2. 企业法人营业执照副本复印件；

3. 企业原有资质证书正、副本原件及复印件；

4. 企业股东大会或董事会关于变更事项的决议或文件。

上述规定以外的资质证书变更手续，由省、自治区、直辖市人民政府建设主管部门负责办理，具体办理程序由省、自治区、直辖市人民政府建设主管部门依法确定。其中具有《规定》第九条资质的企业其资质证书编号发生变化的，省、自治区、直辖市人民政府建设主管部门需报建设部核准后，方可办理。

（十五）具有《规定》第九条资质的企业申请工商注册地跨省、自治区、直辖市变更的，企业应向新注册所在地的省、自治区、直辖市人民政府建设主管部门提出申请，并提交下列材料：

1. 企业原工商注册地省、自治区、直辖市人民政府建设主管部门同意资质变更的书面意见；

2. 变更前原工商营业执照注销证明及变更后新工商营业执照正、副本复印件；

3. 首次申请资质的全部材料。

其中涉及到资质证书中企业名称变更的，省、自治区、直辖市人民政府建设主管部门应将受理的申请材料报建设部办理。

具有《规定》第九条资质的企业之外的其他企业申请工商注册地跨省、自治区、直辖市变更，由各省、自治区、直辖市人民政府建设主管部门参照上述程序依法制定。

（十六）资料要求

1. 《建筑业企业资质申请表》一式四份，附件资料一套。其中涉及到铁路、交通、水利、信息产业、民航等专业部门资质的，每涉及一个专业部门，须另增加《建筑业企业资质申请表》两份、附件资料一套。

2. 资质受理机关负责核对企业提供的资料原件，原件由企业保存。资质许可机关正式受理后，所有资料一律不得更换、修改、退还。

上级相关主管部门对企业申请材料有质疑的，企业应当提供相关资料原件，必要时要配合相关部门进行实地调查。

3. 附件资料应按"综合资料、人员资料、工程业绩资料"的顺序排列装订，规格为A4（210mm×297mm）型纸，并有标明页码的总目录及申请说明，建议采用软封面封底，逐页编写页码。

企业申报的资料必须使用中文，资料原文是其他文字的，须同时附中文译本并翻译准确。

4. 申请资料必须数据齐全、填表规范、印鉴齐全、字迹清晰，复印件必须清晰、可辨。

三、资质受理审查程序

（十七）《规定》第十一条所列"燃气燃烧器具安装、维修企业资质"的管理办法及审查标准由国务院建设主管部门另行规定。

（十八）省、自治区、直辖市人民政府建设主管部门根据本地区特殊情况，需增列《标准》中各类专业工程外的其他工程种类，其资质标准可参照专业承包序列"特种专业工程专业承包企业资质等级标准"的条件提出，报国务院建设主管部门按法定程序批准后予以颁布。由省、自治区、直辖市人民政府建设主管部门实施。

（十九）专业承包企业资质标准没有分级的，其申请和审批程序与专业承包一级企业相同；劳务分包企业资质没有分级的，其申请和审批程序与劳务分包一级企业相同。

（二十）涉及铁路、交通、水利、信息产业、民航等方面资质，由国务院建设主管部门负责审批的，国务院建设主管部门送国务院有关部门审核，国务院有关部门应在20日内审核完毕，并将审核意见返回国务院建设主管部门。由省、自治区、直辖市人民政府建设主管部门审批的，省、自治区、直辖市人民政府建设主管部门送省有关部门审核后审批。

涉及铁道、交通、水利、信息产业、民航方面的资质，除由国务院建设主管部门负责审批的资质外，其余资质由省、自治区、直辖市人民政府建设主管部门审批。

涉及铁道方面二级总承包资质的审批，因各省、自治区、直辖市人民政府目前没有设立相应的行政主管部门，其审批程序暂与一级资质相同。

（二十一）施工总承包特级资质的许可实行实地核查制度。

（二十二）资质许可实行公告制度。

由国务院建设主管部门实施许可的，公告在全国发行的综合性报纸或通过互联网进行发布；

由省、自治区、直辖市人民政府建设主管部门及设区的市人民政府建设主管部门实施许可的，公告方式由省、自治区、直辖市人民政府建设主管部门自行确定。

（二十三）资质许可机关对建筑业企业的所有申请、审查等书面材料应当至少保存5年。

上级建设主管部门有权对下级建设主管部门受理的企业申请材料、初审部门的审核材料进行监督检查。

（二十四）省级及以下建设主管部门应当在作出资质许可决定后30日内，将资质许可的决定，通过省级建设主管部门，向国务院建设主管部门备案，同时抄送相应专业部门，由建设部将各省资质许可情况及时在网上向社会公布，以方便异地查询和确认。逾期或未向建设部备案的，建设部将不再给予上网公布。

（二十五）企业申请资质升级、资质增项的，资质许可机关应当核查其近一年内有无《建筑业企业资质管理规定》第二十一条所列违法违规行为、有无《建筑市场诚信行为信息管理办法》（建市〔2007〕9号）中施工单位不良行为记录认定标准所列行为，并将核查结果作为资质许可的重要依据。

四、资质证书

（二十六）建筑业企业资质证书由建设部统一制定。实行全国统一编码，具体编码办法由国务院建设主管部门另行制定。

（二十七）建筑业企业资质证书，包括1个正本和3个副本（特级12本）。企业因经营需要申请增加资格证书副本数量的，应持增加申请、企业法人营业执照副本、资格证书副本到原发证机关办理，最多增加3本（特级不超过6个副本）。

（二十八）各级建设主管部门依法颁发的企业资质证书在全国范围内有效。

（二十九）企业遗失资质证书，可以申请补办。需提供下列资料：

1. 申请补办的报告；

2. 《建设工程企业证书增补审核表》；

3. 在《中国建设报》等全国性建设行业报纸或省级综合类报纸上刊登的遗失声明。

（三十）企业因变更、升级、注销等原因需要换发或收回资质证书的，由原资质许可机关负责收回并销毁。

（三十一）施工总承包特级资质证书：

1. 取得施工总承包序列中某一类别特级资质的企业，核发本类别建筑业企业特级资质证书;同时核发某一相应行业的工程设计甲级资质证书。

2. 取得房屋建筑、公路、铁路、市政公用、港口与航道、水利水电等类别中任意一类施工总承包特级资质，同时取得其他两类施工总承包一级及以上资质的。对达到特级标准的类别，核发建筑业企业特级资质证书和相应行业的行业甲级设计证书；并在建筑业企业资质证书上注明：可承接上述其他类别的各类工程施工总承包、工程总承包和项目管理及开展设计主导专业人员齐备的施工图设计业务。同时不再授予房屋建筑、公路、铁路、市政公用、港口航道、水利水电等类别的一级及以下施工总承包资质。

3. 取得房屋建筑、矿山、冶炼、石油化工、电力等类别中任意 1 类施工总承包特级资质，同时取得其他 2 类施工总承包一级及以上资质的。对达到特级标准的类别，核发建筑业企业特级资质证书和相应行业的行业甲级设计证书；并在建筑业企业资质证书上注明：可承接上述其他类别的各类工程施工总承包、工程总承包和项目管理及开展设计主导专业人员齐备的施工图设计业务。同时不再授予房屋建筑、矿山、冶炼、石油化工、电力等类别的一级及以下施工总承包资质。

（三十二）资质证书有效期为 5 年。

有效期的起始时间：以企业首次取得最高等级主项资质的日期为资质证书有效期计算起始时间。企业资质发生变更的，有效期不变，其中涉及到主项升级，或分立、合并事项的，按新批准时间作为有效期的起始日。

（三十三）资质证书的续期

1. 企业应于资质证书有效期届满 60 日前，按原资质申请途径申请资质证书有效期延续。在资质证书有效期内遵守有关法律、法规、规章、技术标准和职业道德，信用档案中无不良记录且注册资本和专业技术人员满足标准要求的，经资质许可机关同意，在其资质证书副本上签发有效期延续 5 年的意见；对有违法违规行为、信用档案中有不良记录或企业资质条件发生变化的，资质许可机关应对其资质情况进行重新核定。

2. 企业在资质证书有效期届满前 60 日内申请资质延续的，资质受理部门可受理其申请，但自有效期到期之日至批准延续的时间内资质证书失效。资质证书有效期届满仍未提出延续的，其资质证书自动失效。如需继续开展工程建设活动，企业必须重新申请建筑业企业资质。

五、监督管理

（三十四）地方各级建设主管部门应对本辖区内从事建筑施工活动的建筑业企业建立信用档案，根据本地实际情况制定资质许可的层级监管办法和监管标准，运用网络信息化手段对建筑业企业资质许可实施监督管理。

（三十五）监督管理的内容是对建筑业企业在建筑市场中违法违规行为的监督以及企业资质条件的检查。

对于发生违法违规行为的企业，违法行为发生地县级以上建设主管部门应当依法查处，并将违法事实、处罚结果或处理建议及时告知该企业的资质许可机关，同时将处罚结果记入建筑业企业信用档案，资质许可机关及时核查其资质条件。

（三十六）由国务院建设主管部门审批的建筑业企业资质的处罚，各省级建设主管部门和有关专业部门应当在违法事实查实认定后 30 日内，将资质处罚的建议报送国务院建设主管部门，国务院建设主管部门根据有关法律法规对企业进行资质处罚。

由省级建设主管部门、设区的市级建设主管部门审批的建筑业企业资质，处罚程序由各省级建设主管部门依据行政处罚法的规定确定。建立资质处罚信息公示制度，地方各级建设主管部门应及时将有关处罚信息向社会公布，并报上一级建设主管部门备案。

（三十七）各级资质许可机关应该对许可的建筑业企业的资质条件进行定期或不定期核查，每年抽查率不应低于5%。被检查单位应如实提供企业资质证书、企业财务报表、人员资料及业绩资料等与资质标准相关的资料，核查中发现企业不符合相应资质条件的，由资质许可机关通知企业限期改正，整改期限不少于一个月，整改过程中企业应暂停新接工程、不得新申请资质。逾期不改的，由资质许可机关撤回其资质。

六、有关资质标准指标说明

（三十八）关于工程业绩

1. 一项工程业绩同时满足多项技术指标的，只能作为一项指标考核。例如，房屋建筑工程按层数计算过业绩，就不能再按高度或跨度等计算业绩。1项工程，即使层数、高度、跨度、造价等均达到考核标准，也只能算1项业绩。

2. 业绩要求的"×项中的×项"必须分别满足，不能相互替代。例如房屋建筑一级资质标准，要求企业完成"6项中的4项以上工程"，是指企业完成的工程中，层数、高度、单体面积、单跨跨度、住宅小区、单项建安合同额等6项指标中至少满足4项，不足4项即为业绩不达标。如某企业分别完成了层数、高度、单体建筑面积达标的多个工程，但只能算3项业绩，仍达不到要求完成的4项以上业绩，故该企业业绩仍为不达标。

3. 企业申请多项资质的，工程业绩应当分别满足各项资质标准中所要求的条件。

4. 签订房屋建筑工程总承包合同的，主体结构工程竣工验收合格后，方可作为工程总承包业绩计算。

5. 同一个工程项目分期发包，且中标单位均为同一家企业的，可以将各期工程累加。如果累加后能够达到标准要求的某一项，可以作为代表工程业绩申报。不属同一个工程项目的不能累加；超过标准规定时限和承揽范围要求的不能累加。

6. 企业与业主签订了施工总承包合同，不论该工程是否实行分包，可计入该企业的施工总承包业绩。合法分包该工程的专业承包企业，也可将承包的专业工程作为专业业绩申报资质。

7. 施工总承包企业申请专业承包资质晋级的，应提供单独承包的专业工程作为工程业绩，而不能使用施工总承包工程作为工程业绩。

8. 标准中要求的"近5年"或"近10年"，是指自申报年度起逆推5年或10年竣工验收合格的项目。如：申报年度为2005年，"近5年"的业绩年限从2000年1月1日算起。

9. 代表工程的合同资料。指企业承包工程所签订的能反映合同双方名称、工程概况、合同价格、承包方式、施工工期、质量约定等内容的建设工程合同协议书或者含有上述内容的合同部分。

10. 质量验收资料。指业主或质量监督部门出具的竣工验收报告或工程质量鉴定书。国外工程按照国际惯例出具工程竣工证明文件。

11. 房屋建筑业绩标准中涉及的"单位"、"单体"、"单项"工程，均指单体建筑或连体建筑（连体建筑应提供该建筑物为同一基础的证明）。

12. 轻钢结构、网架结构的跨度业绩不能作为房屋建筑跨度业绩。

13. 房屋建筑工程的高度应为从标高正负零算起至檐口的高度。

14. 网架工程边长按短边进行考核。

15. 超越本企业资质等级范围的代表工程业绩无效。

（三十九）关于工程技术和经济管理人员

1. 企业工程技术和经济管理人员超过 60 周岁的人数比例不得超过 15%，技术负责人年龄限制在 60 周岁及以下。

2. 企业人员在两家及以上企业注册或受聘的不予认可，其证书上的单位必须与申报单位名称一致。涉及铁道、交通、水利、信息产业、民航、消防等方面资质的，企业的工程技术和经济管理人员职称证书或岗位资格证书复印件应同时上报。

3. 申请特级资质的，企业应具有与特级资质承包范围内各类别工程相对应的，各专业注册建造师不少于 5 人。

4. 对企业总工程师（技术负责人）的专业考核，按企业申请的主项资质要求进行。

5. 企业申请多项资质的，其注册建造师（或项目经理）人数按照企业申报的各类资质标准中的最高值进行考核。

（四十）其他指标

1. 注册资本金：是指在企业法人营业执照上标明的注册资本金，以实收资本为考核指标。申请多项资质的，企业的注册资本金按照企业申请各类别资质标准的最高值进行考核。

2. 净资产：企业总资产减去总负债后的余额。申请多项资质的，按照企业申请的各类别资质标准中的最高值进行考核。

3. 工程结算收入：是指本企业承包工程实现的工程价款结算收入。按企业财务报表份年度填写。新设立企业不填此项。

核定企业的工程结算收入时，应按企业完成的各类工程结算收入计算，不包括工程以外的其他业务收入（如房地产开发收入）；申请多项资质的，按照企业申请的各类别资质标准中的最高值进行考核。

4. 企业财务报表：指企业经审计的最近 3 年的资产负债表、损益表。

5. 企业的注册执业人员、工程技术人员、技术装备和工程业绩（包括境外工程业绩）等条件，均是以独立法人企业为审核单位。企业（集团）的母、子公司在申请资质时，上述各项指标不得重复计算。

6. 根据事故造成的伤亡人数或者直接经济损失，将事故划分为特别重大事故、重大事故、较大事故和一般事故 4 个等级；具体标准参照《生产安全事故报告和调查处理条例》。

国家颁布有其他专业工程事故分级标准的，按与上述分级对应的标准考核。

（四十一）涉及特级资质标准的指标解释

1. 建筑业营业税：指企业在承包范围内开展的施工总承包、施工图设计、工程总承包和项目管理业务所交纳的营业税；企业申请多项特级资质，每增加一项，营业税增加5000 万元；境外工程结算收入可按当期汇率与国内建筑营业税税率折算建筑营业税。

2. 银行授信额度：指银行授予企业的年度信贷额度。多家银行的授信额度不能累加计算，以其中的最高额度为准。

3．技术负责人主持完成过的代表工程：指其担任项目负责人、项目经理、总工程师或主持完成技术标（并签字）、总设计师等职务时所完成的工程项目；企业应提供工程合同及工程竣工证明或设计合同及工程图纸，上述材料均需提供技术负责人本人签字页。

4．财务负责人：指企业主管财务工作的主要负责人。

5．企业设计专业技术人员的考核，参照行业工程设计甲级资质标准人员配备表的规定。

6．企业技术中心：指符合《国家认定企业技术中心管理办法》（国家发改委、科学技术部、财政部、海关总署、国家税务总局令第53号）规定的认定标准（或相当于该水平的标准），并经认定的企业技术中心（含分中心）。企业应提供有关批准文件或认定证书复印件。

7．企业科技活动经费：主要包括科技开发经费支出、信息化建设支出、科技培训费支出和科技开发奖励经费支出。科技开发经费一般包括新产品设计费、工艺规程制定费、设备调整费、各类试验费、技术资料购置费、研究机构人员工资以及科技研究有关的其他经费或委托其他单位进行科研试制的费用。

按照企业财务或统计报表中"科技活动经费支出"栏目进行考核。

8．科技进步奖：指根据《国家科学技术奖励条例》（国务院第396号）、《国家科学技术奖励条例实施细则》的规定，由国家科技行政部门负责组织评审，国务院批准的国家科技进步奖。企业应提供获奖证书复印件。

9．主持编制过国家或行业标准：指企业主持编制过按照《中华人民共和国标准化法》的规定属于国家或行业级别的工程建设标准，并且已经正式出版。企业应提供标准的发布通知（或发布令）、封面、目次、前言和引言等资料复印件。

10．申请多项特级资质的，其企业"资信能力"、"科技进步水平"中的各项指标及企业具有注册建造师数量不需叠加计算，但设计专业技术人员和代表工程业绩应分别满足标准要求。

（四十二）涉及铁道、交通、水利、信息产业、民航等方面资质的界定

1．涉及铁道方面的资质包括：铁路工程施工总承包企业资质、铁路电务工程专业承包企业资质、铁路铺轨架梁工程专业承包企业资质、铁路电气化工程专业承包企业资质。

2．涉及交通方面的资质包括：公路工程施工总承包企业资质、公路路面工程专业承包企业资质、公路路基工程专业承包企业资质、公路交通工程专业承包企业资质；港口与航道工程施工总承包企业资质、港口与海岸工程专业承包企业资质、港口装卸设备安装工程专业承包企业资质、航道工程专业承包企业资质、通航建筑工程专业承包企业资质、通航设备安装工程专业承包企业资质、水上交通管制工程专业承包企业资质。

3．涉及水利方面的资质包括：水利水电工程施工总承包（水利专业）企业资质、水工建筑物基础处理工程专业承包企业资质、水工金属结构制作与安装工程专业承包企业资质、河湖整治工程专业承包企业资质、堤防工程专业承包企业资质、水利水电机电设备安装工程专业承包（水利专业）企业资质、水工大坝工程专业承包企业资质、水工隧洞工程专业承包企业资质。

4．涉及信息产业方面的资质包括：通信工程施工总承包企业资质、电信工程专业承

包企业资质、电子工程专业承包企业资质。

5. 涉及民航方面的资质包括：机场场道工程专业承包企业资质、机场空管工程及航站楼弱电系统工程专业承包企业资质、机场目视助航工程专业承包企业资质。

6. 涉及多个专业部门的资质包括：钢结构工程专业承包企业资质、桥梁工程专业承包企业资质、隧道工程专业承包企业资质、核工程专业承包企业资质、海洋石油专业承包企业资质、爆破与拆除工程专业承包企业资质。

7. 按照《规定》第九条规定，上述各总承包特级、一级资质；专业承包一级资质及涉及铁路、民航方面专业承包二级资质的许可，由国务院建设行政主管部门实施。

七、过渡期的有关规定

（四十三）《规定》实施前已取得建筑业企业资质的企业，在《规定》实施后其资质证书暂不统一换发，建设部将会同有关部门抓紧对特级资质以外的建筑业企业资质等级标准进行修订，在新的标准颁布实施前，原资质证书继续有效。

在过渡期内，暂按以下规定执行：施工总承包企业申请的专业工程类别资质不超过5项，但不得申请劳务分包类别资质；

选择专业承包序列某一类别资质作为本企业主项资质的，可申请不超过5项的专业承包序列内各类别资质，但不得申请劳务分包序列的各类别资质，不得增项总承包资质；达到资质标准的，可以申请不超过现有主项资质等级的总承包资质，但须将总承包资质变更为主项资质，且主增项资质符合前款要求；

劳务分包序列企业可以申请本序列内各类别资质。

企业如申请资质升级或其他原因发生主项资质变化的，证书有效期按本实施意见第三十二条规定办理。

（四十四）特级资质企业的过渡期

在《特级标准》颁布前已取得施工总承包特级资质的企业，自《特级标准》发布之日起设3年过渡期。原资质证书有效期延续到2010年3月13日。过渡期内企业按原资质证书的承包范围承揽业务；过渡期届满3个月前，企业应按照《特级标准》重新申请资质；有效期届满，企业原资质证书自行失效。

过渡期内，持原特级资质证书的企业提出资质分立、改制申请的，在原企业的企业名称、资质基本条件未发生变化的前提下，对分立、改制后的企业除特级以外的其他资质全部进行重新核定，但原企业特级资质的注册资本、人员等条件必须满足原特级标准要求。

（四十五）项目经理的过渡期

在项目经理过渡期内，项目经理资质证书与建造师注册证书暂同等使用，其中一、二级建造师暂与同等级项目经理相对应，三级项目经理暂由企业自聘。

（四十六）《规定》实施后，申请特级资质的，按照《施工总承包企业特级资质标准》（建市〔2007〕72号）进行审批，申请其他资质的，仍沿用《建筑业企业资质等级标准》（建建〔2001〕82号）进行审查。

（四十七）本实施意见自颁发起施行。凡过去文件规定与本意见不一致的，以本意见为准。

附件：1.《建筑业企业资质申请表》（略）

2. 《建筑业企业资质申请表》填写说明（略）

住房和城乡建设部《关于印发〈施工总承包企业特级资质标准实施办法〉的通知》

（建市〔2010〕210号）

各省、自治区住房和城乡建设厅，直辖市建委（建设交通委），北京市规委，新疆生产建设兵团建设局，国务院有关部门建设司（局），总后营房部工程局，有关中央企业：

根据《建筑业企业资质管理规定》（建设部令第159号）、《施工总承包企业特级资质标准》（建市〔2007〕72号）和《关于印发〈建筑业企业资质管理规定实施意见〉的通知》（建市〔2007〕241号），我部组织制定了《施工总承包企业特级资质标准实施办法》，现印发给你们，请遵照执行。执行中如有问题，请与我部建筑市场监管司联系。

中华人民共和国住房和城乡建设部
二〇一〇年十一月三十日

施工总承包企业特级资质标准实施办法

一、资质申请及审核

（一）《施工总承包企业特级资质标准》（建市〔2007〕72号，以下简称新《特级标准》）实施前取得特级资质的企业（以下简称原特级企业），以及符合新《特级标准》条件的施工总承包一级资质企业可按新《特级标准》申请特级资质。

（二）原特级企业应在2011年12月31日之前提出特级资质申请；经审核未达到新《特级标准》要求的，2012年3月13日前保留其原特级资质。

原特级企业2012年3月13日之前未提出特级资质申请的，2012年3月13日后其特级资质自动失效，我部将注销其特级资质并予以公布。

（三）申请多类特级资质的，其企业"注册资本金"、"净资产"、"银行授信额度"、"科技进步水平"中的各项指标及企业应具有的一级注册建造师总数不需叠加计算；每增加一类特级资质申请，企业建筑业营业税增加5000万元；企业代表工程业绩应分别满足各类资质标准要求；相关的行业工程设计甲级资质标准要求的设计专业技术人员和个人代表工程业绩应分别满足相应设计资质标准要求。

（四）自《施工总承包企业特级资质标准实施办法》（以下简称《实施办法》）实施之日起，原特级企业因企业分立而申请资质的，应按照当时有效的资质标准对原特级企业的全部资质进行重新核定。

（五）施工总承包企业特级资质的许可实行实地核查制度。由住房和城乡建设部组织实地核查，其中涉及铁路、交通和水利的，由其行业主管部门组织实地核查。

二、指标说明

（一）资信能力

1. 企业注册资本金指企业工商注册的实收资本，以企业工商营业执照为准。

2. 企业净资产以企业申请资质前一年度或当期经审计的财务报表为准。

3. 企业近 3 年上缴建筑业营业税以企业提供的建筑业营业税票为准；以境外工程项目申报的，可按结算当期（日）汇率，将境外工程项目的结算收入折算成国内工程结算收入，再按国内税率计算建筑业营业税。企业应同时提供境外工程结算资料、工程所在地国家（地区）的当期（日）汇率及工程所在地使领馆经商处的相关证明或合同及业主证明。资料为外文的，应附中文译稿。

4. 企业银行援信额度以企业与银行签订的年度授信协议书为准。多家银行的年度援信额度不能累加计算，以其中的最高额度为准。

（二）企业主要管理人员和专业技术人员

1. 企业经理工作经历以企业提供的《建筑业企业资质申请表》中企业经理简历为准。

2. 技术负责人从事工程技术管理经历以企业填报的《建筑业企业资质申请表》中企业技术负责人简历为准。

职务、职称及注册资格以企业提供的任职文件、职称证书。身份证、养老保险证明和加盖执业印章的注册执业资格证书为准。

个人业绩证明以任命文件、施工或设计工程项目合同、图纸及竣工证明资料为准。

3. 财务负责人指主管财务工作的负责人，可为企业总会计师、副总会计师或财务主管。以企业提供的任职文件、职称证书、身份证、养老保险证明和注册会计师全国统一考试全科考试合格证书为准。

4. 企业具有与申报类别相对应专业的注册建造师数量不得少于该类别总承包一级资质标准对注册建造师数量的要求，且企业具有一级注册建造师 50 人以上。

以企业提供的一级注册建造师身份证、养老保险证明和加盖执业印章的注册执业资格证书为准。

5. 工程设计人员

（1）新《特级标准》中的"本类别相关的行业工程设计甲级资质标准要求的专业技术人员"应满足《施工总承包企业特级资质类别对应工程设计资质所需设计类型对照表》（见附件 1）中的"设计行业"甲级资质或"设计专业"各专业甲级资质标准所要求的主要专业技术人员配备要求。

（2）企业申请特级资质及工程设计资质，需办理注册执业人员变更的，应提供原注册企业和申请资质企业以及原省级执业注册管理部门出具的已申请变更的证明材料；已取得执业资格尚未注册的人员，应提供执业资格证书复印件及省级执业注册管理部门出具的已申请初始注册的证明材料；调入本企业的专业技术人员及注册执业人员均需提供原聘用单位解聘证明，离退休人员应提供离退休证明。

（3）工程设计人员按照《建设工程勘察设计企业资质管理规定》（建设部令第 160 号）、《工程设计资质标准》（建市［2007］86 号）及《建设工程勘察设计资质管理规定实施意见》（建市［2007］202 号）等文件中的相关要求考核。

（三）科技进步水平

1. 企业技术中心是指国家级企业技术中心（含分中心）或省部级企业技术中心。

国家级企业技术中心（含分中心）为符合《国家认定企业技术中心管理办法》（国家发展改革委、科学技术部、财政部。海关总署、国家税务总局令第53号）规定的认定标准，并经认定的企业技术中心（含分中心）。

省部级企业技术中心为省级相关主管部门按照《国家认定企业技术中心管理办法》制定相应政策和程序认定的企业技术中心。

以企业提供的批准文件或认定证书为准。

2. 科技活动经费包括科技开发经费（一般包括新产品设计费、工艺规程制定费、设备调整费、各类试验费、技术资料购置费、研究机构人员工资以及科技研究有关的其他经费或委托其他单位进行科研试制的费用）、信息化建设经费、科技培训经费和科技开发奖励经费。企业近3年科技活动经费每年不低于800万元，以企业财务报表中"科技活动经费支出"栏目或科技经费专项审计报告为准。

3. 国家级工法指根据《工程建设工法管理办法》（建质〔2005〕145号），由住房和城乡建设部审定和公布的与工程建设相关的工法，工法不受企业资质申报专业的限制。工法的第一或第二完成者为资质申报企业。以企业提供的国家级工法批准文件或证书为准。

4. 专利指与工程建设相关的专利。专利的所有权人应与申报企业名称一致。共有的专利权人予以认可。经受让获得的专利，受让满2年后予以认可。以企业提供的专利批准文件或证书为准；受让专利的，以企业提供的受让专利转让确认书、专利证书、专利转让备案等为准。

5. 科技进步奖以企业提供的国家级科技进步奖项批准文件或获奖证书为准。

6. 主持编制过国家或行业标准以企业提供的主持编制工程建设国家或行业标准的发布通知（或发布令）、封面、目次、前言和引言等资料为准。

7. 信息化考评按《施工总承包企业特级资质标准信息化考评表》（见附件2）执行。企业的信息化以应用为主、功能为辅进行考评，不限定任何软件和实现形式。偏远地区、境外工程和3000万元以下的工程，可不纳入信息化考评范围。

三、资质证书及承包范围

（一）对工程设计人员符合本《实施办法》要求，且其他条件符合新《特级标准》的企业，经核定后颁发新版施工总承包特级资质证书，并注明施工总承包业务范围，同时颁发相应的工程设计甲级资质证书。

符合前款的企业取得房屋建筑、公路、铁路、市政公用、港口与航道、水利水电等类别中任意1类施工总承包特级资质和其中2类施工总承包一级资质，即可承接房屋建筑、公路、铁路。市政公用、港口与航道、水利水电各类别工程的施工总承包、工程总承包和项目管理业务；取得房屋建筑、矿山、冶炼、石油化工、电力等类别中任意1类施工总承包特级资质和其中2类施工总承包一级资质，即可承接房屋建筑、矿山、冶炼、石油化工。电力各类别工程的施工总承包、工程总承包和项目管理业务。

（二）工程设计人员暂不满足本《实施办法》要求，但其他条件符合新《特级标准》要求的原特级企业，经核定后颁发新版施工总承包特级资质证书，并注明施工总承包业务范围。

符合前款的企业满足本类别对应设计行业中相关设计专业甲级资质标准中要求的设计技术人员，颁发相应的工程设计专业甲级资质证书。

（三）申请特级资质企业经审核后达到标准要求的，其设计注册执业人员尚未办结注册手续的，应在公告后3个月内办结相关手续，企业在提交加盖执业印章的注册执业证书后，方可领取新版特级资质证书和相应的工程设计甲级资质证书；3个月内未完成上述注册执业人员注册手续的，不颁发相应的工程设计甲级资质证书，并重新公告。

四、材料清单及填报要求

（一）综合资料卷

1. 目录；

2. 企业法人营业执照正、副本复印件（含年检记录）；

3. 企业资质证书正、副本复印件；

4. 企业章程复印件；

5. 企业近3年建筑业行业统计报表复印件；

6. 企业近3年财务审计报告复印件（含报表附注）；

7. 企业安全生产许可证复印件；

8. 近3年企业与银行签订的年度授信协议书复印件；

9. 近3年上缴的建筑业营业税税票复印件，以境外工程项目申报的，应提供工程所在地使领馆经商处的相关证明或合同及业主证明的复印件；

10. 省部级及以上企业技术中心（含分中心）认证的证书或有效核准文件复印件；

11. 国家级工法的批准文件或证书复印件；

12. 专利的批准文件或证书复印件。受让专利的，应提供受让专利转让确认书、专利证书、专利转让备案等受让文件复印件；

13. 国家科学技术进步奖批准文件或获奖证书复印件；

14. 主持编制的工程建设国家或行业标准的发布通知（或发布令）、封面、目次、前言或引言等资料复印件。

（二）人员资料卷

1. 目录；

2. 一级注册建造师的身份证、养老保险证明复印件和加盖执业印章的注册执业资格证书复印件；

3. 企业技术负责人的任职文件、职称证书、身份证、养老保险证明和加盖执业印章的注册执业资格证书复印件。能够证明本人主持完成的代表工程业绩证明资料复印件，包括：项目经理、项目技术负责人或总设计师等任命文件，施工或设计工程项目合同、图纸及竣工证明资料；

4. 财务负责人的任职文件、职称证书、身份证、养老保险证明和注册会计师全国统一考试全科考试合格证书复印件；

5. 工程设计专业技术人员中注册执业人员的身份证、养老保险证明复印件，以及加盖执业印章的注册执业资格证书复印件或未完成注册变更手续的原注册企业、申请资质企业及原省级执业注册管理部门出具的已申请变更的证明材料，或已取得执业资格尚未注册人员的执业资格证书复印件及省级执业注册管理部门出具的已申请初始注册的证明材料；

非注册执业人员的身份证、学历证、职称证书和养老保险证明复印件；主导专业人员的《专业技术人员基本情况及业绩表》；

调入本企业的专业技术人员及注册执业人员的原聘用单位解聘证明；

离退休人员的离退休证明。

（三）工程业绩卷

1. 目录；

2. 工程中标通知书复印件；

3. 工程合同复印件；

4. 工程竣工报告或有关部门出具的工程质量鉴定书复印件（需包含参与验收的单位及人员、验收的内容、验收的结论、验收的时间等内容）；境外工程需出具符合国际惯例的工程竣工文件复印件；

5. 涉及到单体（单项、单位）、跨度、长度、高度、结构类型等指标，应提供能反映该项技术指标的图纸；

6. 涉及到单项合同额、造价等指标的，应提供工程结算单。

（四）企业信息化资料卷

企业信息化基本情况介绍材料。

凡过去文件规定与本《实施办法》不一致的，以本《实施办法》为准。

附件：1.《施工总承包企业特级资质类别对应工程设计资质所需设计类型对照表》

2.《施工总承包企业特级资质标准信息化考评表》

附件1：

施工总承包企业特级资质类别对应工程设计资质所需设计类型对照表

序号	特级资质类别	工程设计甲级资质类型	
		设计行业	设计专业
一	房屋建筑工程	建筑	建筑工程、人防工程
二	公路工程	公路	公路、特大桥梁、特长隧道、交通工程
三	铁路工程	铁道	甲（Ⅰ）或甲（Ⅱ）
四	港口与航道工程	水运	港口工程、航道工程、通航建筑工程、修造船厂水工工程4个专业类型中的任意2个
五	水利水电工程	水利	水库枢纽以及引调水、灌溉排涝、河道整治、城市防洪、围垦、水土保持、水文设施7个专业类型中的任意2个
		电力	风力发电、水力发电（含抽水蓄能、潮汐）

序号	特级资质类别	工程设计甲级资质类型	
		设计行业	设计专业
六	电力工程	电力	送电工程、火力发电（含核电站常规岛设计）
			送电工程、水力发电
七	矿山工程	煤炭	矿井、选煤厂
			露天矿、选煤厂
		冶金	金属冶炼工程、金属材料工程、焦化和耐火材料工程、冶金矿山工程4个专业类型中的任意2个
		建材	水泥工程、玻璃\陶瓷\耐火材料工程、新型建筑材料工程、非金属矿及原料制备工程、无机非金属材料及制品工程5个专业类型中的任意2个
		核工业	反应堆工程设计（含核电站反应堆工程）、核燃料加工制造及处理工程、铀矿山及选冶工程、核设施退役及放射性三废处理处置工程、核技术及同位素应用工程5个专业类型中的任意2个
		化工石化医药	炼油工程、化工工程、石油及化工产品储运、化工矿山、生化\生物药、化学原料药、中成药、药物制剂、医疗器械（含药品内包装）9个专业类型中的任意3个
八	冶炼工程	冶金	金属冶炼工程、金属材料工程、焦化和耐火材料工程、冶金矿山工程4个专业类型中的任意2个
			水泥工程、玻璃\陶瓷\耐火材料工程、新型建筑材料工程、非金属矿及原料制备工程、无机非金属材料及制品工程5个专业类型中任意2个
九	化工石油工程	化工石化医药	炼油工程、化工工程、石油及化工产品储运、化工矿山、生化\生物药、化学原料药、中成药、药物制剂、医疗器械（含药品内包装）9个专业类型中的任意3个
		石油天然气（海洋石油）	管道输送、油田地面
			管道输送、气田地面
			管道输送、海洋石油
十	市政公用工程	市政	桥梁工程、城镇燃气工程、轨道交通工程、给水工程
			桥梁工程、城镇燃气工程、轨道交通工程、排水工程
			城市隧道工程、城镇燃气工程、轨道交通工程、给水工程
			城市隧道工程、城镇燃气工程、轨道交通工程、排水工程

附件2：

施工总承包企业特级资质标准信息化考评表

一、考评原则

1. 应用为主。企业可根据自身的实际情况自主选择软件产品。不过多追求系统功能，信息化考评重在考察企业信息系统的应用情况。对于不具备上网条件的偏远地区、境外工程，企业可根据自身需要，自行确定数据的填报方式及录入时间。

2. 强调效果。企业应重视信息化建设规划以及标准体系建设，重点考察企业信息化应用成效、系统功能和工作效率、管理水平等方面。

3. 遵守诚信。企业必须按照考评要求，如实提供企业信息化资料。

二、考评范围

档案管理只对近两年（以申报日期往前推算）的竣工项目进行考评，项目管理只对在建项目进行考评。对于偏远地区、境外工程、3000 万以下的工程，可不纳入信息化考评范围。

三、考评内容

序号	考核项	考核内容	标准
1	基础设施建设	硬件设施、网络环境、安全保障、制度保障、企业门户网站	20
2	项目管理	具备综合项目管理协同平台，并实现项目管理相应功能的集成	10
		具备招投标管理、进度管理、成本管理、合同管理、物资管理、设备管理、竣工管理、风险管理的功能	36
		具备质量管理、安全管理的功	14
3	人力资源管理	具备组织机构管理、人事管理、合同管理，薪资管理、社保管理、培训管理、员工绩效管理、招聘管理的功能	15
4	档案管理	具备文书档案、工程档案的功能	5
5	财务管理	具备财务账务、成本核算和管理的功能	5
6	办公管理	具备公交流转、收发文管理、邮件管理、信息发布的功能	5
保证性指标总分			100
7	加分项	具备电子商务、知识管理、商业智能的功能	5
总分			105

四、得分计算

1. 信息化考评指标的第 1 至 6 项为保证性指标项，满分为 100 分。

2. 信息化考评指标的第 7 项为加分项，企业满足指标要求给予加分，满分为 5 分。

3. 项目管理为信息化考评的核心指标。

4. 合格判定：信息化考评指标的最终得分大于等于 60 分，且第 2 项"项目管理"指标项的得分必须大于等于 30 分。

建设部《关于配合商务主管部门做好外商投资建筑业企业、建设工程设计企业设立管理的通知》

(建市函〔2006〕76号)

各省、自治区建设厅，直辖市建委，江苏、山东建管局：

为简化外商投资企业设立审核程序，根据《外商投资建筑业企业管理规定》(建设部、对外贸易经济合作部令第113号)、《外商投资建设工程设计企业管理规定》(建设部、对外贸易经济合作部令第114号)，商务部于2006年1月印发了《商务部关于委托省级商务主管部门审核外商投资建筑业企业的通知》(商资函〔2005〕90号)、《商务部关于委托省级商务主管部门审核管理外商投资建设工程设计企业的通知》(商资函〔2005〕92号)，对外商投资建筑业企业以及外商投资工程设计企业的设立审核工作，委托省级商务主管部门和国家经济技术开发区管委会负责审核。为配合商务主管部门做好有关外商投资企业设立审核工作，现将有关事项通知如下：

一、根据《外商投资建筑业企业管理规定》第七条，申请施工总承包序列特级和一级、专业承包序列一级资质的程序，原由商务部在收到申请材料后，向建设部征求意见，现改由省级商务主管部门向同级建设行政主管部门征求意见。

二、根据《外商投资建设工程设计企业管理规定》第七条，申请建筑工程设计甲级资质及其他建设工程设计甲、乙级资质的程序，原由商务部在收到申请材料后，向建设部征求意见，现改由省级商务主管部门向同级建设行政主管部门征求意见。

对于以上事项，省级建设行政主管部门要按照有关规定严格把关。对于新设的外商投资建筑业企业，要按照《外商投资建筑业企业管理规定》第22条，以及《建筑部关于外商投资建筑业企业管理规定中有关资质管理的实施办法》(建市〔2003〕73号)等规定，对地方商务主管部门征求意见函中关于企业是否具有直接申请相应等级的资格进行初步核准。

具体企业资质审查由相关的资质管理部门按照有关资质管理规定进行。

中华人民共和国建设部

二〇〇六年三月二十九日

建设部办公厅《关于印发〈建筑智能化工程设计与施工资质标准〉等四个设计与施工资质标准的实施办法的通知》

(建办市〔2006〕68号)

各省、自治区建设厅，直辖市建委、北京市规划委，国务院有关部门建设司，新疆生产建设兵团建设局，解放军总后营房部工程局，国资委管理的有关企业、有关行业协会：

为贯彻实施《关于印发〈建筑智能化工程设计与施工资质标准〉等四个设计与施工资质标准的通知》（建市〔2006〕40号），根据《建设工程勘察设计企业资质管理规定》（建设部令第93号）和《建筑业企业资质管理规定》（建设部令第87号）等规定，我部制定了《〈建筑智能化工程设计与施工资质标准〉等四个设计与施工资质标准的实施办法》。现印发给你们，请认真贯彻执行。执行中有何问题和建议，请及时与我部建筑市场管理司联系。

附件：工程设计施工资质申请表（略）

中华人民共和国建设部办公厅
二〇〇六年九月四日

《建筑智能化工程设计与施工资质标准》等四个
设计与施工资质标准的实施办法

为贯彻实施《关于印发〈建筑智能化工程设计与施工资质标准〉等四个设计与施工资质标准的通知》（建市〔2006〕40号），制定本实施办法。

一、资质申请和审批的原则

1. 凡在中华人民共和国境内从事建设工程的设计、施工活动，依法取得工商行政管理部门颁发的《企业法人营业执照》的企业，均可申请建筑智能化、消防设施、建筑装饰装修、建筑幕墙工程的设计与施工资质（以下简称设计施工一体化资质）。

2. 设计施工一体化资质实行分级审批。国务院建设主管部门负责一级资质的审批，省、自治区、直辖市建设主管部门负责二级及以下资质的审批。

3. 设计施工一体化资质和设计资质、施工资质同时并存。企业可根据实际需要，按照相应标准，申请设计资质、施工资质或设计施工一体化资质。

对已具有设计或施工资质的企业，在取得所申请的设计施工一体化资质后，资质审批部门应取消其原有的相应同级别或低级别的设计或施工资质。

4. 新设立的企业申请设计施工一体化资质，最高不超过二级。已具有设计或施工资质的企业，申请设计施工一体化资质时，其申请的资质等级可高于企业现有的相应专项的设计或施工资质一个等级。

企业可申请4个专项中的一项或多项资质，申请多项资质的应选择一项作为主项资质，其余为增项资质。

5. 企业申请多项设计施工一体化资质的，应达到各项资质标准中同类指标的最高值，并同时满足不同类别资质条件的相应要求。

二、资质申请和审批的程序

6. 申请设计施工一体化一级资质的，应向企业工商注册所在地的省、自治区、直辖市人民政府建设主管部门提出申请。国务院国资委管理的企业及其所属一层级的企业申请资质的，应由国资委管理的企业向国务院建设主管部门提出申请。

省、自治区、直辖市人民政府建设主管部门负责资质申请的受理（可自行确定本部门负责受理工作的内设机构），并在规定的期限内审查完毕，将审查意见和全部申请材料报国务院建设主管部门审批。

7. 申请设计施工一体化二级及以下资质的，由省、自治区、直辖市人民政府建设主管部门确定受理和审批程序，并负责审批。审批结果在规定期限内报国务院建设主管部门备案。

8. 资质受理和审批部门负责进行审查，并将审查意见进行公示。公示无异议，准予许可的，发布公告并向申请人颁发资质证书。

9. 设计施工一体化资质证书的有效期为3年。有效期届满，企业需延续资质证书有效期的，应在有效期届满前30日内，通过初审部门向资质许可机关提出资质延续申请。未提出申请的，有效期届满后由资质发证机关收回资质证书。

三、资质申报的材料要求

10. 企业首次申请设计施工一体化资质，需提交以下材料：

（1）工程设计施工资质申请表及电子文档；

（2）企业法人营业执照副本；

（3）企业的验资证明或经审计的资产负债表；

（4）企业章程；

（5）企业法定代表人身份证明、简历及任命文件；

（6）企业技术负责人简历及任职文件、毕业证书、资格证书或注册证书、职称证书、主持完成的工程业绩证明；

（7）企业注册执业人员身份证明、资格证书或注册证书、个人业绩证明（资质标准中要求提供的）；

（8）企业非注册专业技术人员的身份证明、毕业证书、职称证书、项目经理资质证书、个人业绩证明（资质标准中要求提供的）；

（9）企业专业技术人员（包括注册和非注册人员）与原聘用单位的解聘证明或有关人事管理部门出具的人事关系证明，与现聘用单位签定的劳动合同及社会保险证明；

（10）企业的工作场所及必要的技术装备证明；

（11）企业质量管理体系及技术、安全、档案等方面管理制度文件。

11. 企业申请资质升级、增项，除提供以上材料外，还需提供以下材料：

（1）资质证书正、副本；

（2）企业近3年经审计的财务报表；

（3）企业完成的工程业绩证明。

12. 企业申请设计施工一体化资质要如实填报《工程设计施工资质申请表》，企业法定代表人须在申请表上签名，对其真实性负责。申请材料报出后，不得修改。

申请材料要清楚、齐全，出现数据不全、字迹潦草、印鉴不清、难以辨认的，资质受理部门可不予受理。

13. 企业申请资质，需报送《工程设计施工资质申请表》一式两份，附件材料一份，电子文档一份。附件材料是指除资质申请表以外的其他材料。

附件材料可采用复印件，原件须由资质受理部门进行审查核实，并在复印件上加盖已审核原件的印章。其中资质证书正、副本须全部复印，不得有缺页。复印件应加盖企业公章，注册执业人员应加盖个人执业印章（未注册人员除外）。材料中要求加盖公章或印鉴的，复印的无效。附件材料一律使用 A4 纸，并分类装订成册。

14. 企业的专业技术人员、工程业绩、技术装备等资质条件，均是以独立企业法人为单位审核。

四、资质标准中有关指标解释

15. 注册资本金。指企业在工商部门登记并在企业法人营业执照上标明的注册资本金。

16. 净资产。指企业总资产减去总负债后的余额。按企业的财务报表（资产负债表）填报。

17. 工程结算收入。指企业承包工程实现的工程价款结算收入和向分包单位收取的按规定列作营业收入的各种款项，以及承担设计任务收取的设计费收入。具有施工和设计业务的企业可将两项收入合并计算。按企业近 3 年经审计的财务报表中的工程结算收入或主营业务收入填报。智能化专业以主营业务收入额为准。

18. 独立承担的工程（企业的业绩）。指企业独立完成的专项工程的设计、施工或设计施工一体的任务。需提供的证明有：①建设工程施工合同或设计合同；②工程竣工验收证明或质量验收证明，消防专项需提供"建筑工程消防设计审核意见书"、"建筑消防设施技术测试报告"和"建筑工程消防验收意见书"等证明；③工程项目结算证明。

其中，合同文本只需提供有甲乙双方名称、项目名称、规模、设计或施工内容、合同价款及双方签字盖章内容的页面。

19. 企业技术负责人、专业技术人员的工程业绩。指由这些人主持完成的专项工程的设计、施工或设计施工一体的任务。由其完成任务的所在单位或业主出具证明（可参照《建办市函〔2006〕274 号》文件中的《技术骨干基本情况及业绩表》）。

20. 专业技术人员。指与企业依法签定劳动合同的工程技术人员，包括注册执业人员和非注册执业人员。劳动合同只需提供有合同双方名称、合同年限及双方签字盖章的页面。

对注册执业人员只考核其注册执业证书，不考核其职称证明。资质审查时，考核其执业资格证书或注册证书，与原单位解除劳动合同的证明，及与现聘用单位签定的劳动合同。申请变更注册的人员，应提供原注册企业和变更后企业以及原省级注册管理部门出具的同意变更的证明。

智能化资质标准中要求的自动化、通信信息、计算机专业技术人员可由相近专业技术人员担任，其中，自动化相近专业为：电子、仪表、机械、电气、计算机应用等；通信信息相近专业为：有线通信、无线通信、卫星通信、微波、广播电视、计算机应用、公用设备等；计算机相近专业为：计算机系统、网络、软件设计等。

建筑幕墙资质标准中要求的专业技术人员人数包括企业的技术负责人、注册结构工程师、注册建造师（项目经理）和其他专业技术人员的总和。

21. 资质标准中要求的注册执业人员，在国家尚未实施注册执业制度的情况下，按照具有相应职称、学历，在本专业从业 10 年以上的专业技术人员的条件考核。如注册电气工程师，可由具有电气或相近专业（发电、输变电、供配电、建筑电气、电气传动、电力系统、工企自动化、自控、机电一体化、机电安装、计算机应用等）中级及以上职称的工程师，10 年以上本专业从业经历的专业技术人员替代。

专业技术人员同时又具备注册执业资格的，可同时在专业技术人员和注册人员中考核。新设立企业申请资质的，其资质证书有效期暂定为 3 个月，企业应在取得资质证书 3 个月内办理完注册执业人员的变更手续，持注册执业人员的注册证书及有效执业印章，到资质证书发证机关复核后，领取有效期为 3 年的资质证书。

22. 技术装备。指满足企业从事设计、施工生产经营用的主要技术设备。按实际拥有情况在资质申请表中填写。

23. 管理制度文件。企业已通过质量体系认证的，可提供有效的质量体系认证证书，未获得认证的提供企业质量管理制度文件；企业的技术、财务、经营、安全、人事、档案方面的管理文件，只需提供有文件名称和文号及企业公章的页面，管理制度原件由初审部门在受理和初审时负责核查。

24. 固定的工作场所。提供企业办公场地的房屋产权证明或租赁证明。

住房和城乡建设部办公厅《关于印发〈建设工程企业资质评审专家管理办法〉的通知》

（建办市〔2010〕46 号）

各省、自治区住房和城乡建设厅，直辖市建委（建交委）、北京市规委，新疆生产建设兵团建设局，国务院有关部门建设司（局），总后营房部工程局，有关中央企业：

为加强建设工程企业资质评审专家管理，我部制定了《建设工程企业资质评审专家管理办法》，现印发给你们，请认真执行。

附件：《建设工程企业资质评审专家管理办法》

中华人民共和国住房和城乡建设部
二〇一〇年十一月十五日

附件：

建设工程企业资质评审专家管理办法

第一章 总 则

第一条 为加强资质评审专家（以下简称评审专家）管理，规范评审专家行为，提高建设工程企业资质评审质量，确保评审结果公正、公平、公开，依据《行政许可法》、《建筑法》等法律法规及有关资质管理规定，结合建设工程企业资质管理实际，制定本办法。

第二条 本办法所称建设工程企业是指工程勘察、工程设计、施工、工程监理、工程项目招标代理、工程设计与施工一体化等类型企业。

评审专家是指符合本办法规定条件和要求，参加住房和城乡建设部建设工程企业资质评审的人员。

第三条 住房和城乡建设部建筑市场监管司（以下简称市场司）负责建设工程企业资质评审专家库的建立以及评审专家的遴选、考核和使用管理。

第四条 市场司对建设工程企业资质评审专家库的建立以及评审专家的抽取、考核和使用管理接受监察部驻住房和城乡建设部监察局（以下简称驻部监察局）的监督检查。

第二章 基本条件与专家库

第五条 评审专家应具备以下基本条件：

（一）坚持原则，作风正派，认真负责，廉洁公正，无违法违规行为记录；

（二）熟悉行政许可、建设工程企业资质管理等法律法规和相关标准；

（三）具有大学本科及以上学历、中级以上技术职称、从事建设工程管理工作10年以上；

（四）身体健康，原则上不超过65周岁，能适应评审工作需要。

第六条 评审专家库的建立：

（一）省级建设主管部门、国务院有关部门建设司（局）、总后营房部工程局、有关中央企业、有关协会（学会）等为评审专家的推荐单位。推荐单位根据本办法第五条规定提出专家人选并予公示，公示无异议后签署审核意见，并对推荐人员材料的真实性负责；

（二）市场司会同驻部监察局等部门组织对各单位推荐的评审专家人选进行审定；

（三）符合条件的推荐人员入选专家库。

第七条 有下列情形之一的，不再担任评审专家：

（一）因工作变动，离开相关工作岗位的；

（二）因身体健康等原因，不能满足评审工作要求的；

（三）本人提出申请，要求不再担任评审专家的；

（四）1年内2次及以上，经通知本人，均未能参加评审的；

（五）因其他原因，不适合再担任评审专家的。

第八条 评审专家名录原则上不对外公开。评审专家库的专家数量、专业划分等，可根据评审工作需要进行调整，专家每2年调整1次。

第三章 权利和义务

第九条 评审专家应严格遵守本办法，认真履行职责。

第十条 评审专家进行评审工作之前必须按照本办法附件1的要求签署《建设工程企业资质评审专家工作纪律承诺书》。

第十一条 评审专家对涉及保密事项的申报材料进行评审之前必须按照本办法附件2的要求签署《建设工程企业资质评审专家保密承诺书》。

第十二条 评审专家对企业申报材料应独立提出评审意见。

第十三条 评审专家应自觉遵守回避制度。有下列情形之一的，应当主动申请回避：

（一）专家所在单位与申报企业属同一省域或企业集团（总公司）的；

（二）评审专家或其直系亲属在被评审企业中任董事会成员、监事会成员或担任高级管理人员、顾问等职务的；

（三）其他可能影响评审专家公正履行职责的情形。

第十四条 严禁评审专家以评审专家的名义参加与资质有关的有偿咨询服务等相关活动。

第十五条 评审专家应积极参加市场司组织的政策和业务交流活动。

第四章 监督管理

第十六条 市场司定期对评审专家组织业务培训。评审专家经考核合格，方可参加评审。

第十七条 评审开始前，由市场司牵头组织，驻部监察局、稽查办公室（以下简称稽查办）按资质类别以随机方式从专家库中抽取评审专家，市场司在驻部监察局监督下通知推荐单位和评审专家本人。

第十八条 市场司定期对评审专家进行考核评价，并将其评审工作情况反馈推荐单位。

第十九条 评审专家的评审工作应接受市场司、驻部监察局、稽查办等单位的监督。

第二十条 市场司、驻部监察局、稽查办对评审过程进行监督，发现评审专家存在下列情形之一的进行告诫，经告诫无效的，终止其评审活动：

（一）不严格执行审查工作时间安排的；

（二）不按规定佩带胸牌，或转借他人使用的；

（三）进入评审场所前，不按规定上交所携带的通信设备的；

（四）离开评审场所未请假的。

第二十一条 市场司或驻部监察局、稽查办在评审过程中发现评审专家存在下列情形之一的，取消其评审专家资格：

（一）与申报企业有关的人员接触，参加宴请，接收钱物的；

（二）互通评审信息，并将评审意见向外透露的；

（三）干预其他评审专家的正常评审、影响评审结果公正性的；

（四）违反规定携带与评审有关的材料进入评审场所的；

（五）自行与申报企业联系、核实申报材料中有关事项的；

（六）不遵守保密承诺的；

（七）出现严重审查错误的；

（八）经考核评价不满足专家要求的；

（九）有其他严重违法违纪行为的。

第二十二条 评审专家因失职造成严重后果的，根据法律法规规定，依法处理；构成犯罪的，移送司法机关追究其刑事责任。

第五章 附 则

第二十三条 城市建设司协助市场司对市政公用工程企业资质评审专家进行管理。

第二十四条 本办法由市场司负责解释。

第二十五条 本办法自发布之日起实施。

附件：1.《建设工程企业资质评审专家工作纪律承诺书》

2.《建设工程企业资质评审专家保密承诺书》

附件1：

建设工程企业资质评审专家工作纪律承诺书

一、本人已经阅读《建设工程企业资质评审专家工作纪律》（以下简称《工作纪律》），知道违反《工作纪律》应承担的责任。

二、本人将自觉遵守《工作纪律》。

三、本承诺书经承诺人签字后生效。

附：《建设工程企业资质评审专家工作纪律》

承诺人（签字）：

年 月 日

建设工程企业资质评审专家工作纪律

1. 评审专家必须严格执行审查工作时间安排，遵守评审场所工作秩序。

2. 评审专家必须佩戴胸牌，胸牌不得转借他人，如有遗失必须立即报告市场司工作人员；评审结束后将胸牌交回。

3. 评审专家进入评审场所，必须将所携带的通信设备交市场司工作人员保管。

4. 评审专家不得与申报企业有关人员接触，不得参加宴请，不得接收钱物。

5. 评审专家不得互通评审信息，并将评审意见向外透露。

6. 评审专家不得干预其他评审专家的正常评审、影响评审结果的公正性。

7. 评审专家不得携带与评审有关的材料进入评审场所。

8. 评审专家不得擅自与申报企业联系、核实申报材料中的有关事项。

9. 评审专家需要离开评审场所的，必须向市场司工作人员请假。

附件2：

建设工程企业资质评审专家保密承诺书

一、本人已经阅读《中华人民共和国保守国家秘密法》（以下简称《保密法》），知道违反《保密法》应承担的责任。

二、本人将自觉遵守《保密法》和有关保密法规，严格执行保密规章制度和保密纪律。

三、本人愿意为保守国家秘密承担义务，承担因个人行为造成泄密事件的法律责任。

四、本保密承诺书经承诺人签字后生效。

附：《保密法》（略）

承诺人（签字）：

年　　月　　日

注：根据《保密法》的规定，为严肃建设工程企业资质评审纪律，保守涉密的审批事项，请您在阅读《保密法》相关条款后，签署此保密承诺书并严格遵守。

住房和城乡建设部建筑市场监管司《关于〈工程设计资质标准〉实施过程中有关问题的函》

（建市设函〔2010〕73号）

各省、自治区住房和城乡建设厅，北京市规划委，天津、上海市建设交通委，重庆市城乡建设委，新疆生产建设兵团建设局，总后基建营房部工程局：

2007 年，我部印发了《工程设计资质标准》（建市［2007］86 号，以下简称《标准》），对完善工程设计市场准入条件，规范工程设计市场秩序，保证工程设计质量安全起到了积极作用。但是，《标准》在实施过程中发现了一些问题，现将有关问题说明如下：

一、企业申请机械行业资质时，企业和人员业绩可按"企业和人员业绩需包括专业资质（一）或专业资质（二）中的各 2 个设计类型"要求考核。

二、企业申请市政行业（燃气工程、轨道交通工程除外）甲级资质时，对"场站"和"线路"两个专业暂不做考核要求。

三、企业申请市政行业载人索道专业甲级资质时，对"动力"专业考核要求，可按注册电气（供配电）工程师和注册机械工程师各 1 名考核。

四、企业申请农林行业林业工程相关资质时，林业工程工艺专业人员配备要求，"多个专业共同配备专业技术人员的，须满足人员数量的要求，且每个主导专业至少配备一名专业技术人员"。

住房和城乡建设部建筑市场监管司

二〇一〇年七月十二日

（三）注册执业资格管理

建设部《关于建立注册建筑师制度及有关工作的通知》

（建设 ［1994］598 号）

各省、自治区、直辖市建委（建设厅）、人事（劳动人事）厅（局）、有关计委，国务院各有关部门：

为了适应建立社会主义市场经济体制的需要，提高工程设计质量，强化建筑师的法律责任，保障公众生命和财产安全，维护国家利益并与工程设计管理体制接轨，经建设部、人事部研究决定，我国将实行注册建筑师制度。现将有关工作通知如下：

一、注册建筑师属专业技术人员执业资格制度范畴，根据国务院批准的建设部、人事部"三定"方案，注册建筑师制度由建设部、人事部共同领导组织实施。

二、建设部负责注册和注册管理工作。负责注册建筑师考试大纲、命题及评分标准的拟定工作，负责考前培训，协助实施考务及评分等工作。人事部负责考试工作。负责考试大纲、试题及合格标准的审定并组织实施考务工作。

在实施过程中，两部有关业务主管司要加强协调，密切配合，共同完成此项任务。

三、成立由建设部、人事部、部分省（自治区、直辖市）和国务院有关部委的有关负责同志、专家等组成的全国注册建筑师管理委员会。在两部的领导下，负责有关注册建筑师的具体工作。

四、全国注册建筑师考试定于 1995 年三季度举行。为保证该项工作的顺利开展，积累必要的经验，经两部研究决定于 1994 年 10 月 10 日至 13 日在辽宁省沈阳市进行注册建筑师试点考试。试点工作由辽宁省建设厅、人事厅共同负责实施。

五、在全国注册建筑师考试工作实施之前，为使注册建筑师制度顺利开展，经两部研究决定，对部分已达到注册建筑师标准的建筑设计人员通过特许取得注册建筑师资格。该项工作在 1994 年年底前完成。具体条件和办法将由全国注册建筑师管理委员会制定，报建设部、人事部审核同意后实施。

各地区、各有关部门应加强对此项工作的领导，认真做好各项准备工作。

中华人民共和国建设部
1994 年 9 月 21 日

建设部、人事部《关于全国监理工程师执业资格考试工作的通知》

（建监［1996］462号）

各省、自治区、直辖市建委（建设厅）、人事（人事劳动）厅（局），国务院各部门有关司局，解放军总政科技文职干部局、总后营房部：

为了适应建立社会主义市场经济体制的要求，加强工程建设项目监理，确保工程建设质量，提高工程建设监理人员素质和工程建设监理工作水平，建设部、人事部在监理工程师执业资格考核认定、考试试点工作的基础上，决定自1997年起，在全国举行监理工程师执业资格考试，并将此项工作纳入全国专业技术人员执业资格制度实施规划。现将有关事项通知如下：

一、考试组织管理

（一）建设部和人事部共同负责全国监理工程师执业资格制度的政策制定、组织协调、资格考试和监督管理工作。

（二）建设部负责组织拟定考试科目，编写考试大纲、培训教材和命题工作，统一规划和组织考前培训。

（三）人事部负责审定考试科目、考试大纲和试题，组织实施各项考务工作；会同建设部对考试进行检查、监督、指导和确定考试合格标准。

二、考试报名条件

凡中华人民共和国公民，遵纪守法，具有工程技术或工程经济专业大专以上（含大专）学历，并符合下列条件之一者，可申请参加监理工程师执业资格考试。

（一）具有按照国家有关规定评聘的工程技术或工程经济专业中级专业技术职务，并任职满3年。

（二）具有按照国家有关规定评聘的工程技术或工程经济专业高级专业技术职务。

三、考试时间、科目及考场设置

（一）监理工程师执业资格考试实行全国统一大纲、统一命题、统一组织的办法，每年举行一次。

（二）考试科目：《工程建设监理基本理论和相关法规》、《工程建设合同管理》、《工程建设质量、投资、进度控制》、《工程建设监理案例分析》。

（三）考场原则上设在省会城市，如确需在其他城市设置，须经人事部、建设部批准。

四、部分科目免试条件

对从事工程建设监理工作并同时具备下列四项条件的报考人员，可免试《工程建设合同管理》和《工程建设质量、投资、进度控制》两科。

（一）1970年以前含（1970年）工程技术或工程经济专业大专以上（含大专）毕业；

（二）具有按照国家有关规定评聘的工程技术或工程经济专业高级专业技术职务；

（三）从事工程设计或工程施工管理工作 15 年以上（含 15 年）；

（四）从事监理工作 1 年以上（含 1 年）。

五、具体事项

（一）参加考试，由本人提出申请，所在单位推荐，持报名表到当地考试管理机构报名。考试管理机构按规定程序和报名条件审查合格后，发给准考证。考生凭准考证在指定的时间和地点参加考试。中央和国务院各部门及其直属单位的报考人员，按属地原则报名参加考试。

（二）坚持考培分开的原则，参与考前培训工作的人员不得参与所有考试工作（包括命题和组织管理）；考生自愿参加考前培训，各地、各部门不得以任何理由强迫考生参加考前培训。

（三）申请参加监理工程师执业资格考试，须提供下列证明文件：

1. 监理工程师执业资格考试报名表；

2. 学历证明；

3. 专业技术职务证书。

（四）各地在具体操作中，要严格执行人事部《关于资格考试工作中有关问题的通知》（人办发〔1996〕52 号）各项规定，认真做好资格审查工作。

（五）监理工程师执业资格考试合格者，由各省、自治区、直辖市人事（职改）部门颁发人事部统一印制，人事部和建设部共同用印的《中华人民共和国监理工程师执业资格证书》，该证书在全国范围有效。

注册管理的具体办法由建设部另行制定。人事部和各级人事（职改）部门对注册使用情况负有检查、监督的责任。

六、本通知有关报名条件、考务工作的解释权属人事部；有关考试大纲、参考教材、培训等业务工作的解释权属建设部

中华人民共和国建设部

中华人民共和国人事部

一九九六年八月二十日

建设部《关于印发〈注册建筑师执业及管理工作有关问题的暂行规定〉的通知》

（建设〔1996〕624 号）

各省、自治区、直辖市建委（建设厅），国务院有关部门，解放军总后营房部，新疆生产建设兵团：

现将《注册建筑师执业及管理工作有关问题的暂行规定》印发给你们，请认真遵照执行。

注册建筑师执业及管理工作有关问题的暂行规定

根据建设部、人事部对注册建筑师工作的总体部署，我国勘察设计行业将于1997年1月1日实行注册建筑师制度。注册建筑师的执业及管理应依照《中华人民共和国注册建筑师条例》（以下简称《条例》）及其实施细则（以下简称《细则》）和国家建设行政主管部门颁发的勘察设计市场管理文件的有关规定执行，由于该项工作刚刚起步，在注册建筑师人员数量较少，勘察设计市场较大，勘察设计单位成份比较复杂的情况下，实行注册建筑师制度要达到《条例》和《细则》所规定的规范化、法制化的标准还需要一个完善的过程。为加强过渡期（自1997年1月1日至1998年12月31日）内勘察设计市场和勘察设计单位的管理，确保注册建筑师制度的顺利实施，根据《条例》和《细则》的基本原则，对勘察设计单位和注册建筑师执业、管理等有关具体问题作如下规定。

一、1997年1月1日起民用建筑工程特级、一级项目，及国家重点工程项目施行一级注册建筑师签字制度。二级以下及其他项目是否实行注册建筑师签字制度，各省、自治区、直辖市建设行政主管部门可根据本地区实际情况研究决定。

二、设计单位内部质量管理

（一）注册建筑师执业是在设计单位法人的领导下，依法从事建筑设计工作。注册建筑师有资格做建筑工程项目负责人或建筑专业负责人，行使岗位技术职责权力，并具有在相关的设计文件上的签字权，承担岗位责任。

（二）设计单位内部质量管理仍采用国家推行和单位现行的质量保证体系，实行法人负责的技术管理责任制。

（三）在过渡期内凡属一级以上或国家重点工程项目中民用建筑工程，工程项目负责人须由相应级别的注册建筑师承担；工业建筑工程须由相应级别的注册建筑师承担建筑专业负责人；对于一些特殊性质或工业民用界限属难于确定的工程，在其他专业注册制度未建立之前，单位法人可根据工程性质和需要安排非注册专业人员作为工程项目负责人。

在实行一、二级注册建筑师签字制度的地区，民用建筑工程四级以上工程项目负责人需由注册建筑师承担；工业建筑工程，须由相应级别的注册建筑师承担专业负责人。

（四）在涉及有关规范、工程安全、公众利益等技术问题上，当注册建筑师与单位最高技术负责人（或技术管理部门）的处理意见有分歧、不能协调解决时，由所在单位法人裁定，并向当地注册建筑师管理委员会备案。

三、设计项目的代审、代签

（一）实施注册建筑师制度后，设计单位设计资质及勘察设计市场管理按建设部有关规定执行。

（二）在实行民用建筑工程特级、一级及国家重点工程项目设计注册建筑师签字制度中，具有相应设计等级资格而暂无相应级别注册建筑师的单位，在过渡期内允许实行代审、代签设计项目制度。

（三）省辖市以上建设行政主管部门可根据当地设计单位内注册建筑师的分布情况，按行政区域就近指定代审、代签设计单位。在设计单位内由法人指定代审、代签注册建筑师。

（四）在代审、代签设计项目中，设计单位之间应签定代审、代签的有关合同。注册建筑师不得以个人名义接受代审、代签设计项目工作，违纪者按《细则》有关规定处罚。

（五）代审、代鉴设计项目工作应从工程项目的方案设计开始直至全过程。

（六）代审、代签的设计文件，除应加盖设计单位出图章外，还应加盖代审、代签单位的出图章和指派的注册建筑师执业专用章，方为有效。

（七）代审、代签单位负责代审、代签、项目的技术规范性审核责任。注册建筑师代审、代签的技术职责范围：工业建筑项目，为建筑专业负责人；民用建筑项目，为工程项目负责人。

（八）高设计资质的单位不得由低设计资质的单位代审、代签设计文件。

（九）对于极少数边远地区无注册建筑师的设计单位，如其"过渡期"时间需延长，须经省、市建设行政主管部门核定，报国家建设行政主管部门批准后方可实行。

（十）代审、代签合同文本由省、自治区、直辖市建设行政主管部门统一印制。

四、离退休人员执业

（一）注册建筑师离退休问题应按国家有关规定执行。办理离、退休手续后，方可受聘设计单位继续执业。

（二）注册建筑师执业年龄不得超过 70 周岁。

（三）如接受其他单位聘用，须经原所在单位同意并同新聘用单位签订聘用合同，向注册建筑师管理委员会申办更换执业专用章。有关工资、医疗、保险等福利待遇等按国家对离、退休人员有关规定执行。

五、注册建筑师服务期限和流动

（一）注册建筑师受聘于一个设计单位执业应按有关劳动用工规定同聘用单位签订聘用合同，在聘用单位的服务年限不得少于两年。聘用期内注册建筑师调离聘用单位到其他设计单位执业，新聘用单位和原聘用单位按有关规定办理手续，并向注册建筑师管理委员会申办更换执业专用章。

（二）设计单位被吊销单位资格或破产后，原单位法人应在本单位被核销后一个月内将本单位注册建筑师执业专用章等上交地方注册建筑师管理委员会核销。地方注册建筑师管理委员会负责注册建筑师受聘到其他设计单位重新注册的申报或审批工作。

六、注册建筑师在工业建筑项目中签字范围

（一）工业建筑项目中凡属独立的民用建筑工程，应分列项目，由注册建筑师按项目负责人岗位负责并签字。

（二）工业建筑项目中工业建筑工程，注册建筑师按建筑专业负责人岗位负责并签字。

（三）工业建筑工程中，一、二级注册建筑师签字权限范围，按工程分类标准执行。

七、注册建筑师签字盖章设计文件范围

（一）注册建筑师应在其负责岗位上的设计文件上签字并盖执业专用章。

（二）注册建筑师应在以下设计文件图纸（底图）签字并加盖执业专用章：民用建筑项目，做为项目负责人的注册建筑师在建筑工程项目设计总说明目录、设计总平面图、设计主要平面、立面、剖面图签字，并加盖执业专用章。工业建筑项目，做为建筑专业负责人的注册建筑师应在建筑设计总平面图及主要平面、立面、剖面图签字，并加盖执业专用章。

八、注册建筑师执业管理

（一）注册建筑师执业印章，签字审查制度。由省、市建设行政主管部门按注册年度向工程项目审批部门提供本地区注册建筑师执业专用章、签字图样目录，工程项目审批部门在项目报建时审查。从1997年1月1日起，凡民用建筑工程特级、一级及国家重点工程项目报批有关设计文件（包括方案设计、扩初及施工图设计等）没有同时加盖设计单位出图章和一级注册建筑师执业专用章的，规划部门和施工管理部门不予审查批准实施。

（二）注册建筑师执业情况备案制度。注册建筑师在注册有效期内完成的主要项目须填写《注册建筑师执业登记表》，年检时报省、市建设行政主管部门。

（三）中外合作设计的工程项目，其报批设计文件中需加盖中方相应级别的注册建筑师执业专业章。

九、注册建筑师执业及管理工作的暂行规定条文由建设部勘察设计司注册管理办公室负责解释。

中华人民共和国建设部

一九九六年十二月十二日

建设部、人事部《关于印发〈注册结构工程师执业资格制度暂行规定〉的通知》

（建设［1997］222号）

各省、自治区、直辖市建委（建设厅）、人事（劳动人事）厅（局），国务院各有关部门，总后营房部：

为了适应建立社会主义市场经济体制的需要，提高工程设计质量，强化结构工程师法律责任，保障公众生命和财产安全，维护国家利益，经建设部、人事部研究决定，我国勘察设计行业实行注册结构工程师执业资格制度，现将《注册结构工程师执业资格制度暂行规定》印发给你们，请遵照执行。

中华人民共和国建设部

中华人民共和国人事部

一九九七年九月一日

注册结构工程师执业资格制度暂行规定

第一章 总 则

第一条 为了加强对结构工程设计人员的管理，提高工程设计质量与水平，保障公众生命的财产安全，维护社会公共利益，根据执业资格制度的有关规定，制定本规定。

第二条 注册结构工程师资格制度纳入专业技术人员执业资格制度，由国家确认批准。

第三条 本规定所称注册结构工程师，是指取得中华人民共和国注册结构工程师执业资格证书和注册证书，从事房屋结构、桥梁结构及塔架结构等工程设计及相关业务的专业技术人员。

注册结构工程师分为一级注册结构工程师和二级注册结构工程师。

第四条 建设部、人事部和省、自治区、直辖市人民政府建设行政主管部门、人事行政主管部门依照本规定对注册结构工程师的考试、注册和执业实施指导、监督和管理。

第五条 全国注册结构工程师管理委员由建设部、人事和国务院有关部门的代表及工程设计专家组成。

省、自治区、直辖市可成立相应的注册结构工程师管理委员会。

各级注册结构工程师管理委员会可依照本规定及建设部、人事部有关规定，负责或参与注册结构工程师的考试和注册等具体工作。

第二章 考试与注册

第六条 注册结构工程师考试实行全国统一大纲、统一命题、统一组织的办法，原则上每年举行一次。

第七条 建设部负责组织有关专家拟定考试大纲、组织命题，编写培训教材、组织考前培训等工作；人事部负责组织有关专家审定考试大纲和试题，会同有关部门组织考试并负责考务等工作。

第八条 一级注册结构工程师资格考试由基础考试和专业考试两部分组成。通过基础考试的人员，从事结构工程设计或相关业务满规定年限，方可申请参加专业考试。

一级注册结构工程师考试具体办法由建设部、人事部另行制定。

第九条 注册结构工程师资格考试合格者，由省、自治区、直辖市人事（职改）部门颁发人事部统一负印制、加盖建设部和人事部印章的中华人民共和国注册结构工程师执业资格证书。

第十条 取得注册结构工程师执业资格证书者，要从事结构工程设计业务的，须申请注册。

第十一条 有下列情形之一的，不予注册：

（一）不具备完全民事行为能力的。

（二）因受刑事处罚，自处罚完毕之日起至申请注册之日止不满5年的。

（三）因在结构工程设计或相关业务中犯有错误受到行政处罚或者撤职以上行政处

分，自处罚、处分决定之日起申请注册之日不满 2 年的。

（四）受吊销注册结构工程师注册证书处罚，自处罚决定之日起至申请注册之日止不满 5 年的。

（五）建设部和国务院有关部门规定不予注册的其他情形的。

第十二条 全国注册结构工程师管理委员会和省、自治区、直辖市注册结构工程师管理委员会依照本规定第十一条，决定不予注册的，应当自决定之日起 15 日内书面通知申请人。若有异议的，可自收到通知之日起 15 日内向建设部或各省、自治区、直辖市人民政府建设行政主管部门申请复议。

第十三条 各级注册结构工程师管理委员会按照职责分工应将准予注册的注册结构工程师名单报同级建设行政主管部门备案。

建设部或各省、自治区、直辖市人民政府建设行政主管部门发现有与注册规定不符的，应通知有关注册结构工程师管理委员会撤消注册。

第十四条 准予注册的申请人，分别由全国注册结构工程师管理委员会的省、自治区、直辖市注册结构工程师管理委员会核发由建设部统一制作的注册结构工程师注册证书。

第十五条 注册结构工程师注册有效期为 2 年，有效期届满需要继续注册的应当在期满前 30 日内办理注册手续。

第十六条 注册结构工程师注册后，有下列情形之一的，由全国或省、自治区、直辖市注册结构工程师管理委员会撤消注册，收回注册证书：

（一）完全丧失民事行为能力的。

（二）受刑事处罚的。

（三）因在工程设计或者相关业务中造成工程事故，受到行政处罚或者撤职以上行政处分的。

（四）自行停止注册结构工程师业务满 2 年的。

被撤消注册的当事人对撤消注册有异议的，可以自接到撤消注册通知之日起 15 日内向建设部或省、自治区、直辖市人民政府建设行政主管部门申请复议。

第十七条 被撤消注册的人员可依照本规定的要求重新注册。

第三章 执 业

第十八条 注册结构工程师的执业范围：

（一）结构工程设计；

（二）结构工程设计技术咨询；

（三）建筑物、构筑物、工程设施等调查和鉴定；

（四）对本人主持设计的项目进行施工指导和监督；

（五）建设部和国务院有关部门规定的其他业务。

一级注册结构工程师的执业范围不受工程规模及工程复杂程度的限制。

第十九条 注册结构工程师执行业务，应当加入一个勘察设计单位。

第二十条 注册结构工程师执行业务，由勘察设计单位统一接受委托并统一收费。

第二十一条 因结构设计质量造成的经济损失，由勘察设计单位承担赔偿责任；勘察设计单位有权向签字的注册结构工程师追偿。

第二十二条 注册结构工程师执业管理和处罚办法由建设部另行规定。

第四章 权利和义务

第二十三条 注册结构工程师有权以注册结构工程师的名义执行注册结构工程师业务。

非注册结构工程师不得以注册结构工程师的名义执行注册结构工程师业务。

第二十四条 国家规定的一定跨度、高度等以上的结构工程设计，应当由注册结构工程师主持设计。

第二十五条 任何单位和个人修改注册结构工程师的设计图纸，应当征得该注册结构工程师同意；但是因特殊情况不能征得该注册结构工程师同意的除外。

第二十六条 注册结构工程师应当履行下列义务：

（一）遵守法律、法规和职业道德，维护社会公众利益；

（二）保证工程设计的质量，并在其负责的设计图纸上签字盖章；

（三）保守在执业中知悉的单位和个人的秘密；

（四）不得同时受聘于两个以上勘察设计单位执行业务；

（五）不得准许他人以本人名义执行业务。

第二十七条 注册结构工程师按规定接受必要的继续教育，定期进行业务和法规培训，并作为重新注册的依据。

第五章 附 则

第二十八条 在全国实施注册结构工程师考试之前，对已经达到注册结构工程师资格水平的，可经考核认定，获得注册结构工程师资格。

考核认定办法由建设部、人事部另行制定。

第二十九条 外国人申请参加中国注册结构工程师全国统一考试和注册以及外国结构工程师申请在中国境内执行注册结构工程师业务，由国务院主管部门另行规定。

第三十条 二级注册结构工程师依照本规定的原则执行，具体实施办法由建设部、人事部另行制定。

第三十一条 本规定自发布之日起施行。本规定由建设部、人事部在各自的职责内负责解释。

建设部《关于印发〈注册结构工程师执业及管理工作有关问题的暂行规定〉的通知》

（建设〔1998〕229号）

各省、自治区、直辖市建委（建设厅），国务院有关部门，总后营房部：

现将《注册结构工程师执业及管理工作有关问题的暂行规定》印发给你们，请遵照执行。执行中有何建议请报告部勘察设计司。

中华人民共和国建设部

一九九八年十一月二十三日

附件：

注册结构工程师执业及管理工作有关问题的暂行规定

根据建设部、人事部对注册结构工程师工作的总体部署，全国勘察设计行业将于1999年1月1日起试行注册结构工程师执业制度。注册结构工程师的执业及管理应依据《注册结构工程师执业资格制度暂行规定》和国家建设行政主管部门颁发的勘察设计咨询业管理文件的有关规定执行。为了与注册建筑师制度的实施相配套，加强过渡期内勘察设计咨询业的管理，确保注册结构工程师制度的顺利实施，并为2000年全面实行注册结构工程师执业制度摸索经验，对注册结构工程师执业及管理工作特作如下规定：

一、注册结构工程师制度的实施范围

（一）此次注册结构工程师执业制度只限在一级注册结构工程师范围内实施。

（二）自1999年1月1日起民用建筑二级及以上项目（按民用建筑工程设计等级分类表执行）及工业建筑中型及以上项目（按国务院有关部、局和全国性行业总公司行业工程项目等级分类标准执行）实行注册结构工程师签字制度。过渡期内三级及以下项目是否试行注册结构工程师签字制度，由各省、自治区、直辖市建设行政主管部门根据本地区实际情况研究决定。

二、设计单位资质和内部质量管理

（一）在试行注册结构工程师执业制度后，设计单位的设计资质与注册结构工程师的个人执业资格实行双控管理。具有工程设计甲乙级资质等级单位的注册结构工程师数量必须达到下列要求：

甲级：主专业为建筑工程的设计单位不少于4名（其中离退休返聘人员不得超过1名）；工交各行业设计单位均不少于8名（其中离退休返聘人员不得超过3名）。

乙级：主专业为建筑工程的设计单位不少于2名（其中离退休返聘人员不得超过1各）；工交各行业设计单位均不少于5名（其中离退休返聘人员不得超过2名）。

（二）设计单位内部质量管理仍采用国家推行和单位现行的质量保证体系，实行法人负责的技术管理责任制。

（三）注册结构工程师执业是指在设计单位法人领导下，行使岗位技术职责，按照《注册结构工程师执业资格制度暂行规定》的有关要求，从事建筑工程结构设计等工作。注册结构工程师有资格做结构专业负责人或以结构为主的工业项目的工程项目负责人（设计总负责人），具有在相关的设计文件上的签字权，承担岗位责任并应享有相应的

427

待遇。

（四）凡属民用建筑二级及以上、工业建筑中型及以上项目，必须由注册结构工程师做结构专业负责人或以结构为主的工业项目的工程项目负责人。

（五）具有甲、乙级资质的设计单位，结构审定人和结构专业总工程师（技术负责人）必须由注册结构工程师担任。

三、注册结构工程师签字盖章

（一）注册结构工程师的签字仍按现行有关规定在其负责岗位上的设计文件中签字。

（二）作为结构专业负责人的注册结构工程师应在以下设计文件上盖执业专用章并对其盖章的设计文件（或所列目录的内容）负责：

方案设计阶段：结构专业说明页右下角的适当位置；

初步设计和施工图设计阶段：设计文件目录页右下角的适当位置；

修改设计文件：每页的图签内或右下角的适当位置。

四、注册结构工程师执业

（一）注册结构工程师的执业范围不得超越其所在设计单位的业务范围。注册结构工程师的执业范围与其所在设计单位的业务范围不符时，个人执业范围应服从设计单位的业务范围。

（二）注册结构工程师只能受聘于一个设计单位执业。设计单位聘用注册结构工程师时，必须依据有关劳动用工规定同注册结构工程师签定聘用合同。

（三）注册结构工程师执业年龄一般不得超过70岁，个别年龄达到70岁，身体状况良好、能完全胜任工作的注册结构工程师，由省级以上建设行政主管部门批准后可继续受聘执业。

五、注册结构工程师执业管理

（一）实行注册结构工程师执业专用印章、签字审查制度。由省、自治区、直辖市建设行政主管部门接注册年度向工程项目审批部门提供本地区注册结构工程师执业专用章印样和签字字样目录，作为工程项目审批部门进行有关审查工作的必要依据。从1999年1月1日起签定合同的凡民用建筑二级及以上、工业建筑中型及以上工程项目报批各阶段设计文件时，如未加盖与单位证书编号相符的注册结构工程师执业专用章，规划部门不予办理规划许可证、设计审查部门不予审查、建设部门不予办理施工许可手续。

（二）实行注册结构工程师执业情况备案制度。注册结构工程师在注册有效期内完成的设计项目须填写《注册结构工程师执业登记表》，年检时报省、自治区、直辖市建设行政主管部门备案。

（三）注册结构工程师在聘用单位执业的服务年限不得少于两年。聘用期内注册结构工程师因特殊情况调离聘用单位到其他设计单位执业时，原聘用单位与新聘用单位应按有关规定重新办理注销和注册手续，并向建设部执业资格注册中心申办更换执业专用章。

（四）设计单位被吊销资质或破产时，该单位有责任做好其注册结构工程师后续管理的有关工作。

（五）中外合作设计的工程项目，其报批设计文件中须加盖中方注册结构工程师执业专用章。

六、离退休注册结构工程师的执业管理

（一）注册结构工程师离退休问题应按国家有关规定执行。办理离退休手续后，可受聘于本单位继续执业。当本单位不再返聘后，方可受聘于其他设计单位继续执业。

（二）在接受其他单位聘用时，须经原所在单位同意并同新聘用单位签定聘用合同，并更换执业专用章。有关工资、医疗、保险等福利待遇按国家有关规定执行。

七、其他有关问题

（一）在试行注册结构工程师制度的过渡期内不实行代审、代签制度。注册结构工程师数量不能满足要求的甲乙级设计单位，允许有一年的过渡期，可与能满足单位设计资质与个人执业资格双控管理要求的单位进行合作设计，签定合作设计协议书，并由合作设计单位指派注册结构工程师担任结构专业负责人和结构设计审定人，并经签字盖章后，设计文件方可生效。合作设计费用由双方协商确定。2000 年必须达到规定的注册结构工程师数量。

（二）试行注册结构工程师制度的过渡期自 1999 年 1 月 1 日起至 1999 年 12 月 31 日止。

（三）本规定由建设部负责解释。

建设部《关于印发〈一级建造师注册实施办法〉的通知》

（建市〔2007〕101 号）

各省、自治区建设厅，直辖市建委，江苏、山东省建管局，国务院各有关部门建设司，总后基建营房部，国资委管理的有关企业：

根据《注册建造师管理规定》（建设部令第 153 号），我部制定了《一级建造师注册实施办法》，现印发给你们，请遵照执行。在执行过程中有何问题，请与我部建筑市场管理司联系。

中华人民共和国建设部

二○○七年四月十日

一级建造师注册实施办法

一、注册管理体制

第一条 为规范一级建造师注册管理工作，依据《行政许可法》、《注册建造师管理规定》（建设部令第 153 号）和相关法律法规，制定本实施办法。

第二条 中华人民共和国境内一级建造师注册管理适用本实施办法。

第三条 国务院建设主管部门（以下称建设部）为一级建造师注册机关，负责一级建造师注册审批工作。

省、自治区、直辖市人民政府建设主管部门（以下简称省级建设主管部门），负责本行政区域内一级建造师注册申请受理、初审工作。

国务院铁路、交通、水利、信息产业、民航部门负责全国铁路、公路、港口与航道、水利水电、通信与广电、民航专业一级建造师注册审核工作。

二、注册申报程序

第四条 申请人申请注册前，应当受聘于一个具有建设工程施工或勘察、设计、监理、招标代理、造价咨询资质的企业，与聘用企业依法签订聘用劳动合同。申请人向聘用企业如实提供有关申请材料并对内容真实性负责，通过聘用企业向企业工商注册所在地省级建设主管部门提出注册申请。

第五条 注册申请实行网上和书面相结合的申报方式。申请人应当在中国建造师网（网址：www.coc.gov.cn）上进行填报，网上申报成功后自动生成打印所需申请表。

第六条 注册申请包括初始注册、延续注册、变更注册、增项注册、注销注册和重新注册。注册建造师因遗失或污损注册证书、执业印章的，可申请补办或更换。

第七条 初始注册

申请人自资格证书签发之日起3年内可申请初始注册。逾期未申请者应当提供相应专业继续教育证明，其学习内容应当符合建设部关于注册建造师继续教育的规定。

申请初始注册的，申请人应当提交下列材料：

（一）《一级建造师初始注册申请表》（附表1-1）；

（二）资格证书、学历证书和身份证明复印件；

（三）申请人与聘用企业签订的聘用劳动合同复印件或申请人所在企业出具的劳动、人事、工资关系证明；

（四）逾期申请初始注册的，应当提供达到继续教育要求证明材料复印件。

申报材料由申请表和（二）、（三）、（四）部分合订后的材料附件组成。

聘用企业将《企业一级建造师初始注册申请汇总表》（附表1-2）和申请人的申请表、材料附件报省级建设主管部门。其中，申请建筑、市政、矿业、机电专业注册的，应当提交申请表一式二份和材料附件一式一份；申请铁路、公路、港口与航道、水利水电、通信与广电、民航专业注册的，应当提交申请表一式三份和材料附件一式二份；申请铁路、公路、港口与航道、水利水电、通信与广电、民航专业增项注册的，每增加一个专业应当增加申请表一式一份和材料附件一式一份。

省级建设主管部门将《省级建设主管部门一级建造师初始注册初审意见表》（附表1-3）、《省级建设主管部门一级建造师初始注册初审汇总表（企业申请人）》（附表1-4）、《省级建设主管部门一级建造师初始注册初审汇总表（专业）》（附表1-5）和申请人的申请表、材料附件报建设部。其中，申请建筑、市政、矿业、机电专业注册的，应当提交申请表一式一份；申请铁路、公路、港口与航道、水利水电、通信与广电、民航专业注册的，应当提交申请表一式二份和材料附件一式一份；申请铁路、公路、港口与航道、水利水电、通信与广电、民航专业增项注册的，每增加一个专业应当增加申请表一式一份和材料附件一式一份。材料报送按《省级建设主管部门一级建造师注册申请材料报送目录》（附表1-6）要求办理。

涉及铁路、公路、港口与航道、水利水电、通信与广电、民航专业申请注册的，建设部将申请人的申请表一式一份和材料附件一式一份送国务院有关专业部门。

国务院有关专业部门对申请人的申报材料进行审核，并填写《国务院有关部门一级建造师初始注册审核意见表》（附表1-7），连同按企业申请人汇总后生成的《国务院有关部门一级建造师初始注册审核汇总表》（附表1-8）移送建设部。

第八条　延续注册

注册有效期满需继续执业的，应当在注册有效期届满30日前，按照《注册建造师管理规定》第七条、第八条的规定申请延续注册。延续注册的有效期为3年。

申请延续注册的，申请人应当提交下列材料：

（一）《一级注册建造师延续注册申请表》（附表2-1）；

（二）原注册证书；

（三）申请人与聘用企业签订的聘用劳动合同或申请人聘用企业出具的劳动、人事、工资关系证明；

（四）申请人注册有效期内达到继续教育要求证明材料复印件。

申报程序和材料份数按初始注册要求办理。

第九条　变更注册

在注册有效期内，发生下列情形的，应当及时申请变更注册。变更注册后，有效期执行原注册证书的有效期。

1. 执业企业变更的；

2. 所在聘用企业名称变更的；

3. 注册建造师姓名变更的。

申请变更注册的，申请人应当提交下列材料：

（一）《一级注册建造师变更注册申请表》（附表3-1）；

（二）注册证书原件和执业印章；

（三）执业企业变更的，应当提供申请人与新聘用企业签订的聘用劳动合同，或申请人聘用企业出具的劳动、人事、工资关系证明，以及工作调动证明复印件（与原聘用企业解除聘用合同或聘用合同到期的证明文件、退休人员的退休证明）；

（四）申请人所在聘用企业名称发生变更的，应当提供变更后的《企业法人营业执照》复印件和企业所在地工商行政主管部门出具的企业名称变更函复印件。

（五）注册建造师姓名变更的，应当提供变更后的身份证明原件或公安机关户籍管理部门出具的有效证明。

第十条　增项注册

注册建造师取得相应专业资格证书可申请增项注册。取得增项专业资格证书超过3年未注册的，应当提供该专业最近一个注册有效期继续教育学习证明。准予增项注册后，原专业注册有效截止日期保持不变。

申请增项注册的，申请人应当提交下列材料：

（一）《一级注册建造师增项注册申请表》（附表4-1）；

（二）增项专业资格考试合格证明复印件；

（三）注册证书原件和执业印章；

（四）增项专业达到继续教育要求证明材料复印件。

申报程序和材料份数按初始注册要求办理。

第十一条　注销注册

注册建造师有《注册建造师管理规定》第十七条所列情形之一的，由省级建设主管部门办理注销手续。

申请人或其聘用的企业，应当提供下列材料：

（一）《一级注册建造师注销注册申请表》（附表5-1）；

（二）注册证书原件和执业印章；

（三）符合《注册建造师管理规定》第十七条所列情形之一的证明复印件。

注册建造师本人和聘用企业应当及时向省级建设主管部门提出注销注册申请；有关单位和个人有权向注册机关举报；县级以上地方人民政府建设主管部门或者有关部门应当及时告知注册机关。

第十二条　重新注册

建造师注销注册或者不予注册的，在重新具备注册条件后，可申请重新注册，重新注册按初始注册要求办理。

申请重新注册的，申请人应当提交下列材料：

（一）《一级建造师重新注册申请表》（附表6-1）；

（二）资格证书、学历证书和身份证明复印件；

（三）申请人与聘用企业签订的聘用劳动合同复印件或聘用企业出具的劳动、人事、工资关系证明；

（四）达到继续教育要求证明材料复印件。

申报程序和材料份数按初始注册要求办理。

第十三条　注册证书、执业印章遗失补办

注册建造师因遗失注册证书、执业印章的，应当向省级建设主管部门申请补办，并提交下列材料：

（一）《一级注册建造师注册证书、执业印章遗失补办或污损更换申请表》（附表7-1）

（二）身份证明复印件；

（三）省级以上报纸刊登的遗失声明原件。

第十四条　注册证书、执业印章污损更换

注册证书、执业印章污损的，可向省级建设主管部门申请更换，并提交下列材料：

（一）《一级注册建造师注册证书、执业印章遗失补办或污损更换申请表》；

（二）身份证明复印件；

（三）污损的注册证书原件、执业印章。

第十五条　取得一级建造师资格证书的人员，可对应下述专业申请注册：建筑工程、公路工程、铁路工程、民航工程、港口与航道工程、水利水电工程、市政公用工程、通信与广电工程、矿业工程、机电工程。

资格证书所注专业为房屋建筑工程、装饰装修工程的，按建筑工程专业申请注册；资格证书所注专业为矿山工程的按矿业工程专业申请注册；资格证书所注专业为冶炼工程的，可选矿业工程或机电工程之中的一个专业申请注册；资格证书所注专业为电力工程、石油化工工程、机电安装工程的，按机电工程专业申请注册。

三、受理和初审

第十六条　省级建设主管部门应当参照《建设部机关实施行政许可工作规程》（建法〔2004〕111号）规定，进行一级建造师注册申请的受理、初审工作，注册申请受理和初审工作不得由同一人办理，确保程序合法，行为规范。

第十七条　省级建设主管部门按照初始注册、延续注册、变更注册、增项注册、重新注册、遗失补办、污损更换和注销注册有关规定，对注册申请人材料的完整性进行查验。申请材料存在可以当场更正错误的，应当允许申请人当场更正。

申请注册材料齐全、符合规定的法定形式，或者申请人按要求提交全部补正申请材料的，应当受理申请人的注册申请，并向申请人出具《行政许可受理通知书》。

申请材料不符合本规定或材料不齐全，应当当场或者在5日内向申请人出具《行政许可补正有关材料通知书》，一次性告知申请人需要补齐、补正的全部内容，并将申请材料退回申请人。逾期不告知的，自收到申请注册材料之日起即为受理。

申请人有下列情形之一的，不予受理或不予注册：

（一）不具有完全民事行为能力的；

（二）申请在两个或者两个以上企业注册的；

（三）未达到注册建造师继续教育要求的；

（四）受到刑事处罚，刑事处罚尚未执行完毕的；

（五）因执业活动受到刑事处罚，自刑事处罚执行完毕之日起至申请注册之日止不满5年的；

（六）因前项规定以外的原因受到刑事处罚，自处罚决定之日起至申请注册之日止不满3年的；

（七）被吊销注册证书，自处罚决定之日起至申请注册之日止不满2年的；

（八）在申请注册之日前3年内担任施工企业项目负责人期间，所负责项目发生过重大质量和安全事故的；

（九）申请人的聘用企业不符合注册企业要求的；

（十）年龄超过65周岁的；

（十一）法律、法规规定不予注册的其他情形。

第十八条　省级建设主管部门对申请人的申报材料进行初审，认真核对资格证书、学历证书、身份证明、继续教育证明和聘用合同原件与复印件是否一致，按规定填写初审意见。

第十九条　省级建设主管部门对申请初始注册、重新注册、增项注册，应当自受理申请之日起，20日内对申请人注册条件和申报材料进行审查，并作出书面初审意见；对申请延续注册的，应当自受理申请之日起，5日内对申请人注册条件和申报材料进行审查，并作出书面初审意见。初审意见为不同意的需说明理由。

第二十条　军队系统取得一级建造师资格证书人员申请注册，由总后基建营房部负责受理和初审，其材料报送程序和初审要求，比照省级建设主管部门职责范围执行。

四、审核与审批

第二十一条 对申请初始注册、重新注册、增项注册的，建设部收到初审意见后，20日内审批完毕并作出书面决定，审批结果向社会公告。建设部审批时不再组织专家复审，仅对申请人重复注册、举报情况进行核实。国务院铁路、交通、水利、信息产业、民航等专业部门，应当自收到全部注册申请材料之日起，在10日内审核完毕，作出书面审核意见汇总后移送建设部。建设部应将审核意见结果汇总后向社会公示10日，公示无异议的，准予注册。

第二十二条 对申请变更注册、注销注册，注册证书、执业印章遗失补办或污损更换的，建设部委托省级建设主管部门负责办理，5日内办结。

省级建设主管部门负责执业企业、企业名称和注册建造师姓名变更，审查合格的，在注册证书变更注册记录栏进行登记。跨省变更的，由注册建造师提出变更申请，通过原聘用企业报原省级建设主管部门同意后，由调入地省级建设主管部门审查办理。办结10日内将《省级建设主管部门一级注册建造师变更注册审批汇总表》（附表3-3）报建设部备案。

省级建设主管部门负责注销注册办理，销毁收回的注册证书、执业印章，办结10日内将《省级建设主管部门一级注册建造师注销注册汇总表》（附表5-2）报建设部备案，建设部在中国建造师网上公告注册证书和执业印章注销情况。

省级建设主管部门负责注册证书、执业印章遗失补办或污损更换，销毁更换收回的注册证书、执业印章，办结10日内将《省级建设主管部门一级注册建造师注册证书、执业印章补发或更换汇总表》（附表7-2）报建设部备案。建设部在中国建造师网上公告注册证书、执业印章补办或更换情况。

第二十三条 对申请延续注册的，建设部收到初审意见后，10日内审批完毕并作出书面决定，审批结果向社会公告。建设部审批时不再组织专家进行复审，仅对申请人重复注册、举报情况进行核实。国务院铁路、交通、水利、信息产业、民航等专业部门应自收到全部注册申报材料之日起，5日内审核完毕，作出书面审核意见汇总后移送建设部。建设部将审核结果汇总后向社会公示10日，公示无异议的，准予注册。审批日期为注册证书签发日期，注册证书自签发之日起有效期3年，执业印章与注册证书有效期相同。

第二十四条 建设部自公告发布之日起10日内，向准予注册的申请人核发《中华人民共和国一级建造师注册证书》，省级建设主管部门负责在注册证书照片上加盖骑缝钢印；经审批同意延续注册、增项注册、注销注册的，省级建设主管部门在注册证书内页加贴建设部统一印制的防伪贴，并加盖骑缝印章。

经审批同意初始注册、延续注册、增项注册、重新注册的，省级建设主管部门负责注册证书、执业印章统一编号后发放，办结10日内将《省级建设主管部门发放一级建造师注册证书、执业印章汇总表》（附表1-9）报建设部备案。

五、注册证书和执业印章

第二十五条 注册证书

注册证书采用墨绿纸制材料，形状为长方形，长124mm，宽87mm，由建设部统一印制。

（一）注册证书采用两种编号体系。注册编号由一个汉字和12位阿拉伯数字组成，证书编号为全国注册证书印制流水号；

（二）注册编号规则适用于一级注册建造师和二级注册建造师的注册编号。注册编号的汉字和各组数字的含义为：

1. 编号首位汉字表示现注册省份简称，如：北京为"京"。总后基建营房部简称"军"；

2. 第2位表示注册建造师级别，一级为1，二级为2；

3. 第3、4位表示初始注册时受聘企业所在地省级行政区划代码，如北京为"11"、湖北为"42"等。总后基建营房部代码为99；

4. 第5、6位表示取得资格证书年份，如2005年取得资格证书的，表示为"05"；

5. 第7、8位表示初始注册年份，如2007年初始注册的，表示为"07"；

6. 第9－13位表示初始注册时，申请人在注册申请地省级注册流水号，如第1个表示为"00001"。

例如：京111050700001，表示该注册建造师的现注册地是北京，级别是一级，首次注册地是北京，资格证书为2005年取得，首次注册年份为2007年，首次注册时流水号是00001。

（三）注册编号首位汉字代表当期注册地，其它数字编号一经注册不得改变。延续注册、变更注册和重新注册的，编号首位汉字随注册省份改变而改变，数字编号仍沿用初始注册时编号。

（四）注册证书的注册编号与执业印章的注册编号相同。

第二十六条　执业印章

（一）执业印章式样

执业印章式样如下图：

1. 印章形式为同心双椭圆。规格分别为：外圆长轴50mm、短轴36mm，内圆长轴36mm、短轴22mm，印模颜色为深蓝色。

2. 执业印章按样章的规格、形式制作，并依次标示：

（1）"中华人民共和国一级注册建造师执业印章"，宋体、字高4mm；

（2）印章持有人姓名，中隶书、字高4mm；

（3）注册编号与印章校验码，宋体、字高3.5mm；

（4）注册专业，宋体、字高3mm；

（5）执业印章有效期截止日期，宋体、字高2.5mm；

（6）聘用企业名称，宋体、字高4mm。

3. "京111050700001（02）"中，"京111050700001"为注册编号，02为印章校验码。

4. 样章中"2010.09.07"表示印章有效截止日期是2010年9月7日。

（二）执业印章校验码

印章校验码由两位阿拉伯数字组成，表示印章遗失作废后补办印章的累计次数。初始注册时校验码为00，第一次补办为01，最多次数为99。

（三）注册专业简称

建筑工程专业简称"建筑"，公路工程专业简称"公路"，铁路工程专业简称"铁路"，民航工程专业简称"民航"，港口与航道工程专业简称"港航"，水利水电工程专业简称"水利"，市政公用工程专业简称"市政"，通信广电工程专业简称"通信"，矿业工程专业简称"矿业"，机电工程专业简称"机电"。各专业简称之间由一个空格" "连接，表示有多个注册专业，如"建筑公路"表示建筑工程专业、公路工程专业。

（四）无论申请人注册一个专业还是多个专业，只能核发一本注册证书和一枚执业印章。

（五）注册多个专业，由于专业增项注册、延续注册、注销注册导致专业之间注册有效截止日期不同的，执业印章有效截止日期为注册有效期最早截止专业的日期。

六、其他

第二十七条 一级建造师注册后，在领取注册证书和执业印章时，应当同时向申请地省级建设主管部门交回原建筑业企业一级项目经理资质证书，省级建设主管部门负责证书销毁并报建设部备案。

第二十八条 建设部不收取一级建造师注册费和注册证书费。省级建设主管部门在注册工作中发生的相关费用，请商同级有关主管部门解决。印章制作费标准请省级建设主管部门报省级物价管理部门核定。

第二十九条 二级建造师注册管理

二级建造师申请注册，由省级建设主管部门负责受理和审批，具体审批程序由省级人民政府建设主管部门参照本实施办法制定。对批准注册的，核发由建设部统一样式的《中华人民共和国二级建造师注册证书》和执业印章，并在核发证书后30日内报建设部备案。

第三十条 本实施办法由建设部负责解释。

第三十一条 本办法自公布之日起执行。

附表（略）

建设部《关于印发〈注册建造师执业工程规模标准〉（试行）的通知》

（建市［2007］171号）

各省、自治区建设厅，直辖市建委，江苏、山东省建管局，国务院有关部门建设司，新疆生产建设兵团建设局，总后基建营房部，国资委管理的有关企业：

根据《注册建造师管理规定》（建设部令第153号），我们制定了《注册建造师执业工程规模标准》（试行），现印发给你们，请遵照执行。

附件:《注册建造师执业工程规模标准》(试行)(略)

中华人民共和国建设部
二○○七年七月四日

建设部《关于印发〈注册建造师施工管理签章文件目录〉(试行)的通知》

(建市〔2008〕42 号)

各省、自治区建设厅,直辖市建委,江苏、山东省建管局,国务院有关部门建设司,新疆生产建设兵团建设局,总后基建营房部,国资委管理的有关企业:

根据《注册建造师管理规定》(建设部令第 153 号),我部编制了担任施工单位项目负责人的《注册建造师施工管理签章文件目录》(试行),现印发给你们,请遵照执行。

附件:《注册建造师施工管理签章文件目录》(试行)
    1.《注册建造师施工管理签章文件目录》(房屋建筑工程)(略)
    2.《注册建造师施工管理签章文件目录》(公路工程)(略)
    3.《注册建造师施工管理签章文件目录》(铁路工程)(略)
    4.《注册建造师施工管理签章文件目录》(通信与广电工程)(略)
    5.《注册建造师施工管理签章文件目录》(民航机场工程)(略)
    6.《注册建造师施工管理签章文件目录》(港口与航道工程)(略)
    7.《注册建造师施工管理签章文件目录》(水利水电工程)(略)
    8.《注册建造师施工管理签章文件目录》(电力工程)(略)
    9.《注册建造师施工管理签章文件目录》(矿山工程)(略)
    10.《注册建造师施工管理签章文件目录》(冶炼工程)(略)
    11.《注册建造师施工管理签章文件目录》(石油化工工程)(略)
    12.《注册建造师施工管理签章文件目录》(市政公用工程)(略)
    13.《注册建造师施工管理签章文件目录》(机电安装工程)(略)
    14.《注册建造师施工管理签章文件目录》(装饰装修工程)(略)

中华人民共和国建设部
二○○八年二月二十一日

建设部《关于发布〈注册建造师执业管理办法（试行）〉的通知》

（建市〔2008〕48号）

各省、自治区建设厅，直辖市建委，江苏、山东省建管局，国务院有关部门建设司，新疆生产建设兵团建设局，解放军总后基建营房部：

为规范注册建造师执业行为，加强注册建造师监督管理，根据《注册建造师管理规定》（建设部令第153号），我们组织起草了《注册建造师执业管理办法（试行）》，现印发给你们，请遵照执行。

附件：注册建造师执业管理办法（试行）

中华人民共和国建设部
二〇〇八年二月二十六日

注册建造师执业管理办法（试行）

第一条 为规范注册建造师执业行为，提高工程项目管理水平，保证工程质量和安全，依据《中华人民共和国建筑法》、《建设工程质量管理条例》、《建设工程安全生产管理条例》、《注册建造师管理规定》及相关法律、法规，制定本办法。

第二条 中华人民共和国境内注册建造师从事建设工程施工管理活动的监督管理，适用本办法。

第三条 国务院建设主管部门对全国注册建造师的执业活动实施统一监督管理；国务院铁路、交通、水利、信息产业、民航等有关部门按照国务院规定的职责分工，对全国相关专业注册建造师执业活动实施监督管理。

县级以上地方人民政府建设主管部门对本行政区域内注册建造师执业活动实施监督管理；县级以上地方人民政府交通、水利、通信等有关部门在各自职责范围内，对本行政区域内相关专业注册建造师执业活动实施监督管理.

第四条 注册建造师应当在其注册证书所注明的专业范围内从事建设工程施工管理活动，具体执业按照本办法附件《注册建造师执业工程范围》执行。未列入或新增工程范围由国务院建设主管部门会同国务院有关部门另行规定。

第五条 大中型工程施工项目负责人必须由本专业注册建造师担任。一级注册建造师可担任大、中、小型工程施工项目负责人，二级注册建造师可以承担中、小型工程施工项目负责人。

各专业大、中、小型工程分类标准按《关于印发〈注册建造师执业工程规模标准〉（试行）的通知》（建市〔2007〕171号）执行。

第六条　一级注册建造师可在全国范围内以一级注册建造师名义执业。

通过二级建造师资格考核认定，或参加全国统考取得二级建造师资格证书并经注册人员，可在全国范围内以二级注册建造师名义执业。

工程所在地各级建设主管部门和有关部门不得增设或者变相设置跨地区承揽工程项目执业准入条件。

第七条　担任施工项目负责人的注册建造师应当按照国家法律法规、工程建设强制性标准组织施工，保证工程施工符合国家有关质量、安全、环保、节能等有关规定。

第八条　担任施工项目负责人的注册建造师，应当按照国家劳动用工有关规定，规范项目劳动用工管理，切实保障劳务人员合法权益。

第九条　注册建造师不得同时担任两个及以上建设工程施工项目负责人。发生下列情形之一的除外：

（一）同一工程相邻分段发包或分期施工的；

（二）合同约定的工程验收合格的；

（三）因非承包方原因致使工程项目停工超过 120 天（含），经建设单位同意的。

第十条　注册建造师担任施工项目负责人期间原则上不得更换。如发生下列情形之一的，应当办理书面交接手续后更换施工项目负责人：

（一）发包方与注册建造师受聘企业已解除承包合同的；

（二）发包方同意更换项目负责人的；

（三）因不可抗力等特殊情况必须更换项目负责人的。

建设工程合同履行期间变更项目负责人的，企业应当于项目负责人变更 5 个工作日内报建设行政主管部门和有关部门及时进行网上变更。

第十一条　注册建造师担任施工项目负责人，在其承建的建设工程项目竣工验收或移交项目手续办结前，除第十条规定的情形外，不得变更注册至另一企业。

第十二条　担任建设工程施工项目负责人的注册建造师应当按《注册建造师施工管理签章文件目录》和配套表格要求，在建设工程施工管理相关文件上签字并加盖执业印章，签章文件作为工程竣工备案的依据。

省级人民政府建设行政主管部门可根据本地实际情况，制定担任施工项目负责人的注册建造师签章文件补充目录。

第十三条　担任建设工程施工项目负责人的注册建造师对其签署的工程管理文件承担相应责任。注册建造师签章完整的工程施工管理文件方为有效。

注册建造师有权拒绝在不合格或者有弄虚作假内容的建设工程施工管理文件上签字并加盖执业印章。

第十四条　担任建设工程施工项目负责人的注册建造师在执业过程中，应当及时、独立完成建设工程施工管理文件签章，无正当理由不得拒绝在文件上签字并加盖执业印章。

担任工程项目技术、质量、安全等岗位的注册建造师，是否在有关文件上签章，由企业根据实际情况自行规定。

第十五条　建设工程合同包含多个专业工程的，担任施工项目负责人的注册建造师，负责该工程施工管理文件签章。

专业工程独立发包时，注册建造师执业范围涵盖该专业工程的，可担任该专业工程施工项目负责人。

分包工程施工管理文件应当由分包企业注册建造师签章。分包企业签署质量合格的文件上，必须由担任总包项目负责人的注册建造师签章。

第十六条 因续期注册、企业名称变更或印章污损遗失不能及时盖章的，经注册建造师聘用企业出具书面证明后，可先在规定文件上签字后补盖执业印章，完成签章手续。

第十七条 修改注册建造师签字并加盖执业印章的工程施工管理文件，应当征得所在企业同意后，由注册建造师本人进行修改；注册建造师本人不能进行修改的，应当由企业指定同等资格条件的注册建造师修改，并由其签字并加盖执业印章。

第十八条 注册建造师应当通过企业按规定及时申请办理变更注册、续期注册等相关手续。多专业注册的注册建造师，其中一个专业注册期满仍需以该专业继续执业和以其他专业执业的，应当及时办理续期注册。

注册建造师变更聘用企业的，应当在与新聘用企业签订聘用合同后的1个月内，通过新聘用企业申请办理变更手续。

因变更注册申报不及时影响注册建造师执业、导致工程项目出现损失的，由注册建造师所在聘用企业承担责任，并作为不良行为记入企业信用档案。

第十九条 聘用企业与注册建造师解除劳动关系的，应当及时申请办理注销注册或变更注册。聘用企业与注册建造师解除劳动合同关系后无故不办理注销注册或变更注册的，注册建造师可向省级建设主管部门申请注销注册证书和执业印章。

注册建造师要求注销注册或变更注册的，应当提供与原聘用企业解除劳动关系的有效证明材料。建设主管部门经向原聘用企业核实，聘用企业在7日内没有提供书面反对意见和相关证明材料的，应予办理注销注册或变更注册。

第二十条 监督管理部门履行监督检查职责时，有权采取下列措施：

（一）要求被检查人员出示注册证书和执业印章；

（二）要求被检查人员所在聘用企业提供有关人员签署的文件及相关业务文档；

（三）就有关问题询问签署文件的人员；

（四）纠正违反有关法律、法规、本规定及工程标准规范的行为；

（五）提出依法处理的意见和建议。

第二十一条 监督管理部门在对注册建造师执业活动进行监督检查时，不得妨碍被检查单位的正常生产经营活动，不得索取或者收受财物，谋取任何利益。

有关单位和个人对依法进行的监督检查应当协助与配合，不得拒绝或者阻挠。

注册建造师注册证书和执业印章由本人保管，任何单位（发证机关除外）和个人不得扣押注册建造师注册证书或执业印章。

第二十二条 注册建造师不得有下列行为：

（一）不按设计图纸施工；

（二）使用不合格建筑材料；

（三）使用不合格设备、建筑构配件；

（四）违反工程质量、安全、环保和用工方面的规定；

（五）在执业过程中，索贿、行贿、受贿或者谋取合同约定费用外的其他不法利益；

（六）签署弄虚作假或在不合格文件上签章的；

（七）以他人名义或允许他人以自己的名义从事执业活动；

（八）同时在两个或者两个以上企业受聘并执业；

（九）超出执业范围和聘用企业业务范围从事执业活动；

（十）未变更注册单位，而在另一家企业从事执业活动；

（十一）所负责工程未办理竣工验收或移交手续前，变更注册到另一企业；

（十二）伪造、涂改、倒卖、出租、出借或以其他形式非法转让资格证书、注册证书和执业印章；

（十三）不履行注册建造师义务和法律、法规、规章禁止的其他行为。

第二十三条 建设工程发生质量、安全、环境事故时，担任该施工项目负责人的注册建造师应当按照有关法律法规规定的事故处理程序及时向企业报告，并保护事故现场，不得隐瞒。

第二十四条 任何单位和个人可向注册建造师注册所在地或项目所在地县级以上地方人民政府建设主管部门和有关部门投诉、举报注册建造师的违法、违规行为，并提交相应材料。

第二十五条 注册建造师违法从事相关活动的，违法行为发生地县级以上地方人民政府建设主管部门或有关部门应当依法查处，并将违法事实、处理结果告知注册机关；依法应当撤销注册的，应当将违法事实、处理建议及有关材料报注册机关，注册机关或有关部门应当在 7 个工作日内作出处理，并告知行为发生地人民政府建设行政主管部门或有关部门。

注册建造师异地执业的，工程所在地省级人民政府建设主管部门应当将处理建议转交注册建造师注册所在地省级人民政府建设主管部门，注册所在地省级人民政府建设主管部门应当在 14 个工作日内作出处理，并告知工程所在地省级人民政府建设行政主管部门。

对注册建造师违法行为的处理结果通过中国建造师网（www.coc.gov.cn）向社会公告。不良行为处罚、信息登录、使用、保管、时效和撤消权限等另行规定。

第二十六条 国务院建设主管部门负责建立并完善全国网络信息平台，省级人民政府建设行政主管部门负责注册建造师本地执业状态信息收集、整理，通过中国建造师网（www.coc.gov.cn）向社会实时发布。

注册建造师执业状态信息包括工程基本情况、良好行为、不良行为等内容。注册建造师应当在开工前、竣工验收、工程款结算后 3 日内按照《注册建造师信用档案管理办法》要求，通过中国建造师网向注册机关提供真实、准确、完整的注册建造师信用档案信息。信息报送应当及时、全面和真实，并作为延续注册的依据。

县级以上地方人民政府建设主管部门和有关部门应当按照统一的诚信标准和管理办法，负责对本地区、本部门担任工程项目负责人的注册建造师诚信行为进行检查、记录，同时将不良行为记录信息按照管理权限及时采集信息并报送上级建设主管部门。

第二十七条 注册建造师有下列行为之一，经有关监督部门确认后由工程所在地建设主管部门或有关部门记入注册建造师执业信用档案：

（一）第二十二条所列行为；

（二）未履行注册建造师职责造成质量、安全、环境事故的；

（三）泄露商业秘密的；

（四）无正当理由拒绝或未及时签字盖章的；

（五）未按要求提供注册建造师信用档案信息的；

（六）未履行注册建造师职责造成不良社会影响的；

（七）未履行注册建造师职责导致项目未能及时交付使用的；

（八）不配合办理交接手续的；

（九）不积极配合有关部门监督检查的。

第二十八条 小型工程施工项目负责人任职条件和小型工程管理办法由各省、自治区、直辖市人民政府建设行政主管部门会同有关部门根据本地实际情况规定。

第二十九条 本办法自发布之日起施行。

注册建造师执业工程范围

序号	注册专业	工 程 范 围
1	建筑工程	房屋建筑、装饰装修，地基与基础、土石方、建筑装修装饰、建筑幕墙、预拌商品混凝土、混凝土预制构件、园林古建筑、钢结构、高耸建筑物、电梯安装、消防设施、建筑防水、防腐保温、附着升降脚手架、金属门窗、预应力、爆破与拆除、建筑智能化、特种专业
2	公路工程	公路，地基与基础、土石方、预拌商品混凝土、混凝土预制构件、钢结构、消防设施、建筑防水、防腐保温、预应力、爆破与拆除、公路路面、公路路基、公路交通、桥梁、隧道、附着升降脚手架、起重设备安装、特种专业
3	铁路工程	铁路，土石方、地基与基础、预拌商品混凝土、混凝土预制构件、钢结构、附着升降脚手架、预应力、爆破与拆除、铁路铺轨架梁、铁路电气化、铁路桥梁、铁路隧道、城市轨道交通、铁路电务、特种专业
4	民航机场工程	民航机场，土石方、预拌商品混凝土、混凝土预制构件、钢结构、高耸构筑物、电梯安装、消防设施、建筑防水、防腐保温、附着升降脚手架、金属门窗、预应力、爆破与拆除、建筑智能化、桥梁、机场场道、机场空管、航站楼弱电系统、机场目视助航、航油储运、暖通、空调、给排水、特种专业
5	港口与航道工程	港口与航道，土石方、地基与基础、预拌商品混凝土、混凝土预制构件、消防设施、建筑防水、防腐保温、附着升降脚手架、爆破与拆除、港口及海岸、港口装卸设备安装、航道、航运梯级、通航设备安装、水上交通管制、水工建筑物基础处理、水工金属结构制作与安装、船台、船坞、滑道、航标、灯塔、栈桥、人工岛、筒仓、堆场道路及陆域构筑物、围堤、护岸、特种专业
6	水利水电工程	水利水电，土石方、地基与基础、预拌商品混凝土、混凝土预制构件、钢结构、建筑防水、消防设施、起重设备安装、爆破与拆除、水工建筑物基础处理、水利水电金属结构制作与安装、水利水电机电设备安装、河湖整治、堤防、水工大坝、水工隧洞、送变电、管道、无损检测、特种专业

序号	注册专业	工程范围
7	矿业工程	矿山，地基与基础、土石方、高耸构筑物、消防设施、防腐保温、环保、起重设备安装、管道、预拌商品混凝土、混凝土预制构件、钢结构、建筑防水、爆破与拆除、隧道、窑炉、特种专业
8	市政公用工程	市政公用，土石方、地基与基础、预拌商品混凝土、混凝土预制构件、预应力、爆破与拆除、环保、桥梁、隧道、道路路面、道路路基、道路交通、城市轨道交通、城市及道路照明、体育场地设施、给排水、燃气、供热、垃圾处理、园林绿化、管道、特种专业
9	通信与广电工程	通信与广电，通信线路、微波通信、传输设备、交换、卫星地球站、移动通信基站、数据通信及计算机网络、本地网、接入网、通信管道、通信电源、综合布线、信息化工程、铁路信号、特种专业
10	机电工程	机电、石油化工、电力、冶炼，钢结构、电梯安装、消防设施、防腐保温、起重设备安装、机电设备安装、建筑智能化、环保、电子、仪表安装、火电设备安装、送变电、核工业、炉窑、冶炼机电设备安装、化工石油设备、管道安装、管道、无损检测、海洋石油、体育场地设施、净化、旅游设施、特种专业

注册建造师执业工程范围

序号	注册专业	工程范围
1	建筑工程	房屋建筑、装饰装修，地基与基础、土石方、建筑装修装饰、建筑幕墙、预拌商品混凝土、混凝土预制构件、园林古建筑、钢结构、高耸建筑物、电梯安装、消防设施、建筑防水、防腐保温、附着升降脚手架、金属门窗、预应力、爆破与拆除、建筑智能化、特种专业
2	公路工程	公路，地基与基础、土石方、预拌商品混凝土、混凝土预制构件、钢结构、消防设施、建筑防水、防腐保温、预应力、爆破与拆除、公路路面、公路路基、公路交通、桥梁、隧道、附着升降脚手架、起重设备安装、特种专业
3	铁路工程	铁路，土石方、地基与基础、预拌商品混凝土、混凝土预制构件、钢结构、附着升降脚手架、预应力、爆破与拆除、铁路铺轨架梁、铁路电气化、铁路桥梁、铁路隧道、城市轨道交通、铁路电务、特种专业
4	民航机场工程	民航机场，土石方、预拌商品混凝土、混凝土预制构件、钢结构、高耸构筑物、电梯安装、消防设施、建筑防水、防腐保温、附着升降脚手架、金属门窗、预应力、爆破与拆除、建筑智能化、桥梁、机场场道、机场空管、航站楼弱电系统、机场目视助航、航油储运、暖通、空调、给排水、特种专业
5	港口与航道工程	港口与航道，土石方、地基与基础、预拌商品混凝土、混凝土预制构件、消防设施、建筑防水、防腐保温、附着升降脚手架、爆破与拆除、港口及海岸、港口装卸设备安装、航道、航运梯级、通航设备安装、水上交通管制、水工建筑物基础处理、水工金属结构制作与安装、船台、船坞、滑道、航标、灯塔、栈桥、人工岛、筒仓、堆场道路及陆域构筑物、围堤、护岸、特种专业
6	水利水电工程	水利水电，土石方、地基与基础、预拌商品混凝土、混凝土预制构件、钢结构、建筑防水、消防设施、起重设备安装、爆破与拆除、水工建筑物基础处理、水利水电金属结构制作与安装、水利水电机电设备安装、河湖整治、堤防、水工大坝、水工隧洞、送变电、管道、无损检测、特种专业

序号	注册专业	工 程 范 围
7	矿业工程	矿山，地基与基础、土石方、高耸构筑物、消防设施、防腐保温、环保、起重设备安装、管道、预拌商品混凝土、混凝土预制构件、钢结构、建筑防水、爆破与拆除、隧道、窑炉、特种专业
8	市政公用工程	市政公用，土石方、地基与基础、预拌商品混凝土、混凝土预制构件、预应力、爆破与拆除、环保、桥梁、隧道、道路路面、道路路基、道路交通、城市轨道交通、城市及道路照明、体育场地设施、给排水、燃气、供热、垃圾处理、园林绿化、管道、特种专业
9	通信与广电工程	通信与广电，通信线路、微波通信、传输设备、交换、卫星地球站、移动通信基站、数据通信及计算机网络、本地网、接入网、通信管道、通信电源、综合布线、信息化工程、铁路信号、特种专业
10	机电工程	机电、石油化工、电力、冶炼，钢结构、电梯安装、消防设施、防腐保温、起重设备安装、机电设备安装、建筑智能化、环保、电子、仪表安装、火电设备安装、送变电、核工业、炉窑、冶炼机电设备安装、化工石油设备、管道安装、管道、无损检测、海洋石油、体育场地设施、净化、旅游设施、特种专业

住房和城乡建设部《关于印发〈注册土木工程师（岩土）执业及管理工作暂行规定〉的通知

（建市〔2009〕105号）

各省、自治区住房和城乡建设厅，直辖市建委，北京市规划委，国务院各有关部门建设司、新疆生产建设兵团建设局、总后基建营房部工程局，有关中央企业，有关行业协会：

为尽快实施注册土木工程师（岩土）执业管理制度，落实专业技术人员的法律责任，保障岩土工程项目的质量和安全，我部组织制定了《注册土木工程师（岩土）执业及管理工作暂行规定》。现印发给你们，请认真贯彻执行。执行中有何问题和建议请及时与我部建筑市场监管司联系。

中华人民共和国住房和城乡建设部
二〇〇九年六月十日

注册土木工程师（岩土）执业及管理工作暂行规定

为顺利实施注册土木工程师（岩土）执业管理制度，落实专业技术人员的法律责任，保障岩土工程项目的质量和安全，对注册土木工程师（岩土）执业及管理工作规定如下：

一、实施时间及范围

（一）自 2009 年 9 月 1 日起，凡《工程勘察资质标准》规定的甲级、乙级岩土工程项目，统一实施注册土木工程师（岩土）执业制度。

（二）《工程勘察资质标准》规定的丙级岩土工程项目是否实施注册土木工程师（岩土）执业制度，由各省级住房和城乡建设主管部门根据本地区实际情况研究决定。

二、执业范围

注册土木工程师（岩土）可在下列范围内开展执业工作：

（一）岩土工程勘察。与各类建设工程项目相关的岩土工程勘察、工程地质勘察、工程水文地质勘察、环境岩土工程勘察、固体废弃物堆填勘察、地质灾害与防治勘察、地震工程勘察。

（二）岩土工程设计。与各类建设工程项目相关的地基基础设计、岩土加固与改良设计、边坡与支护工程设计、开挖与填方工程设计、地质灾害防治设计、地下水控制设计（包括施工降水、隔水、回灌设计及工程抗浮措施设计等）、土工结构设计、环境岩土工程设计、地下空间开发岩土工程设计以及与岩土工程、环境岩土工程相关其他技术设计。

（三）岩土工程检验、监测的分析与评价。与各类建设工程项目相关的地基基础工程、岩土加固与改良工程、边坡与支护工程、开挖与填方工程、地质灾害防治工程、土工构筑物工程、环境岩土工程以及地下空间开发工程的施工、使用阶段相关岩土工程质量检验及工程性状监测；地下水水位、水压力、水质、水量等的监测；建设工程对建设场地周边相邻建筑物、构筑物、道路、基础设施、边坡等的环境影响监测；其他岩土工程治理质量检验与工程性状监测。

（四）岩土工程咨询。上述各类岩土工程勘察、设计、检验、监测等方面的相关咨询；岩土工程、环境岩土工程专项研究、论证和优化；施工图文件审查；岩土工程、环境岩土工程项目管理咨询；岩土工程、环境岩土工程风险管理咨询；岩土工程质量安全事故分析；岩土工程、环境岩土工程项目招标文件编制与审查；岩土工程、环境岩土工程项目投标文件审查。

（五）住房和城乡建设主管部门对岩土工程专业规定的其他业务。

三、执业管理

（一）注册土木工程师（岩土）必须受聘并注册于一个建设工程勘察、设计、检测、施工、监理、施工图审查、招标代理、造价咨询等单位方能执业。未取得注册证书和执业印章的人员，不得以注册土木工程师（岩土）的名义从事岩土工程及相关业务活动。

（二）注册土木工程师（岩土）可在规定的执业范围内，以注册土木工程师（岩土）的名义在全国范围内从事相关执业活动。

注册土木工程师（岩土）执业范围不得超越其聘用单位的业务范围，当与其聘用单位的业务范围不符时，个人执业范围应服从聘用单位的业务范围。

（三）注册土木工程师（岩土）执业制度不实行代审、代签制度。在规定的执业范围内，甲、乙级岩土工程的项目负责人须由本单位聘用的注册土木工程师（岩土）承担。

（四）注册土木工程师（岩土）应在规定的技术文件上签字并加盖执业印章（以下统称"签章"）。凡未经注册土木工程师（岩土）签章的技术文件，不得作为岩土工程项目实施的依据。

（五）注册土木工程师（岩土）执业签章的有关技术文件按照"注册土木工程师（岩土）签章文件目录（试行）"（详见附件1）的要求执行。省级住房和城乡建设主管部门可根据本地实际情况，制定注册土木工程师（岩土）签章文件补充目录。

（六）勘察设计单位内部质量管理可继续采用国家推行和单位现行的质量管理体系，实行法人负责的技术管理责任制。注册土木工程师（岩土）承担《勘察设计注册工程师管理规定》规定的责任与义务，对其签章技术文件的技术质量负责。

（七）注册土木工程师（岩土）在执业过程中，应及时、独立地在规定的岩土工程技术文件上签章，有权拒绝在不合格或有弄虚作假内容的技术文件上签章。聘用单位不得强迫注册土木工程师（岩土）在工程技术文件上签章。

（八）注册证书和执业印章是注册土木工程师（岩土）的执业凭证，由注册土木工程师（岩土）本人保管和使用，其聘用单位不得以任何名义代为保管。

（九）注册土木工程师（岩土）在注册有效期内完成的主要项目须填写《注册土木工程师（岩土）执业登记表》（详见附件2），在申请延续注册时报省级住房和城乡建设主管部门。

（十）注册土木工程师（岩土）在注册有效期内调离聘用单位，应按照相关规定办理变更注册后方可执业。

（十一）注册土木工程师（岩土）注册年龄一般不得超过70岁。对超过70岁的注册土木工程师（岩土），注册部门原则上不再办理延续注册手续。个别年龄达到70岁，但身体状况良好、能完全胜任工作的注册土木工程师（岩土），由本人自愿提出申请，经省级住房和城乡建设主管部门批准，可以继续受聘执业。

（十二）注册土木工程师（岩土）办理退休手续后，可受聘于一个单位继续执业。受聘于原单位的，原执业印章继续有效；受聘于其他单位的，须提供退休证明和同新聘用单位签订聘用合同，并办理变更注册后方可执业。

（十三）县级以上住房和城乡建设主管部门负责对本行政区域内注册土木工程师（岩土）的执业活动进行监督检查，并依据国家有关法律、法规和《勘察设计注册工程师管理规定》对违法违规行为进行处罚。

（十四）执业管理其他有关规定按照《勘察设计注册工程师管理规定》执行。

四、过渡期有关规定

为稳妥推进注册土木工程师（岩土）执业管理制度的实施，自2009年9月1日至2012年8月31日期间，可按以下规定执行。

（一）勘察设计单位从事的甲级、乙级岩土工程项目的项目负责人、项目审核人或审定人等岗位中，至少须有1人具备注册土木工程师（岩土）资格，并在规定的技术文件上签章。

（二）暂未聘用注册土木工程师（岩土）但持有工程勘察设计资质的单位（以下简称"聘用单位"），可与能满足单位资质与个人注册执业资格要求的单位（以下简称"协作单位"）签订《注册土木工程师（岩土）人员外聘协议书》（以下简称《外聘协议书》），由协作单位指派其注册土木工程师（岩土）对相关岩土工程项目进行执业活动。

外聘费用由双方协商确定。注册土木工程师（岩土）不得以个人名义与外聘单位签订《外聘协议书》。

凡规定的技术文件须经协作单位指派的注册土木工程师（岩土）签章后方可生效和交付。上述项目在提交技术成果文件时，应同时提交《外聘协议书》复印件。

聘用单位必须依法从事建设工程活动，严格执行工程建设强制性标准，并对岩土工程项目的质量负责，注册土木工程师（岩土）对其签章的岩土工程项目承担执业责任。

（三）对于已持有工程勘察设计资质的单位，《工程勘察资质标准》、《工程设计资质标准》中规定配备的注册土木工程师（岩土），在资质审核时可按具有高级专业技术职称人员的数量要求进行认定。首次申请资质、增项资质和升级资质的单位，须满足《工程勘察资质标准》、《工程设计资质标准》要求的个人注册执业人员标准条件。

附件：1. 注册土木工程师（岩土）签章文件目录（试行）
   2. 注册土木工程师（岩土）执业登记表

附件1：

注册土木工程师（岩土）签章文件目录（试行）

一、岩土工程勘察
1. 岩土工程勘察成果报告书责任页；
2. 岩土工程勘察补充、变更成果报告（文件）责任页。

二、岩土工程设计
1. 岩土工程设计文件责任页及其设计图纸的责任栏；
2. 规定签字的岩土工程设计变更文件责任页。

三、岩土工程咨询
1. 项目咨询报告书责任页；
2. 施工图审查报告书责任页。

四、岩土工程检验、监测的分析与评价
1. 岩土工程检验与监测分析评价报告书责任页；
2. 岩土工程检验与监测分析评价补充报告责任页。

注：1. 本附件1所称"责任页"是指盖有成果交付单位勘察文件专用章并有相关主要责任人签章的专页；
  2. 其中岩土工程设计文件已有注册结构工程师签字的，可不需注册土木工程师（岩土）签字；
  3. 按委托合同仅提供勘探、检测、监测数据资料，但不承担分析、评价、建议责任的项目技术成果，可不需注册土木工程师（岩土）签字。

注册土木工程师（岩土）执业登记表

单位名称：（盖章）

填表日期：

姓　名		身份证号码	
性　别		注册证书号	
是否离退休		执业印章号	

本人所完成执业范围内的主要项目概况						
序号	项目名称	项目规模及技术指标	起止时间	本人在项目中所起的作用	项目完成情况	证明人及电话

　　本人承诺以上填写内容真实有效。我知道虚假的声明与资料是严重的违法行为，以上关于我本人的基本信息及其业绩如有虚假，本人愿接受注册管理部门及其他有关部门依法给予的处罚。

本人签字：

　　注：盖章单位必须对此材料真实性负责。

住房和城乡建设部《关于印发〈注册建造师继续教育管理暂行办法〉的通知》

（建市［2010］192 号）

各省、自治区住房城乡建设厅，直辖市建委（建设交通委），国务院有关部门建设司，总后基建营房部：

　　为进一步提高注册建造师职业素质，根据《注册建造师管理规定》（建设部令第 153号），我们组织制定了《注册建造师继续教育管理暂行办法》。现印发给你们，请遵照执行。

中华人民共和国住房和城乡建设部
二〇一〇年十一月十五日

注册建造师继续教育管理暂行办法

第一章 总 则

第一条 为进一步提高注册建造师职业素质，提高建设工程项目管理水平，保证工程质量安全，促进建筑行业发展，根据《注册建造师管理规定》制定本办法。

第二条 注册建造师应通过继续教育，掌握工程建设有关法律法规、标准规范，增强职业道德和诚信守法意识，熟悉工程建设项目管理新方法、新技术，总结工作中的经验教训，不断提高综合素质和执业能力。

第三条 注册建造师按规定参加继续教育，是申请初始注册、延续注册、增项注册和重新注册（以下统称注册）的必要条件。

第二章 继续教育的组织管理

第四条 国务院住房城乡建设主管部门对全国注册建造师的继续教育工作实施统一监督管理，国务院有关部门负责本专业注册建造师继续教育工作的监督管理，省级住房城乡建设主管部门负责本地区注册建造师继续教育工作的监督管理。

第五条 注册建造师参加继续教育的组织工作采取分级与分专业相结合的原则。国务院住房城乡建设、铁路、交通、水利、工业信息化、民航等部门或其委托的行业协会（以下统称为专业牵头部门），组织本专业一级注册建造师参加继续教育，各省级住房城乡建设主管部门组织二级注册建造师参加继续教育。

第六条 各专业牵头部门按要求推荐一级注册建造师继续教育培训单位并报国务院住房城乡建设主管部门审核，各省级住房城乡建设主管部门审核二级注册建造师继续教育培训单位，并报国务院住房城乡建设主管部门备案。培训单位的培训规模与该年度应参加继续教育的建造师数量应基本平衡。

第七条 各专业牵头部门负责一级注册建造师继续教育培训单位专职授课教师的培训，各省级住房城乡建设主管部门负责二级注册建造师继续教育培训单位专职授课教师的培训，培训合格的教师可按规定从事注册建造师继续教育的授课工作。

第八条 国务院住房城乡建设主管部门在中国建造师网（网址：www.coc.gov.cn）上公布培训单位名单。

第三章 继续教育的教学体系

第九条 国务院住房城乡建设主管部门会同国务院有关部门组织制定注册建造师继续教育教学大纲，并组织必修课教材的编写。

第十条 各专业牵头部门负责本专业一级建造师选修课教材的编写，各省级住房城乡建设主管部门负责二级建造师选修课教材的编写。

第十一条 必修课包括以下内容：

（一）工程建设相关的法律法规和有关政策。

（二）注册建造师职业道德和诚信制度。

（三）建设工程项目管理的新理论、新方法、新技术和新工艺。

（四）建设工程项目管理案例分析。

选修课内容为：各专业牵头部门认为一级建造师需要补充的与建设工程项目管理有关的知识；各省级住房城乡建设主管部门认为二级建造师需要补充的与建设工程项目管理有关的知识。

第十二条 国务院住房城乡建设主管部门负责一级建造师继续教育必修课课程安排的编制，各专业牵头部门负责本专业一级注册建造师继续教育选修课课程安排的编制并报国务院住房城乡建设主管部门汇总，各省级住房城乡建设主管部门负责本行政区域内的二级建造师继续教育课程安排的编制并报国务院住房城乡建设主管部门备案。课程安排由国务院住房城乡建设主管部门在中国建造师网上公布。

第四章 培训单位的职责

第十三条 培训单位应当具有职业教育经验或大学专科以上专业教育经验，且具有办学许可证、收费许可证，有固定教学场所，专职授课教师不少于 5 人。

第十四条 专职授课教师应满足以下条件：

（一）大学及以上学历，从事建筑行业相关工作 5 年以上。

（二）从事建筑行业培训工作 2 年以上。

（三）具有丰富的实践经验或较高的理论水平。

（四）近 5 年没有违法违规行为和不良信用记录。

（五）经专业牵头部门或省级住房城乡建设主管部门培训合格。

第十五条 培训单位对培训质量负直接责任。培训单位应当遵照国务院住房城乡建设主管部门公布的继续教育课程安排，使用规定的教材，按照国家有关规定收取费用，不得乱收费或变相摊派。培训单位必须确保教学质量，并负责记录学习情况，对学习情况进行测试。测试可采取考试、考核、案例分析、撰写论文、提交报告或参加实际操作等方式。

第十六条 对于完成规定学时并测试合格的，培训单位报各专业牵头部门或各省级住房城乡建设主管部门确认后，发放统一式样的《注册建造师继续教育证书》，加盖培训单位印章。

第十七条 培训单位应及时将注册建造师继续教育培训学员名单、培训内容、学时、测试成绩等情况以书面和电子信息管理系统的形式，报各专业牵头部门或各省级住房城乡建设主管部门。各专业牵头部门或各省级住房城乡建设主管部门确认后送国务院住房城乡建设主管部门备案。

第五章 继续教育的方式

第十八条 注册建造师应在企业注册所在地选择中国建造师网公布的培训单位接受继续教育。在企业注册所在地外担任项目负责人的一级注册建造师，报专业牵头部门备案后可在工程所在地接受继续教育。个别专业的一级注册建造师可在专业牵头部门的统一安排下，跨地区参加继续教育。注册建造师在每一注册有效期内可根据工作需要集中或分年度安排继续教育的学时。

第十九条　注册一个专业的建造师在每一注册有效期内应参加继续教育不少于120学时，其中必修课60学时，选修课60学时。注册2个及以上专业的，每增加一个专业还应参加所增加专业60学时的继续教育，其中必修课30学时，选修课30学时。

第二十条　注册建造师在每一注册有效期内从事以下工作并取得相应证明的，可充抵继续教育选修课部分学时。每一注册有效期内，充抵继续教育选修课学时累计不得超过60学时。

（一）参加全国建造师执业资格考试大纲编写及命题工作，每次计20学时。

（二）从事注册建造师继续教育教材编写工作，每次计20学时。

（三）在公开发行的省部级期刊上发表有关建设工程项目管理的学术论文的，第一作者每篇计10学时；公开出版5万字以上专著、教材的，第一、二作者每人计20学时。

（四）参加建造师继续教育授课工作的按授课学时计算。

一级注册建造师继续教育学时的充抵认定，由各专业牵头部门负责；二级注册建造师继续教育学时的充抵认定，由各省级住房城乡建设主管部门负责。

第二十一条　注册建造师继续教育以集中面授为主。同时探索网络教育方式，拟采取网络教育的专业牵头部门或省级住房城乡建设主管部门，应将管理办法和工作方案报国务院住房城乡建设主管部门审核，并对网络教育的培训质量负责。

第二十二条　完成规定学时并测试合格后取得的《注册建造师继续教育证书》是建造师申请注册的重要依据。

第六章　监督管理和法律责任

第二十三条　各专业牵头部门、省级住房城乡建设主管部门对培训单位实行动态监督管理，包括对培训单位的投诉举报情况进行调查处理，并对培训单位的培训质量负监管责任。

第二十四条　各专业牵头部门、省级住房城乡建设主管部门应对培训单位进行定期和不定期的检查，并于每年年底将检查情况书面报送国务院住房城乡建设主管部门备案。国务院住房城乡建设主管部门对培训单位的培训情况进行抽查。

第二十五条　培训单位有以下行为之一的，由各专业牵头部门、省级住房城乡建设主管部门提出警告直至取消培训资格，并报国务院住房城乡建设主管部门统一公布。取消培训资格的，在五年内不允许其开展注册建造师继续教育工作。

（一）未严格执行注册建造师继续教育培训有关制度。

（二）未使用统一编写的培训教材，课程内容的设置、培训时间的安排等不符合相关规定。

（三）不具备独立培训能力，无法承担正常培训任务。

（四）组织管理混乱，培训质量难以保证。

（五）无办学许可证或收费许可证。

（六）无固定的教学场所。

（七）专职授课教师或师资数量、水平不符合要求。

（八）无正常财务管理制度，乱收费或变相摊派。

（九）出卖、出租、出借或以其他形式非法转让培训资格。

（十）通过弄虚作假、伪造欺骗、营私舞弊等不法手段开具《注册建造师继续教育证书》或修改培训信息。

（十一）不及时上报继续教育培训学员名单、培训内容、学时、测试成绩等情况。

（十二）其他不宜开展继续教育活动的情形。

第二十六条 注册建造师应按规定参加继续教育，接受培训测试，不参加继续教育或继续教育不合格的不予注册。

第二十七条 对于采取弄虚作假等手段取得《注册建造师继续教育证书》的，一经发现，立即取消其继续教育记录，并记入不良信用记录，对社会公布。

第二十八条 各专业牵头部门、省级住房城乡建设主管部门及其工作人员，在注册建造师继续教育管理工作中，有下列情形之一的，由其上级机关或者监察机关责令改正，对直接负责的主管人员和其他直接责任人员依法给予处分；构成犯罪的，依法追究刑事责任：

（一）同意不符合培训条件的单位开展继续教育培训工作的。

（二）不履行应承担的工作，造成继续教育工作开展不力的。

（三）利用职务上的便利，收受他人财物或者其他好处的。

（四）不履行监督管理职责或者监督不力，造成严重后果的。

第七章 附 则

第二十九条 注册建造师在参加继续教育期间享有国家规定的工资、保险、福利待遇。建筑业企业及勘察、设计、监理、招标代理、造价咨询等用人单位应重视注册建造师继续教育工作，督促其按期接受继续教育。其中建筑业企业应为从事在建工程项目管理工作的注册建造师提供经费和时间支持。

第三十条 各专业牵头部门、省级住房城乡建设主管部门可依据本办法，细化本专业一级建造师、本行政区域内二级建造师继续教育管理的具体事项，包括培训单位推荐程序、编写选修课教材、编制课程安排、认定学时充抵、培训专职授课教师、确认合格人员名单、实行动态监管等内容。

第三十一条 本办法由国务院住房城乡建设主管部门负责解释。

第三十二条 本办法自发布之日施行。

建设部办公厅《关于开展注册土木工程师（岩土）注册工作的通知》

（建办市函〔2005〕728号）

各省、自治区建设厅，直辖市建委（规划委），国务院有关部门建设司，新疆生产建设兵团建设局，总后营房部工程局，国资委管理的有关企业：

为了加强对注册土木工程师岩土工程专业人员的管理，根据《勘察设计注册工程师管理规定》（建设部令第137号）和《关于建设部机关直接实施的行政许可事项有关规定和内容的公告》（建设部公告第278号）的规定，现将首次注册土木工程师（岩土）注册工作有关事项通知如下：

一、注册条件

凡通过考试、考核认定或特许取得注册土木工程师（岩土）资格证书，身体健康，受聘于一个建设工程勘察、设计、施工、监理、招标代理、造价咨询等单位的人员，均可申请注册。

二、注册程序和要求

（一）申请注册的人员通过聘用企业向企业工商注册所在地的省、自治区、直辖市人民政府建设行政主管部门提出申请。

注册申请须同时使用书面文件和电子文档申报。申请人可从中华人民共和国建设部网（网址：www.cin.gov.cn）或中国工程建设信息网（网址：www.cein.gov.cn）进入《全国一级注册建筑师、注册工程师注册管理信息系统》（使用说明见附件1），免费下载个人版软件，填写、打印《注册土木工程师（岩土）初始注册申请表》（附件2），并生成申报数据的电子文档。申请人将书面申报材料及电子文档送聘用单位。

个人申报材料包括：

1. 《注册土木工程师（岩土）初始注册申请表》（一式两份）；

2. 个人申报数据软盘（或由企业从网上传输给省级建设行政主管部门）；

3. 申请人取得的《注册土木工程师（岩土）资格证书》或考试、考核合格的证明材料复印件；

4. 申请人的身份证复印件；

5. 申请人与聘用单位签订的有效聘用劳动合同复印件。

（二）聘用单位对个人的书面申报材料签署意见和盖章，并对电子文档核对、汇总后，将书面材料和电子文档一并报送企业工商注册所在地的省、自治区、直辖市建设行政主管部门。

（三）各省、自治区、直辖市建设行政主管部门对申请注册的书面材料进行初审，并在申请表上签署意见，随申报函一并送建设部执业资格注册中心。

各省、自治区、直辖市建设行政主管部门使用《一级注册建筑师、注册工程师注册管理信息系统》接收、汇总个人电子申报数据，填写初审意见，打印《注册土木工程师（岩土）初始注册汇总表》（附件3），连同申报函、书面申报材料于2006年2月底前，送建设部执业资格注册中心（地址：北京市海淀区甘家口21号楼二层，邮政编码：100037；联系电话：010－68313587）。

（四）建设部执业资格注册中心对申报材料不齐全、不符合注册要求的，自接收材料之日起在5个工作日内通知初审部门或申请人，待补正材料或补办手续后，按程序重新办理。申报材料中，书面材料和电子文档不一致的，以书面材料为准。

（五）建设部将按照有关规定，在中华人民共和国建设部网和中国工程建设信息网公告审批结果。

三、证书、执业印章及费用

对准予注册的人员，由建设部颁发《中华人民共和国注册土木工程师（岩土）注册执业证书》和执业印章。证书和印章的内容及编号规则见附件4。

按照《国家计委、财政部关于注册土木工程师（岩土）和房地产经纪人执业资格考试收费标准及有关问题的通知》（计价格〔2002〕2456号）规定，由各省、自治区、直辖市建设行政主管部门统一收取证书工本费10元，及报国家发改委、财政部备案后的印章工本费（具体标准另行通知），并将费用汇缴中央财政汇缴账户（附件5）。

附件：1.《一级注册建筑师、注册工程师注册管理信息系统》软件使用说明（略）
2. 注册土木工程师（岩土）初始注册申请表（略）
3. 注册土木工程师（岩土）初始注册汇总表（略）
4. 注册执业证书和执业印章的编号规则及说明（略）
5. 中央财政汇缴专户开设表（略）

中华人民共和国建设部办公厅
二〇〇五年十二月一日

建设部办公厅《关于开展注册土木工程师（岩土）注册工作的补充通知》

（建办市函〔2006〕100号）

各省、自治区建设厅，直辖市建委，北京市规划委，国务院有关部门建设司，新疆生产建设兵团建设局，解放军总后营房部工程局，国资委管理的企业：

为了加强对注册土木工程师岩土工程专业人员的管理，我部印发了《关于开展注册土木工程师（岩土）注册工作的通知》（建办市函〔2005〕728号）。根据《建设工程质量检测管理办法》（建设部令第141号），现对注册土木工程师（岩土）注册条件和执业印章的注册号有关事项补充通知如下：

一、凡通过考试、考核认定或特许取得注册土木工程师（岩土）资格证书，身体健康，受聘于一个建设工程质量检测机构的人员，均可申请注册。

二、在建设工程质量检测机构注册的人员，其执业印章的注册号分为前后两部分：前部分为建检加地区编号，后部分为注册土木工程师（岩土）的代码"AY"加3位阿拉伯数字（注册人所在地区序列号），中间以"－"连接。

中华人民共和国建设部办公厅
二〇〇六年二月二十七日

建设部办公厅《关于由中国建设监理协会组织开展注册监理工程师继续教育工作的通知》

（建办市函［2006］259号）

各省、自治区建设厅，直辖市建委，新疆生产建设兵团建设局，国务院有关部门建设司（局），总后基建营房部，国资委管理的有关企业，有关行业协会：

为贯彻落实《中华人民共和国行政许可法》和《注册监理工程师管理规定》，加强对注册监理工程师继续教育工作管理，不断提高注册监理工程师的素质和执业水平，确保工程监理工作质量，维护建筑市场秩序，决定由中国建设监理协会组织开展注册监理工程师继续教育工作。

中国建设监理协会要在建设部的监督指导下，按照《注册监理工程师管理规定》的要求，尽快组织制定有关注册监理工程师继续教育工作的制度和办法，做好相关工作。

中华人民共和国建设部办公厅

二○○六年四月二十八日

住房和城乡建设部办公厅《关于开展注册公用设备工程师、注册电气工程师、注册化工工程师注册工作的通知》

（建办市函［2010］9号）

各省、自治区住房和城乡建设厅，直辖市建委（建设交通委），北京市规划委，新疆生产建设兵团建设局，总后基建营房部工程局，住房和城乡建设部执业资格注册中心，有关行业协会：

为了加强对注册公用设备工程师、注册电气工程师、注册化工工程师等专业技术人员的管理，根据《勘察设计注册工程师管理规定》（建设部令第137号）和《关于建设部机关直接实施的行政许可事项有关规定和内容的公告》（建设部公告第278号）的规定，决定于2010年4月1日起开展注册公用设备工程师、注册电气工程师、注册化工工程师等专业的注册工作，现将注册工作有关事项通知如下：

一、注册条件

申请注册的人员，应当具备以下条件：

（一）通过考试、考核认定方式取得注册公用设备工程师、注册电气工程师、注册化工工程师等执业资格证书；

（二）只受聘于中华人民共和国境内建设工程勘察、设计、施工、监理、招标代理、造价咨询、施工图审查、城乡规划编制等其中一个单位（以下简称聘用单位）；

（三）达到继续教育要求。

申请人有下列情形的，不予注册：

（一）不具有完全民事行为能力的；

（二）因从事勘察设计或者相关业务受到刑事处罚，自刑事处罚执行完毕之日起至申请注册之日止不满2年的；

（三）在申请注册之日前3年内因过错造成重大工程质量安全责任事故的或在申请注册之日前1年内因过错造成较大工程质量安全事故的；

（四）法律法规规定不予注册的其他情形。

二、注册程序

（一）申请注册的人员应当通过聘用单位向单位工商注册所在地的省、自治区、直辖市住房和城乡建设行政主管部门或者其委托的管理机构提出申请，军队系统勘察设计单位向总后基建营房部工程局提出申请。

注册申请须同时报送书面材料和电子文档。申请人在中华人民共和国住房和城乡建设部网站（网址：http：//www.mohurd.gov.cn）进入办事大厅，点击勘察设计工程师执业资格注册—在线申报，在《全国一级注册建筑师、注册工程师注册管理信息系统》上免费下载、安装和运行个人版软件，填写和打印相应专业的注册申请表（见附件1），生成申报数据电子文档，并将书面材料和电子文档报送聘用单位。聘用单位在《全国一级注册建筑师、注册工程师注册管理信息系统》上免费下载、安装和运行企业版软件，接收、核对、汇总和上报申报数据电子文档，同时，在申报书面材料上签署意见、盖章后，将书面材料和电子文档一并报送单位工商注册所在地省、自治区、直辖市住房和城乡建设行政主管部门或总后基建营房部工程局。

（二）省、自治区、直辖市住房和城乡建设行政主管部门或总后营房部工程局在收到申请人申报的注册材料后，应当即时作出是否受理的决定，并向申请人出具书面凭证；申报材料不齐全或者不符合法定形式的，应当在5日内一次性告知申请人需要补正的全部内容。逾期不告知的，自收到申报材料之日起即为受理。

（三）省、自治区、直辖市住房和城乡建设行政主管部门或总后营房部工程局受理后应当自受理申请之日起20日内提出初审意见，并将申报材料和初审意见汇总表（见附件2）报相关专业委员会审查。

（四）各专业委员会应当自收到省、自治区、直辖市住房和城乡建设行政主管部门或总后营房部工程局上报材料之日起，10日内审查完毕作出书面决定，并及时将初始注册人员的审查意见汇总表报住房和城乡建设部执业资格注册中心汇总，由住房和城乡建设部执业资格注册中心予以公示，公示时间为10个工作日，公示时间不计算在审批时间内。

（五）公示完成后由住房和城乡建设部执业资格注册中心报住房和城乡建设部审批，住房和城乡建设部按照《勘察设计注册工程师管理规定》规定的期限作出审批决定，自作出审批决定之日起10日内，公布审批结果。

（六）各专业委员会根据公告结果打印注册执业证书，省、自治区、直辖市住房和城乡建设行政主管部门或总后营房部工程局负责颁发注册执业证书；准予注册人员的执业印章由各省、自治区、直辖市住房和城乡建设行政主管部门或总后营房部工程局根据各专业委员会提供的注册人员名单和印章编号，按照统一规则进行制作并颁发。注册执业证书和执业印章的内容及编号规则见附件3。

三、注册申请材料

注册申请材料包括书面材料和相对应的申报数据电子文档。

（一）初始注册需提交的书面材料：

1. 初始注册申请表（一式两份）；

2. 执业资格证书复印件；

3. 身份证明复印件；

4. 聘用单位资质证书副本复印件；

5. 与聘用单位签订的聘用劳动合同复印件；

6. 逾期初始注册的，应当提交达到继续教育要求的证明材料。

凡2013年3月31日以前提交初始注册申请的，不需提供本专业工程师继续教育要求证明材料。

（二）延续注册和变更注册需提交的书面材料

注册公用设备工程师、注册电气工程师、注册化工工程师注册有效期为3年，有效期满需继续执业的，应在注册有效期届满30日前办理延续注册，延续注册有效期为3年；变更执业单位的，应当与原聘用单位解除劳动关系，并办理变更注册手续。延续注册和变更注册申请材料依照《勘察设计注册工程师管理规定》的有关规定执行。

四、其他

（一）注册费用

根据国家有关规定，注册公用设备工程师、注册电气工程师、注册化工工程师注册审批审查工作经费纳入财政预算，各单位不得向申请注册人员收取注册费。

（二）各专业委员会地址及联系电话

1. 全国勘察设计注册工程师公用设备专业管理委员会

    地址：北京市西城区白云路西里15号楼108室

    邮编：100045　　联系电话：63369166、63369167（传真）

2. 全国勘察设计注册工程师电气专业管理委员会

    地址：北京市西城区安德路65号

    邮编：100120　　联系电话：58388763、62368339（传真）

3. 全国勘察设计注册工程师化工专业管理委员会

    地址：北京市朝阳区安立路60号润枫德尚A座13层

    邮编：100101　　联系电话：64820640、64820640（传真）

附件　1. 初始注册申请表（略）

　　　2. 初始注册汇总表（略）

　　　3. 注册执业证书和执业印章的编号规则及说明（略）

中华人民共和国住房和城乡建设部办公厅

二〇一〇年一月六日

建设部建筑市场管理司《关于印发〈注册监理工程师注册管理工作规程〉的通知》

（建市监函〔2006〕28 号）

各省、自治区建设厅，直辖市建委，新疆生产建设兵团建设局，国务院有关部门建设司，总后基建营房部，国资委管理的有关企业，有关行业协会：

为了做好注册监理工程师注册管理工作，根据建设部颁布的《注册监理工程师管理规定》（建设部令第 147 号）和《关于建设部机关直接实施的行政许可事项有关规定和内容的公告》（建设部公告第 278 号），我们制定了《注册监理工程师注册管理工作规程》，现印发给你们，请遵照执行。

建设部建筑市场管理司

二〇〇六年四月十七日

附件

注册监理工程师注册管理工作规程

根据建设部颁布的《注册监理工程师管理规定》（建设部令第 147 号）和《关于建设部机关直接实施的行政许可事项有关规定和内容的公告》（建设部公告第 278 号），申请注册监理工程师初始注册、延续注册、变更注册、注销注册和注册执业证书、执业印章遗失破损补办等，按以下要求办理：

一、注册申请表及网上申报要求

申请注册的申请表分为：《中华人民共和国注册监理工程师初始注册申请表》、《中华人民共和国注册监理工程师延续注册申请表》、《中华人民共和国注册监理工程师变更注册申请表》、《中华人民共和国注册监理工程师注销注册申请表》和《中华人民共和国注册监理工程师注册执业证书、执业印章遗失破损补办申请表》。申请人可进入中华人民共和国建设部网站（www.cin.gov.cn）或中国工程建设信息网（www.cein.gov.cn），登录"注册监理工程师管理系统"，填写、打印以上申请表，并上报电子文档。

二、申报材料要求

（一）初始注册

取得中华人民共和国监理工程师执业资格证书的申请人，应自证书签发之日起 3 年内提出初始注册申请。逾期未申请者，须符合近 3 年继续教育要求后方可申请初始注册。

申请初始注册需提交下列材料：

1. 本人填写的《中华人民共和国注册监理工程师初始注册申请表》（一式两份，另附一张近期一寸免冠照片，供制作注册执业证书使用）和相应电子文档（电子文档通过网上报送给省、自治区、直辖市建设行政主管部门或其委托的注册管理机构，以下简称省级注册管理机构）；

2.《中华人民共和国监理工程师执业资格证书》复印件；

3. 身份证件（身份证或军官证、警官证等）复印件；

4. 与聘用单位签订的有效聘用劳动合同及社会保险机构出具的参加社会保险的清单复印件（退休人员仅需提供有效的聘用合同和退休证明复印件）；

5. 学历或学位证书、职称证书复印件，与申请注册专业相关的工程技术、工程管理工作经历和工程业绩证明；

6. 逾期初始注册的，应提交达到继续教育要求证明的复印件。

（二）延续注册

注册监理工程师注册有效期为 3 年，注册期满需继续执业的，应在注册有效期届满30 日前申请延续注册。在注册有效期届满 30 日前未提出延续注册申请的，在有效期满后，其注册执业证书和执业印章自动失效，需继续执业的，应重新申请初始注册。

申请延续注册需提交下列材料：

1. 本人填写的《中华人民共和国注册监理工程师延续注册申请表》（一式两份，另附一张近期一寸免冠照片，供制作注册执业证书使用）和相应电子文档（电子文档通过网上报送给省级注册管理机构）；

2. 与聘用单位签订的有效聘用劳动合同及社会保险机构出具的参加社会保险的清单复印件（退休人员仅需提供有效的聘用合同和退休证明复印件）；

3. 在注册有效期内达到继续教育要求证明的复印件。

（三）变更注册

注册监理工程师在注册有效期内或有效期届满，需要变更执业单位、注册专业等注册内容的，应申请变更注册。

在注册有效期届满 30 日前申请办理变更注册手续的，变更注册后仍延续原注册有效期。申请变更注册需提交下列材料：

1. 本人填写的《中华人民共和国注册监理工程师变更注册申请表》（一式两份，另附一张近期一寸免冠照片，供制作注册执业证书使用）和相应电子文档（电子文档通过网上报送给省级注册管理机构）；

2. 与新聘用单位签订的有效聘用劳动合同及社会保险机构出具的参加社会保险的清单复印件（退休人员仅需提供有效的聘用合同和退休证明复印件）；

3. 在注册有效期内，变更执业单位的，申请人应提供工作调动证明（与原聘用单位终止或解除聘用劳动合同的证明文件复印件，或由劳动仲裁机构出具的解除劳动关系的劳动仲裁文件复印件）。跨省、自治区、直辖市变更执业单位的，还须提供满足新聘用单位所在地相应继续教育要求的证明材料。

4. 在注册有效期内或有效期届满，变更注册专业的，应提供与申请注册专业相关的工程技术、工程管理工作经历和工程业绩证明，以及满足相应专业继续教育要求的证明材料。

5. 在注册有效期内，因所在聘用单位名称发生变更的，应在聘用单位名称变更后 30日内按变更注册规定办理变更注册手续，并提供聘用单位新名称的营业执照复印件。

（四）注销注册

按照《注册监理工程师管理规定》要求，注册监理工程师本人和聘用单位需要申请注销注册的，须填写并提交《中华人民共和国注册监理工程师注销注册申请表》（一式两份）和相应电子文档（电子文档通过网上报送给省级注册管理机构）。省级注册管理机构发现注册监理工程师有注销注册情形的，须填写并向建设部报送注销注册申请表。被依法注销注册者，当具备初始注册条件，并符合近3年的继续教育要求后，可重新申请初始注册。

（五）注册执业证书和执业印章遗失破损补办

因注册执业证书、执业印章遗失、破损等原因，需补办注册执业证书或执业印章的，申请人须填写并提交《中华人民共和国注册监理工程师注册执业证书、执业印章遗失破损补办申请表》（一式两份，另附一张近期一寸免冠照片，供制作注册执业证书使用）和相应电子文档（电子文档通过网上报送给省级注册管理机构）。对注册执业证书、执业印章遗失补办的，还须提供在公开发行的报刊上声明作废的证明材料。

三、注册审批程序

（一）申请人填写注册申请表和相应电子文档，将申请注册申报材料交聘用单位。

（二）聘用单位在注册申请表上签署意见并加盖单位印章后，将申请人的注册申报材料和相应电子文档（电子文档通过网上报送给省级注册管理机构）报送聘用单位工商注册所在地的省级注册管理机构。

（三）省级注册管理机构受理申请注册申报材料后，应在规定的时间内初审完毕。对申报材料不齐全或者不符合法定形式的，应当在5日内一次性告知申请人需要补正的全部内容。

对申请注册的电子文档，省级注册管理机构应进入中华人民共和国建设部网站或中国工程建设信息网，登录"注册监理工程师管理系统"，使用管理版进行受理、初审，形成《申请注册监理工程师初始、延续、变更注册初审意见汇总表》后上报。

省级注册管理机构应认真核对有关申报材料是否与原件相符，是否符合注册条件，在注册申请表上签署初审意见，加盖单位公章。省级注册管理机构应在初审完毕后10日内，将申请注册申报材料和初审意见报建设部。中国建设监理协会受建设部委托负责接收申报材料和初审意见。

（四）中国建设监理协会收到省级注册管理机构上报的申报材料和初审意见后，对申请初始注册的，在10个工作日内审查完毕，并将审查意见报建设部建筑市场管理司。对申请变更注册、延续注册的，在10个工作日内审查完毕，对准予变更注册、延续注册的人员，核发《中华人民共和国注册监理工程师注册执业证书》和执业印章。

对申报材料不齐全或者不符合法定形式的，中国建设监理协会应当在5日内一次性告知省级注册管理机构需要补正的全部内容，待补正材料或补办手续后，按程序重新办理。

（五）对申请初始注册的，建设部建筑市场管理司收到中国建设监理协会上报的审查意见后，将审查意见结果在网上进行公示，公示时间为10个工作日，公示时间不计算在审批时间之内。公示完毕后，在10个工作日内完成审批手续。

建设部自作出批准初始注册决定之日起10日内在中华人民共和国建设部网和中国工

程建设信息网公告审批结果。对准予初始注册的人员，由中国建设监理协会核发《中华人民共和国注册监理工程师注册执业证书》和执业印章。

（六）跨省、自治区、直辖市申请变更注册的，申请人须先将书面申报材料交原聘用单位工商注册所在地的省级注册管理机构，经审查同意盖章后再将书面申报材料交新聘用单位工商注册所在地的省级注册管理机构初审。

（七）各省级注册管理机构负责收回延续注册、变更注册、注销注册和遗失破损补办未到注册有效期的注册监理工程师注册执业证书和执业印章，跨省、自治区、直辖市变更注册的由新聘用单位工商注册所在地的省级注册管理机构负责收回注册执业证书和执业印章，交中国建设监理协会销毁。

四、其他

（一）《中华人民共和国注册监理工程师注册执业证书》和执业印章由建设部统一制作。

（二）注册监理工程师与原聘用单位解除劳动关系后申请变更执业单位，原聘用单位有义务协助完成变更手续。若未解除劳动关系或发生劳动纠纷的，应待解除劳动关系或劳动纠纷解决后，申请办理变更手续。

（三）注册监理工程师注册和执业印章收费按照《国家计委办公厅关于注册城市规划师等考试、注册收费标准的通知》（计办价格〔2000〕839 号）和《财政部、国家发展改革委关于公布取消 103 项行政审批等收费项目的通知》（财综〔2004〕87 号）的规定执行。

（四）军队系统取得监理工程师执业资格人员申请注册，由总后基建营房部按照省级注册管理机构的职责，受理申请注册申报材料并进行初审后，报建设部审批。

（五）中国建设监理协会联系方式。

通讯地址：北京市西直门外文兴街 1 号

邮政编码：100044

联系电话：010 – 88385640，88374172

传　　真：010 – 68346846。

附表　1.《中华人民共和国注册监理工程师初始注册申请表》（略）

2.《中华人民共和国注册监理工程师延续注册申请表》（略）

3.《中华人民共和国注册监理工程师变更注册申请表》（略）

4.《中华人民共和国注册监理工程师注销注册申请表》（略）

5.《中华人民共和国注册监理工程师注册执业证书、执业印章遗失破损补办申请表》（略）

6.《申请注册监理工程师初始、延续、变更注册初审意见汇总表》（略）

建设部建筑市场管理司《关于注册监理工程师注册和换证工作有关问题的说明》

（建市监函〔2006〕40 号）

各省、自治区建设厅，直辖市建委，新疆生产建设兵团建设局，国务院有关部门建设司（局），总后基建营房部，国资委管理的有关企业，有关行业协会：

为了做好注册监理工程师的注册和换证工作，现就《注册监理工程师注册管理工作规程》（建市监函〔2006〕28 号）和《关于换发注册监理工程师注册执业证书工作的通知》（建办市函〔2006〕258 号）中有关问题说明如下：

一、关于申报材料中要求提交参加社会保险证明问题

（一）申请人应提交社会保险机构出具的在聘用单位参加社会保险的清单复印件（退休人员仅需提供有效的聘用合同和退休证明复印件）。

（二）对国有企业、事业单位所属的工程监理企业的人员，若人事管理权在工程监理企业的上级国有企业、事业单位，并通过上级国有企业、事业单位参加社会保险的，在申报注册和换证时，要同时提交申请人在工程监理企业上级国有企业、事业单位参加社会保险清单复印件，以及上级国有企业、事业单位人事部门出具的申请人在工程监理企业工作的人事证明。

（三）对申请人个人参加社会保险的，若申请人与聘用单位在聘用合同中已明确约定由个人缴纳社会保险费用，申请人应提交本人参加社会保险的清单证明。

（四）对国有企业、事业单位内退人员，除提交本人与新聘用单位签定的劳动合同之外，还应提交国有企业、事业单位的内退证明和在国有企业、事业单位参加社会保险清单证明。

二、关于继续教育问题

在 2007 年 4 月 1 日前，没有换发注册监理工程师注册执业证书的人员，在申请变更注册时，暂不要求提供参加继续教育的证明；已经换发注册执业证书的人员，申请变更注册时，应满足继续教育相关要求。

三、其他问题

（一）对在没有工程监理企业资质的单位申请注册的人员，经本人申请，可只核发注册监理工程师注册执业证书，不发执业印章。

（二）符合条件的换证人员，在申请换证时，也可同时申请变更执业单位。

（三）中央管理企业及其所属工程监理企业的人员，申请注册监理工程师注册及换证，由工程监理企业工商注册所在地的省、自治区、直辖市建设行政主管部门负责受理初审。

建设部建筑市场管理司

二〇〇六年六月一日

建设部建筑市场管理司《关于印发《注册监理工程师继续教育暂行办法》的通知》

（建市监函［2006］62号）

各省、自治区建设厅，直辖市建委，新疆生产建设兵团建设局，国务院有关部门建设司（局），总后基建营房部，国资委管理的有关企业，有关行业协会：

为了做好注册监理工程师继续教育工作，我们组织制定了《注册监理工程师继续教育暂行办法》，现印发给你们，请遵照执行。

附件：注册监理工程师继续教育暂行办法

建设部建筑市场管理司

二〇〇六年九月二十日

附件：

注册监理工程师继续教育暂行办法

为了贯彻落实《注册监理工程师管理规定》（建设部令第147号），做好注册监理工程师继续教育工作，根据《注册监理工程师注册管理工作规程》（建市监函［2006］28号）中有关继续教育的规定和建设部办公厅《关于由中国建设监理协会开展注册监理工程师继续教育工作的通知》（建办市函［2006］259号）的要求，制定本办法。

一、继续教育目的

通过开展继续教育使注册监理工程师及时掌握与工程监理有关的法律法规、标准规范和政策，熟悉工程监理与工程项目管理的新理论、新方法，了解工程建设新技术、新材料、新设备及新工艺，适时更新业务知识，不断提高注册监理工程师业务素质和执业水平，以适应开展工程监理业务和工程监理事业发展的需要。

二、继续教育学时

注册监理工程师在每一注册有效期（3年）内应接受96学时的继续教育，其中必修课和选修课各为48学时。必修课48学时每年可安排16学时。选修课48学时按注册专业安排学时，只注册一个专业的，每年接受该注册专业选修课16学时的继续教育；注册两个专业的，每年接受相应两个注册专业选修课各8学时的继续教育。

在一个注册有效期内，注册监理工程师根据工作需要可集中安排或分年度安排继续教育的学时。

注册监理工程师申请变更注册专业时，在提出申请之前，应接受申请变更注册专业24学时选修课的继续教育。注册监理工程师申请跨省、自治区、直辖市变更执业单位时，在提出申请之前，应接受新聘用单位所在地 8 学时选修课的继续教育。

经全国性行业协会监理委员会或分会（以下简称：专业监理协会）和省、自治区、直辖市监理协会（以下简称：地方监理协会）报中国建设监理协会同意，从事以下工作所取得的学时可充抵继续教育选修课的部分学时：注册监理工程师在公开发行的期刊上发表有关工程监理的学术论文（3000 字以上），每篇限一人计 4 学时；从事注册监理工程师继续教育授课工作和考试命题工作，每年次每人计 8 学时。

三、继续教育内容

继续教育分为必修课和选修课。

（一）必修课

1. 国家近期颁布的与工程监理有关的法律法规、标准规范和政策；

2. 工程监理与工程项目管理的新理论、新方法；

3. 工程监理案例分析；

4. 注册监理工程师职业道德。

（二）选修课

1. 地方及行业近期颁布的与工程监理有关的法规、标准规范和政策；

2. 工程建设新技术、新材料、新设备及新工艺；

3. 专业工程监理案例分析；

4. 需要补充的其他与工程监理业务有关的知识。

中国建设监理协会于每年 12 月底向社会公布下一年度的继续教育的具体内容。其中继续教育必修课的具体内容由建设部有关司局、中国建设监理协会和行业专家共同制定，必修课的培训教材由中国建设监理协会负责编写和推荐。继续教育选修课的具体内容由专业监理协会和地方监理协会负责提出，并于每年的 11 月底前报送中国建设监理协会确认，选修课培训教材由专业监理协会和地方监理协会负责编写和推荐。

四、继续教育方式

注册监理工程师继续教育采取集中面授和网络教学的方式进行。集中面授由经过中国建设监理协会公布的培训单位实施。注册监理工程师可根据注册专业就近选择培训单位接受继续教育。各培训单位负责将注册监理工程师参加集中面授学习情况记录在由中国建设监理协会统一印制的《注册监理工程师继续教育手册》上，加盖培训单位印章，并及时将继续教育培训班学员名单、培训内容、学时、考试成绩及师资情况等资料（同时报送电子文档）报送相应的专业监理协会或地方监理协会认可。认可后，专业监理协会和地方监理协会应在《注册监理工程师继续教育手册》上加盖印章，并及时将培训班学员名单等资料的电子文档通过中国工程监理与咨询服务网（网址：www. zgjsjl. org）报中国建设监理协会备案。

网络教学由中国建设监理协会会同专业监理协会和地方监理协会共同组织实施。参加网络学习的注册监理工程师，应当登陆中国工程监理与咨询服务网，提出学习申请，在网上完成规定的继续教育必修课和相应注册专业选修课的学时（接受变更注册继续教育的要完成规定的选修课学时）后，打印网络学习证明，凭该证明参加由专业监理协会或地方监理协会组织的测试。测试成绩合格的，由专业监理协会或地方监理协会将网络学习情况和测试成绩记录在《注册监理工程师继续教育手册》上并加盖印章。专业监理协会和地方监理协会应及时将参加网络学习的学员名单等资料的电子文档通过中国工程监理与咨询服务网报送中国建设监理协会备案。

注册监理工程师选择上述任何方式接受继续教育达到96学时或完成申请变更规定的学时后，其《注册监理工程师继续教育手册》可作为申请逾期初始注册、延续注册、变更注册和重新注册时达到继续教育要求的证明材料。

五、继续教育培训单位

凡具有办学许可证的建设行业培训机构和有工程管理专业或相关工程专业的高等院校，有固定的教学场所、专职管理人员且有实践经验的专家（甲级监理公司的总监等）占师资队伍三分之一以上的，均可申请作为注册监理工程师继续教育培训单位。注册监理工程师继续教育培训单位由专业监理协会、地方监理协会或省级注册管理机构分别向中国建设监理协会推荐。中国建设监理协会根据继续教育需求和培训单位的情况，确定并公布注册监理工程师继续教育培训单位。推荐单位应加强对培训单位的管理和监督。

注册监理工程师继续教育培训班由培训单位按工程专业举办，继续教育培训单位必须保证培训质量，每期培训班均要有满足教学要求的师资队伍，并配备专职管理人员。

六、继续教育监督管理

中国建设监理协会在建设部的监督指导下负责组织开展全国注册监理工程师继续教育工作，各专业监理协会负责本专业注册监理工程师继续教育相关工作，地方监理协会在当地建设行政主管部门的监督指导下，负责本行政区域内注册监理工程师继续教育相关工作。

工程监理企业应督促本单位注册监理工程师按期接受继续教育，有责任为本单位注册监理工程师接受继续教育提供时间和经费保证。注册监理工程师有义务接受继续教育，提高执业水平，在参加继续教育期间享有国家规定的工资、保险、福利待遇。

建设部建筑市场管理司《关于新设立建筑业企业注册建造师认定的函》

（建市监函〔2007〕86号）

各省、自治区建设厅，直辖市建委，新疆生产建设兵团建设局，国务院各有关部门建设司，总后基建营房部：

根据《注册建造师管理规定》（建设部令第153号）和《一级建造师注册实施办法》（建市〔2007〕101号）规定，建造师必须注册在一个具有工程勘察、设计、施工、监理、招标代理、造价咨询等资质的企业。经研究，现将新设立建筑业企业的注册建造师认定问题函告如下：

新设立的建筑业企业办理工商营业执照后，建造师可注册到新设立企业，省级建设主管部门初审同意后出具证明，作为建筑业企业资质评审依据。企业资质批准后，办理建造师注册手续。企业凭建造师注册证书领取企业资质证书。

新设立工程勘察、设计、监理、招标代理、造价咨询等企业的注册建造师认定参照执行。

建设部建筑市场管理司

二〇〇七年十二月十日

住房和城乡建设部建筑市场管理司《关于印发〈注册建造师施工管理签章文件（试行）〉的通知》

（建市监函〔2008〕49号）

各省、自治区建设厅，直辖市建委，新疆生产建设兵团建设局，国务院各有关部门建设司，总后基建营房部，国资委管理的有关企业，有关行业协会：

根据《注册建造师管理规定》（建设部令第153号）和《注册建造师施工管理签章文件目录（试行）》（建市〔2008〕42号），我们组织起草了《注册建造师施工管理签章文件（试行）》，现印发给你们，请遵照执行。《注册建造师施工管理签章文件（试行）》可在中国建造师网（http://www.coc.gov.cn）下载。

　　附件：1. 注册建造师施工管理签章文件（房屋建筑工程）（略）
　　　　　2. 注册建造师施工管理签章文件（公路工程）（略）
　　　　　3. 注册建造师施工管理签章文件（铁路工程）（略）
　　　　　4. 注册建造师施工管理签章文件（民航机场工程）（略）
　　　　　5. 注册建造师施工管理签章文件（港口与航道工程）（略）
　　　　　6. 注册建造师施工管理签章文件（水利水电工程）（略）
　　　　　7. 注册建造师施工管理签章文件（电力工程）（略）
　　　　　8. 注册建造师施工管理签章文件（矿山工程）（略）
　　　　　9. 注册建造师施工管理签章文件（冶炼工程）（略）
　　　　　10. 注册建造师施工管理签章文件（石油化工工程）（略）
　　　　　11. 注册建造师施工管理签章文件（市政公用工程）（略）
　　　　　12. 注册建造师施工管理签章文件（通信与广电工程）（略）
　　　　　13. 注册建造师施工管理签章文件（机电安装工程）（略）
　　　　　14. 注册建造师施工管理签章文件（装饰装修工程）（略）

住房和城乡建设部建筑市场管理司

二〇〇八年六月二日

住房和城乡建设部建筑市场监管司《关于对注册有效期满的一级建造师延续注册有关问题的通知》

（建市施函［2010］80 号）

各省、自治区住房和城乡建设厅，直辖市住房和城乡建设委员会，国务院各有关部门建设司，总后基建营房部：

一级建造师注册工作于 2007 年启动，建造师注册证书和执业印章的有效期为 3 年，初始注册人员的注册证书和印章将陆续到期。鉴于继续教育工作尚未开展，本着简化、高效的原则，从方便个人、企业和基层考虑，经研究，决定暂不开展延续注册工作，原注册证书和印章继续有效，待继续教育工作实施后再行规定有关事宜。

各省级建设行政主管部门要自即日起至 2010 年 10 月底开展一级建造师执业情况检查工作。建造师注册企业要将本企业一级注册建造师有关情况报省级建设行政主管部门（格式见附表），各省级建设行政主管部门汇总一级建造师执业情况，与工程建设监督管理过程中查处的违法违规行为进行比对，发现有以下行为的，要依法进行处理，直至吊销注册证书和印章：

（一）担任项目经理期间，所负责项目发生过重大质量和安全事故的；

（二）有违法违规行为，受到刑事处罚的；

（三）在执业过程中，索贿、受贿或者谋取合同约定费用外的其他利益的或实施商业贿赂的；

（四）同时在两个或以上单位受聘的；

（五）允许他人以自己的名义从事执业活动或涂改、倒卖、出租、出借等形式非法转让注册证书和印章的；

（六）超出执业范围和聘用单位业务范围内从事执业活动的；

（七）年龄超过 65 周岁的，要注销其注册证书和印章。

各省级建设行政主管部门要立即布置该项工作，并于 2010 年 10 月 31 日前将及时将汇总情况［格式见附表（略）］的书面文件和电子表格，以及处理的一级注册建造师情况报我司，记入建筑市场诚信信息平台。我司将对有关工作进行抽查。

住房和城乡建设部建筑市场监管司

二〇一〇年八月十二日

住房和城乡建设部建筑市场监管司《关于完善二级建造师注册信息备案工作的通知》

（建市施函［2010］88 号）

部分省、自治区住房和城乡建设厅、直辖市住房和城乡建设委：

为加强建筑施工关键岗位管理人员的动态监管，根据《注册建造师管理规定》（建设部令第153号）的规定，我司决定进一步完善二级建造师注册信息备案工作，请使用自主研发二级建造师注册管理系统（包括二级建造师临时执业信息管理系统）的省级建设主管部门按照本通知要求做好以下工作：

一、完善二级建造师注册信息（包括二级建造师临时执业信息）数据库，认真核对注册人员的个人信息，及时更新注册人员的有关信息。

二、每月15日之前将本行政区域内截至前一月月底所有二级建造师的注册信息（包括二级建造师临时执业信息）报我司备案，材料格式见《二级建造师注册信息备案表》（附件1）和《二级建造师临时执业信息备案表》（附件2）。

三、备案材料要求：《二级建造师注册信息备案表》（附件1）和《二级建造师临时执业信息备案表》（附件2）以电子文档形式报送，同时以书面形式报送本行政区域内二级注册建造师（包括二级建造师临时执业资格）的总体情况，并加盖填报单位公章，材料格式见《二级建造师注册情况汇总表》（附件3）。

有关二级建造师注册信息备案工作中遇到的问题，请及时与我司施工监管处联系。

联系电话：（010）58933869

传　　真：（010）58933913

电子邮箱：shigongchu@163.com

附件　1. 二级建造师注册信息备案表（略）

　　　2. 二级建造师临时执业信息备案表（略）

　　　3. 二级建造师注册情况汇总表（略）

住房和城乡建设部建筑市场监管司

二〇一〇年九月二十五日

（四）行业发展

建设部《关于培育发展工程总承包和工程项目
管理企业的指导意见》

（建市〔2003〕30号）

各省、自治区建设厅，直辖市建委（规委），国务院有关部门建设司，总后基建营房部，新疆生产建设兵团建设局，中央管理的有关企业：

为了深化我国工程建设项目组织实施方式改革，培育发展专业化的工程总承包和工程项目管理企业，现提出指导意见如下：

一、推行工程总承包和工程项目管理的重要性和必要性

工程总承包和工程项目管理是国际通行的工程建设项目组织实施方式。积极推行工程总承包和工程项目管理，是深化我国工程建设项目组织实施方式改革，提高工程建设管理水平，保证工程质量和投资效益，规范建筑市场秩序的重要措施；是勘察、设计、施工、监理企业调整经营结构，增强综合实力，加快与国际工程承包和管理方式接轨，适应社会主义市场经济发展和加入世界贸易组织后新形势的必然要求；是贯彻党的十六大关于"走出去"的发展战略，积极开拓国际承包市场，带动我国技术、机电设备及工程材料的出口，促进劳务输出，提高我国企业国际竞争力的有效途径。

各级建设行政主管部门要统一思想，提高认识，采取有效措施，切实加强对工程总承包和工程项目管理活动的指导，及时总结经验，促进我国工程总承包和工程项目管理的健康发展。

二、工程总承包的基本概念和主要方式

（一）工程总承包是指从事工程总承包的企业（以下简称工程总承包企业）受业主委托，按照合同约定对工程项目的勘察、设计、采购、施工、试运行（竣工验收）等实行全过程或若干阶段的承包。

（二）工程总承包企业按照合同约定对工程项目的质量、工期、造价等向业主负责。工程总承包企业可依法将所承包工程中的部分工作发包给具有相应资质的分包企业；分包企业按照分包合同的约定对总承包企业负责。

（三）工程总承包的具体方式、工作内容和责任等，由业主与工程总承包企业在合同中约定。工程总承包主要有如下方式：

1. 设计采购施工（EPC）/交钥匙总承包

设计采购施工总承包是指工程总承包企业按照合同约定，承担工程项目的设计、采购、施工、试运行服务等工作，并对承包工程的质量、安全、工期、造价全面负责。

交钥匙总承包是设计采购施工总承包业务和责任的延伸，最终是向业主提交一个满足使用功能、具备使用条件的工程项目。

2. 设计—施工总承包（D-B）

设计—施工总承包是指工程总承包企业按照合同约定，承担工程项目设计和施工，并对承包工程的质量、安全、工期、造价全面负责。

根据工程项目的不同规模、类型和业主要求，工程总承包还可采用设计—采购总承包（E-P）、采购—施工总承包（P-C）等方式。

三、工程项目管理的基本概念和主要方式

（一）工程项目管理是指从事工程项目管理的企业（以下简称工程项目管理企业）受业主委托，按照合同约定，代表业主对工程项目的组织实施进行全过程或若干阶段的管理和服务。

（二）工程项目管理企业不直接与该工程项目的总承包企业或勘察、设计、供货、施工等企业签订合同，但可以按合同约定，协助业主与工程项目的总承包企业或勘察、设计、供货、施工等企业签订合同，并受业主委托监督合同的履行。

（三）工程项目管理的具体方式及服务内容、权限、取费和责任等，由业主与工程项目管理企业在合同中约定。工程项目管理主要有如下方式：

1. 项目管理服务（PM）

项目管理服务是指工程项目管理企业按照合同约定，在工程项目决策阶段，为业主编制可行性研究报告，进行可行性分析和项目策划；在工程项目实施阶段，为业主提供招标代理、设计管理、采购管理、施工管理和试运行（竣工验收）等服务，代表业主对工程项目进行质量、安全、进度、费用、合同、信息等管理和控制。工程项目管理企业一般应按照合同约定承担相应的管理责任。

2. 项目管理承包（PMC）

项目管理承包是指工程项目管理企业按照合同约定，除完成项目管理服务（PM）的全部工作内容外，还可以负责完成合同约定的工程初步设计（基础工程设计）等工作。对于需要完成工程初步设计（基础工程设计）工作的工程项目管理企业，应当具有相应的工程设计资质。项目管理承包企业一般应当按照合同约定承担一定的管理风险和经济责任。

根据工程项目的不同规模、类型和业主要求，还可采用其他项目管理方式。

四、进一步推行工程总承包和工程项目管理的措施

（一）鼓励具有工程勘察、设计或施工总承包资质的勘察、设计和施工企业，通过改造和重组，建立与工程总承包业务相适应的组织机构、项目管理体系，充实项目管理专业人员，提高融资能力，发展成为具有设计、采购、施工（施工管理）综合功能的工程公司，在其勘察、设计或施工总承包资质等级许可的工程项目范围内开展工程总承包业务。

工程勘察、设计、施工企业也可以组成联合体对工程项目进行联合总承包。

（二）鼓励具有工程勘察、设计、施工、监理资质的企业，通过建立与工程项目管理业务相适应的组织机构、项目管理体系，充实项目管理专业人员，按照有关资质管理规定在其资质等级许可的工程项目范围内开展相应的工程项目管理业务。

（三）打破行业界限，允许工程勘察、设计、施工、监理等企业，按照有关规定申请

取得其他相应资质。

（四）工程总承包企业可以接受业主委托，按照合同约定承担工程项目管理业务，但不应在同一个工程项目上同时承担工程总承包和工程项目管理业务，也不应与承担工程总承包或者工程项目管理业务的另一方企业有隶属关系或者其他利害关系。

（五）对于依法必须实行监理的工程项目，具有相应监理资质的工程项目管理企业受业主委托进行项目管理，业主可不再另行委托工程监理，该工程项目管理企业依法行使监理权利，承担监理责任；没有相应监理资质的工程项目管理企业受业主委托进行项目管理，业主应当委托监理。

（六）各级建设行政主管部门要加强与有关部门的协调，认真贯彻《国务院办公厅转发外经贸部等部门关于大力发展对外承包工程意见的通知》（国办发〔2000〕32号）精神，使有关融资、担保、税收等方面的政策落实到重点扶持发展的工程总承包企业和工程项目管理企业，增强其国际竞争实力，积极开拓国际市场。

鼓励大型设计、施工、监理等企业与国际大型工程公司以合资或合作的方式，组建国际型工程公司或项目管理公司，参加国际竞争。

（七）提倡具备条件的建设项目，采用工程总承包、工程项目管理方式组织建设。

鼓励有投融资能力的工程总承包企业，对具备条件的工程项目，根据业主的要求，按照建设—转让（BT）、建设—经营—转让（BOT）、建设—拥有—经营（BOO）、建设—拥有—经营—转让（BOOT）等方式组织实施。

（八）充分发挥行业协会和高等院校的作用，进一步开展工程总承包和工程项目管理的专业培训，培养工程总承包和工程项目管理的专业人才，适应国内外工程建设的市场需要。

有条件的行业协会、高等院校和企业等，要加强对工程总承包和工程项目管理的理论研究，开发工程项目管理软件，促进我国工程总承包和工程项目管理水平的提高。

（九）本指导意见自印发之日起实施。1992年11月17日建设部颁布的《设计单位进行工程总承包资格管理的有关规定》（建设〔1992〕805号）同时废止。

中华人民共和国建设部

二〇〇三年二月十三日

建设部《关于对湖北省建设厅就政府投资工程管理试点工作指导意见的请示的批复》

（建市〔2003〕118号）

湖北省建设厅：

你厅2003年5月13日关于改革政府投资工程组织实施方式的请示及所附的《关于加强我省政府投资工程管理试点工作的指导意见》收悉。湖北省委、省政府对这项工作高度重视，省委主要领导同志做出重要批示，积极推动这项改革，这不仅是湖北省建设领域的一件大事，还必将对全国工程建设管理体制改革和整顿规范建筑市场秩序起到积极的推动作用。

目前，我国对政府投资工程基本上采用了"建设、监管、使用"多位一体的建设组织实施模式。这种实施方式存在着诸多弊端：（1）一些政府主管部门既负责监管建筑市场，又直接组织工程项目的建设实施，导致了政企不分、责任不明、监管不力、效益不高等，还容易出现腐败等问题；（2）一些政府投资工程由临时组建的基建班子负责组织实施，项目结束后机构即行解散，不仅造成人、财、物和信息等社会资源的浪费，而且工程的建设水平很难提高，一旦出现问题还难以追究责任；（3）一些政府投资工程由使用单位自建自用，致使所有者（政府）和使用者的责任与利益分离，受使用单位自身利益的驱动，极易造成争项目、争资金，导致"钓鱼"工程和超规模、超标准建设等现象的产生；（4）经营性政府投资项目的建设垄断现象严重，不能适应市场化改革的需要；（5）政府投资工程各自组织建设，难以实施有效监督，其建设过程中的违法违规问题很难得到及时纠正。

为了解决上述问题，亟需对政府投资工程建设组织实施方式进行改革。这是整顿和规范建筑市场秩序的一项治本之策，是保证工程质量、提高投资效益的重要措施，也是转变政府职能的客观要求以及从源头上遏制腐败的重要保障。因此，我部自 2001 年 4 月国务院召开全国整顿规范市场经济秩序工作会议后，会同国务院研究室和国务院有关部门对这项改革进行了比较系统的研究。《建设部 2003 年整顿和规范建筑市场秩序工作安排》中明确指出，今年要积极开展政府投资工程建设组织实施方式改革试点工作，摸索和总结经验，逐步加以推开。为便于你省开展此项工作，经研究，现就政府投资工程建设组织实施方式改革提出以下指导意见，供参考。

一、政府投资工程的分类和改革的试点范围

（一）政府投资工程是指使用财政性资金或政府融资进行投资建设的工程项目。政府投资工程按照工程项目的性质，可以分为公益性（非经营性）政府投资工程和经营性政府投资工程。公益性（非经营性）政府投资工程，是指政府投资的公益性项目及无经济回报的项目，如园林绿化、城市道路桥涵（指不收费的）、学校、医院、图书馆、科技馆、博物馆等公益性项目以及党政机关办公设施、司法机构设施等无经济回报的项目。经营性政府投资工程，是指政府投资的可有一定经济回报的工程项目或者获得政府特许经营权的项目，如供水、供气、供热、垃圾污水处理和经批准可收费的道路、桥梁、隧道等。

（二）改革的试点范围主要是：地方政府投资并具备相应条件的房屋建筑和市政基础设施工程。

二、改革试点的指导原则和主要运作模式

改革试点应当按照"建设、监管、使用"分开、政事（企）分开和实施相对集中管理的原则，建立权责明确、制约有效、科学规范、专业化管理和社会化运作的管理体制及运行机制，在实践中积极探索有效的改革模式：

（一）对于公益性（非经营性）的政府投资工程，可根据投资规模采用如下方式：（1）公益性（非经营性）政府投资工程规模较大的地区，可按照《政府采购法》的有关规定，设立政府投资工程集中采购机构（如工务局），代表政府统一组织实施政府投资工程的建设，包括工程招标、签订合同和按合同进行造价、工期、质量控制等。该机构应为非营利事业法人，在其组织实施的工程项目竣工验收后，移交有关部门使用或管理。

（2）公益性（非经营性）政府投资工程规模较小的地区，也可以由政府或政府主管部门通过招标竞争的方式，择优选定工程管理公司或者工程总承包公司负责其建设组织实施。

（二）对于经营性的政府投资工程，应当实行市场化和产业化的运作方式，由项目法人负责投融资、建设、资产经营全过程管理。项目法人在工程建设实施阶段可以通过招标竞争的方式，择优选定工程项目管理公司或者工程总承包公司组织建设实施，实行社会化、专业化管理。

（三）需要特许经营的项目，应公开向社会招标选择投资主体，鼓励国内外各类经济实体采取 BOT 等方式投资建设和经营，也可采取政府资金和社会资本联合投资建设和运营。

三、改革的有关配套措施

（一）要建立权责明确、制约有效的运行和监督机制。

在工程项目的立项文件批准后，建设行政主管部门要加强对政府投资工程实施中执行法定建设程序、招标投标、计价行为和质量安全的监督，建立健全严格的责任追究制度，但不得直接负责或参与政府投资工程的建设组织实施。

政府投资工程集中采购机构应当接受政府有关主管部门的依法监督，严格执行建设项目的招投标制度和法定建设程序，搞好政府投资工程的投资、质量、工期等控制。政府投资工程集中采购机构应与工程项目的最终使用或管理单位建立良好的工作机制，在其建设组织实施过程特别是项目设计和竣工验收等环节，应认真听取最终使用或管理单位的意见，在投资切实得到控制的前提下，让建设项目在功能方面最大限度地满足使用单位的需要。

工程项目的最终使用或管理单位应当对项目的使用功能提出总体要求，并可对项目的组织实施提出建议，参与审查项目设计和工程竣工验收等。

（二）在政府投资工程建设组织实施方式的改革中，可从实际出发推行工程担保和工程保险制度，重点是业主工程款支付担保、承包商投标担保、履约担保和承包商对分包商付款担保，以及建筑职工意外伤害保险、勘察设计监理等专业化社会中介机构职业责任险和工程质量保修保险等。

（三）政府投资工程应按照国家工程项目建设标准的规定，严格控制投资规模，合理配置资源；在进行规划、勘察、设计、施工、竣工验收时，必须执行国家规定的各类工程建设技术标准的要求，确保政府投资工程的质量和施工安全。

（四）在政府投资工程实施阶段，应充分发挥市场竞争机制的作用，对于工程造价和违约责任等应依法通过合同确定。各级建设行政主管部门要强化对工程计价行为的监督管理，并研究制订政府投资工程的计价方法、招标文本及合同文本，严格监督执行。

实施政府投资工程建设管理方式改革是一项新的工作。你厅起草的《关于加强我省政府投资工程管理试点工作的指导意见》，符合政府投资工程建设管理方式改革的方向；由部分城市先行试点，取得经验后再逐步推开的工作方式也是积极稳妥的；在试点工作中，你省应结合实际，探索符合湖北省本地实际情况的政府投资工程建设管理方式，及时总结经验，不断取得政府投资工程建设组织实施方式改革的新进展。建设部决定将你省作为此项工作的试点地区，保持经常联系，总结你省的做法和经验，并适时在你省召开会议予以推广。

中华人民共和国建设部

二〇〇三年六月六日

建设部《关于印发〈建设工程项目管理
试行办法〉的通知》

（建市［2004］200 号）

各省、自治区建设厅，直辖市建委，国务院有关部门建设司，解放军总后营房部，山东、江苏省建管局，新疆生产建设兵团建设局，中央管理的有关企业：

现将《建设工程项目管理试行办法》印发给你们，请结合本地区、本部门实际情况认真贯彻执行。执行中有何问题，请及时告我部建筑市场管理司。

中华人民共和国建设部

二〇〇四年十一月十六日

建设工程项目管理试行办法

第一条 ［目的和依据］ 为了促进我国建设工程项目管理健康发展，规范建设工程项目管理行为，不断提高建设工程投资效益和管理水平，依据国家有关法律、行政法规，制定本办法。

第二条 ［适用范围］ 凡在中华人民共和国境内从事工程项目管理活动，应当遵守本办法。

本办法所称建设工程项目管理，是指从事工程项目管理的企业（以下简称项目管理企业），受工程项目业主方委托，对工程建设全过程或分阶段进行专业化管理和服务活动。

第三条 ［企业资质］ 项目管理企业应当具有工程勘察、设计、施工、监理、造价咨询、招标代理等一项或多项资质。

工程勘察、设计、施工、监理、造价咨询、招标代理等企业可以在本企业资质以外申请其他资质。企业申请资质时，其原有工程业绩、技术人员、管理人员、注册资金和办公场所等资质条件可合并考核。

第四条 ［执业资格］ 从事工程项目管理的专业技术人员，应当具有城市规划师、建筑师、工程师、建造师、监理工程师、造价工程师等一项或者多项执业资格。

取得城市规划师、建筑师、工程师、建造师、监理工程师、造价工程师等执业资格的专业技术人员，可在工程勘察、设计、施工、监理、造价咨询、招标代理等任何一家企业申请注册并执业。

取得上述多项执业资格的专业技术人员，可以在同一企业分别注册并执业。

第五条 ［服务范围］　项目管理企业应当改善组织结构，建立项目管理体系，充实项目管理专业人员，按照现行有关企业资质管理规定，在其资质等级许可的范围内开展工程项目管理业务。

第六条 ［服务内容］　工程项目管理业务范围包括：

（一）协助业主方进行项目前期策划，经济分析、专项评估与投资确定；

（二）协助业主方办理土地征用、规划许可等有关手续；

（三）协助业主方提出工程设计要求、组织评审工程设计方案、组织工程勘察设计招标、签订勘察设计合同并监督实施，组织设计单位进行工程设计优化、技术经济方案比选并进行投资控制；

（四）协助业主方组织工程监理、施工、设备材料采购招标；

（五）协助业主方与工程项目总承包企业或施工企业及建筑材料、设备、构配件供应等企业签订合同并监督实施；

（六）协助业主方提出工程实施用款计划，进行工程竣工结算和工程决算，处理工程索赔，组织竣工验收，向业主方移交竣工档案资料；

（七）生产试运行及工程保修期管理，组织项目后评估；

（八）项目管理合同约定的其他工作。

第七条 ［委托方式］　工程项目业主方可以通过招标或委托等方式选择项目管理企业，并与选定的项目管理企业以书面形式签订委托项目管理合同。合同中应当明确履约期限，工作范围，双方的权利、义务和责任，项目管理酬金及支付方式，合同争议的解决办法等。

工程勘察、设计、监理等企业同时承担同一工程项目管理和其资质范围内的工程勘察、设计、监理业务时，依法应当招标投标的应当通过招标投标方式确定。

施工企业不得在同一工程从事项目管理和工程承包业务。

第八条 ［联合投标］　两个及以上项目管理企业可以组成联合体以一个投标人身份共同投标。联合体中标的，联合体各方应当共同与业主方签订委托项目管理合同，对委托项目管理合同的履行承担连带责任。联合体各方应签订联合体协议，明确各方权利、义务和责任，并确定一方作为联合体的主要责任方，项目经理由主要责任方选派。

第九条 ［合作管理］　项目管理企业经业主方同意，可以与其他项目管理企业合作，并与合作方签定合作协议，明确各方权利、义务和责任。合作各方对委托项目管理合同的履行承担连带责任。

第十条 ［管理机构］　项目管理企业应当根据委托项目管理合同约定，选派具有相应执业资格的专业人员担任项目经理，组建项目管理机构，建立与管理业务相适应的管理体系，配备满足工程项目管理需要的专业技术管理人员，制定各专业项目管理人员的岗位职责，履行委托项目管理合同。

工程项目管理实行项目经理责任制。项目经理不得同时在两个及以上工程项目中从事项目管理工作。

第十一条 ［服务收费］ 工程项目管理服务收费应当根据受委托工程项目规模、范围、内容、深度和复杂程度等，由业主方与项目管理企业在委托项目管理合同中约定。

工程项目管理服务收费应在工程概算中列支。

第十二条 ［执业原则］ 在履行委托项目管理合同时，项目管理企业及其人员应当遵守国家现行的法律法规、工程建设程序，执行工程建设强制性标准，遵守职业道德，公平、科学、诚信地开展项目管理工作。

第十三条 ［奖励］ 业主方应当对项目管理企业提出并落实的合理化建议按照相应节省投资额的一定比例给予奖励。奖励比例由业主方与项目管理企业在合同中约定。

第十四条 ［禁止行为］ 项目管理企业不得有下列行为：

（一）与受委托工程项目的施工以及建筑材料、构配件和设备供应企业有隶属关系或者其他利害关系；

（二）在受委托工程项目中同时承担工程施工业务；

（三）将其承接的业务全部转让给他人，或者将其承接的业务肢解以后分别转让给他人；

（四）以任何形式允许其他单位和个人以本企业名义承接工程项目管理业务；

（五）与有关单位串通，损害业主方利益，降低工程质量。

第十五条 ［禁止行为］ 项目管理人员不得有下列行为：

（一）取得一项或多项执业资格的专业技术人员，不得同时在两个及以上企业注册并执业；

（二）收受贿赂、索取回扣或者其他好处；

（三）明示或者暗示有关单位违反法律法规或工程建设强制性标准，降低工程质量。

第十六条 ［监督管理］ 国务院有关专业部门、省级政府建设行政主管部门应当加强对项目管理企业及其人员市场行为的监督管理，建立项目管理企业及其人员的信用评价体系，对违法违规等不良行为进行处罚。

第十七条 ［行业指导］ 各行业协会应当积极开展工程项目管理业务培训，培养工程项目管理专业人才，制定工程项目管理标准、行为规则，指导和规范建设工程项目管理活动，加强行业自律，推动建设工程项目管理业务健康发展。

第十八条 本办法由建设部负责解释。

第十九条 本办法自 2004 年 12 月 1 日起执行。

建设部《关于建立和完善劳务分包制度发展建筑劳务企业的意见》

（建市［2005］131号）

各省、自治区建设厅，直辖市建委，计划单列市、副省级城市建委，江苏、山东省建管局，国务院有关部门建设司，解放军总后营房部，新疆生产建设兵团建设局：

建筑业是国民经济支柱产业，其增加值约占GDP的7%，又是劳动密集型行业，就业容量巨大，吸纳的农民工已占农村进城务工人员总数的1/3。据统计局2004年数据，全国建筑业从业人员总计3893万人，其中施工现场操作人员基本是农民工，总人数已达3201万人。

农民工为建筑业快速发展提供了人力保障，同时在以农民工为主的建筑劳务市场也存在一些亟待解决的问题：一是用工企业与"包工头"签订劳务合同，一些"包工头"随意用工、管理混乱，违法转嫁经营风险，损害农民工的合法权益；二是农民工队伍职业技能培训和鉴定数量严重不足，从业人员素质较低，给工程建设质量带来隐患；三是农民工队伍庞大松散，无序流动，带来行业管理的困难；四是建设领域存在拖欠农民工工资问题。

为了规范建筑市场秩序，提高劳务队伍职业素质和建筑企业的整体素质，确保工程质量和安全管理，建立预防建设领域拖欠农民工工资的长效机制，现对建立和完善建筑劳务分包制度、发展建筑劳务企业，提出如下意见：

一、指导思想

贯彻落实党的科学发展观和正确的政绩观，贯彻国务院"要健全和规范建筑劳务分包市场，加快发展成建制的劳务企业，加强对企业用工行为的监督检查"的指示精神，以发展劳务企业为突破口，建立预防建设领域拖欠农民工工资的长效机制，规范建筑市场秩序，建立和完善劳务分包制度，调整全行业建筑队伍组织结构，提高劳务队伍的职业素质，保障工程质量和安全。

充分认识工作的艰巨性和紧迫性，加强领导，明确目标，落实责任，逐年推进。重点是对劳务分包行为和施工现场进行规范，要求施工总承包特级、一级企业率先规范用工行为，要求大城市建设主管部门率先规范建筑市场，要求主要的建筑劳务输出地区率先做好农民工培训，合法、有效、有序组织农民工成建制地参与劳务竞争。

二、工作目标

总体工作目标：从2005年7月1日起，用3年的时间，在全国建立基本规范的建筑劳务分包制度，农民工基本被劳务企业或其他用工企业直接吸纳，"包工头"承揽分包业务基本被禁止。

1. 2005年7月1日起，施工总承包和专业承包特级、一级企业进行劳务作业分包，必须使用有相应资质（劳务分包或施工总承包资质等）的企业；其中，至2006年6月底，施工总承包特级企业必须全部使用劳务企业，施工总承包和专业承包一级企业使用劳务企业比例不低于60%；至2007年6月底，施工总承包和专业承包一级企业使用劳务企业比例不低于90%；至2008年6月底，所有企业进行劳务分包，必须使用有相应资质的劳务企业。禁止将劳务作业分包给"包工头"。

2. 建筑劳务输出人数超过20万人的省（自治区、直辖市），于2006年6月底前，将60%以上的农民工纳入成建制的劳务企业，其中，劳务基地县（市）应将全部农民工纳入有资质的企业；2007年6月底前，农民工基本被劳务企业或其他用工企业吸纳；2008年6月底前，全国各地区的农民工基本被劳务企业或其他用工企业吸纳。

3. 全国建筑农民工职业技能持证上岗的平均比例，2007年6月底前，应提高到40%以上；至2008年6月底前，提高到60%以上。

4. 建立和完善劳务分包交易场所和渠道。可拓展现有交易中心的功能或采取其他形式，建立渠道畅通、信息公开、服务全面的劳务分包交易平台，并对劳务分包合同进行备案，实现劳务分包交易行为基本规范化。

5. 计划单列市、副省级城市应于2006年6月底前实现以上全部目标；地级市应于2007年6月底前实现以上全部目标。其他有条件的地区可以制定工作方案，提前达到以上目标。

三、政策措施

1. 明确建筑劳务分包制度的法律地位，建立预防和惩戒拖欠工资的长效机制。按照《建筑法》的要求，建立和完善建筑劳务分包制度，承包企业进行劳务作业分包必须使用有相关资质的企业，并应当按照合同约定或劳务分包企业完成的工作量及时支付劳务费用。承包企业应对劳务分包企业的用工情况和工资支付进行监督，并对本工程发生的劳务纠纷承担连带责任。劳务企业要依法与农民工签订劳动合同。

严格执行《房屋建筑和市政工程施工分包管理办法》，严厉打击挂靠和违法分包，禁止"包工头"承揽分包工程业务。

各地要加大清理拖欠农民工工资问题的工作力度，建立预防和惩戒拖欠工资的长效机制，为劳务分包企业的发展创造良好的社会环境。

2. 简化建筑劳务分包企业资质审批程序，多渠道建立和发展劳务分包企业。省、自治区、直辖市人民政府建设行政主管部门可根据需要，将审批权下放至地（州、盟、市）及以下人民政府建设行政主管部门，可由县级人民政府建设行政主管部门负责受理和初审。随时申请、随时审批，缩短审批时间至20天以内，方便申请人。

各地建设行政主管部门应加强对劳务带头人、召集人、包工头等的政策培训和分类指导，对具备条件的队伍，引导他们合资入股成立建筑劳务分包企业；引导现有成建制的建筑劳务队伍进行工商注册，按照《建筑劳务分包企业资质等级标准》获取资质证书；引导建筑业企业进行内部机制创新，通过参股、入股等方式，对信誉良好但不具备建立企业条件的劳务队伍进行收编，促使"包工头"转为合法的企业职工或股东；引导大型施工总承包企业分离富余职工，成立建筑劳务分包企业；引导低资质等级的施工总承包企业向建筑劳务分包企业转化，为其生存发展创造良好的外部环境。

3. 允许砌筑等相关专业劳务企业承担农房施工。拥有砌筑、抹灰、钢筋工、木工等相关专业资质的劳务企业，在核定其承包工程范围时，各地可根据本地实际情况，允许其承担一定规模以下的乡、镇、村民用住宅、农房的建筑施工。

4. 施工总承包、专业承包企业用工必须办理社会保险。施工总承包、专业承包企业直接雇用农民工，必须签订劳动合同并办理工伤、医疗或综合保险等社会保险。

5. 建立农村富余劳动力向建筑劳务有序、有效的转化途径。各地区继续发挥建筑劳务基地的示范、带动作用，按照"先培训、后输出"、"先培训、后上岗"的原则，要基本将农民工纳入成建制的劳务企业，有组织地输出劳务。对农民工进行进城务工常识、安全知识、法律法规等内容的引导性培训和职业技能培训。建筑劳务基地县（市）要重点建设好一所示范性的培训基地，将培训工作延伸到村镇。

6. 加强对承包企业"职工教育经费"的使用监管，加大农民工职业培训资金投入数额。禁止承包企业在投标中压减"职工教育经费"获取中标。承包企业进行劳务作业分包的工程项目，必须将"职工教育经费"单独计列，专项支出，确保农民工技能培训经费足额提取和使用。有条件的地区，可探索由建设行政主管部门统一提取职工教育经费的办法，统一用于农民工培训。

积极争取国家给予的扶贫资金和"阳光工程"培训资金，调配使用地方政府积累的劳保统筹资金，监督使用承包企业计提的"职工教育经费"等，充分调动社会各方资源，采取多种培训方式，加大培训力度，提高劳务队伍的职业素质。

7. 各地可根据实际情况，研究对农民工的多种管理方式。如探讨建立"建筑劳务市场"或"建筑劳务派遣中心"，作为规范建筑市场的补充措施，将因种种原因（如：季节性农民工、临时性零散用工）暂时没有纳入劳务企业的零散农民工进行统一集中管理，对他们进行统一培训、服务和管理，保证其有序流动。

四、监督管理措施

各地建设行政主管部门要依法履行职责，加强对劳务分包和劳务用工的监督管理。

1. 对施工总承包、专业承包企业直接雇用农民工，不签订劳动合同，或只签订劳动合同不办理社会保险，或只与"包工头"签订劳务合同等行为，均视为违法分包进行处理；对用工企业拖欠农民工工资的，责令限期改正，可依法对其市场准入、招投标资格等进行限制，并予以相应处罚。

2. 无论承包企业在工程建设投标时是否压减"职工教育经费"，均视为已经计提"职工教育经费"。

3. 要加强日常监管，严格执法检查。各地要建立施工现场日常巡查制度，发现问题及时处理，促进劳务分包和劳务用工规范发展。

五、加强组织领导，做好政策引导

各地建设行政主管部门要统一思想，提高认识，必须认真研究存在的实际问题，采取积极有效的措施，切实加强对建立劳务分包制度、发展劳务企业的工作指导。

1. 省级建设行政主管部门要加强建立劳务分包制度、发展建筑劳务分包企业的组织领导工作，切实负起责任，力争工作的主动性，指导各地积极开展工作，及时总结经验，解决遇到的问题，提出解决本地实际问题的政策措施。

2. 开展广泛的政策宣传，做好政策引导。将宣传材料发至所有的建筑业企业及其项目部，发至建筑劳务基地的县、乡、村，让从事建筑业的施工企业和农民工基本了解国家政策，自觉改变多年形成的零散务工的方式、习惯。

可采取多种方式加强对建造师（项目经理）进行劳动用工政策培训，对所有的工头、施工工长进行政策措施培训，切实将有关政策措施落到实处。

3. 加强经验总结交流和宣传工作。各地区可定期召开经验交流会，充分发挥先进地区或企业的示范作用。总结劳务分包和劳务用工好的经验，加强多种形式的宣传、介绍，促进建筑劳务企业的健康发展。

中华人民共和国建设部

二〇〇五年八月五日

住房和城乡建设部《关于印发〈关于大型工程监理单位创建工程项目管理企业的指导意见〉的通知》

（建市〔2008〕226号）

各省、自治区建设厅，直辖市建委，新疆生产建设兵团建设局，国务院有关部门，总后基建营房部，国资委管理的有关企业，有关行业协会：

为了贯彻落实《国务院关于加快发展服务业的若干意见》和《国务院关于投资体制改革的决定》的精神，推进有条件的大型工程监理单位创建工程项目管理企业，我部组织制定了《关于大型工程监理单位创建工程项目管理企业的指导意见》，现印发给你们，请遵照执行。执行中有何问题，请与我部建筑市场监管司联系。

中华人民共和国住房和城乡建设部

二〇〇八年十一月十二日

关于大型工程监理单位创建工程项目管理企业的指导意见

为了贯彻落实《国务院关于加快发展服务业的若干意见》和《国务院关于投资体制改革的决定》的精神，推进有条件的大型工程监理单位创建工程项目管理企业，适应我国投资体制改革和建设项目组织实施方式改革的需要，提高工程建设管理水平，增强工程监理单位的综合实力及国际竞争力，提出以下指导意见。

一、工程项目管理企业的基本特征

工程项目管理企业是以工程项目管理专业人员为基础，以工程项目管理技术为手段，以工程项目管理服务为主业，具有与提供专业化工程项目管理服务相适应的组织机构、项目管理体系、项目管理专业人员和项目管理技术，通过提供项目管理服务，创造价值并获取利润的企业。工程项目管理企业应具备以下基本特征：

（一）具有工程项目投资咨询、勘察设计管理、施工管理、工程监理、造价咨询和招标代理等方面能力，能够在工程项目决策阶段为业主编制项目建议书、可行性研究报告，在工程项目实施阶段为业主提供招标管理、勘察设计管理、采购管理、施工管理和试运行管理等服务，代表业主对工程项目的质量、安全、进度、费用、合同、信息、环境、风险等方面进行管理。根据合同约定，可以为业主提供全过程或分阶段项目管理服务。

（二）具有与工程项目管理服务相适应的组织机构和管理体系，在企业的组织结构、专业设置、资质资格、管理制度和运行机制等方面满足开展工程项目管理服务的需要。

（三）掌握先进、科学的项目管理技术和方法，拥有先进的工程项目管理软件，具有完善的项目管理程序、作业指导文件和基础数据库，能够实现工程项目的科学化、信息化和程序化管理。

（四）拥有配备齐全的专业技术人员和复合型管理人员构成的高素质人才队伍。配备与开展全过程工程项目管理服务相适应的注册监理工程师、注册造价工程师、一级注册建造师、一级注册建筑师、勘察设计注册工程师等各类执业人员和专业工程技术人员。

（五）具有良好的职业道德和社会责任感，遵守国家法律法规、标准规范，科学、诚信地开展项目管理服务。

二、创建工程项目管理企业的基本原则和措施

创建工程项目管理企业的大型工程监理单位（以下简称创建单位）要按照科学发展观的要求，适应社会主义市场经济和与国际惯例接轨的需要，因地制宜、实事求是地开展创建工程项目管理企业的工作。在创建过程中，应以工程项目管理企业的基本特征为目标，制定企业发展战略，分步实施。

（一）提高认识，明确目标

创建单位要充分认识到工程项目管理服务是服务业的重要组成部分，是国际通行的工程项目管理组织模式；创建工程项目管理企业是适应国务院关于深化投资体制改革和加快发展服务业的政策要求，是工程建设领域工程项目管理专业化、社会化、科学化发展的市场需要，也是工程监理单位拓展业务领域、提升竞争实力的有效途径。创建单位应结合自身的实际情况，制订创建工程项目管理企业的发展战略和实施计划。

（二）完善组织机构，健全运行机制

创建单位应根据工程项目管理服务的需求，设置相应的企业组织机构，建立健全项目管理制度，逐步完善工程项目管理服务的运行机制。应按照工程项目管理服务的特点，组建项目管理机构，制定项目管理人员岗位职责，配备满足项目需要的专业技术管理人员，选派具有相应执业能力和执业资格的专业人员担任项目经理。

（三）完善项目管理体系文件，应用项目管理软件

创建单位应逐步建立完善项目管理程序文件、作业指导书和基础数据库，应用先进、

科学的项目管理技术和方法，改善和充实工程项目管理技术装备，建立工程项目管理计算机网络系统，引进或开发项目管理应用软件，形成工程项目管理综合数据库，在工程项目管理过程中实现计算机网络化管理，档案管理制度健全完善。

（四）实施人才战略，培养高素质的项目管理团队

创建单位应制定人才发展战略，落实人才培养计划，通过多种渠道、多种方式，有计划、有目的地培养和引进工程项目管理专业人才，特别是具有相应执业资格和丰富项目管理实践经验的高素质人才，并通过绩效管理提高全员的业务水平和管理能力，培养具有协作和敬业精神的项目管理团队。

（五）树立良好的职业道德，诚信开展项目管理服务

创建单位应通过交流、学习等方式不断强化职业道德教育，制定项目管理职业操守及行为准则，严格遵守国家法律法规，执行标准规范，信守合同，能够与业主利益共享、风险同当地开展项目管理服务活动。

三、加强组织领导

创建工程项目管理企业是一项系统工程，各地建设主管部门要加强对此项工作的组织领导。

（一）各地建设主管部门要从本地实际出发，优先选择具有综合工程监理企业资质或具有甲级工程监理企业资质、甲级工程造价咨询企业资质、甲级工程招标代理机构资格等一项或多项资质的大型工程监理单位，加以组织和引导，促使其积极参与创建工程项目管理企业。要在深入动员的基础上，制定周密的计划，并组织其实施，帮助创建单位落实规定的条件，使其能顺利开展项目管理业务。

（二）各地建设主管部门要加大对社会化、专业化工程项目管理服务市场的培育和引导，加大对创建单位的扶持力度，支持创建单位在政府投资建设项目开展项目管理服务业务。同时，还要引导非政府投资项目的业主优先委托创建单位进行项目管理服务。鼓励创建单位在同一工程建设项目上为业主提供集工程监理、造价咨询、招标代理为一体的项目管理服务。

（三）鼓励创建单位与国际著名的工程咨询、管理企业合作与交流，提高业务水平，形成核心竞争力，创建自主品牌，参与国际竞争。

（四）中国建设监理协会及有关行业协会要积极协助政府部门落实创建工作，加强工程项目管理的理论研究，深入调查了解工程监理单位在创建工程项目管理企业过程中遇到的实际问题；要发挥企业与政府之间的桥梁和纽带作用，积极做好项目管理工作的总结、交流、宣传、推广和专业培训工作；要加强行业自律建设，建立完善诚信体系，规范企业市场行为。

（五）各地建设行政主管部门可结合本地实际情况，制定大型工程监理单位创建工程项目管理企业的具体实施细则。

住房和城乡建设部《关于印发建筑业发展
"十二五"规划的通知》

（建市〔2011〕90号）

各省、自治区住房和城乡建设厅，直辖市建委（建交委），北京市规划委，山东省建管局，新疆生产建设兵团建设局：

为指导和促进"十二五"时期我国建筑业健康发展，我部组织制定了《建筑业发展"十二五"规划》，现印发给你们。请结合实际，认真贯彻落实。

中华人民共和国住房和城乡建设部

二〇一一年七月六日

建筑业发展"十二五"规划

二〇一一年七月

目　录

序　言

规划范围。根据国务院批准的住房和城乡建设部"三定"规定以及住房和城乡建设部"十二五"发展规划编制工作安排，本规划涵盖内容包括工程勘察设计、建筑施工、建设监理、工程造价等行业以及政府对建筑市场、工程质量安全、工程标准定额等方面的监督管理工作。

规划背景。本规划是在我国"十一五"刚刚结束，"十二五"开局之际，针对建筑业制定的发展规划。

规划组织编制。本规划是住房城乡建设事业"十二五"专项规划之一。编制工作由住房和城乡建设部建筑市场监管司牵头，会同工程质量安全监管司、标准定额司，共同组织住房和城乡建设部政策研究中心、中国建筑业协会、中国勘察设计协会、中国建设监理协会、中国工程建设标准化协会、中国工程建设造价协会等单位，在建筑市场、质量安全、勘察设计、建筑施工、工程监理、工程建设标准化、工程造价管理等7个专题规划基础上编制完成。

建筑业发展"十二五"规划

一、发展现状和面临形势

"十一五"时期，我国国民经济保持了平稳快速发展，固定资产投资规模不断扩大，为建筑业的发展提供了良好的市场环境。

（一）发展成就

——工程建设成就辉煌。"十一五"期间，建筑业完成了一系列设计理念超前、结构造型复杂、科技含量高、使用要求高、施工难度大、令世界瞩目的重大工程；完成了上百亿平方米的住宅建筑，为改善城乡居民居住条件作出了突出贡献。

——产业规模创历史新高。2010年，全国具有资质等级的总承包和专业承包建筑业企业完成建筑业总产值95206亿元，全社会建筑业实现增加值26451亿元；全国工程勘察设计企业营业收入9547亿元；全国工程监理企业营业收入1196亿元。"十一五"期间，建筑业增加值年均增长20.6%，全国工程勘察设计企业营业收入年均增长26.5%，全国工程监理企业营业收入年均增长33.7%，均超过"十一五"规划的发展目标。

——在国民经济中的支柱地位不断加强。"十一五"期间，建筑业增加值占国内生产总值的比重保持在6%左右，2010年达到6.6%。建筑业全社会从业人员达到4000万人以上，成为大量吸纳农村富余劳动力就业、拉动国民经济发展的重要产业，在国民经济中的支柱地位不断加强。

——国际市场开拓取得新进展。"十一五"期间，建筑企业积极开拓国际市场，对外承包工程营业额年均增长30%以上；2010年对外承包工程完成营业额922亿美元，新签合同额1344亿美元。

——技术进步和创新成效明显。"十一五"以来，许多大型工程勘察设计企业和建筑施工企业加大科技投入，建立企业技术开发中心和管理体系，重视工程技术标准规范的研究，突出核心技术攻关，设计、建造能力显著提高。超高层大跨度房屋建筑、大型工业设施设计建造与安装、大跨径长距离桥梁建造、高速铁路、大体积混凝土筑坝、钢结构施工、特高压输电等领域技术达到国际领先或先进水平。

——监管机制逐步健全。"十一五"以来，政府部门出台了建筑市场监管、工程质量安全管理、标准定额管理等一系列规章制度和政策文件，监管机制逐步健全，监管力度逐步加大，工程质量安全形势持续好转。

（二）主要问题

行业可持续发展能力不足。建筑业发展很大程度上仍依赖于高速增长的固定资产投资规模，发展模式粗放，工业化、信息化、标准化水平偏低，管理手段落后；建造资源耗费量大，碳排放量突出；多数企业科技研发投入较低，专利和专有技术拥有数量少；高素质的复合型人才缺乏，一线从业人员技术水平不高。

市场主体行为不规范。建设单位违反法定建设程序、规避招标、虚假招标、任意压缩工期、恶意压价、不严格执行工程建设强制性标准规范等情况较为普遍；建筑企业出卖、出借资质，围标、串标、转包、违法分包情况依然突出；建设工程各方主体责任不落实，有些施工企业质量安全生产投入不足，施工现场管理混乱，有些监理企业不认真履行法定职责，部分注册人员执业责任落实不到位，工程质量安全事故时有发生。

政府监管有待加强。建筑市场、质量安全、标准规范和工程造价等法规制度还不完善，建筑业发展相关政策不配套；监管手段有待改进，监管力度有待进一步加强；诚实守信的行业自律机制尚未形成。

（三）面临形势

"十二五"时期是全面建设小康社会的关键时期，是深化改革开放，加快转变经济发展方式的攻坚时期。随着我国工业化、信息化、城镇化、市场化、国际化深入发展，基本建设规模仍将持续增长，经济全球化继续深入发展，为建筑业"走出去"带来了更多的机遇。"十二五"时期仍然是建筑业发展的重要战略机遇期。

与此同时，建筑业也面临高、大、难、新工程增加，各类业主对设计、建造水平和服务品质的要求不断提高，节能减排外部约束加大，高素质复合型、技能型人才不足，技术工人短缺，国内外建筑市场竞争加剧等严峻挑战。

二、指导思想、基本原则和发展目标

（一）指导思想

以邓小平理论和"三个代表"重要思想为指导，深入贯彻落实科学发展观，以保障工程质量安全为核心，以加快建筑业发展方式转变和产业结构调整为主线，以建筑节能减排为重点，以继续深化建筑业体制机制改革为动力，以完善法规制度和标准体系为着力点，以技术进步和创新为支撑，加大政府监管力度，加强行业发展指导，促进建筑业可持续发展。

（二）基本原则

——坚持市场调节与政府监管相结合。在工程建设的全过程遵循市场经济规律，充分发挥市场配置资源的基础作用；加强政府对建筑市场秩序、质量安全的监管，形成统一开放、竞争有序的建筑市场环境。

——坚持行业科技进步与规模增长相结合。转变建筑业发展方式，逐步改变建筑业单纯依靠规模扩张的发展模式，注重提高队伍人员素质，提升建筑业的科技、管理、标准化水平，使行业科技进步与产业规模同步发展。

——坚持国内与国际两个市场发展相结合。适应国家调整优化投资结构发展需要，引导企业合理调整经营布局和业务结构，拓展国内市场；加快实施"走出去"发展战略，充分发挥工程建设标准的支撑引导作用和工程设计咨询的龙头作用，进一步提高建筑企业的对外工程承包能力，积极开拓国际市场。

——坚持节能减排与科技创新相结合。发展绿色建筑，加强工程建设全过程的节能减排，实现低耗、环保、高效生产；大力推进建筑业技术创新、管理创新，推进绿色施工，发展现代工业化生产方式，使节能减排成为建筑业发展新的增长点。

——坚持深化改革与稳定发展相结合。继续推进国有大型勘察设计、施工企业的改制重组，建立健全现代企业制度，支持非公有制企业发展；完善工程建设法规制度，健全市场机制，保障建筑从业人员合法权益，促进建筑业稳定发展。

（三）发展目标

至"十二五"期末，努力实现如下目标：

1. 产业规模目标。以完成全社会固定资产投资建设任务为基础，全国建筑业总产值、建筑业增加值年均增长15%以上；全国工程勘察设计企业营业收入年均增长15%以上；全国工程监理、造价咨询、招标代理等工程咨询服务企业营业收入年均增长20%以上；全国建筑企业对外承包工程营业额年均增长20%以上。巩固建筑业支柱产业地位。

2. 人才队伍建设目标。基本实施勘察设计注册工程师执业资格管理制度，健全注册建造师、注册监理工程师、注册造价工程师执业制度。培养造就一批满足工程建设需要的专业技术人才、复合型人才和高技能人才。加强劳务人员培训考核，提高劳务人员技能和标准化意识，施工现场建筑工人持证上岗率达到90%以上。调整优化队伍结构，促进大型企业做强做大，中小企业做专做精，形成一批具有较强国际竞争力的国际型工程公司和工程咨询设计公司。

3. 技术进步目标。在高层建筑、地下工程、高速铁路、公路、水电、核电等重要工程建设领域的勘察设计、施工技术、标准规范达到国际先进水平。加大科技投入，大型骨干工程勘察设计单位的年度科技经费支出占企业年度勘察设计营业收入的比例不低于3%，其他工程勘察设计单位年度科技经费支出占企业年度营业收入的比例不低于1.5%；施工总承包特级企业年度科技经费支出占企业年度营业收入的比例不低于0.5%。特级及一级建筑施工企业，甲级勘察、设计、监理、造价咨询、招标代理等工程咨询服务企业建立和运行内部局域网及管理信息平台。施工总承包特级企业实现施工项目网络实时监控的比例达到60%以上。大型骨干工程设计企业基本建立协同设计、三维设计的设计集成系统，大型骨干勘察企业建立三维地层信息系统。

4. 建筑节能目标。绿色建筑、绿色施工评价体系基本确立；建筑产品施工过程的单位增加值能耗下降10%，C60以上的混凝土用量达到总用量10%，HRB400以上钢筋用量达到总用量45%，钢结构工程比例增加。新建工程的工程设计符合国家建筑节能标准要达到100%，新建工程的建筑施工符合国家建筑节能标准要求；全行业对资源节约型社会的贡献率明显提高。

5. 建筑市场监管目标。建筑市场监管法规进一步完善；市场准入清出、工程招标投标、工程监理、合同管理和工程造价管理等制度基本健全；工程担保、保险制度逐步推行；个人注册执业制度进一步推进；全国建筑市场监管信息系统基本完善；有效的行政执法联动、行业自律、社会监督相结合的建筑市场监管体系基本形成；市场各方主体行为基本规范，建筑市场秩序明显好转。

6. 质量安全监管目标。质量安全法规制度体系进一步完善，工程建设标准体系进一步健全；全国建设工程质量整体水平保持稳中有升，国家重点工程质量达到国际先进水平，工程质量通病治理取得显著进步，建筑工程安全性、耐久性普遍增强；住宅工程质量投诉率逐年下降，住宅品质的满意度大幅度提高；安全生产形势保持稳定好转，有效遏制房屋建筑和市政工程安全较大事故，坚决遏制重大及以上生产安全事故，到2015年，房屋建筑和市政工程生产安全事故死亡人数比2010年下降11%以上。

三、主要任务及政策措施

（一）调整优化产业结构

1. 支持大型企业提高核心竞争力。通过推进政府投资工程组织实施方式的改革，出台有关政策，引导推动有条件的大型设计、施工企业向开发与建造、资本运作与生产经营、设计与施工相结合方向转变；鼓励有条件的大型企业从单一业务领域向多业务领域发展，增强综合竞争实力。

2. 促进中小建筑企业向专、特、精方向发展。通过完善市场准入制度，规范各方主体市场行为，拓宽中小建筑企业发展的市场空间。通过给予中小建筑企业相应扶持政策，提供融资、信息、政府采购优惠、培训等公共服务，促进中小型建筑企业向专、特、精方向发展，大力发展建筑劳务企业，积极引导建筑周转材料、设备、机具等租赁市场发展。

3. 大力发展专业工程咨询服务。营造有利于工程咨询服务业发展的政策和体制环境，推进工程勘察、设计、监理、造价、招标代理等工程咨询服务企业规模化、品牌化、网络化经营，创新服务产品，提高服务品质，为业主或委托方提供专业化增值服务。

（二）加强技术进步和创新

1. 健全建筑业技术政策体系。建立工程关键技术目录，完善技术成果评价奖励制度，总结、推广先进技术成果，继续加大"建筑业10项新技术"等先进适用技术的推广力度。加快制定推进和鼓励企业技术创新相关政策，完善相关激励机制。

2. 建立完善建筑业技术创新体系。加快建立以企业为主体、市场为导向、产学研相结合的行业技术创新体系。引导企业通过开展战略联盟、战略合作、校企合作、技术转让、技术参股等方式，加大技术研发投入，加快技术改造，形成专利、专有技术、标准规范、工法的技术储备，在工程建设中积极应用先进技术，提高工程科技含量，推进建筑业技术更新与创新。

3. 积极推动建筑工业化。研究和推动结构件、部品、部件、门窗的标准化，丰富标准件的种类、通用性、可置换性，以标准化推动建筑工业化；提高建筑构配件的工业化制造水平，促进结构构件集成化、模块化生产；鼓励建设工程制造、装配技术发展，鼓励有能力的企业在一些适用工程上采用制造、装配方式，进一步提高施工机械化水平；鼓励和推动新建保障性住房和商品住宅菜单式全装修交房。

4. 全面提高行业信息化水平。加强引导，统筹规划，分类指导，重点推进建筑企业管理与核心业务信息化建设和专项信息技术的应用。建立涵盖设计、施工全过程的信息化标准体系，加快关键信息化标准的编制，促进行业信息共享。运用信息技术强化项目过程管理、企业集约化管理、协同工作，提高项目管理、设计、建造、工程咨询服务等方面的信息化技术应用水平，促进行业管理的技术进步。

5. 组织重点领域和关键技术的研究。重点加强对建筑节能、环保、抗震、安全监控、既有建筑改造和智能化等关键技术的研究。推动重大工程、地下工程、超高层钢结构工程和住宅工程关键技术的基础研究。鼓励行业骨干企业建立技术研究机构和试验室，成为国家或地方某工程领域专项技术研发基地。

（三）推进建筑节能减排

1. 严格履行节能减排责任。政府部门要认真履行建筑执行节能标准的监管责任，着力抓好设计、施工阶段执行节能标准的监管和稽查。各类企业应当自觉履行节能减排社会责任，严格执行国家、地方的各项节能减排标准，确保节能减排标准落实到位。

2. 鼓励采用先进的节能减排技术和材料。建立有利于建筑业低碳发展的激励机制，鼓励先进成熟的节能减排技术、工艺、工法、产品向工程建设标准、应用转化，降低碳排放量大的建材产品使用，逐步提高高强度、高性能建材使用比例。推动建筑垃圾有效处理和再利用，控制建筑过程噪声、水污染，降低建筑物建造过程对环境的不良影响。开展绿色施工示范工程等节能减排技术集成项目试点，全面建立房屋建筑的绿色标识制度。

（四）强化质量安全监管

1. 完善法规制度和标准规范。建立健全施工图审查、质量监督、质量检测、竣工验收备案、质量保修、质量保险、质量评价等工程质量法规制度。研究建立建筑施工企业和项目部负责人带班、隐患排查治理和挂牌督查等安全监管法规制度。逐步形成适应当前经济社会发展、满足工程建设需求的工程质量安全监管和技术管理的法规制度体系。不断完善工程质量、安全生产标准体系。加快技术创新成果向技术标准转化，不断完善建设工程安全性、耐久性以及抗震设防、节能环保的工程建设标准。

2. 严格落实质量安全责任。严格落实工程建设各方主体及质量检测、施工图审查等有关机构的质量责任，落实注册执业人员的质量责任，健全责任追究制度，强化工程质量终身责任制。政府主管部门及质量监督机构要加强质量监督队伍建设，切实履行质量监管职责，督促企业认真执行工程质量法规制度。强化政府部门安全生产的监管责任，严格落实安全生产的企业主体责任，加强层级的监督检查，确保建筑施工安全。

3. 提高质量安全监管效能。全面推行质量安全巡查制度，逐步建立以质量安全巡查为主要手段、以行政执法为基本特征的工程质量安全监管模式。建立市场与现场联动的监管机制，实行市场监管和质量安全监管部门的联合执法机制。积极推行分类监管和差别化监管，突出对质量安全管理较薄弱项目的监管，突出对重点工程和民生工程的监管，突出对质量安全行为不规范和社会信用较差的责任主体的监管。积极推进工程质量安全监督管理信息系统建设，研究建立工程质量评价指标体系，科学评价工程质量现状及存在问题，增强质量安全监管工作的针对性。

（五）规范建筑市场秩序

1. 加快法规建设步伐。出台《建筑市场管理条例》等法规，明确建筑市场各方主体的责任，遏制建设单位违反法定建设程序、任意压缩工期、压低造价等违法违规行为，依法严厉打击承包单位转包、违法分包行为。推进勘察设计注册工程师、注册建造师、注册监理工程师、注册造价工程师等执业制度建设，落实执业责任，确保工程质量安全。

2. 进一步健全市场监管制度。进一步完善工程招投标制度，制定招标代理机构及从业人员考核管理办法，推行电子化招投标。加强合同管理，修订出台工程勘察、设计、施工、监理、工程总承包、项目管理服务等标准合同范本，出台施工承包合同监管指导意见。完善企业市场准入标准，强化企业的现场管理能力、质量安全和技术水平等指标考核，修订出台建筑业企业、工程勘察资质标准。进一步完善工程监理制度，修订工程监理规范，开展工程监理项目标准化试点。加强施工许可管理，修订《建筑工程施工许可管理办法》。加强信用体系建设，完善全国统一的企业和注册人员诚信行为标准，健全诚信信息采集、报送、发布、使用制度。积极稳妥推进建设工程担保、保险制度。

3. 加大市场动态监管力度。制定全国统一的数据标准，健全企业、注册人员、工程项目数据库，实现互联互通，建立建筑市场综合监管信息系统。对不满足资质标准、存在违法违规行为、发生重大质量安全事故的企业和个人，依法及时实施处罚，直至清出建筑市场。加强建筑市场监管队伍建设，提高监管效能。督促地方有关部门加强对建筑市场的动态监管，定期汇总通报各地监管情况，加强对地方检查执法情况的监督。

（六）提升从业人员素质

1. 优化行业人才发展环境。积极引导企业制订人才发展规划，重视对建筑业人才的培养和引进，建立健全人才培养、引进、使用的激励机制，鼓励各类专业技术人才以专利技术和发明或其他科技成果等要素参与分配。充分发挥企业主体作用，组织开展从业人员岗位培训。加强企业与高等学校、职业院校的合作，引导和支持后备人才的培养，鼓励和支持专业培训机构为企业培养经营管理和专业技术人才。

2. 加强注册执业人员队伍建设。严格落实注册执业人员的法律责任，增强其执行法律法规、工程建设标准的自觉性，发挥其在控制质量安全、规范市场行为中的独立性及中坚作用。加强注册执业人员法律法规、业务知识、职业操守等方面的继续教育，不断提升执业人员素质和执业水平。

3. 加强施工现场专业人员队伍建设。制定发布建筑工程、市政工程等专业工程施工现场专业人员职业标准，明确施工现场专业人员职位要求，加大培训力度，先培训后上岗，提升专业人员职业素质和业务能力。

4. 建设稳定的建筑产业骨干工人队伍。建立健全建筑业农民工培训工作长效机制，加强建筑农民工培训工作，构建适应建筑业行业特点和要求的农民工培训体系。充分发挥企业主体作用，组织开展建筑业从业人员岗位培训；重点依托建设类中等职业学校、技工学校、建筑劳务基地，开展职业技能培训；依托建筑工地农民工业余学校，开展安全生产、职业道德、标准规范培训；推进建筑行业职业技能证书、培训证书的持证上岗制度。推行建筑劳务人员实名管理制度，完善农民工工资支付保障制度，落实农民工的工伤保险、医疗保险、意外伤害保险等政策，探索解决农民工养老保险问题，形成稳定的新型建筑产业骨干工人队伍。

（七）深化企业体制机制改革

1. 推进国有建筑企业改制重组。加强对国有建筑企业改革的指导、协调和服务，引导企业通过产权转让、增资扩股、资产剥离、主辅分离等方式推动改制。全面落实国家有关国有企业改革改制的各项优惠政策，努力创造条件，促进大型建筑企业重组，实现强强联合。推进中小国有建筑企业股份制改革，优化和完善产权结构，增强企业活力。国有工程勘察设计单位基本完成由事业单位改制为企业，建立体现技术要素、管理要素参与分配的企业产权制度。

2. 大力发展非公有制建筑企业。进一步落实国家扶持非公有制经济发展的相关政策，引导非公有制建筑企业创新发展理念，推进企业文化建设，改进经营方式，提高管理水平。将非公有制建筑企业纳入创业带动就业的政策支持体系，给予相应的扶持政策。按照产业化发展、企业化经营、社会化服务的思路，鼓励非公有制建筑企业以投资、建设、运营等方式进入基础设施和重大产业等领域。鼓励集体建筑企业在界定产权的基础上改制为非公有制企业。

（八）加快"走出去"步伐

1. 完善相关政策。会同有关部门共同研究制订《对外承包工程管理条例》配套政策，规范对外承包企业市场行为，推动对外承包工程有关税收、信贷、保险、担保等扶持政策落实。加快中国工程建设标准的翻译，加强和国际标准化组织的交流合作，推动中国工程建设标准国际化进程，为加快对外承包工程发展奠定基础。

2. 加大市场开拓力度。引导企业选择优势领域、重点区域，大力开拓对外承包工程市场，加快工程设计企业"走出去"步伐，形成资金、设计、建造、设备综合优势，带动设备、建材出口。鼓励我国建筑企业以合资、合作或者投资收购等方式，在当地成立企业，有效利用当地资源拓展业务领域。

（九）发挥行业协会作用

充分发挥行业协会组织、服务、沟通、自律作用，支持行业协会加强行业自律机制建设，通过行业自律公约、信用档案、信用评价等措施，大力倡导企业的诚实守信行为准则，形成有效的行业自律机制。鼓励行业协会积极向政府部门反映行业、企业诉求，参与相关法律法规、宏观调控和产业政策的制定，参与有关标准和行业发展规划、行业准入条件的制定。支持行业协会开展培训、科技推广、经验交流、国际合作等活动。引导协会加强自身建设，提高服务质量和工作水平，增强凝聚力，提高社会公信力，使行业协会成为符合时代发展要求的新型社团组织。

住房和城乡建设部《关于印发〈工程勘察设计行业 2011—2015 年发展纲要〉的通知》

（建市〔2011〕150 号）

各省、自治区住房和城乡建设厅，北京市规划委，天津、上海市建设交通委，重庆市城乡建设委，新疆生产建设兵团建设局：

为明确工程勘察设计行业发展目标和任务，推动行业科学发展，我部组织制定了《工程勘察设计行业 2011－2015 年发展纲要》，现印发给你们，请结合实际，认真贯彻落实。

中华人民共和国住房和城乡建设部

二〇一一年九月二十一日

工程勘察设计行业 2011—2015 年发展纲要

二〇一一年九月

目 录

序　言

　　工程勘察设计作为技术密集型、智力密集型的生产性服务业，在工程建设领域落实科学发展观及实施国家产业政策方面发挥着重要的引领和主导作用。工程勘察设计是为工程建设项目的决策与实施提供全过程技术和管理服务的行业，在提高投资效益、转变经济发展方式、加强节能减排、保护生态环境和确保工程质量安全等方面肩负着重要的责任，是工程建设不可缺少的关键环节。工程勘察设计是把工程建设科技成果转化为现实生产力的主要途径之一，是推动技术创新、管理创新和产品创新的主要平台，是带动相关装备制造、建筑材料、建筑施工等行业发展的先导，是整个工程建设的灵魂。

　　2011~2015 年，是我国加快推进工业化、信息化、城镇化、市场化、国际化的关键时期，也将是工程勘察设计行业发展的重要阶段。为此，立足工程勘察设计行业发展的特点，编制本纲要，以确定未来 5 年工程勘察设计行业发展的指导思想、基本原则、发展目标和主要任务，进一步明确行业定位和作用，规范行业管理，引导企业转型升级，构建与优化适应我国国民经济和社会发展需要的工程勘察设计行业发展新格局。

　　本纲要由住房和城乡建设部建筑市场监管司组织编制。

一、发展回顾和面临形势

（一）发展成就

"十一五"期间，我国工程勘察设计行业进入了快速发展期，行业队伍素质、经营规模、经济效益得到大幅提升。完成了青藏铁路、载人航天、大型电厂、跨海大桥、深水港口与航道工程、高速铁路、奥运工程、世博场馆等众多举世瞩目的重大工程勘察设计任务，为我国国民经济和社会发展作出了重要贡献。

1. 规模效益快速增长。工程勘察设计人才队伍建设取得了新发展。2010 年，全行业从业人员 142.3 万人，比 2005 年增长了 32.1%；专业技术人员 92.6 万人，比 2005 年增长 16.1%，其中注册执业人员 17.4 万人，比 2005 年增长 69.7%。工程勘察设计行业经济社会效益持续大幅度增长。2010 年，全国工程勘察设计企业营业收入 9547 亿元，利税总额 1064 亿元，完成施工图投资额 66801 亿元。"十一五"期间，全国工程勘察设计企业营业收入年均增长 26.3%，利税总额年均增长 27.1%，完成施工图投资额年均增长 19%。

2. 法规制度体系不断健全。"十一五"期间，住房和城乡建设部发布了《注册建筑师条例实施细则》、《建设工程勘察设计资质管理规定》、《建设工程勘察质量管理办法》、《外商投资建设工程设计企业管理规定实施细则》、《建筑工程方案设计招标投标管理办法》等部门规章和规范性文件。云南、甘肃、重庆等省市颁布了地方建设工程勘察设计管理条例等地方性法规。

3. 工程总承包和项目管理稳步推进。"十一五"期间，工程勘察设计企业开展工程总承包和项目管理业务的年均增长率达到 39.7%，为全行业营业收入的大幅度增长做出了重要贡献，尤其在石化、冶金、建材等工业领域，工程总承包和项目管理业务已成为主要的服务形式，得到了业主、投资方的广泛认可。

4. 科技创新水平快速提升。"十一五"期间，许多工程勘察设计单位加大科技投入，建立企业技术研发中心，突出核心技术攻关，重视工程技术标准规范的研究，勘察设计技术水平显著提高。2010 年，全国工程勘察设计单位科技活动费用支出总额为 218.94 亿元，比 2005 年增长 227.1%；科技成果转让收入总额 248.91 亿元，比 2005 年增长 1276.3%；企业累计拥有专利 24476 项，比 2005 年增长 281.3%；组织或参加编制国家、行业、地方技术标准、规范 3950 项，比 2005 年增长 78%。

5. 信息化建设成效显著。"十一五"期间，工程勘察设计单位在网络集成及资源共享等方面迈出了新步伐。三维设计、协同设计技术开始得到应用，计算机辅助设计（CAD）、计算机辅助模拟（CAE）使用水平不断提升。行业内专业应用软件的正版化和开发更新不断发展，企业内部管理信息化系统得到使用和推广。

6. 诚信体系建设进展明显。"十一五"期间，工程勘察设计行业更加重视行业诚信体系建设。住房和城乡建设部制定了工程勘察设计单位和从业人员不良行为认定标准，建立和开通了全国建筑市场诚信行为信息平台，有力加强了对行业诚信行为的监管。行业协会在行业内开展了诚信评估试点工作，为全行业的诚信体系建设提供了示范和引导作用。

7. 国际竞争能力有所增强。工程勘察设计行业的国际化进程加速发展。2010 年，全国工程勘察设计单位境外收入 495.4 亿元，在总营业收入中的比重已从 2005 年的 2.1%提升到 5.2%。"十一五"期间，全国工程勘察设计单位境外收入年均增长 51.9%，工程勘察设计单位国际竞争实力不断增强，行业内涌现了一批能与国际同行竞争的骨干企业。

此外，工程勘察设计行业在自身发展的同时，努力引领和促进新技术、新工艺、新产品应用于工程建设领域，在节能环保、循环经济、转变经济发展方式等方面，推动着我国工业化发展的步伐。"十一五"期间，随着海外工程业务不断增加，工程勘察设计单位加快了"走出去"的步伐，同时带动了建筑材料和机电设备出口等关联产业向国际市场拓展。

（二）主要问题

1. 行业地位和技术水平有待进一步提升。工程勘察设计行业在工程建设中的主导作用未能得到足够重视，对工程项目方案确定的独立性不足。我国建筑设计原创能力不强，设计核心研发能力不足，工艺设计不先进，细部处理深度不够，特别是设计理念、技术集成、科技创新与国际先进水平差距较大。

2. 勘察设计市场秩序有待进一步规范。建设单位盲目压缩勘察设计周期、任意压低勘察设计费用；工程勘察设计单位和注册人员出借出租资质资格，不严格执行工程建设强制性标准，违规勘察设计，勘察设计深度不够等问题比较突出。市场竞争加剧，不规范竞争增多，市场监管不到位，处罚不严、不及时；行业壁垒、地方保护等现象仍不同程度存在。

3. 工程总承包和项目管理相关法规有待进一步健全。虽然工程总承包和项目管理已推行多年，但一直没有出台相关的法律法规和部门规章，不适应工程勘察设计单位的业务转型及工程总承包和项目管理业务比例日益提升的发展现状，尤其是工程总承包和项目管理法律地位不明确，已成为发展工程总承包和项目管理的瓶颈。

4. 行业技术标准管理有待进一步加强。我国工程勘察设计行业技术标准体系基本健全，但标准编制质量和进度需进一步加强。部分企业和技术人员标准化意识不高，不严格执行技术标准，造成标准未能得到准确、全面的实施。同时，我国工程建设标准在国际工程承包市场中认知度较低，标准国际化进程较慢，在一定程度上制约了工程勘察设计行业的国际化进程。

5. 行业管理体制有待进一步完善。目前的建设工程管理体制，将建设工程全过程进行分段管理，已不适应工程勘察设计行业为工程建设提供全过程、全方位服务的需要。部门交叉、政出多门，多头管理等问题，增加了企业负担，限制了企业向相关领域的拓展，影响了行业的健康发展。

6. 行业改革发展有待进一步深化。部分工程勘察设计单位仍保留事业单位性质，尚未成为完全的市场主体，制约了业内单位和人员业务转型的积极性。当前对国有工程勘察设计单位的考核评价针对性不强，简单以规模、收入、利润增加等指标要求不符合工程勘察设计单位成长壮大的客观规律，给行业内单位的持续发展带来影响。

（三）面临形势

1. 我国宏观经济科学发展为行业发展带来新机遇。国民经济持续发展和固定资产投资快速增长是牵引工程勘察设计行业快速发展的原动力。未来五年仍是我国经济社会发展的一个重要战略机遇期，支撑工程勘察设计行业发展的宏观环境基础仍然牢固。不断推进的城镇化、新型工业化以及新一轮的西部大开发、中部崛起、东北地区老工业基地振兴、东部沿海地区产业转型升级等国家经济发展的战略举措将为工程勘察设计行业带来巨大的市场机会。

2. 调整经济结构和转变经济增长方式对行业发展提出更高要求。全面贯彻落实科学发展观，加快转变经济发展方式、推进产业结构优化升级，发展低碳经济，建设资源节约型、环境友好型社会，都将对工程勘察设计行业提出更高要求，也将为工程勘察设计行业带来新的市场空间和历史重任。工程勘察设计行业的整合优化将进一步加快，行业集中度将进一步提升，企业的发展模式、业务模式转型将进一步推进。

3. 国际经济格局的变化为行业的国际化进程带来新动力。在全球金融危机中，我国经济在世界各主要经济体中率先克服困难、实现企稳回升。随着我国在世界经济体系中发挥越来越大的作用，我国工程勘察设计行业发挥比较优势，"走出去"战略将获得更多的空间和机遇。

二、指导思想、基本原则和发展目标

（一）指导思想

以邓小平理论、"三个代表"重要思想为指导，深入贯彻科学发展观，紧密围绕国民经济发展和工程建设需要，以保障工程质量安全为核心，以加快转变行业发展方式为主线，以继续深化体制机制改革和加强管理创新为动力，以推动技术进步和加强人才队伍建设为支撑，不断优化行业运营模式和市场环境，持续提高行业管理水平，提升企业国际竞争能力，推动行业发展由依靠投资规模增长向依靠科技进步、人才素质提高和管理创新转变。

（二）基本原则

1. 坚持科学发展观。适应节能低碳环保、经济结构转型、加快转变经济增长方式的需要，发挥工程勘察设计行业在工程建设中的先导和灵魂作用，实现行业可持续发展。

2. 坚持质量安全第一。进一步加强工程勘察设计行业质量与安全的监管力度；优化工程勘察设计单位内部质量管理体系，提高工程勘察设计服务水平，牢固树立"质量安全第一"的责任意识。

3. 坚持改革与创新。深化体制机制改革，加强技术进步，促进工程勘察设计行业的体制创新、技术创新和管理创新，提升行业信息化建设水平，增强行业综合实力。

4. 坚持市场化方向。推进工程勘察设计行业市场化的经营模式，坚持工程勘察设计单位的市场主体地位；通过改革与发展，不断完善市场化的行业管理架构，进一步规范市场秩序。

5. 坚持"走出去"战略。积极促进工程勘察设计行业与国际接轨，持续推进国际交流，大力实施"走出去"战略，提升行业的国际竞争力。

6. 坚持人才兴业。建立和完善适应工程勘察设计行业特点的多层次人才培养机制与激励机制，创造良好的人才成长、发展和争先创优环境。努力营造尊重知识、尊重人才、尊重劳动、尊重创造的氛围。

（三）发展目标

到 2015 年末，努力实现以下目标：

1. 产业规模目标。以完成全社会固定资产投资建设任务为基础，全国工程勘察设计企业营业收入年均增长 15% 以上，全国工程勘察设计企业境外营业收入年均增长 20% 以上。

2. 体制和机制创新目标。继续促进工程勘察设计单位现代企业制度建设，基本完成工程勘察设计单位改制为科技型企业。继续深化大型骨干工程勘察设计单位的改革，形成一批具有较强国际竞争力的国际通行的工程公司和工程咨询设计公司。推进体制和机制创新，发挥工程勘察设计行业为建设工程全过程提供技术和管理服务的作用。

3. 制度建设目标。完善市场监管方面的法规标准体系，尤其是工程总承包、项目管理以及资质资格管理等方面标准文件，建立行业诚信体系，完善信用评估标准，探索建立工程勘察设计单位和注册执业人员诚信信用档案系统。完善保障工程勘察设计质量安全的管理制度。

4. 人才队伍建设目标。基本全面实施工程勘察设计注册工程师执业资格制度。注册执业人员数量占全行业从业人员比例不低于 15%。培养造就一批满足工程建设发展需要的专业技术人才、适应工程总承包和项目管理需要的复合型人才，以及具备国际工程经验的外向型人才。积极引导企业建立科学的经营管理人才培养和使用机制，制定科学合理的经营管理人员考核和激励办法。

5. 技术进步目标。大型骨干工程勘察设计单位的科技经费支出占企业营业收入的比例不低于 3%，其他工程勘察设计单位科技经费支出不低于 1.5%。全行业专利、专有技术数量年均增长率不低于 5%。

6. 信息化建设目标。大型骨干工程设计单位基本建立协同设计、三维设计的设计集成系统，大型骨干勘察单位基本建立三维地层信息系统，其他工程勘察设计单位建立和完善计算机辅助设计系统。加强国产专业支撑软件和设计系统的研发和推广。

三、主要任务和政策措施

（一）优化行业市场环境

1. 加快构建统一开放的市场。进一步简化工程勘察设计单位资质分类，提高审批效率，减轻企业负担，促进企业发展。研究制定《工程勘察设计单位跨省承揽业务市场监管办法》，加强市场监管，规范企业行为，防止地方保护，实现市场统一。组织修订《关于外国企业在中华人民共和国境内从事建设工程设计活动的管理暂行规定》，进一步规范管理、明确责任，努力适应我国工程设计行业对外开放的需要。

2. 推进个人执业资格管理制度。组织修订《勘察设计注册工程师管理规定》，完善执业资格管理体系，健全责任追究制度。加快推进勘察设计注册工程师的注册执业进程，启动环保、水利水电等勘察设计工程师的注册工作，建立公用设备、电气、化工、港口与航道等勘察设计工程师的执业签字制度。合理调整勘察设计注册工程师制度总体框架，完善专业设置，逐步实现相关、相近类别注册资格的归并、整合。

3. 加强市场监管力度。健全企业、注册人员、工程项目数据库，构建综合监管信息系统，加强对工程勘察设计单位和注册人员在招标投标、合同订立及履约、质量安全管理、执业管理等市场行为的监管，对存在违法违规行为、发生质量安全事故的企业和个人，及时依法处罚，直至清出市场。研究制定企业资质和注册人员资格动态监管办法，明确工程勘察设计资质资格核查及处理的主体、程序和具体措施，加大对工程勘察设计单位和注册人员资质资格申报弄虚作假的查处力度，加强对资质资格审批后的监督管理。

4. 完善招标投标和收费激励制度。加强对工程勘察设计招投标方式的研究，完善有关工程勘察设计招标投标管理办法，合理确定工程勘察设计强制性招标的项目范围和招标形式，提高工程勘察设计招投标工作的实效性。加快建立符合国情和工程勘察设计特点的价格机制，进一步完善优化设计激励办法，积极推行优质优价，提高勘察设计质量水平。

5. 推进行业诚信体系建设。进一步发挥全国建筑市场诚信信息平台的作用，完善建筑市场诚信行为信息管理办法和工程勘察设计单位及注册人员不良行为记录认定标准，逐步健全统一、有效的行业诚信奖惩机制。加快建立完整的工程勘察设计单位和注册人员的信用档案，及时采集和公布诚信信息，加强对企业和注册人员诚信行为的监督。进一步加强工程勘察设计行业诚信体系建设，推进企业加强诚信管理，鼓励行业开展诚信评估。

（二）深化体制机制改革

1. 稳妥推进企业体制机制改革。深化工程勘察设计单位产权制度、经营模式改革，增强企业核心竞争力。推动有条件的工程勘察设计单位完成"事转企"改革，探索建立体现技术要素、管理要素参与分配的企业产权制度。继续推进工程勘察设计单位向国际通行的工程公司、工程咨询设计公司、设计事务所、岩土工程公司改造的步伐，加快培育发展一批拥有自主知识产权、知名品牌，具有国际竞争能力的大型工程勘察设计单位，促进中小型工程勘察设计单位向专、特、精方向发展，基本形成以大型工程勘察设计单位和工程公司为龙头，中小型专业勘察设计单位为基础的行业组织结构体系。

2. 加快企业业务结构调整转型。引导工程勘察设计单位结合自身特点进行业务模式创新，加快业务结构优化升级，扩大和提升服务能力，适应国内外市场的需求，以专业化发展为支撑，完善工程服务产业链，实现服务工程项目全过程的协调发展。加强工程勘察设计单位在业务模式创新方面的调查和研究，总结推广石化、冶金、建材等工业设计单位推行工程总承包和项目管理成功经验，研究推进市政、建筑工程总承包和项目管理的试点工作。

3. 加强企业管理创新。引导工程勘察设计单位转变认识，提升企业现代化、集约化运作管理水平，加大管理工作的资源投入，提升资源的集聚、集成和整合能力。着力实施战略管理、项目管理、人力资源管理、品牌管理、知识管理、企业文化管理等方面的管理创新。

4. 提升企业国际服务能力。通过加强国际交流与合作，进一步熟悉国际规则，促进工程技术标准的国际化；鼓励品牌优势突出、信誉良好的国际型工程公司大力拓展国际业务，打造一批领军企业，培育一大批骨干企业，提升我国工程勘察设计行业国际影响力和企业国际竞争力，实现国际、国内两个市场协调发展。

5. 完善融资保险服务体系。鼓励有条件的企业上市融资、发行企业债券或项目债券，促进 EPC、BOT、PFI 等业务模式的推广；推进国内商业银行、信用保险机构建立企业海外投资风险评估体系，完善工程信用担保制度，为企业扩大海外工程及提升产值规模、盈利能力提供支撑。

（三）加强工程质量安全管理

1. 完善工程质量安全保障机制。进一步完善施工图审查制度，建立市场与现场联动的监管机制，实行市场监管和质量安全监管部门的联合执法机制，强化建设单位、工程勘察设计单位以及政府管理部门的质量责任。积极推行分类监管和差别化监管，突出对重点工程和保障性安居工程的监管，突出对质量安全行为不规范和社会信用较差的工程勘察设计单位和人员的监管。构建网络共享的项目质量数据库，建立全行业的质量安全监管平台，实现工程勘察设计质量安全的有效控制。

2. 严格落实质量安全责任。严格落实工程勘察设计单位、注册人员以及施工图审查机构的质量责任，健全责任追究制度，强化工程质量终身负责制。严厉依法查处不执行工程建设标准、勘察设计深度不够、施工图审查不到位等违法违规行为的企业和个人。积极引导工程勘察设计单位建立和完善质量安全管理体系，认真执行工程建设标准，提高工程勘察设计单位的质量安全保证能力。

3. 推进勘察设计风险防范机制。进一步完善勘察设计风险防范机制，加快建立由政府支持、按市场模式运行的工程保险、担保制度。努力营造良好的法规政策环境，推进开发符合工程勘察设计单位特点的保险产品，对影响社会公共利益的勘察设计项目，积极引导运用保险、担保机制分担风险，保障工程勘察设计单位稳定经营。

（四）推动企业科技创新

1. 建立技术进步机制。研究制定工程勘察设计行业技术发展纲要，引导工程勘察设计单位进一步加大技术研发、标准编制的投入力度，加强关键技术的超前研究开发，加快技术创新成果向技术标准转化。继续研究探索技术政策监督执行和评估制度，开展技术政策执行评估指标体系研究和工程设计技术转移制度研究，基本建立以专利、专有技术权属和有偿转让为动力的技术进步机制。

2. 提高自主创新能力。推动工程勘察设计单位按照国家未来的战略性需求开展技术创新，发挥工程勘察设计行业在国家技术创新体系中的重要作用。坚持科学技术是第一生产力的观念，大力引导与推动工程勘察设计单位开展技术创新研究，加大工程勘察设计行业科技研究的政策扶持力度，提高原始创新、集成创新和消化吸收再创新的动力及能力，促进创新成果的转化应用。鼓励工程勘察设计单位采用创新的先进技术，延伸产业链，贯彻落实既有工程的技术节能改造、建筑节能、生态环保等政策，促进低碳经济发展。

3. 建立科技创新体系。深刻认识勘察设计在国家经济建设和创新体系中的关键地位，协调推进生产企业、高校和科研单位、工程勘察设计单位相结合的创新体系的构建，有效发挥勘察设计在促进科学技术的工程化转化中的重要作用。鼓励和支持有条件的工程勘察设计单位申请高新技术企业，享受国家科技创新方面的优惠政策。

（五）加强行业标准和信息化建设

1. 加强行业标准建设。加快勘察设计标准的编制、修订进度，提高标准编制质量。推进三维设计统一标准的制定和出台，适应市场发展和技术进步需要。深化技术标准制定的前期研究，提升标准制定水平。大力推进我国工程设计标准的国际化应用，探索同步推出中英双语标准，促进工程设计行业标准规范的国际化。

2. 促进行业信息化建设。充分发挥政府、行业协会和企业的综合作用，共同推进行业信息化水平的提高。加快建立行业建设工程全过程信息化平台，建立行业数据库和行业信息化标准体系，为实现信息化和工业化的有机融合提供基础数据支持。鼓励和督促工程勘察设计单位加强信息化体系建设，提升信息化技术的应用水平，提高计算机辅助设计水平。鼓励与支持专业应用软件的研发与推广，探索"物联网"和"云计算"等新技术在行业信息化中的应用。

（六）夯实"人才兴业"基础

1. 优化行业人才发展环境。引导和鼓励工程勘察设计单位制定人才发展规划，重视对工程勘察设计人才的培养和引进，建立健全人才培养、引进、使用的激励机制，加强多层次人才梯队建设，鼓励专业技术人才以专利、专有技术或其他科技成果等要素参与分配。鼓励和支持专业培训机构大力开展以提高技能和能力为目的、形式灵活多样的继续教育和其他培训活动，为提升行业整体实力提供更好的人才保障。

2. 加快培养领军人才。引导工程勘察设计单位建立健全高端人才培养、引进、考核和激励机制，着力培养造就一大批高层次的创新型、国际型技术和管理人才，形成高素质、高水平、复合型的技术和管理人才队伍。组织和举办公开、公正、公平的评比活动，选拔与奖励为工程勘察设计行业做出突出贡献的行业技术带头人、企业家和经营管理者各数百人，通过业绩宣传，经验交流，总结成长规律，以发挥榜样示范作用，激励更多优秀人才脱颖而出。

3. 加强注册人员队伍建设。鼓励和支持工程勘察设计单位加大对注册人员的培养力度，不断增加注册人员数量。研究制定促进中西部地区加强注册人员队伍建设的支持政策，积极引导注册人员到中西部地区就业、执业。严格落实注册人员的法律责任，增强其执行法律法规、工程建设标准的自觉性，发挥其在控制质量安全、规范市场行为中的独立性及中坚作用。加强注册人员法律法规、业务知识、职业操守等方面的继续教育，不断提升素质和水平。

四、保障措施

（一）加强政府指导及组织协调

政府部门要坚持从工程勘察设计行业改革发展的大局出发，密切配合，有效协调，积极创新监管方式，建立健全监督检查制度，综合运用法律、行政、经济等多种手段，加强质量安全和市场监管，严厉打击各种违法违规行为，加大市场清出力度。要高度重视勘察设计在提高工程建设质量和效益，建设资源节约型、环境友好型社会的基础性作用，充分发挥政府职能，积极在加快行业立法，深化行业改革，推动企业发展，培育维护统一开放、竞争有序的勘察设计市场等方面加强指导和协调。

为保障纲要发展任务的实现，政府部门要认真组织好纲要的实施工作，确保权责明确、分工到位，立足当前，着眼长远，全面推进，重点突破。要制订实施发展目标与任务的年度工作分解计划，落实具体措施。要加强督促检查和评估，并根据工作实际进度适时提出纲要调整意见，切实做好纲要实施的衔接与补充，保证纲要发展目标的实现。

（二）落实企业实施责任

工程勘察设计单位是纲要实施的主体。工程勘察设计单位要按照本纲要的部署，结合各自优势及特点，明确发展目标，深化内部改革，积极探索适应市场需要的内部管理机制，建立适应自身特点的企业管理制度和经营模式。

为实现纲要发展任务，工程勘察设计单位要注重加强技术创新和技术进步，积极开发更多的专利、专有技术，以技术求市场，推动行业的技术进步。要注重人才培养、加强人才队伍建设，培养创新型、专业型以及复合型人才，提升人才队伍的整体能力，为企业自身发展和行业的可持续发展奠定人才基础。要适应行业国际化发展的需要，积极配合推进行业"走出去"参与国际化竞争。要加强工程勘察设计单位的文化建设，增强凝聚力与执行力，提升品牌社会认可度。通过单位自身综合素质的提升，增强核心竞争力。

在纲要实施过程中，工程勘察设计单位要积极适应国家和行业发展要求，遵从工程勘察设计行业的市场管理，协助对统一、开放、规范的勘察设计市场的维护和改进。要自觉规范市场行为，加强诚信建设，自觉接受政府部门和行业组织的检查、监督。对纲要实施中出现的问题，要及时向有关部门反映情况，提出意见和建议。

（三）发挥行业协会作用

行业协会要密切联系企业，了解企业需求，进一步加强与政府部门的沟通联系，全面体现工程勘察设计行业代表的作用，反映行业诉求，搭建政府与工程勘察设计单位互动交流的平台，充分发挥桥梁纽带作用。要充分利用行业协会在专业人才、市场经验等方面的优势，积极拓展职能，创新工作方法，改进工作方式，深入调查研究，推动纲要的贯彻落实。

围绕纲要制定的目标和任务，行业协会要适应改革和发展形势的要求，组织工程勘察设计单位加强沟通、交流、合作与联合，共同研究工程勘察设计行业发展中的重大问题，为政府部门制定相关政策法规提供依据。要积极组织多种形式的培训、咨询和交流等活动，健全行业自律机制和行业诚信体系，参与制订国家和行业技术标准，组织实施工程勘察设计从业人员职业道德准则，加强从业人员职业道德建设，规范会员行为，维护行业权益。要组织行业内单位加强国际交流，在推进行业改革和发展方面发挥更大作用。

在纲要实施中，中国勘察设计协会担负着重要职责，协会要进一步健全工作机制，按照"统一指导、分级管理、专业分工、权责明晰"的原则，加强对地方、部门同业协会和分支机构及专家组织的指导，密切各同业协会和分支机构之间的沟通、协调，构建完善的服务体系，引导和帮助企业增强创新能力、改善经营管理、提高综合素质，促进行业科学发展。